Иван Ђурић

СУМРАК ВИЗАНТИЈЕ

Време Јована VIII Палеолога
1392–1448

ПРОСВЕТА ■ БЕОГРАД

УВОД

Живот Јована VIII Палеолога припада последњим деценијама хиљадугодишње византијске историје. Драматичан завршетак повести Источног римског царства сам по себи изузетно је сложен за проучавање, већ и због околности да је једна држава – несумњиво објект туђих и често врло опречних интересовања и циљева, лишена снаге правог и самосталног чиниоца у политичким збивањима – имала са друге стране, макар и због бремена верског, културног па и идеолошког наслеђа, улогу која је њену стварност не само надмашивала него и фатално оптерећивала. Ипак, невоље наметнуте проницањем у године којима је овај цар био сведок и у збивања у којима је учествовао биле би вероватно малобројније, а обим истраживања сигурно знатно скромнији, да сам свој задатак свео на приказ личне судбине Јована VIII. Наравно, ово истичем без имало намере да потценим такве научне напоре. Уосталом, и сâм сам у књизи врло много простора посветио непознаницама биографске, односно просопографске природе. На то ме је, коначно, приморавала и чињеница да о Јовану VIII Палеологу, изузев једног солидног али сажетог чланка скромних амбиција, у литератури нема објављених опсежнијих студија а поготово не монографија.[1] Верујући, међутим, да се о епохи овог, претпоследњег византијског цара, може расуђивати утолико боље уколико се поље посматрања више прошири на разматрање општег социјалнополитичког, економског па и културног положаја Царства у поређењу са околним савременим западним, балканским и турским светом, тако сам се и трудио да поступам. Можда нескромних хтења, овај посао је у исходу из-

---

[1] Реч је о чланку који је написао J. Gill, John VIII Palaeologus. A Character Study, Studi bizantini e neoellenici 9 (1957); иста студија наново се нашла у књизи овог аутора о личностима са Фирентинског сабора (Gill, Personalities 104–124).

весно остао без низа постављених занимљивих питања и пруженних правих одговора али, на срећу, смисао сваког будућег покушаја проницања у прошлости управо би ваљало и да почива на вечитој недовршености и привремености постојећих знања којима наука располаже.

Из поменутих општих почетних начела проистекао је и став према историјским изворима за доба Јована VIII Палеолога. Они су, наиме, били оцењивани и коришћени без икаквих априорних резерви према њиховој врсти или пореклу. Будући да је судбина Византије XV столећа била испреплетана са повестима других народа и сила, с обзиром да је у одређеној мери каткада чинила чак и део њихових унутрашњих историја, у аргументацији за тврдње изнете у књизи стекла се грађа различите провенијенције.

Поготово су, имајући у виду утицај Републике на збивања у Царству, на уму држани они извори који су, попут млетачких хроника, прошлости читаве такозване „Романије" посматрали као интегрални део венецијанске историје. Њихова вредност, у поређењу са позним византијским историчарима (Дуком, Сфранцесом и Халкохондилом), у томе је што су били ближи сведоци и савременици многих догађаја о којима пишу. Упркос наведеном очигледном квалитету хроника, какве су оне Гаспара Цанкаруола (корисна за период 1340–1446), Антонија Морозинија (допире до 1433) и Зорзија Долфина (занимљива до 1457), византолошка наука се недовољно служила њиховим вестима.[2] Као потврда за ову констатацију погодан је пример са често расправљаним питањем услова под којима је Византија 1423. године предала Солун Венецији. Иако су изворни подаци из млетачких хроника о овоме били добрим делом објављени чак 1910. године,[3] било је потребно да их тек 1947. потврди и допуни грчки историчар Мерциос[4] па да их

---

[2] Најстарији рукопис хронике Гаспара Цанкаруола данас се налази у Милану, у библиотеци Brera (Bibl. Brera, AG. X. 15–16). Један препис исте хронике, настао у XVIII веку, чува се у венецијанској библиотеци Marciana (Marc. Cod. 1274–1275, coll. 9274–9275). Рукопис Морозинијеве хронике данас се налази у Бечу, у оквиру такозване Фоскаринијеве збирке. Веран препис чува се у Венецији (Marc. Cod. 2048–2049, cl. VII, coll. 8331–8332). Спис Зорзија Долфина сачуван је у лепоме препису са почетка XVI века (Marc. Cod. 794, cl. VII, coll. 8503). За све три хронике користио сам се кодексима венецијанске библиотеке Светога Марка.

[3] Cf. C. Manfroni, La marina veneziana alla difesa di Salonico, Nuovo Arch. Veneto, n. s. 20 (1910) 1–70.

[4] Мерциос, Μνημεῖα, 30–99.

Увод 7

византолози шире прихвате. Мада је врсни познавалац млетачког архива и венецијанске историографије Фреди Тирије још 1954. убедљиво илустровао нужност обраћања млетачким хроникама за ромејски XIV и XV век,[5] а затим је у Италији објављено још приллично радова посвећених истим питањима,[6] не може се рећи да су венецијански хроничари у озбиљнијим размерама нашли места у проучавању византијске прошлости. Премда је чак чувени Никола Јорга у своме шестотомном корпусу извора за крсташке ратове у XV веку наслутио вредност млетачких хроника, оне ни у нашој медиевистици нису озбиљније разматране.[7] Изузетак, а упоредо и једну од научних синтеза у којима је, бар за сада, најисцрпније употребљавана грађа из ових драгоцених списа, представљају поглавља Ивана Божића у другоме тому опсежне „Историје Црне Горе".[8] Основна невоља са млетачким хроникама је, међутим, што су оне практично неиздате. Зато је, уз анализу њихових података корисних по тему књиге, изгледало упутно у напоменама их доносити у што ширим изводима, па и онда када то садржина излагања није нужно изискивала. Можда ће ти редови подстаћи и остале изучаваоце средњега века.

Уопште узев, у тексту се често и радо позивало на врло хетерогене невизантијске изворе, за које се чинило да су у прилици да макар у некоме детаљу освeтле извесне, непотпуно истражене тренутке из повести Царства. Свакако да је при том била коришћена богата и добрим делом позната грађа венецијанског, ђено-

---

[5] Thiriet, Chroniques.

[6] Посебно је од користи за ове проблеме био скуп одржан у Венецији 1966. године, у оквиру конференција фондације Ђорђо Чини. У зборнику радова (La storiografia veneziana fino al secolo XVI. Aspetti e problemi, a cura di *A. Pertusi*, Firenze 1970), штампаном тим поводом, појавило се неколико расправа вредних пажње: G. *Fascoli*, I fondamenti della storiografia veneziana, op. cit., 11–44; G. *Cracco*, Il pensiero di fronte ai problemi del comune veneziano, op. cit., 45–74; *A. Carile*, Aspetti della cronachistica veneziana nei secoli XIII e XIV, op. cit., 75–126; *A. Pertusi*, Gli inizi della storiografia umanistica nel Quattrocento, op. cit., 269–332.

[7] *Iorga*, Notes et extraits. – Од тројице поменутих млетачких хроничара чије су вести занимљиве за раздобље којим се бави ова књига, Цанкаруолов спис досад није био практично уопште издаван. Са друге стране, Морозинијева хроника је делимично већ објављена: G. F. *Pontalis – L. Dorez*, Chronique d'Antoine Morosini; extraits relatifs à l'histoire de France, I–IV, Paris 1896–1902. Када је реч о Зорзију Долфину, објављени су његови описи опсаде и пада Цариграда 1204. и 1453. године: Belagerung und Eroberung von Constantinopel im Jahre 1453 aus der Chronik von Zorzi Dolfin, ed. G. M. *Thomas*, Sitzungsberichte der bay. Ak. d. Wiss. 1868, II, 1. Такође, на Долфина се позивао у својој историји Венеције и S. *Romanin* (Storia documentata di Venezia, III–IV, Venezia 1912²).

[8] Историја Црне Горе, II, 2, Титоград 1970, 81, 90 сл.

вљанског, арагонског, фирентинског или дубровачког порекла. Она је, уосталом, у историјској литератури и раније била објављивана и коришћена. Када су посреди турски архиви, стање је, нажалост, много неповољније, не само због недостатка грађе за овај период него и због још увек недовољне бриге о ономе што у њима постоји. Истина, за утеху донекле служе уверавања мађарског турколога Фекетеа, према којима у тамошњим државним архивима пре 1520. године и нема докумената.⁹

Али, поред ових, рекло би се, уобичајених извора за свако слично историјско истраживање, било је потребно да се што више исцрпе из сведочанстава различитих, епохи Јована VIII савремених радозналаца, емисара, ходочасника и пословних људи који су у приличном броју походили Византију XV века. Тако би, примера ради, могло да се подсети на витеза Руја Гонзалеса Клавиха, шпанског посланика с почетка XV столећа на двору Тимура, руског путника из последње деценије претходног века Игњатија из Смоленска, тајанственог Бургунђанина из четврте деценије XV века Бертрандона де ла Брокијера, његовог нешто старијег земљака Жилбера од Ланоа или на ученог италијанског хуманисту Ћиријака из Анконе.

У убеђењу да је предмет историје прошлост у целини а не само њене политичке, економске или неке друге појединачне манифестације, дошло се до мишљења да и извори којима се у њеном одгонетању служи треба да буду оцењивани искључиво кроз питање служе ли или не историјском сазнавању а не кроз недоумице да ли су као врсте типични за историографију. Ово су, на крају крајева, теоријски проблеми са којима је историјска наука ваљало да се суочава још у својој такозваној „позитивистичкој" ери. Чак и за тему, каква је била ова о Јовану VIII Палеологу и која је подразумевала давање предности питањима политичке природе, каткада је било од користи ослањање на разнородне споменике писане речи, то јест књижевности у најширем смислу, или на дела која припадају ликовној и примењеној уметности. Довољно је позвати се на два карактеристична случаја: минијатуру из париског манастира Сен-Денија, са представом царске породице из 1407. године, која је послужила као један од основних доказа за хронологију стицања царског достојанства Јована VIII, а на другој страни

---

⁹ Cf. *Babinger*, Relazioni, 9 (Aufsätze, 186, n. 5).

Увод 9

на сакос кијевског митрополита Фотија, који садржи портрете и титулатуре овога василевса и његове прве супруге Ане Васиљевне и доприноси расветљавању појединости о овоме браку. Коначно, нешто и о византијским изворима за XV столеће. То што се њима сада тек посвећује простор не значи да они, уза сву помоћ осталих сведочанстава, ипак нису били основа запажањима и закључцима о времену Јована VIII. Напросто, византолог од њих природно очекује најобимнији скуп обавештења. Међу њима су у првоме реду ослонац пружала казивања тројице особених историчара, Сфранцеса, Дуке и Халкокондила. О врлинама свакога од њих доста ће бити расправљано у самоме тексту, поводом конкретних догађаја, њихових различитих интерпретација или тајанственог ћутања, а овде би било упутно једино да се изнесу нека од основних запажања, проистекла из проучавања ове врсте. Први међу њима, Пелопонежанин Георгије Сфранцес, чиновник у служби царевог брата Константина XI Драгаша, строго узев историчар није ни био. За собом је, у ствари, оставио мемоарски спис, у коме је као очевидац и учесник у историји Царства описао властито виђење збивања у распону од 1401. до 1477. године.[10] У складу са особинама мемоарских дела уопште, Сфранцесов спис је неупоредиво исцрпнији тамо где ваља описати учешће и истаћи заслуге у догађајима било самог аутора било његовог господара Драгаша. И обрнуто, Сфранцес, будући и постхумно веран Константину XI, ћаји све оно што је у колизији са поменутом концепцијом. Ипак, вредност Сфранцесових података, па чак и његовог ћутања, прворазредна је, пошто долази од изузетно обавештеног савременика. На другој страни, Дукина историја, која почиње са 1341. а досеже до 1462. године, дело је композиционе неуједначености, лишено експлицитних хронолошких ознака и одаје писца невелике опште културе, али зато одличног знаоца турске повести и локалне цариградске историје.[11] То су уједно основне и огромне Дукине врлине као историчара. Образовани Атињанин Лаоник Халкокондил је,

---

[10] Основни увид у дело овога писца пружа *V. Grecu*, Das Memorienwerk des Georgios Sphrantzes, Actes du XII*e* Congrès International d'Études Byzantines, II, Belgrade 1964, 327–341; *idem*, Georgios Sphrantzes. Leben und Werk. Makarius Melissenos und sein Werk, Byzantinoslavica XXV–1 (1965) 62–73. – О Сфранцесовом имену, уп. *Рођење, породица и прве године*, нап. 2.

[11] Cf. *C. Grecu*, Pour une meilleure connaissance de l'historien Doucas, Mém. Louis Petit, Bucarest 1948, 128–141.

изван сумње, по ширини погледа и теоријским принципима од којих је као историчар полазио, остале савременике далеко надмашивао. Али, иако ослобођен ромејске и конфесионалне искључивости, Халкокондил, већ и због чињенице да је од наведене тројице био најмлађи, често греши и погрешно тумачи изворе којима се користи.¹² Парадоксално али истинито, најбољи од историчара данашњем истраживачу користи мање него што би се очекивало, можда баш због методолошки савршенијег приступа послу. Сасвим изузетно дело, изван свих устаљених систематизација византијске историографије, јесу „Мемоари" Силвестра Сиропула о Фирентинском сабору, опширна и проницљива запажања о битним верским дилемама и политичким раслојавањима у Царству за владе Јована VIII.¹³

Ако се, из бојазни од опширности, занемари осртање на занимљив и поучан, мада не претерано обиман дипломатички материјал, настао у канцеларијама последњих Палеолога, следећу велику групу извора писаних на грчкоме језику на којој се ваља задржати чине тзв. „кратке хронике" (чији број премашује сто таквих целина),¹⁴ као и остали списи грчке народне историографије. Њихови подаци, или својом лапидарношћу (или хронолошком прецизношћу) или наивном једноставношћу тумачења, нередко могу да из темеља промене у науци давно детерминисана схватања о догађајима у Царству током прве половине XV века. Извесно је да трагање за изворном вредношћу бележака садржаних у њима ни издалека још није окончано.

Још мање је то, међутим, случај са изданцима релативно добро сачуване византијске књижевности XV века. Појединачно по-

---

¹² За све позне византијске историчаре, такође cf. Н. Б. Томадакис, Δούκα – Κριτοβούλου – Σφραντζῆ – Χαλκοκονδύλη, Περὶ ἁλώσεως τῆς Κωνσταντινοπόλεως (1453), Атина 1969². Уп. *Детињство*, нап. 4а.

¹³ Његово дело је дуго лежало запостављено, с обзиром да је било издато пре више од три века, у складу са знањима и могућностима онога доба: R. *Creyghton*, Vera historia unionis non verae inter Graecos et Latinos, sive Concilii Florentini exactissima narratio etc., Hagae Comitis 1660. Тек 1971. године излази критичко, у свакоме погледу сјајно издање, са изврсним коментаром и бриљантним уводном студијом, све заједно вероватно животни подухват француског византолога В. Лорана.

¹⁴ Заслуга да се данас располаже систематизованим издањем свих до сада пронађених кратких хроника припада немачком научнику П. Шрајнеру у. Пошто их је дужи низ година помно проучавао, каткада откривајући и нове текстове, он их је, уз поуздане историјске коментаре, пре неколико година критички публиковао (Kleinchroniken).

Увод

сматрано, углавном је реч о делима у родовима богате реторске литературе, почев од епистолографије па до различитим поводима састављаних панегирика или посмртних слова, посвећиваних водећим члановима владајуће породице. Дужност је истраживача епохе Јована VIII да истакне да ако је игде био задовољан због обиља мало запажених изворних обавештења онда је то био када се озбиљније латио читања писаца као што су, на пример, солунски архиепископ Симеон, Јован Хортазмен, браћа Јован и Марко Евгеници, никејски митрополит а потоњи кардинал Висарион, Георгије (Генадије) Схоларије, Георгије Гемист Плитон и многи други данас анонимни списатељи. Излишно је крити да се при читању оваквих дела наилази на знатне тешкоће које су претежно плод херметичности језика и свесне сложености израза њихових твораца. Познато је да су то биле особине на цени у Византији, а тешко би се порекло да понегде то нису и данас. У сваком случају, изучавање византијских ретора као историјских извора, уза све успешне резултате какве је у своје време постигао велики грчки историчар Дионисиос Закитинос или код нас недавно Божидар Ферјанчић, тек предстоји.[15]

Исто тако, и доба сумрака хиљадугодишњег хришћанског царства привлачиће још многе радозналце, па ће и поменути историјски извори, као и они чије вредности тек ваља упознавати, у будућности доживљавати нове интерпретације.

---

[15] Cf. *Zakythinos*, Despotat. Како, на пример, осетљивим питањима природе сукоба међу последњим представницима династије Палеолога објашњење могу да пруже управо реторски списи, показао је Б. *Ферјанчић* (Међусобни сукоби).

ВИЗАНТИЈА КРАЈЕМ XIV ВЕКА
ЦАРСТВО КОГА НЕМА

Царство са краја XIV века било је лишено стварне способности да о својој судбини само одлучује. Поставши пре објект него субјект међународних збивања на Балкану и Средоземљу, ушавши стицајем околности у засебне историје више тадашњих сила и држава, Византија је, почев од друге половине XIV столећа па до краја, све мање сопственим снагама утицала на властиту будућност. Све више су то, заједно са њом или чак мимо њене воље, чинили други, прво Срби а потом Турци, Млечани и Ђеновљани. Стога приказивање, макар у најкраћем, прилика у којима се Византија пред крај столећа налазила, подразумева познавање бар основних особина прошлости других, њихових могућности и намера, у истој оној мери у којој је корисно разумевање унутрашње историје Царства.

Поднаслов овог поглавља иначе није измишљен. У литератури радо навођеним речима „ми имамо цркву, али цара немамо" оспорио је, у последњој деценији XIV века, врховну власт византијског цара нико други до московски велики кнез Василије I. И сам „чедо" православног цариградског патријарха, кнез није одбијао патријархову духовну надмоћност, али за признавање супрематије „цара Ромеја" више није видео разлога.[1] Врло је карактеристично да угрожени углед није бранио василевс, нити је он то био у стању да учини, него „архиепископ Новога Рима". Очигледно је прохујало

---

[1] *ММ*, II, 191 sq. Уп. концизна, али изванредно проницљива запажања која је пружио *Осūроīорски*, Историја, 512–513; cf. *Runciman*, The Great Church in Captivity. A Study of the Patriarchate of Constantinople from the Eve of the Turkish Conquest to the Greek War of Independence, Cambridge 1968, 71–76.

доба у коме је држава стајала иза цркве, пружајући јој важност и омогућавајући ширење утицаја. У међувремену започето рушење политичке, а затим и моралне снаге Царства, византијска црква није у корак пратила. Напротив, у нешто измењеном обиму и под битно различитим условима, она је државу далеко надживела.[2] Византија с краја XIV века одавно је била сведена у скромне границе балканске државе, али територија на којој се налазила и, нарочито, традиција којом се китила давале су јој врло дуго, бар у конзервативном православном свету, већи значај од онога који је реално имала.[3] Компромисним ставом према Западу, напорима око црквене уније, као и унутрашњом неслогом, Царство је, по мишљењу ових, губило тај арбитрарни ауторитет а да, за узврат, ништа није стицало.

Наравно, Византија се није одједном нашла у таквом положају, у коме учење о њеној васељенској мисији не оспорава какав западноевропски краљ или османлијски неверник, већ у неку руку изданак те исте државе. Стање у коме се Царство сада налазило свакако није било плод тренутно искрслих околности, него исход дуготрајног процеса чији почетак излази далеко изван оквира овога рада. Ваља

---

[2] О судбини византијске цркве под Турцима посебно на тлу Мале Azije, cf. *Vryonis*, Decline, 288 sq. Такође, cf. *idem*, Religious Changes and Patterns in the Balkans. Fourteenth to Sixteenth Centuries, Aspects of the Balkans, The Hague 1972, 151–176; *idem*, Religious Change and Continuity in the Balkans and Anatolia from the Fourteenth through the Sixteenth Centuries, Islam and Cultural Change in the Middle Ages, ed. *S. Vryonis*, Wiesbaden 1975, 127–140; уп. *И. Ђурић*, Титулатуре митрополита у „Ектесис неа" и црквена организација у Малој Азији крајем XIV века, ЗФФБ XIII–1 (1976) 53–70. – Уопште о цркви под Османлијама, cf. *T. H. Papadopoullos*, The History of the Greek Church and People under Turkish Domination, Brussels 1952; *Runciman*, The Great Church.

[3] Овде је од првенствене важности оно што се дотиче руско-византијских веза у позном средњем веку, с обзиром на улогу коју је руска кнежевина имала у преузимању ромејског наслеђа. Али, не би ваљало испустити из вида ни оно што је Царство представљало и за још увек постојећу српску државу. Нажалост, о томе у литератури нема обимнијих истраживања. У првоме реду уп. *В. Савва*, Московскіе цари и византійскіе василевсы, Харьковъ 1901. Cf. *G. Olše*, Gli ultimi Rurikidi e le basi ideologiche della sovranità dello Stato russo, OCP XII (1946) 322–373; *D. Obolensky*, Russia's Byzantine Heritage, Oxford Slavonic Papers 1 (1950) 37–63; *W. K. Medlin*, Moscow, and East Rome, Genève 1952; *D. Stremooukhoff*, Moscow the Third Rome: Sources of the Doctrine, Speculum XXVIII (1953) 84–101; *H. Schaeder*, Moskau das dritte Rom, Darmstadt 1957; *N. Andreyev*, Filofey and his Epistle to Ivan Vasil'yevich, The Slavonic and East European Review XXXVIII (1959–1960) 1–31; *M. Cherniavsky*, Khan or Basileus: An Aspect of Russian Mediaeval Political Theory, Journal of the History of Ideas XX (1959) 459–476 (неприступачно у току настанка рада); *D. Obolensky*, Byzantium and Russia in the Late Middle Ages, edd. J. R. Hale, J. R. L. Highfield, B. Smalley, London 1965, 248–275 (reprint: *idem*, Byzantium and the Slavs, London 1971); *F. von Lilienfeld*, Russland und Byzanz im 14. und 15. Jahrhunder, Proceedings of the XIIIth Intern. Congress of Byz. Studies (Oxford 1967), 105–115.

само подсетити да су још 1354. године добро обавештени Млечани јављали из Цариграда како је Царство, под притиском Турака и Ђеновљана, спремно да се потчини било коме: Венецији, Угарској или чак Србији.[4] Природно је да су се, упоредо са таквим гласовима, рађале и врло озбиљне идеје о једноставној анексији престонице.[5] Ипак, један догађај се са доста разлога може издвојити из осталих збивања као почетак стварног краја Византије. Битка на Марици, 26. септембра 1371. године, по својим далекосежним последицама превазилази слична, углавном неуспешна, хришћанска одмеравања снага са Турцима којих је, у последњем веку Византије, било у више наврата.

Премда су настојања деспота Угљеше да у намеравани поход на Турке укључи и Царство била јалова, Византија је била међу онима који су исход овог потхвата најбрже осетили. Храбра Угљешина намера да, заједно са братом краљем Вукашином, нападне саму султанову престоницу, завршила су се катастрофално по њих. Византија, иако посматрач пораза двојице тада најснажнијих балканских господара, убрзо после маричке битке била је принуђена да се претвори у вазалну државу Турског царства. Османлијама је победа донела не толико непосредну власт колико политичку надмоћ над огромним делом Балканског полуострва, а Царству подређен положај и обавезе које су из њега проистицале: плаћање харача и учешће у султановим војнама.[6] У тренутку хришћанског пораза на Марици византијски цар Јован V Палеолог није се налазио у престоници. Он је у Цариград стигао са Запада тачно месец дана доцније, искусивши тамо многа понижења и не успевши да добије помоћ. Пошто је василевсов син, деспот Манојло II, новембра исте године ушао у Сер, вративши Царству већину земаља некадашње Угљешине државе (укључујући и полуострво Халкидику), закратко је изгледало да је српски неуспех Византинцима само користио.

---

[4] Monumenta spectantia historiam Slavorum meridionalium, III, ed. Š. *Ljubić*, Zagreb 1868, 266; уп. *Осūроīорски*, Историја, 195.

[5] Cf. *Hopf,* Geschichte, I, 448.

[6] О припремама за битку, преговорима деспота Угљеше са Византијом као и о последицама, уп. *Осūроīорски*, Серска област, 127–146 (Сабр. дела, IV, 590–614); о положају Царства после 1371. расправља исти аутор и у État tributaire, 49–58 (Сабр. дела, III, 377–389); cf. Oikonomidès, „Haradj", 681–688; уп. *H. Hadžibegić*, Džizja ili harač, Prilozi za orijentalnu filologiju jugoslovenskih naroda pod turskom vladavinom, 3–4 (1952–1953), 5 (1954–1955); *M. Сūремић*, Турски трибутари у XIV и XV веку, Ист. гласник 1–2 (1970) 9–59. Такође, уп. наредно излагање.

Нажалост, крајем 1371. или током 1372. године, и Јован V се придружио низу турских вазала. Отада, па све до Бајазитовог пораза у боју са Тимуром код Ангоре, Византија ће тридесет непрекидних година признавати зависност од Османлија. У овоме погледу није било разлике између ње и, такође потчињених, Бугарског царства, државе краља Марка у Македонији или области Јована и Константина Драгаша. Турци се „просуше и полетеше по свој земљи, као птице по ваздуху", забележио је старац Исаија, очевидац боја, хитрину са којом је победник искористио тријумф.[7] По свој прилици већ у пролеће 1373. године, Јован V је морао да са својим четама прати војску султана Мурата у једном походу у Малој Азији.[8] Касније, исто ће редовно да чини и његов син Манојло II, уосталом као и словенски подређеници турског емира. Слање помоћних војних снага било је, међутим, лакши део вазалских обавеза. Други и по Византинце крајње исцрпљујући било је редовно годишње скупљање данка-харача.

Према позним грчким историчарима, 1379. године је број војника, коњаника и пешака, спремних да се Османлијама на позив придруже, износио 12 000 људи, а годишњи харач 30 000 златника.[9] Податку о висини данка може се али и не мора веровати, будући да потиче од Халкокондила, писца прилично удаљеног у односу на поменуте догађаје. Наведени износ је вероватно требало да експлицитно илуструје сву тежину ситуације у којој се Византија задесила, па је можда био и претеран, но он упућеног читаоца ни изблиза не импресионира онолико колико је то била историчарева намера. Оваква тврдња заснива се на чињеници да, како ће се касније видети, у поређењу са новчаним обавезама које је Царство имало на другам странама, првенствено према Венецији, Халкокондилова цифра изгледа чак прилично умерена. Ипак, имајући у виду даље упоредно снажење Османлија и слабљење Византије, сигурно је да је висина харача, без обзира колика она била 1379. године, касније морала, макар до 1402. године, једино још више да

---

[7] С. *Новаковић*, Примери књижевности и језика, Београд 1877, 372; Љ. *Стојановић*, Стари српски записи и натписи, I, Београд – Ср. Карловци 1902, 4944.

[8] Chalc., I, 37; Pseudo-Phrantzes, 190–192; cf. *Ostrogorsky*, État tributaire, 50–51 (Сабр. дела, III, 378–379).

[9] Chalc., I, 57–58; Pseudo-Phrantzes, 196.

расте, а никако да опада.¹⁰ У сваком случају, зна се да је редовно исплаћивање данка Царству падало врло тешко, што поуздано сведочи о његовим скромним економским потенцијалима.

У Цариграду се основни приход за царску благајну стицао од царинских дажбина, јер је престоница била значајан транзитни трговачки центар, са великом фреквенцијом годишњих пристајања („везивања") бродова свих ондашњих флота. Нажалост, царине су, још од четрдесетих година XIV столећа, биле изван домашаја византијских чиновника. Премда податак, забележен код Нићифора Григоре, евентуално литерарно претеран и антилатински обојен, по свој прилици умањује цареве приходе, његове бројке нису сувише далеко од истине: од престоничких царина василевсу је доспевало 30 000 златника годишње, а само Ђеновљани у Пери успевали су упоредо да досегну скоро 200 000.¹¹ Ако се подсети да су у то време посете млетачких галија и „фусти", најчешћих гостију цариградске луке, биле на врхунцу а касније се скоро преполовиле,¹² онда је лако закључити да је практично приход од царина одлазио на исплаћивање харача. Трошкови осиромашеног Царства су, међутим, у обрнутој пропорцији са приходима, бивали све знатнији, а тиме и све израженија потреба за додатним средствима којих у држави није било. Обраћајући се спољним кредиторима, посебно Венецији, јединој повериоцу који је био способан и вољан да помогне, Византија се полако претвара у вечитог дужника.

Истих четрдесетих година, о којима говори и Григорина вест, Млечани су започели са систематским каматним, бескаматним и

---

¹⁰ О економском положају Византије у XIV веку биће још речи у овом поглављу. О тешкоћама приликом исплаћивања данка постоје и сведочанства савремених Византинаца, на пример Манојла II и ретора Димитрија Кидона: *Legrand*, Lettres de Manuel. 24 sq.; *Dennis*, Letters of Manuel, 45 sq.; Cydonès. Correspondance, 407.

¹¹ Gregoras, II, 842; cf. Bertelè, Giro d'affari, 55; *Oikonomidès*, Hommes d'affaires, 46. – Као и Халкокондил, чини се да и Григора, попут осталих Ромеја XIV и XV века, под златницима подразумева искључиво венецијански дукат, већ и због чињенице да, када је реч о византијском новцу, он се помиње под другим именима, а најчешће као перпер. О напорима Јована VIII да увећа Царинске приходе, уп. *Ейилоī*.

¹² Cf. *Thiriet*, Observations, 495–522 (réimpr. Études sur la Romanie). Он сматра, судећи по учешћу млетачких патриција у трговини са Левантом, да је у периоду 1332–1345. године 57,6 процената укупног промета било везано за Романију и Тану, а између 1400. и 1412. свега 22 процента. О истом питању, cf. *G. Luzzatto*, Navigazione di linea e navigazione libera nelle grandi città marinare nel Medio Evo, прешт. у Studi di storia economica veneziana, Padova 1954, 53–56; *idem*, Les activités économiques du patriciat vénitien, op. cit, 125–745.

бесповратним кредитирањем Царства. Република је, примера ради, доделила 1343. године кредит Византији у износу од 30 000 златних дуката, са годишњом каматом од 5 процената и роком враћања од три године.[13] Како Царство никако није успевало да дуг врати, за 110 година (до 1453) почетна свота нарасла је на 195 000 златних дуката, што износи око 585 000 перпера (рачунатих у уобичајеној мењачкој размери 1:3). Мада су Млечани врло брзо схватили да од враћања позајмљеног новца нема ништа, са кредитирањем су продужили све до пада Цариграда, користећи улогу потражиоца веома ефикасно у разним приликама за политичке сврхе.[14] А то је било само једно, релативно скромно, у низу потраживања Венеције од Царства! Иако без значаја по здраве финансије Републике, поменути дуг је већ 1379. године био раван вишегодишњој исплати харача султану.

Економску зависност од Венеције и Ђенове пратила је политичка и војна несамосталност. Крсташки подухвати, ма како се цареви за њихов успех залагали, били су споро припремани и траљаво вођени, па је Византија, хтела или не, морала да се за елементарну заштиту обраћа двема тада највећим западним поморским силама, уједно јединим непосредно заинтересованим за постојање Царства. На властиту војску, бар када је реч о епохи која претходи Јовану VIII, цар није могао озбиљније да рачуна јер је она била недовољна да се одупире све учесталијим насртајима Османлија, а рекло би се да ни међу самим Ромејима није уживала особити углед.[15] Разлога што је Византија била осетно више упућена на по-

---

[13] *Thiriet*, Régestes, I, 153, 157.

[14] Cf. *Bertelè* I gioielli, 135 sq. Овај научник је израчунао да је, само у облику директних дуговања, Царство средином XV века било дужно 19 275 000 перпера. Како дуг из 1343, тако су и наредни млетачки кредити били за појмове Републике заиста скромних размера, но укупан износ је и за њу био ипак врло велики. Илустрације ради, из Венеције се током XIV века само за куповине у иностранству (acquisti) неповратно одливало годишње око 300 000 дуката у злату или сребру (cf. *P. Grierson*, La moneta veneziana nell'economia mediterranea del Trecento e Quattrocento, La civiltà veneziana del Quattrocento, Firenze 1957, 86).

[15] *Giregoras*, I, 158, 223. Храбар покушај Јована VI Кантакузина да четрдесетих година XIV века ојача византијску флоту и учини је независном од Ђеновљана и Млечана неславно је пропао: Cant., III, 69, 82; Gregoras, II, 842, 877; cf. *H. Ahrweiler*, Byzance et la mer, Paris, 1966, 385 sq.; *K. P. Matschke*, Johannes Kantakuzenos, Alexios Apokaukos und die byzantinische Flotte in der Bürgerkriegsperiode 1340–1355, Actes du XIVᵉ Congrès International des Études Byzantines, Bucarest 1971, II (1975), 193–205. – Истина, међу византијским писцима ретки су они који су спремни да, осим у гневу божјем или притворности Латина, потраже узроке војне и политичке слабости Царства и на другој страни. Један од малобројних који је својим

моћ Млечана има неколико. Република св. Марка, ако је у културном погледу каскала за осталим деловима Италије па донекле и за Ђеновом, била је економски и војно ипак надмоћнија од своје супарнице. Затим, за разлику од Ђенове, *Serenissima* је непрестано била политички суверена држава, тиме и самосталнија и ефикаснија у одлучивању, а без сумње је и израженија повезаност ђеновљанских и турских трговачких интереса деловала на Византинце донекле одбијајуће, бар на оне међу њима који су били антитурски расположени и спремни да прихвате подршку за Запада.[16] Али, пресудно за, приближавајући се паду Царства, све израженије присуство Млечана у политичкој свакодневици Византије било је нешто друго. Током треће четвртине XIV века изгледало је, наиме, да је Ђенова стекла озбиљне предности на источном Медитерану а да Венеција, истовремено суочена са многобројним невољама,[17] није била кадра да на њих одговори властитим успесима. Но, ако је у источном Средоземљу морала да се помири са другоразредном улогом,[18] *Serenissima* је са правом сматрала да друго велико трговачко поље, простор који је гравитирао ка Црном мору и Царигра-

---

запажањима у много чему исправно антиципирао разлоге турског напредовања био је и Теодор Метохит у спису „О Скитима": Theodorus Metochites, Miscellanea philosophica et historica, ed. *C. G. Müller – T. Kiessling*, Leipzig 1821, 405–412. Имајући у виду време у коме су настала, Метохитова запажања само добијају у вредности. Cf. *Vryonis*, Decline, 408 sq.

[16] О заостајању Венеције у културном погледу, cf. *G. Piovene*, Anacronismo della Venezia quattrocentesca, La civiltà veneziana del Quattrocento, Firenze 1957, 1–21. – О туркофилству Ђеновљана, cf. *Manfroni*, Relazioni, 714–736. – Када је о питању политичка независност Ђенове, ваља подсетити да је овај град, почев од 1353, под заштитом миланских војвода Висконтија, иначе ненаклоњених Венецији, а од 1392. под француском управом. Cf. *E. Jarry*, Les origines de la domination française à Gênes (1392–1402), Paris 1896. – За разлику од централизоване Венеције, освајања Ђеновљана у Средоземљу, као и њихови трговачки подухвати одвијају се најчешће без непосредне подршке и учешћа матичног града, каткада и мимо његове воље. Cf. *Miller*, Essays, 283 sq. О улози Ђенове на Леванту говори обимна студија коју је пре неколико година објавио *M. Balard* (La Romanie génoise. XIIe début du XVe siècle, I, Rome 1978), нажалост неприступачна у тренутку писања текста. О ограничености ма ђеновљанског политичког утицаја у Романији, као и о учешћу тамошње трговине на њено благостање у XV веку, cf. *J. Heers*, Gênes au XVe siècle. Activité économique et problèmes sociaux, Paris 1961. Допуну познатој грађи о ђеновљанском трговачком присуству на Леванту пружио је *G. G. Musso*, Navigazione e commercio genovese con il Levante nei documenti dell' Archivio di Stato di Genova (Secoli XIV –XVI). Appendice documentairio a cura di *Maria Silvia Jacopino)*, Roma 1975.

[17] Између 1355. и 1375. Млечани су ратовали са Угарском (одузела им је Далмацију 1358), Карaром и Падовом, а од 1363. до 1365. трајао је врло снажан антимлетачки устанак Грка на Криту.

[18] О источној трговини Ђенове и о постепено успостављеној зони економских интереса и фактичком територијалном разграничењу са Млечанима, cf. *Heers*, Gênes, 363 sq.

ду, још увек није коначно ни у чијим рукама. Давнашња, сада само оживљена борба за ово подручје, у којој су се трошиле две најснажније флоте онога доба, условљавала је неминовно и поступке позних представника династије Палеолога, поларизујући их, привредно и политички зависне, око једне или друге стране. Невоља је, међутим, била у томе што су Млечанима више од Османлија у Цариграду сметали Ђеновљани, и обрнуто, Ђеновљанима би мањи губитак по њихове послове био пад престонице у руке неверника него трговачких такмаца. У њиховом дуготрајном надметању последња реч ће, у крајњој линији, припасти искључиво Турцима.

Вишегодишњи рат око острва Тенедоса, до кога је дошло управо због супротстављених интереса Ђенове и Венеције на територији још увек постојеће Византије, одлично илуструје праву природу међусобних односа три поменуте државе. Спор, започет педесетих година XIV столећа, продужио се и после формалног престанка сукоба, све до у наредни век. Тенедос, налазећи се на улазу у Дарданелски теснац, био је од изузетне важности будући да је са острва било могуће контролисати читаву пловидбу из Црног у Средоземно море и обратно, имати на оку турске лађе и, најзад, мотрити на Цариград и хитро реаговати на збивања у њему. Тога су подједнако били свесни и Ђеновљани и Млечани.[19] Венецији је острво, тада још у византијском власништву, први пут обећао 1352. године цар Јован V, покушавајући да за узврат, са 20 000 дуката и млетачком подршком, некако преотме престо Јовану VI Кантакузину. До остварења уговора није дошло, Кантакузин се показао спремнијим од супарника, па је Јован V био принуђен да се привремено склони баш на Тенедос, одакле је 1354. године коначно успео да уђе у престоницу. У поновљеном покушају, улогу Млечана заменила је ђеновљанска помоћ.[20]

Следећих двадесетак година Република, притиснута италијанским непријатељима и Угарском, била је на овом подручју у доброј

Средином XV века Ђеновљани доминирају у Црном мору, на Хиосу и у Малој Азији, док Млечани приграбљују монопол на Сирију и Египат (ibidem, 406).

[19] Један од врло трезвених млетачких хроничара XV века, Гаспаро Цанкаруоло, важност Тенедоса сажето је објаснио речима: „el qual (sc. Тенедос) sie la chiava dela bocha atuti quelli che vol navigar in lo mar mazor alatana de trabisonda e in assa altre parte" (Zancaruolo, 372). Други венецијански аналиста, Николо Тревизан, са своје стране бележи како „la qual isola Zenoesi molto desiderava di averla..." (Nicolo Trevisan, Cod. Marc. 519, coll. 8438, 125ᵛ).

[20] *Thomas*, Diplomatarium, II, 17–18; *Thiriet*, Ténédos, 222 sq.

мери политички пасивна, али на Тенедос није заборављала. Прилика да у томе смислу предузму нешто конкретно, Млечанима се пружила тек у пролеће 1370. године, када је у Венецију приспео византијски цар Јован V. Претходно је василевс, надајући се папиној помоћи, октобра 1369. пришао у Риму католичанству а 1. фебруара 1370, потписао уобичајени споразум са млетачким изасланицима, уобичајен и по увећаном византијском дугу у поређењу са претходним уговором.[21] У Млецима је цар склопио нови споразум, према коме би он, за уступање Тенедоса (у потпуности тек после његове смрти), добио натраг заложени мајчин накит, шест малих бродова (такозвани „arsili"), наоружаних за његов рачун, као и 25 000 дуката, од којих би он за личне трошкове задржао 4 000.[22] Али, вративши се у Цариград после две године одсуствовања и многобројних понижења, Јован V није испунио преузету обавезу.[23] Већ и раније предвидљиве амбиције Андроника IV, најстаријег царевог сина, испољиле су се у лето 1376. кроз отворени грађански рат. После тромесечне опсаде, престоница је пала у руке узурпатора, иза кога су стајали Турци и Ђеновљани. За учињене услуге Андроник IV је Османлијама вратио Галипољ а Ђенови, наводно бесплатно, уступио је Тенедос.[24]

---

[21] У упутствима посланицима млетачки сенат инсистира на подсећању Јована V о плаћању неизмиреног дуга у износу од око 45 000 перпера. Свота је за благајну Републике била смешно мала, али за цара недостижна и, управо зато, погодна за уцењивање *(Thiriet, Régestes*, I, 482). О боравку Јована V у Риму, cf. *Halecki*, Un empereur, 374–378.

[22] *Thiriet, Régestes*, I, 489; Giainjacopo Caroldo, Cod. Marc. cl. VII, 128ᵃ, coll. 8639, 127, 468–469. Cf. *Thiriet*, Ténédos, 224–225; *J. Chrysostomidis*, John V Palaeologus in Venice (1370–1371) and the Cronicle of Caroldo: a reinterpretation, OCP 31 (1965) 76–84.

[23] О питању боравка Јована V у Млецима, сумњи да је тамо био заточен и ослобођен тек пошто је његов млађи син Манојло II отплатио дугове, постоји несагласност и у изворима и литератури. С једне стране, млетачки документи и писци говоре о почастима које су цару у Венецији указане, као и о томе да му је без муке дато све предвиђено споразумом *(Thiriet, Régestes,* I, 489; Caroldo, 344), док на другој страни, Халкокондил и Псеудо-Сфранцес говоре управо обрнуто (Chalc., I, 46–47; Pseudo-Phrantzes, 194). О осталим изворима, cf. *Barker,* Manuel II, 12–13, 443–445. Више аутора даје предност вестима византијских писаца (уп. *Осшроѓорски,* Историја, 501), али се ипак мора имати у виду да су и Халкокондил и Псеудо-Сфранцес, у односу на ово време, веома удаљени, а у односу на личност Манојла II врло панегирички расположени. Осим тога, није никако јасно шта би евентуално Република хтела да постигне заточењем Јована V, будући да је баш у том периоду стање њихових међусобних односа било, рекло би се, доста добро. – Јован V је приспео у Цариград 28. X 1371. године (Klenchroniken, 94).

[24] Cf. *Barker,* Manuel II, 24–29; 458–461. – У Annales Ianuenses *(Muratori,* RIS, XVII, col. 1106) забележено је: „Valde enim amicabatur ipse Andronicus Januensibus. . . per eum quidem insula Tenedos gratis data est Januensibus. . ."

Потом се развио тежак рат у коме су Млечани бранили своја права над острвом и који је окончан компромисним миром у Торину где је 1381, уз посредовање Амадеа Савојског, одлучено да се Тенедос неутрализује, становништво исели а утврђења поруше.[25] Међутим, први који одредбе мира нису поштовали били су Млечани и острво ће још много година да служи њиховим галијама као полазиште и заклон, истина мање од Ђеновљана а више од Османлија.[26] Рат око Тенедоса је у крајњем збиру донео успех Венецији али је, истовремено, јасно показао већину основних елемената, неопходних за објашњење незавидног положаја Царства. Тиме се он издваја од осталих збивања друге половине XIV века. У сукобу се видело да је Византија, иако се рат водио због још увек њеног поседа, имала једино улогу поприштa али не и учесника. Видело се, такође, за колико је малу суму новца и још мању војну помоћ било могуће добити од Царства један изузетно важан и стратешки незамењив део његове, и онако невелике територије.[27] Спор је, најзад, открио фаталну повезаност византијских царева, праћену и личним интересима, са италијанским републикама. Оне, са своје стране, рачунају на василевсе као на своје експоненте у Цариграду и позивају се на дата им права од једнога од њима склоних Палеолога. У случају Тенедоса били су то Јован V и Андроник IV. Никада касније Царство није било у тако инфериорном положају према овим поморским силама као што је био случај у доба рата око Тенедоса. Са ове, рекло би се, најниже тачке, Манојлу II, а нарочито Јовану VIII предстојао је мукотрпан напор да се Византији врате достојанство и основни прерогативи независне државе. Како ће се показати, посебно је влада Јована VIII била, без обзира на половичан успех, ма-

---

[25] Cf. *Thiriet*, Ténédos, 225 sq.
[26] Cf. ibidem, 228 sq. – Једноставан, али у много чему исправан закључак о последицама рата и компромисног мира даје Санудо: „Questo fu cagione che i Turchi passarono sulla Grecia, e molte anime perdetero per la detta ragione" (Marino Sanudo, Vite dei Dogi, *Muratori*, RIS, XXII, col. 748)
[27] Само у једном наврату, 14–15. VIII 1382, Сенат је изгласао да „генерални капетан мора" Фантин Зорзи понесе за потребе и евентуалне новчане захтеве становника Тенедоса суму од 30 000 дуката, што ће рећи већу своту од укупног износа цене коју је за острво 1370. постигао Јован V *(Thiriet*, Régestes, I, 631; cf. *idem*, Ténédos, 233). Исто тако, очигледно је да се једна цена нудила Византинцима, а да је друга била реална. Потврду за то пружа ђеновљански захтев из априла 1382. упућен Млечанима, који показује да се вредност утврђења на острву кретала око 150 000 дуката *(Thiriet*, Régestes, I, 620).

кар прожета упорним настојањем да се политика Царства отргне од притиска Млечана и Ђеновљана. У поређењу са приликама из друге половине XIV века, она је, упркос све већој угрожености од Турака, представљала несумњиву промену на боље, нажалост недовољну да промени судбину Византије. Ипак, чини се да поређење са оним што се догађало у време Јована V у сваком случају улепшава оцену политичких поступака његовог унука.

Када је 1376. Андроник IV збацио оца са престола и заробио га заједно са млађим братом Манојлом II, подршку су му, како је речено, пружили Ђеновљани и Турци. Али, пошто су у међувремену заточеници уз помоћ Млечана успели да побегну на Тенедос, одлучујући потпору за повратак у престоницу, 1. јула 1379. године, добили су опет од Османлија.[28] Маја 1381, дошло је до измирења Јована V са најстаријим сином и, по тада склопљеном споразуму, Андронику IV припали су Селимврија, Хераклеја, Радесто и Панидос, Цариградом је владао Јован V, док је Манојло II поново преузео управу над Солуном.[29] На невољу, предах је потрајао свега неколико година јер се 1385. грађански рат наново распламсао, будући да је Андроник IV, незадовољан добијеним, покушао да прошири своју територију, изгледа према Пропонтиди, али није успео. Поражен, умро је 28. јуна 1385.[30] Затим је, све до 1390. године, у породици завладало затишје. За Манојла II је нестала основна, али не и једина, препрека на путу ка царском престолу. За Андроником IV остајао је још његов син, Јован VII. Од тога да ли ће, поред Јована VII, успети да једнога дана

---

[28] Иако односи Јована V са Венецијом нису баш били увек постојано добри, у млетачкој историографији овај цар се традиционално представља као пријатељ Републике. На пример, Zancaruolo (427ᵛ) бележи о Јовану V како „era la fama per tutto Constantinopoli che limperator amava et favorizava la nation venitiana sopra tutte le altre". Sabellico га опет назива „homo veneti nominis amicissimus" (Istorie delle cose veneziane, V. Venezia 1718, 358). – О поменутим догађајима говоре Kleinchroniken, 68, 110, 182–183; Ducas, 73; Chalc., I, 58; Ламброс, Παλαιολόγεια, III, 29; cf. Dennis, The Reign, 40; Barker, Manuel II, 32–34; Schreiner, Kommentar, 320–321. – В. нап. 34, у овом поглављу.

[29] MM., II, 25–27; Kleinchroniken, 173; Ducas, 73, Cf. Dölger, Johannes VII., 26; Dennis, The Reign, 44–45; Barker, Manuel II, 42–43.

[30] Kleinchroniken, 68; Choronologische Einzelnotizen (in: Schreiner, Kommentar, 613–614; Cydonès. Correspondance, II, 308, 309; cf. R.–J. Loenertz, Fragment d'une lettre de Jean V Paléologue à la Commune de Gênes 1387–1391, BZ 51 (1958) 37–40 (réimpr. Bizantina et Franco-Graeca, 393–397).

преузму на себе одговорности првога цара, зависиће и судбина Манојлових потомака, у првоме реду Јована VIII.

На другој страни су, међутим, наступили одсудни тренуци за још увек независне српске земље у унутрашњости Балканског полуострва. Солун, други град Царства, пао је у руке Османлија 1387. године а, после неколико мањих српских успеха, дошло је 1389. до боја на Косову са свим његовим добро познатим последицама. Нови султан, Бајазит, био је први међу турским владарима који је озбиљно помишљао на освајање Цариграда и, истовремено, први који је то био у стању да учини. За овакве планове, најбољег савезника међу Палеолозима емир је пронашао у сину Андроника IV, Јовану VII. Прилика за напад на престоницу била је заиста изврсна, јер се у њој налазио само стари автократор Јован V. Његов млађи син Манојло II, у лошим односима са оцем, боравио је у изгнанству,[31] а и став Млечана, једних на које је усамљени Јован V могао да се ослони, тих година се унеколико изменио. На држање Венеције према староме цару сигурно су утицали захтеви Јована V за Тенедосом,[32] можда и извесно његово зближење са Ђеновљанима, али на првоме месту чини се да су то биле недаће које је Републици причињавао царев трећи син Теодор I на Пелопонезу. Турци су били свесни захлађења до

---

[31] Манојло II је, како је истакнуто, управљао Солуном. Под притиском Турака и јаким туркофилским расположењем становника, 6. априла 1387. био је принуђен да напусти варош. Солун је пао у руке Османлија 9. априла (Kleinchroniken, 416, 440, 650, 680; Chronologische Einzelnotizen, 614). Cf. *Dennis,* The Reign, 151–155; *Barker,* Manuel II, 59, 446–456. О тзв. другом освајању Солуна, cf. *G. T. Dennis,* The Second Turkish Capture of Thessalonica, BZ 57 (1964) 53–61; *A. Bakalopulos,* Zur Frage der zweiten Einnahme Thessalonikes durch die Türken, 1391–1394, BZ 61 (1968) 285–290; нарочито уп. нап. 99, у наредном поглављу. Према познијим византијским писцима, Манојло је желео да се врати у Цариград, али отац одбија да га прихвати исто као и таст Јована VII, Франческо II Гатилузи, господар Митилине (Лезбоса). О томе говоре Chalc., I, 48; Pseudo-Phrantzes, 190. Cf. *R.–J. Loenertz,* Les recueils de lettres de Démétrius Cydonès, Studi e testi 131, Città del Vaticano 1947, 117–118; *Barker,* Manuel II, 446 sq. Одбачен, склања се на Тенедос, под окриље Млечана. Ту му стиже позив од Мурата, који га је врло пријатељски примио у Бруси. У јесен се вратио у Цариград, одакле га Јован V протерује у изгнанство. Уточиште је нашао на Лимносу, одакле 31. марта 1390 (према извештају Игњатија из Смоленска) стиже у помоћ опседнутом оцу. Cf. *Barker,* Manuel II, 71, 76–77. Уп. нап. 38, у овом поглављу.

[32] Јован V покреће питање Тенедоса већ од 1383. године *(N. Iorga,* Analele Academiei Române, Memorile sestinuii istorice, II, XXXVI, 1913–14, 1065; *Thiriet,* Régestes, I, 637). Лоше стање односа Венеције са Јованом V илуструје упутство (commissio) Сената Андреји Бембу од 23. VII 1389. године. У њему се цар моли да поступа пријатељски према Млечанима, али, са друге стране, подсећа на своја дуговања. О Тенедосу нема преговора и, на евентуалан предлог о посети Јована V Млецима, треба одговорити како је то бескорисно јер цар неће бити примљен у аудијенцију *(Iorga,* Analele, 1100–1101; *Thiriet,* Régestes, I, 760).

Византија крајем XIV века (царство којг нема)

кога је дошло између Млечана и Јована V, исто као и разлаза старога василевса са Манојлом II. Рекло би се да је још Мурат покушавао да измењене прилике окрене потпуно у своју корист, прихватајући одбаченог Манојла II и, изгледа, поново предлажући Венецији савез, објективно усмерен на рушење власти Јована V у Цариграду.³³ Ситуација се, у ствари, понављала. И за први и за други пад Јована V, уосталом као и за његова поновна уздизања, било је довољно да се василевсу ускрати млетачка подршка и да султан на тренутак промени своје пријатеље и штићенике.³⁴

Завера коју су, боравећи у Ђенови, сковали почетком 1390. године Јован VII и његова мати Марија-Кираца, сада је, у измењеним околностима, имала великих изгледа да успе.³⁵ Муратов наследник Бајазит је, у складу са надимком „Јилдирим",³⁶ у најкраћем року учврстио своју власт и муњевито променио политику Османлија према Византији из последњих година Муратовог живота, изнова подржавајући Андрониковог сина као и Ђеновљане.³⁷ Када је Ма-

---

³³ Муратово поновно зближење са Венецијом лепо може да се прати кроз сенатске акте, почев од 1381, а нарочито 1384. године. Из одговора Сената султановом посланику 10. марта 1384. сазнаје се да је Мурат предлагао Републици савез против Ђеновљана. Упутство (commissio) млетачком посланику од 22. јула 1384. говори, између осталог, опет о понудама султановим око уступања неке територије Републици за њене потребе *(Iorga,* Analele, 1093–1095; Diplomatarium, II, 193–196; *Thiriet,* Régestes, I, 667, 678). – О поменутим Муратовим идејама као да говори упутство посланику Алвизеу Дандолу од 24. VII 1388 *(Iorga,* Analele, 1096–1098; *Thiriet,* Régestes, I, 742).

³⁴ У вези са првим падом Јована V 1376. године, индикативно је оно што бележи Caroldo (fol. 398), а то исто потврђује и сенатски акт *(Thiriet,* Régestes, I, 575). Причајући о тада захладнелим односима између Царства и Млетака, наведени писац почиње са избором Марка Ђустинијана да Сан Поло за генералног капетана мора. Њему је наложено да од града захтева назад позајмљени новац, нове олакшице итд., а наређено му је и да се у Цариграду не искрцава, већ да Јовану V поручи како има налог да преговара са султаном: „et non volendo contentar hebbe ordine esso Capitano di ritrovarse con Soltan Amorath per intender l'animo suo se gli piacesse deputare a Venetiani una terra, over loco murato con il porto et con qual conditione..." Ваља подсетити да је Мурат I још априла 1368. нудио Млечанима Скутари, који се налази са друге стране Босфорског мореуза, предлажући им да се тамо сместе слободно, без икаквих такси и „комеркиона". Очигледна је била султанова намера да овим путем зада ударац цариградској трговини и царевим приходима *(Thiriet,* Régestes, I, 461). Од 1381. године, Мурат се у млетачким документима скоро увек назива I, 611).

³⁵ Cf. *Barker,* John VII in Genoa, 213–238; idem, Manuel II, 69–76.

³⁶ У грчким изворима његов надимак је најчешће транскрибован као Ἰλτρὴμ Халкокондил га назива ὁ λαῖλαψ, што је близу тачнога значења ове речи у турском. Λαῖλαψ на грчком означава олују, а „јилдирим" на турском муњу (Chalc., II, 85). Cf. *Werner,* Die Geburt, 160.

³⁷ Бајазит је најпре 1389. наложио да се смакне други Муратов син Јакуб, о чему има помена и у једној краткој хроници (Kleinchroniken, 561; Ducas, 37; Chalc., I, 53) – Када је реч о Млечанима, имајући у том тренутку пречих брига, Бајазит је сукоб са њима одложио, па се чак 1390. обнављају уговори из Муратовог времена *(Thomas,* Diplomatarium, II, 222–223).

нојло II 31. марта 1390. најзад стигао пред престоницу, град су већ у име Јована VII опседали Турци. Узурпатор је, нашавши савезнике и међу варошанима, ушао у Цариград 14. априла а браниоци су се повукли у тврђаву код Златне капије.³⁸ Манојлу II није ништа преостајало до да што пре крене у потрагу за помоћи. Крајем априла он се у томе циљу нашао код Јовановаца на Родосу,³⁹ да би, после неколико неуспелих покушаја, 17. септембра, са омањом флотом отуда, успео да продре у град и врати оцу престо.⁴⁰

До свечаног помирења и обостраног усвојења између Манојла II и Јована VII доћи ће тек 1393, па поново 1399, а у међувремену Јован VII ће у још неколико наврата покушавати са побунама, но без успеха. Овде је вредно помена да ни Јован V а ни Манојло II никада нису били у тој мери и тако постојано везани за неку од ондашњих страних сила, како је то био случај са Андроником IV и нарочито Јованом VII. Што се Јовану VII оваква верност није трајније исплатила, разлог је био у свесно променљивом држању Османлија према последњим Палеолозима, али и у измењеном односу снага између Венеције и Ђенове у корист Млечана. Како било, није се радило само о политичкој блискости већ и о економском партнерству. И ово је донекле разумљиво, ако се има у виду неупоредива разлика између прихода главнога цара, стицаних од престоничке трговине, и онога до чега је, на пример, могао да дође Јован VII, управљајући својом апанажом у Селимврији.⁴¹

---

³⁸ О датуму доласка Манојла II говори Игњатије из Смоленска (Хожденіе Игнатія Смоленина, подъ редакціею С. В. Арсеньева, Санктпетербургъ 1887, Правосл. Палест. Сборникъ, 11, томъ IV, вып. 3, 12–13; француски превод: *B. de Khitrowo*, Itinéraires russes en Orient, Genève 1889), а о уласку Јована VII вест из једне кратке хронике (Klinchroniken, 68). Cf. *Barker*, Manuel II, 71–77; *Schreiner*, Kommentar, 340–341. Такође, cf. *C. Mango*, The Date of the Anonymous Russian Description of Constantinople, BZ 45 (1952) 380–385.

³⁹ Да је Манојло II априла 1390. пошао из Цариграда на Родос, сведочи горе наведена вест из кратке хронике, а нарочито запис на једном рукопису из Бечке библиотеке (ed. *H. Hunger – O. Kresten*, Katalog der griechischen Handschriften des Österreichischen Nationalbibliothek, II, Wien 1969, 30), у коме се каже да је, на путу за Родос, Манојло био 22. априла код острва Коса. Cf. *R.–J. Loenertz*, Jean V Paléologue à Venise (1370–1371), REB 16 (1958) 231–232 (Byzantina et Franco–Graeca, 264–265). – Манојлово пријатељство са Јовановцима је током наредне деценије још више јачало (в. след. погл., посебно нап. 104 и 106). Такође, cf. *P. Wirth*, Manuel II Palaiologus und der Johanniterorden, Βυζαντινά 6 (1974) 385–389.

⁴⁰ Kleinchroniken, 69, 103; cf. *Barker*, Manuel II, 42, 64–65; *Schreiner*, Kommentar, 342–343.

⁴¹ О трговачким везама Јована VII са Ђеновљанима речито говоре рачуни њихове колоније у Пери *(Iorga,* Notes et extraits, I, 39 sq.). – О улози Јована VII у последњој деценији XIV века, уп. даље излагање, као и следеће поглавље. О личности Јована VII и његовом учешћу у породичном рату између Палеолога, cf. *Dölger,* Johannes VII., 21 sq.; *Г. Колиас,* Ἡ ἀνταρσία

На претходним страницама било је истицано да нити углед титуле хришћанског римског цара, нити важност Цариграда као међународног трговачког средишта, нити савезништво са овим или оним тадашњим моћником није било довољно да Царству прибави довољан државни ауторитет, чак ни у балканским размерама. Обновљена 1261. године, на друкчијим основама и смањеном простору, Византија је у последња два столећа свога постојања била просто једна од феудалних држава тога полуострва, истина са универзалистичким наслеђем и идеологијом, али и временом све безначајнија. Начас, средином XIV века, политичко првенство је, бар у погледу земаља које је обухватало и војске којом је располагало, прешло привремено на страну младог и, чинило се, јаког Српског царства. У познатим околностима, после Душанове смрти 1355. године, српска држава се, међутим, током непуне две деценије, распала на низ засебних области али, чак и тада, поједине међу њима показивале су више снаге и воље да се Турцима супротставе него што је то била у стању Византија.

Већ је поменуто да је у боју на Марици о независности Царства одлучивала војска краља Вукашина и деспота Угљеше, а да Византија није учинила практично ништа што би помогло њихов одважни покушај. Напротив, став византијске световне власти јасно се исказао кроз привремено, наивно замишљено преузимање неких од крајева који су припадали деспоту Угљеши, а држање цариградске цркве било је и после 1371. оптерећено спором око уздизања српске патријаршије. Ни у једном ни у другом погледу званични Цариград још увек није био спреман да промени своје традиционалне погледе на варварског суседа.[42] Ипак, животна пракса

Ἰωάννου Ζ΄ Παλαιολόγου ἐναντίον Ἰωάννου Ε΄ Παλαιολόγου (1390), Ἑλληνικά 12 (1952) 34–64; *P. Wirth*, Zum Geschichstbild Kaiser Johannes' VII. Palaiologos, Byz. 35 (1965) 592–600.

[42] Нарочито је занимљива историја односа српске и византијске цркве у то време. До разлаза међу њима дошло је са уздизањем српске архиепископије у ранг патријаршије (1346), што цариградски патријарх није могао да прихвати. У настојању да се са Царством зближи пред битку на Марици, деспот Јован Угљеша је осудио проглашење патријаршије (в. *Осūроīорски*, Серска област, 129 сл.), али до помирења две цркве дошло је тек 1375 (уп. о томе у новије време, *Д. Боīдановић*, Измирење српске и византијске цркве, О кнезу Лазару, Београд 1975, 81–91; о истом питању в. такође и преглед важније литературе који даје *Ђ. Слијепчевић*, Историја српске православне цркве, I, Минхен 1962, 172 –189). Ја сам, међутим, у једном ранијем раду са доста разлога тврдио да је и после 1375, осамдесетих година XIV века, из Цариграда поново била оспоравана титула српском патријарху (*И. Ђурић*, „Ектесис неа" – византијски приручник за „питакиа" о српском патријарху и неким феудалцима крајем XIV века, ЗФФВ XII-1, 1974, 415 сл; cf. *M. Lascaris*, Le patriarcat de Peć a-t-il reconnu par l'Église de Constantinople?, Mél. Ch. Diehl, I, Paris 1930, 171–175; *V. Laurent*, L'archevêque

чинила је своје и, у другој половини XIV столећа, српска повест се, без обзира на отпоре из Цариграда, неумитно испреплела са византијском, већ и због чињенице да су Срби и после катастрофе на Марици, макар до битке на Косову, били спремнији од осталих на Балкану да се одупру Османлијама.

Осим тога, српско присуство у судбини Византије било је, нешто посредније али несумњиво, изражено и кроз околност да су се пространи делови полуострва, који су некада чинили матичне области византијског света, средином века нашли привремено под окриљем Душановог грчко-српског царства. После 1355. на томе пространству створено је више двонационалних државица, чије је становништво било већином грчко а владари Срби. Серском државом господарио је деспот Јован Угљеша, Тесалијом Душанов полубрат Симеон-Синиша и његови наследници, у Јањини власт је приграбио Тома Прељубовић.[43] Мишљење Ромеја о Србима постепено је еволуисало, од неприхватања скоројевићког Душановог царства, преко неповерења у епигонске узурпаторе, до отвореног исказивања наклоности и заједништва у наредном веку. Но, ни у ово време, крајем XIV столећа, улога намењена Србима у отпору Турцима као и поменута својеврсна етничка симбиоза нису остајале без одјека у Царству, чак ни у најтврдокорнијим светогорским монашким круговима. У томе смислу одличан пример пружа запис из Протатског поменика, у коме се изричито подсећа на смрт блажених деспота Угљеше и краља Вукашина „и са њима погинулих хришћана против безбожних Турака".[44]

---

de Peć et le titre de patriarche après l'union de 1375, Balcania VII, 1944, 2, 303–310). Данас бих се, чак, усудио да верујем да цариградска црква никада, бар до 1453, није признала српску патријаршију. Јер, осим писања српских извора, тачније Даниловог настављача, других потврда за то нема. Напротив, и у време Фирентинског сабора, када је противницима уније било изузетно блиско држање деспота Ђурђа Бранковића и српске цркве, пећки патријарх се означава једино као архиепископ: Laurent, Syropoulos, 120–122. В. супротно мишљење: Ф. Баришић, О измирењу српске и византијске цркве 1375, ЗРВИ 21 (1982) 159–182. Уп. Први и једини цар (1425–1440), нап. 140.

[43] О Симеону-Синиши, уп. Б. Ферјанчић, Тесалија у XIII и XIV веку, Београд 1974, 241 сл.; о Томи Прељубовићу, в. у много чему застарелу студију J. Романоса, Περὶ τοῦ Δεσποτάτου τῆς Ἠπείρου, Κρορ 1895; Cf. C. S. Estopañan, Bizancio y España. El legado de la basillisa Maria y de los déspotas Thomas y Esaú de Joannina, I–II, Barcelona 1943; Л. Вранусис, Ἱστορικὰ καὶ τοπογραφικὰ τοῦ μεσαιωνικοῦ κάστρου τῶν Ἰωαννίνων, Атина 1968, 16–18, 49–73; О Томиној титули деспота, в.. Ферјанчић, Деспоти, 80–82.

[44] Л. Политис – М. Манусакас, Συμπληρωματικοὶ κατάλογοι χειρογράφων Ἁγίου Ὄρους, Ἑλληνικά, пар. 24, Солун 1973, 134; уп. И. Ђурић, Поменик светогорског протата с краја XIV века, ЗРВИ 20 (1981) 139–169.

Другим речима, покушај Мрњавчевића је и код конзервативних византијских монаха, накнадно али заслужено, оцењен као борба у име ширег хришћанског света, па и Византије. Под хришћанима мислило се, наравно, само на онај њихов део који је остао веран православљу. До које су мере Византинци били заиста заинтересовани за српско одупирање неверницима, илуструје и летимично прегледање бележака насталих у народски једноставним и „кратким хроникама". Девет пута је у њима записана вест о поразу Угљеше и Вукашина, каткада са исправном оценом његових последица и објашњењем сличним ономе из Протатског записа,[45] док је бој на Косову у истим изворима забележен у седам наврата.[46] Поређења ради, о сукобу на Ровинама говори само једна хроника,[47] а о дуго припреманом и свечано најављиваном походу западних крсташа, окончаном неуспехом код Никопоља, строго узев бележака и нема.[48] Било је у томе распрострањеном веровању у способност и позваност Срба да се одупру Турцима и одсјаја реаговања православног клира, монаштва и становништва уопште на свемоћно присуство Латина у животу њихове државе. Срби су, другим речима, били прижељкивани као спасиоци у првоме реду зато што су били вером ближи Ромејима и изгледали им као мање зло од италијанских савезника. Нажалост, нада у српску снагу ишчилила је са завршетком XIV столећа.

Све речено, поред илустровања односа на Балканском полуострву и расположења у Царству, од знатне је помоћи и при разумевању једног значајног догађаја који је претходио рођењу Јована VIII: удаје ћерке угледног српског феудалца Константина Драгаша за ви-

---

[45] Kleinchroniken, 352, 379, 388, 398, 451, 544, 561, 627, 656. – Тако се у једној хроници закључује: ... καὶ ἀπὸ τότε ἄρχισαν ο῎ Ἰσμαηλίτες νὰ κυριεύουν τὰς βασιλείας τῶν Χριστιανῶν (ibidem, 56!).

[46] Ibidem, 380, 389, 398, 452, 561, 623, 670.

[47] Ibidem, 562.

[48] Само је у једној од хроника забележена вест о заузимању Месемврије 1396 (ibidem, 214). – У научној литератури је уобичајено да се, поводом боја код Никопоља, говори о великом одјеку који је његов неповољан исход имао код Византинаца. Белешке из кратких хроника такво мишљење очигледно демантују. Изузимајући Цариград, боље рећи царску околину и кругове наклоњене Западу, таквој тврдњи нема места. Разлози су вишеструки, а своде се, поред незнања, на сумњичавост према католичкој Европи као и на туркофилство. У томе смислу треба схватити и касније излагање око никопољске битке. Као пример поменутог гледања у историографији, cf. D. J. Geanakoplos, Byzantium and the Crusades; 1354–1453, in: A History of the Crusades, gen. ed. K. M. Setton, III, Madison-London 1975, 84.

зантијског василевса Манојла II. Отац Јелене Драгаш је, и пре овог орођавања, био добро позната и у Царству утицајна личност. Ако се прихвати мишљење да су 1389. године "још увек Срби били ти који су могли да пружају најјачи отпор" Турцима,⁴⁹ онда је после Косова Константин Драгаш био њихов најистакнутији представник.⁵⁰ Османлијско напредовање, које су Срби безуспешно покушавали да зауставе, било је после Марице поступно и систематично. Сер је пао коначно у њихове руке 1383,⁵¹ Галипољ је по други пут заузет 1376. године,⁵² Софију су Турци заузели 1385,⁵³ Ниш 1386,⁵⁴ Солун 1387.⁵⁵ Кнез Лазар је успео 1385/6. године да сузбије нападаче код Плочника, 1388. над њима су код Билеће однели победу Босанци,⁵⁶ али права одлука је пала 15. јуна 1389. на Косову. Последице боја биле су по некадашње Лазареве области исте онакве какве су биле по Византију осамнаест година раније, после маричке битке.⁵⁷ На читавом Балканском полуострву није такорећи више било ниједне политички независне хришћанске државе.

У досадашњем излагању могло је да се примети како је под Византијом претежно био подразумеван Цариград, што није било случајно. Иако је смањена територија Царства ипак и крајем XIV века премашивала простор омеђен престоничким зидинама, историја ових, формално још увек византијских земаља, добрим делом

---

⁴⁹ *Осшроīорски*, Историја, 505–506.
⁵⁰ О К. Драгашу, в. наредно поглавље.
⁵¹ О освајању Сера, cf. G. *Ostrogorsky*, La prise de Serrès par les Turcs, Byz. 35 (1965) 302–319 (Сабр. дела, IV, 243–258).
⁵² О освајању Галипоља, cf. F. *Babinger*, Beiträge zur Frügeschichte der Türkenherrschaft in Rumelien (14–15. Jahrhundert), Südosteuropäischen Arbeiten 34 (1944) 39–45; P. *Charanis*, On the Date of the Occupation o Galipoly by the Turks, Byzantinoslavica 16 (1965) 113–117; *Barker*, Manuel II, 458–461; *Schreiner*, Kommentar, 284–285, 315–316.
⁵³ Cf. *Babinger, Beiträge*, 65 sq.
⁵⁴ Стари српски родослови и летописи, изд. Љ. *Сшојановић*, Београд – Ср. Карловци 1927, 591, 592.
⁵⁵ Уп. напомену 31, у овом поглављу.
⁵⁶ Уп. С. *Ћирковић*, Историја средњовековне босанске државе, Београд 1964, 158–159; о бици код Плочника, уп. нап. 51, у овом поглављу. као и М. *Динић*, Жан Фроасар и бој на Плочнику, ПКЈИФ XVIII (1938) 361–365.
⁵⁷ Библиографију о боју дао је С. *Ћирковић* уз: С. *Новаковић*, Срби и Турци XIV и XV века, Београд 1960³, 470. О одјеку косовске битке у Византији, уп. С. *Ћирковић*, Димитрије Кидон о косовском боју, ЗРВИ 13 (1971) 213–219; Историја српског народа, II, Београд 1982, 36–46 (текст: Р. *Михаљчић*).

текла је засебним токовима. О томе ће мало касније бити више говора. Међутим, поред поседа у рукама Палеолога, Византије се на посредан начин тицала и судбина оних, некадашњих царских територија, на балканском тлу и са грчким живљем, које су се сада налазиле изван било каквог домашаја цариградске власти. Дугачка заједничка прошлост, идеологија, припадност заједничкој вери и народу, као и географска близина, више или мање су ишли у прилог њиховој повезаности са Цариградом. На другој страни, све више их је раздвајала чињеница да се у њима управа налазила у рукама туђина, Албанаца, Срба или Латина, а првенствено последице одмакле феудализације, са свим појавама па и расцепканошћу појединачних интереса које су је пратиле. Врло сложени преглед ратова, краткотрајних савезништава и честих вероломстава који су непрестано потресали подручје данашње Грчке, од јонских острва, преко Епира, Атике и Мореје све до Додеканеза, овде је сасвим излишан. Поменутим феудалцима, уосталом, у избору заштитника, византијски цар је ретко падао на ум, чак и када су сâми били Грци. Осамдесетих година XIV века, племићи са Крфа добровољно ће да траже од Венеције да анектира острво,[58] а архонти јањинског „синклита" ће 1411, дајући предност локалном великашу, изјављивати да би они пре волели за господара Карла Тока него василевса Манојла II.[59] Они јесу Грци верни православљу али не и Ромеји, а њихово виђење збивања у Цариграду само је поглед из блиског суседства.[60] Ма колико оваква оцена изгледала оштра, разумљива је ако се подсети да је брига Палеолога за њих, почев од Јована V, у пракси била сведена углавном на брачне комбинације и додељивање високих титула.[61] За иоле више, Царство заиста није ни имало моћи.

---

[58] Thiriet, Régestes, I, 625, 684, 698, 703, 704, 712; cf. idem. Romanie. 396 sq.; такође, cf. E. Bacchion, II dominio veneto su Corfù (1386–1797), Venezia 1956.

[59] ... ἃ ν ἔτυχεν καιρὸς ἀφεντὴν νά γυρέψουν, νὰ μὴ ἀλλάζουσιν αὐτὸν διὰ τὸν βασιλέα... (Cronaca dei Tocco, 310, v. 1231–1238).

[60] О проблему „Ромеја" и „Грка" биће посебно говора у наредним поглављима.

[61] Тако је, на пример, сестра Јована V била удата за Ђеновљанина Франческа Гатилузија, господара Лезбоса, Јован VII био је ожењен Евгенијом Гатилузи, брат Манојла II, деспот Теодор I, ћерком атинског војводе Нерија Ачајуолија, док је последњи византијски цар склопио брак са ћерком Леонарда Тока, грофа и господара неколико јонских острва. Када је реч о примању достојанстава из Цариграда, опет примера ради, титуле деспота отуда добијају господари Јањине Тома Прељубовић и Исаило Буонделмонти, Карло I Токо итд.

Непосредно после маричке битке, Византија је привремено увећала своју територију али, како је раније истакнуто, ова освајања била су краткога века. Дефинитивно изгубивши Галипољ и Тенедос, а око 1390. године и усамљени Христопољ,[62] Царство је, бар према досада прихватаним претпоставкама у литератури, уз трачку обалу имало још Селимврију са околним градовима Даниооном, Хераклејом, Радестом и Панидосом. Њима је управљао царев савладар Андроник IV, а затим његов син Јован VII. Са доста сигурности може se тврдити да су, у временском распону између 1371. и 1402. године, Данион, Селимврија и Хераклеја заиста били непрестано у византијским рукама, али се за Радесто и Панидос морају изразити извесне сумње, макар када је реч о годинама велике Бајазитове опсаде Цариграда, отпочеле септембра 1394.[63] Или још одређеније, чини се да се деведесетих година XIV столећа царева власт протезала поред мора ка западу једино до Хераклеје, то јест највише шездесетак километара од престонице. Поред ових на трачкој, боље рећи јужној трачкој обали, Царство је и на црноморској обали задржало неке поседе. За разлику од градова уз

---

[62] О томе Kleinchcroniken, 683; cf. *Schreiner,* Kommentar, 343– 344. Становништво су Турци, као и у другим приликама, по освајању раселили. *Loenertz,* Pour l'histoire, 168 (Byzantina et Franco-Graeca, 236), претпоставља да је Манојло II био господар Христопоља, али да је град био „le lief de la Porte", односно да је 1390/91. пао под директну турску власт. – О заузимању области око Струме и Месте, cf. *Ostrogorsky,* Prise de Serrès, 302–319 (Сабр. дела, IV, 243–256).

[63] Када су у питању поменуте вароши, историчари се позивају на уговор, потврђен 2. XI 1382, између Јована V и Андроника IV, којим је Андронику додељена територија са Селимвријом, Данионом, Хераклејом, Радестом и Панидосом *(R.–J. Loenertz,* Manuel Paléologue et Démétrius Cydonès. Remarques sur leurs correspondances, EO 36, 1937 287, 477; *idem,* Fragment d'une lettre, 37 sq. (Byzantina et Franco-Graeca, 393 sq.). Уговор је, иначе, настао сигурно пре маја 1381 (*MM.,* II, 344; cf. *Dennis,* The Reign, 44–45). – Грчки историчар *Bakalopulos* (Limites, 56 sq.), у иначе врло корисном истраживању, чини неколико грешака у вези са овим питањима, које се у каснијим радовима углавном понављају. Пошавши од Дукиног податка да је опсада Цариграда трајала седам година (Ducas, 79 sq.) и погрешно протумачивши да је она почела 1393, *Bakalopulos* сматра да је тада и Селимврија пала у турске руке, што није тачно. Овај град је, уосталом као и читава територија под управом Јована VII, био у то време под окриљем Османлија, али не и заузет, већ и због тога што је у изворима изричито забележено да се Јован VII налази у Селимврији, на својој апанажи (уп. нап. 73 и 94, у наредном поглављу). Можда би (1396. или 1444?) сведочанство о опсегу земаља које су пред битку код Никопоља још увек припадале Царству пружао врло необичан извор – једна италијанска мапа, односно обавештајни извештај о унутрашњости Балканског полуострва и намењен крсташима. Према поменутој карти јасно произлази да је Селимврија и читава обала од престонице до ње у рукама хришћана, а даље на запад византијских поседа више нема (*F. Babinger,* Eine Balkankarte aus dem Ende des XIV. Jahrhunderts, Zeitschrift für Balkanologie II, 1964, 1–5; reprint: Aufsätze, II, 180–183).

Мраморно море, ове територије се, међутим, нису директно наслањале на цариградске зидине. Напротив, будући на приличној удаљености од престонице, византијски поседи уз Црно море опстајали су изгледа управо захваљујући таквом географском положају, смештени близу још увек слободних влашких земаља и султанових непријатеља Татара. Најзначајнија византијска варош у бугарском приморју била је тада Месемврија. У неколико прилика пљачкана и раније, Месемврија је од Османлија страдала и 1380. године, а 1396, вероватно у јесен, Бајазит је град заузео. Била је то једна од непосредних последица крсташког неуспеха код Никопоља. Месемврија је враћена Манојлу II 1403. године, пошто је претходно Тимур код Ангоре потукао Бајазитову војску.[64] Премда је судбина црноморског приморја недовољно позната, ипак има основа веровању да је северно од Месемврије било још варошица и тврђава под византијском влашћу, можда чак све до Варне. Када је у питању обала између Цариграда и Месемврије, исто као и унутрашњост трачког копна, крајем века она је чврсто под Османлијама.[65]

Поред подручја око Селимврије и Месемврије, Царству је преостало још нешто поседа у Егејском мору. На некима од њих врховна власт василевса није била много даље од пуког теоријског сизерен-

---

[64] О нападу Турака из 1380: Kleinchroniken, 98. *Bakalopulos* (Limites, 58), чини се, погрешно тумачи белешку из кратке хронике, сматрајући да је Месемврија била само један у низу тада заузетих градова на Црном мору. Но, нити је, према поменутој белешки, тада заузето више вароши (само је опљачкано) нити је реч било о коме другоме граду изузев Месемврије (cf. *Schreiner*, Kommentar, 321–322). – О паду Месемврије 1396: Kleinchroniken, 214. Већ сама чињеница да постоји директна вест о паду, оповргава мишљење које је изнео *Bakalopulos*: "... toutes les villes de côte nord de la Mer Noire sont tombées aux mains des Turcs entre 1367 et 1380". Истина, грчком научнику нису биле приступачне вести из Месемвријске хронике, будући да је она издата касније (*Schreiner*, Studien, 204–205). За шира обавештења о бугарској црноморској обали, па и о Месемврији, уп. саопштења са симпозијума "Bulgaria pontica medii aevi" (Nessèbre 1979), објављена у зборнику Byzantinobulgarica VII (1981). Нажалост, о питању политичке припадности Месемврије крајем XIV века тамо није било опширнијег говора. – О враћању Месемврије Византији: *Thomas*, Diplomatarium, II, n. 159, 290–293. Cf. *Barker*, Manuel II, 225. – Занимљиво је да на италијанској мапи (уп. нап. 63, у овом поглављу) црноморска насеља не носе никакву ознаку припадништва хришћанима или Турцима, осим ушћа Дунава, које је означено на заставици крстом.

[65] Тако, рецимо, податак из Месемвријске хронике да је деспот Михаило Палеолог, један од синова Јована V, умро у Дристрији, варошици северно од Месемврије, можда упућује да је, бар до 1376–1377, Царство имало неких поседа и северно од Месемврије (*Kleinchroniken*, 214). Судећи према истоме извору, изгледа да је чак и Варна била независна све до 2. II 1399, када је пустоше Татари (ibidem, 215). О томе упаду Татара пише и Chalc., I, 93. Јужно од Месемврије обала је, као и унутрашњост Тракије, била под влашћу Османлија (cf. *Bakalopulos*, Limites, 59 sq.).

ства над областима које, под страним господарима, у сваком погледу живе самосталним животом. Било је и правих примера безвлашћа. Тако је Спорадски архипелаг, стеновито острвље смештено уз млетачку Еубеју (Негропонт), формално све време припадао Царству, а у пракси био у потпуности под контролом независних гусара. Тек после пада Цариграда 1453. године, управу над Спорадима (Скијатос, Скопелос и Скирос) преузела је Венеција.[66] Важнији и занимљивији је случај са Хиосом и породицом Ђустинијани која је била у вазалном положају и према аутократору и, нешто касније, према султану. Хиос, велико, привредно и трговачки развијено острво, био је под директном влашћу Палеолога једва петнаестак година када је, 1346. године, управу над њим преузела породица Ђустинијани, а са њом и Ђенова.[67] Непосредно пре тога, 1344. године, влада у Цариграду је острво, на начин који је у XIV столећу постајао све више уобичајен у односима Византије и Млетака, понудила Републици на продају.[68] Као и у већини других прилика, ова понуда је у Сенату била учтиво одбијена и Хиос се, формално гледано, све до уласка Мехмеда II у Цариград, налазио у вазалном положају и према цару и према султану. Византији је годишње плаћена симболична свота новца у износу од 400 перпера а Османлијама чак 4 000 златних дуката. Без обзира на то, византијски цар ће и надаље, као прави сизерен, Ђустинијанима потврђивати привилегије. Тиме је између Ђустинијанија и Палеолога била успостављена и касније одржавана типична феудална веза, налик западноевропском моделу вазалитета, 7. јула 1355. потврђена и посебним уговором.[69]

---

[66] О томе саопштавају и „Estratti degli annali veneti di Stefano Magno" (Cf. Hopf, Chroniques gréco-romaines inédites ou peu connues, Berlin 1872, 198). Cf. Bakalopulos, Limites, 63.

[67] Cf. Manfroni, Relazioni, 732 sq.; Miller, Essays, 298 sq.; и Ph. Argenti, The Occupation of Chios by the Genoese and their Administration of the Island (1346–1566), Cambridge 1958. Посебно подробно о Ђустинијанима и привредној снази Хиоса расправља Heers, Gênes, 385 sq.

[68] Thiriet, Régestes, I, 171.

[69] О доласку Ђеновљана на Хиос: Chronologische Einzelnotizen, 611; Gregoras, II, 765 sq; Cant., II, 583. Према византијским писцима, требало је да Ђеновљани плаћају 12 000 златника годишње Византији, али је тај договор Јован V изменио тако што је практично идентична свота убудуће одлазила Турцима (рачунајући однос између перпера и дуката у пропорцији 1:3), док се цар задовољавао са 500 перпера. О томе Јеронимо Ђустинијани пише 1585. у својој књизи „al protovestiario, cioè mastro della guarda roba" плаћено 500 перпера... а да су „li medesimi privilegii furono appreso confirmati da Giovanni Paleologo, figluolo di Emanuele, nell'anno 1432, come appare per due chrissobulati, cioè privilegii o bolle d'oro imperiali" (ed. Ph. Argenti, Hieronimo Giustiniani's History of Chios, Cambridge 1943, 377). Издавач, поводећи се

Реално, Царству су припадала само трачка острва. Тасос, Лимнос, Самотрака и Имброс имали су истакнуте улоге у историји позне Византије, али ни њихово припадништво некада моћној и централизованој држави не ваља схватити друкчије до у условном, посредном смислу, какав пре одговара феудалном Царству. Тасос су, на пример, 1356/7. ослободили од гусара, а за рачун Царства, браћа велики стратопедарх Алексије и велики примикирије Јован Палеолози, побочни чланови владајуће династије. За награду, потом су острво добили у власништво, то јест као апанажу.[70] Лимнос, Имброс и Самотрака били су крајем истог столећа, рекло би се, још увек под непосредном управом цара из престонице, но у XV веку и Лимнос ће се претворити у апанажу припадника василевсовог уског породичног круга. Притиснут опсадом Цариграда, без средстава, војске и поморске заштите, Манојло II је 1394. године покушао да Лимнос понуди на продају Млечанима а, на основу сенатског документа из 1397, сазнаје се да је цар уз Лимнос нудио и Имброс – све то без успеха.[71] Василевс је, значи, једину територију којом је, изузимајући цариградске бедеме, директно располагао покушавао да уновчи. У ствари, феномен распродаје царских земаља постао је, још почев од педесетих година XIV века, уобичајена појава, а крајем столећа био је такорећи део свакодневице. И овде се, као и када је била реч о економском здрављу Византије, намеће, међутим, поређење са епохом Јована VIII, и то у корист овога владара. Ако већ није успео да рецентрализује управу над Царством, овај василевс макар није отуђио путем продаје ниједан његов део. У изворима чак нема трага ни сличним настојањима, налик ономе што су чинили и Јован V и Манојло II, али једино када је у питању сâм Јован VIII. Са његовом браћом случај је био нешто друкчији. Ипак, изван сумње је да се Царству у XV веку и тиме делимично враћало достојанство суверене државе, премда све то, наравно, није било довољно и за његову истинску обнову.

за Милером *(Miller,* Essays, 306), погрешно сматра да је уговор Ђустинијанија са Царством из 1363. Cf. *Dölger,* Regesten, V, n. 3042. Поред дела наведених у нап. 67, у овом поглављу, cf. *R. Lopez,* Storia delle colonie genovesi nel Mediterraneo, Bologna 1938; *P. Lemerle,* L'Émirat d'Aydin. Byzance et l'Occident. Recherches sur „La Geste d'Umur Pacha", Paris 1957, A. 3.

[70] Уп. *Острогорски,* Серска област, 28–31, 147–154 (Сабр. дела IV, 467–471, 615–624); *idem,* Observations on the Aristocracy in Byzantium, DOP 25 (1971) 25 sq.; *Максимовић,* Апанаже, 140 сл.

[71] *Thiriet,* Régestes, I, 860, 932.

Но, нити поседи на трачкој и црноморској обали, а поготово не острва у Егејском мору, по важности нису могли да се упореде са византијским покрајинама у Мореји. Све до 1261. године једна од забитијих провинција Царства, Пелопонез је, како се повест Византије примицала завршетку, све више добијао на значају, да би, крајем XIV века, постао економски и културно најсвежија, војно најспремнија а уз то и најпространија област државе. Седиште ромејске власти на овом полуострву била је Мистра, а са њом је Византији припадао и знатан простор у унутрашњости Пелопонеза, укључујући и познату луку Монемвасију. После смрти Пјетра Корнара (6. VII 1388), ову територију је деспот Теодор I и проширио), освојивши накратко Аргос,[72] али, у основи, византијска Мореја, бар до 1402. године, заузима само мањи део полуострва.

На сложеној и каткада противречној карти међусобних односа, уз паралелну егзистенцију развијеног западног и византијског феудализма, у условима постојања сениората и партикуларизма, на Пелопонезу се издвајају, поред земаља ромејског деспота, латинска кнежевина Ахаја и пажљиво чувани млетачки градови. Ахајом у то време владају Наварежани па деспот Теодор I, све до 1394, покушава да за своја предузећа против њих и Венеције придобије подршку Мурата и Бајазита. Помиривши се са Млечанима поменуте године, брат Манојла II је отада на удару Османлија, колико и цар у престоници. Пружање отпора освајачима уједињаваће потом за више година некадашње супарнике, Млечане и Византинце.[73] Заинтересованост Венеције за Пелопонез била је огромна и разумљива. Догађа-

---

[72] О историји Пелопонеза крајем XIV века, cf. *Zakythinos, Despot* I, 132 sq.; *Loenertz, Pour l'histoire*, 166 sq. (Byzantina et Franco-Graeca, 234 sq.). – О заузимању Аргоса: *Thiriet, Régestes*, I, 744; Kleinchroniken, 233; cf. *R. Cessi*, Venezia e l'acquisto di Nauplia ed Argos, Nuovo Archivio Veneto 30 (1915) 152 sq. У то време Млечани су били далеко од помирења са Теодором I, па се у тајном упутству Сената налаже да се по сваку цену спречи улазак у Аргос или Нафплион деспоту и његовом савезнику Нерију Ачајуолију. Cf. *Bon, Morée*, 263 sq.

[73] О односима Теодора I са Наварежанима и Турцима (до 1394), cf. *Loenertz, Pour l'histoire*, 166–172 (Byzantina et Franco-Graeca, 234–240). – Из млетачких докумената се види да је држава Републике према деспоту у погледу Аргоса почело да се мења већ почев од лета 1391 *(Iorga,* Analele, 1102–1103; *Cessi,* op. cit., 170–171; *Thiriet,* Régestes, I, 768, 800, 843). – О уговору: *R. Predelli,* I libri commemoriali della Repubblica di Venezia, Regesti, III, Venezia 1883, 408; Kleinchroniken, 233, 248. Том приликом (27. V 1394) деспот је уступио Млечанима Аргос у замену за „пирг" Милопотамо. Град је остао у рукама Венеције до 2. VI 1397, а тада га заузимају Османлије *(Thiriet,* Régestes, I, 936; Chalc., I, 90–91; Pseudo-Phrantzes, 222; Kleinchroniken, 245). Кратка хроника даје прецизан датум освајања. Уп. такође нап. 74, у наредном поглављу.

јима на полуострву давана је предност над било чиме другим на Леванту, чак и над судбином Цариграда. Мада је Република, нарочито у годинама пред ангорску битку, начелно избегавала да прихвати или анектира различите градове или острва који су јој нуђени,[74] на Пелопонезу је, што је занимљиво, своје поседе била вољна да опрезно шири. Млечани су 1389. заузели Нафплион, неколико година касније преговорима су добили и Аргос, а деведесетих година столећа фактички једини бринули о латинском Патрасу.[75] Иако су Аргос а посебно Патрас били позната трговачка стецишта, интереси Венеције на полуострву били су бар колико економски толико и стратешки.[76] Једном речју, Serenissima је заиста покушавала да Пелопонез брани од Турака.[77] Само тиме, истоветношћу блиских циљева и заједничком опасношћу, може да се објасни, почев од 1394, савезништво дојучерашњих непријатеља, деспота Теодора I и Републике.

Трудећи се да се супротстави Османлијама, деспот је штитио властиту апанажу, док је све оно што чини Венеција у крајњој линији окренуто очувању два витална пункта, Корона и Модона. Речи Перо Тафура, шпанског путника који је 1436. године посетио Корон и Модон, у томе смислу су врло близу истине. Поменуте

---

[74] Сићушна егејска острва или градови на грчком копну су у овом периоду радо пристајали на млетачки протекторат, па га чак и сами тражили. Венеција, наравно, није могла да их у потпуности изузме од обавеза које су имали према Османлијама, али је бар овим трибутима успевала да да релативно „законит" облик, појављујући се пред Турцима као нека врста снажног гаранта за исплату данка. Cf. *E. A. Zachariadou*, The Turks and the Venetian Territories in Romania (1318–1407), Пепр. τοῦ Δ´ Διεθνοῦς Κρητολογικοῦ Συνεδρίου (Ираклион 1976 – Атина 1981), II, 103–122.

[75] Млечани заузимају Нафплион 2. IV 1389 (Kleinchroniken, 232). Био је то непосредан одговор на пад Аргоса у византијске руке (уп. нап. 72, у овом поглављу). Венеција се, наиме, спремала да сама освоји поред Нафплиона и Аргос, али је била предухитрена (*Thiriet, Régestes*, I, 745). – У Млецима је 4. X 1394. одлучено да се преузме заштита Патраса (*Thiriet, Régestes*, I, 866), премда је град званично Венецији предао архиепископ Патраса тек 1408 (*Sathas*, Documents inédits, I, 21–26; cf. *E. Gerland*, Neue Quellen zur Geschichte des Erzbistums Patras, Leipzig 1903, 161–171). Опширно о свему, cf. *Bon Morée*, 253–279.

[76] Тешко је иначе, осим војним и стратешким разлозима, објаснити заузимање Нафплиона, града који је више коштао него што је доносио (*Thiriet, Régestes*, I, 865). Из истог акта види се да је, међутим, Аргос био и трговачки исплатив посао за Републику. Патрас, највећа увозна лука на Пелопонезу, деведесетих година је примао од млетачких трговаца робе у вредности од око 80 000 дуката годишње (cf. *Thiriet*, Romanie, 348–349).

[77] Реално одмеравајући стање ствари, Млечани су видели смисла заједничкој антитурској коалицији у Мореји, само под условом да се утврди земљоуз Хексамилион (*Thiriet, Régestes*, 864, 882), али су истовремено желели да знају у и чијим ће рукама бити нов бедем (ibidem, 897). Република је сматрала да једино она може поуздано да брани улаз на полуострво и, истовремено, у Венецији се непрестано изражавају велике сумње у вољу Византинаца да се уопште боре против Османлија.

тврђаве Тафур је назвао „главним очима комуне", додавши да су оне „виталне по трговину" Млетака. Запажање шпанског путника постаје разумљивије ако се зна да су све „mudae", то јест основни трговачки поморски промет Републике, изузимајући једино ону за Фландрију, ишле преко Корона и Модона.[78] Коначно, за измењени став Млечана према Теодору I карактеристичан је и врло занимљив пример са Монемвасијом. Суочени са честим понудама било куповине било просте анексије овог или оног града, Млечани, премда су јој били коју годину раније склони, такву могућност када је посреди Монемвасија сада одбацују. Уместо тога, Република ће настојати да помогне деспоту у поновном освајању ове вароши.[79] Наведени, као и сваки сродан потез Венеције, означавао је за корак још одлучније њено учешће у судбини полуострва. У великој феудалној ратној игри око Пелопонеза, у којој учествују деспот Теодор I, Наварежани, гроф Карло Токо, а на самоме крају века и Јовановци са Родоса,[80] на преласку у XV столеће као једина права алтернатива потчињености Турцима намеће се тамошњим господарима политика ослањања на Републику, али и зависност од ње.

Но, без обзира на чињеницу да је отприлике једва трећина полуострва признавала византијску власт, упркос њеној недовољној снази, Пелопонез је, између четири основна подручја која су још припадала Царству, био најбоље што је Византији преостало. Стога није чудно што се крајем XIV века Византија Османлијама супротставља једино

---

[78] О путовању Перо Тафура, cf. *Vasiliev*, Pero Tafur, 81–82. – О тзв. „мудама", cf. *F. Ch. Lane*, Venetian Ships and Shipbuilders of the Renaissance, Baltimore 1934; *J. Sottas*, Les messageries maritimes de Venise aux XIVe et XVe siècles, Paris 1938; уп. такође радове наведене у нап. 12, у овом поглављу.

[79] Године 1384. Венеција је била спремна да преузме Монемвасију од деспота Теодора I *(Thiriet,* Régestes, I, 668; cf. *G. Gerold*, L'effige del despoto Giovanni Caniacuzeno, Byz. 6, 1931, 385), али када је, непосредно по закљученом уговору са Републиком, деспот затражио помоћ од ње у поновном освајању Монемвасије, у Сенату је на молбу позитивно одговорено *(Thiriet,* Régestes, I, 858). Уп. нап. 74, у наредном поглављу. – Такорећи да није било града или острва у Романији који нису нуђени Венецији било на продају било са жељом да их анектира. Свакако није случајно што Serenissima после маја 1394. такве предлоге одбија када је реч о деспотовим земљама. Ова иста Монемвасија, одметнута од Теодора I и притиснута Османлијама, нуди се још марта 1394, што је у Сенату одбијено, вероватно и због преговора са деспотом *(Thiriet,* Régestes, I, 844; cf. *idem,* Romanie, 361). Коринт, на који деспот такође полаже право од 1394. године, Млечане више не занима и Теодор га осваја између августа 1395. и марта 1396 *(Thiriet,* Régestes, I, 883, 886; cf. *Μαλτέζου,* Περιπέτειες, 29 sq.). Али, анексија Атине је 1395. била прихваћена на основу посмртне воље Нерија Ачајуолија, деспотовог пријатеља, чиме је његов наследник Карло Токо, тада савезник Османлија и супарник Теодора I, био директно погођен *(Thiriet,* Régestes, I, 873, 874; cf. *idem,* Romanie, 362–363).

[80] О Јовановцима на Пелопонезу, уп. нап. 104, у наредном поглављу.

овде, као и што ће у XV столећу управо у Мореји цареви покушати са правим војним отпором освајачима. Остала три подручја, део трачке средоземне обале, поседи на Црном мору и поједина северноегејска острва, за нешто слично нису имала ни приближно једнаких предуслова, као што их, природно, није имао ни изоловани Цариград. На готово читавом овом простору формирају се апанаже, са израженим приватним карактером управе над њима. Њихови становници су двоструки поданици, држаоца апанаже непосредно а василевса у Цариграду само посредно. Децентрализација управе над теоријски још увек јединственим Царством у стварности уступа једино пред ковањем новца и издавањем закона, и даље искључивим прерогативима автократора.[81] За Мореју и Селимврију очигледно је да крајем века функционишу као апанаже, чији држаоци, Теодор I и Јован VII, брину самостално о себи и о своме добру. О Месемврији и црноморском приморју података за исто време нема довољно, а трачко острвље је, како је истакнуто, било једино што је Манојло II држао директно под собом изван престонице. У XV столећу, међутим, упркос напорима које је у један-два наврата улагао Јован VIII да стање измени у корист централне владе, читаво Царство биће апсолутно само конгломерат апанажа.[82] Необичне енклаве, на које као да су заборавили и Византија и освајачи, па су захваљујући томе успеле да свој век протегну све до деведесетих година XIV столећа, за Бајазитове владе најзад нестају.[83] Последњи градови међу овима, или макар последњи о којима је остао траг у изворима, били су Христопољ и Филаделфија.

Са доласком Бајазита на турски престо започело је завршно раздобље византијске историје. Суморност вазалног положаја у коме су се налазили главни цар Манојло II, господар Селимврије и трачке обале Јован VII и царев брат Теодор I, држалац апанаже у Мореји, савршено јасно се исказала у зиму 1393/4. године, приликом познатог скупа у Серу. Састанак је изнео на видело немоћ и неслогу

---

[81] Рађање и природу апанажа у Византији подвргао је изванредној анализи Љ. *Максимовић* (рад наведен у нап. 70, у овом поглављу).

[82] Премда је феудализација, а са њом и стварање апанажа, била „тријумф", за Византију нажалост негативан и судбоносан, вековног развитка феудализма у овој земљи" (*Максимовић*, Апанаже, 150), не може се порећи да територије изван апанажа нису дочекале слободне ни освит XV века. Другим речима, византијски поседи су се до краја одржали само тамо где су били претворени у апанаже.

[83] О паду Христопоља, уп. нап. 62, у овом поглављу; о заузећу Филаделфије, в. нап. 29, у наредном поглављу. Опстанак појединих усамљених хришћанских средишта у одавно освојеној земљи заслужује посебна објашњења од будућих истраживача.

хришћанских господара потчињених султану, раскол у царској породици, као и непосредне практичне намере Бајазитове, у најкраћем сведене, када је у питању Царство, на освајање преосталих грчких земаља, а најпре Пелопонеза. Иако није извесно да ли је још ко, изузев Стефана Лазаревића и Константина Драгаша, од словенских феудалаца и владара састанку присуствовао, његове последице осетиле су се на читавом Балканском полуострву. Пада у очи да је, некако у исто време, дошло до подвајања између синова краља Вукашина. Краљ Марко остао је лојалан Бајазиту а његова браћа, Дмитар и Андријаш, у лето 1394. напуштају Македонију и одлазе у Угарску краљу Жигмунду. Сродних индиција има и за поделу на протурске и промлетачке областне господаре у Зети и Албанији.[84]

Бајазиту су хришћанске размирице ишле само на руку. Султан је, наводно, био врло бесан на вазале, па је чак првобитно наумио да их све побије, али је од тога одустао. Посебну срџбу Бајазита изазивао је деспот Теодор I што, уз акције које је султан предузео непосредно по скупу, упућује да је турски владар Пелопонезу у томе тренутку давао првенство у својим освајачким замислима. Ромејски „допринос" хришћанској неслози састојао се у оптужбама Јована VII, којима је код султана теретио свога стрица да он, дотада верни вазал, ровари против Бајазита и помаже брата на Пелопонезу. Теодор I је, непосредно пре него што ће на Бајазитов позив доћи у Сер, управо прикључио својој апанажи Монемвасију, уклонивши са власти тамошњег феудалца Мамонаса. На порту је стигао и овај да се жали љутитом султану који, према своме опробаноме методу, одлучује да Теодора I поведе, формално као вазала а стварно као заточеника, у освајање његових властитих земаља. Деспот је, уз мало среће, успео некако да умакне из султановог логора, а Манојло II, коме је Бајазит такође претио смрћу, домогао се Цариграда. Ни за Теодора I ни за Манојла II отада више није било алтернативе и обојица се окрећу отвореној борби са Османлијама.

Деспот се у пролеће 1394. мири са Млечанима а василевс, поред Републике којој се убрзо обратио, почиње са очајничким трага-

---

[84] О састанку у Серу биће више говора у следећем поглављу. — Недавно је изнета врло занимљива претпоставка, према којој су се на скупу у Серу, поред Стефана Лазаревића и Константина Драгаша, нашли од српских господара и синови краља Вукашина (*С. Ћирковић*, Поклад краља Вукашина, ЗФФБ XIV–1, 1979, 159 –161). Премда постојећи извори, чини се, не допуштају такву могућност када је реч о самом учествовању на састанку, закључци *С. Ћирковића* о последицама овога скупа су потпуно нови и, истовремено, тачни. Уп. даље излагање.

њем за подршком са Запада. До 1394. године, наиме, нема трагова у изворима Манојловим позивима европским хришћанским владарима, бар не онаквим какве је слао после скупа у Серу. Почевши самосталну владу уз труд да туркофилским држањем сачува оно што му је од Царства остало, Манојло II је 1394. био суочен са потпуним промашајем такве политике.[85] Поједини српски поданици султана остаће, напротив, и надаље верни Бајазиту,[86] али за Византију се рат са султаном показао бољим од апсурдног вазалства и помагања нестајању сопствене територије. Скуп у Серу је, поред гложења и кратковидости балканских великаша и господара, такође потврдио да за султана нема разлике између Мамонаса и деспота Теодора. Бајазиту су, не случајно, сви држаоци њему подређених земаља били међусобно равноправни вазали. Онда, када је неко од њих угрожен у своме поседу, емир је ту да као сениор спор пресуди или га на други начин разреши. Вазалске односе међу хришћанима султан, поготово када је у питању Бајазит, није признавао. Наравно, улога пресудитеља Бајазиту је послужила, не да врати Монемвасију Мамонасу, већ да је приграби за себе.[87]

---

[85] Câm Манојло II је у својим писмима Димитрију Кидону, упућеним из Мале Азије где је пратио као вазал Бајазита, објашњавао и правдао разлоге који га руководе у туркофилству. Мислио је да би „страх, опасности и муке" били још већи уколико он не би био савезник са султаном (ε᾽ μὴ συμμαχοίημεν). У другоме писму цар говори о ономе што му је Бајазит обећао за помоћ у малоазијском походу, но и када би остало на овоме, то јест када султан не би у будућности ништа ново захтевао од Манојла и Византије, била би то знатна награда. Међутим, уколико се прилике промене набоље, биће то једино захваљујући божјој помоћи (Legrand, Lettres de Manuel, lettre ιδ´ p. 19, 1. 29–34; lettre ιθ´ p. 30, 1. 41–50; Dennis, Letters of Manuel, n. 14, p. 39, 1. 24–28; n. 19, p. 59, 1. 35–42). У парафразираним Манојловим писмима крије се, у ствари, суштина његове политике према Турцима тих година. Верујући да је будућност Царства у што ужој везаности за Бајазитове циљеве, византијски цар је врло свесно пошао са султаном. Из писама се посредно да закључити да је Манојло сматрао како султан још ничим није оштетио интересе Царства. Освајање хришћанске Филаделфије очигледно није било обухваћено тим интересима (в. нап. 29, у наредном поглављу). Занимљиво је да наведени редови из Манојлове преписке, ваљда због распрострањеног сентименталног гледања на овог владара у модерној историографији, нису до сада били ближе анализирани (cf. Barker, Manuel II, 87–97; уп. излагање о личности Манојла II у следећем поглављу). Млетачки документи не остављају места сумњи да се у Венецији са неповерењем гледало на Манојлову туркофилску политику, без обзира на тренутно коректне односе Републике са Бајазитом (Thiriet, Régesites, I, 797, 814). – Први траг Манојловим захтевима за помоћи из Млетака и, упоредо, задовољству Републике због промене његовог држања потиче тек из пролећа 1394 (Iorga, Analele, 1111–1113; Thiriet, Régestes, I, 851), односно после скупа у Серу.

[86] Константин Драгаш и Марко Краљевић ће, на Бајазитовој страни боречи се, погинути у боју на Ровинама, а Стефан Лазаревић ће из те битке да утекне.

[87] Ламброс, Παλαιολόγεια, III, 56 sq.; Chalc., I, 61 sq.; cf. Loenertz, Pour l'histoire, 177 sq (Byzantina et Franco-Graeca, 245 sq.). О овоме такође говори подробно Zakythinos, Despotat, I, 127 sq. Cf. Silberschmidt, Das orientalische Problem, 87–96; Bon, Morée, 271.

Ствари су, ако ништа друго, после скупа у Серу макар постале јасније. Султан, међутим, не само да је успео да учврсти османлијски ауторитет у унутрашњости Балкана, него је недвосмислено показивао жељу за ширењем граница турске моћи и изван оквира полуострва.[88] Тиме је, деведесетих година столећа, Угарска била доведена у положај прве небалканске и немедитеранске државе угрожене снажењем Османлија. Угарски краљ Жигмунд, дотле заузет пословима на другој страни, опасност је уочио можда сувише касно, али ипак је учинио напор да окупи што више западних феудалаца за предстојећи крсташки поход против неверника. У основи, крајњи циљ хришћанских витезова био је да, пошто освајаче одбаце са угарске границе, продру и заузму све земље које се простиру до Сирије и Христовог гроба.[89] У таквим плановима није било сувише места за молбе ефемерног Царства, али све оно што је Византија првенствено симболизовала дало је и њој простора у наступајућим догађајима.[90] Да би подухват имао што више изгледа на успех, било је потребно да се покрене европски запад у ужем смислу. Идеја о крсташком рату наишла је на нарочито погодно тле у Бургундији, из које је, изузимајући Угре и Влахе – далеко најмногобројније међу крсташима, потицао најзнатнији део западних ритера.[91]

Разноврсна делатност присташа крсташке акције у западној Европи била је по исход намераваног рата ипак мање важна у поређењу са понашањем најнепосредније заинтересованих Угара

---

[88] Године 1395. Бајазит је са војском прешао Дунав и продро све до Сланкамена, а потом је отуда кренуо у Влашку, где се сукобио са Мирчом (cf. *H. Inalcik*, An Ottoman Document on Bayazid I. Expedition into Hungary and Wallachia, Actes du Xe Congrès Int. d'Etudes Byzantines, Istanbul 1957, 220 sq.).

[89] Тако експлицитно излази из писања савременика Жана Фроасара (cf. *A. S. Atiya*, The Crusade in the Fourteenth Century, in: A History of the Crusades, III, 23).

[90] Истина, византијско посланство 1395. на француском двору није ништа конкретно постигло, јер судбина Цариграда крсташе се директно није тицала. Cf. *Delaville le Roulx*, La Fran... n Orient, II, 228; *A.S. Atiya*, The Crusade of Nicopolis, London 1934, 173–174; *Barker*, Manuc. II, 129–130; *D. Geanakoplos*, Byzantium and the Crusades, 82–83, in: A History of the Crusades, III.

[91] Мишљења о броју учесника у походу међусобно се разилазе. *Atiya* (The Crusade, 66–69, 184–185) мишљења је да је Француза и Бургунђана било 10 000, Немаца 6 000, Енглеза 1 000, Мађара 60 000, Влаха 10 000 и још око 13 000, Чеха, Пољака, Шпанаца и Италијана. Тај број је према другима био неупоредиво мањи (cf. *N. Rosetti*, Notes on the Battle of Nicopolis, Slavonic and East European Review XI, 1937, 636). – Бургундски војвода Филип II Одважни чак је изричито затражио од свога сина да му славу ваља тражити једино у боју са неверницима и у крсташком рату (cf. *Atiya*, The Crusade, 21).

и Млечана.⁹² Приступивши савесно послу, Жигмунд је фебруара 1396. склопио у Будиму споразум са ромејским изслаником Манојлом Филантропином, према коме се Манојло II обавезао да, новцем који би му обезбедио угарски краљ, наоружа десет галија за пловидбу Дунавом.⁹³ Подршка Венеције била је ограничена једино на помоћ у бродовљу. У суштини остајући скептична према читавој замисли и зазирући од Угара, Република је штавише, упоредо са припремама крсташа, желела да Манојла II помири са султаном, па и сама да некако поправи односе са Османлијама. Повиновавши се у међувремену општијим циљевима, Млечанима је ипак основна брига била заштита Романије и безбедност Цариграда, коме током 1396. шаљу помоћ и у храни и у бродовљу.⁹⁴ Тако се догодило да су они углавном гледали да заштите цара, истовремено стрепећи и од успеха и од неуспеха крсташа.⁹⁵

Сумња Венеције у успех рата убрзо се показала исправном. Западна војска, многобројна али несложна, прешавши Дунав опсела је тврђаву Никопољ и под њом је 25. септембра 1396. била страхо-

---

⁹² Миром од 1395. између француског краља Шарла VI и енглеског владара Ричарда II била је, поред осталог, предвиђена и заједничка борба против неверника (cf. ibidem, 21; реч је о једном неиздатом писму Филипа де Мезиера краљу Ричарду II). Од тога у пракси није било велике користи, као ни од пројекта о унији цркава који је 1396. на европском католичком истоку направио, заједно са кијевским митрополитом, пољски краљ Владислав, при томе најпре мислећи на своје православне поданике а тек онда и на Византију (уп. нап. 92, у следећем поглављу).

⁹³ Thiriet, Régestes, I, 900; cf. Моравчик, Византийские императоры, 239–256; Delaville le Roulx, La France en Orient, II, 243; Barker, Manuel II, 132, 482–485.

⁹⁴ Истога дана (1. III 1396) када је примио к знању резултате преговора које је у Будиму водио Манојло Филантропин, Сенат је одлучио да поништи одлуку о слању посланства Бајазиту у вези са турско-византијским помирењем, а истовремено је изгласао да се Манојлу II пошаље жито и наоружа осам галија за заштиту престонице (Thiriet, Régestes, I, 900, 901; cf. Silberschmidt, Das orientalische Problem, 166–171; Barker, Manuel II, 132–133).

⁹⁵ У том смислу индикативна је порука Сената од 23. III 1395, упућена Шарлу VI, у којој се изражава жеља за добрим односима са њим и Ђеновом (чији је он господар), иако тамошњи трговци још увек сувише често ометају млетачку трговину (Thiriet, Régestes, I, 873). Са друге стране, мада поданици једног од учесника у крсташком рату, Ђеновљани су били ти који су и пре неуспеха код Никопоља покушавали да се нагоде са султаном (L. T. Belgrano, Prima serie di documenti riguardanti la colonia di Pera, Atti della Società Ligure di Storia Patria 13, 1877–84, No. 39, 175; у последње време је изнета сумња у овакву интерпретацију: cf. J. W. Barker, Miscellaneous Genoese Documents on the Levantine World of the Late Fourteenth and Early Fifteenth Centuries, Byzantine Studies 6, 1–2, 1979, 60–63). – После неуспеха код Никопоља Млечани саветују Манојлу II да не преговара са Бајазитом, поготово не без њих (Thiriet, Régestes, I, 931, 932). Са Ђеновљанима је обрнуто, али без икаквог помена византијског цара (Belgrano, op. cit., No. 40, No. 41, p. 175; Barker, Documents, 63–72).

вито потучена.⁹⁶ У расулу насталом после тога, једино је Serenissima смогла снаге да прибрано помогне Цариграду, најугроженијем после неславног завршетка похода.⁹⁷ За византијског цара, недвосмислено ангажованог у подухвату, поука после Никопоља састојала се у свести о неминовности даљег ослањања на опрезну, по правилу половичну али ипак непрестану помоћ Млечана пред сада још моћнијим султаном. Илузије о могућем протеривању Османлија победом у само једноме боју, биле су за дуго времена распршене а западни владари опет су се вратили својим проблемима. Ипак, замисао о крсташком походу, мада и крајем XIV века анахрона, није била сасвим напуштена. Вратио јој се, са још више жара од оца, Јован VIII, из простог разлога што му друкчији начини одупирања Османлијама нису били ни доступни ни познати. И овај план је распршен, уза све напоре папе и василевса, 1444. године битком код Варне, о чему ће у наредним поглављима бити подробно говора. Али, за разлику од никопољског похода, тада на Западу није ни било могуће наћи приближан ентузијазам владара и ритера. У ствари, Европа се, педесетак година доцније, дефинитивно опраштала са епохом која се у историји назива средњим веком, са ритерима и осталим њеним обележјима. Ово ново доба Млечани су одавно наговештавали а крсташи му нису припадали.

Бајазит се победом код Никопоља учврстио на обалама Дунава, уклонио несигурног вазала у облику такозване Видинске царевине⁹⁸ и, понизивши угарског краља Жигмунда,⁹⁹ заокружио турске поседе на Балкану. Тиме је подигао углед османлијског владарског дома у исламском свету, још више застрашио хришћанске суседе и за корак се приближио коначном циљу – стварању простране, универзалистичке и централизоване државе исламске вере на простору

---

⁹⁶ О току битке, поред радова наведених у претходним напоменама, уп. *F. Šišić*, Bitka kod Nikopolja, Gl. Zem. muzeja u Sarajevu 8 (1896); *G. Kling*, Die Schlacht bei Nikopolis im Jahre 1396, Berlin 1906.

⁹⁷ Већ 29. X 1396. капетану Голфа се због последица пораза код Никопоља, шаље Ђовани Лоредан са наређењем да мотри на безбедност млетачких трговаца и лађа. Дато му је 5 000 дуката за одржавање флоте која брани Цариград, уколико је град уопште још у византијским рукама *(Thiriet*, Régestes, I, 917). Уп. нап. 90, у следећем поглављу.

⁹⁸ Уп. *П. Ников*, Турското завладаване на Бългери и съдбата на последните Шишмановци, Изв. на Ист. Друж. 7–8 (1928) 77 сл.

⁹⁹ Cf. *Barker*, Manuel II, 133–137 (са старијом литературом).

некадашњег Источног римског царства.¹⁰⁰ Када је реч о поређењу између Мурата I и његовог наследника, неоспорно је да, без обзира на разлике у блиским достигнућима којима су тежили, обојица изврсно исказују неке од, сада већ традиционалних особина турске политике. На првоме месту пада у очи да је Османско царство с краја века било европска бар колико и анадолијска држава. Премда је настојао, уосталом као и његов отац, да не запостави збивања на Истоку, Бајазит је снагу равноправно заснивао на успесима постигнутим и на Западу и у Азији. Најзад, и приходи младога царства све више су притицали из Европе, да би овај процес досегао врхунац срединoм наредног столећа. Тада је, наводно, Порти пристизало 1 800 000 дуката годишње, од чега је на Балкану прикупљано 1 469 000.¹⁰¹

Наравно, окренутост ка Балкану, још наглашенију за Бајазитове владе, није упутно сматрати искључивом оријентацијом османлијских султана. Сâм Бајазит, притиснувши Цариград са копна, стрпљив и прагматичан као и његов отац, изгледа да је после Никопоља прво желео да сломи отпор кнежевине Караминије, што је и учинио 1398, проширивши границе државе на простор од Дунава до Еуфрата.¹⁰² Уопште узев, прагматизам је био одлика којом су и Бајазит и Мурат надмашивали не само византијску „икономију",¹⁰³

---

¹⁰⁰ Уп. *Иналчик*, Османско царство, 24–25. Поменути аутор запажа да је Бајазит I био први међу османским владарима кога западни извори називају „царем" (нав. дело, 80). За Ђеновљане, на пример, Мурат је „dominus Amoratus turchus", а Бајазит (после 1396) „illustrissimus et potentissimus dominus dominus Baysitus Jhalaby Magnus Amiratus Amiratorum Turchie" *(Barker*, Documents, 55, 64).

¹⁰¹ Cf. *Babinger*, Die Aufzeichnungen des Genuesen Jacopo de Promontorio – de Campis über den Osmanenstaat um 1475, Bay. Akad. d. Wiss., Philos.–hist. Kl., Sitzungsberichte 8 (1956) 62 sq. Грчки историчар претерује када сматра да се османски буџет кретао око 4 000 000 дуката (Chalc., II, 199), док је млетачка процена да се кретао око 1 196 000 дуката годишње, чини се, најближа истини (cf. *F. Babinger*, Das Rätsel um die Goldbeute von Byzanz – 1453, Zeitschrift für Deutschen Morgenländischen Gesellschaft CVII, 1957, 539–550, reprint: Aufsätze, II, 196–205; *Sp. Vryonis*, Laonicus Chalcocondyles and the Ottoman Budget, Int. J. Middle East Stud. 7, 1976, 423–432; такође, уп. *M. Spremić*, Turci i Balkansko poluostrvo u XIV i XV veku, ЈИЧ 1–2, 1966, 37 сл.). – Размишљајући о нарастању економске снаге турске државе, не треба сметнути с ума да је њена економска структура и еволуција у привреди била извор развитка и млетачке трговине, посебно од четврте деценије XV века. Cf. *E. Ashtor*, L'apogée du commerce vénitien au Levant. Un nouvel essai d'explication, Venezia centro di mediazione tra Oriente e Occidente, Firenze 1977, 307–326. – О турској економској снази биће још говора у наредним поглављима.

¹⁰² *H. Inalcik*, Bajazid I, Encyclopedia of Islam²; cf. *Vryonis*, Decline, 140; *Иналчик*, Османско царство, 24.

¹⁰³ О „икономији" у византијској цркви, cf. *Х. Коцонис*, Προβλήματα τῆς ἐκκλησιαστικῆς οἰκονομίας, Атина 1957; *J. Meyendorff*, Byzantine Theology, New York 1974, 88; о њој као о

него и италијански меркантилистички смисао за реалност. Добро уочивши да прави противник на обалама полуострва није ни византијски цар нити који од обласних господара него италијанске републике, а посебно Венеција, још је Мурат I започео са дугогодишњим тактизирањем према Млечанима, што је Бајазит само наставио. Пружајући руку помирења Венецији, Мурат је то по правилу чинио у врло индикативним тренуцима. Знајући, на пример, за повремене разлазе царева и Републике, нимало није случајно што се управо онда са Порте шаљу примамљиве понуде о пријатељству, па чак и о уступању појединих територија погодних као замена за трговачки значај Цариграда.[104]

Прилив различитих прихода у османлијску државну касу увећавао се упоредо са јачањем њиховог царства.[105]

Са извесном опрезношћу дозвољено је да се закључи како се турски буџет по обиму постепено приближавао богатој благајни

једном од основних принципа политичке мисли у Царству, cf. *H. Ahrweiler*, L'idéologie politique de l'Empire byzantin, Paris 1975, 128–147.

[104] Мурат је, тако, у пролеће 1368. нудио Млечанима, тренутно у Цариграду потиснутим од Ђеновљана, да преузму Скутари, градић на другој страни Босфора, лицем окренут хришћанској престоници *(Thiriet,* Régestes, I, 461), док је 1376, када су односи Републике са Јованом V били врло лоши, у Млецима озбиљно разматрана могућност да се од султана затражи неко место у близини Цариграда као замена за престоничко пристаниште, уколико се са василевсом не постигне споразум. Очигледно, била је реч о врло ефикасном средству уцене Ромеја (ibidem, 575; уп. нап. 34, у овом поглављу).

[105] Ово снажење пратило је увећавање харача који су плаћали поједини хришћански господари на Балканском полуострву, као и Венеција за своје поседе. Чини се, међутим, да приходи који султану стижу од ромејског цара остају, почев од времена Јована V, на незнатно измењеном нивоу. Према Марину Сануду је трибут, који је после споразума из 1424. био дужан да плаћа византијски цар, износио 100 000 перпера годишње (Sanudo, 975 B), што је приближно исто колико и сума коју Халкокондил наводи за харач из доба Јована V, наравно уколико се прихвати да је тамо реч о дукатима (уп. нап. 7, у овом поглављу). Изгледа да и Брокијерова вест, према којој је Јован VIII 1432. плаћао за Цариград (а осим њега, како сведочи исти путописац, и за територије на црноморској и егејској обали) годишње 10 000 дуката, у ствари иде у прилог Халкокондиловом податку и веровању о релативно стабилну вредност харача намењеног Византији (Брокијер, 101–102). Често коришћена Дукина вест, по правилу интерпретирана као укупан износ „царског данка", о томе како је 1424. успостављена цифра од 300 000 аспри харача годишње, само је привидно огромна. Преведена у дукате, износила је нешто преко 8 000 дуката и по свој прилици се тицала једино поседа у близини Цариграда (Ducas, 245). Ако се претпостави да се сличан данак морао плаћати и за оно што је Царству преостало на трачкој обали Егејског мора (како, иначе, произлази из Брокијеровог писања), долази се до приближно истих бројки о којима говоре Халкокондил и Сануто, то јест до око 30 000 дуката годишње. О овоме опширније у наредним поглављима. Увећавање османлијског буџета се, другим речима, најмање заснивало на обавезама наметнутим Византији. Много више султан је добијао из словенских земаља и, нарочито, Млетака (уп. примере које даје *Spremić,* нав. дело, 38–39; за венецијански допринос турским приходима карактеристичан је пример са Солуном после 1423, о чему ће касније бити говора).

републике св. Марка, да би је у XV веку својом вредношћу и достигао.[106] Природно, овде је реч једино о средствима којима су редовно располагале државне касе, док је укупна сума капитала на који се Венеција ослањала и даље остајала далеко надмоћнија.[107] Одакле су све пристизала средства Мурату и Бајазиту? Неоспорно је да се један њихов део прикупљао од вазалних хришћанских господара, међу којима су били и византијски василевс и његови поданици. Нажалост, никакве, чак ни апроксимативне процене укупних прихода које је султан убирао из Царства у изворима не постоје. Ипак, на основу изолованог примера Солуна и Свете Горе, јасно је да је харач, прикупљан у доба Бајазита, представљао озбиљан допринос турској благајни, али још тежи намет за платише.[108]

Али, поред харача, прикупљаног широм Балканског полуострва, Бајазит је открио да су царине у држави са неразвијеним сопственим привредним снагама још погодније поље за побољшање њеног економског здравља. Иако са много већом пореском традицијом па и општим привредним искуством, Ромеји су до сличног закључка дошли тек тридесетак година доцније, у време Јована VIII, у међувремену потпуно заборављајући на видовите идеје из властите прошлости, из епохе Јована VI Кантакузина. Захваљујући Бајазитовој проницљивости догодило се тако да Млечани, његов једини истински противник у Романији, највише попуњавају трезоре Османског царства.[109] Анадолу Хисар, тврђава коју је Бајазит подигао деведе-

---

[106] Према резултатима до којих је дошао *Luzzatto* (Storia, 148), крајем XIV века „le francazioni avrebbero superato, al prezzo nominale dei prestiti, la somma di 1 690 000 ducati, ma... a questo promettente risultato, più che i provedimenti finanziari, deve aver contribuito la ripresa dei traffici, che ci è attestata da vari indici..." Сличне вредности исти аутор предлаже и за трећу деценију XV столећа.

[107] Примера ради, „il solo traffico marittimo fuori del golfo avrebbe rappresentato un valore di 10 milioni di ducati all'esportazione ed altrettanti all'importazione, ed il profitto che i Veneziani ne ricavavano avrebbe raggiunto i 4 milioni" (ibidem, 166).

[108] Cf. *Ostrogorsky*, État tributaire; *Oikonomidès*, „Haradj".

[109] Одмах по доласку на престо, Бајазит је извозну дажбину на жито повећао са 1/2 перпера по модију на 1 перпер, при том најпре рачунајући на млетачке трговце. Принуђена да жито увози у огромним количинама, Република је тешкоће око његове набавке покушавала да реши на различите начине, али само делимично успешно. Већ 6. III 1390. посланику код Бајазита је Сенат наложио да обећа султану пристанак Републике на поменуто повећање царине по модију жита (*Iorga*, Analele, 1102–1103; *Thiriet*, Régestes, I, 768). Од 1397, нашав се у рату са Османлијама, Млечани покушавају да жито набављају на другим странама, па чак предузимају мере у циљу његове обимније производње на Криту (*Noiret*, Documents, 89–90, 102; *Thiriet*, Régestes, I, 937, 965). – О ђеновљанском учешћу у трговини житом са турског подручја, cf. *Heers*, Gênes, 341 sq.

сетих година XIV века, као и раније заузети Галипољ, нису имали намену да се супротстављају супериорној млетачкој флоти, већ да обезбеде контролу трговине кроз Босфорски мореуз.[110] Венецији није успео покушај са туркофилским држањем према Бајазиту, исто као што то није пошло за руком ни Манојлу II на почетку његове самосталне владе.[111]

И Млечанима и Ромејима је крајем XIV столећа преостајала стога једино отворена конфронтација. У борби су се нашли као савезници „из рачуна" и у њој су им улози били интереси венецијанске трговине на Леванту, са једне стране, а са друге голи опстанак државе, тачније онога што је од ње још остало. Почињући самосталну владу, Јован VIII је касније имао пред собом неповољне исходе свих дужих или краћих настојања свога оца да туркофилством сачува Царство. Зато, за царевања претпоследњег ромејског василевса цариградска влада се ни у шта слично није упуштала, премда, искрено говорећи, можда за то праву прилику Мурат II није ни пружао.

У оваквим се, дакле, приликама Византија налазила крајем XIV века. У описаним околностима је протицало и детињство Јована VIII. Према томе, сви изнети елементи слике Царства пред освитом новога столећа требало је да допринесу разумевању тренутка у коме је Јован VIII био рођен, али су посматрани и као трајнија обележја читаве епохе. Срозавање угледа, претварање у вазалну државу, сиромаштво, задуженост и економска зависност од других, испреплетаност са интересима Млечана, феудализација доведена до крајњих консеквенци, укључујући и сукобе у владарској породици, изразито смањена и децентрализована територија, коначно Турци – све су то појаве које ће Царство да прате до пада његове престонице 1453. године, па и током владе Јована VIII и, чини се, оправдавају поднаслов поглавља: „Царство кога нема".

---

[110] Уп. *Иналчик*, Османско царство, 189–190.

[111] Занимљиво је да познати обичај Републике да успехе изасланстава поспешује и личним даривањима страних владара са којима преговара – овде, бар до половине XV века, није имао много успеха. Те своте су мање-више остајале непромењене, крећући се у изузетним приликама до 500 дуката, дакле далеко испод вредности самих послова. У томе смислу су многи хришћански феудалци, па и византијски цар, били „скупљи" од султана *(Thiriet,* Régestes, I, 667, 677–678, 768; *idem,* Régestes, II, 1609, 1825).

РОЂЕЊЕ, ПОРОДИЦА И ПРВЕ ГОДИНЕ

Јован VIII био је најстарији син Манојла II Палеолога и српске принцезе Јелене Драгаш. Према данас углавном прихваћеном мишљењу, Јелена је била прва и једина супруга цара Манојла II, који се, тек по смрти свога оца Јована V, 15. или 16. фебруара 1391, одлучио на брак са ћерком Константина Драгаша.[1] Поменути став првенствено се заснива на аргументима ex silentio, то јест на ћутању извора о неком претходном Манојловом браку и породу. Мора се признати да међу византијским писцима XV столећа, унеколико удаљеним од Манојловог времена, о томе нема говора. О евентуалном првом Манојловом браку ћути и најбоље обавештен међу њима, бар када је реч о просопографији царске породице, последњим Палеолозима врло блиски Георгаје Сфранцес.[2] Но, сумњи у такво гледање ипак има места, и то из више разлога. С једне стране, уколико би се прихватила поменута тврдња, била би реч о јединстве-

---

[1] О датуму смрти Јована V: Kleinchroniken, 69, 103, 110. 154; Chronologische Einzelnotizen, 615; Ducas, 77. О његовом сахрањивању у манастиру Богородице Одигитрије, v. Clavijo, 84. У тренутку писања овога рада било ми је неприступачно новије издање Клавиховог путописа: Ruy Goonzáles de Clavijo, Embajada a Tamorlan, ed. F. Lopez Estada, Madrid 1943. Cf. Barker, Manuel II, 80 –81, 467–468; Schreiner, Kommentar, 345. F. Dölger (Johannes VII., 28) прави очигледан лапсус када бележи да је Јован V умро 28. јуна 1391.

[2] У своје време је V. Laurent (Σφραντζῆς et non Φραντζῆς, BZ 44, 1951, 373–378; idem, Sphrantzès et non Phrantzès. A nouveau, REB 9, 1952, 170–171; idem, Monogrammes byzantins pour un hommage, 'Επ. 'Ετ. Βυζ. Σπ. 39–40,1972–1973, 333–341) у више наврата доказивао да је аутора чувене аутобиографије исправно називати Сфранцес. Његовом мишљењу придружио се такође и R.–J. Loenertz (Autour du Chronicon maius, Byzantina et Franco-Graeca, 42–44). Међутим, недавно је J. Царас (Σφραντζῆς,Φιαλίτης ἤ Φραντζῆς, Βυζαντινά 1977, 123–139) поново пружио неке аргументе у корист назива „Францес", на основу рукописне традиције (Codex Taurinensis B II 20), као и две хрисовуље, Јована VIII и Константина XI. Будући да је „Сфранцес" данас у науци углавном прихваћено име, не упуштајући се у читаво питање, и овде је то учињено из практичних разлога.

ном случају у повести династије Палеолога, а и уопште, изузетку у византијској царској и државној традицији. То би, наиме, значило да је Манојло II, и сâм син једнога цара, као дечак носилац деспотског достојанства а потом дуго година цар-савладар, био више од четрдесет година нежења, будући да се највероватније родио још 1349. године.³ Премда сваки обичај, па и породична традиција постоји и има смисао једино уз изузетке и повремена нарушавања, није на одмет подсетити да међу Палеолозима нема ни приближно сличних примера. Наравно, читава неверица у само један брак оца Јована VIII, оснаживана искључиво општим разматрањима брачних обичаја ромејских царева, не би могла да буде сматрана иоле основанијом да је не поткрепљују још неке занимљиве појединости.

На основу једне одлуке млетачког сената, заведене у тамошњој канцеларији под 9. мартом 1374, недвосмислено се сазнаје о недавном крунисању Манојла II за очевог цара-савладара као и о његовом скором венчању.⁴ Крунисање о коме се говори у наведеном ак-

---

³ Иако је данас претежно увржено мишљење да се Манојло II родио јуна 1350, овај датум не произлази директно из извора. Тако Сфранцес, говорећи о Манојловој смрти, саопштава како је он у том тренутку, 21. јула 1425, имао 77 година и 25 дана (Sphrantzes, 18). То би значило да је био рођен већ 1348. Но, овако схваћен Сфранцесов податак било би тешко ускладити са неким другим чињеницама. Наиме, Манојло II би, према истом писцу, био рођен као треће по реду дете својих родитеља, свега 14 месеци по њиховом венчању. Будући да су му родитељи били јуна 1351. већ годину и по дана раздвојени, Манојло II није могао да буде рођен ни те године. Према томе, као година рођења може да се прихвати било 1349. било 1350. Већина аутора, залажући се за 1350, то чини имајући у виду број претходно рођене деце Јована V. Cf. *Loenertz*, Une erreur, 182–183 (Byzantina et Franco-Graeca, 390–391); *P. Schreiner*, La chronique brève de 1352. Texte, traduction et commentaire. Troisième partie, OCP 31 (1965) 373. Мишљење ове двојице аутора преузима *Nicol*, Kantakouzenos, 138 (No. 30) као и *Barker*, Manuel II, 18. У овом погледу је застарела, иначе још увек врло корисна генеалошка студија о Палеолозима: *Papadopulos*, Versuch, No. 81–84. Чини се, међутим, да је пре у питању 1349, с обзиром на начин рачунања којим се користио Сфранцес и који, у случају Константина XI и Јована VIII, говори да треба вршити померања за једну годину (уп. даљи текст). – О Манојловој деспотској титули, cf. *R. Guilland*, Études sur l'histoire administrative de l'Empire byzantin: le Despote, REB 17 (1959) 61–71; *Ферјанчић*, Деспоти, 42 сл; *Dennis*, The Reign, 12; *Schreiner*, Kommentar, 276.

⁴ „... cum isti ambaxiatores imperatorum Constantinopolitorum, antiqui et novi, instanter supplicent nobis, quia occasione matrimonii domini despoti, coronati de novo imperatoris, habent necessario cito redire in Constantinopolim..." (Senato Misti, vol. 34, fol. 88v.). Провером наведеног податка у Венецијанском архиву, утврдио сам да се на истом листу налазе забележени, такође неиздати, још неки акти (у вези са путовањем млетачких галија за Црно море и на Крит). Рекло би се да две лађе нису кренуле из Млетака за Цариград пре 12. марта, како то произлази из одлуке Сената, заведене у канцеларији под тим даном (Senato Misti, vol. 34, fol. 89r – 90r). Занимљиво је да одлука од 9. III 1374. није нашла места у збирци сенатских одлука коју је припремио *Thiriet* (Régestes, I). Колико је познато, највише пажње податку о „првом" браку Манојла II поклонио је *Ферјанчић*, Андроник Палеолог, 231. Истина, податак из 1374. није измакао ни П. Шрајнеру, који га је одбацио као нетачан и није се дуже на њему

ту збило се заиста „недавно", јер Манојло II је за савладара крунисан 25. IX 1373,⁵ али до његове женидбе ипак није дошло тада, већ скоро двадесет година доцније. Део вести из млетачког документа који се тиче планиране свадбе Манојла II, упркос свему, нема разлога одбацивати као случајан и произвољан податак. Таква, по свој прилици, претерана критичност поготово је непотребна, уколико се прихвати да се у акту помиње венчање до кога тек ваља да дође, али које још увек није обављено.

На парадоксалан начин, чини се да у прилог оваквом тумачењу иде управо приповедање извора који се највише потеже у трагању за наведеним првим браком Манојла II. Лаоник Халкокондил, мудар али, у односу на ове догађаје, удаљен и не увек поуздани тумач повести Византије Палеолога, бележи једну живописну, у многим детаљима сигурно нетачну но карактеристичну причу.⁶ По њему, Манојло II је својевремено пожелео да се ожени Евдокијом, ћерком трапезунтског цара Алексија III Комнина, иначе удовицом турског господара Таџедина, али када је видео ову лепотицу Манојлов отац, познати женскарош Јован V, преотео је сину и оженио се њом.⁷ Лепоту Евдокије Халкокондил је прилагодио распрострањеном гласу о заносности трапезунтских принцеза а, у складу са добрим правилима византијске историографије, потрудио се да читаву причу остави са што мање хронолошких прецизирања. Уз то, како ће касније да буде показано,⁸ у позадини стоји погрешна

задржавао: *Schreiner,* Hochzeit, 72–74. *Barker* (Manuel II, 23, n. 53, 474 sq) не иде даље од преношења Шрајнеровог мишљења.

⁵ О крунисању Манојла II за савладара, cf. *Barker,* Manuel II, 23 sq. (са старијом литературом) и првенствено *(Schreiner,* Hochzeit, 72–73; *idem,* Kommentar, 309–310. Уп. такође и супротно мишљење *Христофилопула,* Ἐκλογή, 200.

⁶ Уп. *В. Греку,* К вопросу о биографии и историческом труде Лаоника Халкокондила, Виз. Врем., 13 (1958) 198–210.

⁷ Chalc., I, 75–76. Иста прича среће се и у познијим изворима, па и код оних временски врло удаљених од Манојловог времена. Све такве интерпретације су настале на основу Халкокондилове историје. Тако, на пример, *F. Sansovino* (Gl'annali turcheschi overo vite de principi della casa othomana..., Venezia 1573, 38), комбинујући вести разних византијских писаца, каже како је Манојло II „altre volte tolse per sua moglie una vedova, figliuola dell'Imperador di Trabizonda la quale fu donna di Zetino, Principe Turco, di maravigliosa belezza. Et havendola condotta da Trabisonda a Costantinopoli, il padre di Emanuele..." и следи крај, од речи до речи истоветан са Халкокондиловим. Очигледно је Сансовину хуманиста из Атине овде добро послужио. То, уосталом, није необично јер Сансовино, међу онима којима се користи за свој спис, наводи и овога (Laonico Calcondile). – Уп. даље излагање у овом поглављу.

⁸ Уп. даље излагање, посебно нап. 61, 62 и 63.

интерпретација једног става из „Мемоара" Георгија Сфранцеса, Халкокондиловог основног врела обавештења. Да ли је и, уколико јесте, каква обавештења имао Халкокондил са друге стране о женидбеним намерама Манојла II, нажалост, није познато. Али, без обзира на неслагања која још увек трају у научној литератури око наводног другог брака Јована V, костур Халкокондилове приче у суштини не противречи садржини документа из 1374. године: Манојло II је једном приликом требало да се ожени и пре брака са Јеленом Драгаш, но до тога у последњем тренутку није дошло. Овде није ни битно да ли је несуђена Манојлова супруга била трапезунтска принцеза или неко други,[9] од значаја је истаћи само да је Јован VIII био законито дете из јединог брака свога оца.

Манојло II је са Јеленом Драгаш имао несумњиво бар шест синова: Јована (VIII), Теодора (II), Андроника, Константина (XI), Димитрија и Тому. Поред њих, у различитим изворима наводе се још нека Манојлова деца. Тако се зна да је његова, судећи највише по годинама када се удала, ванбрачна ћерка била извесна Забија (Изабела?). Њом се око 1390. године, дакле пре Манојловог венчања са Јеленом Драгаш, оженио Ђеновљанин Иларион Дорија, добро знана личност у политичком животу престонице на смени два века.[10] Из априла 1392. године сачуван је један документ који показује да је Дорија тада, вероватно у вези са женидбом Манојловом кћери, променио веру и прешао у православље.[11] Царев пород се, међутим, није исцрпао са шест поменутих, у свим изворима потврђених и неоспорних синова, нити са једном (ванбрачном) ћерком.

---

[9] Око питања наводног другог брака Јована V, cf. *Loenertz*, Pour l'histoire, 180–181 (Byzantina et Franco-Giraeca, 248–249); *V. Laurent*, La date de la mort d'Hélène Cantacuzène, femme de Jean V Paléologue, REB 13 (1955) 135–138; *Loenertz*, Une erreur, 177–179 (Byzantina et Franco-Graeca, 384–386); *Nicol*, Kantakouzenos, 137– 138 (No. 30); *Barker*, Manuel II, 475–476 (са прегледом литературе о томе питању). Необично је што се веровање у Халкокондилову причу и њено тумачење према застарелим мишљењима може срести и у новијим радовима: cf. *É. Janssens*, Trébizonde en Colchide, Bruxelles 1969, 116–117.

[10] Кастиљански посланик Клавихо је, наиме, приликом посете Цариграду 1403. забележио како му је као водич по вароши послужио Ђеновљанин Иларион Дорија, муж једне од царевих кћери која је била незаконито дете *(Clavijo*, 52, 74–76). О њој говоре и други, мање поуздани извори (ed. *Sp. Lambros*, Ecthesis Chronica and Chronicon Athenarum, London 1902, reprint: Amsterdam 1969, 2–3; Historia politica et patriarchica Constantinopoleos, recognovit *I. Bekkerus*, Bonnae 1849, 5). *Barker* (Manuel II, 474–475) са правом претпоставља да је Забија морала да буде рођена 70-их година XIV столећа и да се око 1390. удала за Дорију (уп. следећу напомену). О њеном имену, cf. ibidem, 368. Иако се Забија нашла у генералошкој студији Пападопулоса, већина модерних истраживача просопографије позних Палеолога је заобилази *(Papadopulos*, Versuch, 70).

[11] *MM.*, II, No. 430, 159. – О разгранатости породице Дорија, cf. *Heers*, Gênes, 565 sq.

Подробно упућени Сфранцес, који је, како је истакнуто, био одличан познавалац генеалошких појединости о царској породици, сматрао је да ће бити умесно ако у такозваном „прологу" својих „Успомена" прибележи поједина збивања из времена властитог детињства. Иако сâм у њима није учествовао, она би, по његовом мишљењу, олакшала разумевање наредних страница дела које је писао. Правећи на тај начин сумарни преглед догађаја у временском распону између 1401. и 1413. године, Сфранцес је, помало уз пут, пружио изванредно занимљиве вести и о неким практично непознатим Палеолозима, синовима и кћерима цара Манојла II. Ако је Манојлова ванбрачна кћи, малопре помињана Забија, премда можда недовољно запажена, у модерној историографији била већ поодавно анализована, Сфранцесове белешке, су, чак и данас, добрим делом неоткривене, па и неприхваћене.[12]

Према Сфранцесу, отац Јована VIII је, уз шест наведених синова, имао још двојицу, Константина (старијег) и Михаила, као и две кћери, чија имена, ваљда као небитна, аутор „Мемоара" није оставио. За Константина (старијег) он изричито каже да је био други по реду син василевса Манојла II (δεύτερος υἱός), што ће рећи да је, најшире узев, могао да буде рођен једино између датума рођења Јована VIII и онога када се родио млађи Константин, потоњи цар Константин XI Драгаш. Ово стога што је за Јована VIII изван сумње да је био најстарије дете Манојла и Јелене,[13] док је, са друге стране, тешко претпоставити да би два царева сина упоредо носила исто име. На основу експлицитног навода у „Мемоарима",

---

[12] Sphrantzes, 4 ; Pseudo-Phrantzes, 204–206. На те податке је својевремено први упозорио *Анастасијевић* (Једина царица), али је његово разматрање, можда и због тешке приступачности чланка, у светској византологији остало потпуно незапажено. На Анастасијевићеве опсервације вратио се тек Б. *Ферјанчић* (Андроник Палеолог, 231), и сâм пажљиво проучавајући Сфранцесове вести о Манојловој деци. Две године касније, Schreiner (Untersuchungen, 290–293) подробно и тачно анализује Сфранцесове белешке о последњим Палеолозима, али се не осврће на мишљења претходно наведених аутора. Куриозитета ради, ваља поменути да је наш земљак Чедомиљ Мијатовић био, у ствари, први у модерној историографији који је веровао (истина, нејасно на основу чега) да је Манојло II имао више од шесторо деце: "... the eighth of the ten children of Manuel Palaiologos and Irene (sic) Dragasses..." (*Č. Mijatović*, Constantine, The Last Emperor of the Greeks, London 1892, 78).

[13] Да је Јован VIII најстарији син Манојла II, практично ниједан извор не спори. Изузетак представља излагање Псеудо-Сфранцеса, чија је интерпретација Сфранцесових речи потпуно збркана. Према овом компилатору најстарији Манојлов син био је Константин (старији), за кога Сфранцес изричито каже да је био други по реду (Sphrantzes, 4 ; Pseudo-Phrantzes, 204, 206; в. даљи текст у овом поглављу).

излази да је млађи Константин рођен 9. фебруара 1405.[14] Пошто ће за Јована VIII нешто касније бити показано да се родио 17. децембра 1392. године,[15] онда би у хронолошким међама његовог и Драгашевог рођења ваљало тражити и животни век Константина (старијег). И више од тога, већ овако утврђене временске границе подстичу да се са доста вероватноће помишља на Константина (старијег) као на законитог, седмог сина Јелене Драгаш, пошто се она удала за Манојла II 11. фебруара 1392.[16] У сваком случају, Константин (старији) дошао је на свет после тога датума а никако пре. Међу шест „поузданих" Манојлових синова, други по реду био је Теодор, рођен између 1393. и 1399.[17] Како Сфранцес саопштава да је за Јованом VIII следио Константин (старији), онда би се и рођење овог последњег могло са разлогом тражити у истоме размаку, али пре Теодоровог рођења. Децембра 1399. Теодор је, у тренутку поласка царске породице из Цариграда ка Пелопонезу, био, према Дукиним речима, још увек „новорођенче" (νήπιος) и тај податак, имајући у виду и једно друго сведочанство, звучи уверљиво. Но, о томе нешто доцније.

За сада је довољно да се помене како се у оваквим комбинацијама, са нешто мање сигурности, може ићи и даље, претпоставља-

---

[14] Καὶ τῷ ιγ' (= 6913) ἔτει μηνὶ Φευρουαρίου η-ῃ ἐγεννήθη αὐτῷ καὶ ὁ δεύτερος Κωνσταντῖνος, ὃς ἐγεγόνει καὶ βασιλεύς (Sphrantzes, 2). На другоме месту Сфранцес каже да је Драгаш на дан смрти имао навршених 49 година, 3 месеца и 20 дана живота (Sphrantzes, 98), што би значило да је био рођен годину дана раније, 9. II 1404. Први датум је свакако поузданији већ и зато што, уместо на посредан начин, директно саопштава када се Константин XI родио. С друге стране, Сфранцес се дуго година налазио у служби последњег византијског цара и морао је знати његове тачне године. У ствари, нема несагласности између два податка јер, управо и на овоме примеру, показује се исправност у даљем излагању прихваћеног Сфранцесовог доследног рачунања времена (в. нап. 47, у овом поглављу), као што се, исто тако, тиме само појачава изложена аргументација у решавању, између осталих и на основу Сфранцеса, датума рођења Јована VIII (уп. даљи текст, посебно нап. 45). Уп. *Ферјанчић*, Андроник Палеолог, 231; *Schreiner*, Untersuchungen, 289–290; Ферјанчић, Међусобни сукоби, 133.

[15] Уп. даљи текст и напомене 45–51, у овоме поглављу.

[16] Уп. даљи текст као и нап. 37, у овоме поглављу.

[17] Теодор није могао да буде рођен пре наведене године, ако се прихвати да је први син Манојла II био рођен 1392, други по реду Константин (старији) најраније 1393, а тек после њега је долазио Теодор. Децембра 1399, међутим, зна се поуздано да је Теодор већ био рођен (в. даљи текст и нап. 104). О хронологији Теодоровог рођења, cf. *Schreiner*, Untersuchungen, 288. – О Теодору и његовој деспотској титули, уп. *Ферјанчић*, Деспоти, 112 сл. Ферјанчић сматра, прихватајући мишљење *Папагопулоса* (Versuch, 60), да се Теодор родио после 1395, као и да је деспотско достојанство стекао пре 1402, при том се позивајући на минијатуру из манастира Сен-Денија покрај Париза са представом царске породице. Теодор је на њој представљен као деспот. О овој минијатури и њеном датовању, уп. следеће поглавље.

Рођење, йородица и йрве īодине 55

јући да се Константин (старији) родио између 1393. и 1396. године као и да је умро после децембра 1399.[18] Сфранцес још додаје да је Константин (старији) умро у Монемвасији и, мада не саопштава када се то догодило, поуздани terminus ante quem је, ако ништа друго, макар рођење Константина XI. Рекло би се да у прилог тачности Сфранцесових обавештења о Константину (старијем) као и о Манојловој деци уопште, сведочи и садржина хрисовуље овога цара из септембра 1405, којом се митрополија Монемвасије обавезује да два пута недељно служи литургију за покој душа његове деце.[19]

Други "непознати" брат Јована VIII звао се Михаило и, према Сфранцесу, родио се у Цариграду. Умро је, покошен кугом заједно са Бајазитовим сином, челебијом Димитријем Јусуфом,[20] изгледа током епидемије која је 1409 –1410. године жестоко харала Левантом и однела многе животе.[21] Уколико се прихвати да су се Димитрије и Тома, два најмлађа брата Јована VIII, родили после њега, онда би Михаилово рођење (условно) падало у време око 1406 –1407.[22] Нема много места сумњи да је и Михаило, не толико

---

[18] Ducas, 85. – Да је Константин (старији) рођен пре 1396. рекло би се да на посредан начин говори и такозвани „Dialogue moral sur le mariage de Manuel II", у коме је реч о литерарном разговору између Манојла II и његове мајке Јелене Кантакузине Палеологине. За њу се зна да је умрла новембра 1396 (cf. *Laurent*, La date de la mort d'Hélène Cantacuzène, Une précision, REB 14, 1956, 200–201; уп. такође нап. 9, у овом поглављу) а, будући да се у тексту цар наводи као отац већег броја деце и једног сина наследника, сигурна датација списа је између 18. децембра 1392 (датума рођења Јована VIII) и царичине смрти *(Loenertz*, Une erreur, 183–184; Byzantina et Franco-Graeca, 391, 392). Пошто је Константин (старији) следио за Јованом VIII, требало би да се у овом спису мисли и на њега, па чак и на две неименоване Манојлове кћери (в. нап. 24, у овом поглављу). О смрти Константина (старијег) уп. даљи текст, посебно нап. 19, 107–109.

[19] ὑπὲρ τῶν ψυχῶν τῶν ἐκεῖσε ταφέντων παίδων τῆς βασιλείας μου (*MM.*, V, 168–170; Ламброс, Παλαιολόγεια, III, 122–123). Када је посреди смрт Константина (старијег), до ње је дошло свакако и пре фебруара 1405, датума рођења Константина XI Драгаша (уп. претходни текст, као и нап. 14). О ћеркама Манојла II даље излагање.

[20] Сфранцес каже за Михаила да је умро од куге (ὑπὸ λοιμώδους νοσήματος) али без временског прецизирања (Sphrantzes, 4). Дука, међутим, смрт Димитрија-Јусуфа смешта у нешто касније доба, заједно са смрћу прве жене Јована VIII, Ане од Русије, умрле 1417 (Ducas, 135). Чини се да овде, као и у осталим просопографским појединостима о позним Палеолозима, треба првенствено поштовати реч Сфранцеса, који смрт двојице принчева саопштва у *Пролоīу*, окренутом збивањима од 1401. до 1413.

[21] У том периоду у изворима је забележена једино епидемија 1409–1410. године (Kleinchroniken, 97, 246). Смрт Михаила истоветно датује и *Schreiner*, Untersuchungen, 297–299. Cf. *Loenertz*, Autour du Chronicon maius, 285–286 (Byzantina et Franco-Graeca, 15).

[22] Константин XI Драгаш је, како је истакнуто (в. нап. 14, у овом поглављу), рођен 9. II 1405, за Димитрија је претпостављено да се родио највероватније 1407–1408 (cf *Schreiner*, Untersuchungen, 290), док о Томи сâм Сфранцес каже да је на дан смрти, 12. маја 1465,

због тренутка у коме се родио колико због термина αὐθεντόπουλος (буквално „млади господар", односно „син господарев") којим га Сфранцес назива, био законито чедо Манојла II и Јелене Драгаш.²³ Коначно, о Манојловим ћеркама (а било их је, с обзиром на употребљени плурал, бар две) Сфранцес је још шкртији, саопштавајући само да су преминуле у Монемвасији. Веродостојност овакве тврдње појачава и Манојлова хрисовуља из 1405. Њихова имена, датуми рођења и смрти у „Успоменама", на невољу, нису изнесени.²⁴

Из свега реченог проистиче да је Манојло II имао осам, како изгледа, законитих синова. Међу њима је Јован VIII био настарији. Поред синова, имао је, по свему судећи, најмање три кћери, од којих се само за једну, Забију, може са убеђеношћу тврдити да је рођена као незаконито царево дете.²⁵ У најмању руку, изузимајући супругу Илариона Дорије, та деца родила су се у време када је Манојло II

имао навршених 56 година и још нешто више преко (ὑπάρχοντος χρονῶν νς' καὶ μικρόν τι πρός; Sphrantzes, 130). Ако се Сфранцесови подаци доследно тумаче као и у претходно навођеним случајевима (Манојло II, Константин XI), испало би да је Тома рођен пре 1410. него 1409. године, па се као релативно известан датум рођења Михаила намеће 1406–1407 (cf. *Papadopulos*, Versuch, 95, 98; *Ферјанчић*, Деспоти, 115 сл.; *исти*, Међусобни сукоби, 132–133).

²³ Од значаја је за овакву претпоставку чињеница да Сфранцес на исти начин назива и Димитрија и Тому, двојицу сигурно законитих Манојлових синова. Код Псеудо-Кодина је забележено да „архонти", када се обраћају цару и при томе помињу његовог сина, називају овога „архонтопулосом". Подразумева се да је овај од законита рода (Pseudo-Kodinos, 150). „Афтентопулом" је назван и Андроник Палеолог на чувеној минијатури из Сен-Денија, на групном портрету читаве царске породице (уп. нап. 188, у наредном поглављу).

²⁴ Sphrantzes, 4. Чини се да се наведени став из Манојлове хрисовуље (в. нап. 19, у овом поглављу; уп. нап. 107–109) тиче Константина (старијег) и именом непознатих кћери. Да је било која од безимених ћерки Манојла II истоветна личност са Забијом-Изабелом, није могуће. Против тога говоре већ и године ове последње (уп. нап. 10, у овом поглављу). Сфранцесов податак о Манојловим кћерима можда потврђује и сведочанство Клавиха, коме као да је познато да цар има више кћери. Међу њима једна је ванбрачна (Забија), али за остале, рекло би се, имплицитно произлази да су законите и још увек у животу (Clavijo, 52). Другим речима, опрезно се може претпоставити да су оне умрле између 1403. и 1405. године, јер Клавихо је Цариград посетио 1403, а хрисовуља је из 1405. Да је бар једна од ових царевих кћери била рођена пре 1396, као да посредно говори тзв. „Dialogue moral" (уп. нап. 18, у овом поглављу). – У нап. 13, у овом поглављу, упозорено је да Псеудо-Сфранцес прави збркани редослед рађања Манојлове деце. Према њему он изгледа овако: ћерка, Константин (старији), Јован VIII, Андроник, ћерка, Теодор, Михаило, Константин Драгаш, Димитрије и Тома (Pseudo-Phrantzes, 260). Овај редослед, међутим, није од користи јер је нетачан. То се види, како је и нешто раније речено, и на основу обрнутих места Константина (старијег) и Јована VIII.

²⁵ *Barker* (Manuel II, 475, 493–496) свакако греши када тврди да је код Сфранцеса „на конфузан начин" поменут један син и две кћери (уз шест познатих синова), јер Сфранцес не говори о седам, већ о осам синова, а његово казивање се ни у ком случају не може назвати у овом погледу конфузним више него успутним. Манојлова деца, изузев Константина, уопште нису била у жижи Сфранцесовог интересовања, њега су на првоме месту занимала збивања

већ био у браку са Јеленом Драгаш. Оваквом закључку нимало не смета околност да, осим Сфранцеса, већина других писаца познаје, односно говори једино о шесторици Манојлових синова.[26] Када се узму у обзир њихова знања о позним Палеолозима, хронолошка раздаљина са које пишу, као и судбине оне друге, мало познате и прерано умрле Манојлове деце, то не изгледа сувише необично. Немогућношћу било какве озбиљније улоге Константина (старијег) и Михаила у политичком и јавном животу Царства једноставно је објаснити њихово, безмало потпуно, одсуство и у осталим савременим изворима.[27] За „непознати" женски пород објашњење је, чини се, још простије, јер женска чељад, макар била и царског порекла, ни иначе није ревносно бележена у средњовековној Византији, поготово уколико собом није носила и некакву политичку тежину.

Ништа мање сложен посао представља и одгонетање прилика и услова под којима је дошло до склапања брака између Јовановог оца и мајке, Манојла II и Јелене Драгаш. Задржавање на томе питању свакако је неизбежно, јер његово разрешавање доприноси на најнепосреднији начин и опредељивању за прецизан датум рођења Јована VIII. Мора се признати да ни извори а ни модерни истраживачи ту нису у потпуности сагласни, чак ни у погледу хронологије. Ипак, понешто одређеније може без сумње и о томе да се каже. Манојло II је, како је већ истицано,[28] непосредно по привременом окончању породичног рата који је заиста разарао саме темеље државе, био принуђен да се претежно јави на султановом двору као Бајазитов вазал. Последице овог сукоба у породици огледале су се у даљем

у којима је сâм узимао учешћа. Исти аутор поготово није у праву када мање познати пород Манојла II проглашава ванбрачним и рођеним пре његовог брака са Јеленом Драгаш.

[26] Ducas, 175; Chalc., I, 192; Ecthesis chronica, 4–5; Kleinchroniken, 183; X. Лопаревъ, Хожденіе инока Зосимы, Правосл. Палест. Сборникъ VIII, 3, 1889, итд. Први који је упозорио на родословну забуну код Псеудо-Сфранцеса био је *Loenertz*, Autor du Chronicon maius, 287–288 (Byzantina et Franco-Graeca, 16–17).

[27] Запостављеност поједине Манојлове деце у основним изворима пресудно је утицала и на мишљење модерне литературе. Слично Баркеру (уп. нап. 25, у овом поглављу) поступа већина савремених писаца. Напори Анастасијевића, Ленерца, Ферјанчића и Шрајнера да Сфранцесов спис прочитају друкчије, пре су изузетак него правило. Међутим, чак и у појединим изворима има нешто измењених вести. Тако, на пример, за Теодора Спандуњина, угледног византијског потомка на двору француског краља, Манојло II је имао само седам синова: "... et questo Emanuel Paleologo havendo sette figlioli..." (Theodoro Spandugnino. De la origine deli imperatori ottomani, éd. *Sathas*, Documents inédits, IX, 148; о пореклу Спандуњина, cf. *Nicol*, Kantakouzenos, 230–233, No 102).

[28] Уп. претходно поглавље, нарочито нап. 85.

нестајању територија некадашњег Царства, које су сада, изузимајући Цариград и поседе у Мореји, биле већ занемарљивог опсега и вредности, али и у рушењу високих идеала и традиције на коју се Византија столећима позивала. Пошто је 17. септембра 1390. успео да врати оцу престо, Манојло II је пошао да, заједно са Турцима, заузима хришћанску Филаделфију.[29] Са данашње удаљености звучи трагикомично околност да византијски владар ратује фактички против самог себе, али за савременике морало је то бити оличење понижавања којима се Манојло II излагао. У Малој Азији, вероватно у Бруси, затекла га је и вест о очевој смрти.[30] Сазнавши за смрт Јована V, Манојло је не часећи, ако је поуздати се у помало удаљенога Дуку, крадом пошао од султана да што пре стигне у престоницу.[31] Више од његове, донекле спорне привржености оцу, биће да су ову журбу изазвале превасходно стрепње од нежељеног развитка догађаја у Цариграду.[32] У међувремену, власт је, ишчекујући синовљево приспеће, а извесно страхујући и од Јована VII, привремено преузела удовица Јована V, Јелена Кантакузина Палеологина.[33]

[29] Премда је оваква датација заузимања Филаделфије у науци углавном прихваћена (уп. *Осūрогорски,* Историја, 508), на основу резултата до којих су дошли *P. Witek* (Das Fürstentum Mentesche. Studien zur Geschichte Westkleinasiens im 13. – 15. Jahr., Istanbuler Mitteilungen 2, 1934, 78 sq.) као и *P. Charanis* (The Strife among the Palaeologi and the Ottoman Turks. 1370–1402, Byz. 16, 1942–1943, 304 sq.), она не произлази сасвим једноставно из извора. Cf. *Barker,* Manuel II, 79–80; *Vryonis,* Decline, 140; *P. Schreiner,* Zur Geschichte Philadelpheias im 14. Jahrhundert, 1293–1390, OCP 35 (1969) 375–431. Поход на Филаделфију, у коме су учествовали и Манојло II и Јован VII, био је само један од успеха овог првог Бајазитовог потхвата у Малој Азији. Освојивши многобројне осамостаљене државице у западном делу полуострва, Бајазит је већ на почетку своје владе имао потпуну власт над дубоким залеђем источне стране Босфора. Cf. *Inalcik,* Bayazid I, EI²; *Uzunçarşîli,* Anadolu Selouklulari ve Anadolu bevlikleri hakkînda bir mukkadime ile Osmanlî devletinin kurulusunden Istanbul' un fethine kadar, Ankara 1961, 246 sq. (мени неприступачно). – Заснивајући своје судове на позновизантијској историографској традицији, говорећи о догађајима око Филаделфије, Сансовино бележи да су у јуришу на њене зидине предњачили „principi greci", који су први и ушли у град (Sansovino, 30).

[30] О датуму смрти Јована V, уп. нап. 1, у овом поглављу. О Манојловом боравку у Бруси: Ducas, 77. Манојло II се, у сваком случају, тада налазио у Малој Азији (уп. нап. 34, у овом поглављу).

[31] Ducas, 77.

[32] О сукобу између Манојла II и Јована V било је речи у претходном поглављу (уп. нап. 31).

[33] Тако, међу ђеновљанским рачунима из колоније у Пери налази се и податак да је 25. II 1391. исплаћен новац „pro duabus barchis, que portaverunt dominum potestatem in Constantinopoli, ad dominam imperatricem. . . " *(Iorga,* Notes et extraits, 45). Подеста у Пери тада је био Николо де Зоаљи (cf. *E. Dalleggio d'Alessio,* Listes des podestats de la colonie génoise de Pera /Galata/ des prieurs, et sous prieurs de la Magnifica Communità, REB 27, 1969, 151–157). – О

Манојло је „из Турске" стигао у Цариград 8. марта 1391.[34] али се у њему није претерано дуго задржавао јер, већ почетком јуна исте године, морао је наводно да крене Бајазиту у Анадолију, испуњавајући верно своје вазалске обавезе.[35] Цар, који још увек није био ни званично крунисан за првог василевса, вратио се у престоницу тек почетком јануара 1392. За све то време власт у граду, који су непрестано угрожавали Јован VII и Османлије, одржавала је Манојлова мајка.[36] Не задуго потом, 11 фебруара 1392. године, Манојло II се свечано крунисао за цара Ромеја и истовремено венчао са Јеленом, ћерком угледног српског феудалног господара Константина Драгаша. Подробан опис ове церемоније сачувао се у путопису очевица Игњатија из Смоленска.[37] Манојлов повратак је на првоме месту обрадовао Млечане, брижне због реалне опасности коју су по њихове економске и политичке интересе представљале аспирације вечитог бунтовника Јована VII и његових заштитника

Јелени, cf. Nicol, Kantakouzenos, 137–138, No 30; *Laurent*, La date de la mort, 135–138. *Barker* (Manuel II, 82–83) није обратио пажњу на њену улогу у овом раздобљу.

[34] *Belgrano*, op. cit., 161. Cf. *Barker*, Manuel II, 82.

[35] Манојло је из Цариграда пошао 8. VI 1391 (Kleinchroniken, 104; *Thiriet*, Régestes, I, 797; Cydonès. Correspondance, II, 443). Cf. *Barker*, Manuel II, 87.

[36] О датуму доласка: *Belgrano*, op. cit., 169; *Iorga*, Notes et extraits, I, 53; cf. *Barker*, Manuel II, 99. Вест о Манојловом доласку у престоницу забележена је нешто касније и у млетачким документима. Тада је (16. II 1392) у Сенату одлучено да се Манојлу II пошаље изасланик (Cydonès. Correspondance, II, 445; *Thiriet*, Régestes, I, 808). У Млетке још увек није стигла вест о већ обављеном венчању и крунисању Манојла II (в. даљи текст). Занимљиво је да је у Венецији, на глас о одласку цара из престонице јуна 1391, било предложено да се суспендује посланство упућено њему. Премда је тај предлог био правдан царевом одсутношћу и неизвесношћу око дужине његовог боравка код Бајазита, може се сумњати да је посреди било незадовољство Млечана Манојловом политиком (Cydonès. Correspondance, II, 443; *Iorga*, Analele, 1106; *Thiriet*, Régestes, I, 797; уп. нап. 85, у прошлом поглављу).

[37] Хожденіе, 14–18; *Khitrowo*, op. cit., 143. У опису церемоније Игњатије помиње да су јој присуствовали многи странци, посебно Ђеновљани и Млечани. Крунисање и венчање били су обављени у храму Свете Софије. Манојло, обучен у пурпур, седео је на престолу са Јеленом, док је патријарх чинодејствовао. У једном тренутку василевс је устао и пошао у олтар, одакле се ускоро појавио са свећом у руци. Заједно са патријархом кренуо је амвону, коме је и Јелена пришла. Тада је патријарх Манојлу II предао крст овенчавши га, док је василевс сам положио венац на царичину главу. Обоје су потом сели на престоле а зачула се „херувимска песма". Мало касније, цар је још једном пошао ка олтару и најзад је обављен обред светог причешћа. Цела церемонија била је нестрпљиво очекивана, тако да се окупило много народа. Међутим, у унутрашњост цркве улаз је био дозвољен једино мушкарцима, док су жене, врло украшених лица, све време стајале напољу. Уп. *Е. Голубинскій*, Исторія русской церкви, III, Москва 1900, 347; *A. M. Ammann*, Abriss der ostslawischen Kirchengeschichte, Wien 1950, 102–103; *Loenertz*, Une erreur, 182 (Byzantina et Franco-Graeca, 390); *Schreiner*, Hochzeit, 79 sq.

и привредних партнера Ђеновљана.[38] Таквоме расположењу одушка пружа и акт венецијанског сената од 8. марта 1392. којим се, по други пут, жали смрт старога василевса али, упоредо, изражава и радост због Манојловог повратка у престоницу и крунисања за врховног цара.[39]

У ствари, ретко када литература показује наизглед толику несагласност као што чини у случају хронологије венчања Манојла и Јелене и тренутка у коме је Јован VIII рођен. Зато, оно што је, на основу селективно одабраних чињеница, усвојено и већ изречено, захтева да буде боље поткрепљено и одбрањено. Наиме, поред казивања Игњатија из Смоленска, који истиче да је Манојло II 11. II 1392. био истовремено крунисан и венчан са Јеленом Драгаш, уз податак из млетачког сената од 8. III 1392. о управо обављеном василевсовом крунисању, нужно је навести и оно што је остало записано у ђеновљанским документима из Пере. У њима се (акти од 7–8. и 10. фебруара 1392. године), истина, не говори о Манојловом крунисању, о чему иначе има речи у сенатском документу, али се разговетно саопштава о приспећу из Пере у Цариград „dominum potestem et comitivam ad festum nupciarum domini imperatoris".[40] Сведочење руског путника бива тако потврђено у потпуности јер, док венецијанска исправа говори о Манојловом крунисању, дотле ђеновљански акти наводе да је цар у исто време имао и свадбене свечаности. Ваља истаћи да искази ових докумената и хронолошки стоје у складу са причом Игњатија из Смоленска.

Са друге стране, супротстављајући овима, као и неким другим изворним потврдама које учвршћују изречену хронологију и интерпретацију крунисања и венчања Манојла II, писање каснијих и за овај период непоузданих Псеудо-Сфранцеса и Халкокондила, чије се тврдње своде на причу да је брак био уговорен тек на састанку Бајазита са потчињеним балканским владарима и феудал-

---

[38] О повезаности трговачких интереса Јована VII са Ђеновљанима, уп. нап. 40, у прошлом поглављу, а о политичкој заштити коју су му они пружали, в. нап. 35, такође у прошлом поглављу.

[39] Тога дана је донета одлука у Сенату о слању Пантолеона Барба са честиткама Манојлу II (Senato Misti, vol. 42, fol. 47; *Thiriet, Régestes*, I, 809). Cf. *Schreiner,* Hochzeit, 75. Вест о Манојловом повратку је први пут забележена у сенатским актима нешто раније (в. нап. 36, у овоме поглављу).

[40] *Belgrano,* op. cit., 169; cf. *Schreiner,* Hochzeit, 72.

Рођење, йородица и йрве године   61

цима у Серу (у зиму 1393/94), јасно је шта је поверење поклоњено првима.[41] Пажње је, међутим, вредна и вест, забележена у једној од кратких хроника, чија садржина ипак изискује нешто опширнији коментар. У њој се каже да је „11. (дана) месеца фебруара, на празник... светомученика Власија, године 6901 (1393), 1. индикта, крунисан богомвенчани и праведни и свети цар Манојло Палеолог, крунисан од ... архиепископа Цариграда кир Антонија".[42] Изузев године, а и за њу се може пронаћи прикладно објашњење,[43] сви остали подаци наведене белешке подударни су са извештајем рускога хаџије. Стога не преостаје ништа до да се тешкоћа са годином у овој белешки схвати као један од карактеристичних лапсуса састављача хронике. У свакоме случају, са великом увереношћу дозвољено је тврдити да је Јован VIII, будући законито дете, могао да се роди једино после 11. II 1392. Иначе, привидна необичност да се крунисање цара одвија паралелно са венчањем, у Византијском царству овога доба није била реткост. Уосталом, коју деценију доцније слично ће се збити и са најстаријим Манојловим сином.[44]

Оно што је, код покушаја разрешења недоумице око датума рођења Јована VIII, закључено поводом хронологије венчања његових родитеља, представља једино релативно поуздану основу за такозвани terminus post quem. Мука је, међутим, што су, међу изво-

---

[41] Против писања Халкокондила и Псеудо-Сфранцеса говори коначно и акт цариградског патријарха Антонија из јуна 1393, у коме се Јелена наводи као већ удата за Манојла II (Actes de Kutlumus, éd. P. Lemerle, Paris 1945, № 40). Два поменута писца нису поуздани ни када је реч о времену састанка у Серу. За Сфранцесовог компилатора до њега је дошло непосредно пред битку код Никопоља (Pseudo-Phrantzes, 198), а према Халкокондилу чак после ње (Chalc., I, 75–76). Иначе, у монодији, посвећеној умрлој царици Јелени Драгаш, Георгије Гемист Плитон наводи да се она удала за Манојла II не задуго по смрти Јована V (*Ламброс*, Παλαιολόγεια, III, 272). Но, овај хронолошки непрецизан податак једино указује на чињеницу да је до брака дошло после 15–16. II 1391 (датума смрти Јована V), али ни не смета закључцима које намећу ђеновљански и млетачки извори. – О времену састанка у Серу, cf. *Loenertz*, Pour l'histoire, 172–181 (Byzantina et Franco-Graeca, 240–249); о акту патријарха Антонија, уп. *Г. Осйроїорски*, Господин Константин Драгаш, ЗФФБ VII–1 (1963) 287 –294 (Сабр. дела, IV, 271–280); за старија мишљења о овим питањима, уп. *Анасйасијевић*, Једина царица; о свему, cf. *Barker*, Manuel II, 120–121. О Манојловом упоредном крунисању за првога цара и венчању са Јеленом, тачније, о упутству за обављање овакве церемоније, говори један анонимни протокол (уп. нап. 176, у наредном поглављу).

[42] Kleinchroniken, 104.

[43] Према мишљењу које је изнео *Schreiner*, „die Notiz ist, wie mehrmals an anderen Beispielen dieser Chronik zu beobachten ist, aus einem grösseren Zusammenhang genommen und dabei mit einem anderen Weltjahr kontaminiert worden" (Kommentar, 348). Иста хроника прави лапсус и у случају рођења Јована VIII (уп. нап. 48 и 49 у овоме поглављу).

[44] Уп. наредно поглавље (нап. 176).

рима који би ваљало да о рођењу најстаријег законитог Манојловог сина непосредно сведоче, само Георгије Сфранцес и белешка из једне кратке хронике, исте оне у којој је садржана и наведена вест о крунисању Манојла II, од стварне користи. Сфранцес, несумњиво сјајан зналац породичне историје царске куће, у својим „Мемоарима" је израчунао да је Јован VIII на дан смрти, 31. октобра 1448. године, имао навршених 56 година, 10 месеци и 15 дана живота за собом.[45] Овако израчунате године говориле би да се Јован VIII родио још децембра 1391. године, односно пре него што се његов отац и оженио Јеленом Драгаш. Оваква интерпретација је, наравно, неодржива уз оно што се зна о браку српске принцезе са византијским царем као и о легитимности њиховог првог сина. Зато, не преостаје ништа друго до да се још једном врати неким општијим запажањима о начелу којим се Сфранцес служио долазећи до поменутих цифара. Учени историчар и дипломата, очигледно имајући наклоност ка оваквој врсти прецизирања, у неколико махова је у овоме делу прибегавао сличним калкулацијама. Тако је у претходном излагању, поводом датума рођења Манојла II и Константина XI Драгаша, било потврђено да је Сфранцесова хронологија, истина, изричито егзактна, али да доследно жури за једну годину.[46] У научној литератури су, иначе, пружана прихватљива објашњења овог феномена и сва се у најкраћем своде на тезу према којој је Сфранцес, уместо целих, у обзир узимао започете године. Практично, то значи да дан и месец, проистекли из једноставне рачунске операције, не би морали да буду мењани, већ би, зарад добијања праве хронологије, увек било неопходно додавати још једну годину.[47] Са друге стра-

---

[45] Sphrantzes, 72; Pseudo-Phrantzes, 346.

[46] Како је истакнуто (в. нап. 3 и 14, у овом поглављу), Сфранцес привидно даје два датума Драгашевог рођења (1404. и 1405. годину). Први датум произлази из вести онога типа каквог је и ова о Јовану VIII, а други податак је директан. С друге стране, баш имајући у виду поменути Сфранцесов приступ рачунању, предложено је да се и у недоумици око рођења Манојла II (између 1349. и 1350.), за кога би по буквалној калкулацији ваљало веровати да је рођен 1348, прихвати 1349. година, будући да за „Сфранцесовом годином" касни само 12 месеци.

[47] *Loenertz*, (Autor du Chronicon maius, 287; Byzantina et Franco-Graeca, 17), поодавно је приметио да „Sphrantzes, par mégarde, nous donne le nombre des années commencées au lieu des années révolues". Знатно касније, сродан став изнео је и *Schreiner* (Untersuchungen, 288): „(Сфранцес) . . . rechnet aber hier das begonnene Jahr (als ganzes) in die Gesamtlebenszeit mit ein". Супротно тумачење Сфранцесовог податка о рођењу Јована VIII пружио је Ферјанчић (Андроник Палеолог, 232), сматрајући да се овај родио децембра 1391. Уп. *исти*, Међусобни

не, близу разума је да је, догађајима најближи међу византијским писцима XV столећа, посебно када је у питању царска породица, добро знао када је Јован VIII био рођен, исто као што је то знао и за Константина XI, у чијој се служби годинама налазио. Отуда му са разлогом треба веровати када рођење Јована VIII смешта у другу половину једног децембра, то јест децембра 1392. године, уколико се усвоји наведена интерпретација Сфранцесове хронологије.

Парадоксално, утврђивању тачног датума рођења Јована VIII помаже и белешка из поменуте кратке хронике, иако се у њој налазе, како ће бити показано, погрешно записани и месец и година овог рођења. Наиме, састављач белешке је навео да се Јован VIII родио на празник светог Севастијана, 18. новембра 1393. године.[48] Међутим, празник на који је будући василевс био рођен не пада, судећи по ономе што хеортологија столећима зна, у поменути дан и месец већ се слави 18. децембра. Но, овде је изван сумње да се са доста разлога сме говорити о састављачкој омашки, поготово када се има у виду да и пажљиво рачунање према Сфранцесовој хронологији такође упућује на тврдњу да се Јован VIII родио управо 17. децембра. Када је посреди тумачење забележене године у вести из ове хронике (1393), нужно је да се подсети да је под истом 1393. годином у њој био записан и датум крунисања Манојла II, мада је, како је малопре истицано, до тога чина морало доћи 1392. Речју, хроничар је педантно уносио у овај део свога списа дане, па и месеце, док би се рекло да је код бележења година систематски касино за 12 месеци.[49] Ако би се усвојило овакво тумачење, произишло би да су садржина вести из кратке хронике и Сфранцесови подаци у суштини подударни, упркос чињеници да је творац „Мемоара" журио а састављач белешке касино за годину дана у датовању догађаја. Дакле, ваља се сложити да се Јован VIII, претпоследњи ромеј-

---

сукоби, 121. Чини се, међутим, да је најважније што је Сфранцес у наведеном начину рачунања био доследан.

[48] Kleinchroniken, 104.

[49] Вест о Јовановом рођењу следи непосредно за податком о крунисању Манојла II, 11. II 1393 (sic) (Kleinchroniken, 104), но о 1393. не може бити говора, јер други извори то јасно оспоравају (в. претходни текст). Драгоценост вести из кратке хронике не огледа се у години, већ у дану и месецу рођења који су, упркос лапсусу са празником св. Севастијана, у суштини тачно записани, фактички потврђујући Сфранцесову рачуницу. – Комбинације са датумом рођења Јована VIII кретале су се од 1391. до 1394. Cf. *Papadopulos*, Versuch, No. 90; *Barker*, Manuel ff, 104, 494.

ски цар, родио 17–18. децембра 1392. Коначно, другачији закључак ни не преостаје, јер ниједна друга комбинација са датумом његовог рођења није у стању да помири постојећа изворна сведочанства.⁵⁰

О Јовановом оцу, Манојлу II, уобичајено је да се говори као о једној од истински трагичних личности у једном и иначе суморном времену. Сматра се, вероватно са правом, да је он, не само по напорима ка одржању независности Царства, то јест онога што је од Византије остало, него и по неким другим особинама надмашивао савременике, па чак и одударао од њих. Ипак, Манојло II је био сличнији и своме оцу и своме сину но што би се рекло на основу легенде која је око његове личности почела већ за живота да се плете. Суд, заснован на поређењу Манојла II са Јованом V и Јованом VIII, мит о цару, залудном али часном борцу против Турака као и добром и послушном сину, прихватила је и модерна литература. Тако се о њему писало као о владару који је у хроничном породичном расколу, чије почетке вероватно ваља тражити још у грађанским ратовима двадесетих и четрдесетих година XIV столећа, био међу Палеолозима један од ретких примера синова лојалних очевима у свим неприликама. Без обзира на изузетност Манојлове појаве, у првоме реду као образованог и писању склоног суверена на цариградском престолу, што није спорно, овакве оцене се, када је реч о његовим политичким поступцима, морају донекле мењати. У то уверава и претходно излагање у коме је било говора како о свађама Јована V са сином тако и о изразито проосманлијској политици са којом је Манојло II започео самосталну владу.⁵¹ Како је дошло до настанка поменуте представе о оцу Јована VIII и колики је синовљев удео у њеном стварању, посебно је питање,⁵² али је чињеница да је у Манојловом животу породица имала истакнуто место. Властиту приврженост њеној идеализованој хришћанско-

---

⁵⁰ Први који је понудио тачан датум, и то само на основу Сфранцеса и Игњатија из Смоленска, био је *Loenertz* (Une erreur, 182; Byzantina et Franco-Graeca, 390). *Schreiner* (Hochzeit, 70–85; Untersuchungen, 287–288) ове је резултате једино ојачао новим потврдама.

⁵¹ Посебно уп. нап. 31 и 85, у прошлом поглављу.

⁵² У стварању легенде о Манојлу II основно је било деловање његовог оца и најстаријег сина, који су, у трагању за било каквом подршком са Запада, обојица кренули пут уније цркава. Стога је Манојло II, без обзира колико то имало основа у његовој стварној политици према страним силама, морао да буде у очима противника уније представљен као прави цар традиционалне и православне Византије. О овоме ће бити још речи и у наредним поглављима.

-патријархалној пројекцији изгледа да је симболично изражавао чак и кроз давање имена својој деци. Примамљиво, наиме, звучи претпоставка према којој је Јован VIII добио име свога деде по оцу, други по реду син, Константин (старији), назван тако по царевом тасту Константину Драгашу, а трећи син, Теодор, можда по Манојловом најстаријем брату истог имена.

Настојећи да одржи углед дужности која му је допала и помогне Царству којим је управљао, сигурно је да је Манојло II, ако не политички опипљиве успехе, оно макар постизао да га савременици сматрају достојним тог великог труда. Овакви утисци, потекли од неутралних посматрача и сведока, узимајући у обзир и њихову засењеност уопште појавом једног „цара Ромеја", имају већу тежину од судова позновизантијских писаца. Ако се са резервом може примити да је, наводно, Бајазит рекао за Манојла да „и ко не би знао да је цар, одмах би по његовој појави то уочио",[53] нема места неповерењу у запис једног западног хроничара који је приметио како су њега „ipsum dignum imperio iudicabant".[54] Али, више од тога, овај занимљиви човек био је исто тако писац, моралиста па и филозоф, као што је и сâм умео да поштује туђе духовно умеће. Где год би се појављивао или путовао, на околину је остављао дубок утисак племенитости и отмености државе и културе које је представљао. Задивљени њиме, многи међу овима остављали су о томе упечатљиве трагове, а његова појава, као мало чија друга из позне византијске историје, у више наврата нашла је одјека у литератури кроз многобројне портрете па и читаве монографије.[55] Премда је у историографији одавно изречена скепса према претераном баратању појмом „утицаја" у историји, изван сваке сумње је да су духовна клима којом се Манојло II окруживао, његови политички па и етички назори, морали да делују на синовљево формирање. Чак да Манојло II и није зрачио таквом снагом, стицај околности је

---

[53] Sphrantzes, 14; Pseudo-Phrantzes, 256.
[54] Chronique du Religieux de Saint-Denis contenant le règne de Charles VI, de 1380 à 1422, ed. et trad. par *M. G. Bellaguet*, II, Paris 1965, 756.
[55] О његовој личности, првенствено cf. *Barker*, Manuel II, посебно 386–489. Поред поменутог, од значајнијих дела о Манојлу II cf. *Berger de Hivrey*, Mémoires; *Васильев*, Путешествие; *Dennis*, The Reign. – О ликовним представама Манојла II, насталим током његовог боравка на Западу, cf. *C. Marinesco*, Deux empereurs byzantins, Manuel II et Jean VIII Paléologues, vus par les artistes occidentaux, Le Flambeau 40 (nov.–déc. 1957) 758–762

хтео да син проведе уз оца више од половине свога живота. Управо зато, биће потребно да се посвети још доста простора разликовању онога што је у потоњим догађајима био очев од стварног синовљевог удела.

И мајци Јована VIII ваља посветити знатан простор, и то из више разлога. Један од њих, са научне тачке гледишта сигурно не и први, садржан је у чињеници што је Јелена Драгаш, како је одавно примећено, била „једина византијска царица Српкиња".[56] Међутим, за бављење Јеленом постоје и друге побуде, проузроковане првенствено раскораком између онога што се о Јелени опипљиво зна и, са друге стране, њеног дугог живота у престоници и судбине, заиста упоредне са последњим деценијама Царства.[57] С обзиром да је била супруга, односно мати тројице ромејских царева, Манојла II и његових синова Јована VIII и Константина XI, упутно је запитати се о њеном учешћу у збивањима у којима су овим Палеолозима биле намењене невеселе, мада главне улоге. Како ће истраживање да покаже, са дужином боравка међу Византинцима, Јеленино присуство се у јавности осећало све више. Најпре проводивши време у сенци супруга, она је, поготово после његове смрти, успела да се избори за истакнуто место у верском и политичком животу престонице. Током самосталне владе Јована VIII, Јеленина реч или савет су не једном били од битне важности по опредељења јавног мнења или по автократорове одлуке. Са доста поузданости дозвољено је претпоставити да је она исто толико утицаја имала и на Константина XI, другог љубимца међу синовима. Најзад, објашњење надимка последњег василевса, према коме га је овај добио у знак сећања на деду по мајци, слободно се може проширити на тврдњу да је, у очима савременика, Константин XI по особинама био ближи Јелени него Палеолозима.

---

[56] Јелени Драгаш је у литератури практично једини посветио засебну расправу *Анастасијевић* (Једина царица). Наши историчари који су се бавили Дејановићима-Драгашима, Јелене су се дотицали углавном узгред. Уп. *Ј. Хаџи-Васиљевић*, Драгаш и Константин Дејановићи, Београд 1902; *М. Рајичић*, Севастократор Дејан, ИГ 3–4 (1953) 17–28; *исти*, Основно језгро државе Дејановића, ИЧ (1952–1953) 227–243; *Острогорски*, Господин Константин Драгаш; *Р. Михаљчић*, Крај Српског царства, Београд 1975, 67 сл (са старијом основном литературом).

[57] Јелена Драгаш је умрла, како извештава Сфранцес, 23. марта 1450 (Sphrantzes, 76; Kleinchroniken, 188).

Иако ће можда да се учини необичним што је ћерка Константина Драгаша, једног снажног али ипак само обласног господара, уз то и „варварског" порекла, уопште била у прилици да буде изабрана за супругу аутократора, за Византију са краја XIV века то и није био толики изузетак. Неумитно срозавање властите представе о неопходном високом пореклу оних са којима се царска породица орођавала било је процес под Палеолозима испољаван и кроз удаје и кроз женидбе њених чланова. Ако су за првих владара ове династије младожење чак и бивале из уважених ромејских родова или страних угледних кућа, већ је Јован VI Кантакузин, средином XIV столећа, био принуђен да направи до тада нечувени преседан, удавши кћер за неверника, османлијског султана Урхана.[58] Животна пракса је затим учинила прихватљивим и уобичајеним и многе друге, не тако давно незамисливе брачне комбинације, којима је Царство, руковођено политичким циљевима, одувек волело да прибегава, а сада, падајући све ниже, у њима гледало сламку спасења.[59] Само, чини се да ни у оцени ове стране брака Манојла II са Јеленом Драгаш није промишљено журити са закључивањем, иако је невестино родословље, упркос одређеним размимоилажењима у појединостима, у историјској литератури сложно детерминисано у оквирима српске државе Немањића. Има, штавише, међу историчарима чак и оних који су мишљења да је Јеленина бака била рођена сестра Душанова, што би, уколико је тачно, бацило нешто измењену светлост на њен родословни статус приликом удаје за византијског цара.[60]

---

[58] Cf. Nicol, Kantakouzenos, No. 29, 134–135; *Осшроїорски*, Историја, 484.

[59] Жена Михаила VIII била је Теодора, рођака никејског цара Јована III Ватаца; супруга Андроника II била је најпре угарска принцеза Ана, а затим титуларна солунска краљица Јоланда-Ирина од Монферата; Михаило IX био је ожењен сестром јерменског краља Маријом-Ритом; Андроник III је узео за жену прво Ирину од Брауншвајга, а потом Ану Савојску; Јован V оженио се ћерком цара Јована VI Кантакузина; Андроник IV Маријом, ћерком бугарског цара Ивана Александра, али је Јовану VII супруга била Евгенија Гатилузи. Ма колико таква поређења била незахвална, у погледу снаге и угледа, на пример између Гатилузија и Драгаша, битније разлике није било. Иза првих, самих по себи обичних острвских диласта, стајала је велика моћ Ђенове, али територија којом је располагао Драгаш била је за Царство много значајнија.

[60] Порекло оца браће Јована и Константина Драгаша, деспота Дејана, није утврђено. Био је ожењен, како већина аутора мисли, Душановом сестром Теодором, која се, после његове смрти, замонашила под именом монахиње Евдокије. Потребно је, при томе, да се упозори да о браковима његових синова до сада није било апсолутно никаквих истраживања. У

Генеалошко поштовање Јелениној породици, заправо пре њеноме оцу него њој самој, у још знатнијој мери прибавља један, код Сфранцеса сачуван, успутан а по Дејановиће врло занимљив податак који је досад био занемариван. Према Сфранцесу, један од двојице дедова Јована VIII, иначе неименован, био је ожењен трапезунтском принцезом, претходно удатом за Турчина.[61] Реч је о Евдокији, оној истој о којој је код Халкокондила забележено да је била друга жена Јована V, деде по оцу Јована VIII и Константина XI. Вероватно је овај податак био један од одлучујућих за фантастичну Халкокондилову причу, за коју је показано да је нетачна и да је плод извесних, али збрканих знања познатога писца о стварним догађајима.[62] Јован V сигурно није био ожењен Евдокијом али, уколико се он искључи, преостаје једино као деда Јована VIII и Константина XI отац Јелене Драгаш. Међутим, при оваквој идентификацији, Евдокија не би могла да буде Јеленина мајка већ маћеха, јер је први муж кћери Алексија III Великог Комнина погинуо тек 24. октобра 1386. а Јелена, ако се има у виду рођење њеног првог сина Јована, у то време је морала да буде увелико и сама рођена.[63]

том погледу, када је реч о Константину Драгашу, уп. редове који следе. – Поред наведених радова о Дејановићима (в. нап. 56, у овом поглављу), уп. *Јиречек-Радонић*, Историја, I, 222 сл.; *M. Purković*, Byzantinoserbica, BZ 45 (1952) 43 sq.; *Ферјанчић*, Деспоти, 168 сл. *Purković* (op. cit.) сумња у идентификацију Дејанове жене са Душановом сестром, а *Ферјанчић* (нав. дело) разбија неверицу око Дејановог деспотског достојанства.

[61] Сфранцес је 14. октобра 1449. кренуо као посланик Константина XI Драгаша ђурђијанском краљу и трапезунтском цару. У Трапезунту је сазнао за смрт султана Мурата II (умро је 9. II 1451), као и да се једна од његових ханума, Мара Бранковић, вратила у Србију. Тим поводом Сфранцес је у једном писму, које је нашло место у „Мемоарима", саветовао цару да понуди Мари брак и, као један од аргумената који би се таквом потезу супротстављали, навео је и чињеницу што је ова изишла из харема једног Турчина. Али, Сфранцес сматра да се на такве примедбе може одговорити једним примером из прошлости када је нешто слично било већ чињено, јер је и деда Константина XI Драгаша, чије име писац не наводи, био ожењен „деспином Евдокијом", претходно удатом за неког Турчина, господара мале и неважне земље, па је са њом имао чак и деце (Sphrantzes, 78–80).

[62] Очигледно се користећи Сфранцесом, Халкокондил није знао како да протумачи његове редове (наведене у горњој напомени), па је тако исконструисао причу о првој жени Јована V, која је била трапезунтска принцеза (уп. претходно излагање, као и нап. 7, у овом поглављу). Будући да је у науци доказано за Јована V да је био ожењен Јеленом Кантакузином (уп. такође и нап. 9, у овом поглављу), као и имајући у виду чињеницу да Сфранцес не говори о коме је деди Константина XI реч, има основа претпоставци о Константину Драгашу, тасту Манојла II. Томе у прилог иду још неки подаци (уп. даље излагање). – Поред радова који су у претходном тексту наведени (уп. нап. 7 и 9), за питање другог брака Јована V cf. *L. Politis*, Eine Schreiberschule im Kloster τῶν Ὁδηγῶν, BZ 51 (1958) 272; *Schreiner* (in: Byzantina et Franco-Graeca, 389). Уп. даље излагање.

[63] О смрти Евдокијиног (првог) мужа Тацедина саопштава Панарет, 80. Већ и датум Тацединове смрти, онако како је забележен у трапезунтској хроници, у несагласности је са

Наведеној примамљивој претпоставци могло би да се дода још штошта у прилог но, и без пристајања на њу, важност Манојловог таста у очима суседа, па и Ромеја, била је очигледна па и објашњива. Једном речју, у читавом јужном делу земаља некадашњег Душановог царства није било деведесетих година XIV столећа опсегом веће, традицијом Немањићима ближе и економским угледом значајније државе од оне којом је, после свога брата, господарио Константин Драгаш. Његове области су, између осталог, обухватале Штип, Струмицу, Овче поље, Врање, Петрич и практично читаву Македонију источно од Вардара, укључујући Мелник и Рилу и допирући скоро до Сера. Иначе, Константин је, колико се зна, имао у политичком погледу релативно стабилне вазалске односе са султаном. Изричите потврде Драгашеве снаге верно исказују његови званични потписи или њему намењене византијске интитулације.[64]

хипотезом Политиса и прочитаном годином у поменутом литургијару (уп. претходну напомену). – У прилог веровању да је Сфранцес мислио на Константина Драгаша као мужа Евдокијиног иде још један занимљив податак. У Дечанском летопису је, уз вест о боју на Ровинама, забележено како су тамо погинули Марко Краљевић и Константин Драгаш. Поред имена овог другог додато је „и комнењ"! Питање откуда је доспео овај запис у Дечански летопис заслужује посебан одговор, али, изван сваке сумње, он није нетачан јер је трапезунтска принцеза Евдокија заиста била од рода Комнина, а обичај додавања женином, нарочито ако је славније, презимена своме у нашем и византијском средњем веку није била реткост (Стари српски родослови и летописи, изд. Љ. *Стојановић*, Београд–Ср. Карловци 1927, стр. 219) Успут, ако не из Трапезунта, са које би друге стране Константин Драгаш могао да добије презиме Комнин? – Како је исправно запазио *Loenertz* (Une erreur, 179–180; Byzantina et Franco-Graeca, 386–387), колико је познато једини који се међу историчарима задржао на Сфранцесовом податку, ни термин „деспина", којим је ослобљена Евдокија, није необичан. У позном Царству он у сродним текстовима означава не само царицу већ каткада и кћер, сестру па и мајку царева, те се не може сматрати препреком у идентификацији Евдокије као жене „господина" Константина Драгаша. С друге стране, занимљиво је да се и супруга деспота Дејана, Теодора-Евдокија (без обзира на исправност или не њеног поистовећивања са Душановом сестром), сигурно и сама називала „царицом", на шта није имала права на основу Дејановог деспотског достојанства, осим уколико није био у питању превод грчког назива „василиса", уобичајеног за деспотову жену? – Коначно, у прилог изнетој претпоставци ваља истаћи да је Сфранцес за Евдокијиног другог мужа рекао како је био μέγας αὐθέντης, што иначе никада не чини помињући византијске цареве. – Ако је веровати вестима из Панаретове хронике, у њој је записано како је септембра 1395. „деспина кира Евдокија" стигла из Цариграда у Трапезунт, која и да је са собом довела невесте за свога брата цара Манојла II (Ану Филантропину) и за братанца Алексија IV (Теодору Кантакузину) (Панарет, 81). Она се, значи, из престонице (или преко ње) запутила у завичај непосредно после погибије Константина Драгаша у боју на Ровинама, 17. маја 1395. О ауторству ових Панаретових редова, уп. мало познату расправу: *С. П. Карпов*, Некоторые проблемы изучения „трапезундской хроники Михаила Панарета", Сб. науч. работ. Ист. фак., Москва 1970, 267–290.

[64] О опсегу државе Драгаша, уп. *Михаљчић*, Крај царства, 173–184. Када је реч о византијским интитулацијама Константина Драгаша, занимљиво је и како га називају званични патријаршијарски приручник за „питакија". Ја сам својевремено претпоставио да је у додацима овоме приручнику формула о писању митрополита Константину Драгашу настала

Догађаји у којима су, убрзо по венчању, узели заједничког учешћа Константин Драгаш и Манојло II, иду у прилог хипотези о политичком обележју овог орођавања. О разлозима који су василевса навели да се одлучи за српску невесту може искључиво да се нагађа. Можда је Манојло II помишљао да браком успостави чвршћу везу са преосталим хришћанским суседима на Балканском полуострву у циљу јединственијег супротстављања Османлијама али, судећи по последицама састанка у Серу, до тога није дошло. У сваком случају, на поменутом скупу са Бајазитом нашли су се, између осталих, и Јеленин отац и цар.[65] Оставши веран султану, Драгаш није покварио односе са зетом, па се у Византији Константиново име поштовало и после његове смрти.[66] Уз пут, када је реч о Јелени, тешко је замислити да је Манојло II пре свадбе чак и познавао будућу супругу.

Јелени Драгаш је, иначе, посвећено доста књижевних текстова уважених, мање или више обдарених савременика. Сви они, без обзира на међусобне разлике, носе једну заједничку особину, бавећи се искључиво њеном духовном снагом и унутрашњом лепотом. Биће, по свој прилици, да се оном другом, видљивом и спољашњем,

---

пре брака Јелене и Манојла II, што би, уколико је тачно, потврђивало веровање да је Драгаш и пре орођавања са царем био у Византији добро позната и уважена личност (уп. Ђурић, Ектесис неа, 430–431). Када су посреди сами Констатинови потписи, међу њима постоји и један из 1379 (или 1389), у коме се он јавља као „господар српски и Подунавља". На тај се потпис доскора гледало са великом скепсом, поред осталог и због његове необичности. Недавно је изнета нова претпоставка, према којој је, „учествујући у неком турском продору, Константин од султана добио обећање за проширење својих поседа" (Михаљчић, Крај царства, 104). Нажалост, у изворима засад нису пронађени подаци који би упућивали на тако нешто, мада је за читаво питање, па и шире, можда индикативна монодија Георгија Гемиста Плитона умрлој царици Јелени Драгаш, у чијем се уводу говори да је њен род (γένος) био од „Трачана". Потом се приповеда о врлинама ових у старини, као и о простору који насељавају (... ἐντὸς Ἴστρου ἀπὸ Εὐξείνου πόντου ἐς τ' ἐπ Ἰταλίαν ...), а затим, опет, да је мноштво њих насељено покрај Дунава. Следи осврт на Јелениног оца, у коме се, уз истицање његове храбрости, праведности и верности пријатељима – што је можда алузија на лојалан став Драгаша и према султану и према цару – наводи како је он био χώρας τε ἄρχωνοῦ φαύλης παρ' Ἀξιὸν ποταμῶν (Ламброс, Παλαιολόγεια, III, 267–270). Исто тако, већ поменути патријаршијски приручник, као и цар Манојло II у својој повељи од октобра 1395. године називају Константина Драгаша „господарем Србије" (δεσπότης Σερβίας, односно αὐθέντης Σερβίας) (J. Darrouzès, Ekthésis néa, Manuel des pittakia du XIVᵉ siècle, REB 27, 1969, 62; MM., II, 260 sq.; уп. Осūро-joрски, Господин Константин Драгаш, 291 сл. Ђурић, Ектесис неа, (430–431).

[65] Уп. претходно излагање о скупу у Серу, као и нап. 84, у прошлом и 43, у овом поглављу.

[66] О томе говоре и редови Георгија Гемиста Плитона и повеља Манојла II из 1395. године (в. нап. 64, у овом поглављу).

Рођење, породица и прве године

није ни могла претерано похвалити.[67] Са друге стране, казивања о Јелени препуна су похвала њеној смерности, племенитости, искреној побожности, мудрости и праведности, па је каткада пореде са античком Пенелопом.[68] Зилотно окренута православљу, Јелена је, у целини посматрано, била противник унионистичке политике свога сина Јована VIII, после његове смрти чак му је била забранила помињање у црквеним службама, те се кроз призму таквог искреног уверења преламају и многобројна добротворна дела и услуге које је током живота чинила.[69] Доласком у Цариград, Драгашева ћерка није сасвим прекинула додир са отаџбином, о ономе што је радила на корист Срба постоје сигурна, премда не баш издашна сведочанства,[70] а постепено је и међу Ромејима стицала лепо уважавање. Међу царичиним панегиричарима, Георгије Гемист Плитон, највише окренут овоземаљским стварима, упиње се да, позивајући у помоћ све своје знање, пронађе оправдање и објашњење за њено етничко порекло. Претераност оваквих напора, као и увек у сродним приликама, чини се да говори у прилог сумњи да се познати византијски став према странцима и неповерење према туђинки још и у XV веку итекако осећао.

Положај у коме се престоница тада налазила био је по Царство поразан. Премда је Цариград 1393. године био донекле растерећен основног притиска турске војске, обузете даљим напредовањем по унутрашњости Балкана – те године је Бајазит потчинио Бугарску – то не значи да су и његови житељи имали прилику да одахну. Уз опсаду, под којом је варош фактички непрестано држана, као и понижавајући подређени статус у коме се налазио, Манојла II су 1393. непосредно притискивале и неке друге невоље. Иако тек рођени Јован VIII у овим догађајима, природно, није узео активног

---

[67] Сам по себи прилично непоуздан податак из једне кратке хронике као да говори, ако ни о чему другом, бар о предању према коме се Манојло II оженио μετὰ τῆς γυναικὸς τῆς κυρᾶς 'Ελένης τῆς Σέρβας, τῆς μονοφθάλμου, τῆς φύσει φρονίμου (једнооком, разборите нарави) (Kleinchroniken, 183).

[68] Тако чини Гемист Плитон *(Ламброс,* Παλαιολόγεια, III, 272–273 и даље), а сличне похвале могу се наћи и код (будућег) кардинала Висариона (ibidem, 281–283), као и у оценама историчара и хроничара. Уп. *Анастасијевић,* Једина царица (доноси превод „Утешне речи" Георгија Схоларија Константину XI поводом Јеленине смрти); cf. *Barker,* Manuel II, 99–100.

[69] *Ламброс,* Παλαιολόγεια, I, 56–61.

[70] Том страном Јеленине делатности првенствено се бавио *Анастасијевић,* Једина царица.

учешћа, понешто га се истински непосредно тицало. Предисторија дугогодишњег породичног сукоба, у коме су деведесетих година XIV столећа међусобно били супротстављени Манојло II и његов синовац, сувише је обимна да би је било потребно подробније износити од онога колико је учињено у претходном поглављу.[71] Привремено поражен 1390. године и склонивши се поново под турско окриље, Јован VII је боравио у близини престоничких зидина, што је већ само по себи била непрестана опасност по Манојлову, тек успостављену власт у граду.

Рођењем Јована VIII односи између супарника постали су још сложенији, у једноме тренутку чак до те мере да је, врло извесно, била доведена у питање и будућност Манојловог сина као наследника престола. Јован VII је, нема сумње, имао право првенства у поређењу са Манојловим сином, а да невоља буде још већа и сâм је такође имао једнога, доскора „непознатога" сина, Андроника V Палеолога, у чије постојање ваља веровати. Њега је отац, ушав у Цариград 13–14. априла 1390. године, пожурио да прогласи за свога савладара и тако му обезбеди право на царско наслеђе. Овај дечак, са којим је, узгред, исцрпљен замашан број недовољно уочених чланова рода Палеолога с краја XIV века, умро је када је имао свега седам година. У престоници се сигурно налазио још увек крајем септембра исте, 1390. године, а рекло би се да је био у животу и 1393. Према томе, све док се Јован VIII није родио, наследство престола је, без обзира на постојање актуелног василевса Манојла II, припадало не само његовом синовцу и противнику него и сину овога, Андронику V.

Положај новорођеног Јована VIII био је утолико тежи, јер он је тада био још увек без икакве титуле. Изгледа да је првенствено зато Манојло II пожурио да се, убрзо по рођењу најстаријег сина, помири уз посредовање Ђеновљана са Јованом VII. Несумљиво руковођен и општијим циљевима, Манојло II је пред очима без сумње имао и заштиту свога изданка када је Јовану VII предложио двоструко усиновљење. Манојло II је понудио да усвоји свога синовца, а овај би, за узврат, то исто учинио са Јованом VIII. Споразум,

---

[71] В. претходно поглавље, посебно нап. 29 и даље. – Последњи је о спрези Манојла II са Јовановцима расправљао P. Wirth, Manuel II. Palaiologos und der Johanniterorden. Zur Genesis der Alianz gegen Johannes VII (1390), Βυζαντινά 6 (1974) 385–389. Опширније о свему уп. нап. 35–40, у прошлом поглављу.

Рођење, йородица и йрве īодине   73

склопљен у Селимврији, био је краткога века, али да ли је његовим раскидањем дошло и до престанка важности адопције, није познато. У сваком случају, у последњем раздобљу свога живота, па и пошто је преминуо, Јован VII био је називан Манојловим „сином". Могуће је да је то био исход помирења из 1399, но није искључено ни да пуноважност усвојења из 1393. у међувремену није оспоравана.[72] Речју, Јован VIII, иако први син законитога цара, у тренутку рођења није имао обезбеђено право првенства при наслеђивању престола. Испред њега је био, а то ће остати све до своје смрти, Јован VII, а до споразума из 1393. можда и Андроник. Уколико се прихвати претпоставка према којој је 1393. године Андроник V био још увек жив, онда је адопција из исте године била плод одређеног уступка Јована VII у корист Манојловог наследника. Исто тако, ако се дозволи да је до поновног усвојења дошло и 1399, могло је то да буде само привидно попуштање Манојла II, будући да је син Јована VII тада био већ поуздано мртав.

У ово време напори Манојла II били су усмерени на очување независности престонице, консолидацију односа са угроженим околним хришћанским владарима и династима и на учвршћивање властите породице на царскоме престолу. Цариград је заиста одолевао, но то је била више заслуга тврдих градских бедема и тренутно друкчијих Бајазитових намера него плод воље и одлучности бранилаца. Уосталом, када се султан ускоро озбиљно окренуо опсади, свима па и цару било је јасно да престоници нема спаса. Политика евентуалног обједињавања свих оних који су се осети-

---

[72] О Андронику V изрицани су различити судови. Тако *G. T. Dennis* (An Unknown Byzantine Emperor. Andronicus V Palaeologus, 1400–1407, JÖBG 16, 1967, 175–187) сматра да тих седам година живота Андроника V ваља сместити у период 1400–1407. *Barker* (Manuel II, 112) иде чак дотле да сумња и у само постојање ове личности, а недавно је *E. Zachariadou* (John VII /alias Andronic/ Palaeologus, DOP 31, 1977, 339–342) закључила да је Јован VII сâм себе називао и Андроником! Међутим, све поменуте старије и новије комбинације немају ни изблиза убедљивост претпоставке коју је изнео *Н. Икономидис* (Σημείωμα γιά τον Ανδρόνικο Ε' Παλαιόλογο (1390), Θησαυρίσματα 5, 1968, 23 – 32) и према којој о Андронику V може бити говора једино између 1390. и 1397. У поменутом раду Икономидис, поред хронолошких, исправно побија и генеалошке закључке Дениса. Чини се да се излагањем о Андронику V у овом поглављу идеје Икономидиса само потврђују. – О споразуму у Селимврији, cf. *Loenertz*, Une erreur, 183–184 (Byzantina et Franco-Graeca, 391–392). Да је Манојло II био иницијатор помирења са Јованом VII, сведочи и таквозвано „Историјско слово" солунског архиепископа Симеона, извор изузетно драгоцен за повест Царства тога доба, а тек однедавно шире познат (*Balfour*, Symeon of Thessalonica, 45). Симеон приписује неуспех овог помирења искључиво Бајазитовим сплеткама.

ли угрожени Турцима, подразумевала је, као некакав conditio sine qua non, претходно помирење Манојла II са Јованом VII. До овога је и дошло, при том су макар формално била обезбеђена права Јована VIII, али споразум је био ускоро нарушен, у најбољем случају је потрајао неколико месеци. Убрзо су наде у јединство морале да буду распршене, што су недвосмислено показивали догађаји на Пелопонезу а, затим, и резултат скупа у Серу. Напори деспота Теодора I, Манојловог брата, да са свим расположивим средствима покуша да потчини што већи део Пелопонеза, консолидује своју власт и учини полуострво способнијим за ефикасну одбрану од Османлија, успевали су само делимично а, уједно, ни најмање се нису допадали султану. Поред отпора који су деспоту Теодору I пружали поједини западни феудалци у Мореји и уз узнемиреност Венеције, оваква политика је наилазила на противљење и у деспотовом ромејском табору. Један од Теодорових противника био је и господар Монемвасије, у више прилика већ помињани Мамонас.[73] Не успевши да се сложе са осталим хришћанским вазалима султана, Манојло II и његов брат су као поуку са састанка са Бајазитом ипак извукли закључак да лојалним држањем према сизерену њихова ситуација није постала ништа лакша. Преостајало им је једино прихватање часне борбе.

Деспот Теодор I, који је још скоре 1391. године ангажовао Османлије на својој страни у сукобу са Млецима, сада кришом бежи од Бајазита и, одлучније но икада раније, жури са учвршћивањем свога господства над што већим делом Пелопонеза. Покоравајући поједине градове и опседајући Монемвасију, он се, током 1394. чак и са релативним успехом, огледао са османлијским војсковођом Евреносом, дојучерашњим савезником. За све то била му

---

[73] О хронологији састанка и о сâмоме скупу у Серу, cf. *Loenertz*, Pour l'histoire, 172 sq (Byzantina et Franco-Graeca, 240 sq.); старија литература је овај скуп смештала, руковођена казивањем Халкокондила и Псеудо-Сфранцеса, у 1396 (cf. Hopf, Geschichte, I, 61; уп. нап. 39 у овом и 80, у прошлом поглављу). *Zakythinos* (Despotat, I, 152–154) мишљења је да се скуп одржао маја 1394, а његово мишљење дели и *Charanis* (The Strife, 313). О свим хипотезама око овог датума, cf. Barker, Manuel II, 120 sq. – Од извора, о скупу у Серу сведоче практично једино Манојлов говор брату Теодору (*Ламброс*, Παλαιολόγεια, III, 11–119) Chalc., I, 74–75. – О Мамонасу и његовој породици, cf. *A. Милијаракис*, Οικογένεια Μαμωνᾶ, Атина 1902; *Zakythinos*, Despotat, I, 125; *Максимовић*, Апанаже, 141–142. – Иако су се на скупу нашли, поред византијских вазала султана (Манојла II, Теодора I, Јована VII и Мамонаса) и српски подређеници, међу којима сигурно Стефан Лазаревић и Константин Драгаш (уп. нап. 84, у прошлом поглављу), у нашој историографији је овај догађај био све донедавно заобилажен.

је потребна још нечија подршка и она је после извесног оклевања коначно приспела из донедавно непријатељске Венеције. Управо захваљујући Републици, Турци су морали да се повуку из Монемвасије и, макар закратко, Мореја је била спашена.[74] Ипак, Манојлова и Теодорова одлучност нису биле довољне да трајније промене ток збивањима, јер септембра 1394. године султан почиње са незапамћено снажном опсадом Цариграда, а упоредо и са освајањем Пелопонеза.[75]

Овога пута Бајазит је опседао престоницу са намером да је и заузме. Породица Манојла II, па и његов најстарији син Јован VIII, боравила је у гладној и разрушеној вароши. Василевсу се, у положају који је изгледао безизлазан, учинило најбоље да за сваки случај обезбеди своје најближе. Из једне одлуке млетачког сената од 23. децембра 1394, сазнаје се да је византијски посланик у Венецији питао да ли би Манојло II, у случају нужде, могао да се са породицом склони на млетачке лађе. У Сенату је на молбу одговорено позитивно, са назнаком: „у случају крајње опасности". Када је цар касније одлучио да ипак остане у престоници, то је Serenissima примила са прикривеним олакшањем.[76]

---

[74] Уп. нап. 70, у прошлом поглављу; cf. *Loenertz*, Pour l'histoire, 185–186 (Byzantina et Franco-Graeca, 252–253); *Barker*, Manuel II, 120 sq.; *Schreiner*, Kommentar, 351.

[75] Ducas, 79; Chalc., I, 77–78; Kleinchroniken, 70, 111, 184, 544; *Thiriet*, Régestes, I, 860, 868. Cf. *Schreiner*, Kommentar, 352–353. *Barker* (Manuel II, 479–481) смешта почетак опсаде сувише рано, у пролеће 1394; *Вакалойулос* се, опет, залаже за још ранији датум, сматрајући да је опсада трајала од 1393. до 1399 *(А. Е. Вакалойулос,* Ἱστορία τοῦ Νέου Ἑλληνισμοῦ, Солун 1961, 126; *Idem*, Limites, 57). Уп. нап. 63, у прошлом поглављу.

[76] *Thiriet*, Régestes, I, 868, 892. – У ствари, односи Венеције са Манојлом II и, нарочито, Теодором I, одраније оптерећени нерешеним споровима (око Тенедоса, на пример), били су препуни неповерења (в. нап. 24–27, у прошлом поглављу). Бар до 1391/2, Република је улагала труд да некако остане у пријатељству са султаном, често и по цену озбиљних уступака. До промена у држању и једних и других дошло је тек по турским најсвежијим освајањима (у првоме реду по паду Солуна). Тада су, немајући другог избора, Венецију стали да моле за помоћ и Манојло II и Теодор I. Деспот је, после малог оклевања, почетком 1394. предао Млечанима Аргос, а маја, односно јуна, Сенат се одазвао Теодоровим и Манојловим апелима (cf. *Zakythinos*, Despotat, I, 138–140; *Loenertz*, Une erreur, 184 sq.; *Thiriet*, Romanie, 360–363; в. нап. 72–73, у прошлом поглављу). Наравно, пружајући заштиту Пелопонезу и Цариграду, Венеција је бранила своје економске интересе. Иначе, док је за погодбу Теодора I са Млечанима релативно јасно у чему се садржала *(Thiriet*, Régestes, I, 768, 800; Kleinchroniken, 233, 248; cf. *Schreiner*, Kommentar, 351), појединости Манојловог договора са Републиком помало измичу данашњим истраживачима. Тешко је претпоставити да је цар, сада када су му они били једини ослонац у опсађеној вароши, озбиљно захтевао поравнање рачуна око Тенедоса. У сенатским документима из овога времена о томе нема трага. Наиме, последњи ромејски захтев за Тенедосом пре зближења са Венецијом потиче из марта 1392 *(Thiriet*, Régestes, I, 809). После тога, ово питање се не потеже, осим што га, из тактичких разлога, Млечани покрећу у јеку

У престоници, која је тада бројала једва 40–50 000 становника,[77] грађани, а са њима и читава царска породица, били су на изузетно великим искушењима. Ове патње започеле су 1394. године а привремено су отклоњене тек са Бајазитовим поразом код Ангоре. Импресивније па и садржајније о стварном стању у граду сведоче шкрте речи појединих савремених докумената или народских и невешто писаних кратких хроника него што су то у прилици да учине умни византијски историчари. Из хроника се сазнаје да жито у престоници није могло да се набави ни по коју цену, као и да су Турци потпуно уништили и спалили „све зграде, баште и дрвеће изван зидина". Да је глад била велика, сведочи, између осталог, и једна молба за житом, упућена из Цариграда 1395. године, којој је Serenissima морала у најкраћем року да удовољи.[78] Сличну несташицу хране Цариград неће упознати све до 1453. године. За ово време Јован VIII се непрестано налазио уз оца. Како је поменуто, Манојло II је, заплашен османлијским претњама, покушао да још децембра 1394. обезбеди и склони своје ближње, али је у међувремену одустао од бега из Цариграда. Скромна војна помоћ коју је Република послала није могла да подигне морал браниоцима у оној мери у којој су то чинила надања у неповољан завршетак Бајазитових војевања на северу Балканског полуострва а нарочито свест да се, у ствари, нема куда побећи.

опсаде, почетком 1397 *(Thiriet,* Régestes, I, 917, 924). *Thiriet* (Ténédos., 238 sq.) ову промену није уочио већ, напротив, сматра да Византија и током последње деценије XIV века инсистира на поменутом оструву.

[77] Cf. *A. M. Schreiner,* Die Bevölkerung Konstantinopels im XV. Jahrhundert, Nachr. d. Akad. d. Wiss. in Göttingen, Philol.–Hist. KL, 1949, Nr. 9, 233–244; *E. Frances,* Constantinople byzantine aux XIVe et XVe siècles, RESEE 7 (1969) 405–412; о релативној тачности свих сличних демографских истраживања, cf. *D. Jacoby,* La population de Constantinople à l'époque byzantine: un problème de démographie urbaine, Byz. 31 (1961) 81–109 (réimpr. Société et démographie à Byzance et en Romanie latine, London 1975). Такође, cf. *Maksimović,* Charakter, 156.

[78] *Noiret,* Documents, 72–74; *Thiriet,* Régestes, I, 868, 891; из кратких хроника се сазнаје да је престоница тада имала μάχην βαρυτάτην (Kleinchroniken, 70), односно ὡς γενέσθαι τὸ μουζούρι, τὸ σιτάρι, ἄσπρα ‚ρ', καὶ οὐχ εὑρίσκετο (ibidem, 184). О овоме и Ducas, 85. За термин μουζούρι, cf. *Barker,* Manuel II, 144. Он претпоставља да је то исто што и „modius", што је делимично тачно. Cf. *E. Schilbach,* Byzantinische Metrologie, München 1970, 96, 107; уп. *С. Ћирковић,* Мере у средњовековној српској држави, Мере на тлу Србије кроз векове (Галерија САНУ, 23, 1974), Београд 1974, 57. Колико је занимљив податак о скупоћи жита, бар исто толико је значајна чињеница да се у византијском Цариграду у то време увелико обрачунавало у турским мерама, то јест користили њихови термини. О дехеленизацији живота у престоници биће још говора. Скупоћа жита је била једна од последњих житарског рата између Бајазита и Венеције (уп. нап. 109, у претходном поглављу).

Нереално је очекивати да је Манојло II предвиђао турски неуспех у Влашкој, он је вероватно по њега дошао ненадано, али бој са војводом Мирчом, 17. маја 1395. на Ровинама,[79] само је подстакао и иначе претерана надања од крсташа који су се припремали за коначан обрачун са неверницима. Уопште узев, Европом се, као и у другим сличним приликама, раширио некритички оптимизам и увелико су прављени пројекти о ономе што ће се радити пошто Турци буду изгнани. Византијски посланик је, са ромејске стране, такво расположење покушавао да пренесе и у скептичну Венецију, унапред убеђујући у поуздан успех крсташког похода.[80] Мада су Млечани са неповерењем гледали на све што је предузимао угарски краљ, а и иначе нису били одушевљене присташе оваквих колективних политичких и војних подухвата, ипак су пристали да на посредан начин подрже крсташе.[81] За Бајазита ни у Мореји није све ишло једноставно, будући да је деспот Теодор I успевао некако да истраје, па је чак повремено постизао и мање војне успехе.[82] Нажалост, бој на Ровинама хришћанима је пружио више морални подстрек него опипљиве олакшице. Султаново одмеравање снага са Мирчом, уместо пада, донело је Влашкој „само" вазални положај према Бајазиту, а балканским државицама погибију Марка Краљевића и Константина Драгаша. Што се тиче Стефана Лазаревића, трећега међу емиру преосталим лојалним вазалима, он је са бојног поља побегао. Константинова кћи је октобра 1395, поводом очеве смрти, приложила заједно са мужем цариградоком манастиру Св.

---

[79] Око датума и исхода (у крајњој линији неповољног по хришћане) битке на Ровинама, на основну литературу упућује *Осшроїорски*, Историја, 510–511; cf. *Barker*, Manuel II, 127–129; *Пурковић*, Деспот Стефан, 38.

[80] На повратку из Угарске, византијски поклисар Манојло Филантропин обрео се у Млецима, где је покушавао да привуче у савез са Угарском и Венецију (Senato Misti, vol. 43, fol. 112v, 117). Акти су забележени под 1. III 1396 *(Thiriet,* Régestes, I, 900–901).

[81] Када је реч о помоћи, ваља подсетити да је Венеција послала флоту да штити Цариград и, солидарно са крсташима, одустала од преговора са Бајазитом *(Thiriet,* Régestes, I, 870, 892, 896, 900; cf. *idem,* Ténédos, 239 sq.).

[82] Извесне успехе Теодор је заиста постигао 1394, борећи се са Евреносом око Монемвасије, освојивши коначно град уз помоћ Млечана *(Thiriet,* Régestes, I, 858; *Ламброс,* Παλαιολόγεια, III, 66; cf. *Loenertz,* Pour l'histoire, 185; Byzantina et Franco-Graeca, 252–253). Пораз који је, изгледа, Теодор доживео код Коринта у јесен 1394 (?), рекло би се да није имао већих последица (Kleinchroniken, 244; Chalc., I, 90; Pseudo-Phrantzes, 222; cf. *Schreiner,* Kommentar, 354; *Маліѣезу,* Περιπέτειες, 24 sq.), па је касније, све до битке код Никопоља, Пелопонез био мање-више без Турака (cf. *Loenertz,* Pour l'histoire, 185; Byzantina et Franco-Graeca, 252–253). Такође, cf. *Zakythinos,* Despotat, I, 154 sq.; *Bon,* Morée, 271.

Јована Претече 100, односно 500 златних перпера, за душу „блаженог и славног господара Србије, кира Константина".[83]

Ушавши у исто предузеће са угарским краљем, Манојло II, таман да је то и хтео, није ни могао да помисли у тој ситуацији на било какву нагодбу са Бајазитом. Његов положај у опседнутој престоници је, већ традиционално, отежавала чињеница што се уз нападаче налазио султанов штићеник и други претендент на царски престо, Јован VII. Манојлов синовац, чије су амбиције угрожавале и права малог Јована VIII, боравећи још од 1390. у суседној Селимврији, можда је и лично учествовао у турским насртајима на градске зидине.[84] Изгледало је да будућност Цариграда сада зависи једино од хришћанског Запада и припрема за крсташки рат које су се тамо одвијале. Ако и није био непосредан зачетник поменуте замисли, ова заслуга припадала је угарском краљу Жигмунду, Манојло II је помагао колико је било у његовој моћи, покушавајући при томе, како је речено, да из својих разлога у хришћанску коалицију укључи по сваку цену и Венецију.[85] Фебруара 1396. године, василевсов посланик у Будиму Манојло Филантропин склопио је савез са Жигмундом али, упркос коначном пристанку Млетака на сарадњу па и неким почетним успесима, 25. септембра 1396. Турци код Никопоља страховито разбију крсташку војску.[86]

„Са таквим дакле грдним неуспехом заврши први озбиљнији покушај западне Европе да се са удруженом снагом стане насупрот наглој бујици османској."[87] Млеци, који у борби директно нису учествовали, били су, ваља признати, једини који су се у тренутку катастрофе сетили одбране још усамљенијег Цариграда. Већ 29. октобра 1396. венецијански сенат је одредио значајан број галија за заштиту поседа Републике у Романији, Пери, као и за одбрану

---

[83] *ММ.*, II, 260 sq. Уп. *Д. Анасшасијевић*, листина манастира Петре од октобра 1395. год. као извор за хронологију битке на Ровинама, Богословље 2 (1927) 297–300; *исши*, Једина царица, 32 (7); *Осшроїорски*, Господин Константин Драгаш, 291 (Сабр. дела, IV, 277); *Barker,* Manuel II, 128.

[84] Тако верује *Barker* (Manuel II, 128); cf. *idem,* John VII in Genoa, 224.

[85] Уп. нап. 79, у овом и 96, у прошлом поглављу.

[86] Замашно историјско питање битке код Никопоља излази из предвиђених оквира овога поглавља. Нешто опширније о томе, уп. нап. 88–93, у претходном поглављу. О улози Бајазитових вазала Срба у збивањима око Никопоља, уп. *Пурковић*, Деспот Стефан, 38 сл.

[87] *Радонић*, Западна Европа, 10.

сâме престонице. Наравно, није упутно гајити сувишне илузије о оваквом понашању те изузетно практичне државе, она је, уосталом, била једина кадра да Манојлу II помогне.[88] Штитећи властите интересе, узгред помажући Царству, Serenissima није пропустила повољну прилику да поново затражи наоружавање Тенедоса због ефикаснијег супротстављања Турцима.[89]

Али, упућене венецијанске галије пружале су Царству прескромну утеху у поређењу са последицама Бајазитове победе. Некако у исто време, Османлије су освојиле Видинску царевину,[90] заузеле Атину, опљачкале Пелопонез, отеле млетачки Аргос и поразиле деспота Теодора.[91] Византијски изасланици растрчали су се тада на све стране хришћанског света, вапећи за било каквом помоћи. Спас је тражен у Француској, Енглеској, Московској кнежевини, Арагону, Пољској па и у Литванији. Под одређеним условима нуђена је била чак и унија цркава.[92] Јован VII, са своје стране, покушавао је да уновчи право на цариградски престо, нудећи га Шарлу VI у замену за годишњу ренту и замак у Француској. Но, од свега

---

[88] Одређујући галије за заштиту Цариграда, у Млецима нису знали да ли је у међувремену престоница пала у турске руке или није, па су у томе смислу срочена и упутства Ђованију Лоредану, капетану Голфа (Thiriet, Régestes, I, 917; cf. Silberschmidt, op. cit., 166–171).

[89] Проблем Тенедоса је у овоме тренутку, како је истакнуто (в. нап. 76, у овоме поглављу) пред царем потезан из тактичких разлога а, у суштини, за Млечане је био искључиво ствар преговора са Ђеновом (Thiriet, Régestes, I, 924, 926; cf. idem. 241 sq.).

[90] Видин је Бајазит освојио одмах после победе код Никопоља (E. Kalužniacki, Werke des Patriarchen von Bulgarien Euthymius 1375–1393, Wien 1901, 433; reprint: London 1971), при томе заробивши и касније усмртивши последњег бугарског цара Ивана Страцимира.

[91] Атина је привремено заузета 1397 (cf. J. B. Mordtmann, Die erste Eroberung von Athen durch die Türken zu Ende des XIV. Jahrhunderts, BNJ 4, 1932, 346 sq.); 2. априла 1397. опљачкан је Аргос (Kleinchroniken, 245; cf. Schreiner, Kommentar, 360–361), а током лета исте године Пелопонезом је харало око 60 000 Турака (cf. Zakythinos, Despotat, I, 156; Loenertz, Pour l'histoire, 186–187; Byzantina et Franco-Graeca, 254–255). Уп. нап. 72–75, у претходном поглављу.

[92] О свему подробно Barker, Manuel II, 150–160. – Пољски краљ Владислав је, заједно са кијевским митрополитом и уз подршку Витовта, његовог рођака и владара Литваније, упутио 1396. један предлог о унији цркава цариградском патријарху. Владислава је у том тренутку првенствено занимало да уреди верске односе са властитим поданицима православне вере, па је обраћање патријарху схватио просто као саветовање. Но, 1397. патријарх је спремно одговорио како је он у начелу унији наклоњен, али да је најхитнији задатак уједињење хришћана против неверника, па је препоручио Владиславу да се у том циљу помири са угарским краљем Жигмундом. Према класичном византијском редоследу, како је својевремено приметио Halecki, прво помоћ а затим унија (cf. Halecki, Pologne, 49). Питање уније, онако како је покренуто у овом тренутку, вишеструко је карактеристично за разумевање византијске политике у последњих пола столећа њеног постојања, али, упоредо, илуструје боље но апели за помоћ до коликих су уступака били спремни да иду у Цариграду у том тренутку, све у потрази за било каквим спасењем. Уп. даље излагање.

тога не би ништа.[93] Једино што је Манојло II издејствовао, били су донекле успешни напори папе Бонифација IX да се василевсу пошаље било каква помоћ (одазвали су се Сијена и Енглеска) и 1000 људи под заповедништвом ваљаног војсковође, маршала Бусикоа, које је опседнутој вароши упутио француски краљ Шарл VI.[94]

Маршал Бусико се појавио у Цариграду у лето 1399. године и, премда је извео у околини града неколико јуначких напада мањих размера, автократору је убрзо посаветовао да лично пође на Запад и покуша да за своју судбину придобије тамошње владаре. Међутим, пре него што се лати путовања, Манојло II би требало, наглашавао је маршал, да се помири са синовцем Јованом VII. На непуних недељу дана пред полазак на Запад, Манојло II се 4. децембра 1399. године поново измирио са Јованом VII, предавши му управу над Цариградом у његовом одсуству и обећавши му као апанажу Солун, у то доба сигурно у турским рукама.[95] Овај необичан Манојлов „уступак" тешко је разумети, будући да је Солун 1399. године изгледао по Византинце неповратно изгубљен. Чини се да се објашњење најпре крије у околности да је Бусико, по свој прилици, довео Јована VII у престоницу више силом него милом.[96] Но, на овоме месту је од већег значаја по даљу судбину најстаријег Манојловог сина задржати се

---

[93] Јован VII је 15. VIII 1397. издао пуномоћ својим заступницима у Француској да понуде тамошњем краљу то право за 25 000 златних флорина и један замак у овој земљи (акт је издао *Сп. Ламброс* у NE 10, 1913, 248–251); cf. *Barker*, Manuel II, 164. Француски краљ није уопште узео у разматрање овај предлог јер је већ био у контакту са Манојлом II.

[94] Сијена је била обећала помоћ од 500 златних дуката (*Ламброс*, Παλαιολόγεια, III, 120–121), а Ричард II је наменио Царству 2 000 фунти које никада нису ни стигле у Византију (*Васильевъ*, Путешествіе, 26–27). Француски краљ је био знатно галантнији са 12 000 златних франака (cf. *Barker*, Manuel II, 156–157). О мисији маршала Бусикоа: Livre des faits du bon messire Jean le Maingre, dit Bouciquaut, Maréschal de France et Gouverneur de Jennes, éd *J. A. C. Buchon*, III, in: Froissart, Paris 1836, 563 sq.

[95] Уп. *Васильевъ*, Путешествіе, 41 сл.; *Barker*, John VII in Genoa, 217–220; *idem*, Manuel II, 165, 490–493; такође, cf. Dölger, Johannes VII., 30–31.

[96] Грчки извори о овоме помирењу говоре доста шкрто: Chronologische Einzelnotizen (Kommentar, 616); Ducas, 83–85; Chalc., I, 78; Kleinchroniken, 285. Занимљиво је и казивање солунског архиепископа Симеона, који, опет, говори о помирењу а да не помиње улогу Бусикоа *(Balfour,* Symeon of Thessalonica, 45). У ствари, главна обавештења пружа Clavijo, 27–28. Cf. *Dölger.* Johannes VII., 31; *Barker,* Manuel II, 491–492. У литератури је била изражена сумња у боравак Јована VII у Селимврији тих година. Тако је *Wirth* (Zum Geschichtsbild, 593–594) мишљења да је овај боравио код тазбине (Гатилузија) на Лезбосу. Оваква хипотеза је, како је показао Баркер, у несагласности са оним што саопштавају Livre des faits и Clavijo, па и писмо патријарха Матеја *(ММ.*, II. 359). Солунски архиепископ Симеон каже, исто тако, да је Манојло II сазнао пред пут да се Јован VII налази у Селимврији, *Balfour,* Symeon of Thessalonica, 45–46; cf. коментар издавача, 116).

нешто дуже на једној другој појединости измирења. На претходним страницама било је навођено како је Јован VII имао сина јединца који је у животу поуздано био 1390. а, вероватно, још увек и 1393. године. Дечак је умро када му је било седам година, што ће рећи, у сваком случају пре 1397.[97] Уза све остало што је утацало на услове измирења Јована VII са Манојлом II, не сме се пренебрегнути ни околност да је 1399. године узурпатор из Селимврије био без наследника, јер других синова није имао. У истоме тренутку, Манојло II је имао чак три сина: Јована VIII, Константина (старијег) и Теодора.[98]

Обично се сматра да је, у оквиру помирења, 1399. дошло и до усиновљења Јована VII. Ваља, међутим, подсетити да је такав предлог Манојло II први пут учинио још 1393, али је Јован VII онда читав договор са стрицем одао Бајазиту. Оваквом веровању, од извора најнепосредније везаних за помирење из 1399, основу првенствено пружа писмо цариградског патријарха Матеја кијевском митрополиту из 1400. године, у коме се каже како су се Манојло II и Јован VII помирили „као отац и син" (ὥσπερ πατὴρ καὶ υἱός).[99] Иако је податак из поменутога писма експлицитан у тој мери да га не би требало доводити у сумњу, ипак је необично да адопцију, изузетно значајан елемент средњовековног па и византијског наследног права, није навео нико други па ни доста исцрпно обавештени шпански путник Клавихо. У ствари, 1399. године ова тачка споразума била је без оне политичке тежине коју је имала 1393, јер је у међувремену Манојлов првенац остао без супарника у наслеђивању престола. Усиновљење Јована VII из 1393. године Манојло II није сматрао више битним ни неколико година раније, што показује царев писмени одговор мајци Јелени Кантакузини Палеологини на нека њена размишљања око породичног сукоба. Из овог списа, насталог између лета 1394. и јесени 1396, види си, наиме, да је и царица-мајка сматрала како је чињеница што Манојло сада има већи број законите деце практично удаљила Јована VII од престола.[100]

---

[97] О Андронику V уп. нап. 72, у овом поглављу.

[98] Уп. излагање на почетку овог поглавља.

[99] *MM.*, II, 359–360. Није спорно да ли је или није било у том тренутку адопције, њу у осталом потврђује и солунски архиепископ Симеон, већ каква је била њена стварна садржина. Код Симеона је дословце забележено о томе: διαμηνύει ὡς πατὴρ οὗτος (Манојло) τῷ υἱῷ (sc. Јовану VII) *(Balfour, Symeon of Thessalonica,* 45).

[100] *Loenertz, Une erreur,* 183–185 (*Byzantina et Franco-Graeca,* 391–392).

Усиновљење Јована VII из 1399. године, дакле, није ни у чему мењало позиције Јована VIII. Коначно, није случајно што је 1393. Манојло био тај који је предлагао реципрочно усвојење, док је, чини се, овога пута адопција представљала само један од уступака првога цара на које је, као и на „давање" турског Солуна, лако пристао. Потоњи сачувани документи показују да је ово ново сродство у будућности било очигледно поштовано. Не само да је за Манојла II Јован VII био „син", него је и за његове синове постао „брат" или ἐξάδελφος.[101] У суштини, компромисом из 1399. године, Манојло II је, упркос очајном спољнополитичком положају, прошао боље. Јован VII је из Селимврије доведен у престоницу, поклоњен му је град који Царство нема у рукама, а усиновљењем пребачен из формалног равноправног у подређен статус.[102] Заузврат, Манојло II је преузео ризик да по повратку са путовања затекне варош у турским рукама, али та је опасност Цариграду ионако претила.

Василевс је са породицом кренуо 10. децембра 1399. године, укрцавши се на млетачке лађе у пратњи маршала Бусикоа.[103] Бродови су најпре пошли према Мореји, где се управо на мукама налазио царев брат деспот Теодор I, покушавајући да се одупре османлијским навалама. Док је Манојло II настојао да путовањем на Запад изнуди макар какву подршку Цариграду, деспот се надао да ће нове и велике повластице војничком реду Јовановаца допринети очувању византијске Мореје. Још 1396. године деспот Теодор I је поку-

---

[101] У погледу ових ословљавања врло су корисна оштроумна запажања која чини N. Oikonomidès, Actes de Dionysiou, Paris 1968, 90. Cf. *Христофилопулу*, op. cit., 199–203.

[102] Занимљив случај адопције збио се 8. II 1347, када је Јован VI Кантакузин усинио Јована V, и то пре његове женидбе Кантакузиновом ћерком Јеленом; cf. F. Dylger, Johannes VI. Kantakuzenos als dynastischer Legitimist, Seminarium Kondakovianum 10 (1938) 19–30. – Турци су Солун освојили први пут у пролеће 1387. Сматра се да се град привремено ослободио њиховог господства, али само за кратко време јер Бајазит га поново освaja 12. априла 1394. Међутим, из писања солунског архиепископа Симеона као да произлази да се варош непрестано 17 година налазила под Османлијама, да би се туђе власти ослободила тек после Бајазитовог пораза код Ангоре „од једне друге варварске војске" *(Balfour,* Symeon of Thessalonica, 42–43; cf. издавачев коментар 113–114). У сваком случају, о рестаурацији византијске власти у Солуну пре 1402/1403. године нема ни говора. Поред радова наведених у нап. 31, у прошлом поглављу, cf. R.–J. Loenertz, Manuel Paléologue et Démétrius Cydonès. Remarques sur leurs correspondances, EO 36 (1937) 478–483; *M. Ласкарис,* Ναοὶ καὶ μοναὶ Θεσσαλονίκης τὸ 1405 εἰς τὸ Ὁδοιπορικὸν τοῦ ἐκ Σμολένσκ Ἰγνατίου, Τόμος Κ. Ἁρμενοπούλου, Солун 1951, 331 sq; *Dennis,* The Reign, 151–155.

[103] Тачан датум царевог поласка пружа само једна од кратких хроника (Kleinchroniken, 285). Од осталих извора: ibidem, 184 (са много нетачности); Chronologische Einzelnotizen (Kommentar), 616; *Balfour,* Symeon of Thessalonica, 45–46; Ducas, 83; Chalc., I, 78. Уп. *Васильевъ* Путешествіе, 55–56; *Barker,* Manuel II, 167–168.

шавао да родоским витезовима прода Коринт а, управо у време Манојловог поласка на Запад, Јовановци су, према договору са деспотом, ушли у престоницу Теодорове апанаже, док се сâм Манојлов брат повукао у безбеднију Монемвасију, ближе окриљу Млечана.[104] Тамо су се зауставили и бродови са царском породицом. Манојло II је намеравао да овде остави своје и даље продужи сâм. Из одлуке венецијанског сената, од 27. фебруара 1400. године, сазнаје се да је василевс од Републике затражио јамство да, у случају турског упада у Мореју, чланови његове порадице (укључујући ту и царевог брата Теодора I) могу да нађу уточиште у млетачким тврђавама Корону и Модону. Поменутом одлуком то је допуштено, па је чак дозвољена могућност њиховог пребацивања у Венецију.[105] Оставивши Цариград синовцу, Манојло II се није сувише поуздавао у његову лојалност. Како је истакнуто, он просто није имао шта више да изгуби напуштајући варош чији је пад изгледао неминован. Властито неповерење према Јовану VII и судбини престола исказивао је на други начин, трудећи се да придобије западне савезнике, Млечане, Јовановце и Ђеновљане, да они брину у његовом одсуству о одбрани Цариграда од Османлија, али и од евентуалних синовчевих намера.[106] Сумњичавост према Јовану VII Манојло II је изразио, на крају крајева, и одвођењем читаве породице брату у Мореју. Такав се поступак није могао правдати турском опасношћу, јер је она подједнако претила и Цариграду и Пелопонезу.

На основу казивања познога Дуке и неких научних комбинација, претпоставља се да су Манојла II на путу до Монемвасије пра-

---

[104] У Венецију је 30. децембра 1399. стигао изасланик деспота Теодора који је затражио да Република пружи азил деспоту и његовој породици због турске опасности која се надвила над Морејом (Silberschmidt, Das Orientalische Problem, 197; Thiriet, Régestes, I, 972). – О преговорима са Јовановцима, cf. Delaville le Roulx, Hospitaliers, 77–80; најпотпунији приказ ових збивања још увек, чини се, пружа Zakythinos, Despotat, I, 156–159. Cf. Barker, Manuel II, 146, 232–233; Bon, Morée, 272. Уп. нап. 39, у прошлом поглављу.

[105] Iorga, Notes et extraits, I, 96–97; Thiriet, Régestes, II, 978. Рекло би се да је нешто раније слична молба деспота Теодора (в. претходну напомену) имала у виду породицу у ширем смислу, укључујући и Манојла II са женом и децом.

[106] Такозвана „commissio" млетачког сената од 26. III 1400. налаже Ђероламу Контаринију, капетану „per viazo per Tana", да у Цариграду, заједно са вице-баилом, посети Јована VII и да га подсети на све оно што Република чини за спас Царства, затим да га обавести о срећном исходу преговора његовог стрица са Ђеновљанима и Јовановцима око савеза у циљу очувања Цариграда. Исто тако, Јован VII треба да буде обавештен да Венеција чврсто верује у његово придржавање упутстава која му је оставио Манојло II и да неће подлећи пред лажним обећањима Турака. Млечани су спремни да га у том истрајавању помогну још више него раније (Senato Misti, vol. 45, fol. 6v. – 7; Thiriet, Régestes, II, 981).

тили царица Јелена, најстарији син Јован, као и млађи Теодор.[107] Остали извори не набрајају поименце ко је све чинио породицу у том избеглиштву, што никако не сме да буде разлог одбацивању помисли да су се од Манојлове деце, уз ову двојицу, налазили још и Константан (старији), као и две именом непознате кћери. Ово стога што је за све троје (у ствари, најмање троје, будући да се не зна колико је женске деце Манојло имао), како је показано на почетку поглавља, изнето мишљење да су умрли у Монемвасији пре фебруара, односно септембра 1405.[108] Са тиме у вези намеће се питање: када су ова деца могла да се нађу у Монемвасији, без обзира да ли пре или после 1399, откуда управо у Монемвасији, као и каква их је и када некаква тешка болест у истој вароши покосила? Пажљивим осматрањем кретања Манојла II и његове породице, једноставно је утврдити да, изузев путовања из децембра 1399 – јануара 1400, у изворима све до 1405, што је поуздани terminus ante quem за њихову смрт, нема ни помена о било чему сличном. Мора се, такође, одбацити, као мало вероватна, и могућност да су ова деца неком ранијом приликом била послата Теодору I, будући да је деспот Теодор I у Монемвасију приспео тек у пролеће 1400, пошто је претходно предао Јовановцима своје седиште Мистру, то јест пошто је Манојлова породица била у Монемвасији већ окупљена. Најзад, зна се да је епидемија куге, која се појачала током 1399, на јужном Пелопонезу почела да бесни баш у време пред долазак Манојла II.[109] Једном речју, са доста озбиљних разлога дозвољено је претпоставити да су из Цариграда пошли цар и царица са синовима Јованом, Константином (старијим) и Теодором, а са њима оу биле и њихове ћерке. Епидемију која је харала преживела су два сина, док су остала деца, покошена кугом, страдала и сахрањена на месту где их је смрт затекла. Један од преживелих био је и будући цар Јован VIII.

---

[107] Ducas, 83–85.
[108] Уп. нап. 17–19 и 24, у овом поглављу.
[109] *Noiret*, Documents, 101; Kleinchroniken, 245. Да се куга са млетачких поседа тада проширила на све стране, све до у саму Венецију, између осталих сведочи и Zorzi Dolfin (265). Такође, када је Манојло II, на повратку са Запада, тражио дозволу да се заустави у Модону, Сенат га је у томе одговарао јер се тамо појавила куга, па ће бити боље да пристане на Крфу. Такав одговор је 8. V 1402. уручен царевом посланику (*Iorga*, Notes et extraits, I, 118; *Thiriet*, Régestes, II, 1055).

МЛАДОСТ

Испловивши 10. децембра 1399. године из цариградског пристаништа заједно са Манојлом II, царска породица се на млетачким лађама запутила ка Мореји. Како је поменуто, поред автократора и његове жене Јелене Драгаш, на пут су пошла и њихова деца Јован (VIII), Константин (старији), Теодор (II) и две (?) кћери. На Пелопонезу се налазио најзначајнији део још увек слободне ромејске земље под управом Манојлу врло блиског млађег брата, деспота Теодора I. Нажалост, не само да је већи део полуострва у то доба био изван било каквог домашаја византијске власти, него је чак и оно што је царевом брату преостало, овај покушавао крајем деведесетих година XIV столећа некако да осигура, или уз довођење Млечана у ромејску Монемвасију или уз уступање (боље рећи продају) Коринта и Мистре Јовановцима.

Сумњу у будућност саме престонице под влашћу Јована VII, остављеног да Манојла II замењује током његовог страновања, отац Јована VIII је, као што је у прошлом поглављу истицано, најнепосредније изразио одвођењем свих својих ближњих из Цариграда. Упоредо са путовањем, Манојло и Теодор су, изгледа заједнички, децембра 1399. године затражили преко деспотовог посланика од венецијског сената да им, у случају потребе, пружи заштиту и уточиште.[1] Василевс очигледно није имао намеру да продужи са путовањем пре него што породицу не буде обезбедио у Мореји и колико-толико успео да сагледа извесност судбине пелопонеских поседа свога брата. Тиме се добрим делом може објаснити застанак Манојла II, који је на полуострву провео око три месеца, да би,

---
[1] Уп. претходно поглавље, нап. 105.

најраније тек у другој половини марта 1400, наставио ка европском Западу.² У међувремену, Манојло II је, у овоме наврату пославши личног изасланика, желео још једном да добије уверавања Републике да ће, у случају турске опасности, заштитити његову породицу. И на тај, други по реду захтев, у Млецима је 27. фебруара 1400. потврдно одговорено.³

Поред ишчекивања одговора из Венеције, цар је вероватно био сведок, а чини се и важан учесник преговора које је његов брат Теодор водио са Јовановцима око предаје деспотове престонице Мистре родоским витезовима. Томе у прилог говорила би, поред хронолошке и просторне подударности преговора и Манојловог присуства у Мореји, и садржина „Посмртног слова" које је автократор касније саставио у спомен покојном брату. Из наведеног текста произлази да је Манојло II био консултован и сагласан са уступањем Коринта 1397. године као и да је био наклоњен замисли о препуштању одбране Пелопонеза француским крсташима.⁴ Читав спис се одликује отвореним симпатијама према Јовановцима, што ваља повезати са подршком коју је Манојло II отуда уживао још од 1390. године, када су му витезови непосредно помогли да поврати очев престо и са њега уклони Јована VII.⁵ Није искључено да се цару чинило како је исход ових преговора са представницима великог мајстора реда Филибера од Најака, будући да су крсташи били француске националности (Манојло их искључиво назива Φρέριοι, то јест Frères), од утицаја на његову мисију код европских владара, посебно у Паризу код „најкатоличкијег краља". Коначно, да је сврха царевог боравка у Мореји била, између осталог, садржа-

---

² Није познат нити прецизан датум поласка Манојла II из Мореје нити датум његовог приспећа у Венецију, прву станицу царевог путовања по Европи. Једино што се поуздано зна је вест да су василевс и његова пратња 4. априла 1400. године били врло близу Венеције и да су у граду вршене последње припреме за дочек *(Јorga*, Notes et extraits, I, 97). О казивању других, првенствено грчких извора, в. наредне редове.

³ Уп. претходно поглавље, нап. 105.

⁴ *Ламброс*, Παλαιολόγεια, III, 68–70. О Јовановцима на Пелопонезу подробно је расправљао *Loenertz*, Pour l'histoire, 186 sq. (Byzantina et Franco-Graeca, 254), правилно закључивши да се Коринт нашао у њиховим рукама тек 1397. Cf. *Малπезу*, Περιπέτειες 32. Манојло II саопштава да је са идејама о уступању Мореје, односно Коринта, била упозната и његова мајка Јелена Кантакузина, која је, међутим, умрла још 1396 (уп. нап. 16, у претходном поглављу). Стога су *Zakythinos* (Despotat, I, 159), а касније и *Barker* (Manuel II, 146) погрешно закључили да је Коринт предат родоским витезовима пре Јеленине смрти.

⁵ Уп. раније излагање, посебно стр. 26.

на и у утврђивању обавеза и постизању договора са Јовановцима и Млечанима заједно, не само око онога што је директно занимало деспота Теодора I, него и око Цариграда, за чију су сигурност гаранти постали Serenissima и витезови, изричите потврде пружају такође млетачка архивска сведочанства из марта 1400.[6]

Сасвим је друго питање колико су читав царев подухват и огромно путешествије били, од самога почетка, првенствено бежање пред, изгледало је, непремостивим тешкоћама и спасавање властите коже, колико потрага за реалном помоћи са Запада а колико једноставно самозаваравање? Како било, у Венецији су Манојла II ишчекивали 4. априла 1400. и вршили последње припреме за дочек а он је врло брзо потом и приспео.[7] Тако је, са одласком василевса са полуострва, симболички и формално истекло раздобље отвореног и храброг отпора Византије Османлијама, отпочело пре седам година са последицама скупа у Серу.

Пуне три наредне године Манојло II ће да лута по европским дворовима а његова супруга, најстарији син и остала деца боравиће у јединoм преосталом византијском упоришту на Пелопонезу, у Монемвасији. Уверење да је следећих неколико година живота будућег цара Јована VIII протекло управо у овој вароши изражено је, успут, и у претходном поглављу,[8] премда га, на невољу, није могуће потврдити међусобно потпуно сложним наводима из извора. Код Псеудо-Сфранцеса је забележено да је Манојло II царицу (са породицом?) оставио код брата Теодора I у Мистри, да би сȃм продужио ка Венецији, Милану и Француској.[9] Речи познoг компилатора изазивају сумњу већ и стога што се зна да је деспо-

---

[6] Млечани су и пре Манојловог пута, још септембра 1398, тражили од витезова да се и они брину о безбедности Егејског мора (Thiriet, Régestes, I, 949). Крајем марта 1400. Млечани су упутили Јовану VII посланика који је имао да га извести о повољном исходу преговора између Манојла II, Ђеновљана (у ствари, Бусикоа) и Јовановаца око заштите Цариграда. Република, која никада није имала поверења у Јована VII, упозоравала га је да се окане евентуалних помисли на шуровање са Турцима. За сваки случај, млетачком посланику су дата овлашћења да Јована VII примора на предузимање нужних одбрамбених мера у којима је Република вољна да истински сарађује (ibidem, I 981).

[7] Уп. нап. 2, у овом поглављу. За трошкове василевса (pro honorando dominum Chiermanoli, imperatorem Constantinopolitanum) у Млецима, у Сенату је одређена свота од 200 дуката. Уп. Васильевъ, Путешествіе, 60; cf. Barker, Manuel II, 171.

[8] В. стр. 92.

[9] Pseudo-Phrantzes, 202.

това престоница, на основу преговора започетих фебруара 1400. око уступања целе византијске Мореје Јовановцима[10] била предата родоским витезовима вероватно у мају исте године, као последњи преостали Теодоров посед, изузимајући наравно Монемвасију.[11] Изгледа да је Псеудо-Сфранцес и овде „допуњавао" Халкокондила, историчара који се задовољио уопштеном вешћу да је василевс ближње оставио код брата на Пелопонезу.[12] У „Посмртном слову", иначе, јасно се саопштава да је деспот Теодор I, предавши Мореју, боравио у Монемвасији.[13] Из Манојловог писања могло би чак да се закључи да је судбина читавог Пелопонеза, као и будућности Цариграда, била са Јовановцима „en bloc" решавана. Преузимање тврђава, чији се нови господар унапред знао, ишло је без сумње постепено. Другим речима, не изгледа разумно да се царска породица, макар и привремено, смешта у несигурну и практично не више византијску Мистру, да би се из ње убрзо селила у Монемвасију. Према Дуки, са друге стране, излази да је Манојло II, пошто је жену и децу оставио у Модону, сам пошао за Млетке, што је такође нетачно.[14] У акту млетачког сената од 27. фебруара 1400, поред тога што се наводи да је автократор дошао у Монемвасију, предвиђа се могућност пресељења породице у Корон или Модон, уколико се османлијске претње буду појачале. Из документа не само да произлази да су се чланови породице искрцали у Монемвасији, него и да се уопште нису налазили у Модону. Штавише, никаквих индиција нема ни да се василевс укрцао на лађу баш у тој луци.[15] Најзад, да је Манојло II приспео у Монемвасију, „најутврђенији град на Пелопонезу", где је стигао затим и његов брат Теодор I, коме је цар ту препустио своје најдраже и продужио ка Западу, врло изричито

---

[10] Cf. *Delaville le Roulx,* Hospitaliers, 277; *Loenertz,* Pour l'histoire, 187 (Byzantina et Franco-Graeca, 255).

[11] Познато је да су Калавриту Јовановци преузели пре 23. маја 1400 (*Delaville le Roulx,* Hospitaliers, 280) а Мистру за њом. О збивањима у вези са Мистром, cf. *Loenertz,* Pour l'histoire, 192 sq. (Byzantina et Franco-Graeca, 260 sq.).

[12] Chalc., I, 78.

[13] Ламброс, Παλαιολόγεια, III, 91.

[14] Ducas, 85. Ово је прихватио *Barker* (Manuel II, 171) као и више старијих аутора. Међу њима је и *Васиљевъ,* Путешествие, 59.

[15] *Iorga,* Notes et extraits, I, 96; *Thiriet,* Régestes, II, 978; cf. *Schreiner,* Kommentar, 365. У повратку, Манојла је породица сачекала управо у Модону и ту се укрцала на његов брод. Можда је то разлог тврдњама да је и у одласку она боравила у Модону (уп. даљи текст и нап. 94).

потврђује Исидор из Кијева, писац панегирика у славу царева Манојла II и Јована VIII.[16] Од свега изнетог, у аргументацији у прилог Монемвасије као јединог станишта Јелене Драгаш и њене деце у Мореји, више међутим вреди оно што је у претходном поглављу закључено о животу Константина (старијег) и његових сестара, василевсове деце, о њиховом боравку и смрти управо у овоме граду, у коме су били и сахрањени, како се сазнаје на основу више пута навођене повеље монемвасијској митрополији из 1405. године.[17]

Монемвасија, „terra fortissima et inexpugnabile",[18] лука и тврђава у којој је Јован VIII, заједно са својима, провео више од три године, то јест боравио у њој све до повратка Манојла II у пролеће 1403, у поређењу са већином других урбаних центара позног Царства, релативно је добро заступљена у изворним подацима. Ова варош, што се историја Византије више примицала своме завршетку, играла је све запаженију улогу у њој. Одавно под политичким и културним утицајем Венеције и западног Средоземља уопште, Монемвасија је 1400. године била једино што је царев брат у Мореји држао. Помогавши Теодору I да град, привремено побуњен и заузет од Турака, прикључи својим скромним земљама, Млечани су, почев од 1394. године, наглашено настојали да Монемвасија остане у ромејским рукама.[19]

Нема сумње да је Републици 1400. неупоредиво више одговарао у томе граду Манојлов брат него родоски витезови, поготово имајући у виду да су, несмотреношћу Млечана, Јовановци 1397. постали господари Коринта, друге по значају деспотове луке, на

---

[16] *Ламброс*, Παλαιολόγεια, III, 162. Наведене речи о Монемвасији су из овога списа. О ауторству текста, cf. *G. Mercati*, Scritti d'Isidoro il cardinale Ruteno e codici a lui appartenuti che si conservano nella Biblioteca Apostolica Vaticana, Roma 1926; *Д. А. Закиūинос*, Μανουὴλ Β' ὁ Παλαιολόγος καὶ καρδινάλιος 'Ισίδωρος ἐν Πελοποννήσῳ, Mél. O. et H. Merlier, Athènes 1957, 45–69; *Barker*, Manuel II, 525–527. – У панегирику се говори да је Манојло II приспео у пратњи „Манескалоса", то јест маршала Бусикоа. Француског војсковођу сâм Манојло назива слично, као „марискалкоса". (μανεσκάλος – μαρισκάλκος) *(Dennis*, Letters of Manuel, 109). Необично је што се *Schreiner* (Kommentar, 365) пита ко је овај „извесни Манескал"?

[17] ММ., V, 168–170; *Ламброс*, Παλαιολόγεια, III, 122–123; уп. нап. 19 и 24, у претходном поглављу.

[18] Spandugnino, 158; о Монемвасији, cf. *Miller*, Essays, 231–245; *Zakythinos*, Despotat, II, 116 sq.; *K. Andrews*, Castles of the Morea, Princeton-Athens 1953, 191–210; *Максимовић*, Управа, 158 сл.

[19] Уп. излагање у прошлом поглављу, посебно нап. 74.

северу полуострва.[20] Монемвасија је имала врло повољан природни положај и од савременика много хваљену снагу зидина,[21] што је, уз непобитну привредну вредност вароши као трговачког стецишта, било одлучујуће у Теодоровој одлуци да је задржи за себе. Турски упад на полуострво 1399. године,[22] осим што је вероватно био непосредни повод преговорима око уступања територије витезовима, потврдио је истину да једино чврсте тврђаве пружају пред Османлијама какву-такву сигурност.

Током XIV и XV столећа иза монемвасијских зидина одвијао се динамичан економски и, нарочито, трговачки живот, упућен искључиво на море. Ваља истаћи да је тамошње становништво, као ретко где у Царству, било вично морепловству, што је давало основни печат и животу града. Када су, паралелно са турским ширењем по унутрашњости државе, приходи од пољопривреде почели да пресушују, показала се сва предност мора и корист по оне који су од бродова умели да живе. Поред новца који су зарађивали као унајмљеници на страним лађама,[23] Монемвасиоти су, уз маслиново уље, претежно трговали извозећи малвазију, квалитетно вино на чију су производњу и продају дуго имали монопол. Мада би било претерано закључити да су Млечани 1394. деспоту Теодору I помогли искључиво због трговачке важности Монемвасије, чињеница је да се у сенатским актима, међу разлозима за подршку против Турака, на првоме месту налази управо значај овога града по привреду Републике.[24] Такозване „doane vinorum" објашњавају, макар делимично, учешће венецијанских економских интереса у извозу монемвасијских вина. Увозећи је под врло добрим условима по монемвасијске продавце, чак је стављајући у повољнију позицију у поређењу са мање квалитетним винима са њених поседа изван Италије (Крита

---

[20] Како је недавно показано, Теодор I је, између августа 1395. и марта 1396, постао господар Коринта. Пре него што га је дао Јовановцима, брат Манојла II је град нудио Републици, али Млечани су оклевали (*Малтезу*, Περιπέτειες, 29 sq.)

[21] О томе приповеда и Исидор (*Ламброс*, Παλαιολόγεια, III, 162), за кога се у науци претпостављало да је и сâм био митрополит Монемвасије, што је оспорио, премда не негирајући Исидорово порекло са полуострва, V. Laurent, Isidore de Kiev et la métropole de Monembasie, REB 17 (1959) 150–157; уп. нап. 16, у овом поглављу.

[22] Noiret, Documents, 98; Thiriet, Régestes, I, 858., I, 956; cf. idem, Romanie, 366.

[23] Cf. Oikonomidès, Hommes d'affaires, 87–88, 121–124.

[24] Thiriet, Régestes, I, 858.

и Романије), Млечани су, као посредници и препродавци на финалним тржиштима, малвазији дизали цену извозним таксама. Тако су на вину зарађивали и једни и други, истина уз ограду да су ипак и овде византијски трговци најчешће били краткога домета и објективно једва излазили из оквира локалног тржишта.²⁵

У ствари, није неумесно тврдити да је малвазија била један од основних чинилаца који су одредили политичко држање Млечана према судбини најбогатијег града византијске Мореје! О имовном положају житеља Монемвасије речито сведочи податак да је њена митрополија у XIV веку била сматрана најимућнијом у Царству,²⁶ иако је варош у најбољем случају имала тек неколико хиљада становника и била приближно исте величине као, на пример, млетачки Модон.²⁷ Уживајући многобројне пореске и административне повластице, у њој се истичу породице Мамонаса, Евдемонојаниса и Софијаноса, међу којима су посебно на гласу као трговци били Софијаноси. Речју, Монемвасија се показује најизразитијим примером аутономности једног позновизантијског града према централној управи.²⁸

О животу Јована VIII у Монемвасији врло мало је познато. У којој је мери бављење у трговачкој средини, неоптерећеној верском искључивошћу и вишеструко повезаној са суседним и свуда присутним Млечанима, утицало на будућег василевса, тешко је прецизно одговорити. Неоспорно је, међутим, да су се поједини пред-

---

²⁵ *Thiriet*, Régestes, I, 601, 604, II, 1217, 1477; cf. *Miller*, Essays, 244–245. – О положају византијских трговаца, уп. *Ейилоī*.

²⁶ *ММ.*, I, 127.

²⁷ У начелу, још увек недостају озбиљне топографске и демографске студије о градовима са југа Пелопонеза. Када је у питању Монемвасија, нема свеобухватнијих истраживања ни њене архитектуре и уметничког блага. Cf. *H. A. Веис*, 'Ο Ἑλκόμενος Χριστὸς τῆς Μονεμβασίας, BNJ X (1934) 201 sq. – Према слободној процени чини се да су Монемвасија и Модон били сличних размера. За Модон је, на пример, Перо Тафур процењивао да има око 2 000 становника *(Vasiliev*, Pero Tafur, 82).

²⁸ Уп. *Максимовић*, Управа, 158–161; cf. *idem*, Charakter, 149 sq. О наведеним породицама биће речи у каснијим поглављима. За разлику од Мамонаса, који остају везани за локалну повест (уп. нап. 73, у претходном поглављу), Евдемонојаниси и Софијаноси постају блиски са владајућом кућом Палеолога. На пример, Никола Евдемонојанис био је посланик Манојла II на Западу током десетак година (cf. *Mercati*, Notizie di Procoro e Demetrio Cidone, Manuele Caleca e Teodoro Meliteniota ed altri appunti per la storia della teologia e della letteratura bizantina del secolo XIV, Città del Vaticano 1931, 478 sq.; *Zakythinos*, Despotat, II. 101, 317), док је, већ од 1410. Никола Софијанос „дворанин" Манојла II (*V. Laurent*, Le trisépiscopat du patriarche Matthieu 1ᵉʳ. 1397–1410, REB 30, 1972, 134).

ставници угледних монемвасијских породица, као рецимо Евдемонојаниси, па и град у целини, у будућности показали наклоњени како према унији тако и према Латинима у целини.[29] Такође је изван спора да је и сâм Јован VIII, као самосталан владалац, више него за друго имао слуха за споразумевање са овим истим Латинима и био обдарен чулом за меркантилистичке потребе Млечана, које је, у границама могућности Царства, покушавао да искористи наплаћивањем читаве лепезе неизбежних царинских дажбина управо од њих. Можда је за нешто од овога могао да захвали и детињству провођеном у Монемвасији. Монемвасиоте у XV веку, иначе, венецијански сенат је третирао равноправно са осталим трговцима из Романије, иако су истовремено били византијски поданици. Наравно, многи међу њима били су упоредо и грађани Републике и поданици цара, а неки су били чак стално настањени у Млецима.[30] Трговачки, латинсковизантијски изглед града, који није тешко објаснити историјским околностима његовог развитка, у потпуности је илустровала, данас још увек недовољно испитана, архитектонска слика Монемвасије, типична за све сличне вароши источног Средоземља.[31]

Био је то, исто тако, град за који се, изгледа, може претпоставити да је у њему нашао последње уточиште прогнани цар Матија Кантакузин. Политички поражен победом Јована V, он је другу половину свога живота проводио у Мореји. Чини се да је Матија,

---

[29] Без обзира на неслагање у литератури око порекла великог присталице црквене уније, Исидора из Кијева (в. нап. 21, у овом поглављу), знатан је број других прегалаца на измирењу цркава који су потицали из Монемвасије. Један од њих био је и Никола Евдемонојанис. Тако га је окарактерисао и Силвестер Сиропул, учесник сабора у Фиренци *(Laurent, Syropoulos*, 104). Најзад, од 1460. до 1463. године Монемвасија се налазила под заштитом и управом римског папе, и то на захтев њених грађана (уп. *Б. Крекић*, О Монемвасији у доба папског протектората, ЗРВИ 6, 1960, 129–135).

[30] Тако се, на пример, у једној одлуци млетачког сената од 19. II 1421, помињу захтеви „civium nostrorum mercatorum Romanie et Monovasie Venetiis existentium" *(Miller*, Essays, 244). На сличан начин Монемвасиоти се јављају и у неким другим документима (cf. *Zakythinos*, Despotat, II, 187). *Zakythinos* (op. cit., 186–188) свакако је у праву када одбацује хипотезу према којој је Монемвасија између 1419. и 1428. била под формалном млетачком управом, али греши, чини се, када поменуте „млетачке грађане" сматра Венецијанцима који бораве у Монемвасији. То су једноставно Ромеји са „двојним држављанством", каквих је тада био велики број. О проблему Византинаца у Млецима биће нешто више говора у каснијим поглављима.

[31] Најподробнији приказ садашње слике града пружа *Andrews*, op. cit., 191 sq. Такође, cf. *Zakythinos*, Despotat, II, 172 sq.; *Miller*, Essays, 231 sq.

син и савладар Јована VI Кантакузина, преминувши неких десетак година пре но што се Манојлова породица појавила на Пелопонезу, био сахрањен у монемвасијској цркви Богородице Одигитрије.³² Као што је већ истакнуто, у Монемвасији су такође били сахрањени и један брат и две сестре младог Јована VIII. Наравно, примамљиво је као претпоставка помислити да су автократорова деца била сахрањена уз брата њихове баке, Јелене Кантакузине Палеологине, али је и недоказиво. Исто тако, остаје се само у подручју хипотеза ако се помишља и на неки од других монемвасијских храмова, у првоме реду на стару и пространу Свету Софију.³³ У свакоме случају, печат бављењу Јована VIII у Монемвасији, бар оној приватној страни његовог боравка, поред утисака о средини у којој се нашао, морали су да оставе трагични завршеци сестара и брата, до којих је дошло за очевог странствовања.

У овим тужним догађајима, као и током проведених година у Монемвасији, царска породица је уживала по свој прилици потпуну бригу тамошњег митрополита Акакија, чијим је старањем, и без знања одсутног оца и василевса, обезбеђено да се имена умрле Манојлове деце достојно помињу у црквеним службама монемвасијске дијецезе. Био је то, рекло би се, и израз лојалности автократору који је овај, вративши се, судећи по хрисовуљи из 1405, умео одговарајуће да оцени.³⁴ Није искључено да је двадесетак година доцније један од браће Јована VIII, деспот Андроник, узевши монашки образ прихватио и ново име, управо се подсећајући лика овог архијереја у чијем се граду родио, али то су такође недоказиве хипотезе.³⁵

---

³² И за Јована VI и за Матију (са прекидима он је у Мореји живео од 1361. до 1391) често се наводи да су умрли у Мистри, иако се у белешки из Кратке хронике, једином извору који говори о томе, каже само да је у питању Мореја (Kleinchroniken, 70). Утолико је значајнији податак који је оставио Хуго Бисак у својој генеалогији Кантакузина, писаној у другој половини XV века, помињући једног од Кантакузина, уз то и цара, умрлог и сахрањеног у Монемвасији, у храму Богородице Одигитрије (E. Brayer, P. Lemerle, V. Laurent, Le Vaticanus latinus 4789: Histoire et alliances des Cantacuzènes aux XIVᵉ et XVᵉ siècles, REB 9, 1952, 71). Cf. Zakythinos, Despotat, II, 300; Nicol, Kantakouzenos, 108–122; уп. Ђурић, Поменик, 144–146.

³³ Cf. Zakythinos, Despotat, II, 300--301.

³⁴ О Акакију, cf. Zakythinos, Despotat, II, 278.

³⁵ Sphrantzes, 26; Schreiner, Untersuchungen, 286; cf. подробну анализу вести о судбини Андроника после 1423, коју даје Balfour, Symeon of Thessalonica, 203–205, 272–278; такође, уп. Ферјанчић, Деспоти, 100; исти, Андроник Палеолог, 231. О животу деспота Андроника после поменуте године биће више речи у наредним поглављима.

Уз кугу, коју су придошлице из престонице у Мореји затекле, поред непрестаног страха од Османлија,[36] упркос обеспокојавајућим новостима из Цариграда, под утиском сусрета са необичном средином у којој се обрео, за Јована VIII је у Монемвасији дошло време да започне са учењем и образовањем. Први васпитач био му је Теодор Антиохит, човек мудар, вичан граматици, реторици, песништву, филозофији, математици и астрономији. Извaн двоумљења, претежно световних научних интересовања, Антиохит је данас познат захваљујући преписци коју је водио са најбољим пријатељем, истакнутим филозофом и потоњим учитељем Манојловог наследника, Јованом Хортазменом. Познавалац и поклоник Аристотеловог учења, Хортазменов пријатељ је био родом из Цариграда одакле је, по налогу цара Манојла II, био упућен у Мореју за учитеља Јовану VIII. Будући да је умро почетком 1407, Антиохит је морао у Монемвасији да буде већ у својим поодмаклим годинама.

У коликој је мери он успевао да властита знања и убеђења пренесе на Јована VIII није познато, али понешто од поступака Манојловог сина у каснијим годинама могло би да се посматра и у светлости утицаја које је као дечак претрпео у Монемвасији.[37] При том је нарочито важно да се истакне како је блиски Антиохитов пријатељ Хортазмен, добро упућен у доцније напредовање филозофских знања Јована VIII, на сабору у Фиренци, четрдесетак година после боравка царске породице у Монемвасији, сазваном да решава питање уније цркава, био оглашаван за једног од оних међу великим византијским мислиоцима који су се у прошлости изразито залагали за црквено сједињење.[38] Из писама која је Хортазмен слао Антиохиту

---

[36] *Thiriet* Régestes, II, 1013 (реч је о предупређењу поновног турског напада на Пелопонез, јер су недавно опљачкали млетачке поседе у Мореји; одлука о томе донета је 22. IV 1401). *Zakythinos* (Despotat, I, 161), користећи се збирком докумената из млетачког архива коју је издао *Sathas* (Documents inédits, II, 21 sq.), погрешно је разумео да су у питању трупе Теодора I које, заједно са Османлијама, нападају Млечане. Cf. *Loenertz*, Pour l'histoire, 191 (Byzantina et Franco-Graeca, 259).

[37] О Антиохиту се врло мало зна, практично искључиво захваљујући његовим контактима, пријатељству и преписци са Јованом Хортазменом. О Антиохиту и Хортазмену, cf. *Hunger*, Chortasmenos, посебно 67 sq. – Датум Антиохитове смрти забележен је на маргини рукописа са Хортазменовом монодијом, насталом тим поводом (ibidem, 139).

[38] О Хортазменовој обавештености о образовању Јована VIII, уп. наредне странице и напомене 198–202, у овом поглављу. – У Фиренци је Висарион, тадашњи никејски митрополит, подсећао цара, патријарха и присутне црквене великодостојнике како је Хортазмен, епископ Селимврије, био велики присталица уније цркава (*Laurent*, Syropoulos, 450).

произлази да га је уважавао као духовног истомишљеника а, са друге стране, познато је да је василевс који је са ромејске стране унију закључио био Јован VIII, некадашњи ученик Теодора Антиохита. Некакав одјек на прави обим образовања које је Јован VIII у Мореји стицао, а упоредо потврда да су знања пружана Манојловом сину била ипак ограничена и на првоме месту прилагођавана његовом узрасту, пружају опширни, објективно досадни и литерарно потпуно незанимљиви „Науци о царском васпитању" ('Υποθῆκαι βασιλικῆς ἀγωγῆς). Њих је за свога најстаријег сина и наследника, неколико година по доласку са Запада, почео да саставља Манојло II.[39] Подражавајући античке ауторе, посебно Исократа на кога се и експлицитно позива, стари аутократор „уводно писмо" почиње на следећи начин: „На Пелопонезу те оставивши, када сам из Италије стигао (ох, како сам и могао да идем?) ти бејаше још дете и, ради узраста, имао си невелико образовање..." Из даљег излагања се сазнаје да је тек касније, пошто се Јован VIII вратио у Цариград, дошло до напретка у његовом учењу, царевог наследника су обучили у баратању луком и стрелом, упутили га у вештине лова па, пошто се замомчио, то јест напунио 14 година (ἄρτι δέ γε μειράκιῳ γεγονότι), сазрео је тренутак да се Јован VIII отисне на море и укрца на брод да би се суочио са војничким занимањем.[40] О томе тренутку биће речи нешто касније. Иначе, за Теодора Антиохита је занимљиво да је, придруживши се повратку царске породице и свога васпитаника у престоницу током пролећа 1403, судбином био још једном одвучен на Пелопонез где је и умро 4. јануара 1407. године у Коринту.[41]

Док су заштита Млечана, положај Монемвасије а највише заузетост Турака на другој страни омогућавали Палеолозима релативну сигурност у Мореји, дотле је Манојло II путовао по Европи.[42]

---

[39] *Migne*, P. G., 156, coll. 313–384. О датацији овога списа, в. даље излагање и нап. 193, у овом поглављу.

[40] *Migne*, P. C, 156, col. 313.

[41] О месту Антиохитове смрти говори Хортазмен у монодији *(Hunger*, Chortasmenos, 141).

[42] Од лета 1400, Тимур је почео да одузима део по део Бајазитове територије. Основна студија о Тимуровом походу на Малу Азију још увек је *Alexandrescu-Dersca*, Timur, 42 sq. Манојло II је средином пролећа 1400. био дочекан у Млецима. У ствари, једино се зна да је он тамо стигао после 4. априла (в. нап. 2, у овом поглављу) као и да је у Шарантону, код француског краља, био већ 3. јуна. Од византијских извора о путовању сведоче Дука, Халкокондил, кратке хронике и сâм Манојло II (без хронолошких ознака): Ducas, 83; Chalc., I, 78; Kleinchroniken, 184, 285; Chronologische Einzelnotizen (Kommentar), 616. У међувремену,

Дипломатских успеха цар није, међутим, постигао ни 1400. ни 1401. године,[43] а и неке опште политичке околности почеле су да се мењају на његову штету.[44] Неколико основних претпоставки за потпунији успех Манојлових напора трајно је недостајало, оних претпоставки које су условљавале стварну и, по Византију корисну, помоћ европског Запада. Нити француски краљ, нити иједан од владара са којима је ромејски василевс преговарао приликом боравка у Паризу није био у стању да преузме водећу улогу у евентуалној помоћи Цариграду. Таквог владара на Западу, уосталом, тада није ни било. Ослонити се на подршку једне европске силе најчешће је за последицу морало да има губљење наклоности на другој страни. Осим тога, независност Царства, са̂ма по себи, мало је кога занимала, предност над њом увек су имали, на пример, ефекти евентуалног постизања црквене уније или крсташке борбе са Турцима, без обзира на будућност Цариграда. Појединачно посматрано, чак ни интереси Угарске у крајњој линији нису били сагласни са Манојловим жељама. Краљ Жигмунд је, истина, био доследан у антитурском ставу, али само у оној мери у којој се то

цар се, уз почасти у славу угледног и егзотичног владара, заустављао још у Падови, Виченци, Павији и Милану где га је примио војвода Ђан Галеацо Висконти. Висконти, који је тек 23. III 1400. склопио мир са Републиком, цару је пружио прегршт неодговорних обећања и уделио нешто пара да би овај могао да настави пут (уп. Васильевь, Путешествие, 59–63; Barker, Manuel II, 171–172). Вероватно не успевши да се сретне са папом Бонифацијем IX, цар је коначно дошао у Шарантон. Испред василевса је ишао Бусико који је његов долазак најавио Шарлу VI, па га је овај свечано дочекао (cf. Barker, Manuel II, 174). Осим што је, од децембра 1400. до средине фебруара 1401, боравио у Кентерберију и Лондону као гост енглеског краља Хенрија IV, Манојло II се није мицао од француског владара (cf. Barker, Manuel II, 178 sq.; D. M. Nicol, A Byzantine Emperor in England. Manuel's Visit to London in 1400–1401, Univ. of Birmingham Historical Journal XII, 2, 1971, 204–205). Током читавог бављења, а нарочито првога лета и јесени проведених у Француској, цар је, ступајући у контакте и преговоре са различитим, најпре иберијским, а затим и другим западним сувереннима, своје време користио покушавајући да их макар заинтересује за муке Царства о коме је бринуо. У 1400. години је византијски посланик Алексије Вранас био код арагонског краља Мартина I, Енрикеа III од Кастиље и краља Наваре Шарла – све без већег успеха (cf. S. Cirac Estopañan, La unión, Manuel II Paleólogo y sus recuerdos en España, Barcelona 1952, 55 sq.; C. Marinesco, De nouveau sur les relations de Manuel Paléologue avec Espagne, Atti dello VIII Congresso Internazionale di Studi Bizantini, I, 1953, 420–436; Barker, Manuel II, 176 sq.).

[43] Манојлов посланик Вранас је 1401. био поново у преговорима са арагонским владаром, као и са противпапом Бенедиктом XIII, али опет без резултата. Cf. Cirac Estopañan, La unión, 58–59; Marinesco, De nouveau, 425–426; Barker, Manuel II, 183.

[44] Промена је најпре могла да се уочи у држању Мартина I, који никако није био одушевљен скорим преласком (31. X 1401) Ђенове под француску управу. Barker (Manuel II, 189) је свакако у праву када доводи у везу одуговлачење Мартина I са преласком Ђенове под власт француског краља.

Портрет Манојла II Палеолога на рукопису из XV века
са његовим „Посмртним словом брату Теодору"
(Париз, Bibl. Nat., Cod. suppl. gr. 309, f. VI)

Цариград.
Храм Богородице Памакаристе
(крај XII века – убрзо после 1310)

Мистра.
Детаљ пода у митрополијској цркви
(Св. Димитрије)

Мистра. Остаци дела града око тзв. Деспотске палате (XIV век)

Мистра. Деспотска палата (детаљ)

Монемвасија. Храм Св. Софије
(XIII век)

Сен-Дени у Паризу.
Унутрашњост цркве

Манојло II Палеолог са породицом. Минијатура из рукописа са делима Дионисија Ареопагита, поклоњена 1408. Сен-Денискоj опатији
(фотографија Д. Тасић)

Солун. Део градских зидина.

Портрет Манојла Хрисолораса
(Париз, Лувр, Départment des dennins, No. 9849)

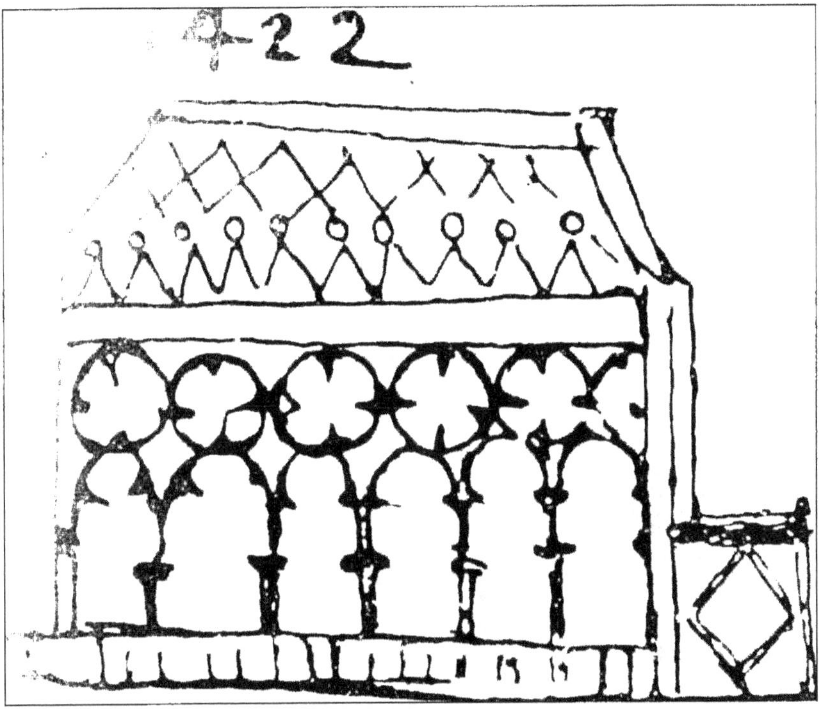

Венеција. Дуждева палата – анонимни савремени цртеж из 1422, сачуван у једној од млетачких хроника (Paoleetti)

Венеција. Дуждева палата – Loggia Foscara

Трапезунт. Храм Св. Софије (средина XIII века)

Цариград.
Манастир Константина Липса
(Фенериса),
јужна апсида јужне цркве
(XIII век)

није косило са балканском политиком Угарске према Венецији и јужнословенским земљама.⁴⁵

Најзад, изван сумње је да је Манојлу II, уз војну, недостајала и финансијска помоћ коју, будући да су мање-више сви западноевропски владари муку мучили са недостатком новца, није имао ко да му пружи, чак и да је хтео. Сводећи материјалне ефекте царевог боравка изван Византије, није спорно да је стварна новчана и војна помоћ била изостала.⁴⁶ Автократорово даривање реликвијама и свиме што је уз њих још могао да понуди, проналазило је у суштини адекватан одговор.⁴⁷

Шире узев, исход мисије ромејског императора био је одраз тренутне политичке „равнотеже" међу западним силама са почетка XV века. Алтернатива, ма како да је Манојло II гледао на њу, нудила се искључиво у повратку на ослонац италијанских поморских република, у првоме реду Венеције. Не само да су Млечани новца има-

---

⁴⁵ Када су у питању Угри и њима блиски балкански суседи Царства, потврду за изнето пружиће већ догађаји непосредно после 1402. – Угарска политика на Балкану за основу има првенствено заштиту и евентуално померање јужних граница, па тек онда акције против Турака или помоћ Царству. По себи се разуме да Жигмунд није био креатор, него само настављач поменутога става у политичким односима Угарске са другим државама и господарима.

⁴⁶ Млечани су потрошили 200 дуката за дочек василевса и сваку даљу помоћ условили учешћем других, а од свих којима се цар обраћао они су једини имали средства за позајмице (в. нап. 2 и 7, у овом поглављу). Посебно је карактеристичан млетачки одговор Манојлу II од 8. V 1402. Венеција цару пружа без резерве дипломатску подршку још од 1399, али Манојлу II, истиче се у одговору помало саркастично, много су више у положају да помогну дипломатским иницијативама код француског и енглеског краља Ђеновљани, будући да су поданици Шарла VI. Што се тиче војне подршке, Република је Цариграду већ пружа, али, уколико француски краљ заиста пошаље војску, и Венеција ће повећати своје учешће (Iorga, Notes et extraits, I, 118; Thiriet, Régestes, II, 1055). – За став миланског војводе, в. нап. 42, у овом поглављу. – Шарл VI је био загрејан за стварање хришћанске лиге и обећавао је Манојлу II 1200 војника, али обећање није одржао (уп. Васильевъ, Путешествие, 65–69; Barker, Manuel II, 174 sq.). – Фирентинци су се правдали (одговор од 20. VIII 1401), са своје стране, невољама које им причињава „њихов Бајазит", милански војвода, „illius vestri persecutoris amicus", што је била очигледна измишљотина (Ламброс, Παλαιολόγεια, III, 124–125; cf. Barker, Manuel II, 188). – Ништа није било ни од обећања из Кастиље и Арагона, јер је Мартин рекао да ће да опреми шест наоружаних галија, што није учинио (cf. Cirac Estopañan, La unión, 56 sq.; Marinesco, De nouveau, 426; Barker, Manuel II, 176, 183). – Нешто великодушнији се показао енглески краљ исплативши накнадно, на основу обавезе коју је још преузео Ричард II (в. нап. 92, у претходном поглављу), 4 000 фунти.

⁴⁷ Cf. Barker, Manuel II, 176–177, 183, 265, 408. Овај аутор духовито назива царево давање као „reliquary diplomacy". Шала на страну, Манојло II је искрено посвећивао, у духу свога времена уосталом, знатну пажњу реликвијама, па то није измакло ни шпанском путнику Клавиху, приликом његове посете Цариграду и цару у јесен 1403. У опису престоничког храма св. Јована Крститеља, Клавихо је забележио да се у њему налази много светиња које је василевс склонио и сам држи кључеве од скривнице: „... é aqui en esta Iglesia avia muchas reliquias, de las quales tiene la llave el Emperador" (Clavijo, 54).

ли, него су били и економски заинтересовани за опстанак Царства, управо онаквог какво је, далеко више од било кога другога на Западу. Ипак, лоша искуства Манојла II могла су да послуже за наук у будућности. Понешто је из њих научио и његов син Јован VIII када је приступио преговорима са папом око уније. Јован VIII је, наиме, схватио да, уколико уопште сме да се нада помоћи са Запада, мора да му заузврат пружи оно што га једино занима – црквену унију. Јасно је било Јовану VIII и да је окосница сваке хришћанске заједничке акције слога Млечана са Угрима, то је очигледно било и у Манојлово доба, али ни један ни други правог успеха у посредовањима нису имали. Међутим, иако је Јован VIII у зближење са Западом уложио још већи труд од свога оца, иако је улог – унија – који је нудио био привлачнији од свих других у ранијим приликама нуђених, иако је Јованов лични војни и економски положај у Царству несумњиво био повољнији од онога којим је располагао 1400. Манојло II, ни покушај са сједињењем из 1439. године није дао ишчекиване резултате.

У прошлом поглављу узгред је поменуто да је Манојло II, код Византинаца, поготово у православним круговима који су остајали непомирљиви према сједињењу две хришћанске цркве, доследно истицан као узор правоверја.[48] Слично мишљење, чини се неоправдано, провлачи се и кроз модерну литературу и из њега проистичу све даље оцене овога цара, почев од оне о Манојлу као доброме сину – наравно у хришћанском патријархалном смислу речи, па до закључка о његовој разочараности у европски Запад и повлачењу из јавног живота у последњим годинама.[49] Читаво је питање, међутим, у најнепосреднијој вези са Јованом VIII, јер је на основу слике о његовом оцу, православном василевсу, још у XV веку почела да се ствара неповољна представа о сину који је 1439. у Фиренци издао ортодоксију.

Сâм Манојло II, упркос помној бризи о реликвијама, ктиторској великодушности или многобројним вером надахнутим „оп-

---

[48] Уп. нап. 52, у претходном поглављу.
[49] Типичан пример „заштите" правоверног лика Манојла II налази се у једној, православно обојеној, краткој хроници. У њој се каже како је Манојло „пошао у Француску не да би донео унију већ само помоћ Цариграду" (Kleinchroniken, 184). Такве судове о Манојлу II изрицали су многи, па и поједини грчки, „патриотски" настројени историчари старијег датума. – Успут, како изгледа, основни разлог Манојловом повлачењу из политичког живота била је озбиљна болест а не разочараност.

штим местима" у властитим литерарним саставима, за такво расуђивање није пружао нарочитог повода, то јест није га пружао у изразитијој мери од оне коју су испољавали и други ромејски автократори. Али, у стварању мита о царевој етичкој чистоти и православној исправности, пресудан је био сплет околности а, на првоме месту, чињеница да је његов отац Јован V, својевремено, 1369. године, у Риму[50] свечано прешао у католичанство, док је Манојлов син тај исти подухват 1439. године, без обзира на незадовољство многих поданика, успешно окончао својим и папиним потписом.[51] За савременике је очигледно мало вредело то што је Јован VIII, на сабору у Фиренци, непомирљиве епископе настојао да убеди у непостојање некаквог његовог посебног хтења за унијом управо подсећањем на Манојла II који је свим силама прижељкивао сједињење цркава, лично почео преговоре о њему али, нажалост, није имао прилике да их оконча.[52] У очима Ромеја, отац Јована VIII остао је неукаљан, или им се тако бар допадало да буде, о чему сведочи чак и казивање иначе одмереног Сфранцеса.[53] Није никако случајно што је писац „Мемоара" редовни царски епитет ἅγιος, иначе необавезан у историјским списима, оставио уз Манојла II а ускратио га, не само Јовану VIII, него и своме непосредном господару Константину XI Драгашу.[54]

Ако се начас оставе преговори око уније које је, почев од 1414. године, водио са римским папом, Манојло II је још 1400. недво-

---

[50] О боравку Јована V у Риму, в. нап. 21, *Византија крајем XIV века (царство које нема)*.

[51] О фирентинској унији биће речи у наредним поглављима.

[52] *Laurent, Syropoulos*, 448. Сведок сабора у Фиренци, Сиропулос је записао да је Јован VIII тада рекао следеће: „Ово божје дело сједињења (цркава – прим. И. Ђ.) нисам ја започео, већ је то био мој господар и отац који га је поставио. Ви знате, исто као и ја, колика су била његова знања, његова речитост... Он је тај који је започео са преговорима око сједињења и његова жеља бејаше да до њега дође..."

[53] У коликој су супротности Сиропулосове речи са оним што Сфранцес ставља у уста Манојла II, наводно у присуству писца, непотребно је и истицати. Сфранцес каже да је стари цар, обраћајући се сину, рекао како су се и њему, из свег срца али и због големог страха од неверника, чинили нужни договори око уније са „Францима"; но, уколико до тога дође, стари василевс је уверен, на оне од Ромеја који склопе унију, свалиће се велико зло управо од „западних хришћана" (Sphrantzes, 58). Коментаришући Сиропулосов исказ, знаменити научник и издавач списа задовољио се опрезном констатацијом да „il nous eût peut-être fait connaître un autre Manuel II différent de celui que nous dépeint Spranztès" (*Laurent*, Syropoulos, 449, n. 4).

[54] Sphrantzes, 14. Cf. *Христофилопулу*, Ἐκλογή, 216.

смислено показао да у погледу питања црквеног сједињења није битније друкчији ни од свога оца ни од свога сина. Разлог због кога преговора око уније тада није било врло је прост и своди се на непостојање услова за њих. Василевс је на Западу био сâм, будући да је патријарх остао у престоници, а осим тога у Паризу није ни имао правог саговорника. У Риму је столовао папа Бонифације IX (1389–1404), док је у Авињону био његов опонент, противпапа Бенедикт XIII (1394–1423). Као госту француског краља, Манојлу II су озбиљни додири са првим били тешко изводљиви а са другим, искрено говорећи, несврсисходни, пошто противпапу Царству најближи католички владари нису признавали. Стога су се контакти са обојицом поглавара сводили на посланства и молбе за помоћ,[55] док је питање уније било постављано и теоријски разматрано једино у ученим диспутима цара и одабраних француских теолога.[56] Добру вољу у томе погледу Манојло II је најбоље експлицитно изразио присуствујући, заједно са Шарлом VI, крајем фебруара 1401. свечаној миси у цркви Сен-Денија, што није наишло на претерано одушевљење ни код свих Француза.[57] Уосталом, ваља се подсетити да је још 1397. чак и цариградски патријарх одговорио Пољацима и Литванцима да је у начелу наклоњен унији.[58]

И тако, док је Манојло II углавном траћио време уз, можда добронамерног, али у ово доба већ озбиљно умно поремећеног краља Шарла VI, изгледало је да су Цариграду дани одбројани. Цареви напори да, и себи и другима, стање представи ружичастијим но што јесте, постепено су бивали све ређи, да би се на крају претворили у ишчекивање провиђења, оличеног у појави Тимура на источним границама Бајазитове империје.[59] На основу мира и споразума (εἰρήνην καὶ συμφωνίαν) закљученог са Манојлом II, престоницом је управљао Јован VII.[60] Уговор склопљен почетком децем-

---

[55] Cf. *Barker*, Manuel II, 183, 193, 510–512.
[56] На првом месту је као тема, исто као и у Фиренци 1439, било покретано различито гледање православаца и католика на происхођење Светога Духа. Cf. *Barker*, Manuel II, 192–193.
[57] О томе: Religieux de Saint-Denys, II, 774; cf. *Barker*, Manuel II, 183.
[58] Уп. нап. 90, у претходном поглављу.
[59] В. нап. 42, у овоме поглављу. Тимур је, још августа 1400, напао и опљачкао област Севастеје (cf. *Alexandrescu-Dersca*, Timur, 42–45), затим је заузео Багдад, Дамаск, читаву Сирију и Египат (такође, cf. *Werner*, Die Geburt, 170–179).
[60] Kleinchroniken, 70. Уп. нап. 96, у претходном поглављу.

бра 1399. посредовањем маршала Бусикоа, коме је, за сваки случај, десет ваљано наоружаних галија обезбеђивало успешан исход мисије, био је по много чему изван ромејских обичаја. Не само да су чудни били услови под којима су се мирили стриц и синовац, него је чудан био и ритуал по коме је помирење обављено. Не толико због врховне арбитраже једног западног професионалног војника у спору двојице царева, обојице са претензијама на легитимност титуле, колико због саме садржине процедуре помирења, стране начелима византијског света, чини се да је овај уговор представљао још једну у низу потврда да се Царство, трајно губећи властити лик, све чешће издавало за оно што више није било.

Од древних ромејских назора посебно су одударале заклетве, уз које су се старији василевс и његов савладар измирили, дотле практично непознат обичај у њиховој држави.[61] Пратило их је свечано (поновно) усиновљење, истина постојеће у царском правном наслеђу, али до децембра 1399. никада обављано упоредо са међусобним заклињањем! Овако, мора се признати све је сувише личило на Византији далеке навике из отаџбине маршала Бусикоа.[62]

---

[61] Уп. нап. 96, у претходном поглављу. – До уговора „потврђеног заклетвом" дошло је и по повратку Манојла II са Запада, када су се, после вишемесечног натезања, старији и млађи василевс помирили. У простагми Манојла II Димитрију Вулиоту (од септембра 1404), издатој поводом преузимања територија које су доскора држали Турци, цар помиње да је са Јованом VII, као и са Сулејманом, закључио уговор потврђен заклетвом (*А. Вайойедски*, Γρηγ. ὁ Παλαμᾶς 2, 1918,449–451 ; cf. *Ostrogorsky*, État tributaire, 54; премда податак констатује, Острогорски се на њему не задржава), О помирењу из 1403, уп. наредне странице. – У византијском друштву „заклетва" или „заклетва верности" није била непозната и јавља се много пре продирања феудалних схватања у Царство, просто као део позног римског правног наслеђа (cf. *N. Svoronos*, Le serment de fidélité à l'empereur byzantin et sa signification constitutionnelle, REB 9, 1951, 106–142; réimpr, *N. Svoronos*, Études sur l'organisation intérieure, la société et l'économie de l'Empire Byzantin, London 1973, VI). Међутим, све до краја XIV века нису познати случајеви међусобног заклињања двојице царева, начелно неспојиви са њиховом функцијом божјих изасланика. У принципу, цар се никоме није заклињао. Но, није на одмет подсетити да се заклетва византијског цара среће у међудржавним уговорима и сто година раније. У брачном споразуму између српског краља Милутина и Андроника II, склопљеном поводом удаје цареве кћери Симониде за поменутог владара, договори су обострано потврђени заклетвом (ὅρκους) и Андрониковим усиновљењем Милутина (υἱοποιίαν) (*К. H. Сайас*, Θεοδώρου Μετοχίτου Πρεσβευτικός, Μεσαιωνικὴ Βιβλιοθήκη, I, Венеција 1872, 165). Ваља приметити да се и у преговорима, вођеним током грађанског рата који је четрдесетих година потресао Царство, између Јована VI Кантакузена и краља Душана, помињу такође заклетве (Cant. II, 374). Из реченог произлази да су правна схватања Ромеја, знатно пре краја XIV века, почела да се у овом погледу мењају, да би, узајамно датим речима, Манојло II и Јован VII привели завршетку еволуцију поменутог обичаја.

[62] Cf. *A. Dumas*, Le serment de fidélité et la conception du pouvoir du I" au IX siècle, Revue Hist. du droit français et étranger, 1931, 30–51, 289–321. Није на одмет погледати и: *J. Le Goff*, Le rituel symbolique de la vassalité, Simbologia nell'Alto Medioevo. Settimane di studio di Cen-

Наравно, било је то од малог утицаја на формирање суда о Јовану VII и Манојлу II у очима Византинаца, који су их процењивали претежно кроз држање према унијатским пројектима. Догодило се стога да су савремена сведочанства о Јовану VII, чак и онда када јасно указују на његове узурпаторске потезе против Манојла II, неподељено похвална, будући да је на првоме месту био добар син цариградске цркве.[63]

У стварности, влада Јована VII у престоници није се битније разликовала од његовог пређашњег понашања. Од две познате константе у политици сина Андроника IV, Ђенове и Турака, у току три и по године бављења у Цариграду, Јован VII је, природно, више пажње посветио Османлијама. Спремност на велике уступке Бајазиту, па и на предавање Цариграда под одређеним условима,[64] Јован VII је показао вероватно убрзо по уласку у престоницу. Тешко је замислити да Манојло II, остављајући Царство, није предвиђао управо такав развитак догађаја. Автократоров пут у Француску, одлазак царске породице на Пелопонез а, према једној краткој хроници, одлазак и дела „архоната" из престонице,[65] били су, колико све друго, толико и бежање са брода који тоне. Млечани, који никада нису успели да за себе придобију Манојловог синовца, од почетка су били свесни могуће смене господара у Цариграду. Већ 26. марта 1400, Венеција налази за сходно да Јована VII опрезно подсети на обавезе које је он преузео остајући у вароши, упозорава га да не верује лажним

---

tro italiano di studi sull' alto Medioevo XXIII (Spoleto 1976) 679–788 (réimpr. idem, Pour un autre Moyen âge, Paris 1977, 349–420).

[63] Примера ради, довољно је погледати шта о Јовану VII говори солунски архиепископ Симеон, називајући га „божјим човеком", праведником и богоугодником (Balfour, Symeon of Thessalonica, 48).

[64] Према Дуки, Бајазит је нудио Јовану VII, у замену за Цариград, било коју област у „Румелији" (Ducas, 89), односно Пелопонез, уколико га овај жели (ibidem, 85); cf. Dölger, Johannes VII, 31. Код Клавиха стоји нешто друкчије: „Estando el Emperador viejo en Francia, el Emperador mozo tenia acordado, quando Murat é il Tamurbec querian en uno aver su batalla, que si el Turco vencisse al Tamurbec, de entregar al Turco la ciudad de Constantinopla, é se la atrebutar..." (Clavijo, 40). Султанова обећања узнемиравала су и Млечане. Сенат је још 26. III 1400. упозорио Јована VII да не подлеже варљивим обећањима Бајазита, чији је прави циљ само заузеће Цариграда (Thiriet, Régestes, II, 981); cf. Barker, Manuel II, 202–205. Занимљиво је да је Јован VII и раније, управо када је своју апанажу 1397. нудио као неки замак у Француској, упоредо био склон да (уз помоћ Турака) узме од Теодора I Мореју за себе. О томе су Републику известили 1. IV 1397. кастелани Корона и Модона: „Et primo ad factum despoti status eius debilis est et dubitat ut dicitur eciam ne Chalojani filius chir Andronici accipiat eius dominium quando in Constantinopolim intencionem suam habere non poterit et odiatur a suis baronibus..." (Μαλτέζου, Περιπέτειες, 47; в. нап. 93, у претходном поглављу).

[65] Kleinchroniken, 184.

Младост

Бајазитовим обећањима и извештава о срећно окончаним преговорима Манојла II и Теодора I са Ђеновом (читај: Бусикоом) и Јовановцима.⁶⁶ Годину дана касније, Serenissima је, између осталог, била узнемирена и због опипљивих доказа да људи Јована VII учествују у османлијским нападима на подручју Корона и Модона.⁶⁷

Од јесени исте године ситуација почиње унеколико да се мења, највише захваљујући успесима Тимура.⁶⁸ То је подстакло Јована VII да покуша, заједно са Ђеновљанима из Пере и млетачким баилом у Цариграду, да од Бајазита извуче нешто за себе од „приморских" градова у околини престонице.⁶⁹ Природно, од тога не би ништа, али јасно је било да Манојлов синовац тактизира и са могућношћу султановог слабљења као и да се труди да трага за друкчијим политичким решењима од оних која му је наметала близина Османлија, али не да би се од њих одвојио него да би, захваљујући њима, ојачао сопствене позиције. Само тако ваља протумачити и контакте које је Јован VII имао са Тимуром, па и познато писмо које је из престонице упућено 1. VI 1402. енглеском краљу Хенрију IV. Писмо је показало да је Јован VII био у току са појединостима боравка Манојла II на Западу, али и да није имао намеру да изнесе било какав конкретан предлог за помоћ отуда.⁷⁰

Наивно би било поверовати да Млечанима држање Јована VII није било до танчина познато и природно је да су они, после ангорске битке, са њим одбијали да разговарају, ишчекујући повратак захвалнијег саговорника, Манојла II.⁷¹ Уосталом, непосредно пред

---

⁶⁶ Уп. нап. 64, у овоме поглављу.

⁶⁷ Да Дукино навођење Пелопонеза, као територије за коју је Јован VII био заинтересован да је преузме уз подршку Бајазита, није произвољно, сведочи упутство вицебаилу у Цариграду Франческу Фоскаринију (од 22. III 1401) да, одмах по приспећу, протестује и затражи надокнаду штете поводом напада чета Јована VII и Османлија на млетачке поседе у Мореји *(Iorga,* Notes et extraits, I, 105–106; *Thiriet,* Régestes, II, 1007).

⁶⁸ Уп. нап. 42 и 59, у овоме поглављу.

⁶⁹ *Iorga,* Notes et extraits, I, 112–113. У науци постоји претпоставка да од овог договора са Бајазитом Јован VII одустаје, јер су се управо у истоме тренутку у Цариграду појавили посланици Тимура. Cf. *Alexandrescu-Dersca,* Timur, 18–19; *Barker,* Manuel II, 212, 504–509.

⁷⁰ *Barker* (Manuel II, 213–214, 500–503) доноси потпуну верзију оригиналног текста, превод као и коментар садржине.

⁷¹ Одсјаји поменутих збивања огледају се кроз упозорења Венеције (29. I 1402) Манојлу II „да се што пре врати у Цариград" због опасности која се надвила над његовом независношћу, односно упутства (5. III 1402) новоме баилу у вези са неизвесном ситуацијом у престоници *(Thiriet,* Régestes, II, 1039, 1045). Автократор је, можда, заиста и имао намеру да

одлучујући бој Бајазита са Тимуром, истовремено са писмом упућеним из Цариграда Хенрију IV, из престонице, у којој је владала глад и народ варош напуштао, упућено је и посланство архоната султану у Котијеј, са намером да му преда кључеве Полиса. Како извештава анонимни хроничар чије се речи овде парафразирају, архонти су се наводно вратили у Цариград весели, колико због султановог пораза толико и због Манојловог повратка.[72] Ако се одбаци покушај аутора белешке да оправда поступак предаје престонице, невешт већ и због хронолошке разлике од скоро годину дана између Бајазитовог пораза и Манојловог повратка, вест из кратке хронике подударна је са другим подацима у погледу стања у вароши, настојању туркофилске струје у њој и, што је најважније, поклапа се са обавештењима која пружа такозвани „Анонимни опис опсаде Цариграда" као и са онима која су имали шпански путник Клавихо и позни историчар Дука о спремности Јована VII да град уступи султану.[73] Питање је, међутим, у којој су мери и Јован VII и Турцима наклоњени архонти заиста били у позицији компетентних преговарача? Царев положај је, на пример, у војничкој одбрани града био сведен искључиво на апстрактно руковођење. Одбраном са копна заповедао је француски официр Шатоморан, директно упућен на управу подесте у Пери, а прилазе луци браниле су, почев од августа 1401, две млетачке галије.[74]

се врати, али исход ангорске битке је тај повратак одложио *(Iorga,* Notes et extraits, I, 118; *Thiriet,* Régestes, II, 1055; реч је о одговору од 8. V 1402. на питања Манојлових посланика, којима је, пошто су разговарали са Млечанима око превоза, Сенат препоручио да василевс не застаје због куге у Модону, него да то учини на Крфу). – О ставу Венеције према Јовану VII и Манојлу II у томе тренутку говоре и упутства Ђакому Суријану, посланику код Сулејмана, из пролећа 1403 *(Iorga,* Notes et extraits, I, 136–138; *Thiriet,* Régestes, II, 1107, 1111).

[72] *Kleinchroniken,* 184; cf. *Schreiner,* Kommentar, 368–369. Уп. нап. 82, у овом поглављу.

[73] *P. Gautier,* Un récit inédit du siège de Constantinople par les Turcs. 1394–1402, REB 23 (1965) 100–117. У спису се каже: „Мало пре него што су се скитска и агаренска војска сукобиле, становници Константиновог града, обесхрабрени, од многобројних сведени на малобројне, као и верујући да су у њему (Бајазиту – прим. И. Ђ.) пронашли питомијег човека, сада дакле, више него раније, из разлога несигурне будућности, шаљу му у посланство неколицину виђених људи, сагласних да му се покоре у свему што ће он захтевати да се учини, али једино у облику службе (δουλείας), будући да им није дозвољено да му престоницу предаду од своје воље" (ibidem, 108–110). Уп. нап. 64, 72 и 82, у овом поглављу,

[74] Cf. *G. Schlumberger,* Jean de Chateaumorand, un des principaux héros français des arrière-croisades en Orient à la fin du XIVe siècle et à l'aurore du XVe, Byzance et Croisades: pages médiévales, Paris 1927, 282–336; cf. *Barker,* Manuel II, 207. – Регест сенатске одлуке о бродовима за заштиту престонице доноси *Thiriet,* Régestes, II, 1023.

У исказ кратке хронике нема потребе сумњати ни у погледу глади коју помиње, па ни у погледу туркофилства израженог код многих житеља. Код Дуке је остало записано да се у Цариграду тада за модиј жита давало 20 номизми, „а где наћи номизме", реторски се пита овај аутор?[75] Анонимни очевидац тврди, опет, како је већина становништва „отворено или прикривено одбегла непријатељу, а они који су остали запали су у велико очајање (ἐν ἀθυμίᾳ πολλῇ)" па се уочи ангорске битке у Цариграду веровало у Бајазитову победу и грађани листом били расположени за предају без борбе.[76] Чак је и васељенски патријарх Матеј I био принуђен да одбацује оптужбе о шуровању са Османлијама, износећи противоптужбе о искварености својих суграђана и подсећајући их на речи посланице св. Павла Коринћанима.[77]

Дошавши у престоницу 1403, Јован VIII је пред собом имао обезглављен, гладан и политички подељен град. Како биолошки опстанак становништва и невоље са свемогућим тамошњим Латинима, тако ће и туркофилство, појава о којој нерадо пишу историчари и хроничари XV века и феномен делимично заобилажен у модерној литератури, бити један од пратилаца његове владе и читавог живота у Цариграду. Ипак, изгледа да је туркофилство у престоници било на врхунцу управо на смени два века, док је, напротив, у Солуну на пример, оно по свој прилици било дугорочнија појава,

---

[75] *Ducas*, 85. – Да је скупоћа владала и у Пери сведочи писмо Томе да Молина Петру Корнару из септембра 1402. У њему се каже да је тамо „жито по осам перпера једна мера речена мацо" *(В. Милинчевић*, Грађа из Венецијанског архива о ангорској бици 1402, Ист. гласник 1–2, 1982, 124; реч је о неиздатим списима које је 1863. обзнанио Јанко Шафарик на седници Друштва српске словесности).

[76] *Gautier*, Un récit, 110; уп. нап. 73, у овом поглављу.

[77] О судбини патријарха Матеја током одсуства Манојла II, в. нап. 109, у овом поглављу. – Посланица Матеја Цариграђанима издата је у *MM*, II, 463–467; *Barker* (Manuel II, 208–211) даје њен потпуни превод. – Други сведок, рођени Цариграђанин и потоњи солунски архиепископ Симеон, суочен касније са распрострањеном наклоношћу Солуњана према Турцима, невољно признаје појединачно бежање из престонице током опсаде (1399 –1402) али, у целини, за њега се „божански Христов народ" (то јест Цариграђани) у потпуности показао спреман да остане и за веру погине *(Balfour*, Symeon of Thessalonica, 46–47). Половично признање архиепископа о туркофилству житеља Полиса има, с обзиром на дидактичку сврху његовога списа, тежину најозбиљнијег пребацивања и било је, нажалост, одраз ружне стварности. Симеоново излагање потврђује и Константин Филозоф пишући да Бајазит „већ много година држаше царствујући град затворен како пропада од глади; јер неки избегаваху, а осталима ништима заповедаху да изиђу" (Константин Филозоф, 278; Старе српске биографије XV и XVII века. Цамблак, Константин, Пајсије, превео *Л. Мирковић*, Београд 1936, 76).

чији се трагови налазе још у последњим деценијама XIV столећа да би, крајем управе деспота Андроника и у току млетачке администрације у граду, протурски покрет у Солуну посебно дошао до израза. Тачније, када је у питању Цариград, вести о озбиљнијим туркофилским заверама потичу једино из периода заједничке владе Манојла II и Јована VIII. Касније се друштвена клима, условљена свакако и економским положајем престоничких архоната и њиховом повезаношћу са Италијанима као и ефектима западне политике Јована VIII, променила и туркофилству је била одузета првобитна снага. Бар тако се чини.

У међувремену, Манојло II је, иако се његово преговарање са западним краљевима одавно показало јалово, и даље упорно боравио у Паризу. Његов последњи апел за помоћ пре битке код Ангоре, упућен 20. VI 1402. авињонском противпапи, говорио је о очајном положају у коме се автократор налазио, јер Бенедикт XIII је био последњи који је Манојлу могао да помогне.[78] Изгледало је да, колико су василевса други избегавали да помогну, толико ни он сам није горео од жеље да се врати у Византију. Царство као да је препустио судбини, уосталом као и властиту породицу у Мореји. Утом је 28. јула 1402. дошло до боја код Ангоре који је „продужио живот Византијском царству за пола века".[79] Обично се о исходу овог догађаја говори као о нечем изненадном, што он ни најмање није био.[80] Победник Тимур имао је пре битке за собом пространу државу која се ширила од Индије, преко Персије до источних делова Мале Азије и само

---

[78] У хрисовуљи издатој под поменутим датумом, Манојло II потврђује даровање реликвија које је противпапи послао и уједно га поново моли за помоћ. Акт је сачуван упоредо на грчком и латинском језику *(Marinesco,* De nouveau, 427–430; *S. Cirac Estopañan,* Ein Chrysobulos des Kaisers Manuels II Palaiologos für den Gegenpapst Benedikt XIII, 1394–1417/23, vom 20. Juni 1402, BZ 44, 1951, 89–93). Пада у очи, да Манојло II уступа пред западним захтевима и акт датује на грчком рачунајући од Христовог рођења. Своју власт над Ромејима, без обзира на уобичајену формулу у потпису, цар своди на „Романију и њој околне земље" (τῆς ἡμετέρας ἀρχῆς τῆς ‘Ρομανίας καὶ τῶν περιχώρων αὐτῆς), термине туђе византијској канцеларији. Истина, овакве формуле се у ромејској дипломатици делимично појављују и у царским уговорима са Ђеновом и Млецима. О значењу „Романије", уп. *Љ. Максимовић,* Грци и Романија у српској владарској титули, ЗРВИ 12 (1970) 61–78.

[79] *Осшроїорски,* Историја, 516.

[80] О подробностима, овде излишним, око битке код Ангоре, у првоме реду cf. *Alexandrescu-Dersca,* Timur. За осталу литературу, cf. *Barker,* Manuel II, 216 sq. Чини се, међутим, да у нашој историографији још увек није довољно искоришћен исказ који о боју пружа Константин Филозоф. Његова прича је такорећи идентична са приповедањем Шпанца Клавиха. Ову би подударност тек ваљало разјаснити.

су наивни међу Бајазитовим вазалима, какав је био Јован VII, могли да буду уверени у повољан резултат султановог отпора. Овакво држање је Манојловог синовца, упркос чињеници да је маја 1402. по препоруци свога стрица ступио у контакте са Татарима, дефинитивно определило уз Бајазита.[81] Јован VII је Тимура обмањивао и у то је излишно сумњати. Наиме, премда се обавезао да ће са неколико галија (ваљда ђеновљанских из Пере?) спречавати прелазак Османлија из Европе у Малу Азију, он се договора није придржавао. Када је дошло до турског пораза, Јован VII је са Ђеновљанима из Пере помогао бегунцима (то јест онима који су били уз Сулејмана, најстаријег султановог сина) да истим путем Татарима измакну. Ако је веровати Клавиху, шпанском посланику код Тимура, овакво понашање је наводно изазвало гнев победника према хришћанима, а првенствено према Јовану VII и Ђеновљанима.[82]

Међу малобројним хришћанским вазалима Бајазита који су код Ангоре извукли живу главу, био је и српски кнез Стефан Лазаревић. У венецијанским хроникама остало је записано да су Татари, убрзо после битке пожурили да прекину све комуникације са Цариградом, па никоме није пошло за руком да пређе из Турске у Грчку, "eceto il fio de Lazaro, el qual chomenza per avanty a pasar, e sy pasa chon soa sorela in Grecia".[83] Ипак, ни велики освајач, какав је Тимур био, није имао снаге да одмах после победе прекорачи Босфор. Најпре је, крајем лета и у току јесени 1402, морао да сруши последње отпоре у Малој Азији. У изворима су сачуване издвојене вести о паду Ефеса, Брусе, Никеје, Кесареје, читаве јужне обале по-

---

[81] В. нап. 68, у овом поглављу. Према италијанској верзији Тимуровог писма Јовану VII (од 15 V 1402. године), овај је ословљен као „Il Procuratore Principe dell' Imperatore Chirmanoli" *(Alexandrescu-Dersca,* Timur, 123), што је, уколико је тачно, несумњиво умањење достојанства Јована VII. В. наредну напомену.

[82] Clavijo, 145–147; cf *Iorga,* Notes et extraits, I, 133–134; *Thiriet,* Régestes, II, 1103. – О посланству Цариграђана Тимуру говори и извештај Томе да Молина, упућен 24. IX 1402. Петру Корнару, у коме се износи да је Галеацо из Нове Фокеје, и сам идући као покласар ка Тимуру, у путу сусрео посланство Јована VII које се од Татара враћало и твдило да је свој циљ постигло, па им је Тимур чак, наводно, обећао и 5 000 војника за рат против Сулејмана *(Милинчевић,* Грађа, 124). Још је подробнији извештај Гирарда Сагреда из Цариграда (од 12. X 1402), у коме се износи да је Тимур захтевао од Јована VII два посланика, једног изасланика из Пере као и самог тамошњег подесту. Ова четворица су се укрцала на млетачки брод 2. септембра, носећи Тимуру „лепи дарова", али Сагредо за исход њихове мисије не зна. Врло је карактеристично да Сагредо истиче како Тимур Млечане, вероватно процењујући повољно њихово понашање, није себи звао (исто, 125).

[83] Morosini, 341–344, 348. – О учешћу Стефана у боју код Ангоре, уп. *Пурковић,* Деспот Стефан, 56 сл.

луострва, Магнесије а децембра 1402. и Смирне.[84] Цела Анадолија била је татарска. Заробљени султан Бајазит дотрајавао је у заточеништву последње дане и када је, 8. марта 1403, канaчно умро, са његовом смрћу је Царство поново постало суверена држава.[85]

Но, док се татарска опасност, без обзира на Тимурове претње да ће доћи на Балканско полуострво копном са севера и заузети Цариград, постепено удаљавала,[86] за Византију се почетним а можда и основним проблемом показало паралелно постојање два цара, различитог положаја али истих претензија. Манојло II је морао бити обавештен о свему што се у Цариграду догађало, поготово пошто је у Париз приспео Шатоморан, дотадашњи заповедник француске посаде у престоници.[87] Некако у приближно исто време, 9. октобра 1402. године, из Венеције је автократору потврђено да је Бајазит поражен и саветовано да се у најкраћем року врати у Царство.[88] Сада је Манојло II одмах почео са припремама за полазак и, вероватно 21. XI 1402, после скоро три године боравка код француског краља, кренуо је из Париза ка Ђенови.[89] Неће се никако погрешити ако се тврди да је од тада, односно после ангорске битке, Манојлово политичко опредељење трајно било окренуто Млечанима. Такву оријентацију, упркос повременим покушајима успостављања равнотеже утицаја међу западним силама, наследиће од оца и Јован VIII и биће принуђен да се ње држи све до смрти. У Ђенови, у коју је Манојло II стигао 22. јануара 1403, цар је већ био заточеник пријатељства са Млецима, што се јасно огледа у тамо вођеним разговорима.[90] Пошавши одатле 10. фебруара, василевс је, после краћег задржавања у Ферари, у Венецију дошао крајем марта 1403. Тамо

---

[84] Од византијских извора о томе говоре: Ducas, 103–107; Chalc., I, 148–151; Kleinchroniken, 112. 452, 530, 535, 113, 683. Cf. *Schreiner,* Kommentar, 371 sq.

[85] За датум смрти Бајазита, cf. *Alexandrescu-Dersca,* Timur, 95.

[86] У тренутку када је Бајазит уморен у Филомелиону (Ескишехиру), Тимур се већ повлачио из Мале Азије ка Самарканду (cf. *Alexandrescu-Dersca,* Timur, 85 sq.).

[87] *Schlumberger* (Chateaumorand, 312) претпоставља да је он напустио престоницу августа 1402, одмах по ангорској бици. Cf. *Barker,* Manuel II, 218–219.

[88] *Thiriet,* Régestes, II, 1074.

[89] О датуму поласка Манојла II из Француске, cf. *Barker,* Manuel II, 220–222, 512.

[90] *Iorga,* Notes et extraits, I, 130–131. Манојло II је покушао да посредује између Венеције и Ђенове, али без успеха. Ни предлог цара да млетачки посланик у Ђенови преговара тамо и у име василевса, није у Сенату наишао на допадање. Манојлу је преостало једино да се приклони тактизирању Републике *(Iorga,* Notes et extraits, I, 181; *Thiriet,* Régestes, II, 1092).

му је приређен свечан дочек, дужд га је сместио у палату маркиза од Фераре, а обећане су му и три наоружане галије, уз оне које му је раније нудила Ђенова.[91] Отиснувши се из Млетака априла 1403,[92] Манојло II је требало да преко Пуле, Дубровника и Модона стигне у Цариград морским путем. На жаљење Дубровчана, цар је, са пратњом која се на путовању ка завичају непрестано множила, њихову луку заобишао.[93]

Породица га је сачекала у Модону и, онако како је у Венецији још раније било предвиђено, одатле са њим полако продужила ка Цариграду.[94] Манојло II је имао намеру да се у Мореји задржи око месец дана,[95] да би преговарао са Сулејмановим изаслаником и да би помогао брату у отпочелим преговорима са Јовановцима око њиховог одласка са Пелопонеза.[96] Да ли је до сусрета са турским поклисаром дошло док се Манојло II налазио на Пелопонезу није познато али, са друге стране, изван сумње је да се цар привремено искрцао у Василопотамосу, у оној истој тврђави у којој је, наводно годину дана доцније, 4. маја 1404, коначно закључен споразум између деспота Теодора I, Манојла II и родоских витезова.[97] Ту се

---

[91] О даљем току путовања, cf. *Barker*, Manuel II, 222 sq. – О дочеку Манојла II врло корисна обавештења пружа Морозинијева хроника. Пошто је у Венецији цар добио „*notabelysimy* prexenty", кренуо је пут Цариграда. Тамо је затекао разрушен град као и нећака („*nievo*") који није хтео да му драговољно врати читаво Царство (Morosini, 290).

[92] Манојло II је из Млетака пошао у сваком случају после 5. IV 1403 (*Thiriet*, Régestes, II, 1106).

[93] Обично се претпоставља да је Манојло II прошао поред Дубровника средином априла. Cf. *M. A. Andreeva*, Zur Reise Manuels II Palaiologos nach Westeuropa, BZ 34 (1934) 37–47; *Krekić*, Dubrovnik, 44–45; *Barker*, Manuel II, 231.

[94] Ducas, 85; *Iorga*, Notes et extraits, I, 132–133; *Noiret*, Documents, 145; *Thiriet*, Régestes, II, 1097–1100, 114.

[95] *Iorga*, Notes et extraits, I, 132–133; *Thiriet*, Régestes, II, 1097. – Број личности из пратње се на путу ка Цариграду непрестано увећавао. Крајем фебруара у Млецима се рачунало са 25 до 30 особа, почетком марта Република је пристала да превезе око 40 људи из цареве пратње, али на Пелопонезу се број попео на укупно 58 особа. Да ли се у Мореји придружио и део избеглих престоничких „архоната", није познато (Kleinchroniken, 184).

[96] Још октобра 1402, Јовановци су почели да разматрају могућност свог повлачења из Мореје (*Delaville le Roulx*, Hospitaliers, 282; *Loenertz*, Pour l'histoire, 195). Преговори су били у суштини пријатељски, што није претерано чудно, имајући у виду традиционално добре односе Манојла II са њима. О директном учешћу цара у преговорима Теодора I са витезовима, правих потврда нема. Сам Манојло II, сећајући се ових догађаја, пише као да је у њима ипак учествовао (*Ламброс*, Παλαιολόγεια, III, 92–93). Cf. *Barker*, Manuel II, 233. Уп. следећу напомену. – О Сулејмановом изасланику, cf. *Iorga*, Notes et extraits, I, 132–133; *Thiriet*, Régestes, II, 1097.

[97] О путовању Манојла II у Василопотамос: Livre des faits, 623; cf. *Noiret*, Documents, 145; *Thiriet*, Régestes, II, 1114. О свему в. *Delaville le Roulx*, Hospitaliers, 424–426; *Barker*,

још једном срео са француским маршалом Бусикоом који се управо налазио на челу ђеновљанске експедиције према Кипру. Суревњивост Млечана и Ђеновљана допринела је да га и једни и други, са укупно осам галија, превезу у престоницу.⁹⁸ Венеција је искористила царев повратак да упоредо пошаље Ђакома Суријана, млетачког посланика Сулејману и Иси, чиме је, да чак у сенатском упутству и није било посебно назначено да Суријано са Јованом VII не ступа ни у какве разговоре, довољно јасно стављено до знања до кога византијског василевса Serenissima држи.⁹⁹

Да се, после извесних почетних колебања,¹⁰⁰ на сличан начин определио и Сулејман, турски господар у Европи после ангорске битке, показао је мир у Галипољу, склопљен фебруара 1403. године између Бајазитовог сина, Венеције, Ђенове (са острвом Хиосом), војводе Наксоса, деспота Стефана Лазаревића и Јована VII. У тексту уговора било је предвиђено да султан врати Царству Солун са околином и тамошњим тврђавама, Халкидику, северне Спораде

Manuel II, 235. *Zakythinos* (Despotat, I, 159–160), чини се, не посвећује довољно пажње овим збивањима. – О датуму договора о предаји Пелопонеза Теодору I, cf. *Loenertz*, Pour l'histoire, 196; *Schreiner*, Kommentar, 384–385. Мало је необично што Јовановци, фактички спремни да бригу о Мореји уступе деспоту још у јесен 1402. ако не и раније, закључују уговор о примопредаји тек годину и по дана доцније. Са друге стране, поставља се питање зашто је Манојлу II било потребно да се зауставља управо у Василопотамосу, тврђави у којој је касније и био потписан споразум. Осим тога, и после 5. V 1404, наиме 15. маја исте године, у Цариграду је разговарано о финансијској страни повлачења Јовановаца (cf. *Schreiner*, Kommentar, 385), а Коринт је предат Ромејима тек 14. јуна (Kleinchroniken, 246). Можда би се опрезно могло претпоставити да су или вођени у више од једног наврата засебни преговори око појединих територија или да преговори до маја 1404. нису били успешни. – Василопотамос се изједначава са, данас непостојећом, тврђавом на ушћу Евроте. У наредби Сената се каже да је кастелан Корона овлашћен да цара превезе „usque ad Vasilopotema vel Lavatia(?)" *(Iorga,* Notes et extraits, I, 139). Cf. *Bon*, Morée, 268.

⁹⁸ О томе Livre des faits, II, 623; *Delaville le Roulx*, La France en Orient, II, 114; cf. *Barker*, Manuel II, 236–237.

⁹⁹ *Iorga*, Notes et extraits, I, 133–138; *Thiriet*, Régestes, II, 1104, 1107, 1111. *Barker* (Manuel II, 234), изгледа, није у праву када одбија да прихвати чињеницу што Суријано путује заједно са Манојлом II као показатељ наклоности Републике према старијем цару. У упутству се каже да није од веће важности што ће се учинити, с обзиром да посланик долази са Манојлом II, да Serenissima овога василевса и подржава.

¹⁰⁰ Према једном млетачком извештају из Цариграда, писаном непосредно по боју код Ангоре, Сулејман је, прешав мореуз са 5 000 Турака, молио најпре Јована VII за мир, давао му своје галије, нудио Галипољ и „велики комад Грчке", на шта овај, због страха од Тимура, није смео да пристане *(Милинчевић*, Грађа, 123). Према другом извештају, писаном на Хиосу 24. IX 1402, Serenissima је информисана да Сулејман, уз остало, нуди Солун, али да Јован VII захтева Галипољ, што Турци одбијају (исто, 124). Другим речима, Сулејман је, како је бивао све више уверен у удаљавање непосредне татарске опасности, бивао све мање спреман да Ромејима попушта, а поготово да пружа уступке Јовану VII.

као и трачку обалу од Месемврије на Црноме мору до Панидоса у Егејском.[101] Сулејман је, међутим, склопивши мир са такозваном „лигом", давши слободу трговине Млечанима, обећавши пуштање хришћанских заробљеника и наговестивши помоћ Цариграду против Татара, оставио само једну ограду: предаја солунског акропоља може да се обави тек пошто Манојло II стигне у престоницу. Другим речима, једини територијални уступак који се директно тицао сина Андроника IV, био је условљен повратком старијег цара Манојла II.[102] Покушај Јована VII да се Солуна докопа пре него што Манојло II стигне, завршен је неуспешно.[103] Тек после јуна 1403, пошто се претходно лично у Галипољу видео са василевсом који се у ђеновљанској и млетачкој пратњи приближавао престоници, Сулејман је прихватио да Солун у потпуности преда али, како ће се показати, не да би у њему завладао Јован VII.[104] Пријатељ Јо-

---

[101] Thomas, Diplomatarium, II, No. 159, 290–293. Уп. нап. 102–117, 136–150, у овом поглављу. Један од првих историчара који је упозорио на важност поменутог документа, сачуваног једино у италијанском преводу оригинала писаног на турском језику, био је *Радонић* (Западна Европа, 14–15). Cf. *W. Heyd*, Histoire du commerce du Levant au Moyen âge, II, Leipzig 1923, 286; *Bakalopoulos*, Limites, 59–60; *G. T. Dennis*, The Byzantine-Turkish Treaty Of 1403, OCP 33 (1967) 72–88.

[102] Пажљивим читањем то се види и из самог галипољског документа. Сулејман је свестан да постоје два цара: „lo gran imperador Caloiani, imperador de Griesi" и „mio pare Paleologo imperador". Солун Бајазитов син даје „a mio pare imperador", то јест Манојлу II. Да је Солун заиста и био враћен Манојлу II, а не Јовану VII, говори солунски архиепископ Симеон (в. наредну напомену). – Иначе, према споразуму од децембра 1399, други град Царства Манојло II је препустио Јовану VII (в. нап. 102, у прошлом поглављу).

[103] На основу казивања солунског архиепископа Симеона сазнаје се да је Јован VII, пошто је у Галипољу склопљен мир са Сулејманом, послао Димитрија Леонтариса да преузме Солун. Али, његов покушај да се града дочепа пре доласка Манојла II није успео. Османлије су Леонтариса најпре отерале, затим га позвале да преузме варош, али не и њен акропољ. Тек после 17. јуна, читав Солун је доспео у руке Ромеја, но не и Јована VII, кога је Манојло II у међувремену протерао на Лимнос (уп. даљи текст). Царев синовац ће коначно ући у град у јесен 1403 *(Balfour,* Symeon of Thessalonica, 44–46).

[104] Из писања Константина Филозофа произлази да је Сулејман свечано сачекао Манојла II у Галипољу и ту разговарао са њим, после чега је Солун враћен „Грцима", а Манојло II ушао у престоницу. Према исказу нашег биографа, њихов сусрет је био врло срдачан (Константин Филозоф, 279; *Мирковић*, Биографије, 77). Дука, са друге стране, саопштава да је Сулејман дошао у Цариград да би тек приспелом Манојлу II предао територије (укључујући и Солун) и изразио свој потчињени однос у односу на автократоре, називајући га својим оцем (Ducas, 111). И један и други писац неоспорно употпуњавају закључак, изнет раније (нап. 102–103, у овом поглављу), како од уступања земаља није било ништа без договора Манојла II са султаном. Осим тога, Сулејман је своју подређеност према старијем цару изразио и пре него што се овај са Запада вратио, већ фебруара 1403. називајући га „mio pare" (в. нап. 102 и 154, у овом поглављу). *Barker* (Manuel II, 252–253) сумња, рекло би се неосновано, у сусрет између Манојла II и Сулејмана пред Цариградом, у Галипољу, мислећи да је у питању посета султана престоници 1409 –1410. Један ђеновљански документ из Пере го-

вана VII био је и Лазарев син, па најзад није било случајно што, ослобађајући остале хришћанске господаре некадашњег вазалног положаја, Бајазитов син за тек проглашеног српског деспота и Гаталузијевог зета такву промену није предвиђао.[105] Сазнавши у Модону појединости о смрти Константина (старијег) и две кћери, Манојло II је без сумње морао да буде обрадован првим сусретом са новорођеним сином Андроником.[106] Куга, која је, на несрећу, у Мореји покосила троје цареве деце, оставила је можда трага и на Андронику, иако је он опаку епидемију преживео.[107] Ипак, мада је окупљена породица, први пут после више од три године, пружала повода добром расположењу, иако је Манојло II успешно обавио преговоре и на Пелопонезу и у Галипољу, улазак у Цариград

вори (15. VI 1403), међутим, у прилог поверења Константину Филозофу. У њему се испостављају рачуни око трошкова превоза Јована VII, који је из Цариграда ишао да поздрави свога стрица. Овај је тада боравио у Галипољу (није био у пролазу кроз Галипољ – прим. И. Ђ.): „quando fuerunt missi cum domino imperatore Calojane super galeam usque ad Galipolim, ubi tunc existebat dominus imperator Chir'Manoli" *(Iorga,* Notes et extraits, I, 62).

[105] О третирању Стефана Лазаревића у галипољском споразуму, уп. нап. 147, у овоме поглављу. – О Стефановој деспотској титули, уп. *Ферјанчић,* Деспоти, 182–187. Према Константину Филозофу, Манојло II је 1410. рекао Стефану да својевремено давање деспотског достојанства мора да се понови, „јер рече да Јован није био у пуној владалачкој власти" (Константин Филозоф, 296; *Мирковић,* Биографије, 94). Сметње није правила чињеница што је Јован VII био млађи цар, већ што га је Манојло II у томе тренутку сматрао узурпатором. Да Сулејман није желео да промени Стефанов положај 1403, чини се да превиђа наша историјска литература. Уп. *Пурковић,* Деспот Стефан, 73 сл. Такође, уп. Историја српског народа, II, 68–69 (текст *Ј. Калић).* – Када је реч о браку Стефана са Јеленом, ћерком Франческа II Гатилузија и сестром Евгеније, супруге Јована VII, није сасвим сигурно да је до брака дошло баш тада. Наиме, српски извори њихово венчање смештају тек у 1405 (*Стојановић,* Родослови, 200, 218; cf. *Nicol,* Kantakouzenos, 172), а у извештају Гирарда Сагреда (од 12. X 1402) каже се да је Јован VII уговорио женидбу Стефана са Јеленом, „али после се говорило да од те женидбе неће бити ништа" *(Милинчевић,* Грађа, 125). Константин Филозоф назива Јелену ћерком Кантакузина Палеолога из Галате, што није сасвим неосновано имајући у виду да јој је бака била сестра Јована V као и с обзиром на целу генеалогију Гатилузија (cf. *Икономидис,* Σημείωμα, 28 sq.).

[106] Размишљање о датуму рођења Андроника Палеолога, у најкраћем, може да се сведе на следеће: он је рођен свакако између Теодора и Константина (млађег) (уп. нап. 14 и 17 у прошлом поглављу); према Дуки, 10. XII 1399. још се није родио (Ducas, 83–85) а Константин (млађи) је рођен фебруара 1405. Речено би значило да је Андроник могао да буде рођен, с обзиром на одсуство Манојла II (од децембра 1399. до пролећа 1403), једино 1400. или 1404. Ову дилему разрешава, срећом, Клавихо који говори да је 28. X 1403, када је он био примљен код Манојла II, уз цара и царицу било и троје њихове мушке мале деце (Clavijo, 51–52). То само могу да буду Јован VIII, Теодор II и Андроник. Значи, Андроник је рођен 1400. Уп. *Ферјанчић,* Андроник Палеолог, 230 –231; cf. *Schreiner,* Untersuchungen, 289; *Barker,* Manuel II, 495 (једини се осврће на Клавиха али, будући да није успео да објасни питање остале Манојлове деце, остаје и овде неодлучан).

[107] О Андрониковој болешљивости биће помена у следећем поглављу. Иначе, већ је истакнуто да је у време поласка Манојла за Француску на Пелопонезу харала куга (в. нап. 106, у прошлом поглављу). Епидемија је трајала још увек и 1402 (в. нап. 71, у овом поглављу).

је тек предстојао. Али, док су се млетачке и Бусикоове лађе налазиле још увек у близини, Манојло II је 9. VI 1403,[108] превезавши се до престонице на лађи из Пере,[109] изванредно брзо и успешно узео ствари у своје руке, у првоме реду захваљујући околности да је његов синовац после 28. VI 1402. остао без османске политичке подршке.

Објективно посматрано, око улоге Јована VII током одсуствовања главног василевса није било двоумљења. У крајњој линији, одласком из Цариграда децембра 1399, Манојло II је, како је истакнуто, морао да рачуна управо на онакав развитак збивања какав је следио. Сада, када је Венецији и Сулејману, једном од турских дијадоха, успео да себе прикаже као погоднију личност на престолу, у тренутку када Ђеновљане у најмању руку није имао против себе, Манојло II је био у прилици да, упркос раширеним симпатијама које су многи у Византији имали према Јовану VII, а изван ње само Гатилузи (Сулејман са митилинским господарем није ни преговарао), у неколико дана преокрене ситуацију у своју корист. Јован VII не само да је прекорачио права која му као савладару по уговору од децембра 1399. нису припадала, него је, понудом Бајазиту да му престоницу уступи у замену за византијске поседе на Пелопонезу, директно угрозио и права Манојловог најстаријег сина на царско наслеђе.

Тиме је још једном у десетак година живота Јована VIII била доведена у питање његова будућност на престолу. По Манојловог наследника нарочито је била неповољна околност да Јован VII, мада је прешао границе које му је допуштао савладарски чин, ипак није имао мање основаног права на титулу цара Ромеја од Јована VIII, по положају се налазећи одмах за Манојлом II. Као и обично, веома захвалним пољем за тачно одређивање стварних државноправних претензија појединих византијских владара показују се њихови званични потписи, епитети и формуле којима се при том користе. У случају Јована VII, данас нису познати његови документи писани на грчком језику из овог периода, али их зато има на латинском.

---

[108] Тачан датум даје Макарије из Анкире: *V. Laurent*, Le trisépiscopat du patriarche Matthieu I[ег] (1397–1410). Un grand procès canonique au début du XVe siècle, REB 30 (1972) 155. Датум који даје Симеон из Солуна (уп. нап. 103, у овом поглављу) не тиче се доласка Манојла II, већ преласка града у руке Ромеја. О промашајима које су модерни историчари чинили на основу непрецизности позних грчких извора, cf. *Barker*, Manuel II, 237–238. На пример, *Wirth* (Zum Geschichtsbild, 595) чак мисли да је Манојло II приспео у престоницу септембра 1403!

[109] Уп. нап. 104, у овом поглављу.

Међу њима је изузетно необичан, уједно и врло индикативан, онај акт који је у италијанском преводу сачуван о миру између Сулејмана и хришћанске лиге, склопљеном фебруара 1403. у Галипољу. Иза вулгарног италијанског превода у коме је забележено „lo gran imperador Caloiani, imperador de Griesi", крије се добро познати израз μέγας βασιλεύς, својствен искључиво „великом", односно првоме цару, што је тада формално био само Манојло II.[110]

Друга епизода, која је оцу Јована VIII била по приспећу у Цариград озбиљна брига, садржала се у афери са васељенским патријархом Матејом. Још приликом избора 1397. године, Матеј, кога је штитио ауторитет Манојла II, био је оспораван као недовољно подобна личност за патријарха. Пошавши на Запад, автократор је сматрао да је упутно да са собом поведе једног од најгласнијих патријархових противника, Макарија из Анкире. Али, у Манојловом одсуству, на злосрећног Матеја су се обрушили остали архијереји као и Јован VII, па је био смењен. Чим се вратио, Манојло II је успео, делимично и силом, да прелате натера да, пет дана по доласку, 14. VI 1403. поново прихвате Матеја као патријарха, иако ниједан митрополит у ствари није био уз њега. Сматрало се, и то је мишљење јавно изражавано, да је Јован VII и у овоме случају као савладар прекршио своје надлежности, па је касније, на патријаршијском синоду 1409. године његов поступак био и осуђен.[111] Колико је Манојлу II било битно да што пре среди односе у црквеној хијерархији, изврсно илуструје журба са којом је приступљено поновном постављењу Матеја. Наравно, према старим прописима ни Манојло II није смео да се меша у избор патријарха, али он се на то, као и Јован VIII касније, мало обазирао.

Јуна 1403. Манојло II се није усуђивао да јавно оспорава царске прерогативе Јована VII, већ се одлучио на сигурнији начин да се синовца ослободи. Наводно љут због издаје Јована VII, оличене у понуди Бајазиту да му уз накнаду уступи Цариград, стари василевс га је одмах по доласку лишио права на Солун и протерао на Лимнос.[112] Проглашењем оца Јована VIII за „јединог цара", оба-

---

[110] Уп. нап. 102, у овом поглављу. О значењу наведеног епитета, в. нап. 173, у овом поглављу.

[111] *Laurent*, Le trisépiscopat, 138.

[112] О Манојловој процени да је Јован VII прекршио уговор говоре различити извори: Clavijo, 40; Ducas, 111; Morosini, 290 (в. нап. 91, у овом поглављу). *Dölger* (Johannes VII., 33) претпоставио је да је Солун враћен тек пошто је Јован VII изгнан на Лимнос. Могуће је,

Младост

вљеним уз церемонијалне акламације „палате и демоса", то јест истакнутих архоната и народа, позиција у борби о царско наслеђе је за Манојловог најстаријег сина била слична оној из прошлог столећа. Као и деведесетих година XIV века, Јован VIII ни сада још није стекао највише достојанство.[113]

Прогнанику, међутим, на памет није падало да се заустави на поменутом острву, него је продужио ка Митилини, своме тасту Франческу II Гатилузију, принуђен да му се још једном обрати за подршку. Са Лезбоса је ускоро упућена порука маршалу Бусикоу, који се тада налазио са ђеновљанском флотом испред Александрије, са тужбама о изневереним обећањима Манојла II. На основу обавеза преузетих миром који је, посредништвом француског војсковође, био склопљен децембра 1399, Бусикоа су Гатилузи и Јован VII преклињали да у повратку заузме Солун и преда га зету Франческа II. У очекивању успешног повратка посланства, са Лезбоса је у међувремену испловила мања флота са намером да покуша да освоји ову варош. Био је то већ други наврат како је Јован VII настојао да у истој години уђе у ову варош. Почетком октобра 1403, изасланици упућени маршалу вратили су се на Митилину, а Бусико се преко Родоса упутио ка грчкој обали. Можда је намеравао да крене и према Солуну, тек у сваком случају од тога не би ништа. Код Модона га је сачекала, изненадила и убедљиво потукла 7. X 1403. венецијанска ескадра.[114] Тек после пораза Бусикоа

будући да се датум одласка Манојловог синовца из Цариграда не зна, да помињани 17. јун *(Balfour,* Symeon of Thessalonica, 46–47) означава баш тај моменат.

[113] Да се Манојло II, уз пригодне акламације, прогласио за јединога цара, саопштава Ducas, 111.

[114] О слању Јована VII на Лимнос и одузимању права на Солун: ibidem; Clavijo, 40. Исказ шпанског путника, иначе најближег овим збивањима, унеколико је различит од Дукиног. Клавихо је записао да је Манојло II, љут због издаје синовца, овога истерао из своје земље и дао му уместо Солуна Лимнос („é dióle la isla de Estalimen, e quitóle esta dicha ciudad de Salonique"). Из реченог би могло опрезно да се претпостави да је Лимнос Јовану VII био одређен као „принудна" апанажа. – Мишљење које је изнео *Barker* (Manuel II, 239–240) и према коме је Манојло II зазирао од Јована VII зато што је овај био, и пре и после Ангоре, протурски расположен, док је он сам наводно био резервисан према Сулејману, нема разлога прихватити. Подаци, изнети у овом поглављу, о везама Манојла II са Бајазитовим наследником, како пре тако и после царевог повратка у Цариград, то довољно речито демантују. – Вести о понашању Јована VII по одласку из престонице дугују се на првоме месту очевицу Клавиху (Clavijo, 40–41). *Dölger* (Johannes VII., 33) добро је претпоставио да је Јован VII са својим тастом покушао да освоји Солун, само је поменути покушај погрешно датовао у почетак 1403. Напротив, оба Јованова покушаја да се дочепа Солуна могу се временски сместити у време после галипољског споразума: први – између фебруара и почетка јуна, и други – између јуна и јесени 1403, то јест почетка октобра када је Клавихо боравио на Лезбосу и чуо вести о овоме. Према изворним

и Ђеновљана, Манојло II је током позне јесени прихватио помирење са Јованом VII под некадашњим условима, утврђеним пре његовог пута на Запад.[115] Хтела или не, чињеница је да је Република победом код Модона много помогла Манојлу II, чији су противници за дуже време остали без савезника коме су се надали, па је и присуство Јована VII у Солуну имало друкчији карактер.

Обезбедивши Манојлу II превласт у држави, Serenissima је у наредних неколико година била неприкосновени господар византијског мора и неоспоравани заштитник Царства. Када су били у питању њени поседи, поготово када је реч о Дарданелима и Мраморном мору, Република то није крила. Сматрајући да је витално по будућност, како њену сопствену тако и Византије у целини, да се Галипољ преотме Османлијама, макар формално и био у рукама

подацима, зна се да је таст Јована VII помагао само при другом покушају. – О поразу Бусикоових лађа, cf. *Delaville le Roulx*, La France en Orient, I, 428 –457, II, 99–141.

[115] Тачан датум помирења и доласка Јована VII у Солун није познат. Клавихо је Манојловог синовца почетком октобра 1403. затекао још увек на Митилини (Clavijo, 40–41). Пошавши ка Цариграду и бавећи се извесно време тамо, Шпанац је записао како је у престоницу 31. X стигла вест о поразу Бусикоа, што је донело одређене непријатности Млечанима затеченим у луци, али узнемиреност није трајала дуже од једног дана. Потом, сажето описујући изглед Пере и њених знаменитости, Клавихо приповеда о почетку и прошлости сукоба међу Палеолозима. Прилично тачно интерпретирајући догађаје везане за побуну Андроника IV и Сауџи Челебије, као и касније узурпације Андроника IV и Јована VII, Клавихо пред крај приповести почиње са конфузним обавештењима. Према њему је Андроников син (то може да буде једино Јован VII) оставио сина, по имену Димитрија, који тврди да има права на престо и буни се против Манојла II. Они су се договорили (мисли се на Димитрија и Манојла) да се обојица називају царевима и да после смрти Манојла царством завлада Димитрије, после њега Манојлов син, а после њега Димитријев (Clavijo, 85–86). Из Клавихове приче *Barker* (Manuel II, 244) закључује да се иза Димитрија крије Јован VII, да је до помирења између стрица и синовца дошло пре почетка новембра а после Клавиховог боравка на Лезбосу, почетком октобра 1403. *Dölger* (Johannes VII., 34) је, међутим, много опрезнији и пре би се могло рећи да Клавихову причу узима у обрнутом смислу, да је до помирења дошло „nach dem Oktober 1403". *Осшроѓорски* (État tributaire, 54; 383) још је уздржанији, али, судећи према његовом мишљењу да је наредба Манојла II од 29. септембра 1404. настала „непосредно после обнављања византијске власти у Солуну", рекло би се да помера долазак Јована VII у тај град позније од октобра 1403. Буквално пратећи текст Клавиха, излази да је Димитрије унук Андроника IV и да он, такође, има потомство. То је неодрживо. *Barker* је, чини се, са правом Димитрија поистоветио са Јованом VII (Клавиху је име Димитрије доспело у исказ можда као асоцијација на заштитника града на који Јован VII претендује, но његова хипотеза подразумева да је Андроник V, син Јована VII, био још увек жив 1403. Ово је, опет, врло тешко довести у склад са прихваћеним чињеницама о животу Андроника V, који је, најкасније, умро 1397 (в. нап. 72, у прошлом поглављу). Клавихово писање би се лако могло сматрати, без обзира на глаголска времена употребљена у њему, као реминисценција, да он не говори о споразуму који је сада склопљен („é son agora avenidos en esta manera"). Уз неминовне ограде у свим сличним приликама, ипак ће бити да је посреди прича о помирењу 1393, чему у прилог иде и повод Клавиховој дигресији: како је дошло до помирења Манојла II са Јованом VII када је он свога деду и стрица 1390. свргао са престола.

Манојла II,[116] у случају Тенедоса Венеција је била још изричитија. „Insula Tenedi nostra est et ad nos spectat et pertinet", узвикивао је Сенат 1405. године, свесно заборављајући на исходе не тако давних спорова око поменутог острва.[117] Млечани су после 1402. могли да толеришу присуство немоћног Царства у овоме подручју, мирили су се и са постојањем византијских земаља у Мореји, али одлучно искључују било какво учешће Ђенове у деоби утицаја на мору. Цар је имао у потпуности везане руке у свему што се дотицало интереса Републике. Премда је морао бити задовољан миром, склопљеним 22. III 1404. између италијанских сила, Манојло II је, као и обично, био немоћан да било шта учини у погледу координисања својих напора са жељама Ђенове и Млетака.[118] Царство је, исто тако, могло само немо да посматра повремене захтеве млетачких поданика грчке крви да се отргну од власти Републике, какав је био онај изражен на Криту, приликом „устанка" 1405.[119] Ипак, изван сумње је да је Манојлова држава, онаква каква је била после царевог повратка, одговарала Млечанима који су можда чак прижељкивали да је виде снажнијом него што је била. Начин на који је свој став Венеција према Царству изражавала био је познат из година пре ангорске битке: василевса подсећати на новац који Serenissima од њега потражује, на исплати сувише не настојати,[120] пружати му помоћ претежно у бродовљу и чувати се отворене војне подршке.[121] Наравно, за Венецију је Царство територија којом непосредно располаже Манојло II, али не и апанаже појединих Палеолога.

---

[116] *Noiret,* Documents, 138–140; *Iorga,* Notes et extraits, I, 194–195; *Thiriet,* Régestes, II, 1070, 1078; cf. *idem,* Ténédos, 241.

[117] Cf. *Thiriet,* Ténédos, 242.

[118] Код Морозинија је забележено да „paxie per questy do Chomuny fose fata a in senbre chonstituandose plezo miser linperador" (Morosini, 324). Уп. нап. 90, у овом поглављу.

[119] О томе има једино помена у Морозинијевој хроници. У њој се каже да је 1405. стигла вест у Млетке да је дошло до устанка на Криту „e de volerse dar over a miser linperador de Chonstantinopoly, over a miser Buzichardo Vichario e sudito de miser lo re de Franza" (Morosini, 493).

[120] Тако, рецимо, изгледа упутство Паолу Зену, посланику код Манојла II, од 19. јула 1404: пошто цара буде на уобичајени начин поздравио и честитао му срећан повратак, Зено ће покушати да добије натраг макар један део дуга; уколико се василевс буде жалио на своје сиромаштво, Зено ће се задовољити обећањима; у вези са Тенедосом, посланик ће, међутим, инсистирати на продужетку млетачке управе над острвом, бар у наредних пет година *(Noiret,* Documents, 151–153; *Thiriet,* Régestes, II 1165).

[121] У једном акту с почетка 1405, цар се подсећа да му је Венеција помоћ (мисли се на војну) редовно пружала у тешким тренуцима по Царство. Посредно, то значи да права помоћ у другим приликама изостаје *(Thiriet,* Régestes, II, 1175).

Са одласком Јована VII из престонице, удаљавањем Бусикоа и поразом ђеновљанске флоте код Модона, дошло је 1403. године до приметног слабљења утицаја друге италијанске поморске републике на политичке прилике у Византији. Наредних двадесетак година Ђенова се налазила у врло неповољној ситуацији да би била у прилици да осетније учествује у историји Царства. Ако се изузме једно византијско посланство из 1408, других додира са Ђеновом у предстојећем периоду скоро да није ни било.[122] Прекид веза симболично је исказала и одлука донета у Ђенови 9. априла 1404, што је посебно карактеристично свега две недеље по склапању мира између Ђенове и Венеције, којом се укида даља финансијска помоћ „domino Imperatori romeorum", будући да за њу више нема разлога.[123] Гатилузи, ђеновљанска породица која је у претходне две деценије имала необично важно место у сукобима представника рода Палеолога, тек после 1403. претварају се у локалне егејске династе. Парадоксално али истинито, ширење њихових поседа изван острва Лезбоса, које се углавном одвијало у првој половини XV столећа, нимало није доприносило њиховом угледу у Царству.[124] Доскора је, међутим, Франческо II Гатилузи, син сестре Јована V и таст Јована VII,[125] био сматран достојним да, у име зета, преузме власт и над са̂мим Цариградом.[126]

---

[122] Реч је о мисији Манојла Хрисолораса у различитим земљама западне Европе, када је византијски посланик 18. априла 1408. био у Ђенови (Iorga, Notes et extraits, I, 161–162; cf. Barker, Manuel II, 263). В. нап. 180–182, у овом поглављу.

[123] Поменутог дана су гувернер Ђенове Бусико и Савет дванаесторице донели одлуку да се Манојлу II не исплати преосталих сто либри (три стотине је цар већ примио) од суме својевремено одређене за помоћ (Barker, Miscellaneous Documents, 78–79).

[124] Cf. Miller, Essays (The Gattilusi of Lesbos), 313–353; G. T. Dennis, The Short Chronicle of Lesbos 1355–1428, Λεσβιακὰ 5 (1965) 3–24. – Међу поседима које су стекли представници наведене породице најзначајнији је био Тасос. Острво је приграбио незаконити син Франческа II Гатилузија, по имену Ђорђо (Dennis, Letters of Manuel, 165–169; cf. ibidem, XLIV; Barker, Manuel II, 299–300).

[125] О генеалогији Гатилузија, cf. Икономидис, Σημείωμα, 28–31. Штета је само што Икономидис није узео у обзир и оно што о Гатилузијима саопштава Клавихо. На пример, код шпанског путописца господар Лезбоса 1403. није Франческо II већ „Micer Juan de Catalus" (Clavijo, 38)! У сваком случају, рекло би се да слична истраживања око ове породице још нису окончана.

[126] О великом утицају таста на држање Јована VII, сумње не оставља ни Клавихо. Он је записао да је Јован VII већи део времена проводио на Лезбосу (Clavijo, 39), а Константин Филозоф је чак навео да су Франческу II многи говорили да лично преузме управу над Царством, „али овај не хтеде подићи руке на блаженога Манојла" (Константин Филозоф, 280; Мирковић, Биографије, 78; cf. Nicol, Kantakouzenos, 172).

Младости

Када су у питању Турци, са којима су до 1402. године почињали и завршавали се сви политички рачуни и комбинације европских сила заинтересованих за судбину грчких земаља, хришћанима се, без изузетка, после Бајазитовог краха чинило да је османлијска држава, која је потрајала један век, нестала као ружан сан. У складу са таквим, мање-више општим расположењем, понашао се и ромејски цар, па и опрезна Венеција. Процена на европском Западу да дипломатске карте ваља бацити на Тимура било је на претек и, како се касније испоставило, све су биле погрешне. Татарски вођа се изненада, како се и појавио, изгубио из њиховог видокруга, окренувши се почетком 1403. ка унутрашњим просторима Азије и егзотичном Самарканду.[127] Тиме су, како Тимуров гнев према Цариграду и Ђеновљанима, тако и нешто боље млетачке акције код моћног хана, изгубили практични смисао.[128]

Код Османлија, изгледало је, борба за првенство и власт међу Бајазитовим синовима рушила је и последње трагове некадашње државе. Султанов трећи син Сулејман, склонивши се од Тимура током позног лета 1402. у „Румелију", био је спреман на огромне уступке Ромејима и осталима, што је показао и споразумом у Галипољу и договором са Манојлом II. Друга два Бајазитова сина, Иса и Мехмед, свој обрачун у Анадолији привели су крају тек пошто је Тимур напустио Малу Азију.[129] Иса се за помоћ обратио Византији, то јест Јовану VII,[130] док је Мехмед покушао да се приближи Венецији.[131] Некадашњи хришћански вазали, па и Византија уз њих, на своју несрећу нису умели нити да процене новонастало стање нити да га за себе искористе. Обузета ривалством са Угарском и неким другим ситнијим невољама, ни Република, обично далековидија од осталих, није предвиђала у скорој будућности опоравак османске

---

[127] Од византијских извора о одласку Тимура говоре: Chalc., I, 147–158; Ducas, 99–111. Cf. *Alexandrescu-Dersca*, Timur, 85 sq.

[128] Не желећи да изазову Тимура против себе, Млечани су се нарочито чували да не уђу у какву заједничку акцију са Ђеновљанима из Пере, усмерену против Татара *(Iorga*, Notes et extraits, I, 132). Уп. раније излагање у овом поглављу.

[129] За датум боја, cf. *Schreiner*, Kommentar, 377–378.

[130] Kleinchroniken, 113–114.

[131] О уговору Млечана са Мехмедом: *Iorga*, Notes et extraits, I, 61, 138; cf. *Barker*, Manuel II, 234. Овај аутор је свакако исправно протумачио „dominus Criihi" као западни назив за Мехмеда.

империје.¹³² Заблуда је откривена тек десетак година доцније, када је Мехмед I, коме је лично Манојло II помогао да савлада и убије четвртог брата Мусу, 1413. поново ујединио Румелију са Анадолијом.¹³³ Дотле, као и Сулејман пре њега, Мехмед је званично ласкао василевсу називајући га својим оцем и тиме изражавајући на сликовит начин сениорат автократора над собом.¹³⁴ Иако суседи и савременици младе турске државе, премда свесни друкчијих назора, традиције, културе и вере на којима је почивала, Византинци су, преносећи на Османлије своје представе о династичким променама, очигледно погрешно разумели чак и борбу за владарску моћ између четворице Бајазитових синова.¹³⁵

Како било, тек крајем 1403. изгледало је да недаће које су захватиле Турке иду у прилог Манојлу II. Територија Византије, не само да је поново одговарала оној од пре десетак година, већ је била осетно увећана.¹³⁶ На основу споразума Сулејмана и хришћанске лиге и договора султана са Манојлом II, Царству је припадала читава обала од Панидоса до изласка Босфора у Црно море.¹³⁷ Су-

---

¹³² Такозвани „први скадарски рат" врло брзо се претворио у сукоб млетачких и Жигмундових интереса у Далмацији и Зети (уп. изванредан текст И. Божића у обимној Историји Црне Горе, II, 2, Титоград 1970, 85 сл.). Такође, поред невоља које је Република имала са локалним господарима у Албанији и Романији, знатне муке јој је задавао и неугодан рат са Николом од Естеа око Падове.

¹³³ Уп. нап. 229, у овом поглављу.

¹³⁴ О Сулејмановом исказивању зависног положаја у односу на Манојла II, сигурно прилагођеном ромејским обичајима, било је раније речи (в. нап. 102–104). Мехмед I је поступао на начин истоветан Сулејмановом, али не и Мурат II. Тренутно слабији од Мусе, Мехмед I је 1412. радо пристао да се обраћа автократору са πάτερ ἅγιε (Ducas, 131), као и да 1413. призна некадашњи галипољски споразум из 1403, којим се, између осталог, исказивало и сизеренство византијског владара над султаном. О збивањима из 1412–1413, уп. нап. 229, у овом поглављу.

¹³⁵ У поређењу са византијским и западноевропским схватањима о наслеђивању престола и власти према утврђеном редоследу, схватањима која су правна и хришћанска традиција током столећа само још више учвршћивале, основно начелно питање које се пред сваког претендента поставља јесте легитимност његових претензија (било на основу сродства било путем правног уговора). Код Османлија, са друге стране, у принципу нема никаквих одредаба или обичаја који би регулисали ступање на престо. Отуда је код њих одвајкада често прихватано као нормално буквално међусобно истребљивање појединих принчева. Али, онај ко би успео да обезбеди себи престоницу бивао би и победник, поготово ако би за собом имао и Анадолију. Мехмед је из ње дошао а хришћани су му помогли да се дочепа и престонице, при томе верујући да ће борба о престо Турке вечито држати неуједињене. О ступању на престо код Османлија, уп. Иналчик, Османско царство, 84 сл.

¹³⁶ В. поглавље Византија крајем XIV века (царство која нема), стр. 32 сл.

¹³⁷ Thomas, Diplomatarium, II, 291; Ducas, 111–113 (τὰ δὲ τῆς Πόλεως πέριξ ἀπὸ Πανίδου μέχρι ἱεροῦ Στομίου ...) ; cf. V. Grecu, La signification de Hieron Stomion, Byzantinoslavica 15 (1954) 209–213; Bakalopoulos, Limites, 59 sq.; Barker, Manuel II, 224 sq.

лејман је автократору на трачкој егејској обали препустио, значи, више но што му је припадало 1396. године, вративши му у потпуности некадашњу апанажу Андроника IV и Јована VII. Споразумом Сулејман није само враћао заузете византијске земље него је и потврђивао сувереност поседа који су Царству све време припадали. Селимврија, на пример, као уточиште Јована VII, иако формално хришћанска, била је раније фактички под Бајазитовим окриљем.[138] Реституцијом територија, Ромејима је, надаље, на Црном мору враћена обала до Варне (у Галипољу је Сулејман Јовану VII обећао само обалу до Месемврије),[139] а први пут после више од тридесет година Царство је успело да границе помери и према унутрашњости Тракије, до Визије на запад од престонице.[140] Најзамашнији уступак било је турско повлачење из Солуна, које се одвијало у две етапе, да би, крајем 1403, било окончано, поред солунске вароши и тврђаве, препуштањем и градског залеђа. Уз Солун, Царство је поново стекло власт над Каламаријом, Халкидиком и обалом северне Грчке до Струме.[141] На запад и југозапад од овога града није баш

---

[138] Клавихо каже да је Јован VII, пре него што га је Бусико помирио са Манојлом II, живео под турским покровитељством у Селимврији: „Que este Emperador mozo vivia con el Turco Murat, é estando en una ciudad de la Turquia che ha nombre Solombria" (Clavijo, 39). Уп. нап. 96, у прошлом поглављу.

[139] У галипољском споразуму Сулејман каже: „... et holi dado da lo Pravido fina in Mesembria" *(Thomas,* Diplomatarium, II, 291); код Дуке, међутим, стоји да су све тврђаве на обали до Варне припале Византији (Ducas, 111–113); Константин Филозоф је записао: „... а тада се царствујући град простирао до Визе и даље до Црног мору до силивријске стране, и остало ..." (Константин Филозоф, 279; *Мирковић,* Биографије, 77). Чини се, ипак, да се Дуки може веровати, с обзиром да ни Бајазит пред ангорску битку ни Сулејман после ње нису држали Варну у својим рукама, па ни у галипољском споразуму поменутом граду није било места. Сулејман говори само о својим поседима, а не и о татарским (Татари су, наиме, 1399. опустошили Варну). В. нап. 65, у поглављу *Византија крајем XIV века (царство која нема).*

[140] О Визији и унутрашњости Тракије сведочи изричито Константин Филозоф (уп. претходну напомену), али не и грчки извори. У галипољском споразуму Визија се експлицитно не помиње, осим уколико се не подразумева под реченицом: „Idem, in Turchia queli castelli, che tegniva lo imperador, tuti li ho dadi" *(Thomas,* Diplomatarium, II, 291). Иначе, да се под „турском земљом" има у виду трачко копно, потврде пружа, поред галипољског споразума, и Шпанац Клавихо (в. нап. 145–146, мало даље). Срећом, на посредан начин, сазнаје се да је Манојло II, после 1403. године, заиста држао Визију, захваљујући вести једне кратке хронике. У њој се налази податак да је цар 1410. од Мусе „поново отео Визију и њој околне земље" (Kleinchroniken, 97), што ће рећи да их је претходно Муса одузео од цара. Уп. нап. 221, у овом поглављу. Cf. *Bakalopoulos,* Limites, 60 (нажалост, врло сумарно аргументује своје закључке о изгледу византијског копна после 1403).

[141] У вези са Солуном и његовом околином у галипољском споразуму се каже: „A mio pare imperador de Griesi et a lo imperio de Constatinopoli (в. нап. 102, у овом поглављу – прим. И. Ђ.) io ho dado Salonichi cum la Calamarca cum tute le lor pertinentie, como havemo parlado, e da lo Galiche a lo Paravardaro et fina ala marina, franco et libero, et ho dado Salonichi cum lo so

јасно шта се тачно крајем 1403. налазило под администрацијом Јована VII, али је мало вероватно да је тај простор надмашивао оно што је у Галипољу Сулејман Царству обећао. А он се тада обавезао да, поред солунске вароши и акропоља као и Каламарије на истоку, врати још територију око река Галика и Вардара „све до мора" (fina ala marina).[142] Касније, Јован VII је успео да држи читав Солунски залив, на истоку господарећи Касандријом а на западу важном тврђавом Платамон.[143] Османски владар је уговором Византинцима такође препустио и своја, претежно формална, врховна права над Скијатосом, Скопелосом и Скиросом али, све до 1454. године, на овим острвима неће бити ничије истинске власти.[144] Најзад, у уговору је записано да Сулејман даје, то јест ослобађа вазалства, „све оне тврђаве које је цар у Турској држао" (in Turchia queli castelli, che tegniva lo imperador, tuti li ho dadi).[145] Реч је била, у то нема сумње, о апанажи Јована VII коју је он држао на трачкој обали, а не ни о каквим ромејским земљама у Малој Азији.[146]

---

cula" (тј. акропољ; раздвајање вароши од градске тврђаве у уговору оснажује исказ архиепископа Симеона – уп. нап. 102–103, у овом поглављу) *(Thomas, Diplomatarium, II, 291).* Код Дуке, са друге стране, стоји да је читава обала „од Стримона до Ламије" (в. текст који следи) поново припала цару (Ducas, 111); Константин Филозоф наводи да је рестаурација власти извршена у Солуну, „солунским странама и по Светој Гори атонској" (Константин Филозоф, 279; *Мирковић,* Биографије, 77); Халкокондил је, у овом случају, недовољно подробан, будући да помиње једино како је Сулејман, поред Солуна и Ламије, вратио Грцима и „приобаље азијског копна" (Chalc., I, 163; в. нап. 146, мало даље). Да је исправно веровање у уступање читаве обале од Солуна ка Стримону, укључујући и Свету Гору, потврђује навођена простагма Манојла II из септембра 1404 (в. нап. 61, у овом поглављу). Око Касандрије, cf. C. Manfroni, La marina veneziana alla difesa di Salonico (1423–1430), Nuovo Archivio Veneto 10 (1910), XX-1, 5– 68. Из млетачких докумената, наведених у овоме раду, произлази да је Јован VII свим силама настојао да своју директну власт прошири и на овај крак Халкидике. У ствари, када је у питању Касандрија, није спорно да ли је она припала поново Царству, већ да ли је била под посредном влашћу Јована VII или Манојла II.

[142] *Thomas,* Diplomatarium, II, 291.

[143] Cf. A. E. Βακαλόπυλος, Τὰ κάστρα τοῦ Πλαταμῶνα καὶ τῆς Ὡριᾶς Τεμπῶν καὶ ὁ τεκὲς τοῦ Χασὰν Μπαμπᾶ, Солун 1972, 126 sq. – О судбини Касандрије и Платамона биће још говора у наредним поглављима.

[144] „Item, per contra Salonicho io li ho dado el Scopelo, el Sciato et lo Sciro; et holi dado fina X Novembrio in qua lo trabuto de li diti luoghi" *(Thomas,* Diplomatarium, II, 291). Уп *Византија крајем XIV века (царство која нема),* нап. 66.

[145] *Thomas,* Diplomatarium, II, 291. У уговору се доследно прави разлика између титулисања Јована VII и Манојла II (в.нап. 102, у овом поглављу), па би требало да је овде посреди територија која је раније припадала Јовану VII, то јест његова апанажа у Селимврији. В. наредну напомену.

[146] Халкокондил је, описујући последице ангорске битке и договора Манојла II, Јована VII и Сулејмана, забележио да су Царству враћени и одређени делови малоазијске обале (Chalc., I, 163; уп. нап. 141, у ранијем излагању). Да ли је поменути историчар имао пред собом неки од

Младости

Код Халкокондила, коме се у овоме случају придружује и Дукино излагање, помиње се да је Сулејман уступио и Зитунион, односно обалу „од Струме до Зитуниона".[147] Под наведеним топонимом обично се подразумева средњовековна Ламија.[148] У одредбама споразума хришћанске лиге са Сулејманом има, међутим, једино говора о маркизу од Водонице, господару области око Ламије, али не и о предаји Зитуниона Византинцима. За маркиза су, као и за Стефана Лазаревића, били предвиђени исти услови вазалства какви су постојали и у Бајазитово доба.[149] У ствари, Ламију и Салону освојили су после Бајазитовог пораза деспот Теодор I и Јовановци,

---

списа који говоре о „турској земљи", па га је, не разумевајући, схватио као приповедање о Малој Азији, није познато премда је могуће. У сваком случају, у савременим списима нема ни помена о успостављању ромејске власти и на источној страни Мраморног мора и Босфора. Бележећи пажљиво топониме и описујући околину византијске престонице, шпански путописац Клавихо је октобра 1403. затекао управо обрнуто стање. Острво Тенедос било је тада ненастањено (у складу са исходом рата око њега – прим. И. Ђ.; уп. *Визаниија крајем XIV века*, нап. 19–25), а у Галипољу је харала куга и косила турски гарнизон. Са десне стране (улазећи из Егејског мора) турска је земља (e entraron por la dicha Boca de Romania... á la mano derecha está la tierra de la Turquia), на којој Клавихо није запазио ниједно хришћанско насеље све до уласка у Црно море, премда је први град под правом турском управом изгледа била тек Понтоираклија. Њом господари „Misal Matalabi" (?): Clavijo, 46–50, 98–108. Коначно, исти Клавихо каже и за Селимврију да је била „una ciudad de la Turquia" (в. нап. 138), јер се налазила пре 1403. на османској територији. Из истих разлога је, у јесен 1403, за њега Галипољ „en tierra de Grecia", јер сада Турци на европској обали практично и немају ништа друго. Другим речима, за њега Турска и Грчка немају исто значење пре и после споразума у Галипољу.

[147] Ducas, 111; Chalc., I, 163.

[148] О збрци са постојањем два места истога имена у списима Дуке и Халкокондила, од којих је једно код ушћа Струме, а друго данашња Ламија, cf. коментар који издавач, V. Grecu, даје уз горе наведено место код Дуке *(Grecu* се залаже за идентификацију са Ламијом, бар у овом случају). Постоје и супротна мишљења, а један од научника који су недавно оспорили хипотезу Грекуа, премда без нових аргумената, јесте *Balfour* (Symeon of Thessalonica, 160); cf. *Bakalopoulos*, Limites, 60–61. Заправо, изгледа да читаво питање у досадашњим споровима није било добро постављено. Наиме, уколико се Дукино излагање схвата као резиме одредаба галипољског споразума и реституције територија коју је тада Сулејман прихватио, онда заиста не може бити говора о Ламији, већ само о околини Стримона. Међутим, уколико се Дукине речи разумеју као опис свега онога што је Манојло II, посредно и непосредно, држао после повратка из Француске, онда је изван сумње да је, између осталог, и Ламија била придружена обновљеној царској територији (уп. следеће редове). Да Дука Зитунионом назива и један и други град, у сваком случају је неспорно (Ducas, 127, 245), али на цитираном месту (ibidem, 111) посреди је, судећи по контексту, ипак Ламија.

[149] „Item, chei marchexe de la Bondeniza non sia tegnudo altro, salvo quelo che lo iera tegnudo per avanti a mio pare". За Стефана Лазаревића речено је следеће: „... debia dar lo trebuto che lo dava per avanti a mio pare, et mandar la so zente al oste como lo iera usado, et si cum la soa persona el voia vegnir, chel possa vegnir seguramente, et quando lo non voia che lo manda la so gente..." *(Thomas,* Diplomatarium, II, 291–292). Већи део старијих историчара није поклонио праву пажњу врло важној околности да Стефан Лазаревић никако није био међу добитницима у галипољском споразуму; уп. *И. Руварац,* Стефан Лазаревић на повратку из Ангоре у Србију, 36. И. Руварца, I, Београд 1934, 70–87; *Радонић,* Западна Европа, 14–15; то је учинио тек *К. Јиречек (Јиречек-Радонић,* Историја, I, 338–339).

и то пре склапања мира између лиге и Сулејмана. Касније је деспот успео, независно од султана и договора са њим, да и Салону прикључи својој територији.¹⁵⁰ Како било, тек са мањим прекидима, највероватније све до 1423, извесни делови Тесалије остају византијски.¹⁵¹ Били су то заиста крајеви око Ламије и нису били додељени фебруара 1403. Јовану VII већ су, после јуна исте године, могли да буду само под формалном управом владе из Цариграда.¹⁵²

И Манојлов брат деспот Теодор I ускоро је могао да одахне. Успешно завршивши преговоре са витезовима, он је 1404. године ушао у Коринт, чиме је закључен период старања Јовановаца над Морејом.¹⁵³ Занимљиво је и безсумње врло индикативно да Сулејман, који у споразуму са Јованом VII није помињао Ламију, није сматрао за сходно ни да се клаузула о Пелопонезу уноси у уговор. О основном ромејском поседу Манојлов савладар није имао права да преговара а деспот Теодор I у компромису није ни учествовао, по свему судећи зато што је зазирао од присуства Јовановаца у Мореји. Султан, и сâм правећи разлику између свог и Бајазитовог

---

¹⁵⁰ *Delaville le Roulx*, Hospitaliers, 303; cf. *Zakythinos*, Despotat, I, 160–161.

¹⁵¹ У Тесалији се после ангорске битке, током прве деценије XV века, појавило више осамостаљених турских господара, који су задавали приличне невоље тамошњем становништву. Тако је у изворима остало забележено да је Фанарион, један од тесалијских градића, заузео 1404. и држао га једно време под својом котролом извесни „Ханџалис" (Kleinchroniken, 348, 530). Имплицитно, из наведених вести може се закључити да је Фанарион, пре и после Ханџалиса, био слободан. У хроници породице Токо поменут је, са друге стране, неки Јусуф-бег, за кога се каже да је око 1405. био сматран господарем Тесалије. Овај династ ће наредних година задати велике муке албанским феудалцима, посебно Павлу Спати, од кога је 1406. одузео Нафпакт (Cronaca dei Tocco, 434, 470). О Јусуф-бегу, такође уп. нап. 205, у овом поглављу. – Из једног сенатског одговора посланицима Манојла II, заведеног у млетачкој канцеларији под 23. септембром 1415, сазнаје се да је две године Зитунион био под жестоким османлијским притиском, али да се град ипак одржао (*Iorga*, Notes et extraits, I, 238–239; *Thiriet*, Régestes, II, 1592). То су, вероватно, били они Турци о којима има помена у хроници породице Токо. За њих се зна да су 1413, после Мусиног пада, наставили са пљачкањем делова Тесалије око Салоне и Ливадије (Cronaca dei Tocco, 396). Коначно, 1423. године кефалија Ламије био је принуђен да територију којом је управљао делимично стави под заштиту Млечана. После тога датума нису више познати подаци о византијској администрацији на тлу поменуте покрајине; *Sathas*, Documents inédits, I, 140, 149. Уп. *Максимовић*, Управа, 38, 50. Код Дуке се наводи да је 1423. године Зитунионом заповедао извесни Кантакузин Стравомитис (Ducas, 239), за кога је *Nicol* (Kantakouzenos, 167) веровао да је био у Ламији. Међутим, из контекста Дукине приче пре би се рекло да је у питању онај Зитунион код Стримона. В. излагање у наредном поглављу о Стримону.

¹⁵² Изузимајући, бар за одређено време почетком XV века, јужне делове Тесалије којима је директно владао деспот Теодор I (уп. нап. 148, у овоме поглављу). О значењу појма Тесалија код позних византијских историчара, уп, *Ферјанчић*, Тесалија, 6–7.

¹⁵³ Kleinchroniken, 246; *Loenertz*, Pour l'histoire, 186–196 (Byzantina et Franco-Greaca, 254–264).

достојанства, прихватио је да Манојла II назива оцем и пре него што се овај вратио са Запада, али не и Јована VII (упркос његовом титулисању sâмога себе као „великог василевса"), што је одмах у почетку уговора нагласио.[154] Стога је природно што је са Манојловим савладарем преговарао једино око онога на шта је овај у томе својству имао права.

Током прве деценије самосталне владе Манојло II се, највише вољом других, у унутрашњој и спољној политици бавио такорећи искључиво судбином Цариграда. Јован VII је само бринуо о Селимврији а Теодор I о византијском Пелопонезу. После повратка, упутивши синовца у Солун, старији цар је први пут био у прилици да делује на нешто ширем простору, имајући пред собом црноморску и егејску трачку обалу, са које се удаљио Јован VII. После смрти Теодора I (јуна 1407), Манојло II ће, бар привремено, директно да брине и о Пелопонезу, што је упадљиво из млетачких документа.[155] Упоредо, у изворима нема ни трага некадашњој дипломатској живости Јована VII, сада држаоца солунске апанаже. Када је овај септембра 1408. умро,[156] Манојло II ће се на тренутак непосредно умешати и у послове поменутог града. Централна власт, то јест цариградска влада, ширењем области под директном контролом морала је да увећа примарне приходе. Преставши да плаћа султану харач, становништво се није у потпуности ослободило некадашње обавезе. Једна трећина „турског пореза" остајала је у Солуну Јовану VII а изван њега припадала је Манојлу II.[157]

Свакако, из реченог није упутно извлачити закључке о темељном рецентрализовању Царства, спроведеном настојањима Манојла II, а нарочито је бесмислено посматрати поступке првога цара као супротстављање систему апанажа. Човек свога доба, Манојло II је територију под непосредном управом проширио а, када су у питању Мореја и Солун, ишчекивао је смрт њихових тренутних држалаца да би их предао својим у међувремену поодраслим синовима. У ствари,

---

[154] В. нап. 102, 104, 134 и 145, у овом поглављу.
[155] *Iorga*, Notes et extraits, I, 144–146, 159–160; *Thiriet*, Régestes, II, 1176, 1290.
[156] Тачан датум смрти Јована VII (22. IX 1408) налази се у једном ватиканском рукопису: Chronologische Einzelnotizen (Kommentar), 616. Cf. *Schreiner*, Kommentar, 389.
[157] О суштини „турског пореза" после 1403, cf. *Ostrogorsky*, État tributaire, 54–58 (Сабр. дела III, 383–389); *Oikonomidès*, „Haradj," 682 sq.

представа о држави која се после ангорске битке опоравља, била је условно тачна: нити је, са једне стране, био учињен стварни преокрет у погледу апанажа, нити је, са друге стране, реални економски опоравак започео. Напротив, ако је државна каса била више пуњена директним давањима поданика, трговачки промет је, на пример у случају индивидуалне трговине Венецијанаца у Романији, током првих петнаест година XV века био преполовљен. Будући да је најзамашнији део прихода царске благајне притицао управо од царина наметаних странцима, онда је разумљива тврдња према којој су се збивања у две италијанске републике буквално одразила и на привредно стање Византије.[158]

„Према споразумима и правди... настаде мир међу нама". Оваквим, помало идиличним речима солунски архиепискол Симеон описао је доба које је наступило доласком Јована VII у други град Царства.[159] Територијом од Платамона до Касандрије Јован VII је ревносно управљао. Као никада раније, он се у овој вароши трудио да ваљано обавља послове на апанажи која му је допала. Нимало налик негдашњем бунтовнику, узурпатору и османлијском савезнику, манувши се политике која би превазилазила оквире Солуна, Јован VII је свим снагама прегао да град и читав посед утврди фортификацијским интервенцијама. Чак је и благонаклони став Јована VII према светогорским монасима био делимично инспирисан бригом о што бољој војној заштита апанаже.[160] Када је 22. IX 1408. године умро као монах Јосиф,[161] Јован VII је за собом оставио многе недоумице,

---

[158] Када је посреди учешће Млечана у овим царинским приходима, уп. поглавље *Византија крајем XIV века (царство која нема)*, посебно нап. 12. О повећању учешћа византијских трговаца у укупном промету после 1403, може се говорити једино на основу ширих охрабрујућих промена на политичком плану, али прецизнији резултати измичу.

[159] *Balfour,* Symeon of Thessalonica, 48. – О датуму доласка Јована VII у Солун, уп. нап. 115, у овоме поглављу.

[160] Солунски архиепископ Симеон каже како је Јован VII варош са свих страна утврдио „триремама и спољним зидинама" *(Balfour,* Symeon of Thessalonica, 48). Исти писац саопштава да је Манојлов синовац пословима око Касандрије и њене одбране посветио „велику бригу и најтоплију љубав" (ibidem). Симеонове наводе обилно потврђују светогорске повеље. Из њих се сазнаје да је Јован VII на Касандрији градио на старим темељима нове зидине и куле (Actes de Xéropotamou, éd. *J. Bompaire,* Paris 1964, 28), као и да је на подизање утврђења настојао да примора и атонске манастире, условљавањем даривања поседа које им је обећавао (Actes de Dionysiou, éd. *N. Oikonomidès,* Paris 1968, 10–13). Уп. *М. Живојиновић,* Светогорске келије и пиргови у средњем веку, Београд 1972, 115.

[161] Његово монашко име није било Јоасаф, како је добро упозорио *Laurent* (Syropoulos, 174, η. 2). – О датуму смрти, в. нап. 156, у овоме поглављу.

Младости

поневши у смрт неповратно све контрадикције које је његова личност за живота носила, укључујући и питање наслеђа престола.

Док је боравио у Солуну, уз Јована VII налазио се Димитрије Леонтарис, близак сарадник обојице царева. Код солунских архоната сигурно не много популаран, Леонтарис је и после смрти Јована VII уживао поверење Манојла II. Иако се први Леонтарисов покушај да у име Јована VII преузме управу над Солуном, чини се и пре галипољских преговора, окончао неуспешно,[162] упркос чињеници да је лично морао да дође после синовчеве смрти да би према Леонтарису нерасположене Солуњане умирио, Манојло II је, додељујући град своме трећем сину Андронику као апанажу, оставио баш Леонтариса да управља до принчевог пунолетства.[163] Све до

---

[162] Леонтарис је 1403. наишао на отпор у вароши када је, у име Јована VII, дошао да преузме град *(Balfour,* Symeon of Thessalonica, 44). О његовом боравку у Солуну током владе Јована VII над поменутом апанажом, солунски архиепископ не говори ништа, али бележи да је Леонтарис био одређен да управља Солуном током малолетства деспота Андроника (ibidem, 48). Дука, међутим, саопштава како је Јован VII, током своје владе, Леонатариса наградио највишим одличјима (Ducas, 175), што никако не значи да он првенствено није био човек од поверења Манојла II, један од његових „изабраника", како констатује Симеон *(Balfour,* Symeon of Thessalonica, 48). Иначе, у вези са функцијом Димитрија Леонтариса у Солуну, потпуно су умесни закључци до којих је дошао *Ферјанчић* (Андроник Палеолог, 233–234). Занимљиво је да се као ο'ούλος већ покојног Јована VII појављује на једном натпису и извесни Георгије Ласкарис Леонтарис. То је, у ствари, натпис на коме се јединог јавља тачан датум смрти Манојловог синовца (Chronologische Einzelnotizen, 62).

[163] Да је у овом граду поново дошло до нерасположења, коме је повод био по други пут Димитрије Леонтарис, па је Манојло II био принуђен да се и лично појави у вароши и среди у њој прилике, произлази из писања солунског црквеног поглавара *(Balfour,* Symeon of Thessalonica, 48). – Манојлов боравак у Солуну после смрти Јована VII сâм по себи није споран, јер о њему говоре, поред Симеона, Исидор из Кијева *(Ламброс,* Παλαιολόγεια, III, 164–165), као и Јован Хортазмен *(Hunger,* Chortasmenos, 217; уп. нап. 200–204, у овом поглављу). Оно што није извесно, то је питање да ли је царево бављење у Солуну било (или није било) на повратку из Мореје, у којој се Манојло II нашао, после смрти свога брата, новембра 1407. *Barker* (Manuel II, 275) је погрешио закључио да се цар на Пелопонезу обрео у пролеће 1408. па, у складу са таквом хипотезом, у Солуну био, при повратку у престоницу, крајем поменуте године (ibidem, 278–280). За слична размишљања, у ствари, нема основа. Манојло II је 23. X 1407. био још увек у Цариграду, али почетком децембра се у Венецији већ знало за његово приспеће у Мореју *(Iorga,* Notes et extraits, I, 159–160; *Thiriet,* Régestes, II, 1290). Василевс је тада, преко свога посланика Манојла Хрисолораса, од Републике захтевао бродове за свој повратак у Цариград (в. нап. 181, мало даље). Приликом ове посете Мореји Манојло II је дошао и у Коринт (Kleinchroniken, 246). О василевсовом боравку на Пелопонезу познији историчари Царства, нажалост, пружају само уопштена обавештења (Sphrantzes, 4; Chalc., I, 203; cf. *Schreiner,* Kommentar, 387–388). Будући да су сви извори, који сведоче о путовању Манојла II у Солун, сагласни да је до њега дошло јединог после 22. септембра 1408, очигледно је нереално протезати аутократорово одсуствовање из Цариграда на период од најмање годину дана. Много је вероватније да је Манојло II, пошто се вратио са Пелопонеза, био приморан да после смрти Јована VII путује још једном -- овом приликом у Солун. Чини се да је повеља царевих чиновника Павла Газиса и Георгија Пергамина светогорском манастиру Дохијару била плод Манојловог боравка у Солуну (*F. Dölger,* Aus den Schatzkammern des Heiligen Berges, München

1415. године, василевсов ауторитет у вароши представљао је Леонтарис, док је болешљиви деспот Андроник био једино формални господар.[164] Леонтарис је доста помогао да Манојло II спремно сачека смрт дугогодишњег супарника.

Цар је, уопште узев, са доста систематичности и брижности водио рачуна о будућности својих синова. Пославши Теодора II, млађег брата Јована VIII, да преузме стричеву апанажу у Мореји, Манојло II је то учинио вероватно још за живота Теодора I.[165] У сваком случају, када је василевсов брат јуна 1407. преминуо,[166] наследник је био обезбеђен. И Теодор II, слично Андронику, стварно ће да загосподари Пелопонезом тек десетак година доцније. Изгледа да му је, попут Леонтариса у Солуну, у почетку помагао протостратор Манојло Франгопул, поуздани пријатељ покојног деспота.[167] Пред крај живота је Теодор I, будући да није учествовао у комбинацијама са Сулејманом, успео да се докопа Ламије и Салоне, окончао је спор са Јовановцима[168] и заратио без већих резултата против Наварежана.[169] Покушавајући неуспешно да синовљевој

1948, Nr. 63). Акт је настао маја 1409. Исто тако, може се претпоставити да су документ Павла Газиса и Георгија Принкипса манастиру Лаври (из априла 1409), којим се, на основу наређења Манојла II, дозвољава атонској обитељи размена добара, као и оризма деспота Андроника којом се размена потврђује, били резултат исте цареве посете (Actes de Lavra, III, éd. P. Lemerle, A. Guillou, N. Svoronos, D. Papachryssanthou, Paris 1979, No. 162). Наравно, прави аутор овог другог документа није био малолетни деспот Андроник, него по свој прилици Димитрије Леонтарис (Ферјанчић, Андроник Палеолог, 234, и сâм је помислио на Леонтариса).

[164] Уп. Ферјанчић, Андроник Палеолог, 234; в. такође излагање у наредном поглављу.

[165] У ствари, једини који говори непосредно о слању Теодора II у Мореју стрицу јесте Халкокондил (Chalc., I, 193). Zakythinos (Despotat, I, 165–166) претпостављао је да се на одлазак Теодора II Манојловом брату односи и једно царево писмо, за које је показано да је из знатно ранијег времена (Dennis, Letters of Manuel, 25–27; cf. idem, The Reign, 44–45).

[166] У Венецији се 24. V 1407. за Теодора сматрало да је још жив (Thiriet, Régestes, II, 1260), док је 27. августа исте године Сенат већ знао за новог деспота Теодора II (Sathas, Documents inédits, I, 19–20; Thiriet, Régestes, II, 1282). Zakythinos (Despotat, I, 164) ограничио се на констатацију да је Теодор умро 1407, но Schreiner (Kommentar, 387), на основу вести из две кратке хронике збрканих имена и хронологије, као датум смрти опрезно истиче 24. VI. 1407.

[167] Први који је претпоставио да је управу над Морејом фактички водио Франгопул био је Hopf (Geschichte, II, 70). Исту хипотезу уздржано је изнео и Zakythinos (Деспоти, I, 166), а касније, са више уверености Ферјанчић (Деспоти, 112), наводећи у прилог своме ставу узраст Теодора II. Манојлов син је, заиста, тада у најбољем случају имао тринаестак година (в. нап. 17, у претходном поглављу). Условне закључке ових научника Dennis (Letters of Manuel, XLI–XLII) узима као поуздане и чињеницама потврђене резултате.

[168] О освајању Ламије и споразуму са родоским витезовима, уп. нап. 97 и 150, у овоме поглављу.

[169] О рату са Наварежанима, cf. Zakythinos, Despotat, I, 161 sq.

апанажи прикључи и Нафплион, својевремено уступљен Млечанима, Манојло II се новембра 1407. године обрео и сâм у Мореји.¹⁷⁰ Путујући понаособ на Пелопонез (новембра 1407) и у Солун (у јесен 1408), стари автократор је лично био ангажован у учвршћивању управе на поменутим апанажама до зрелости Теодора II и Андроника. Као старији, први је Теодор био збринут. Обојици је, иначе, била потребна помоћ искусних чиновника с обзиром на њихово недовољно искуство. То је био разлог што, такорећи читаву наредну деценију, Манојло II непосредно брине и о Солуну и о Мореји. Како је истакнуто, ово није био напор за обједињавањем земаља него труд да се апанаже сачувају за властиту породицу.¹⁷¹

Али, у складу са хијерархијом до које је автократор у каријерама своје деце извесно много држао, пре него што су Теодор и Андроник, и један и други у моменту када примају апанаже носиоци деспотског достојанства,¹⁷² преузели додељене им области, василевсов најстарији син Јован VIII постао је цар. У начелу, при ступању на престо, у Византији су постојала три тренутка, између којих су биле могуће вишегодишње паузе: избор, проглашење и крунисање. Не улазећи у појединости око питања савладарства, феномена особеног за ову државу, важно је да се истакне како у позноме Царству главни („велики") василевс, уз то и „автократор", по правилу има једног или више савладара. Међу сацаревима би, истина опет начелно, само један, уз допуштење главнога цара, имао права и на титулу „автократора".¹⁷³

---

¹⁷⁰ Захтев за Нафплионом у Млецима је изложио Манојлов изасланик Манојло Хрисолорас почетком децембра 1407, што је тамо са индигнацијом било одбијено *(Iorga,* Notes et extraits, I, 159–160; *Thiriet,* Régestes, II, 1290; cf. *Zakythinos,* Despotat, I, 166).

¹⁷¹ В. странице 126–127.

¹⁷² О деспотској титули Теодора II, уп. *Ферјанчић,* Деспоти, 112 сл. Такође, в. нап. 17, у прошлом као и нап. 187, у овом поглављу. За Андроникову титулу, уп. нап. 188, мало даље.

¹⁷³ Основни радови о питању савладарства у Византији: *E. Stein,* Untersuchungen zur spätbyzantinischen Verfassungs- und Wirtschaftsgeschichte, Mitteilungen zur osmanischen Geschichte 2 (1924) 16–19; *G. Ostrogorsky,* Das Mitkaisertum im mittelalterlichen Byzanz, bei *E. Kornemann,* Doppelprinzipat und Reichsteilung im Imperium Romanum, Leipzig–Berlin 1930, 166–178 (Сабр. дела, III, 180–191); *Г. Острогорски,* Автократор и самодржац, Глас СКА 16 (1935) 97–187 (Сабр. дела, IV, 281–364); *Христофилопулу,* Ἐκλογή; *P. Schreiner,* Zur Bezeichnung „Megas" und „Megas Basileus" in der byzantinischen Kaisertitulatur, Βυζαντινά 3 (1971) 173–192. – У новије време, међутим, неки од важних закључака о проблемима савладарства нашли су се у расправама наших византолога посвећеним појединим личностима или ужим појавама. На пример, уп. *Б. Ферјанчић,* Михаило IX Палеолог (1277–1320), ЗФФВ XII–1 (1974), Споменица Георгија Острогорског, 333–356; *Љ. Максимовић,* О времену проглашења Андроника III за цара, ЗРВИ 16 (1975) 119–122.

За ромејска правна схватања било је, иначе, уобичајено често постојање више легалних сацарева, упоредо са главним. До 22. IX 1408. савладар Манојла II био је „цар и автократор" Јован VII. Иако је у неколико махова покушавао да преотме стрицу власт, Јован VII је ипак до краја остао први законити наследник Манојла II. То првенство није могао да угрози нико па ни Манојлов најстарији син. Другим речима, раније или касније увођење Јована VIII у царско достојанство није утицало на његов положај у односу на успостављени редослед при наслеђивању престола. Поменути теоријски принцип је, наравно, у византијској повести бивао у различитим навратима нарушаван али, будући да је у неколико прилика у споразумима између Манојла II и Јована VII потврђиван (1393, 1399, 1403), морао је за обојицу имати и практичну снагу. Откако је Јован VII остао без сина јединца, чекање је Манојловом првенцу било још прихватљивије и изгледније. Отуда код старог василевса у овоме погледу није било журбе, поготово што у Царству није ни постојао строго одређени узраст за избор савладара, посебно не оних који нису били бирани за прве наследнике престола и автократоре.

Чињеница што је између избора Јована VIII за трећег цара – савладара, његовог проглашења за првог наследника и крунисања протекло доста година, нимало не одудара од праксе позне Византије. У држави чија је еволуција обичаја, премда спора, ипак била неоспорна, пред крај XIV столећа је, по свему судећи, био крунисан искључиво први савладар (автократор).[174] Иначе, и средином истога века предвиђала се као могућа церемонија паралелног крунисања и венчања царске невесте, тако је 1392. поступио и Манојло II са Јеленом Драгаш а, како ће се видети, знатно доцније и његов најстарији син Јован VIII у своме другоме браку.[175] Посте-

---

[174] У патријаршијском приручнику за писање „питакија", датованом у доба око 1386, налазе се засебне формуле за обраћање „крунисаном" и „некрунисаном" цару. Само је првоме у формули остављен епитет „автократора" (*J. Darrouzès*, Ekthésis néa. Manuel des Pittakia du XIVe siècle, REB 27, 1969, 54–55). Поменуте ставове из приручника прва је приметила и коментарисала *Христофилопулу*, Ἐκλογή, 216–217. Иако би се њено мишљење могло кориговати констатацијом да се у приручнику вероватно ради о упутству за конкретну прилику, суштина изнете хипотезе остаје неоспорена (в. *И. Ђурић*, Световни достојанственици у „Ектесис неа", ЗРВИ 18, 1978, 192). Уп. наредно поглавље.

[175] Pseudo-Kodinos, 260–262; о крунисању Манојла II и Јелене Драгаш, в. нап. 36–44, у прошлом поглављу; о другом браку Јована VIII, уп. наредно поглавље.

пено губећи на значају, крунисање на завршетку историје Источног римског царства није било чак ни услов за легалност власти главнога цара. Манојло II je, све док се није оженио, пуних годину дана управљао државом а да није био крунисан за „великог цара",[176] а последњи ромејски василевс, Константин XI Драгаш, као неожењен, до краја своје трагично окончане владе није уопште био крунисан. Парадоксално и сигурно не са истим правним побудама, хришћанско Царство на издисају је, смањујући вредност крунисања као једног од неопходних елемената у доласку на престо, било тако рећи ближе рановизантијским традицијама него погледима епохе Палеолога XIII и XIV века.[177] У своје време, истицање правне тежине чина крунисања било је прожето жељом цркве да се подвуче хришћанска природа царевог ауторитета. Сада, када је слабој Византији сигурно итекако стало до православног наслеђа, правна пракса учинила је да лагано нестаје једно од њених битних хришћанских обележја. Реаговање на ове промене било је можда садржано и у доцнијим поменима у појединим изворима Јована VIII као „последњег" (ваљда последњег крунисаног), иако је био претпоследњи цар Ромеја.[178]

Време званичног истицања Манојловог сина као трећег цара је, као и читав проблем његовог савладарства, изузетно сложено за детерминисање. Није стога чудо што око поменутог питања у литератури постоје разилажења и многобројни неопоразуми, с обзиром да у начелу ставови око савладарства у науци још увек нису потпуно усаглашени.[179] Ако је релативно сигурно утврђено да је Манојло II,

---

[176] То јест, од смрти Јована V (фебруара 1391; в. нап. 1, у прошлом поглављу) до 11. фебруара 1392. – *Христофилопулу* (Ἐκλογή, 218) сматра да опис који је оставио Игњатије из Смоленска није сведочанство о „црквеном крунисању Манојла II за автократора", већ само о церемонији венчања (в. нап. 5, у претходном поглављу). На страну недостатак потврда за претпоставку *Христофилопулу*, да су Манојло II и Јелена упоредо крунисани говори и анонимни протокол (Laurentianus VIII, 17). У њему је реч, с обзиром на њихова имена, по свој прилици о упутству за предстојеће свечаности у вези са царским паром (Pseudo-Kodinos, 353–361); cf. *Schreiner,* Hochzeit, 75 sq.

[177] Cf. *G. Ostrogorsky,* Zur Kaiseralbung und Schilderhebung im spдtbyzantinischen Krönungszeremoniell, Historia IV (1955) 246– 256 (Сабр. дела, V, 318–329); cf. такође у последње време и *D.M. Nicol,* Kaiseralbung. The unction of emperors in late Byzantine coronation ritual, Byz. and Modem Greek Studies II (1976) 37–52.

[178] Тако, на пример, чини чак и Дука (Ducas, 129, 237).

[179] У малопређашњем излагању истакнуто је да крунисање на завршетку византијске историје нема онакву важност у процедури постајања царем какву је имало у ранијој епоси. Ако је то евидентно чак и код главног, то јест „великог" цара, природно је да се смањење

поштујући редослед рађања својих млађих синова и доделивши им деспотске титуле, најпре збринуо старијег Теодора II а после смрти Јована VII и Андроника, природно је очекивати да је автократор претходно нешто морао да учини и за најстаријег сина и наследника. Од ове, већ истицане прелиминарне претпоставке, упутно је поћи ка прецизнијим аргументима и датумима, при том једино уз евентуалну опрезну хипотезу да је до давања царског достојанства ваљало да дође нешто пре (или око времена) смрти Теодора I, јуна 1407.

Поуздани terminus ante quem, како за чин Јована VIII тако и за наведена два деспотска достојанства, представља путовање византијског посланика Манојла Хрисолораса на Запад. Дипломата се у јесен 1407. упутио из престонице ка Италији, у једну од честих мисија које је у име Манојла II предузимао тих година по Европи, углавном са циљем да одржи макар какву заинтересованост за будућност Царства.[180] У Венецији се поклисар сигурно налазио почетком децембра 1407, о чему сведоче сенатске одлуке од 8. децембра исте године.[181] Из Млетака Хрисолорас је продужио за Ђенову да би, средином пролећа 1408, приспео у Париз.[182] Ту је, извршавајући једну од основних обавеза преузетих у Цариграду, имао да преда Сен-Дениској опатији, према којој је Манојло II и сам показивао наклоност током боравка у Француској, марљиво украшен

значаја крунисања још више осећа код савладара, поготово уколико је он тек трећи по редоследу. Зато је нормално што у таквој еволуцији погледа у позноме Царству „није био одређен узраст који би био неопходан за увођење у достојанство цара-савладара. Граница пунолетства постављена је само за главног, владајућег цара" и износила је 16 година – исправно је закључио *Максимовић* (О времену проглашења, 122). *Ostrogorsky* (Mitkaisertum, 169; Сабр. дела, V, 183) је веровао, без сумње основано, да се под Палеолозима крунисање престолонаследника обављало тек када би овај био „способан да репрезентује", али је, упореди, сматрао да до крунисања увелико ваља да дође у 15. години. Како показује судбина савладарства почев од Манојла II, ова теза великог историчара, међутим, није примењивана последње столеће Византије. – О неспоразумима у литератури поводом савладарства биће речи и у следећем поглављу, када се буде расправљало о другоме браку Јована VIII и његовом крунисању.

[180] Манојло Хрисолорас је 23. X 1407. још увек био у престоници, како произлази из повеље Манојла II, писане у Цариграду на латинском језику под тим датумом (уп. нап. 163). У акту се цар обраћа арагонском краљу Мартину I, шаље му неке реликвије које му је у своје време обећао (в. нап. 47) и препоручује свог посланика Хрисолораса *(C. Marinesco*, Manuel II Paléologue et les rois d'Aragon. Commentaire sur quatre lettres inédites en latin, expédiées par la chancellerie byzantine, Acad. Roumaine. Bulletin de la Section Historique XI, 1924, 192–193; cf. *G. Cammelli*, I dotti bizantini e le origini dell'umanesimo. I: Manuele Crisolora, Firenze 1941, 144–145; *Barker*, Manuel II, 263–275; в. нап. 122, у овом поглављу).

[181] *Iorga*, Notes et extraits, I, 159–160; *Thiriet*, Régestes, II, 1290.

[182] Cf. *Cammelli*, op. cit., 146; *Barker*, Manuel II, 263.

рукопис са делима приписиваним Дионисију Ареопагиту, поклон василевса братији.[183] Срећом,[184] у XV веку било је распрострањено уверење да је оснивач париског манастара иста личност са учеником Св. Павла, па се тако догодило да и овај рукопис стигне до Француске. На страну високе ликовне вредности минијатура у њему,[185] тренутно је довољно поменути да их књига садржи две.[186] На првоме листу представљен је св. Дионисије Ареопагит а на другоме се, испод Богородице са Христом, налази групни портрет царске породице, начињен пригодно, са исписаним свим званичним епитетима који појединим њеним члановима припадају. Идући са лева на десно, први је насликан Јован VIII, дечак за пола главе виши од млађег, такође на минијатури присутног брата Теодора II. Између њих је Манојло II, на слици приказан као постарији човек, док се уз Теодора II налази, опет за пола главе нижи од Теодора, трећи царев син Андроник и, поред њега, са десне стране мати Јелена Драгаш. Упадљиво је да на минијатури нема Константина и Михаила, то јест оних Манојлових синова који су, као Драгаш, били или тек рођени у моменту настанка минијатуре или се, као Михаило, још увек нису ни били родили.[187] Уз десну Богородичину руку записано је „Манојло у Христу Богу верни цар и автократор Ромеја и увек август" а уз леву је легенда за Јелену Драгаш („Јелена у Христу Богу верна августа и автократориса Ромеја Палеологина"). Уз Јована VIII стоји

---

[183] О рукопису који, захваљујући запису на њему (в. нап. 186), може сигурно да буде датован у 1408, расправљали су многи научници. Запазио га је својевремено Диканж *(Ch. du Fresne du Cange,* Historia byzantina. Familiae augustae byzantinae, Paris 1680, 242–243). – О настанку идентификације Дионисија Ареопагита са његовим париским имењаком и светитељем доста је расправљао учени *R.–J.* Loenertz (La légende parisienne de s. Denys l'Aréopagite. Sa genèse et son premier témoin, Analecta Bollandiana 69, 1951, 217–237; Byzantina et Franco-Graeca, 163–183).

[184] Употребљени израз се посредно дугује констатацији коју је изнео *A. Grabar,* Des peintures byzantines de 1408 au Musée du Louvre, Mél. R. Crozet, II, Poitiers 1966, 1355.

[185] Cf. *Grabar,* op. cit., 1355–1358. Поменути аутор сматра да је царев поклон настао у престоничкој средини.

[186] У посвети, написаној руком Манојла Хрисолораса на рукопису, каже се следеће: „Ова књига је послана од преузвишеног цара и автократора Ромеја кир Манојла Палеолога манастиру Св. Дионисија у Паризу, у Франгији односно Галатији, из Цариграда захваљујући мени Хрисолорасу који сам био упућен као посланик реченог цара, године од стварања света 6916, од оваплоћења господњег 1408. Речени цар је дошао у Париз пре четири године (sic)"; cf. *Barker,* Manuel II, 264.

[187] О Михаилу уп. нап. 20–22, у претходном поглављу.

Ἰωάννης ἐν Χριστῷ τῷ Θεῷ πιστὸς βασιλεὺς ὁ υἱὸς αὐτοῦ, уз Теодора II Теодор порфирогенит пресрећни деспот син његов (Манојлов, прим. И. Ђ.)", док је уз Андроника запис „Андроник афтентопул Палеолог син његов (Манојлов, прим. И. Ђ.)".[188] Непостојање деспотског достојанства уз Андроника и, обрнуто, помен Теодора II као деспота, говоре да су давања високих титула Манојловим синовима била у складу са њиховим преузимањем апанажа. С јесени 1407. године, када је минијатура најкасније настала, Теодор II се заиста налазио у Мореји, док је Андроник у Солун приспео тек годину дана доцније. У пролеће 1409. Андроник је апанажом већ формално управљао и носио чин деспота.[189]

Закључак према коме би Јован VIII поуздано постао трећи цар пре јесени 1407, такорећи је сâм по себи довољан да обезбеди подршку малопре изнетој хипотези о Манојлу II који је уважавао узраст синова и, у складу са тиме као и објективним околностима у Царству, сукцесивно их награђивао титулама и дужностима. Али, знатижеља око датума Јовановог стицања царског достојанства може још у већој мери да се поткрепи и прецизира и неким другим вестима. Код Силвестра Сиропула, писца „Мемоара" о збивањима око уније цркава у првој половини XV столећа, чији је учесник и сâм био, задржала се једна занимљива прича о томе како је Димитрије Хрисолорас, човек учен филозофским и астрономским знањима, стигао 1407. године као изасланик Јована VII цару Манојлу II у престоницу. Старог василевса, иначе свог пријатеља, путник је затекао у палати где је овај по обичају обедовао са осталим архонтима. У разговору Манојло II запита придошлицу да ли му наука омогућава да унапред открива какав догађај, пре него што се он збио? Хрисолорас му одговори на то једним примером, изневши како је пронашао да ће седми (по реду) Палеолог склопити унију са Латинима и да ће тада доћи до велике несреће по хришћане. Манојло узврати да о првоме делу пророчанства још и може да чује, али о другоме чак ни толико, но то је ствар његовог синовца, јер он је седми по реду (то јест, Јован VII, прим. И. Ђ.). Хрисолорас га, међутим, одмах ис-

---

[188] Истим термином у изворима је назван и Михаило (в. нап. 23, у претходном поглављу).

[189] В. нап. 162, у овом поглављу. Поред *Ферјанчића*, чије је мишљење у наведеној напомени подробније било изнето (Андроник Палеолог, 233–234), до истог закључка дошао је и *Schreiner*, Untersuchungen, 289.

прави: „Не, то није мој господар и твој синовац, већ мој цар, твој син (οὐκ ἔστιν ὁ αὐθέντης μου ὁ ἀνεψιός σου, ἀλλ'ὁ αὐθέντης μου ὁ υἱός' σου ὁ βασιλεὺς)". Стари автократор закључи да, пошто он неће томе присуствовати, нека буде ко жели.[190] У читавој анегдоти не може бити говора ни о каквој антиципацији царског достојанства Јована VIII, јер онда приповест не би имала смисла, будући да је њена окосница у директној вези са царским звањем а не само царским сином или уопштено неким од Палеолога.[191]

Поред минијатуре из Сен-Денија и Сиропулове приче, сâм Манојло II је у два своја писмена састава пружио основу веровању да је Јован VIII постао цар пре јесени 1407, упоредо дајући, истина не сувише чврст, ослонац и за terminus post quem. На почетку овога поглавља било је већ речи о такозваним „Науцима о царском васпитању", нарочито о њиховом „уводном писму".[192] У поменутом уводу следеће чињенице падају у очи: иако реторски неодређено, нема сумње да Манојло II пише најстаријем сину као цару, чак управо тим поводом; Јована VIII је отац послао на озбиљније путовање морем (πλῷ μακρῷ); у току путовања млади цар је одвојен од оба родитеља (ἀποδημίᾳ γονέων). Израз μειράκιον, употребљен у тексту, буквално схваћен значио би да је Јован VIII, пошто је напунио 14 година, некуда пошао из Цариграда. Наравно, у реторским списима није упутно круто се држати дословних значења појединих термина али, макар опрезно, из „Наука о царском васпитању" могао би да се изведе закључак да је Јован VIII, пошто је 18. децембра 1406. године прославио рођендан, напустио оца отишавши у непознатоме правцу.[193]

---

[190] *Laurent*, Syropoulos, 174.

[191] Laurent (ibidem, n. 3) сматра да је овде реч о антиципацији, јер Јован VIII је тада имао само 14 година, а крунисан је 21. V 1416. Ово је управо један од погодних примера за илустрацију тврђења о неспоразумима у науци када је реч о царском достојанству у позноме Царству (в. нап. 177). Ако се и остави по страни датум крунисања (в. наредно поглавље), погрешно је повезивати овај догађај са царским звањем и условљавати могућност увођења у достојанство василевса са завршетком читавог поступка, симболизованим у крунидбеном ритуалу.

[192] Уп. нап. 39–40, у овом поглављу.

[193] *Migne*, P. G., 156, 313–316. Својевремено је *Berger de Xivrey* (Mémoire, 194–197) овај, као и спис о коме ће бити говора мало касније („Закључивање у облику писма..."), датовао на основу литерарне садржине у 1406. *Barker* (Manuel II, 344–345) то оспорава и помера у време после 1408, па и после 1413, а да за то не пружа никакаве озбиљне аргументе. Иако, природно, у спису нема експлицитних хронолошких ознака, његова садржина, чак ако се и изузме тумачење речи μειράκιον, подразумева као тренутак настајања време непосредно пошто је Јован VIII постао цар, а он је то у сваком случају био већ у јесен 1407.

Друго Манојлово дело од користи за питање стицања царске титуле Јована VIII јесте опис насловљен као „Закључивање у облику писма упућено са речима охрабрења цару и сину" (Εἰς λόγους παραινετικοὺς ἐπίλογος ἐπιστολιμαῖος τῷ βασιλεῖ καὶ υἱῷ). Без обзира на недавно изречен став у коме се тврди како овде „није посреди право писмо", чини се да је у питању типичан изданак византијске епистолографије који се прилично извесно сме датовати у 1407. годину.[194] И у овоме тексту, писаном управо поводом постављања Јована VIII за цара (.... καὶ τοιοῦτον ἀποφῆναι βασιλέα τὸν υἱὸν), помиње се истоветан израз (εὖ οἶδα ... νουνεχὲς μειράκιον ὄν) за животно доба младога василевса.[195] Поредећи два Манојлова слова упућена најстаријем сину, има се утисак да је ово друго изразитије обележено пригодношћу и да је настало паралелно са добијањем звучне титуле, док је „Уводно писмо" упућено нешто касније, мада не много, тренутно одсутном Јовану VIII.

Најзад, у монодији, коју је Јован Хортазмен саставио поводом смрти свога блискога пријатеља Теодора Антиохита, наводи се да је Антиохит био васпитач младога цара Јована VIII, приликом боравка Манојлове породице у Мореји 1400–1403. О томе је било говора на почетку поглавља. Антиохита је, како је тада истакнуто, смрт затекла на Пелопонезу, приликом путовања које је предузео извршавајући налог Манојла II да се неким, у монодији се не каже којим, послом нађе са деспотом Теодором I. На путу је Антиохит, 4. јануара 1407, преминуо у Коринту.[196] Помен најстаријег царевог сина као василевса (νέου βασιλέως) подразумева да је он, у тре-

---

[194] Текст је издао *Legrand,* Lettres de Manuel, 80–83. Издавач га је, пратећи редослед из кодекса, обележио као писмо νγ', датујући га у 1406. Оваква хронологија проистекла је из упоређивања поменутог текста са писмима која му претходе и следе, *Barker* (Manuel II, 345) је посумњао у предложену датацију, будући да му се учинило „да је ово писмо смештено као посебно дело у рукопису са Манојловом преписком, после друга два која се очигледно везују за цареву посету Мореји 1408". Ова тврдња је неодржива, већ и са аспекта датума Манојлове посете Мореји, до које је дошло у јесен 1407, а не током 1408 (в. нап. 163, у претходном излагању). Прихватајући хронологију Манојловог путовања према резултатима поменутог аутора, издавач најновије збирке Манојлових писама, *G. T. Dennis* закључио је да царева писма 52 и 54 (према нумерисању које је извршио *Legrand*) потичу из 1408– 1410, док „letters 53 and 59 are not real letters" *(Dennis,* Letters of Manuel, XXII, XXVI). Основни аргумент издавача је чињеница да их испушта такозвани Барберинијев кодекс (Graecus 219). Успут, у паришком кодексу (Graecus, 3041), који је добрим делом послужио као основа и овом издању писама, пре писма број 53 налазе се писма 49 и 51 (према нумерацији *Legranda)* за која се може као terminus ante quem поставити такође јесен 1407.

[195] *Legrand,* Lettres de Manuel, 82.

[196] В. нап. 37, у овом поглављу.

нутку када је Хортазмен монодију стварао, био већ цар. Потрешен нестанком најдражег пријатеља, Хортазмен је текст писао по свој прилици 1407. године, али после смрти деспота Теодора I, будући да се Манојлов брат у спису наводи као покојник.[197]

На основу одабраних изворних вести, ако се и оставе по страни потврде из наредних година,[198] произлази да је Јован VIII 1407. био сигурно постављен за „младога", односно трећега василевса. Са мање сигурности, али не без аргумената, може се залагати и за прецизнији датум, то јест за децембар 1406. године, тренутак када је најстарији Манојлов син напунио 14 година. Путовање младога цара одмах по стицању титуле, на које иначе алудира аутор „Уводног писма", можда ваља довести у везу са мисијом непознатих циљева коју је на Пелопонезу имао Теодор Антиохит. Имајући у виду речено, затим подсетивши се да је Антиохит бринуо о васпитању Јована VIII док се овај налазио у Мореји, да је са истим послом наставио и у Цариграду као и да је Теодор II изгледа био упућен стрицу пре него што је овај умро јуна 1407,[199] опрезно је дозвољено да се претпостави како је сврха Антиохитовог путовања била у вези са слањем Теодора II Манојловом брату. Није искључено, иако свакако недоказиво са постојећим познавањем извора, да је млађег брата и свога учитеља том приликом пратио и Јован VIII. Уосталом, рекло би се, поред „Уводног писма", о привременој одсутности Јована VIII из престонице посредно говори и помињана анегдота о сусрету његовог оца са Димитријем Хрисолорасом, у којој је реч о младоме цару који разговору очигледно не присуствује. Уколико је тако заиста и било, онда би путовањем у Мореју Јован VIII симболично закорачио у свет дужности које му је ново достојанство наметнуло.

У почетку су обавезе младога цара, који се до септембра 1408. налазио тек на трећем месту међу ромејским василевсима – иза Манојла II и Јована VII, биле првенствено сведене на формално присуство у приликама када су то церемонијал и обичаји захтевали. Али убрзо, већ током Манојловог бављења у Солуну после смрти

---

[197] У монодији се деспот Теодор помиње као ὁ τοῦ μεγίστου βασιλέως μέγιστος ἀδελφὸς καὶ δεσπότης ἐκεῖνος (Hunger, Chortasmenos, 141).

[198] Тако, на пример, Манојло Хрисолорас у своме спису о поређењу између старог и новог Рима, датованом свакако у време пре 1411, доследно назива Јована VIII као цара (Migne, P. G., 156, 24 sq). Cf. Hunger, Chortasmenos, 56.

[199] О слању Теодора II у Мореју, в. нап. 165, у овом поглављу.

Јована VII, син је замењивао у Цариграду старог автократора у појединим државним пословима. О томе доказе пружа панегирички интонирано „Слово светоме цару кир Манојлу који се вратио из Солуна", поново једно од књижевних дела Јована Хортазмена.[200] Манојло II се у другоме граду Царства нашао не задуго по смрти синовца да би помогао Леонтарису у преношењу управе на недораслог деспота Андроника. Са разлогом се претпоставља да је до тога дошло у првој половини 1409. године,[201] па је у исто време Јован VIII требало да остане сам у престоници. Пишући похвалу, више него Манојлу лично, царским идејама позне Византије и начелима на којима је Царство уређено, Хортазмен је нашао одабране речи да би истакао принципе према којима се престо у његовој држави наслеђује. Посебно подржавајући замисао о савладарству, тражећи јој паралеле у прошлости и поређења са околним светом, укључујући државе Ксеркса и Александра Македонског, Хортазмен је пун дивљења према Јовану VIII и сложној власти двојице царева (δύο γὰ⁰ ὄντες συνέχουσι τὴν ὅλην ἀρχὴν θέσμοις ἀρίστοις εὐταξίας...).[202] Има се утисак да је у пишчевим речима скривена, између осталог, и далека алузија на пређашњу епоху и трвења Манојла II са Јованом VII. Панегиричар надаље извештава о високим етичким и умним вредностима автократоровог сина као и о томе да је Јован VIII, у очевом одсуству, саветујући се о државним стварима (τοῖς πράγμασιν) са чиновницима, чак примао и посланства (νῦν μὲν καὶ αὐτὸς διαλεγόμενος πρεσβείαις ἐν τῷ μέρει).[203] Овако остварено државно устројство и организација владарске власти дозвољавају Византији да, насупрот другим државама, буде истински „законито Царство" (βασιλεία ἔννομος), са поносом обнавља Хортазмен вајкадашња ромејска гледања на пирамиду држава на чијем се врху налази хришћански римски цар.[204]

---

[200] Hunger, Chortasmenos, 217–224. У сажетом, опрезном али и врло инструктивном коментару Hunger је био у недоумици да ли да спис датује на основу других сигурних датума у кодексу, свих везаних за период 1404–1408, или да, због извесних панегиричких претеривања у опису млађога цара (за каква Hunger сматра Хортазменово означавање Јована VIII као једнаковредног оцу као и вест о заступању Манојла II у владарским пословима када је овај одсутан), спис емести у време 1414–1416, у доба друге Манојлове посете Солуну. Осим тога, исти научник није сигуран ни у царево бављење у Солуну 1408–1409 (ibidem, 55–57).

[201] Уп. пређашње излагање као и нап. 163.

[202] Hunger, Chortasmenos, 223.

[203] Ibidem, 221, 223.

[204] Ibidem, 220.

На невољу, није познато са којим је посланством разговарао млади Јован VIII док је замењивао оца у престоници, али се, са друге стране, зна да је Венеција крајем марта 1409. године наложила своме посланику код Сулејмана да обавезно сврати и у Цариград. О преговорима млетачког поклисара Франческа Ђустинијана са василевсом у изворима, међутим, нема никаквог помена,[205] иако би природно било очекивати да су најновији догађаји код Турака изискивали заједничку пажњу Републике и Манојла II. Наиме, право затишје на Балканском полуострву и обновљеној византијској територији, ако га је икако и било, потрајало је врло кратко, једва коју годину. Câm Сулејман је, истина, остајао лојалан уговорима које је са хришћанским господарима потписао али, независно од његових поступака, мало-помало топиле су се тековине поклоњене европским династима Бајазитовим поразом код Ангоре. Чак да се и пренебрегну збивања у дубљој унутрашњости полуострва,[206] Византија и Млечани су имали довољно разлога за забринутост због онога што се догађало у Грчкој.

Полунезависни турски магнат Јусуф-бег чврсто је око 1405. загосподарио замашним делом Тесалије, следеће године је албански феудалац Павле Спата био принуђен да му преда Ангелокастрон[207] а 20. VIII 1408. господар Патраса, архиепископ Стефано Цакарија, покушао је да прекрати дугогодишњу агонију своје вароши, на коју је између осталих претендовао и деспот Теодор I, предавши је Млечанима. Непосредни повод била је османлијска опасност.[208] Да су турске претње Пелопонезу у то доба биле увелико реалност, потврдио је у јесен 1407. године лично Манојлов емисар, по први пут предлажући Републици утврђивање Хексамилиона, уске превлаке којом је Мореја у близини Коринта била спојена са осталим коп-

---
[205] О преговорима Ђустинијана са султаном: *Iorga*, Notes et extraits, I, 167, 169–171; *Thiriet*, Régestes, II, 1343, 1347.

[206] Реч је у првоме реду о млетачким настојањима да заузму далматинску и читаву источну јадранску обалу, што их је довело у низ невоља са зетским феудалцима, босанским и српским владарем, а нарочито са угарским краљем Жигмундом, њиховим заштитником. Уп. *Радонић*, нав. дело, 15–27; *Јиречек–Радонић*, Историја, I, 339–343; *Божић*, нав. дело, 85–102; *Пурковић*, Деспот Стефан, 88 сл. (в. нап. 132).

[207] Cronaca dei Tocco, 256; *Sathas*, Documents inédits, II, 172; *Thiriet*, Régestes, II, 1262; уп. нап. 149, у овом поглављу. Cf. *G. Schirò*, La genealogia degli Spata tra il XIV e XV sec. e due Bua sconosciuti, Rivista di Studi Bizantini e Neoellenici, n. s. VIII–IX (1971–72) 67–85.

[208] *Sathas*, Documents inédits, I, 21–26; *Thiriet*, Régestes, II, 1316–1317. Cf. *Gerland*, Patras, 161–171.

ном.[209] Непотребно је и додавати да сличним пројектима Serenissima никада није била склона. У Венецији ће исто тако, већ у јеку борби између Сулејмана и Мусе, бити 10. јануара 1410. одбијен и други Манојлов предлог о заједничкој акцији Млетака и Царства против обојице Бајазитових наследника.[210] Уместо тога, маја 1406. обновљен је уговор автократора са Венецијом, у коме се мање-више налазе уобичајена питања из претходних сродних докумената, наплата дуговања из 1343. године као и реституција заложених царских драгоцености.[211]

Трудећи се да обнови занимање Запада за властиту судбину, Манојло II, ишчекујући скору буру и сматрајући да још увек има времена за стицање одлучујућих предности над неверницима, није оклевао ни да пошаље искусног Манојла Хрисолораса у Ђенову, Париз, Лондон и Шпанију. Саставши се 1410. први пут са римским папом у Болоњи, Хрисолорас се до смрти (15. IV 1415) није више раздвајао од Јована XXIII, једног од двојице тадашњих врховних католичких пастира. Његово присуствовање сабору у Констанци (на коме је, поред црквене реформе, избора новога папе и осуде јереси Јана Хуса, било речи и о великој шизми) наговестило је потоње претежне начине трагања Византанаца за подршком католичке Европе. Склопивши црквену унију двадесет пет година касније, Јован VIII само је стигао на крај стазе којом је, још од боравка у Паризу, корачао и његов отац, Манојло II.[212]

Појавом Сулејмановог брата Мусе који је, на подстицај трећег брата Мехмеда, стигао из Анадолије и преко Влашке се спустио 1409. године у Бугарску, започео је последњи чин у борби о Баја-

---

[209] Iorga, Notes et extraits, I, 159–160; Thiriet, Régestes, II, 1290; о датовању Хрисолорасове мисије в. претходно излагање, посебно нап. 178. Занимљиво је да је *Радонић*, (Западна Европа, 18) исправно датовао Манојлов боравак у Мореји, смештајући га у 1407. – Идеја о утврђивању превлаке била је у два наврата Републици предлагана још пре ангорске битке од стране деспота Теодора I *(Thiriet,* Régestes, I, 864, 897), али Манојло II се за ово први пут заложио тек сада. Био је то један од показатеља за цареву бригу над читавом територијом државе, о којој се Манојло II стара као директни господар, а не као посредни сизерен (в. претходно излагање, посебно нап. 155).

[210] Thiriet, Régestes, II, 1362.

[211] *MM.*, III, 144–153; Thomas, Diplomatarium, II, 301–302; Iorga, Notes et extraits, II, 151–152. Cf. *Bertelè*, I gioielli, 89 sq.; *Barker*, Manuel II, 260–261.

[212] Cf. *Cammelli*, op. cit., 147–158; *Barker*, Manuel II, 321 sq.

Младосū̄

зитово наслеђе.²¹³ У науци се раширило уверење да је међу балканским владарима најпостојанији савезник Сулејмана био Манојло II. Царева понуда Млечанима да заједнички навале на Бајазитове синове, међутим, као да говори о другачијим циљевима василевса у турском династичком рату.²¹⁴ У истоме смислу било би и, у супротном врло тешко објашњиво, казивање солунског архиепископа Симеона који пише како је Мусином пребацивању у Европу помогао отац Јована VIII.²¹⁵ Како било, Муса је крајем 1409. опљачкао византијску Месемврију,²¹⁶ фебруара 1410. поразио једну Сулејманову војску,²¹⁷ придобио за себе српског деспота Стефана Лазаревића и пред зидинама Цариграда сударио се са братом.²¹⁸ До боја је дошло 15. јуна 1410. и у њему је Муса био потучен.²¹⁹ Али, ратовање тиме још није било окончано. Повукавши се уз поновни пораз код Једрена (11. VII 1410) ка земљама деспота Стефана, Муса је у зиму 1411. провалио у Тракију, 17. фебруара је заробио Сулејмана да би га затим и усмртио.²²⁰ Манојло II, који је после битке код Једрена привремено повратио Визију,²²¹ опет је морао да уступи Османлијама околину престонице. Иако је ромејска флота победила Мусину код Платија заслугом Манојловог полубрата и имењака,²²²

---

²¹³ О Муси је код нас најпотпунију студију, користећи се источним изворима, објавио *Filipović*, Princ Musa; cf. *Schreiner*, Komentar, 392–394. Неприступачан ми је био чланак који је објавио P. *Nasturel*, Une victoire du voevode Mircea l'Ancien sur les Turcs devant Silistria, Studia et Acta Orient. 1 (1957) 239–247.

²¹⁴ *Thiriet*, Régestes, II, 1362. Уп. *Радоић*, Западна Европа, 22–23.

²¹⁵ *Balfour*, Symeon of Thessalonica, 48.

²¹⁶ Kleinchroniken, 215; cf. *Schreiner*, Kommentar, 393–394.

²¹⁷ Kleinchroniken, 636; cf. *Schreiner*, Kommentar, 395–396.

²¹⁸ Kleinchroniken, 636; Ducas, 129; Chalc., I, 161–163; Константин Филозоф, 296; *Мирковић*, Биографије, 93. Уп. *Јиречек–Радоић*, Историја, I, 342; *Пурковић*, Деспот Стефан, 93.

²¹⁹ Карактеристичан је начин на који биограф описује исход битке у којој се Стефан Лазаревић налазио уз Мусу. Према њему је српски деспот, који је после боја дошао у Цариград, ушао у престоницу „као побеђен и победник" (Константин Филозоф, 296).

²²⁰ О свему најподробније извештава Константин Филозоф, 295 сл. О боју код Једрена: Kleinchroniken, 636. О датуму Сулејманове смрти: Ibidem, 637. Cf. *Schreiner*, Kommentar, 401.

²²¹ Kleinchroniken, 97; cf. *Schreiner*, Kommentar, 398. В. нап. 140, у овом поглављу.

²²² О бици код Платија говори Chalc., I, 165–166, који овог Манојла назива ванбрачним сином Јована V, кога је Манојло II, љубоморан на његов успех, заточио и тако држао пуних 17 година. Ову оптужбу *Barker* (Manuel II, 285) одбија, јер је „irreconciable with Manuel's character". Исти аутор је веровао да је овај Манојло, као Манојлов полубрат, имао титулу великог дукса и и позивао се на вест из кратке хронике у којој се заиста помиње смрт великог дукса Манојла 1409/1410 (Kleinchroniken, 246). Учивши хронолошки несклад између битке код Платија и наведеног податка о великом дуксу, *Schreiner* (Untersuchungen, 297 –299) претпо-

осамљено Царство није имало снаге да се одупре победнику над Сулејманом. Доскорашњи бегунац код Стефана Лазаревића, Муса је сада изгледао као победник у рату за „Румелију". Но, тековине Мусиног успеха над Сулејманом брзо је топило његово држање према хришћанским савезницима и пљачкања победничких чета.²²³

Манојло II је помоћ ишчекивао од Венеције, а ова је сматрала да је корисније сачекати да се претходно Бајазитови синови сами међусобно истребе. Такво држање се у сенатским документима запажа већ од 1409. године.²²⁴ Вероватно непосредно после тријумфа код Платија, Serenissima је саветовала василевсу да одузме Турцима Галипољ, за шта Манојло II није имао средстава.²²⁵ Мада би то за Млечане 1411. године био једноставан посао, они нису хтели да га сами на себе преузму. Имајући пред собом невоље са краљем Жигмундом и његовим вазалима и савезницима, Република је налазила тренутну рачуницу у неизазивању Мусе који је, са своје стране, пустошењем унутрашњости Балкана и угрожавањем јужних угарских граница, иепадао чак користан по интересе Венеције.²²⁶ Тако

ставља да је Манојло био рођак Манојла II и да је био ожењен Еуфросином Палеологином. Није, иначе, спорно да је овај Манојло био поморац, јер га тако означују и „Хроника турских султана" (Зорас, Χρονικòν, 46) и Pseudo-Phrantzes, 226. Збрку са њим, међутим, повећао је објављен натпис са једног плашта, данас смештеног у Урбину, на коме се за Манојла каже да је „чедо Евдокије, ћерке кесара рођене у пурпуру" (A. Carile, Manuele Nothos Paleologo. Nota prosopografica, Θησαυρίσματα 12, 1975, 137–147). Премда није јасно на који начин, све се чини да читаво питање идентитета Манојла и Евдокије ваља довести у везу са просопографским разматрањима из прошлог поглавља о браковима и породу Јована V и Манојла II, па у таквом контексту посматрати и Халкокондилову не сувише вероватну причу.

²²³ Уп. Јиречек–Радонић, Историја, I, 344; Пурковић, Деспот Стефан, 98 сл.

²²⁴ Iorga, Notes et extraits, I, 169–171; Sathas, Documents inédits, II, 246–247; Thiriet, Régestes, II, 1347, 1384.

²²⁵ Око замисли да Манојло II заузме Галипољ: Iorga, Notes et extraits, I, 194–195; Thiriet, Régestes, II, 1415; cf. idem, Romanie, 366.

²²⁶ О држању Венеције према Муси речито говоре многобројни сенатски документи. У тренутку када се у Млецима очекивао сукоб Мусе са Мехмедом, баилу у Цариграду је наложено да данак, предвиђен за Мусу, не даје него да чека на исход догађаја (Iorga, Notes et extraits, I, 214–215). Други пример гледања Млечана на борбу турских принчева пружа Морозинијева хроника. У њој се, на помало наиван начин, између осталог саопштава како је са Негропонта, непосредно пред коначни обрачун Мусе и Мехмеда (в. нап. 229, мало даље), јављено да је на празник св. Вида (15. VI 1413) „Chierazi turcho" прешао у Грчку (montado in la Grecia) и са 16 000 коњаника иде на свога брата Мусу. На вест о доласку Мехмедове војске, Муса је напустио „Galypoly e Saluonichy, li quai tuty tegniva e dominava prima linperador de Grecia", sâm се склонивши у планине. Морозини преноси мишљење већине Млечана према коме ће се ова браћа борити до уништења једног од њих, „ma questa e intanto bona nuova a questa dogal Signoria per questa chaxion chosta amoriza molto meio chon i christiany, e con i nostry uxa in quele parte" (Morosini, 777).

се, први пут после ангорске битке, догодило да се политичка хтења Манојла II приближе потребама и амбицијама угарског владара.

Успут је раније истакнуто како угарско држање према Царству није било ништа мање обојено себичношћу од млетачког али, у пролеће 1412. године, аутократор је трагао за савезником који би му олакшао терет Мусине близине а Жигмунд начин да науди, не толико Османлијама, колико Републици тамо где је рањива. Краљу се чинило да би постављени циљ најпре постигао уколико би наговорио и помогао Манојла II да Венецији преотме ни мање ни више него Корон и Модон.[227] Ма колико овакав предлог изгледао неозбиљан, у суштини он је сведочио о исправној процени угарског краља. Једино подручје у „Романији" у коме је Венеција била релативно зависна од Ромеја налазило се уз обод византијске Мореје. Уговор Млетака са Царством, обновљен после приличних натезања 31. октобра 1412, неминовно је одражавао, упркос чињеници да Манојло II није пристао на угарске предлоге, захлађење односа давнашњих савезника из рачуна.[228]

Муса је, међутим, добивши неутралност Млечана, током 1411. и 1412. изгубио савезнике на свим осталим странама. Када је из Анадолије пристигао Мехмед, редом су му прилазили деспот Стефан Лазаревић, Сандаљ Хранић, изасланици Жигмунда као и Ђурађ Бранковић.[229] Ударивши на Мусу, Мехмед је, уз помоћ хришћана, 5. VII 1413. године уопео да савлада противника,[230] убије га, ослободи Цариград опсаде и после једанаест година поново колико-то-

---

[227] H. Finke, Acta Concilii Constanciensis, I, Münster 1896, 398; cf. Zakythinos, Despotat, I, 167.

[228] Thomas, Diplomatarium, II, 304; cf. Barker, Manuel II, 286–287.

[229] Муса је пред битку са Мехмедом I пустошио територију Царства. О овим пљачкањима, мукама на које су она стављала венецијанске трговце као и о Мусиној намери да, поред Селимврије (aver acquistado Solonbria dele man de linperador de Grecia), заузме и Солун (tolto Saluonichy), говори Морозини под 22. III 1413: Morosini, 764–765. Да је Муса и 1412. имао намеру да Солун освоји, Морозини је нешто раније записао (в. нап. 226). Солунски архиепископ Симеон је још одређенији када саопштава да је Муса пред битку са Мехмедом боравио са великом војском у бјизини ове вароши. У граду је поново врло снажна туркофилска струја желела да се Солун преда Османлијама, па су чак у томе циљу били Муси послати емисари. У последњем тренутку, интервенцијом св. Димитрија, град се спасао од намера ових „малодушника", јер је светитељ проузроковао Мусину погибију (Balfour, Symeon of Thessalonica, 49). Cf. Barker, Manuel II, 284–285.

[230] Датум битке постоји једино у нашим летописима: *Стојановић*, Родослови и летописи, 224. У недостатку прецизних података о овим збивањима, драгоцена је вест о преласку Мехмеда I у Европу, коју опет доноси Морозини (в. нап. 226).

лико уједини османску државу.[231] Мада је Мехмед I одмах пожурио да обнови галипољски споразум из 1403, разлика између новога султана и Сулејмана била је у промењеним снагама којима су располагали. Сада, Османлије обновљену територију до краја повести Византије више неће губити из руку. Консолидацији османске државе сложно су ггомогли хришћани са Балканског полуострва, њен потоњи плен. Привидно нелогично али са временске раздаљине очигледно, једино је држање Млечана, без обзира на ускогрудост и штету коју је нарочито наносило тренутним потребама Византије, било објективно усмерено против обнове турске моћи.

Током десетак година које је млади Јован VIII проводио у престоници, поред стицања царске титуле и првих корака у јавним дужностима, Манојлов наследник је био сведок рођења четири млађа брата (Константина, Михаила, Димитрија и Томе) као и нестанка стрица

---

[231] Да је Мусина опсада Цариграда и на Западу била озбиљно схваћена, нема сумње, бар када је реч о Угарској и Ђенови. У Морозинијевој хроници је забележено, на пример, да је „marty dy VIIII de mazo del dito milienimo (1413 – прим. И. Ђ.) zionse una solena anbasada de Zenova in Veniexia de tre soleny anbasadory, e uno zudexe, e uno chavalier, e uno dotor, i nomy de questi non so, pasome, i qual pasa per andar al Re dongaria, i qual vene ala prexencia dela Dogai Signoria narando e prezandola de conponerse de atratar de paxe e deser in aida de linperador de Constantinopoly, chonzio sia quelo molto molestado da Turchy chon pericholo de so Inperio" (Morosini, 770). – И византијски цар је, са своје стране, покушао различитим дипломатским напорима да сузбије Мусу. Највећи њихов део био је, чини се, усмерен према Мусином супарнику Мехмеду. У истој Морозинијевој хроници остало је под 30. VIII 1411. записано: „Avesemo anchora el fio de chierazi signor de Turchia, chomo quelo aveva contrato Noze de matrimonio in la fia de linperador de Grecia, e devevaly dar el paso el posese vegnir in Grecia" (Morosini, 638). Ова вест, поред тога што потврђује веровање да је до зближења Манојла II и Мехмеда I дошло током 1411, рекло би се да може да разреши несагласност византијских извора око орођавања Палеолога са османском породицом. О томе говори Халкокондил, према коме се, без временског прецизирања поменутог догађаја, Сулејман оженио ћерком Забије и Илариона Дорије (Chalc. I. 161). Неки секундарни извори, као што је Ecthesis chronica (2–3) и Historia politica (4–5), Халкокондилов исказ мењају утолико што је, према њима, реч о браку Забијине ћерке са Мустафом, сином Мехмеда I. „Хроника о турским султанима" и Псеудо-Сфранцес, са друге стране, износе да је до венчања дошло између ванбрачне ћерке деспота Теодора I и Сулејмана (Зорас, Χρονικὸν, 43; Pseudo-Phrantzes, 226). Псеудо-Сфранцес не каже да је била у питању ванбрачна кћи, а Орхана, осим тога, сматра Сулејмановим сином (уп. народно поглавље о овом принцу). Модерна литература изражава скепсу према сведочанствима о Мустафи, као зету Илариона Дорије. Евентуално га условно прихватајући, савремени историчари су склони да Мустафин брак сместе тек у крај 1422 (cf. Barker, Manuel II, 253, 368). Из Морозинијеве хронике, међутим, излази да је Мехмедов син (не каже се који!) још 1411. био ожењен византијском принцезом, наводно Манојловом ћерком. С обзиром да је аутор ових анала био савременик збивања које описује, морала би му се дати одређена предност у поређењу са осталим писцима. Уосталом, такав политички брак имао је 1411. смисла бар колико и 1422. Наравно, да ли се под невестом крије заиста нека Манојлова (можда ванбрачна) ћерка или Доријина кћи, немогуће је одговорити. О Забији и њеноме мужу, уп. нап. 10, у прошлом поглављу. – О Мустафи и турским принчевима на византијском двору, уп. народно поглавље.

Теодора I и очевог синовца Јована VII. Како је у претходном поглављу било наведено, Михаило је, као сасвим мали дечак, такође умро, однет кугом попут многих у Цариграду. Опака болест је нешто раније покосила Константина (старијег) и две сестре Јована VIII, а оставиће, можда, трага и на млађем василевсовом брату Андронику.[232] Хроника ових интимних догађаја у царској породици недовољно је позната али, на срећу, није ни пресудна за истраживања ширих захтева.

Женидба Јована VIII изискује, међутим, не само као свечани тренутак у личном животу Манојловог савладара, да се, упркос ћутљивости сачуваних извора, процени што је подробније могуће. У случају Јована VIII и његовог првог брака једноставно је било потврђено правило да у приватној судбини јавних личности опште претеже над појединачним. Изабраница је била ћерка московског кнеза Василија I (1371–1425) и Софије, кћери литванског кнеза Витовта. Продубљивање политичких веза са ортодоксном Русијом било је по Византију вишеструко корисно. На измаку претходног столећа управо је Василије I оспоравао византијски ауторитет у православном свету. Угрожену царску супрематију тада је, уместо Манојла II, био принуђен да брани ондашњи цариградски патријарх Антоније.[233] За патријархову цркву Василијеве речи су, иако непосредно нису дирале у њено место, биле итекако упозоравајуће. Руска црква је традиционално била под директном јурисдикцијом Цариграда, за „митрополите Кијева и све Русије" архијереји су стизали отуда, па је природно да су се Грци, не без разлога, бринули неће ли се једног дан сличне идеје московских кнежева окренути и ка руској црквеној хијерархији.[234]

Орођавање Палеолога са московским господарима давало је, исто тако, нов импулс обраћању у православље које је у то време,

---

[232] Да је деспот Андроник био хронично и озбиљно болестан, саопштавају многи. Према Дуки изгледа да је боловао од епилепсије (Ducas, 247), према Халкокондилу од елефантијазиса (Chalc., I, 193) а према једној краткој хроници Андроник је осећао стравичне последице прележане лепре (Kleinchroniken, 185). Као лепрозног описују Андроника и Spandugnino (149) и неки други позни компилатори. Симеон из Солуна каже како је овај боловао од „болести претераног једења" (Balfour, Symeon of Thessalonica, 78–79).

[233] Уп. нап. 1, у поглављу Византија крајем XIV века (царство која нема).

[234] Управо у време блиско догађајима о којима ће бити речи, на митрополитској столици су се у Русији налазили, један за другим, Кипријан и Фотије, обојица карактеристични по своме пореклу и начину избора и за илустровање грчког утицаја на руску црквену хијерархију. О њима в. нап. 233–236, у даљем тексту. О „грекофилству" кнеза Василија, уп. Голубинскій, нав. дело, 356. Нажалост, није ми била приступачна студија Соколова, Русскіи архіереи изъ Византіи, Кіевъ. 1913.

сâм прихвативши источни обред, потпомагао таст Василија I, литвански велики кнез Витовт. Најзад, тешко да је пука случајност околност да се, упоредо са склапањем брака између Ане, кћери Василија I, и Јована VIII, пољски краљ Владислав, Витовтов рођак, мири 1411. са угарским владаром, да би следеће године Жигмунд поручивао Манојлу II како се састао „cum Wladislao rege Poloniae, fratre nostro carissimo" и позивао се на писмо које су аутократору њих двојица заједнички упутили у вези са борбом против Турака.[235] У складу са замашном дипломатском иницијативом коју је, у име васељенског цара, предузео Манојлов посланик Манојло Хрисолорас, стрепећи од изолације у престоници и трагајући за било каквом равнотежом западној премоћности у спољнополитичкој оријентацији Византије, отац Јована VIII је изгледа видео згодну прилику да потпору Царству прошири конкретнијим уплитањем Московске кнежевине управо онда када је у Русију ваљало послати новога митрополита. Стари кијевски црквени поглавар Кипријан, премда Бугарин, као некадашњи атонски монах личност из духовног круга цариградске патријаршије, преминуо је 16. IX 1406.[236] За новога митрополита је у Цариграду био одређен Фотије, Грк родом из Монемвасије, човек близак, према сопственом признању, патријарху Макарију и цару Манојлу II.[237] Посвећен 1. IX 1408, Фотије је августа 1409. још увек боравио у престоници, присуствујући синоду који је тада заседао.[238] Напослетку кренувши,

---

[235] О општијим питањима односа цариградске цркве према рускoj, чини се да је још увек корисна студија коју је објавио Т. *Барсовъ*, Константинопольскій патріархъ и его власть надъ русскою церковію, Петроградъ 1878. – О Витовтовој верској политици, уп. *Голубинскій*, нав. дело., посебно 334 сл. Такође, cf. *Halecki*, Pologne, 48–49. – О помирењу Владислава и Жигмунда, cf. *Halecki*, Pologne, 50. *Радонић* (Западна Европа, 25) добро је запазио да су Млечани покушавали током 1411. да склопе савез са Владиславом против угарског краља. – Писмо Жигмунда Манојлу II објавио је Finke, op. cit, I, 397; cf. *Halecki*, Pologne, 51. – Московски кнез Василије Дмитријевич оженио се Витовтовом ћерком Софијом или 1390. или почетком 1391 (уп. *Голубинскій*, нав. дело, III,-336). – Како је изгледао начин на који су се Византинци обраћали московском и литванском владару у том периоду, уп. *Ђурић*, Световни достојанственици, 198–199. Можда је додатак са формулама за Василија I и Витовта, уметнут у основни текст „Ектесис неа", настао управо поводом ових догађаја. Таква хипотеза у наведеном чланку није помињана.

[236] О Кипријану, уп. *Голубинскій*, нав. дело, III, 297–356. О његовој смрти, уп. исто, 355; cf. *D. Obolensky*, A Philorhomaios Anthropos: Metropolitan Cyprian of Kiev and All Russia (1375–1406), Dumb. Oaks Papers 3 (1978) 77–98.

[237] Уп. *Голубинскій*, нав. дело, 357–361.

[238] О датуму постављања Фотија, уп. *исто*, 359, нап. 2. – Да је Фотије, већ као „митрополит Кијева и целе Русије", августа 1409. још био у Цариграду, сведочи и његов потпис

Фотије је прво посетио Литву и Витовта, да би у Москву стигао тек 22. марта 1410.[239]

Већ 1411. Ана је била дата Јовану VIII али, како је тада имала недовољно година за брачну постељу, принцеза је чекала док не напуни 14 година да би 1414. пошла ка своме изабранику. Прво име византијске царице иначе није познато но, на основу Дукиног писања, произлази да је Аном названа приликом удаје, док се раније друкчије звала.[240] Запутивши се према далекоме Цариграду, Ана је у поласку посетила свога деду Витовта, где је 1414. срео бургундски витез Жилбер од Ланоа и о сусрету оставио запис.[241] Брак је Византинце охрабрио да већ у пролеће 1415. затраже од пољског краља помоћ у житу, у коме је престоница хронично оскудевала.[242] Ромејски изасланици дуго су се задржали на пољском двору, углавном настојећи да ускладе кораке које је Царство у ве-

међу учесницима патријаршијског синода *(Laurent,* Le trisépiscopat, 145). Међу подацима који је учени руски историчар Голубински није искористио налазе се и Сиропулосова обавештења о Фотију. Сиропулос каже како је Јосиф Вријеније, залажући се да се црквени сабор одржи у Цариграду и разуверавајући цара који се бојао да тако нешто из финансијских разлога не би било могуће, износио да су приходи Фотија, далеко изнад било чијих, досезали више од сто хиљада перпера *(Laurent,* Syropoulos, 120). Исти писац нешто касније бележи да је Јован VIII, због трошкова око пута у Италију на сабор, одузе цариградском манастиру Пантократора многобројне златне предмете које је обитељи даровао кијевски митрополит Фотије (ibidem, 188). И поменуте вести могу делимично да објасне којим су се правцем кретала очекивања Византинаца од предстојећег брака Манојловог сина са Василијевом ћерком.

[239] *Голубинскій,* нав. дело, III, 362.

[240] Руски летописи и Дука се, када је реч о удаји, употпуњавају и слажу. Према летописима, руска принцеза се удала за Јована VIII 1411 *(Голубинскій,* нав. дело, III, 367–368). Дука, међутим, о удаји пише у контексту догађаја везаних за 1414. Према њему, цар Манојло II пожелео је да ожени најстаријег сина и послао је изасланике да затраже руку ћери руског кнеза. Невеста је пристала на предлог, променила име у Ана, али није се тада венчала за Јована VIII јер је имала тек 7–8 година, па Манојло II „није желео да је тада венча за цара". После три године, Ана је дошла у Цариград, али је ту оболела од куге. Умревши, царица је Цариграђанима оставила велику тугу *(Ducas,* 133–135). У Дукиној причи донекле је споран једино временски оквир у коме је она смештена (1414), али поменути историчар нигде не наводи изричито да је принцезина удаја била одређене године. У складу са својим честим обичајем да збивања из дужег временског распона групише и прикаже на једноме месту, Дука је тако поступио и у овом случају, окосницу приче логично везујући за долазак принцезе, а не за брачни споразум склопљен три године раније. У противном, Ана би, под условом да је на брак пристала тек 1414, у Цариград дошла у тренутку када је већ у изворима забележена њена смрт (в. даљи текст). *Barker* (Manuel II, 345) погрешно је схватио да је Ана имала 11 година када је, у престоницу, а да раније то није могла због турске опасности. Cf. *Schreiner,* Untersuchungen, 294.

[241] J. *Lelewel,* Rozbiory dzieł obejmnjacych albo dzije albo rzeczy polskie, Poznań 1844, 384 (постоји, такође, упоредно премда некомплетно издање истога писца: Guillebert de Lannoy et ses voyages en 1413, 1414 et 1421, éd. et trad. J. Lelewel, Bruxelles–Poznan 1843–1844).

[242] Cf. *Halecki,* Pologne, 53.

зи са црквеном унијом предузело на сабору у Констанци, са једне стране, са смењивањем Фотија, са друге стране, као недовољно спремног да унијатске идеје прихвати у својој дијецези.²⁴³ Нажалост, августа 1417. године, „царица Рускиња" (ἡ δέσποινα ἡ ῾Ρῶσα), како је називају народне кратке хронике, умрла је у Цариграду од куге и била сахрањена у познатом Липсовом манастиру.²⁴⁴ Имала је тада тек седамнаестак година. Њено присуство у престоници било је од несумњивог значаја по напоре Манојла II и Јована VIII за „интернационализацијом" питања егзистенције Царства и о томе има потврда не само у поменутим дипломатским контактима, него и у променама државно-правног угледа које је доживела млада, али византијским канонима врло приврежна руска држава, оличеним у титулатурама њених владалаца, почев од Василија I.²⁴⁵

О приватној страни овога брака немогуће је било шта одређеније рећи. С обзиром на постојеће прописе по којима је до пунолетства морала да буде у постељи одвојена од мужа,²⁴⁶ имајући у виду болест којом је прерано однета као и делатност Јована VIII између 1414. и 1417,²⁴⁷ изгледа да приватно овај брак практично није ни постојао. Дука је записао како је Анина смрт дубоко коснула Цариграђане и то је углавном све што је о њој познато из византијских извора.²⁴⁸ Утолико је привлачнији за анализу такозвани „Велики Фотијев сакос", назван према имену кијевског митрополита, који се данас налази у Москви. Сакос је израђен од најфинијег сате-

---

²⁴³ Септембра 1415. у Кракову се још увек налазио један „nuntius qui venit de Constantinopolis", али новембра исте године Витовт, у договору са Владиславом, на локалном синоду збацује Фотија и доводи Григорија Цамблака на његово место, личност коју је цариградски патријарх одлучио од цркве и врло наклоњену унији са католицима. Но, 1416. на патријаршијски престо долази Јосиф, поглавар који ће унију касније и склопити. Све ово није могло да много утиче на односе Царства са Витовтом и Пољацима, јер је Цамблак на сабору у Констанци изјавио како је Манојло II спреман на унију исто колико и литвански владар (Finke, op. cit., II, 166). О свему, cf. Halecki, Pologne, 53–54.

²⁴⁴ Sphrantzes, 8; Kleinchroniken, 639 (према овој хроници Ана је умрла 1416).

²⁴⁵ Cf. A. V. Soloviev, Reges et Regnum Russiae au Moyen âge Byz. XXXVI (1966) 144–173; уп. Ђурић, Световни достојанственици, 198–199.

²⁴⁶ У Византији је минимални дозвољени узраст за жене у тренутку склапања брака износио према једном тумачењу 12, а према другом 14 година (Ф. Кукулес, Βυζαντινῶν βίος καί πολιτισμός, IV, Атина 1951, 76). Cf. idem, Συμβολή εἰς τὸ περὶ γάμου παρὰ Βυζαντινοῖς κεφάλαιον, ΕΕΒΣ 2 (1925) 9.

²⁴⁷ В. излагање у следећем поглављу.

²⁴⁸ Ducas, 135. О Липсовом манастиру, cf. Janin, Géographie, 318–322.

Младосш 149

на, бродираног златним и сребрним концем као и бојеном свилом. Може да се претпостави да су га невестини родитељи, Василије I и Софија Витовтовна, поклонили као пригодан дар. Међу портретима на сакосу без ореола су једино младенци и Фотије, по свој прилици зато што је још увек у животу. Натписи уз представљени кнежевоки пар су словенски, док су сви остали текстови као и легенде уз портрете Ане, Јована VIII и Фотија на грчком језику. На тај начин сакос садржи пет правих портрета међу којима је уз Ану речено Ἄννα ἡ εὐσεβεστάτη αὐγούστα ἡ Παλεολογίνα, а уз њеног супруга Ἰωάννης ἐν Χριστῷ τῷ Θεῷ πιστός βασιλεὺς ὁ Παλεολόγος. Манојлов син је приказан као тек израсли младић, са једва наглашеним танким брчићима, док је Ана млада, лепа, премда мало пуначка девојка.[249] Анина титула августе иначе је била традиционални синоним за царско достојанство које је носила, док је формула за Јована VIII истоветна са оном на рукопису из Сен-Денија.[250]

Управо чињеница да је титула уз Јована VIII и даље остала непромењена, доводи у сумњу било какву хипотезу према којој би овде евентуално била реч о сакосу припремљеном за свечано венчање и истовремено крунисање младога цара за савладара-автократора. Много је вероватније, поготово имајући у виду да позна Византија не познаје обичај миропомазања и крунисања у два наврата – а Јован VIII се сигурно крунисао за савладара-автократора 19. јануара 1421, да је Ана напросто била само супруга младога василевса. Коначно, изглед и функција сакоса, представе на њему са „византијским одредом" који има нимбове на главама, све то указује да је дар био примерен свечаности венчања а не и Јованового крунисања. На основу стилских и занатских елемената, слободно се сме закључити да је сакос израђен у Цариграду, по свој прилици пре јесени 1414. године.[251] Према обичајима, „младоме цару" требало би да је

---

[249] Cf. *E. Piltz*, Trois sakkoi byzantins. Analyse iconographique, Acta Universitatis Upsaliensis, Figura, Nova Series 17, Uppsala 1976, 35; уп. *А. В. Банк*, Византийское искусство в собраниях Советского Союза, Ленинград 1966, 328.

[250] В. стр. 134

[251] После 25. VII 1414, Манојло II је био одсутан из престонице (в. наредно поглавље), а тешко је помислити да отац није био присутан на таквој свечаности. Манојлово одсуство би, осим тога, било у нескладу и са обичајима (в. следећу напомену). – Датум који се јавља у једној краткој хроници, по коме излази да је до крунисања Јована VIII за цара дошло 21. V 1416, тиче се у ствари устоличења патријарха Јосифа II. Коначно, индикт и година у њему се не слажу, а нема ни говора о венчању (Kleinchroniken, 185). *Schreiner* (Kommentar,

тада венчану круну ставио, у присуству патријарха Евтимија II и царице-мајке, „велики василевс" Манојло II.[252] Речју, у тренутку када је сакос настао, Анин супруг био је у неизмењеном положају „малога василевса", у коме се налазио још од 1407. године, и даље без права да се подичи епитетом савладара автократора.

410–411) помишља да није можда тада Јован VIII крунисан „пилосом". *Laurent* (Syropoulos, 174) такође допушта да је поменутог дана можда дошло до крунисања.

[252] Евтимије је умро 29. III 1416 (cf. *V. Laurent, Les dates du patriarcat d'Euthyme II de Constantinople*, BZ 54, 1961, 329–332). О традицији према којој сину-савладару отац-цар ставља круну на главу: Pseudo-Kodinos, 355. О природи церемоније венчања, уп. такође и излагање у наредном поглављу.

ДРУГИ ПРВИ ЦАР
(1414–1425)

Избор наслова поглавља по правилу треба да одражава ауторов напор да што тачније, често кроз карактеристичну форму, у сажетоме виду изрази суштину садржине која следи. Тако је било и у овоме случају. Иза помало енигматичних речи овде се, у ствари, крије жеља за концизним објашњењем својеврсног двојног положаја Јована VIII током последњих десетак година живота његовог оца. Управо у тој деценији млади василевс ће као савладар постепено преузимати на себе читав низ обавеза првога цара, иако ће, све до 1425. године, бар формално, у хијерархијском погледу увек бити на другоме месту. Природно, увођење Јована VIII у државне послове започело је знатно раније и вероватно да је добрим делом било припремано и образовањем које је, под брижним старањем Манојла II, систематски стицао од детињства. Ипак, почев од 1414. године, овај процес је, посматрано кроз сачуване изворне податке, постао не само видљивији него је и квалитативно добио измењен облик: није више било речи о „наукима" за извршавање царских дужности већ о учешћу, временом све интензивнијем, у разноликим политичким обавезама. Такав развитак изискивало је, уосталом, и животно доба Манојловог сина, сада двадесетдвогодишњака, чије је венчање са руском принцезом Аном у првој половини 1414. године промену симболизовало на традиционалан начин.

Но, све израженија равноправност удела обојице царева у управљању државом још увек не би била довољна да оправда наслов поглавља да, формално други василевс, а у више ранијих прилика врло често и пуноправни савладар, Јован VIII није пред крај

Манојловог живота постао фактички једини цар. Ово је уследило непосредно по новом венчању и крунисању Јована VIII за савладара автократора 19. јануара 1421. године а подударило се са наглим погоршањем здравља његовог оца. Тако је болест Манојла II допринела да се Јован VIII сам лати бремена власти и одговорности за Царство и пре него што је на то стекао званична права.

Јован VIII је, по свему судећи, непосредно по венчању са Аном Васиљевном био у прилици да на делу покаже своју вештину управљања престоницом. Било је то 25. јула 1414. године, када је Манојло II пошао из Цариграда, запутивши се ка Солуну и другим ромејским поседима, остављајући најстаријег сина да га у Цариграду замењује током скоро две године.[1] Премда ово није био први наврат како је Јован VIII остао да са̂м представља царски ауторитет у престоници, Манојлов наследник је овом приликом био заиста први пут у положају да самостално влада. На невољу, о томе се углавном може просуђивати на основу млетачких докумената. Иако малобројни и спорадични, у њима скривени подаци не остављају срећом никаквог двоумљења у погледу делатности Јована VIII као василевса. Са друге стране, византијски позни историчари, иначе и хронолошки прилично непоуздани а чињеницама сиромашни када је посреди друга деценија XV столећа, о поменуте две године бављења Јована VIII у Цариграду нису оставили такорећи никакав траг. Судећи по њима и њиховом ћутању, излазило би да је Јован VIII остао у престоници углавном без икаквог пажње вреднијег државничког посла, једноставно чекајући повратак меродавнијег, то јест автократора Манојла II.

Византијски Цариград је, међутим, сувише значио осталима, посебно Млечанима, Турцима и Ђеновљанима, да би овакво размишљање имало било каквог основа. Венецији је престоница Царства била важан елемент у упорноме труду за доминацијом над источним Средоземљем, Османлијама камен који је још увек недостајао круни исламске универзалистичке империје, а и једнима и другима неизбежни простор за одмеравање тренутних снага.

---

[1] Тачан датум поласка Манојла II даје такозвана „Мазарисова сатира" (éd. *J. F. Boissonade*, Anecdota graeca, III, Paris 1831, 177); код Сфранцеса се наводи једино да је цар пошао јула 1414, односно 1413 (Sphrantzes, 4); око питања хронологије поласка, cf. *Loenertz*, Epître de Manuel II, 294–296; *Barker*, Manuel II, 298–299.

Оно што ниједан међу византијским писцима није желео да разуме, јесте двојако третирање Цариграда у очима странаца: као дела још увек постојећег Царства и као улога, односно циља у њиховим политичким хтењима. Околност да су се две стварно велике силе, свака на свој начин и из различитих побуда, својски трудиле да овај град, ако већ саме нису у стању да узму у своје руке, сачувају од супарника, омогућила је последњим византијским владарима да у ширим међународним односима тадашњег медитеранског света учествују много активније него што је претпостављала истрошена држава којом су управљали. По Византију је, на пример, поседовање Мореје било прворазредно питање, али за шире суседство Царство је, ако се изузму пропагандни ефекти постизања црквене уније са њим, вредело пажње једино још због своје престонице и њених опипљивих стратешких, трговачких и идеолошких атрибута. Све остало у вези са судбином територија Царства било је тек једна од многобројних локалних историја XV века.

О начину на који је Манојло II покушавао да води што постојанију политику према султану и дужду било је до сада довољно говора. У томе је, поготово после 1403. године, стари василевс имао релативног успеха. Са друге стране, за Јована VIII може се казати да је сопствено виђење политичког понашања према Републици и Османлијама, унеколико различито од очевих начела, као потоњи автократор такође доследно спроводио. Прва прилика за проверу ових принципа другоме цару се указала управо са 1414. годином и одласком Манојла II из Цариграда. У томе тренутку Јовану VIII, као и већини оновремених Византинаца, нарави и одлике Италијана, а међу њима нарочито Млечана, биле су итекако познате, каткада чак и блиске. Са Млечанима је млади василевс имао могућност да се сретне још у најранијем детињству када је, уз заштиту венецијанских галија, боравио у Монемвасији. Касније је грађане Републике, или као трговце или као поклисаре, виђао често и у Цариграду.

Када су у питању Турци, истицано је раније да Ромеји до краја своје историје нису успели да дубље проникну у врлине и мане противника који је уништавао остатке Византије. Премда је у престоници бивало и турских путника, трговаца и шпијуна, обавештења о њима и о свету из кога су долазили Манојло II и Јован VIII најпре су дуговали личним познанствима са појединим османским владарима или принчевима. Због чињенице да је своје погледе на Турке и ислам Манојло II оставио забележене, чиме је модерној науци дозволио да се упозна са назорима једног Византинца према туђој вери и народу, а Јован VIII није, не треба подлећи веровању да се став ове двојице царева међусобно битније разликовао.[2] У пракси, обојица су покушавала да на догађаје код Турака углавном утичу фаворизовањем једног од постојећих претендената на омански престо и супротстављајући га осталима. А неоспорно је да је турска повест у прве три деценије XIV столећа обиловала таквим личностима. Избор, како је искуство учило, није баш сваки пут био најсрећнији, али за обимније противтурске подухвате Царство је, без помоћи са Запада и из Млетака, било сувише слабо. Посебно погодним начином за придобијање чинила се, из ромејске прошлости добро знана и често коришћена, „византинизација" угледних варварских принчева, у овоме случају потомака Бајазитових.

Таквих је принчева у прве две-три деценије XV столећа било неколико, али је врло тешко, макар на основу византијских и западних извора, понаособ раздвојити њихове личности и судбине, не узимајући у обзир, наравно, Сулејмана и Мехмеда I, у чијем је тријумфу над супарницима учешће Манојла II и Јована VII опширније анализовано у претходном поглављу.[3]

---

[2] Међу Манојловим списима који се баве Турцима свакако су најпознатији „Разговори са једним Персијанцем" (ed. *E. Trapp,* Manuel II Palaiologos. Dialoge mit einem Perser, Wien-Köln 1966). О царевој књижевној делатности, cf. *Barker,* Manuel II, 395–439.

[3] Први који се појавио у византијској престоници још у првој половини 1403. године, тражећи уточиште код Јована VII, био је Бајазитов син Иса. Непосредно после ангорске битке приставши уз брата Мехмеда, Иса је у пролеће 1403, после пораза у сукобу са дотадашњим савезником, био принуђен да се преко Никомедије склони у Цариград (Kleinchroniken, 113–114; cf. *Schreiner,* Kommentar, 377–378). Код Дуке је, међутим, забележено да је Мехмед I у рату убио Ису (Ducas, 113), што није у сагласности ни са вешћу из поменуте кратке хронике а ни са казивањем „Хронике о турским султанима", у основи међусобно комплементарним изворима *(Зорас,* Χρονικὸν, 48). Колико је Исин поступак утицао на држање Сулејмана, најстаријег Бајазитовог сина, према Јовану VII, немогуће је одређено рећи, али природно би било очекивати да је тиме неповерење између њих двојице морало да буде само повећано. Халкокондил такође говори о Исином доласку у Цариград и о преласку у хришћанство (као, уосталом, и обе хронике), али по овоме писцу њега је поразио Муса, а не Мехмед (Chalc., I, 167). У вези са даљом Исином судбином код Ромеја, чини се да је оправдано изнети претпоставку према којој је он у Цариграду умро као хришћанин, у међувремену променивши име у Димитрије. Сфранцесова прича о Челеби Јусуфу-Димитрију који је, како је изнето раније, умро у Цариграду пре 1413. године, мора се тицати једино њега (Sphrantzes, 4; уп. нап. 129, у претходном поглављу и нап. 20, у поглављу *Рођење, йородица и йрве године).* „Хроника о турским султанима" пружа можда индиције за прецизније датовање Исине смрти, јер истиче да је он, иако се налазио у Цариграду, у коме је као хришћанин

Други први цар (1414–1425)

Подробније од других историчара упознат са генеалогијом османске династије, Дука је записао да је Бајазит у тренутку ангорске битке 1402. године, поред четворице синова познатих из различитих извора (Сулејмана, Исе, Мехмеда и Мусе), имао још два сина: Мустафу и Орхана. Обојица су, будући νήπια, били тада ἐν τῷ οἴκῳ.⁴ Из Дукиног приповедања произлази да је, поред Исе, у престоници после 1403. године нашло уточиште још двоје Бајазитове деце. Према овоме историчару, Сулејман је, наиме, као таоце и залогу мира склопљеног са Манојлом II, автократору предао Орхана и кћер по имену Фатма-хатун.⁵ Добивши касније прилику да са сестром оде из Цариграда у Брусу, Орхан је то одбио, пошто се у међувремену свикао на живот код Ромеја. Дука истиче да је Орхан био вршњак и дружбеник Јована VIII са којим га је везивало искрено пријатељство. Наклоњен науци и знањима која је стицао заједно са младим царем, и Орхан је, попут Исе, у престоници Царства прешао у хришћанство. Наводно га је, непосредно пред смрт, лично Јован VIII покрстио, да би истога дана Орхан преминуо и био сахрањен у манастиру св. Јована Претече у Студиону.⁶ Упркос извесним „романескним" детаљима, Дукина приповест прецизношћу изнетих података у целини узев улива поверење. Уосталом, за Орхана зна и познија „Хроника о турским султанима", мада је у њој поменутога принца задесила нешто друкчија судбина.⁷ На невољу, Дукино историјско дело не одликује се изричитим хронолошким

после извесног времена умро, задавао Муси доста бриге *(Зорас, Χρονικὸν, 48).* Поверовати овом спису значило би смештање Исине смрти у период између 1410. и 1413. Cf. *Barker, Manuel II,* 252–253. Нажалост, без обзира на исправност овде изнете хипотезе, мора се признати да је излагање наведеног аутора о турским принчевима прилично тешко за разумевање и донекле контрадикторно.

⁴ Ducas, 101, 113.

⁵ Ibidem, 111, 135. Дука не каже име Бајазитовог сина кога је Сулејман послао византијском цару, али то имплицитно произлази из претходног текста. Уосталом, у италијанској редакцији Орханово име је изричито наведено: „Orchan, figluolo de Paiasith, che fo per pegno dato al'imperadore Emanuel da Musulman..." (ibidem, 135).

⁶ Ibidem, 135–137.

⁷ Према овоме извору, Манојло II је у време рата са Мусом позвао Орхана, тада још момчића, да дође из Анадолије и супротстави се брату, али га је Муса (који се налазио под Солуном) на превару ухватио и погубио *(Зорас, Χρονικὸν, 48).* За Константина Филозофа Орхан је био син Сулејмана, који је као хришћанин и грчки васпитаник био послан у Селимврију, а затим у Солун, где је од Мусе био на превару ухваћен и ослепљен (Константин Филозоф, 304). Изгледа да се корени свим овим противречним причама крију у узастопно вођеним ратовима међу Бајазитовим потомцима, закључно са оним 1422, који су међусобно имали заиста много сродности.

одредницама, па и датум Орханове смрти ваља посредним путем утврдити. На основу контекста, а нарочито помена Јована VIII као василевса у престоници, требало би да се то догодило управо током одсуствовања Манојла II из Цариграда, започетог крајем јула 1414. са одласком првога цара према Солуну.[8]

Другим речима, што се више удубљује у османлијску династичку повест, посебно ону из првих деценија XV столећа, множе се потврде о контактима византијске царске породице са турским султанима и принчевима. Али, начин на који су Ромеји поимали своје односе са Османлијама није се битније променио од епохе Јована VI Кантакузина и Јована V Палеолога и у XV веку се, као и средином минулог столећа, добрим делом сводио на успостављање брачних веза, за које се веровало да, као и фаворизовање појединих османских претендената, доносе безбедност Царству. Заправо, у XV веку Византија, осим принцеза и привлачности духовног ауторитета, осталима а нарочито Турцима није ни имала шта друго да понуди.[9] Царство се, међутим, после 1402. године, уплело у уну-

---

[8] Код Халкокондила, писца који често непажљиво користи властите изворе, окосница приче слична је Дукиној. И овај историчар зна за шест Бајазитових синова, па и за Орхана, кога назива „млађим Исом", а познато му је и да је он окончао живот као хришћанин (Chalc., I, 159–160, 167). Рекло би се да је Халкокондил, и у случају османских принчева, помешао судбине двојице покрштењака међу њима, давши им чак и исто име. Наравно, такав поступак довео је до хронологије друкчије од Дукине, па је „млађи Иса" преминуо око 1413, то јест у време приближно смрти „старијег Исе", онако како би она произлизала из Сфранцесовог списа и „Хронике о турским султанима" (в. ранији текст). Штета је што није била приступачна монографија о овим питањима коју је објавио A. Nimet, Die türkische Prosopographie bei Laonikos Chalkokandyles, Hamburg 1933. У сваком случају, Јован VIII је истовремено боравио у Цариграду и са Исом и са Орханом, али док је о његовом пријатељству са Орханом сачуван траг у изворима, о блискости са Исом ништа није познато.

[9] Када је, на пример, реч о венчању једног Мехмедовог сина са ромејском принцезом, постојећи изворни подаци, како је у прошлом поглављу истакнуто, међусобно су несагласни (в. *Младости*, нап. 231). Било би врло примамљиво видети и исказима извора основа веровању многих познијих писаца и биографа, према којима је мајка Мехмеда II Освајача, унука Мехмеда I, била хришћанске, царске, грчке, односно франачке крви, што би ћерка Дорије заиста и била, али за такву хипотезу нема довољно потврда. Напротив, резултати до којих је дошао F. Babinger (Mehmeds II., des Eroberers, Mutter. Legende und Wirklichkeit, Münchener Beiträge zur Slavenkunde, Festgabe für Paul Diels, 1953, 3–12; reprint: Aufsätze, I, 158–166) упућују пре на њено српско порекло. Са друге стране, за жену Мурата II се зна да је била Српкиња Мара Бранковић (cf. Nicol, Kantakouzenos, 210–213; исти аутор пружа увид и у основну старију литературу). У свакоме случају, остаје као извесно да су између Палеолога и Бајазитових потомака постојале родбинске везе, по свој прилици захваљујући женидби једног од синова Мехмеда I ромејском принцезом, али и преко Јелене Драгаш, жене Манојла II, и то независно од удаје Маре 1433–1435. године. Код Сфранцеса је, наиме, изричито забележено да је Јелена већ на почетку владе Мурата II, 1424. године, била сматрана његовом рођаком (Sphrantzes, 16; уп. нап. 292, у овом поглављу). Да ли је то сродство, опет, било у вези са оро-

Други први цар (1414–1425)

трашње турске сукобе озбиљније него раније и више него што му је користило и, хтело или не, у њима је и надаље морало активно да учествује. Прилика за ово било је и у време Сулејманове владавине, а поготово их је пружило раздобље отпочето Манојловим одласком јула 1414. из Цариграда.

Победивши Мусу, Мехмед I је само привремено и непотпуно успео да сузбије центрифугалне тежње принчева и старих анадолијских породица. Овај сукоб окончао је у корист централне власти тек његов син Мурат II. После Мусине смрти, у животу су, уз Мехмеда I, преостала још два Бајазитова сина: Орхан и Мустафа. Орхан се налазио у Цариграду, у близини Манојла II и првенствено Јована VIII, а Мустафа се повукао у унутрашњост малоазијског копна, у околину Трапезунта. Премда се рат између Мустафе и Мехмеда I распламсао тек у првој половини 1415. године, са разлогом се верује да је до подвајања међу њима дошло још у јесен 1413. године.[10] Збивања ће наредних година да покажу како је Јован VIII имао у погледу држања према Турцима неке самосталне политичке идеје, које су, слободно је претпоставити, можда биле резултат његових личних искустава, сазнања па и познанстава са некима од Османлија. Испољиће се, такође, да су се Манојло II и његов најстарији син у тим питањима делимично разилазили, као и да су замерке, понекад изрицане чак и од аутократору наклоњених савременика, о претерано опрезном понашању и помирљивости старога василевса према неверницима, биле оправдане, бар у поређењу са одлучношћу какву је за Манојловог живота према Турцима показивао Јован VIII.[11]

На самоме крају 1414. године Мустафа, који се тада још увек налазио у близини Трапезунта, упутио је византијском цару посланика са намером да са њим склопи савез и да му се омогући прелазак из Азије у Европу. Мехмедов брат је сматрао да у Румелији има много присталица за собом. Допловивши у Цариград на једној

ђавањем Јелениног оца са трапезунтским Комнинима, без подробних и засебних испитивања немогуће је одговорити (уп. *Рођење, породица и прве године*, нап. 61–64).

[10] О подвајању међу браћом говори писмо Дубровчана Жигмунду, датовано 28. XI 1413: Gelcich–Thalloczy, Diplomatarium, 234–235. Cf. Barker, Manuel II, 340–341.

[11] Један од неоспорних присталица Манојла II био је и солунски архиепископ Симеон, али се, чак и код њега, осећа прикривено пребацивање аутократору због држања према Мехмеду I, како је то исправно запазио D. Baliour (Symeon of Thessalonica, 49, 126–128). О истоме питању биће још речи у овоме поглављу.

млетачкој галији која се враћала из Трапезунта, емисар је у престоници затекао само Јована VIII, кога или посланик није сматрао довољно компетентним или се млади цар осећао обавезним да изнете предлоге Турчин понови и пред Манојлом II, тек овај је продужио из Цариграда ка автократору. У Венецији се за поменуте новости сазнало средином јануара 1415. године, јер се поклисар, очигледно не видевши Манојла II или не утврдивши ништа са њим, појавио у Млецима у пратњи некога Грка.[12] Ту је покушао да у савез против Мехмеда I увуче и Републику, али је Сенат, свакако наклоњен таквој замисли, засада желео да остане неутралан.[13] Истине ради, ваља подсетити да је Serenissima била знатно уздржанија у изливима наклоности према Мехмеду I још од времена борби са Мусом, много мање одушевљена његовом појавом него што је то био Манојло II.[14] Да ли је Мустафин изасланик већ тада добио подршку Манојловог савладара немогуће је поузданије претпостављати, упркос чињеници да је, нешто касније, управо Јован VIII, као и Млечани, несумњиво био основни Мустафин политички пријатељ.

У рано лето 1415. године Мустафа је, премда се и даље налазио „in contratibus Trebusonde", одлучио да са својим четама пређе у Европу. Иако је Венеција у томе моменту још увек оклевала да ли да отворено помогне претендента а Јован VIII се осећао обавезним да у сличним питањима следи вољу првога цара и свога оца, који се налазио у византијској Мореји, тешко је замислити да се било какав прелазак преко мореуза могао обавити без знања, евентуално и прећутне сагласности Млечана и Цариграда. Пре 18. августа исте године Мехмедов супарник обрео се у Влашкој, где га је тамошњи господар, војвода Мирча, оберучке прихватио и потпомогао.[15] Током 1415. и 1416. заиста се чинило да је Мехмед I уздрман. Султана су невоље притискале, што је по њега било нарочито опасно, и са Истока: поред Мустафине побуне, у кратком временском размаку дошло је и до устанка Шејха Бедредина у западној Анадолији, Мехмеду је претио Тимуров наследник Шахрух као и карамански владар а

---

[12] *Iorga,* Notes et extraits, I, 225; *Thiriet,* Régestes, II, 1563; cf. *Barker,* Manuel II, 340.
[13] *Iorga,* Notes et extraits, I, 226; *Thiriet,* Régestes, II, 1564.
[14] Уп. прошло поглавље, посебно стране 166–168.
[15] *Gelcich-Thalloczy,* Diplomatarium, 249, 251; уп. *Радонић,* Западна Европа, 36; cf. *Barker,* Manuel II, 341.

Други први цар (1414–1425)

појавили су се у свему томе и знаци узнемирујућих социјалних и верских превирања.[16] Венеција је, ипак, покушавала да са Мустафом и Мехмедом I одржи двоструку игру, али без претераног успеха. Цариградски баило Франческо Фоскарини добио је 23. VII 1415. налог да се потруди да оправда Републику пред Мехмедом I, који је у то време баш пошао за Мустафом у Румелију.[17] Баило је такође требало да у име Венеције у Цариграду поздрави Јована VIII.[18]

У жижи турско-хришћанских збивања, већ и због чињенице да се Манојло II налазио у Мореји, био је тада Јован VIII, па се и византијска одговорност у наступајућим догађајима мора подједнако приписивати обојици ромејских царева. Ни сами не верујући сувише у чврстину мира са Мехмедом I, Млечани упоредо прихватају замисао, пониклу на егејском острвљу, о стварању нове хришћанске антитурске лиге којој се Манојло II нешто касније прикључио.[19] Мада су у Млетке средином септембра 1415. стигле лажне гласине о успешном исходу Фоскаринијеве мисије, нико се није заваравао.[20] Судећи по исказима венецијанских хроничара, који Јована VIII одреда једноставно називају „miser linperador", прелазећи Босфор војска Мехмеда I чинила се толико јака да је била у стању да нападне чак и на Цариград, а проносиле су се вести да је Мустафа већ тада, у лето 1415. године, решио да се повуче у Грчку, ка Манојлу II и Млечанима.[21]

Мир са Мехмедом I није био склопљен ни до краја 1415. године,[22] а у међувремену компликовале су се ствари и око стварања

---

[16] О Шејху Бедредину, cf. F. *Babinger*, Scheich Bedr ed-din, der Sohn des Richters von Simaw, Der Islam XI (1921) 1–106; *Werner*, Die Geburt, 198–213; уп. *Filipović*, Princ Musa. Најновији осврт на ово питање даје А. Д. *Новичев*, К истории народного восстания в Турции под руководством шейха Бедреддина Симави, Общество и государство на Балканах в средние века, Калинин 1980, 21–37. Наопштији преглед пружа *Иналчик*, Османско царство, 27–28.

[17] *Iorga*, Notes et extraits, I, 231–232; *Thiriet*, Régestes, II, 1583 –1584; cf. *Barker*, Manuel II, 314, 345.

[18] Занимљиво је да је у упутству Јован VIII назван као „illustrissimus genitor vester", то јест отац Манојла II. *Iorga* (Notes et extraits, I, 232, n. 1) сматра да је посреди преписивачева омашка; cf. *Barker*, Manuel II, 314.

[19] *Sathas*, Documents inédits, III, 120–121; *Iorga*, Notes et extraits, I, 238–239; *Thiriet*, Régestes, II, 1589, 1592.

[20] О томе је, под 18. IX 1415, саставио белешку Morosini, 954. Такође, о истоме говори и Цанкаруоло, истичући да је најзад са султаном склопљена „bona paxe" (Zancaruolo, 484).

[21] Овакве су вести стигле у Млетке још средином јула 1415 (Morosini, 926).

[22] *Thiriet*, Régestes, II, 1596.

антитурске лиге. Са једне стране није било реално очекивати приступање овоме савезу Жигмунда и српског деспота Стефана Лазаревића, а са друге стране ни Ђеновљани нису видели за себе непосредне користи из читавог подухвата. Угарски владар је зазирао од Млетака, са којима ће нешто доцније у Фурланији по други пут да ратује, а деспоту Стефану Мирча и Мустафа су, изгледа, наносили приличне материјалне штете својим упадима „in regnum Bulgarie".[23] Жигмундова обећања Манојлу II из септембра 1416. да ће коначно и сам нешто да уради да се Турци истисну,[24] била су, другим речима, вероватно неискрена а сасвим сигурно закаснела. Ђенова, схватајући евентуалне успехе лиге у борби против Османлија као јачање Венеције, оклевала је да се изјасни. Чак и пошто су Мехмедове лађе, а бродовљу је овај султан од почетка посвећивао много бриге, страховито опљачкале почетком 1415. млетачки Негропонт, односно Еубеју, из Ђенове одређеног одговора никако није било.[25]

То је неминовно утицало и на држање појединих острва под ђеновљанском контролом, какво је, на пример, био Хиос, да се савезу не придруже. Иако је византијски посланик фебруара 1416. уверавао млетачки сенат да је још увек остварљива коалиција у коју би ушли Жигмунд и Стефан Лазаревић, било је очигледно да од тога нема ништа.[26] Исто посланство донело је у Венецију и вест

---

[23] Током 1415. је Жигмунд оптуживао Венецију да је издала хришћанску ствар. Република је 30. VIII 1415. морала да упути свој одговор на ове оптужбе, изношене и на сабору у Констанци, различитим владарима западне Европе *(Iorga,* Notes et extraits, I, 236). О узнемирености деспота Стефана, Жигмундовог савезника и подређеника, успесима Мустафе и Мирче, као и слабости Мехмеда I, говори дубровачки извештај од 12. X 1416 *(Gelcich-Thallozcy,* Diplomatarium, 261).

[24] Уп. *Радонић,* Западна Европа, 37; cf. *Barker,* Manuel II, 335.

[25] Да је турски напад на Еубеју дубоко погодио Млечане, види се из читавог низа сенатских одлука. Сматрало се да је око 1500 људи било том приликом заробљено *(Sathas,* Documents inédits, III, 125–127; *Thiriet,* Régestes, II, 1598). Венеција је гајила велико неповерење према намерама Ђеновљана, а нарочито је стрепела од њихове евентуалне акције у Мореји, што се јасно види из разговора вођених у Сенату 14. и 25. јануара 1416 *(Thiriet,* Régestes, II, 1597). Да је Ђенова још увек оклевала са приступањем, очигледно је и из сенатских одговора византијском посланику од 8. II 1416. У њима се, између осталог, каже да Хиос не може да приступи лиги јер још увек није познат став Ђенове о њој, а она је матични господар острва *(Iorga,* Notes et extraits, I, 243–244; *Thiriet,* Régestes, II, 1599; уп. *Радонић,* Западна Европа, 36).

[26] Реч је о посланству које је предводио Никола Евдемонојанис и које је, такође, поново тражило од Републике да допринесе трошковима око Хексамилиона, што је, наравно, под изговором да је каса исцрпена због штета на Еубеји и опремања велике флоте, било глатко одбијено *(Iorga,* Notes et extraits, I, 244; *Thiriet,* Régestes, II, 1599).

да је недавно и сâм Цариград био у озбиљној опасности. У боју до кога је дошло у Сан Стефану, покрај престоничких зидина, сукобили су се Млечани и Мехмедова флота. Борба са Турцима потрајала је три дана. Османлије (међу којима је било и Ђеновљана?) су привремено заузеле цркву св. Стефана, али на крају су ипак били поражени. Још од Бајазитове опсаде престоница није била тако угрожена а, мада овај турски напад није имао за циљ трајно заузимање неке тврђаве подно Цариграда, све као да је било злокобни предзнак будућности када је Мехмед II искористио повољни положај Румели Хисара за одлучни јуриш на цариградске бедеме и рушење Царства.[27]

Мехмед I се трудио да престоницу, у којој је одсутног Манојла II и даље замењивао Јован VIII, изолује што више и није, како се малопре видело, презао ни од насртаја на њену најближу околину. Ово можда дозвољава претпоставку према којој се султанов став у погледу младога цара разликовао од онога који је османски владар имао када је у питању био Манојло II. Природно би било очекивати да је Јован VIII учествовао у одбрани града заједно са Млечанима али, нажалост, експлицитних потврда у изворима за то нема. У сваком случају, бар према Дуки, када се Манојло II, после скоро две године одсуствовања, враћао у Цариград, у Галипољу га је свечано, по више пута у прошлости понављаном ритуалу, сачекао Мехмед I, исти онај који је два-три месеца раније претио царевом сину и престоници.[28]

Претходно се дуго бавећи на Пелопонезу, Манојло II је истовремено изазвао знатно подозрење Млечана, као што ће га годи-

---

[27] О томе приповеда Морозинијева хроника. У њој је забележено да су 21. I 1416. стигле вести о Турцима из Романије. Према обавештењима која је послао у своме писму цариградски баило, већи број млетачких бродова је задржан у престоничком пристаништу због присуства огромне османлијске ратне флоте. У истоме писму се каже да је поменута ескадра покушала да се дочепа обале код Цариграда, у чему, после жестоке битке са Млечанима, ипак није успела. Писац извештаја затим продужава да је бој био утолико тежи јер се Османлије и иначе налазе по целој земљи где харају и пале све што стигну, а потом се враћа на опис даљег тока битке. Окршај који је почео у рано јутро у понедељак, наставио се и у уторак, па и у среду. Тек крајем трећег дана Османлије су почеле полако да се повлаче. Млечани су успели да са њима размене и неке заробљенике, међу којима су им враћени сер Бригарио Скапинело, сер Ђан ди Фрагули, сер Андреа де Сталино и Никола Мауро (Morosini, 986–989). У наставку, у хроници се излаже како је, истим галијама којима је упућено писмо баила, приспело и византијско посланство са Евдемонојанисом на челу, као и вест да Цакарија Чентурионе управо продаје своју територију Ђенови за 60 000 златних дуката (о овоме, в. даљи текст) (ibidem, 991).

[28] Ducas, 139; в. даље излагање.

ну дана касније изазвати кренувши у Мореју и Јован VIII. У начелу немајући поверења у потезе ромејских царева на поменутом полуострву, узнемирена делатношћу автократора на њему током 1414–1416. године, Венеција је била неспокојна због тешкоћа са Мехмедом I а стрепела је и од потајних намера Ђеновљана. Тешкоће у Романији Serenissima се труди да отклони упорним преговарањем са султаном, упоредо се припремајући да га, уколико буде нужно, ускоро силом примора на промену понашања.

За оца Јована VIII се, опет, чинило да се, одлазећи у Мореју, вратио својим давнашњим париским илузијама о општем привлачењу западних владара, са слабашном надом да ће му отуда стићи помоћ. Тако је познато да су преписку са арагонским краљем Фердинандом I водили између 1414. и 1416. поред Манојла II и његови синови, деспот Теодор II и савладар Јован VIII. Док је стари цар прижељкивао у Грчкој крсташе, дотле је Јован VIII 3. III 1416. замолио, преко свога „слуге" Константина Раула Палеолога, да му краљ поклони некакве, раније обећане, ловачке псе. О шпанским крсташима овде није било речи. Тешко је рећи да ли је сачувано писмо било само показатељ добро познате страсти Јована VIII према лову или је „Imperator Calo Johannes" покушао да се и сâм упусти, независно од оца, у међудржавне послове. Ипак, биће да је посреди и једно и друго, будући да Јован VIII уверава краља да му је и он, попут свог оца, веран и искрен (политички) пријатељ.[29] Ускоро по овоме писму, свакако пре 25. III 1416, Манојло II се вратио у Цариград, чиме је престала привремена самостална управа његовог најстаријег сина над престоницом.[30]

Пошавши из престонице јула 1414, Манојло II се зауставио најпре на Тасосу који је нешто раније приграбила ђеновљанска по-

---

[29] Манојло II је, боравећи у Солуну, 28. новембра 1414. упутио писмо арагонском владару у коме је изразио задовољство због обећања Фердинанда I автократоровом сину деспоту Теодору II да ће му доћи у помоћ, на челу крсташа. Цар даље извештава да је успео да освоји острво Тасос, као и да и сâм има намеру да оде у Мореју. На крају писма, Манојло II моли Фердинанда да га држи у току збивања у вези са планираним крсташким походом на Пелопонез (Marinesco, Manuel II et les rois d'Aragon, 200–201; cf. Zakythinos, Despotat, I, 168). – Из писма које је, у име Јована VIII, послао Константин Раул такође се види да су Фердинанд I и Манојлов савладар већ били у контактима. Текст писма даје Marinesco, Manuel II et les rois d'Aragon, 202–203.

[30] Код Сфранцеса стоји да се Манојло II у престоницу вратио 24. марта 1416 (Sphrantzes, 6), а цар је лично обавестио 25. марта 1416. Фердинанда I да је стигао у Цариград (Marinesco, Manuel II et les rois d'Aragon, 201–202). Cf. Barker, Manuel II, 318, 334.

Други йрви цар (1414–1425)

родица Гатилузија. Септембра исте године цар је успео да острво врати под ромејску власт и да затим стигне у Солун.[31] Овде ће Манојло II остати током јесени и зиме 1414/15. године, желећи да лично буде присутан и припомогне преласку фактичке управе над другим градом Царства са Димитрија Леонтариса, поузданог Манојловог чиновника, у руке младог Андроника. Царев син, деспот Андроник, некако у доба доласка автократора у Солун, управо је са напуњених 14 година био, по мишљењу Манојла II, спреман да се без подршке и савета Леонтариса суочи са сложеним пословима у њему додељеној апанажи. Убудуће, Леонтарис ће искључиво да буде у служби Манојла II и Јована VIII.[32] Случајно или намерно, тек Манојло II се и у овоме наврату показивао као човек традиционалистичких уверења. Узраст у коме је Андронику стварно препуштена управа над солунском апанажом био је идентичан ономе у коме је својевремено Јован VIII стекао царско достојанство.

Током боравка у Солуну, прекинутог можда само једним краћим излетом до Драме (фебруара 1415), Манојло II је доста бриге одвојио уређивању односа са црквом и монаштвом. Издајући повеље већем броју светогорских и солунских манастира, поред побожности која га је неоспорно покретала у давању и потврђивању привилегија, имао је пред собом и врло конкретне циљеве, укратко сведене на даље напоре да се околина Солуна, а посебно Касандрија, што боље опаса утврђењима и обезбеди од Турака.[33]

---

[31] Према Сфранцесу, Манојло II је Тасос успео да врати под византијско окриље септембра 1414. и онда да се упути ка Солуну (Sphrantzes, 4). Да је цар остао на Тасосу око три месеца, наводи и Мазарис *(Boissonade,* Anecdota Graeca, III, 177), а Манојло II је и сам известио 28. XI 1414. да се налази у Солуну (в. нап. 29, у овоме поглављу). Током боравка на Тасосу, цар је упутио два писма Ђорђу Гатилузију, у којима га је упозоравао на незаконитост његовог положаја на острву, као и на ратне справе којима је василевс био у стању да Гатилузијев отпор сломи *(Dennis,* Letters of Manuel 165, 167). Cf. *Barker,* Manuel II, 299–300; уп. нап. 124, у прошлом поглављу.

[32] О потоњој делатности Леонтариса уп. текст који следи, посебно почев од нап. 105.

[33] Први у овоме низу докумената била је хрисовуља Ватопеду из августа 1414, још док се Манојло II бавио на Тасосу (*А. Ватопединос,* Γρηγόριος ὁ Παλαμᾶς, 3, 1919, 433 sq.). Већ у Солуну, цар новембра 1414. године издаје простагму Дохијару (*Х. Ктенас,* Χρυσόβουλλοι λόγοι τῆς ἐν Ἄθῳ ἱερᾶς Βασιλικῆς Πατριαρχικῆς καὶ Σταυροπηγιακῆς Μονῆς τοῦ Δοχειαρίου, ΕΕΒΣ 4. 1927, 307 sq.). Чини се да је најзанимљивија простагма коју је 20. XII 1414. автократор издао Дионисијату, у којој Манојло II налаже да се обнове утврђења на Касандрији, на шта их је обавезао још својевремено Јован VII, а заузврат на дотичном поседу биће изузети од плаћања пореза (Dionysiou, No. 13). Најзад, марта 1415. Манојло II је простагмом разрезао плаћање пореза на поседе Гија од Лузињана у Солуну између солунских манастира Св. Анаргира и Неа Мони (Lavra, III, No. 163). Претпоставку о краткотрајном боравку Манојла II у

Био је то сигурни показатељ да се опасност од неверника поново приближава, да ἀνωμαλία τοῦ καιροῦ τῆς μάχης османске принчеве доводи све ближе Солуну, па да је неопходно подстаћи грађевинске подухвате које је још 1403. на истом простору започео Јован VII.[34] Оставивши Андроника, Манојло II је пошао из Солуна, накратко је прекинуо пут на Еубеји а 29. III 1415. искрцао се у близини Коринта на тле Пелопонеза.[35] Веома брзо, за нешто више од месец дана (29. III – 2. V), василевс је успео да обнови Хексамилион, стари одбрамбени зид којим је полуострво од давнина покушавало да се заштити од напада са копна.[36] Као и у случају фортификација на Касандрији, Манојло II је и овде следио замисли својих претходника. Међу многима који су у прошлости желели остварење истог подухвата, автократору је морао бити најсвежији пример брата Теодора I и његовог труда да у два наврата уз помоћ Млечана Хексамилион некако утврди.[37] Довевши на градилиште мајсторе (наводно су били чак из Цариграда), а не успевши да од Венеције, осим невољне моралне подршке, добије било какву материјалну потпору,[38] Манојло II је сав терет трошкова око грађевинских радо-

---

Драми први је, колико је познато, уз пут изнео *Oikonomidus* (Dionysiou, 90), на основу белешке А. *Ваūойединоса* (op. cit., 335). Cf. *Barker,* Manuel II, 301; уп. нап. 160, у претходном поглављу.

[34] Грчки навод је из поменуте Манојлове простагме Дионисијату (Dionysiou, No. 13, 91).

[35] О Манојловом застанку на Еубеји, церемонијама са којима је био дочекан, као и о трошковима испостављеним Сенату, говори млетачки акт од 24. априла 1415 *(Sathas,* Documents inédits, III, 110). – За приспеће цара на Пелопонез, Сфранцес бележи да се збило марта месеца (Sphrantzes, 6), док је у кратким хроникама записано да се автократор искрцао 29. III 1415 (Kleinchroniken, 246–247, 286, 314); cf. *J. W. Barker,* On the Chronology of the Activities of Manuel II Palaeologus in the Peloponnesus in 1415, BZ 55 (1962) 39–55; *idem,* Manuel II, 310; Schreiner, Kommentar, 402–403.

[36] Према Мазарису, обнова зида трајала је свега 25 дана *(Boissonade,* Anecdota graecae, III, 177–178). Према једној краткој хроници, почетак радова био је 8. априла 1415 (Kleinchroniken, 286). О обнови Хексамилиона говоре и још неки извори: Chalc., I, 173; Sphrantzes, 6 (каже да је градња почела 8. априла); *Зорас* Χρονικòν, 51. О осталим изворним вестима у вези са Хексамилионом, в. наредне редове. О овоме зиду у византијској историји, cf. *Сū. Ламброс,* Τὰ τείχη τοῦ ἰσθμοῦ τῆς Κορίνθου κατὰ τοὺς μέσους αἰῶνας ΝΕ 2 (1905) 435–489; *E. W. Bodnar,* The Isthmian Fortifications in Oiacular Prophecy, American Journal of Archeology LXIV (1960) 163–171; *Barker,* on the Chronology, 43–48.

[37] О настојањима деспота Теодора I у вези са Хексамилионом, уп. нап. 215, у претходном поглављу.

[38] У Морозинијевој хроници је срединoм априла 1415. године записано: „Dele parte de Modon avesemo chomo linperador de Constantinopoly armava IIII galie, e do choche, sovra le qual aveva molty chavay, e altra zente, e maistranza de murery, e inzegny, e altre chose de chonbater, jera per vegnir in la Morea, e de alguna parte a murar quela, per eser seguro dai turchy, ma de larmada de quely niente non se sa, fo dito quelo luogo aver nome echilymia" (Morosini, 907).

Други йрви цар (1414–1425)

ва свалио на леђа локалног становништва, док је обавеза одржавања војне посаде била задатак тамошњих архоната, то јест истакнутих морејских феудалаца. Паралела коју је овим поводом направио Сфранцес, подсећајући на Јустинијаново грађење Хексамилиона, иако ненамерно изречена, била је адекватна. Добро је познато да је основни проблем свих Јустинијанових утврђења био у недостатку људства које би их штитило и бранило. Са истом невољом суочио се и Манојло II.[39]

Морејски господари, су Манојла II поздравили као сизерена одмах по његовом доласку, учинио је то чак и велики противник Ромеја из Мистре, ахајски кнез Асан Чентурионе Цакарија, али за учешће у трошковима око Хексамилиона углавном нису били спремни, као што су одбијали и помисао да се подвргну чвршћој, централизованој управи из Цариграда. На Пелопонезу долази до побуне архоната коју је автократор покушао да сузбије затварањем једног дела њихових вођа и делимичним освајањем територија које су им припадале. Међу побуњеницима истицао се Елиавуркос, чију је тврђаву Мантинеју Манојло II на јуриш освојио. Судећи према једној краткој хроници, највећи део архоната био је поражен и потчињен у боју који се одиграо 15. јула 1415.[40] Али, Чентурионе није

Међутим, судећи по млетачким обавештењима, изградња зида ипак није била тако брзо обављена јер, на пример, у истој хроници забележено је да је 28. V 1415. стигла вест како је „miser linperador de Constantinopoly, questo avese fato fare, e inchomenziado a murar echysymia, e per sy fata ma niera che con puochy balestriery e ziente darme vignera a eser plu forte linperio dala posanza dy dity turchy, e lo dito Inperador non vignera adeser per continuo molestado" (ibidem, 910). Поново у Морозинијевој хроници, налази се под 29. VIII 1415. вест да је Манојло II „conplido de murar Eschysimia e fato la molto in forteza, la qual nouvela fo molto bona de larmada nostra per lo stado de Veniexia" (ibidem, 944). Исказ хронике потврђује и оно што се налази у сенатском документима: 23. VII 1415. Млечани изјављују да их радује напредовање радова на бедему *(Iorga,* Notes et extraits, I, 231 –232; *Thiriet,* Régestes, II, 1583), да би се тек 23. IX 1415, из одговора сената Манојловим посланицима, могло закључити да је цар завршио са реконструкцијом зида и о томе одмах известио Републику *(Iorga,* Notes et extraits, I, 238–239; *Thiriet,* Régestes, II, 1592). – О млетачком одбијању да финансирају одржавање Хексамилиона, уп. нап. 26, у овоме поглављу.

[39] Sphrantzes, 6; прошлост Хексамилиона, па и улогу Јустинијана помиње и Chalc., I, 173. – О начину на који је зид грађен и касније одржаван, Chalc., I, 184; *Boissonade,* Anecdota Graeca, III, 178–179; MM., III, 175. Cf. *A. Andréadès,* Les finances byzantines, Rev. des sciences politiques 26 (1911) 9; *Zakythinos,* Despotat, I. 170; *И. П. Медведев,* Мистра, Лењинград 1973, 63, нап. 32; *E. Vranoussi,* Notes sur quelques institutions du Péloponnèse byzantin, Études Balkaniques 6 (1978) 81–88; *idem,* Ἕνας ἀνέκδοτος ἀργυρόβουλλος ὁρισμός, Βυζαντινά 10 (1980) 357; в. даље излагање.

[40] О првобитном признавању Манојловог сизеренства лепо сведочи Cronaca dei Tocco, 378–380. – О устанку архоната говоре следећи извори: Kleinchroniken, 247; Chalc., I, 173; Мазарис *(Boissanade,* Anecdota Graeca, III, 178–179); једно писмо Димитрија Хрисолораса *(Лам-*

био међу њима. Кокетујући са Ђеновљанима и Млечанима упоредо, ахајски кнез је врло лукаво ширио неповерење између Венеције и Манојла II у погледу крајњих автократорових тежњи на Пелопонезу.[41] Стари цар, да више не би кварио односе са Републиком чија му је помоћ била итекако потребна, одустао је од даљих акција.[42] Наредне послове око стабилизовања византијске територије на полуострву он ће препустити Јовану VIII, који ће тамо да се покаже знатно одлучнијим, па и успешнијим од оца. Сâм Манојло II у Мореји се иначе бавио још извесно време, да би се у Цариград вратио марта 1416. Попут Солуна, у коме се деспот Андроник од 1415. понаша као истински господар, тако је, чини се, и Морејом Теодор II почео пуноправно да управља тек после Манојловог одласка.

Сводећи резултате свога дужег одсуствовања, ваљало је да Манојло II буде ипак задовољан. Његов циљ био је јасно омеђен на успостављање чвршће власти свуда где је то било могуће а првенствено у апанажама додељеним Андронику и Теодору II. Природно, Царство је било сувише слабо да за своје територијално ширење искористи турске унутрашње недаће, али Манојло II је веровао, као и Јован VIII 1416–1418. године, да је макар неопходно што више сузбити антицентралистичке, практично антивизантијске тенденције хришћанских феудалних господара у Мореји, без обзира да ли су латинске крви или православне вере и упркос Венецији и Турцима, подозривим према таквим замислима.

Ромеји из Цариграда, како каткада локални грчки извори називају престоничку владу,[43] као што је истицано, уопште нису били у

бpoc, Παλαιολόγεια, III, 243), као и писмо Манојла II јеромонасима Давиду и Дамјану *(Dennis,* Letters of Manuel, 213–217). – Посебно је вредна пажње, када је у питању Елиавуркос и бој код Мантинеје, Cronaca dei Tocco, 380, 480; cf. *Zakythinos,* Despotat, I, 170–171; *R.–J. Loenertz,* Epitre de Manuel II Paléologue aux moines David et Damien 1416, Studi bizantini e neoellenici 9 (1957) 294–304; *Barker,* On the Chronology, 43–48.

[41] Чентурионе је, у пролеће 1416. године, продао Ђеновљанима тврђаву Пилос и неке друге своје поседе, што Serenissima није могла да дозволи *(Sathas,* Documents inédits, I, 60–62; *Thiriet,* Régestes, II, 1624); претходно је Цакарија, заједно са другим локалним феудалцима, признао власт Манојла II (Ducas, 139; Cronaca dei Tocco, 378). О раскиду са Манојлом II: *Sathas,* Documents inédits, I, 54–55; о посредовању Млечана код автократора у корист Чентурионеа: ibidem, 58–59. Cf. *Zakythinos,* Despotat, I, 172, 180–181.

[42] Узнемиреност Млечана због доласка Манојла II почела је да се примећује убрзо по његовом искрцавању *(Sathas,* Documents inédits, III, 113; *Thiriet,* Régestes, II, 1578). Молбе Манојла II Републици за помоћ око стварања хришћанске лиге анализоване су у претходном тексту о овоме поглављу (нап. 17 и 19).

[43] Тако, на пример, чини Cronaca dei Tocco, 480.

Други први цар (1414–1425)

стању да Мехмедове неприлике за себе искористе. Цела Манојлова делатност, држећи се неславне традиције још из доба Јована V и прилика после маричке битке, била је искључиво окренута хришћанским противницима, и то онима слабијим од Царства. Тек ће Јован VIII 1421/22. године унети у византијску политику према Турцима макар на тренутак више смелости. Из таквог држања, по себи се разуме, за Османлије није произлазила никаква знатнија претња.

На другој страни, Serenissima је доста дуго покушавала да се са Мехмедом I нагоди, али узалуд. Паралелно није скривала своје симпатије према Мустафи. Тешко је проценити у којој је мери Република искрено веровала у политичко решење сукоба са Турцима, но непобитно је да је султан потценио војну снагу Млетака која је стајала иза њихових посланика, најпре Франческа Фоскаринија а затим Долфина Венијера.[44] Када је заповедник млетачке флоте Пјеро Лоредан фактички нудио, 29–30. јуна 1416. године, турским бродовима двобој испред галипољске луке, Османлије су изазов лакомислено прихватиле, иако се главнина турске војске тада налазила далеко, по свој прилици борећи се на Дунаву са Мустафом и Власима. Однесши сјајну победу, млетачки адмирал је Венецији омогућио неколико деценија несумњиве доминације на источном Средоземљу, мада ће остати вечито питање није ли Република после тријумфа могла да учини за себе више од онога што је урадила?[45]

---

[44] Долфин Венијер је одређен за посланика Мехмеду I крајем марта 1416 *(Iorga,* Notes et extraits, I, 245–247; *Thiriet,* Régestes, II, 1608–1609).

[45] Основни извори за битку код Галипоља 30. VI 1416. јесу млетачке хронике: Zanacarurolo, 486; Morosini, 1014–1035; Zorzi Dolfin, 297–299; о боју такође говори и „Хроника о турским султанима", чак на прилично исцрпан начин (*Зорас,* Χρονικὸν, 52). Сви они приповедају како је после тријумфа било врло лако да се заузме Галипољ, јер су Османлије биле до ногу потучене, а и већина посада бродова који су Турцима још преостали била је хришћанска, то јест грчка. Лоредан, међутим, није смео да иде преко својих овлашћења и такве предлоге одбија. Да је победа код Галипоља у Млецима била схваћена као освета за напад на Еубеју, извори су једнодушни. Према извештају који је Лоредан одмах послао у Венецију, Османлије су изгубиле 6 галија, 9 галеота и 15 фусти, а заробљеници (међу којима Турака уопште нема, већ искључиво Ђеновљана, Каталанаца, Сицилијанаца, Провансалаца, Крићана и Грка у ширем смислу) углавном су побијени. Манојло II је био принуђен да касније од Млечана потражује ослобађање својих поданика, заробљених код Галипоља, и то врло дуго по догађају. Такве молбе налазе се и у автократоровом писму од 31. V 1418 *(Iorga,* Notes et extraits, I, 281–282; *Thiriet,* Régestes, II, 1705). Можда је неславна улога Грка један од разлога за потпуно ћутање византијских писаца о овоме боју, но то је само претпоставка. Cf. *S. Antoniadus,* Le récit du combat naval de Gallipoli chez Zancaruolo en comparaison avec le texte d'Antoine Morosini et les historiens grecs du XVe siècle, Venezia e l'Oriente fra tardo Medioevo e Rinascimento, a cura di *A. Pertusi,* Venezia 1966, 267–281.

Победа код Галипоља дошла је по ромејског цара управо док су се његови посланици на црквеном сабору у Констанци трудили да присутне увере у потребу помоћи Царству и у решеност Грка да се одрекну шизматичких идеја. Учесници сабора обећавали су подршку Византији, деобу трошкова око Хексамилиона и томе слично, што је све Република, бар у таквом облику, одбијала.[46] По ко зна који пут занесен сродним замислима, Манојло II, чини се; пропушта да заједно са Млечанима искористи понуђену прилику и, после турског пораза код Галипоља, осетније промени положај Царства. Автократор је, још једном, млетачком политичком минимализму претпоставио мегаломанске понуде папе и Запада. Иначе, не може се порећи да су Манојло II и Јован VIII и сами уочили рањивост Турака на мору, постоје знаци који указују на њихове заједничке покушаје да обнове давно замрлу царску флоту, али такви напори су свакако били објективно окромног домета.[47]

Појединости о току борби између Мустафе и Мехмеда I током 1416. године нису познате. Мустафа је, уз помоћ одважног Џу-

---

[46] Реч је о поновној мисији Николе Евдемонојаниса, који је у Констанцу стигао пре 15. III 1416. У проласку, Евдемонојанис је свратио у Венецију, где је разговарао о стварању хришћанске лиге и о млетачком учешћу у одржавању Хексамилиона (в. нап. 26, у овоме поглављу). Овај византијски дипломата је остао у Констанци до краја заседања сабора. У исто време почиње и активност грчких доминиканаца Андреја и Теодора Хрисоверга; cf. R.-J. Loenertz, Les dominicains byzantins Théodore et André Chrysobergès et les négotiations pour l'union des églises grecque et latine de 1415 a 1430, Arch. FF. Praed. 9 (1939) 5–61. – О обећањима потеклим од папе Мартина V, изабраног 11. новембра 1417. у Констанци, биће говора у каснијем излагању, наравно у оној мери у којој је то од значаја по непосредни политички ток збивања. Ипак, није на одмет подвући да се судбина Царства налазила на периферији занимања учесника сабора у Констанци, па су чак и представе о Ромејима, упркос присуству византијских представника на заседањима и вишеструким индиректним или непосредним обраћањима Манојла II сабораницима (в. нап. 23 и 98, у овоме поглављу) биле врло неодређене. Тако, на пример, Улрих од Рихентала, човек који је лично имао у рукама поруке автократора писане на латинском језику, доследно сматра Цариград и Грчку деловима Африке (Ulrichs von Richental Chronik der Constanzer Concils 1414 bis 1418, ed. M. R. Buck, Stuttgart 1882, reprint: Hildesheim 1962, 158 206). За општију литературу око сабора у Констанци, cf. Barker, Manuel II, 324–325.

[47] Није наодмет да се и овде још једном нагласи да писање појединих византијских историчара о наводном противљењу Манојла II склапању уније са Латинима не одговара истини и једноставно је одраз личних ставова ових аутора према поменутом питању. Напротив, све док се због здравствене неспособности није повукао од државних послова, управо је Манојло II загрејани присталица црквеног уједињења (в. даље излагање). Утолико је више необично што се Сфранцесов наводни дијалог између старога цара и Јована VIII, вођен пред смрт Манојла II, у коме је отац изричито устао против уније, у модерној литератури користи без икаквих резерви; cf. Barker, Manuel II, 329–330. Ову причу Сфранцеса (Sphrantzes, 58) дословно прихвата и у најновије време Nicol, Church, 109, 122. – Око византијске флоте, уп. нап. 202, у овоме поглављу.

неида, ситног обласног феудалца из околине Смирне који му се придружио, као и уз подршку Мирчиних Влаха, у другој половини 1416. са Дунава продро „in regnum Bulgarie". Према дубровачким обавештењима од 12. октобра ове године, побуњеничке чете су, са доста одбеглих Мехмедових војника, пустошиле унутрашњост Балканског полуострва, уздајући се у султанову заузетост ратом са караманским емиром.[48] Судећи по Дукином казивању, циљ им је био да се спусте у „Тесалију".[49] Мехмед I, који тек што се из Анадолије вратио у Једрене, сазнавши да се и Џунеид придружио Мустафи, и сâм је пожурио преко Тракије ка „солунским странама", у сусрет побуњеницима. До сукоба је дошло, изгледа, у непосредној близини Солуна и из њега је као победник изишао Мехмед I. Власи су се разбежали а Мустафа и Џунеид, којима су султанове трупе биле за петама, некако су успели да се склоне у град.[50] Једва час касније под зидинама Солуна појавио се и Мехмед I,[51] одмах захтевајући да му се побуњеници предају.

У Солуну се тада налазио Јован VIII коме је, како сведочи већи број савремених извора, припала главна улога у преговорима са султаном око Мустафине и Џунеидове судбине.[52] Свакако да је у вези са боравком Јована VIII у Солуну посебно значајно то што га потврђује и очевидац, солунски архиепископ Симеон, истичући како је млади василевс „ове послове спретно водио".[53] Иако Дука, коме се најчешће мора одавати признање да је о „турским питањи-

---

[48] *Gelcich-Thallozcy*, Diplomatarium, 261; уп. нап. 15, у овоме поглављу.

[49] Ducas, 157; в. нап. 59, у овоме поглављу.

[50] Ducas, 157–159.

[51] *Balfour*, Symeon of Thessalonica, 50.

[52] Sphrantzes, 6; о боравку Јована VIII говори такође Исидор из Кијева *(Ламброс,* Παλαιολόγεια, III, 173–174; о аутору уп. нап. 16 и 21, у прошлом поглављу); о осталим изворима уп. наредне напомене. Први који је аргументовано доказао да је Јован VIII с јесени 1416. године био у Солуну јесте *М. Ласкарис* (Ναοὶ καὶ μοναὶ Θεσσαλονίκης то 1405 εἰς то ʹΟδοιπορικὸν τοῦ ἐκ Σμολένσκ Ἰγνατίου, Τόμος К. Ἁρμενοπούλου, Солун 1952, 340 sq.). *Barker* (Manuel II, 342 –345) у овоме погледу није од претеране користи. Његово излагање, овде врло несистематично, засновано је на вестима Дуке и Халкокондила (в. наредне редове), па самим тим и нетачно. Поменути аутор укратко је мишљења да је у читавој епизоди са византијске стране учествовао практично једино Манојло II. Замерке које је оваквим ставовима изнео *D. Balfour* (Symeon of Thessalonica, 131) оправдане су, премда и *Balfour* није у праву када делатност Јована VIII види као резултат инструкција које је претходно добио од Манојла II. О томе извори ништа не саопштавају, напротив, све што се догађало иде у прилог веровању да је у Солуну Јован VIII поступао самостално.

[53] *Balfour*, Symeon of Thessalonica, 50.

ма" врло обавештен, наводи да је преговоре са византијске стране у име Манојла II водио добро знани Димитрије Ласкарис Леонтарис, у овоме случају, рекло би се, није у праву. Леонтарис, ако је и био у Солуну у томе тренутку (за шта, осим код Дуке, других потврда нема), тешко да је у преговорима могао да има главну реч поред присутнога цара Јована VIII. Према истом историчару, две стране су се на крају споразумеле да Мустафа буде протеран на Лимнос а Џунеид да се затвори у цариградском манастиру Богородице Памакаристе. Мехмед I је, наводно, за овакав исход преговора био спреман да цару годишње плаћа 300 000 ашри.[54] Сфранцес, а за њим и Халкокондил, говори да је Мустафу Јован VIII послао најпре на Лимнос али да га је потом пребацио у Мистру, у коју је и сам с јесени 1416. преко Солуна кренуо.[55] Остали извори ништа не саопштавају о Мустафином одласку у Мореју, но то не значи да у Сфранцесов податак треба „a priori" сумњати.

У модерној литератури је уобичајено да се, опет првенствено на основу Сфранцеса, говори о Јовану VIII у Солуну тако као да се он у граду затекао на пропутовању за Мореју. Чињенице, међутим, упућују на нешто другачије размишљање из кога би, уза сву дужну опрезност, следио закључак да је Јован VIII у овоме граду смишљено боравио, а не кроз њега пролазио, у првоме реду у вези са Мустафиним кретањем. Шта пружа основа изнетој хипотези? У питању је најпре писање сведока, архиепископа Симеона, који дословце помиње да је Јован VIII, у тренутку када се пред солунским зидинама

---

[54] Ducas, 155–161. О Дукином писању о збивањима из турске повести, уп. *А. С. Сшейанов,* Труд Дуки как источник по истории восстания Берклюдже Мустафы начала XV в., ВВ 5 (1952) 104 сл.

[55] Sphrantzes, 6; Chalc., I, 190–192 (код њега стоји да је Мустафа пребачен на Лимнос, односно Имброс, да би касније био у Епидаврусу на Пелопонезу). У „Хроници о турским султанима" забележено је да је Мустафа био заточен на Лезбосу *(Зорас,* Χρονικόν, 53), што је очигледно нетачно, вероватно настало као последица италијанског облика за Лимнос („Stalimene"), како исправно претпоставља *Barker,* Manuel II, 344. Занимљивије је, међутим, оно што је, успут, забележио бургундски витез Жилбер од Ланоа, сведок друге Мустафине побуне, који каже да „en iceluy temps avoit le viel empereur delivre hors de sa prison ung prime turcq nomme Moustaffa" (Lannoy, 90), а није неупутно подсетити да и Константин Филозоф говори да је Мустафа после 1416. боравио у европском делу Царства, под којим подразумева поседе Византије изван Цариграда (Константин Филозоф, 306). За место боравка Мустафе после 1416. године од врло велике вредности је чињеница да Сфранцес, свакако упућенији од других у локалну прошлост Пелопонеза, поново се бавећи овим турским принцом, каже да је он 1421. био одведен из Мореје у Тракију, тачније из њене престонице Мистре (Sphrantzes, 12).

Други йрви цар (1414–1425)

Мустафа појавио, већ „боравио у Солуну".[56] Као што је познато, директни пут за Мореју (подразумева се онај морски а не копнени) никако није водио преко Солуна, па је умесно помислити да је млади цар у наведеноме граду имао некаквих неодложних посебних послова који ће га ту извесно време задржати. Овакво размишљање, наравно, не противречи оквирној хронологији, онаквој какву даје Сфранцес, о поласку Јована VIII из Цариграда у јесен 1416.

Међу обавезама које су Манојловог савладара у Солуну очекивале, уз труд да сачува у животу Мустафу, можда се налазила и брига око последица преношења фактичке управе над тамошњом апанажом на деспота Андроника, али она није могла да буде и основна,[57] јер томе проблему је две године раније посветио боравак лично Манојло II. Солунски црквени поглавар, чије су политичке симпатије у поређењу између Манојла II и Јована VIII, бар у погледу одлучнијег држања према Османлијама 1416. и 1421/22. године, претезале на страну младог василевса, автократору управо није одобравао непрестани труд да се Мехмеду I не замери.[58] Симеоново мишљење било је одраз става макар једнога дела солунског јавног мњења, у коме је ангажовање Јована VIII на страни Мустафе 1416. године наилазило на одобравање.

Да су Јован VIII и Мустафа, пре него што је Мехмед I претендента поразио, планирали да им се снаге сједине управо код Солуна, посредно се да закључити из Дукине приче која говори о намери турских побуњеника да се спусте у „Тесалију", с тим што код овог исто-

---

[56] *Balfour*, Symeon of Thessalonica, 50.

[57] Sphrantzes, 6. – Да је одлуку о „спасавању" Мустафе Јован VIII самостално донео, потврђује и Исидор из Кијева. У његовом панегирику привлачи пажњу неколико појединости: Јован VIII је у Солун стигао некако у приближно исто време када и Мустафа, било је неких у Солуну који су желели да се побуњеник преда Мехмеду I, млади цар је одмах Мустафу уклонио из Солуна на Лимнос, султан је на то хтео да раскине споразум са Царством; Јован VIII је, исто тако, пре него што је пошао за Мореју, званично предао своме брату деспоту Андронику управу над апанажом која му је раније била препуштена (*Ламброс*, Παλαιολόγεια III, 173–174; cf. *Ласкарис*, Ναοί καί μοναί, 340–344). Околност да се и у панегирику помиње Лимнос као прибежиште Мустафе можда дозвољава претпоставку да се он тамо налазио само док се опасност, бар она непосредна, није стишала, а да је евентуално касније (како каже и Сфранцес: в. нап. 55) пребачен у Мореју. – У вези са Јовановом улогом око предаје фактичке управе Андронику, удео Манојловог сина не треба прецењивати, јер сâм састављач панегирика каже да је Андроник већ управљао градом (уп. *Ферјанчић*, Деспоти, 98; в. нап. 163–164, у претходном поглављу).

[58] Природно, ове замерке Симеон износи врло увијено (*Balfour*, Symeon of Thessalonica, 49; cf. *Balfour*, op. cit., 126–128).

ричара наведени географски појам превасходно означава солунско залеђе.⁵⁹ Чини се да у прилог постојању заједничких планова Мустафе и Јована VIII, усмерених против Мехмеда I, сведочи кратка белешка из „Хронике породице Токо" у којој се каже како је из Влашке, када су међу Османлијама почели метежи, дошао Мустафа и „прошавши кроз Романију стигао у Солун где се, тако, сјединио (ἐνώθηκεν) са царем; његов брат султан на то се вратио назад (то јест у Румелију, прим. И. Ђ.) али је затекао да је овај већ ушао у Солун".⁶⁰ Другим речима, независно од пораза који је у близини Солуна доживео, Мустафа је унапред желео да у овај град стигне и састане се са Манојловим сином. Мехмедова победа над претендентом је само томе сусрету изменила карактер: уместо савезника у варош је приспео бегунац.

Када је посреди поређење између Манојла II и Јована VIII, на које је истраживач ових збивања из византијске историје често приморан, излази да су се они, ако су, на пример, на прилике у Мореји или црквену унију са Западом слично гледали, на питању понашања према Бајазитовим наследницима међусобно разликовали. Млађи цар је, како 1416. тако и 1421/22. године, био присталица оштре политике према султану а старији није. Из извора је очигледно да су и један и други, посебно 1421/22. године, за собом имали истомишљенике. Можда је на држање Јована VIII утицало и пријатељство које га је везивало за поједине међу турским принчевима, али „пријатељство" Мехмеда I са Манојлом II султана није обавезивало и на трпељивост према аутократоровом сину. У претходном излагању је истакнуто како се Мехмед I односио према Цариграду док је у њему одсутног Манојла II замењивао најстарији син, а и оно што се догађало током преговора око Мустафине судбине у суштини сведочи о сличноме: премда је са Јованом VIII на крају склопио споразум, то султану није сметало да током јесени и зиме 1416/17. прво опседа Солун а после Мустафиног изгнанства да опустоши читаво његово залеђе, све до Охрида.⁶¹ Дубровчани су јављали 25. XII 1416.

---

⁵⁹ Ducas, 157; о појму „Тесалија", в. нап. 152, у прошлом поглављу.
⁶⁰ Cronaca dei Tocco, 448, 3090–3095.
⁶¹ О нападима Мехмеда I на залеђе Солуна у првом реду говори архиепископ Симеон. Код њега је забележен и податак о продору до Охрида (Balfour, Symeon of Thessalonica, 50; анализу ових вести даје Balfour, op. cit., 131–138). Охрид је вероватно опљачкан у оквиру велике акције султана, првенствено усмерене према влашким земљама, која се обично смешта у пролеће 1417: Kleinchroniken, 563; cf. Schreiner, Kommentar, 406–407. – Према Симео-

Други ирви цар (1414–1425)

да Мехмед I још увек Солун држи под опсадом и да је у вароши и даље склоњен Мустафа,[62] што говори да је Јован VIII пошао отуда за Мореју тек у зиму 1416/17. а не у јесен 1416. Оваква хронологија путовања младога цара добро се уклапа са првим подацима о његовој делатности на Пелопонезу који потичу тек из маја 1417.[63]

Стигавши из Солуна у Мореју, Јован VIII је, у суштини, наставио са спровођењем акција које је 1415. и 1416. године на полуострву започео његов отац. Јован VIII је, међутим, на Пелопонезу показао више одлучности или, бар на основу расположивих знања, мање воље за компромисом са локалним династима од Манојла II. Чини се да је у томе млади цар имао и слободније руке од автократора, нарочито када је реч била о ахајском кнезу Чентуриону. На основу садржине једне савремене хронике рекло би се да Манојло II, првенствено пред спољнополитичким партнерима, није желео да се створи утисак како је византијска политика у Мореји јединствена, без обзира да ли је спроводи лично автократор или његов син и наследник. У повести породице Токо, чији су представници имали значајну улогу у догађајима на Пелопонезу у првој половини XV века, налази се врло занимљива опаска према којој је Манојло II, склопивши споразум са ахајским кнезом, штићеником Ђеновљана и најозбиљнијим противником Царства на полуострву у томе тренутку, пошто се вратио у Цариград наложио Јовану VIII (τὸν νέον βασιλέα) да силом заузме Чентурионове земље, али да изгледа као да је то лична Јованова иницијатива а не Манојлова. Писац хронике ово коментарише: „Цареви имају, наиме, посебне начине; праве дивне послове, варају људе".[64] Такво држање је Манојлу II омогућило да неутралише притужбе заинтересованих, Млечана на првоме месту, држећи се као врховни господар без директног утицаја на понашање свога сина. Венеција је у

ну као да произлази да је Мехмед I имао намеру, независно од Мустафиног присуства у Солуну, да град у сваком случају нападне *(Balfour,* Symeon of Thessalonica, 50), што би, с обзиром на присуство Јована VIII у вароши, било у складу са двојним понашањем емира.

[62] *Gelcich, Thallozcy,* Diplomatarium, 265; cf. *Ласкарис,* Ναοὶ καὶ μοναὶ, 440–441.

[63] Сви су извори, упркос томе што се разликују у погледу потоњег пребивалишта Мустафе, ипак сагласни да је прво претендентова судбина била решена и он склоњен, а тек онда и Јован VIII пошао из Солуна. Другим речима, ако је 25. XII 1416. Мустафа био још увек у граду, у њему је био и Јован VIII. – Прве вести са Пелопонеза говоре о рату који су тамо почели Јован VIII и његов брат Теодор II против Цакарије *(Iorga,* Notes et extraits, I, 267; cf. *Zakythinos,* Despotat, I, 1981).

[64] Cronaca dei Tocco, 482, 3530–3535.

почетку била наклоњена рушењу државице Наварежана али касније, са појавом Јована VIII, поготово откад се побојала за своје поседе у Мореји, па чак и да Патрас не падне под ромејску власт, Република се јавља као посредник међу зараћеним странама.[65] Већ 25. VII 1417. Сенат је изразио жељу да се на полуострву прекине са ратом,[66] а истоме циљу била су усмерена и упутства дата 7. августа Бернабеу Лоредану, упућеном Јовану VIII и деспоту Теодору II.[67] Упоредо се код Манојла II на поступке Византинаца у Мореји жалио и цариградски баило.[68] Лоредан је своју мисију на Пелопонезу продужио до дубоке јесени 1417. године, али без виднијег успеха.[69]

Не осврћући се претерано на раније преузете обавезе Манојла II према Цакарији Чентуриону, не марећи ни за узнемиреност Републике, Јован VIII је уз помоћ млађег брата Теодора II маја 1417. почео са заузимањем ахајске кнежевине. Пратило га је наводно 10 000 коњаника и 5 000 пешака,[70] међу којима је по свој прилици било и војника доведених из Цариграда као и Албанаца.[71] Судећи према одређеним сачуваним сведочанствима, локално становништво је радо сачекивало Јована VIII и било спремно да призна царев ауторитет. Помињана „Хроника породице Токо" бележи да је овакву жељу младоме василевсу најпре изразио крај око Андрусе (χώρα τῆς Ἀνδρούσας) чији су најугледнији представници дошли и свечано се Јовану VIII потчинили.[72] После Андрусе ромејска војска је успешно ратујући освајала мања и већа утврђења да би, вероватно пред крај 1417. године, Јован VIII и деспот Теодор II за-

---

[65] Непосредно по одласку Манојла II из Мореје, у Млецима је одлучено да се посредује између Чентуриона Цакарије и Ромеја, са циљем да Венеција од ахајског кнеза откупи неке његове тврђаве (Гризи, Пилос, Мантикори), све у страху да их он не уступи било Ђенови било да му их не отму Византинци или Турци (Sathas, Documents inedits, I, 52–60; Thiriet, Régestes, II, 1608). Но, до уступања ових тврђава Млечанима коначно ће доћи тек 1423 (cf. Thiriet, Romanie, 370). О трансакцијама Чентуриона са Ђеновом, в. нап. 25, у овоме поглављу.

[66] Sathas, Documents inédits, I, 65–66; Thiriet, Régestes, II, 1666; cf. Zakythinos, Despotat, I, 182–183.

[67] Sathas, Documents inédits, I, 71–75; Thiriet, Régestes, II, 1671.

[68] Sathas, Documents inédits, I, 65–66; Thiriet, Régestes, II, 1666.

[69] Sathas, Documents inédits, I, 90; cf. Zakythinos, Despotat, I, 183.

[70] Податак износи: Морозинијева хроника (Morosini, II, 86), односно Zorzi Dolfin, 303; cf. Zakythinos, Despotat, I, 181.

[71] О томе говоре поменуте венецијанске хронике, а посредно и Cronaca dei Tocco, 494, 3698. Из овога списа излази да су цариградске трупе помагале деспоту Теодору II и после одласка његовог брата Јована VIII из Мореје.

[72] Cronaca dei Tocco, 482, 2538; Zakythinos, Despotat, I, 181.

једнички заузели и важно средиште Каламату.⁷³ Чентурионе Цакарија склонио се у Кларенцу, одакле је, непрестано нападан од Грка, покушавао да уместо Ђеновљана привуче на своју страну моћне и још увек неутралне Млечане. Сињорија је још 25. VII 1417. Цакаријином посланику обећала да ће се заузети код Манојла II за мир са Палеолозима, па је и овај захтев прикључен упутствима датим млетачком амбасадору у Цариграду.⁷⁴

Почетком септембра исте године, како је малопре поменуто, у Венецији је изгледало извесно да ће и Патрас пасти у руке Византинаца, а Република је оправдано била врло заинтересована за будућност града у коме је имала важних економских интереса, да се и не подсећа на политичке импликације таквог исхода. Премда из сенатских докумената то не произлази сасвим јасно, упутства издата септембра 1417. Бернабеу Лоредану поводом питања будућности Патраса и уопште мира на полуострву указују да Serenissima није очекивала да ће успети да се споразуме са непопустљивим Јованом VIII, те налаже своме изаслнику да се сада обрати старом аутократору Манојлу II.⁷⁵ Млечани су у томе тренутку били спремни да Патрас препусте Ромејима не би ли се ратовање прекинуло.⁷⁶ Ипак, не верујући сувише у мировне иницијативе, Венеција је сама привремено на себе преузимала заштиту Патраса,⁷⁷ града који је практично непрекидно држала под контролом од 1408,⁷⁸ на шта Јован VIII и његов брат нису имали снаге да реагују.

---

⁷³ Вест о паду Каламате доноси Cronaca dei Tocco, 482, 3542.

⁷⁴ Уп. нап. 66 и 68, у овоме поглављу.

⁷⁵ Посланик Стефана Цакарије, архиепископа Патраса, тражио је 19. августа 1417. заштиту Републике пред Јованом VIII, мислећи на стварну војну помоћ, јер се град, иначе, већ налазио формално под протекторатом Венеције (Thiriet, Régestes, II, 1673). У Сенату је првобитно било предложено да Лоредан иде само Јовану VIII, затим је тај предлог одбачен и било је одлучено да посланик иде само Манојлу II (Sathas, Documents inédits, I, 79– 85; Iorga, Notes et extraits, I, 268–269; Thiriet, Régestes, II, 1675– 1677).

⁷⁶ О ратовању Јована VIII са Стефаном и Чентуринеом Цакаријом, као и о нападу младога цара на Патрас говори у једноме писму и Веројанин Гварино деи Гварини, пријатељ Манојла II и Манојла и Јована Хрисолораса. Писмо је настало јануара 1418 (ed. R. Sabbadini, Epistolario di Guarino Veronese, I, Venezia 1915, 172–174; о личности Гварина, cf. Dennis, Letters of Manuel, XLIV–XLV). – У упутству Бернабеу Лоредану од 7. IX 1417. године каже се да би Serenissima, зарад престанка рата са браћом Цакарија, пристала да Јован VIII узме Патрас (Thiriet, Régestes, II, 1677).

⁷⁷ Sathas, Documents inédits, I, 88–89; Thiriet, Régestes, II, 1679.

⁷⁸ О млетачкој заштити Патраса, в. Византија крајем XIV века (царство која нема), нап. 75.

Што се тиче усамљенога кнеза Асана Цакарије, он ни Кларенцу није успео да за себе задржи. Искористивши једно његово одсуствовање, тврђаву му је у пролеће 1418. преотео смели авантуриста Франко Оливерио са свега 100 најамника родом из Апулије. Нови господар Кларенце био је, изгледа, претходно у служби Теодора II, будући да га један млетачки документ назива „деспотовим капетаном".[79] Оливерио је затворио чланове Цакаријине породице и успешно одолео нападу удружених Цакаријиних и ромејских чета. Центурионе је, наиме, нашавши се у невољи, „хтео-не хтео и видећи то као последње решење", морао маја 1418. да моли Јована VIII да га овај прими за поданика.[80] Надао се да ће на тај начин, уз цареву помоћ, сачувати своју земљу.[81] Међутим, чак и овако сједињена војска није била довољно снажна да Оливерија приволи на предају. Мада је опсада Кларенце, отпочела маја или јуна 1418, била припремљена „и са копна и са мора", на крају се неуспешно окончала. Оливерио је после овог тријумфа успео да се у Кларенци одржи још око

---

[79] За изворне вести о паду Кларенце, в. наредну напомену. – Оливерио се као „деспотов капетан" помиње крајем 1418. године у млетачким документима: *Sathas*, Documents inédits, I, 102; cf. *Zakythinos*, Despotat, I, 184.

[80] О пасивности Јована VIII и Теодора пред акцијом венецијанске флоте са Еубеје која је на себе преузела одбрану Патраса: *Sathas*, Documents inédits, I, 88–89; *Thiriet*, Régestes, II, 1679. – Иако, у целини посматрано, вести из венецијанских хроника само у појединостима допуњују оно што је из млетачких докумената већ познато, чини се да, с обзиром да је реч о неиздатим текстовима, није некорисно донети макар садржаји Морозинијевог списа о збивањима током 1417. и 1418. у Мореји. Код овог аутора је, на пример, забележено под 22. VII 1417. како је у Млетке стигао посланик Асана Цакарије Центурионеа који је обавестио о паду Андрусе „con molte forteze" у руке Јована VIII, као и да људи младога цара пустоше „luogi e i chaxaly de Veniexia". У име браће Цакарија тражила се интервенција Републике код Манојла II. На молбу посланика и на основу мишљења млетачких власти из Мореје, у Сенату је одлучено да се пошаље Бернабе Лоредан (в. нап. 66 и 68, у овом поглављу). С обзиром да је Јован VIII располагао „con ziente da chavalo e pedony e albanexi senza numero", нужно је било предузети мере и око снажења и бољег плаћања млетачких посада на полуострву (Morosini, II, 71). Нешто касније, у истој хроници пише да је млади цар стигао „apreso i luogi e confini nostri de Modon e Choron... con circha cavaly X milla e da pedony griexi e albanesi circha al numero de IIII milla", опседајући Цакаријине земље, мада је овај већ склопио споразум са кастеланом Модона. Млечани се тада бојали да млади цар не заузме Модон и Корон. „Шизматика Грка" бојао се и архиепископ Патраса и био спреман да град уступи Републици пре него што падне „ale man del sovra dito miser linperador dei griexi, over de zenovexi e dy turchy infedely..." (ibidem, 86–87). У међувремену, са Негропонта је у Млетке стигло мишљење да је нужно да се Патрас сачува (ibidem, 88; в. почетак ове напомене). Најзад, код Морозинија је забележено да је Центурионе, пошто му је Оливерио одузео Кларенцу, склопио мир са Јованом VIII, о чему је вест у Млетке доспела маја 1418 (Morosini, II, 134, 148–149). Детаљи из рата око Кларенце познати су захваљујући пре првоме месту „Хроници породице Токо", из које су и преузете речи наведене у основноме тексту: Cronaca dei Tocco, 484–486, 3545–3592.

[81] О Цакаријином признању Јована VIII као сизерена говори Cronaca dei Tocco, 486, 3579.

Други први цар (1414–1425)

три године и да за то време нанесе многа зла византијској Мореји. Више од осталог запамћено је да је овај одважни али бескрупулозни човек масовно са Пелопонеза одводио становништво да би га у Каталонији продавао.[82]

Јован VIII није сносио непосредну одговорност за неуспех код Кларенце, пошто је, у најбољем случају, био присутан само почетку опсаде ове тврђаве. Током лета 1418. он је већ пошао за Цариград, остављајући даљу борбу за проширење ромејске територије на Пелопонезу своме брату Теодору II уз кога је, још од јесени претходне године, боравио Тома Палеолог, најмлађи међу Манојловим синовима.[83] У свакоме случају, пре почетка септембра 1418. млади цар се налазио у престоници. Што су византијски апетити на полуострву више расли и што је ромејска „нова" офанзивна политика дуже трајала, то су Млечани постајали све мање расположени према браћи Палеолозима. Зато је Јован VIII пред полазак покушао да, колико је могуће, стабилизује па можда и поправи односе са Републиком. Одговори Сената, упућени 11. VI 1418. посланику Јована VIII, дозвољавају да се сагледа право стање тих односа и направи поређење са држањем Венеције од пре годину дана. Пратећи поједине тачке поменуте сенатске одлуке, основни закључак који проистиче своди

---

[82] О опсади Кларенце пише Cronaca dei Tocco, 486, 3583–3584. – О паду Оливериа, ibidem, 486 sq., 3593 sq. – О одвођењу у робље Cronaca dei Tocco, 486, 3588–3589. У њој се каже да је становништво продавано у Каталонији. Одјек на ову срамну трговину пружају и одговори Сената посланику Јована VIII од 11. јуна 1418. Млечани одбијају тужбу цара да су умешани у препродају робља са Пелопонеза, коју је, према мишљењу цара, вршио неки Петар Каталанац, иначе становник Модона *(Sathas,* Documents inédits, III, 174–180; *Thiriet,* Régestes, II, 1697). Афера са робљем продужила се и на 1419. годину и пренела на односе Манојла II са Алфонсом V од Арагона. Автократоров посланик Павле Софијан се код краља тужио крајем 1419. на неке италијанске и каталинске пирате који су заробили више десетина Грка и Турака (sic), поданика Манојла II, да би их продали на Сицилији, Сардинији, као и у самој Каталонији. Како то није био једини случај, истрагу је спровео Алфонсо Борџија (будући папа Каликст III): *Marinesco,* Relations économiques, 210. Да је и арагонска влада била, изгледа, умешана у рат између Оливериа и Чентурионеа, говори такође Morosini (II, 134), који тврди да је почетком пролећа 1418. ахајски кнез молио за помоћ и од краљевства Апулије. – О Оливерију и његовом злостављању трговаца има помена и у дубровачком архиву *(Krekić,* Dubrovnik, 654–657); о његовом боравку у Кларенци пише и Chalc., II, 19.

[83] Sphrantzes, 8. Датум повратка Јована VIII приближно се сазнаје на основу Сфранцесових речи да је почетком септембра 1418. Тома пошао у Мореју, а Јован VIII се вратио у Цариград. Почетком јуна 1418. Јован VIII би требало да је још увек у Мореји, бар како се може закључити из одговора Сената његовом изасланику (в. наредну напомену) – О помирењу Чентурионеа са царем, cf. *Hopf,* Geschichte, II, 79; *Zakythinos,* Despotat, I, 184. – О доласку Томе на Пелопонез, уп. *Ферјанчић,* Деспоти, 120; *Schreiner,* Untersuchungen, 295; *Ферјанчић,* Међусобни сукоби, 132.

се на знатно неповољнију преговарачку позицију младога василевса у поређењу са прошлом јесени. Serenissima је сада код посланика врло оштро протестовала због пљачкања која су на њеној територији вршили Албанци у ромејској служби, одбацила је оптужбе о своме саучесништву у продаји Грка као робова са њене територије, није прихватила византијски захтев о враћању византијских парика одбеглих на млетачке поседе због тешких намета у вези са грађењем Хексамилиона и није се сложила са оптужбом да се према грчким трговцима на њеној територији предузимају дискриминационе мере, већ је узвратила противоптужбом да се кастеланима Корона и Модона није дозволио увоз неопходног жита из византијске Мореје. Истини за вољу, Сенат је ипак поновио да се Венеција залаже за мир на Пелопонезу и да ће бранити Теодора II од евентуалних напада Ђеновљана и Јовановаца, али је поново избегао да учествује у трошковима око одбране Хексамилиона.[84] У ствари, уза све теже подношљиве намете локалном становништву („ангарије"),[85] нарочито у вези са грађењем утврђења на коринтској превлаци, чије одушевљење рестаурацијом ромејске власти и појавом младога цара сплашњава, било је довољно стотинак Оливеријевих опретних најамника и блага промена држања Млечана па да се искажу слабости управо започете амбициозне политике Јована VIII у Мореји.

Млади цар се бавио на Пелопонезу када му је 1417. године умрла супруга, руска принцеза Ана Васиљевна. Овај тужни догађај, за који је свакако морао одмах сазнати, није се показао правим поводом за василевсов повратак у Цариград. Напротив, Јован VIII је после Анине смрти остао у Мореји можда још и читавих годину дана, да би га у престоницу у лето 1418. одвели сасвим други разлози. Штавише, у византијским изворима нема ни трага, изузимајући оно што је забележено код Дуке,[86] било каквом, макар и формалном, изражавању туге за умрлом царицом, иначе уобичајеном у осталим сродним приликама кроз епитафе и њима сличне списе. Посредно, Анина смрт је ипак имала неке везе са повратком Јована VIII, јер су у Цариграду тада већ увелико ковани планови о

---

[84] *Sathas*, Documents inédits, III, 174–180; *Thiriet*, Régestes, II, 1697.
[85] О овоме појму, cf. *A. Ставриду-Зафрака*, Ἡ ἀγγαρεία στὸ Βυζάντιο, Βυζαντινά 11 (1982) 21–54.
[86] В. нап. 248, у прошлом поглављу.

новој женидби Манојловог првенца. Докле год је Рускиња била у животу, такве идеје биле би неумесне. Као што млади цар полуострво није напустио због Анине смрти, очигледно га није оставио ни пошто је привео крају опсежне акције против Цакарије и других тамошњих господара, па се основна непознаница коју овде треба одгонетнути, или бар понудити њено разрешење, своди на откривање правих узрока Јовановом повратку.

Чини се да одговор нуди сâм Манојло II, чија је делатност, појачана током 1418. године и пре него што се Јован VIII вратио, била усредсређена на оживљавање интересовања Запада за муке Царства. Почев од поменуте године, у изворима се поново могу пратити све учесталије размене услова и предлога око склапања црквене уније, војне помоћи која би је пратила а, у политици зближавања са католичком Европом, као корисни елеменат јављају се и нове брачне комбинације са автократоровим синовима. На Константина, Димитрија и Тому Палеологе, с обзиром на њихов узраст, није се у томе могло рачунати, деспот Андроник у Солуну био је врло болешљив, па су се као потенцијалне младожење у таквим плановима наметали Теодор II и млади цар, већ и по положају најпогоднији да зближење симболизује. Колико потреба за Јованом VIII у престоници због учествовања у женидбеним замислима и контактима са Западом уопште, толико је, међутим, разлог повратку могло да буде и ратовање младога василевса у Мореји, будући да је Јован VIII против себе окренуо Наварежане, Ђеновљане (као заштитнике Цакарије), делимично и Млечане а можда и папу (Патрас је, ипак, био под управом латинског архиепископа). На жалост, расположива знања овакву тврдњу допуштају једино као претпоставку.

Манојло II је добро знао да последња нада у коју се уздао да ће му коначно довести европске крсташе – закључење црквене уније, захтева од цара да претходно уза себе има поуздан и автократоровим назорима одани клир. Црквена унија је у свакоме случају била незамислива без сагласности цариградског патријарха. Било би нетачно тврдити да је Манојло II тек 1416. одлучно покренуо питање свога ауторитета у избору патријарха и прелата или у сазивању синода, но ове се године он суочио са вајкадашњим проблемом јер му се тренутак учинио погадан.⁸⁷ Вративши се са Пелопонеза у Цариград (25. III 1416), автократор се одмах сукобио са патријархом Евтимијем око, пре његовог доласка покренутог, питања прихватања молдавсковлашког митрополита, иначе Манојловог кандидата.⁸⁸ Саставши се са царем, патријарх је непосредно потом умро 29. III 1416, а Манојло II, не часећи, сазвао је у храму св. Апостола синод (29. III – 21. V 1416). На њему је, царевим настојањем, за новог патријарха био изабран Јосиф II, дотадашњи митрополит Ефеса, по оцу бугарске крви а по образовању врло просечан теолог.⁸⁹ Манојло II је и раније, макар делимично, успевао да утиче на држање цариградске патријаршије преко њених поглавара: такав је био случај са избором Матеја I, помињан у прошломе поглављу,⁹⁰ има разлога веровању да је и Евтимије у начелу био близак автократоровом виђењу црквених питања па и ономе око уније,⁹¹ али по послушности и Манојлу II и његовом наследнику Јовану VIII ниједан од њих није могао да се мери са Јосифом II. Уз пут, Јован VIII је касније у потпуности следио очеве назоре на арбитрарну улогу ромејског василевса у духовном животу поданика и у пословима цркве, што ће, већ од 1423. године, експлицитно и изражавати.⁹²

Од важности је да се напомене да у погледу права над црквом подршку Манојлу II 1416. године пружају у највећем броју и „архонти", „дворани", чиновници и аристократија окупљени око василевса.⁹³ Они су ти који стоје иза Манојлових позива Западу, можда не толико када је реч о унији и војној помоћи колико када је посреди ширење трговачких веза за њихове нарасле апетите. У овоме

---

⁸⁷ Cf. V. Laurent, Le rituel de l'investiture du patriarche byzantin au début du XVᵉ siècle, Bull. Historique de l'Académie Roumaine XXVIII (1947) 218–232.

⁸⁸ О свему овоме: *Laurent,* Syropoulos, 100–102 (посебно је користан коментар); cf. *idem,* Aux origines de l'Église Moldave. Le métropolite Jérémie et l'évêque Joseph, REB 5 (1947) 158–170; општи поглед даје и *Barker* (Manuel II, 322–323).

⁸⁹ *Laurent,* Syropoulos, 102. – О пореклу новога патријарха, cf. *V. Laurent,* Les origines princières du patriarche de Constantinople Joseph II (+ 1439), REB 13 (1955) 131–134.

⁹⁰ Уп. нап. 111, у претходном поглављу.

⁹¹ Томе у прилог ишло би како слање ромејских посланика на сабор у Констанцу, на коме су наступили свакако са сагласношћу патријарха, тако и оно што је о Евтимију касније говорио сам Јован VIII, подсећајући да је и овај патријарх био присталица црквеног помирења *(Laurent,* Syropoulos, 448).

⁹² *Laurent,* Syropoulos, 110.

⁹³ Ibidem, 102–104.

Други први цар (1414–1425)

смислу ваља посматрати, за привреду Византије иначе не претерано значајно, и обнављање преговора 1416. године између Царства и Фиренце око некадашњих привилегија Пизанаца у Цариграду и Романији, које су у међувремену прешле на тосканску комуну.[94] Пре него што је Фиренца решила да се обрати автократору, већ је била у контакту са престоничким богаташима и трговцима, Николом Нотарасом, истовремено грађанином Византије, Ђенове и Венеције,[95] затим Димитријем Палеологом Гуделисом, Манојловим месазоном, то јест „првим министром",[96] Манојловим зетом Иларионом Доријом као и Јованом Хрисолорасом, иначе византијским послаником на сабору у Констанци.[97] На њихову препоруку Фирентинци су се за повластице обратили автократору. Премда ће о социјалном изгледу и друштвеној структури Византаје XV века бити посебно говора, није сувишно већ сада истаћи да представници поменутих аристократских породица, уосталом као и многих других (Софијани, Ралиси, Ласкариси, итд.), без обзира одакле географски потицали, имају знатно више разумевања и воље да подстичу везивање ромејског друштва и привреде уз Запад, макар и путем уније, него што такве жеље показује феудално племство, па чак и чланови најуже царске породице, уколико се налазе на апанажама, у унутрашњости државе. При томе, међутим, у зависности од личних интереса, цариградско племство под Западом често подразумева различите европске силе, што доводи и до политичких подвајања у његовом крилу. Рекло би се да се повратком у Цариград и Јован VIII преображава од бескомпромисног, дипломатским играма несклоног, типичног феудалног принца у цара-савладара по укусу и потребама престоничке елите.

Преговори са католичком Европом добили су нов подстицај са избором Мартина V (11. XI 1417), за папу прихваћеног од свих католика. Свечаности његовог устоличења присуствовао је визан-

---

[94] *Müller,* Documenti, 149–150.
[95] Cf. *Oikonomidès,* Hommes d'affaires, 20, n. 4.
[96] О породици Гуделиса cf. *Сп. Ламброс,* Ὁ βυζαντιακὸς οἶκος Γουδέλη, NE 13 (1916) 211–221; о чину месазона, cf. H. G. *Beck,* Der byzantinische Ministerpräsident, BZ 48 (1955) 309–338; J. *Verpeaux,* Contribution à l'étude de l'administration byzantine: ὁ μεσάζων, Bsl. 16 (1955) 270–296; *R.-J. Loenertz,* Le chancellier impérial à Byzance, OCP 36 (1960) 275–300 (Byzantina et Franco-Gaeca, 441–465).
[97] Cf. *Barker,* Manuel II, 334–335.

тијски поклисар Никола Евдемонојанис,[98] који је код римског врховног пастира убрзо наишао на разумевање у погледу превазилажења шизме, војне и финансијске помоћи (нарочито око трошкова за одржавање Хексамилиона) као и у погледу женидби Манојлових синова латинским невестама.[99] Између папе и Цариграда, још док се Јован VIII налазио на Пелопонезу, почеле су да се ређају размене посланичких мисија и посланица. Да је иницијатива, не само око уније и војне помоћи, него и око брачних комбинација, била на Манојловој страни, извори не допуштају двоумљења. У многобројним замислима и начинима помоћу којих је смерао да привуче пажњу на Царство, Манојло II је током ових година заиста показивао изванредан труд настојећи да било како и било одакле доведе спасење. Посебно су се аутократорови посланици трудили да некако приближе Млечане и Жигмунда, надајући се да би се тиме и питање хришћанског јединства лакше решило.[100] Код папе Мартина V Манојлове молбе су, поготово у почетку, наилазиле на погодно тле. Папа је после 1. фебруара 1418. упутио из Констанце легата Ромејима, чији тачан циљ мисије није познат,[101] а и Манојло II је, без сумње пре 6. априла исте године, писао папи. У одговору на Манојлово писмо (које није сачувано), Мартин V је дозволио василевсовим синовима да се несметано жене католичким невестама, поштујући њихова верска убеђења.[102] Био је то први корак у опсежним припремама за удају две италијанске принцезе, Софије од Монферата и Клеопе Малатеста, за Јована VIII и Теодора II. До свадбене свечаности доћи ће, међутим, тек 19. јануара 1421. Па-

---

[98] *Laurent*, Syropoulos, 104; cf. *Barker*, Manuel II, 325.

[99] О сусрету папе и Евдемонојаниса и преговорима том приликом вођеним, између осталих, сведочи и Силвестар Сиропул *(Laurent*, Syropoulos, 106). Овај писац експлицитно каже да су сви поменути предлози потекли најпре са византијске стране; в. даљи текст.

[100] О томе је добрим делом било говора у претходном излагању. Подсећања ради, посредовање су нудила византијска посланства јануара 1414 *(Iorga,* Notes et extraits, I, 217; *Thiriet,* Régestes, II, 1514), у лето исте године поново *(Thiriet,* Régestes, II, 1544), затим јануара 1416 *(Iorga,* Notes et extraits, I, 258–259; *Thiriet,* Régestes, II, 1635), као и јануара 1420 *(Iorga,* Notes et extraits, I, 301; *Thiriet,* Régestes, II, 1758).

[101] Реч је о будимском кардиналу који је већ 10. VI 1419. умро. Cf. *Cecconi,* Studi storici, I, 31; *Loenertz,* Les dominicains, 33; *Hofmann,* Epistolae, I, n. 1.

[102] Папска преписка са византијским царевима у вези са склапањем уније биће навођена према *Hofmann,* Epistolae. О Манојловом писму Мартину V, cf. *Hofmann-O'Shaughnessy-Simon,* Orientalium documenta, IX–X („De documentis Orientalium nunc totaliter deperditis"). – Папино писмо издато је у *Hofmann,* Epistolae, I, n. 2, 4.

да у очи да се папа, иако у првој половини 1418. године Јован VIII сасвим поуздано није боравио у престоници, ипак сматра дужним да и њега укључи у озбиљне разговоре око орођавања. И више од тога, Мартин V ће нешто касније да искористи повратак Евдемонојаниса у Цариград предајући му писма са папиним погледима на црквено сједињење, насловљена патријарху и обојици царева. Датовање ових данас изгубљених докумената прилично је сложено, али обично се претпоставља да су настали непосредно после 26. фебруара 1419.[103]

Када је 30. октобра 1418. обновљен, и то без већих тешкоћа, традиционални уговор са Млечанима,[104] изгледало је да су се односи са основним спољнополитичким партнером консолидовали. Заговорници приближавања Западу, за које се чинило да постаје реалност, морали су да буду и сведоци, потписани на поменутоме документу, одреда Манојлови „дворани" или рођаци, иначе богати трговци и високи државни чиновници: зет Иларион Дорија, ἐξάδελφος Димитрије Палеолог Гуделис као и οἰκεῖοι Никола Нотарас и Димитрије Леонтарис, једини који се не среће у фирентинском акту из 1416.[105] Невоља по Царство је била само у томе што Венеција и Запад у ширем смислу речи нити су могли да се поистовете нити су у Византији имали идентичне интересе. Искрено говорећи равнодушни према унији али не и према будућности „Романије", Млечани су морали да буду у жижи занимања цариградских трговаца, но на Пелопонезу, у феудалној средини која је окруживала Теодора II, Република и деспот су и даље у притајеној или отвореној завади.[106] Другим речима, као и у ранијим приликама, уговор који се склапа у Цариграду у пракси остаје ограничен на престоницу. Морејска аристократија је, имајући пред собом сопствене феудалне интересе, наметала Палеолозима на Пелопонезу и политичко понашање према Венецији. Коначно, већ и на основу чињенице да су у кратком временском размаку у Мореји боравили и Манојло II и Јован VIII, не би ли уредили односе са тамошњим

---

[103] *Laurent,* Syropoulos, 108; cf. *Loenertz,* Les dominicains, 43; *Hofmann,* Epistolae, I, 5; *Barker,* Manuel II, 326.
[104] *MM.,* III, 162; *Thomas,* Diplomatarium, II, 317; cf. *Barker,* Manuel II, 332.
[105] Уп. нап. 94, у овом поглављу.
[106] Cf. *Zakythinos,* Despotat, I, 185–187.

ромејским поданицима и суседима Царства, могуће је претпоставити значај који се у престоници указивао овоме полуострву али и тешкоће на које су цареви код архоната наилазили. Иначе, преговори са папом око уније, премда компликовани и препуни међусобног неповерења, ипак су напредовали. На предлог Византинаца да будући васељенски сабор који би расправљао о питању разлика између два хришћанске цркве треба да заседа у Цариграду, Мартин V је спремно потврдно реаговао и 27. III 1420. послао кардинала Петра Фонсеку да цару експлицитно призна право на сазивање таквог скупа, „јер ромејска и латинска црква ослонац су царским стварима".[107] И деспот Теодор II, са своје стране, свечано се још 29. III 1419. обавезао да ће поштовати католичку веру своје веренице Клеопе Малатеста,[108] држећи папу у убеђењу да је и сâм, уз оца и старијег брата, искрени присталица уније.[109] И даље постојано покушавајући да допринесу коначном остварењу хришћанске коалиције, при томе главну препреку видећи у антагонизму између Млечана и угарског краља, Ромеји се непрестано труде да их својим посредовањем помире. Трагом ранијих неуспелих покушаја (с почетка 1414, односно фебруара 1416),[110] 17. јануара 1420. су чак два византијска посланика, обојица на пропутовању кроз Млетке, о овоме излагала предлоге Сенату: први је био Никола Евдемонојанис, упућен да папи изнесе најновија Манојлова виђења проблема око уније, док је други био Манојло Филантропин, послан у Угарску и Пољску као врсни познавалац тамошњих прилика још од 1397. године када је први пут био код Жигмунда.[111] Одговорено им је да Serenissima жели мир, схвата да је он предуслов за борбу против Османлија, али да су сви досадашњи посреднички напори (папе, изборног кнеза Бранденбурга и пољскога краља) остали јалови.

---

[107] *Laurent*, Syropoulos, 110; о Фонсеки, cf. *Loenertz*, Les dominicains, 45; *Hofmann*, Epistolae, I, 6; *idem*, Epistolae, III, 147.

[108] *Müller*, Documenti, 150; cf. *Λάμπρος*, Παλαιολόγεια, IV, 143; *Zakythinos*, Despotat, I, 189.

[109] *Hofmann*, Epistolae, I, n. 20, 15; cf. *Cecconi*, Studi storici, 30–31; *Zakythinos*, Despotat, I, 191, 299–301 (поново издаје текст папиног писма).

[110] Уп. нап. 100, у овоме поглављу.

[111] *Iorga*, Notes et extraits, I, 300–301; *Thiriet*, Régestes, II, 1757–1758. – О Филантропиновим мисијама било је речи у претходном излагању (в. нап. 93–94, *Византија крајем XIV века;* нап. 92, *Рођење, породица и прве године*).

Филантропин је затим продужио ка двору Владислава, претходно код Жигмунда, изгледа, успешно посредујући.¹¹² Из одговора пољског краља од 22–26. VIII 1420. види се да је Манојло II, предлажући му унију и крсташки рат, сматрао још увек Владислава за свога рођака, иако је личност која их је родбински повезивала, руска принцеза Ана, била већ покојна. Владислављева и Витовтова добра воља била је недовољна за успех Филантропиновог посланства, јер је ту био испречен Жигмунд, савезник тевтонских витезова,¹¹³ односно Хусити које Владислав и Витовт подржавају. Позив Мартина V у були од 12. VII 1420. свим католицима да заједнички крену у спасавање хришћанства пред неверницима, пропраћен понудом уобичајених индулгенција,¹¹⁴ био је тако врло брзо компромитован. Ништа није било ни од помоћи енглеског краља Хенрија V и бургундског војводе Филипа Доброг.¹¹⁵ Енглески краљ је свога изасланика, осим тога, слао колико византијском цару толико и Мехмеду I.¹¹⁶

За разлику од њих, Жигмунд је, вођен сопственим плановима у Влашкој и на Балкану, покушао да сâм, октобра 1419. године, учини нешто против Османлија. Прешао је преко Дунава али се у Новиграду (данашњем Кладову), у близини реке, и зауставио. Могућност примирја са султаном дочекао је, чини се, лака срца и затим се окренуо борби против чешких Хусита,¹¹⁷ у међувремену

---

¹¹² Уп. *Радонић,* Западна Европа, 41; cl *Halecki,* Pologne, 55–56; *Loenertz,* Les dominicains. 44–45; *Barker,* Manuel II, 338.

¹¹³ О свему, cf. *Halecki,* Pologne, 55–56. – Колико је представљало препреку Жигмундово подржавање Тевтонаца, толико је, са друге стране, сарадњу онемогућавала помоћ Владислава Хуситима, па чак и савезништво са Татарима усмерено опет против угарског владара. О томе говори и Жилбер од Ланоа (Lannoy, 402).

¹¹⁴ Cf. *Gill,* Council, 29; *Barker,* Manuel II, 339.

¹¹⁵ У томе својству, то јест као посланик поменутих владара, боравио је у јесен 1421. године у Цариграду бургундски витез Жилбер од Ланоа. *Barker* (Manuel II, 339) погрешно датује његово посланство у 1420. годину. Будући да Ланоа зна за смрт Мехмеда I (21. V 1421), као и да је престоницу Царства напустио управо када су се Мустафа и Мурат II сукобили, излази да је у Цариграду био током јесени и једног дела зиме 1421/22.

¹¹⁶ Ланоа се у спису жали што није био у прилици да преда Мехмеду I „l'oreloge d'or du roy d'Angleterre, que je ne peus presenter, pour se que j'avoye trouve le dit empereur de Turquie mort, auquel elle adreschoit" (Lannoy, 88).

¹¹⁷ Уп. *Радонић,* Западна Европа, 41; *Јиречек-Радонић,* Историја, I, 347–348. – Код Цанкаруола је забележено да је 2. IX 1419, код места званог „danoia", дошло до боја између Турака и Угара. Том приликом је заробљено 12 000 Османлија, Угара је палих у окршају било више од 7 000, док се велики број људи са обе стране удавио у Дунаву (Zancaruolo, 497).

се у Далмацији показавши очигледно слабијим од Млечана и дефинитивно изгубивши већи њен део.[118] Угарски владар је исправно осетио да проширење турске власти на Влашку, које је овој земљи претило после смрти војводе Мирче (31. 1. 1419 ?),[119] мора да се предупреди хитрим противнападом на десној обали Дунава. На жалост, за успешни завршетак подухвата Жигмунд, као и обично, није располагао одговарајућим снагама.[120]

Да се османска држава опоравља Мехмед I је показао и у односима са Млечанима. Што је време више одмицало од блиставе Лореданове победе код Галипоља 1416, Венеција је све чешће морала да се суочава са несумњивим султановим успесима. Посебно тешко Млечанима је падало лагано али сигурно потискивање из Албаније.[121] Стога, ако се пажљиво осмотри мировни уговор са Мехмедом I, склопљен настојањем цариградског баила Бертруча Диеда 6. IX 1419, пада у очи да је у њему нестао сваки траг предностима стеченим тријумфом од пре три и по године.[122] Тачно је било да је Царство увећало и консолидовало своје поседе у Мореји, изван сумње је да је Република у целини узев била задовољна како властитим положајем на Пелопонезу тако и обнављањем трговине на читавом источном Средоземљу,[123] но такође је неоспорно да су догађаји на полуострву врло мало утицали на општи пораст турске моћи. Све остало ишло је на руку Мехмеду I.

У таквим околностима у Цариграду се поново прибегло орођавању царске породице са странкињама, у много наврата искушаваном средству византијске дипломатије, не би ли се крвним спонама будућност Царства чвршће везала уз Запад. Као што је поменуто, Манојло II је замислио да латинским принцезама ожени двојицу старијих синова, Јована VIII и Теодора II. Предлог је на-

---

[118] Уп. *Јиречек-Радонић*, Историја, I, 347.

[119] Према ономе што сугерише једна кратка хроника, а у складу са датумом сачуваним у српским изворима, требало би да је Мирча умро јануара 1419 (Kleinchroniken, 563; *Стојановић*, Летописи, 626, 224–225; cf. *Schreiner*, Kommentar, 409).

[120] О борби Жигмунда против Османлија, општи поглед пружа G. *Beckmann*, Der Kampf Kaiser Sigmunds gegen die werdende Weltmacht der Osmanen. 1392–1437, Gotha 1902.

[121] О овоме је код нас подробно расправљао И. *Божић* (Историја Црне Горе, II, 2, 108, сл.).

[122] *Thomas*, Diplomatarium, II, 318–319.

[123] Cf. *Luzzato*, Storia, 153, 163–165; *Thiriet*, Romanie, 366 sq.

Други први цар (1414–1425)

ишао на допадање код папе а и обојица младожења били су у току са свадбеним припремама. Теодорова „изабраница" била је Клеопа Малатеста, родом из једне од најчувенијих италијанских породица XV века. У тренутку склапања брака између Клеопе и Теодора II за Ромеје је, међутим, од највеће важности била околност да је невеста рођака папе Мартина V. При том не треба сметнути с ума да је, по оцени самих Грка, овај папа био наклоњенији праведном и искреном сједињењу цркава, онаквом какво би требало да буде по ромејским жељама, него што су то били његови наследници на апостолској столици.[124] Иначе, упркос свечаним обећањима деспота Теодора II да ће поштовати верске назоре своје будуће супруге,[125] Клеопа је после венчања пригрлила православље, остала му верна пред претњама екскомуникацијом које су долазиле из Вима, и у њему је, још врло млада, 1433. умрла. Сахрањена је у Цркви Зоодота у Мистри.[126] Клеопина смрт изазвала је појаву већег броја пригодних монодија, од којих је пет сачувано. Без разлике све оне говоре најлепшим речима о савршеном складу принцезиног духа и тела, мудрости и благости.[127] У свакоме случају, њено присуство је, можда и све до папине смрти, пружало наклоност Мартина V деспоту, што никако

---

[124] О венчању Теодора II и Клеопе, као и о ономе које је обављено између Јована VIII и Софије од Монферата, пишу такорећи сви савремени грчки и многи италијански и западни извори: Ducas, 137; Sphrantzes, 8; Chalc., 192; Kleinchroniken, 98, 185, 303, 652; Chronologische Einzelnotizen, 617; итд. Уп. даљи текст. – Да је папа Мартин V код Грка био процењиван као релативно склон компромисима у вези са унијом, на два места приповеда и Силвестар Сиропул. Мартин V је бар тако изгледао у поређењу са својим наследником на папској столици, Евгенијем IV *(Laurent,* Syropoulos, 106, 124). – Отац Клеопе је, иначе, био господар Пезара (1385–1429). Малатесте су биле пореклом из покрајине Марке а давале су током целог XIV века значајне личности у политичком животу Италије. Малатеста да Верукио је био вођа странке гвелфа, а Пандолфо (1370–1427) и Сигисмондо (1417–1468) кондотјери и господари Риминија. У поседу породице били су, такође, и градови Пезаро, Урбино и Фано.

[125] Уп. нап. 108, у овоме поглављу.

[126] О њеној смрти: Sphrantzes, 50; Kleinchroniken, 303. – Да је папа био врло забринут због принцезиног непридржавања начела католичке вере, сведочи и његово писмо, упућено Клеопи после јуна 1425. године *(Zakythinos,* Despotat, I, 301–302; *Hofmann,* Epistolae pontificiae, I, n. 21, 16). Cf. *Сп. Ламброс,* Ὁ Κωνσταντῖνος Παλαιολόγος ὡς σύζυγος ἐν τῇ ἱστορίᾳ καὶ τοῖς θρύλοις, ΝΕ 4 (1907) 419–421; *Zakythinos,* Despotat, I, 190; *G. Hofmann,* Kirchengeschichtliches zur Ehe des Herrschers Theodor II Palaiologos (1407–1433), Ostkirchliche Studien 4 (1955) 129–137.

[127] У ствари, међу пет сачуваних монодија, једна је, како с правом закључује *Zakythinos* (Despotat, I, 190; издата је у колекцији *Ламброса:* Παλαιολόγεια, IV, 153) „sans aucun intérêt historique". Остале монодије писали су Георгије Гемист Плитон (ibidem, 101 –175), Висарион Никејски (ibidem, 154–160) и Нићифор Хилас (ibidem, 144–152). Пре десетак година издата је још једна монодија посвећена Клеопи: *G. Schmalzbauer,* Eine bisher unedierte Monodie auf Kleope Palaologina von Demetrius Pepagomenos, JOB 20 (1971) 223–240.

није било занемарљиво, имајући у виду сложене односе овог Манојловог сина са Млечанима.[128] Паралелно са припремама за венчање Теодора II и Клеопе Малатесте, одвијали су се преговори и око другога брака Јована VIII. За невесту младоме цару била је предвиђена Софија, ћерка Теодора II, господара Павије и маркиза од Монфврата,[129] пореклом из породице која је, и пре IV крсташког рата, била уплетена у византијску унутрашњу историју. Да би се схватила политичка суштина и врло јасна идеолошка обојеност овога брака, неопходно је вратити се пуна два века уназад, на крај XII и на почетак XIII столећа. Синови Виљема II, маркиза од Монферата, били су, знатно пре него што је поменути крсташки рат почео, ваљано упознати са приликама на Истоку па и у Царству.[130] Најпознатији међу браћом био је Бонифације, истински вођа витезова у крсташком походу 1202–1204. Монферати су били, осим са Комнинима, у блиским родбинским везама са француским краљем и немачким царем. Бонифације, који је практично сâм одлучио судбину последњих Анђела на цариградском престолу, после пада престонице стекао је пространу територију са седиштем у Солуну а ћерку је удао за тадашњег латинског цара Балдуина Фландријског. Сâм се оженио Маријом, удовицом цара Исака II Анђела.[131] Када се много доцније, 1284. године, цар Андроник II Палеолог по други пут оженио, показало се да сећање на права Бонифација Монфератског у Византији није ишчезло. Андроникова жена Јоланта-Ирина од Монферата је све до смрти (1317) доследно показивала Ромејима да на источну Македонију и

---

[128] Cf. *Zakythinos*, Despotat, I, 191. – О преговорима на основу којих је Клеопа приспела у Мореју, cf. *V. Laurent*, Un argyrobulle inédit du despote de Morée Théodore Paléologue en faveur de Mastino de'Cattanei gentilhomme toscan, REB 21 (1963) 208–220. – Њен портрет извршно је осликао *Diehl*, Figures II, 284–286.

[129] Ducas, 137; Sphrantzes, 8, Chalc., I, 193; уп. нап. 124, као и даљи текст.

[130] Један од њих, ожењен јерусалимском краљицом Сибилом, био је отац тамошњег краља Балдуина V, други, по имену Конрад, пре него што је и сâм постао јерусалимски краљ, у више је прилика помогао цару Исаку II Анђелу, док је Реније, трећи син старог Виљема, оженивши се ћерком Манојла I Комнина, уз мираз добио и земље у солунској области. Cf. *S. Runciman*, Thessalonica and the Montferrat inheritance, Πανηγυρικὸς Τόμος τοῦ Ἁγ. Γρηγορίου Παλαμᾶ, Солун 1960, 71 sq.; *A. E. Laiou*, A Byzantine Prince latinized: Theodore Palaeologus. Marquis of Montferrat, Byz. 38 (1968) 386–410; посебно је од користи *J. Longnon*, Les compagnons de Villehardouin. Recherches sur les croisés de la quatriéme croisade, Genève 1978, 227 sq.

[131] Cf. *Longnon*, op. cit., 230.

Солун гледа као на добро наслеђено од Ренијеа и Бонифација пре него као на територију стечену даривањем њенога мужа.¹³² Оженивши се 1325. године Аном Савојском, Андроник III, унук Андроника II, само је код чланова породице Монферата подстакао сећање на њихова права у Византији, будући да су савојска и монфератска кућа тада биле вишеструко крвно испреплетане.¹³³ О виталности такве традиције говорило је и име таста Јована VIII, у породици Монферата наследно,¹³⁴ али очигледно страно Пијемонту, подручју са кога је маркиз потицао.¹³⁵

Орођавањем са Малатестама автократор Манојло II је без сумње желео да за себе и своје синове обезбеди већу наклоност папе, док је улазак монфератске принцезе у дом Палеолога смисла имао, ма колико то необично звучало, једино као подстицај покушајима да се на Западу прихвати универзалније значење титуле „цара Ромеја" коју је носио и Манојлов најстарији син. На Западу се тада, заиста најмање из предострожности према импликацијама које је собом носило, игнорисала идеолошка основа достојанства византијског цара, каткада једноставно зато што се ни садржина титуле није честито разумела. Тако је, на пример, Мартин V при почетку

---

¹³² О Ирини у Солуну, cf. *P. Lemerle*, Philippes et la Macédoine orientale à l'époque chrétienne et byzantine, Paris 1945, 187– 189; *I. Ševčenko*, Études sur la polémique entre Théodore Métochite et Nicéphore Choumnos, Bruxelles 1962, 275–278.

¹³³ Тако је брат Софије од Монферата, Ђовани Ђакомо, био и сâм ожењен Жаном, ћерком Амадеа, војводе савојског (Benvenuto di S. Giorgio, Ragionamento familiare dell'origine, tempi, e postumi de gl'illustrisimi principi, e marchesi di Monferrato, *Muratori*, RIS, XXIII, 694–695). У крајњој линији, о спонама између Монферата и Царства на одређен начин сведочи и отац Софијин, Теодор II од Монферата. Пошто му је прва жена, иначе Францускиња (са којом је имао децу Софију и Ђованија Ђакома), умрла, маркиз се поново оженио. Овога пута супруга је била Маргарита, ћерка Лодовика Савојског, титуларног кнеза Ахаје (ibidem, 693), чија је опет ћерка била касније удата за кипарског краља Жана од Лузињана (ibidem, 709). Занимљиво је да је ћерка Клеопе Малатесте и Теодора, по имену Јелена, била такође кипарска краљица и жена Жана II од Лузињана (cf. *Zakythinos*, Despotat, I, 190; *A. Bakalopoulos*, Une reine grecque de Chypre mal comprise par les historiens: Hélène Paléologue, 1442–1458, Πρακτικὰ τοῦ πρώτου διεθνοῦς Κυπρολογικοῦ Συνεδρίου, 1969, II, 277–280.

¹³⁴ То је био обичај почев од сина Ирине Монферастке, деспота Теодора, који се касније вратио у Италију (о његовом одласку из Византије, уп. *М. Ласкарис*, Византијске принцезе у средњовековној Србији, Београд 1926, 71–75; о титули, в. *Ферјанчић, Деспоти*, 41; о Теодору уопште, cf. Papadopulos, Versuch, No.62).– Софија је, иначе, била посмрче будући да је њен отац умро 1418. и био сахрањен у цркви S. Francesco de'Frati Minori di Montecalvo (Benvenuto di S. Giorgio, 693).

¹³⁵ О односима савојске куће и Монферата, cf. *E. L. Cox*, The Green Count of Savoy. Amadeus VI and Transalpine Savoy in the Fourteenth Century, Princeton 1967.

свога понтификата назвао у писму од 6. IV 1418. Манојла II само „царем Цариграда", али не из „пежоративних" разлога, којима противречи и садржина овога писма и њихова потоња преписка.[136] Да су бракови са обе италијанске принцезе били у функцији предстојећег црквеног сједињења, сведочи личност преговарача. То је са византијске стране био Никола Евдемонојанис, који је са папом, уз договоре око бракова, био овлашћен да упоредо преговара и о унији. За Теодора II се зна на шта се пре венчања папи обавезао,[137] али сличан документ који би потицао од Јована VIII није сачуван, премда је вероватно постојао. Уосталом, писмо Мартина V од 6. IV 1418. поставило је подједнаке услове у погледу невести обојици Манојлових синова.

Бенвенуто ди Сан Ђорђо, аутор породичне хронике Монферата, забележио је да се Софија, пре него што се удала, 1420. године најпре одрекла „de i beni paterni e materni", потом је византијском цару, то јест Јовану VIII, учињена „promissione della dote sua", да би на крају невести у мираз била остављена једино скромна грофовија Монтебело (Contado di Montebello).[138] Извесно је да је принцезин мираз био сувише неугледан да би евентуално постао залогом склапања брака. Како ће се мало касније видети, још је мање вероватно да је то била Софијина лепота, па преостаје само понуђена претпоставка о обостраној жељи папе и василевса да убудуће титула византијског цара што мање носи призвук достојанства шизматског владара Грка, ако већ не одговара древним претензијама на које се позивала.

Најзад, пошто је Мартин V дозволио принцезама да пођу у Цариград,[139] техничка страна предстојећег путовања, као и обично,

---

[136] У поменутој папиној адреси изостављена су достојанства Манојлових синова: „Martinus etc. dilectis filiis nobilibus viris, Iohanni, Theodoro, Andronico, Constantino, Demetrio, et Thome filiis carissimi in Christo filii Manuelis imperatoris constantinopolitani illustris, salutem etc." *(Hofmann,* Epistolae, I, n. 2, 4).

[137] Уп. нап. 108, у овоме поглављу.

[138] Benvenuto di S. Giorgio, 694–695.

[139] Папа је свој благослов дао приликом сусрета са Евдемонојанисом, али не априла 1418. године, како мисли *Laurent* (Syropoulos, 106, n. 3), него приликом поновне посете византијског посланика Мартину V. Ово произлази из казивања Сиропула, који говори изричито да је до дозволе дошло у другоме доласку Евдемонојаниса (ibidem, 106). Да је, између 1418. и 1420, овај дипломата путовао у више наврата, потврђују и сенатски документи *(Iorga,* Notes et extraits, I, 290, 300–301, 306; *Thiriet,* Régestes, II, 1734, 1757, 1782).

била је у рукама Млечана. Сенат је 16. VII 1420. дозволио Евдемонојанису да превезе Клеопу Малатеста на једној млетачкој лађи од Фана до Кјође, одакле ће испловити ка Мореји.¹⁴⁰ У Кјођу је приспела и Софија од Монферата, па је Сенат 30. VIII 1420. наложио Орсату Ђустанијану, заповеднику александријских галија, да уз пут на брод прихвати и обе невесте.¹⁴¹ Пре поласка за „Романију", који би требало да је уследио убрзо по поменутој сенатској одлуци, у Венецији су принцезама указане почасти, биле су ту лепо примљене а, према сведочењу савременика, није недостајало ни „viny e confety in gran quantitade".¹⁴² Истина, ако је веровати Сфранцесу, Софија од Монферата је у Цариград приспела тек новембра месеца.¹⁴³ Стигавши у престоницу, царева изабраница је у сваком случају током јесени 1420. у њој боравила. Изгледа да је са њом била и Клеопа Малатеста. О Ашотовој недељи, 19. I 1421. године, у велелепној цариградској цркви Свете Софије, уз чинодејствовање васељенскога патријарха Јосифа II, обављена је свечаност венчања Софије и Јована VIII.¹⁴⁴ Истовремено је Јован VIII био крунисан за првога савладара и автократора а, у недостатку другачијих изворних вести, мора се прихватити да је истога дана у Цариграду обављена и церемонија венчања Клеопе Малатеста и Теодора II.¹⁴⁵

Јован VIII није био први византијски цар који је истога дана, у оквиру јединствене церемоније, био крунисан и венчан. У претходним поглављима је у неколико прилика истицано да се нешто слично збило 1392. и са његовим оцем.¹⁴⁶ Речено је тада да крунисање,

---

¹⁴⁰ *Iorga*, Notes et extraits, I, 306; *Thiriet*, Régestes, II, 1782; *Ламброс*, Παλαιολόγεια, IV, 143.

¹⁴¹ *Iorga*, Notes et extraits, I, 307; *Thiriet*, Régestes, II, 1791.

¹⁴² *Morosini*, II, 271–272.

¹⁴³ *Sphrantzes*, 8.

¹⁴⁴ Тачан датум, истина помињући само крунисање, даје једна кратка хроника (Kleinchroniken, 652) као и две белешке (Chronologische Einzelnotizen, 617). Код Сфранцеса је, такође, тачан дан и месец, али не и година (Sphrantzes, 8). Вести осталих извора су или без хронолошких ознака или са погрешним датумима: Ducas, 137; Chalc., I, 192; Kleinchroniken, 98 (са тачном годином, без дана и месеца), 185 (по овој хроници излази да је Манојло II Јована VIII крунисао 21. V 1416, али индикт је десети уместо девети; в. нап. 191, у прошлом поглављу), 303 (овде нема речи о Софији, већ о Клеопи, за коју је записано да је 1416. дошла, а да је „василиса Ромеја" постала 1428). Да је до венчања дошло тек почетком 1421, потврђује и оно што је о путовању принцеза прибележено у Млецима (в. претходни текст) – О литератури, в. нап. 157, у овоме поглављу.

¹⁴⁵ О истовременој церемонији говори *Ducas*, 137; cf. *Schreiner*, Kommentar, 411–412.

¹⁴⁶ Уп. *Рођење, породица и прве године*, нап. 45; *Младост*, нап. 176–179.

sâмо по себи, у позноме Царству није било обавезни предуслов за легитимност владарске власти, поготово не за стицање савладарског положаја. Међутим, ако се прихвати гледиште да, свуда па и у царству Ромеја, пракса често одступа од правних идеја, које и сâме доживљавају лагану али перманентну еволуцију, неумесно је очекивати апсолутно идентична понављања назора о питањима као што су савладарство и крунисање у конкретним ситуацијама, чак и када је реч о релативно кратком временском распону у коме су се на престолу налазила три последња ромејска василевса. Неких разлика између обреда из 1392. године и овога из 1421. ипак је било. У моменту венчања и крунисања Манојло II је реално био први, то јест „велики" цар, што Јован VIII 1421. године, поред још увек живога оца, никако није могао да буде. Са друге стране, иако већ дуги низ година налазећи се уз оца Јована V фактички као први савладар, Манојло II епитет автократора није понео све док, после очеве смрти 1391, није 11. фебруара 1392. крунисан за првога василевса. До тога датума се, наиме, ни у једном савременом извору уз Манојлово име не сусреће поменути епитет, а патријаршијски приручник за „питакија", поуздано датован у 1386. годину, упутствима за обраћање „крунисаном" и „некрунисаном" цару само одсликава постојеће стање. Овај други назива се василевсом, али не и автократором.[147]

Ипак, упркос свим променама које је собом носио развитак схватања царског достојанства у епохи Палеолога, скоро до краја Царства се одржало раније успостављено правило да, уз главнога цара, једино први савладар полаже право на називање автократором.[148] Под последњим Палеолозима, тачније за владе Манојла II и Јована VIII али не и Константина XI, стицање те привилегије повезивано је са крунисањем, а ово са венчањем. Овакав поступак на известан начин, бар када је реч о истовременом крунисању и венчању царске невесте, антиципирао је још Псеудо-Кодинов трактат из средине XVI столећа.[149] Ако се пажња задржи на конкретним околностима под којима су Манојло II и Јован VIII били носиоци савладарског чина, запажа се да је Манојло II до смрти

---

[147] Уп. нап. 174, у прошлом поглављу.
[148] Уп. нап. 173, у прошлом поглављу.
[149] Уп. нап. 175, у прошлом поглављу.

Андроника IV 1385. године формално био трећи цар, будући да је Андроник већ од 1376. био и автократор, што му Јован V, колико се зна, касније није оспоравао. Тек када је Андроников син Јован VII 1390. године узурпирао престо, отада се редовно потписујући као автократор а свога сина Андроника V прогласивши „младим" царем, Манојло II је осетио да је неопходно да и сâм учини одговарајуће церемонијалне потезе.[150] Прва и најбоља прилика, пошто је у међувремену истерао синовца из престонице, указала му се венчањем са Јеленом Драгаш.

Јован VIII је, опет, поставши цар, краће време, односно до смрти Јована VII 1408. године, у „царској хијерархији" био на трећем месту. Касније, рекло би се да се без журбе, јер другога савладара није ни било, чекала повољна прилика па да и он, по угледу на оца, упоредо буде венчан и крунисан. Премда је то тешко доказати, питање је да ли би до његовог крунисања дошло и 19. I 1421. да је Манојло II и даље био здравствено способан да компетентно управља државом. Са тим у вези, неминовно се намеће непознаница зашто за овакву церемонију, каква је обављена 1421, није искоришћен тренутак када је 1414. године руска принцеза Ана стизала у Цариград? На жалост, поузданог одговора на ово питање нема.

Ипак, једно је сигурно: да се паралелном крунисању и венчању придавао већи значај од онога који је оно начелно имало и да је за њим постојала практична потреба, до крунисања би већ тада дошло. Ваља претпоставити да се неколико година доцније таква потреба указала. Поред здравственог стања главнога цара, крунисање је можда изискивао и избор невесте, чије је порекло, удајом за Јована VIII, требало да симболизује почетак помирења два хришћанска света, а можда је за крунисање било разлога и у недовољно дефинисаним односима сада поодраслих Манојлових синова. Иначе, замирање старих обичаја огледало се и у чињеници да Јован VIII, иако је свакако истрајно желео да види Константина XI Драгаша као свог наследника на престолу, упркос околности да је овај у више наврата обављао дужност регента у Цариграду, ипак никада није брату доделио савладарско достојанство. Како друкчије то схватити до као престанак потребе за продужавањем традиције сацаровања.

---

[150] Уп. *Рођење, породица и прве године*, нап. 36–44.

Најзад, да би крунисање Јована VIII 1421. године било још боље осветљено, нужно је начас се окренути и околностима под којима је царевао његов млађи брат, последњи византијски владар Константин XI Драгаш. Речено је за њега да је био последњи али, уколико би се као критеријум за легитимност власти узело крунисање, Константин XI не би ни био законити цар јер никада није крунисан. Као што је из више извора познато, по деспота Константина који је тада управљао Морејом,[151] дошли су после смрти Јована VIII његов брат Тома Палеолог и још два изасланика из Цариграда да би га у Мистри, 6. јануара 1449. године, изабрали за цара. Поставши василевс, Драгаш је 12. марта исте године стигао у престоницу и започео своју кратку и трагично окончану владу,[152] не стигавши до 1453. чак ни да се ожени. Не само Драгашу најближи Сфранцес, него и многи други извори сагласни су у томе да Константин XI 6. I 1449. није крунисан, па усамљена вест из једне кратке хронике, иначе у другим детаљима прецизна, по којој је у Мистри ипак дошло до крунисања, као дисонатна мора да буде одбачена,[153] то јест схваћена као показатељ поистовећивања код савременика овога чина по ефекту са оним што се у Мистри догодило. Легалистички погледи и слух за традицију код Византинаца ипак нису у потпуности замрли. Свест да би прави ромејски василевс морао да буде крунисан, вероватно се најпотпуније огледа у Дукиној историји, у којој се Јован VIII редовно назива „последњим" царем.[154] Према Дуки, чак су и Турци пред пад Цариграда били свесни да Драгашев положај са правне стране није до краја детерминисан, што су као

---

[151] Константин Драгаш је отишао у Мореју 10. X 1443. и у њој је боравио све до почетка 1449 (Sphrantzes, 64). О овоме ће бити речи у наредном поглављу.

[152] О избору Константина Драгаша за цара у Мистри: Sphrantzes, 72; исти датум, 6. јануар, налази се и у једној краткој хроници, која, међутим, наводи да је тада Константин био крунисан у Мистри, што је нетачно (Kleinchroniken, 269; в. наредну напомену) – О његовом доласку у Цариград: Sphrantzes, 74; Kleinchroniken, 646.

[153] Kleinchroniken, 269; в. наредну напомену.

[154] Ducas, 129, 237, 279; уп. нап. 178, у прошлом поглављу, за сличне примере у којима је Константин експлицитно наведен као некрунисани цар, cf. Христофилопулу, Ἐκλογή, 204. Између осталих, то каже и Јован Евгеник у слову посвећеном Константину XI: Ламброс, Παλαιολόγεια, I, 123–134. E. Христофилопулу (op. cit., 205) исправно одбацује нека старија мишљења према којима је Драгаш ипак био крунисан по некаквом половичном, „лаичком" церемонијалу. За ове теорије, cf. J. B. Bury, The Constitution of the Later Roman Empire, Selected Essays, Cambridge 1930, 104. Дукино изражавање је, нажалост, Barker (Manuel II, 367) погрешно протумачио као, истина доста необичан, „rhetorical balancing".

Други йрви цар (1414–1425)

аргумент покушали да употребе за себе, пошто „цар Константин, осим што су га звали царем Ромеја, нити је био крунисан нити је због предсказања имао намеру да се крунише".[155] Без обзира на крунисање које није обављено, Драгаш се, међутим, као цар доследно назива автократором.[156] Очигледно, да би неко понео ово достојанство, крунисање није сада било услов. Та церемонија није се захтевала више ни да би се царством владало.

О питању царске титуле Јована VIII, као и о датуму када је постао савладар, односно био крунисан за савладара-автократора, у модерној историографији мишљења нису сагласна. С обзиром да је 19. јануар 1421. године доста давно неопозиво потврђен као прецизан тренутак крунидбене церемоније, сви потоњи неспоразуми у научној литератури своде се на различита разумевања природе савладарства и еволуције појединих идеја о њему у епоси последњих Палеолога.[157] Стога је овде, нешто опширније него што је само крунисање по својим политичким последицама то изискивало, кроз недоумице око царског достојанства Јована VIII покушано са пружањем одговора на питање стварног значења савладарства, автократорства и церемоније крунисања у позноме Царству. Крунисању и женидби Манојла II присуствовао је као очевидац путник Игњатије из Смоленска и о овоме догађају оставио подробно све-

---

[155] Ducas, 293.

[156] То чини већ фебруара 1449, што ће рећи пре него што је и пошао ка престоници да преузме дужности, у хрисовуљи породици Гемиста: *Σ. Κυζέας, Χρυσόβουλλον Κωνσταντίνου τοῦ Παλαιολόγου, πρωτόγραφον καὶ ἀνέκδοτον, δι᾽ οὗ ἐπικυροῦνται δωρεαὶ εἰς τοὺς υἱούς τοῦ Γεμιστοῦ (1449), Ἑλληνικά* 1 (1928) 371–400; уп. *Г. Осшроїорски*, Пронија, прилог историји феудализма у Византији и јужнословенским земљама, Београд 1951, 122 сл. (Сабр. дела, I, 276 сл.). Са друге стране, почетком Драгашеве владе новом василевсу су оспоравали право на крунисање противници уније, све док се цар око црквеног сједињења у Фиренци не изјасни *(Ламброс, Παλαιολόγεια, I, 124–125). Cf. Laurent, Syropoulos,* 41. – Константин XI је, иначе, два пута био у браку, али у оба наврата супруге су му умрле (в. излагање у поглављу које следи).

[157] Заслужни немачки научник *F. Dölger* био је први који је утврдио тачан датум крунисања *(Dölger,* Die Krönung, 318–319). – Међу онима који су поистоветили имање савладарског чина са крунисањем јесте и *Gill* (Personalities, 106). *Papadopulos* (Versuch, No. 90) је, на другој страни, погрешно схватио резултате до којих је *Dölger* дошао (који је, уосталом, јасно изнео да је 19. I 1421. била реч о крунисању), сматрајући да је Јован VIII 1421. био уздигнут за цара, а да је „im Jahre 1425 zum Kaiser gekrönt". Трећи облик мишљења која су се могла срести у научној литератури јесте избегавање називања Јована VIII василевсом све до смрти Манојла II, упоредо му признајући некакву савладарску улогу и пре 1421 (cf. *Zakythinos,* Despotat, I, 175 sq.). Чини се да је излишно понаособ наводити све остале ставове који се, у суштини, подударају са три наведена.

дочанство. Да ли је, међутим, перо некога савременика прибележило нешто и о свечаностима везаним за крунисање Јована VIII није познато, јер сачуваних описа нема.

Да би се колико-толико о томе дознало, преостаје једино ослањање на већ помињани, Јовану VIII хронолошки близак, анонимни протокол о крунисању цара, по свој прилици настао поводом крунисања Манојла II, чији извесни ставови, нарочито они начелне природе, могу да се примене и на церемонију из 1421.[158] У читавом наведеном тексту, то јест у његовом делу који није изгубљен,[159] налази се само једна изричито наглашена разлика у церемонијалу предвиђеном за крунисање главнога цара и ономе за савладара. Писац протокола каже да првоме круну на главу ставља патријарх али, „уколико је у питању цар-син који има цара за оца или цара који заузима очево место, патријарх врши помазање а отац-цар му ставља круну на главу",[160] да би затим новокрунисани цар лично на главу своје супруге положио круну уобичајену за царице.[161] По завршеној церемонији, Јован VIII је ваљало да на коњу, у пратњи највиших достојанственика који су ишли пешице, дође у царску палату. Испред ње га је вероватно ишчекивала гомила света. Севши на престоле, царски пар би присуствовао аклaмацијама а затим се повукао у унутрашњост зграде, пресвукао у нову одећу у коју је било ушивено по три златника, три сребрњака и три обична новчића. Новац би био бачен народу. Сутрадан би царски пар приредио за архонте свечани ручак.[162] Слично је требало да изгледа и крунисање Јована VIII.

Брачни живот царских супружника био је, на невољу, у оштрој супротности са блиставим венчањем и од почетка је кренуо наопаким путем. Према Дукиним речима, основни разлог томе лежао је у изгледу Софије од Монферата, чију је спољашност историчар покушао да са изненађујућом подробношћу дочара. Иако је у целини била пристојно грађена, имала лепе шаке, дивна рамена, складан врат, дугачку риђу косу која јој је падала до чланака правећи утисак златног ореола око лица, префињене руке као и танак струк,

---

[158] Pseudo-Kodinos, 355; уп. нап. 176, у прошлом поглављу.
[159] Cf. *Verpeaux*, Pseudo-Kodinos, 351; *Schreiner*, Hochzeit, 76.
[160] Pseudo-Kodinos, 355.
[161] Ducas, 137; о миропомазању царева, уп. нап. 177, у прошлом поглављу.
[162] Pseudo-Kodinos, 355–361.

принцеза је била, са друге стране, сувише крупна, а њено лице, чело, нос, уста и очи одисали су изразитом ружноћом. Несклад је био толико очигледан да је на Софију у потпуности могла да се примени изрека: „Спреда пост а отпозади Ускрс". Убрзо по венчању, продужава Дука, цар је одлучио да се његова жена исели у издвојене одаје палате, у којима је несрећница усамљена боравила. Да је врати у Италију Јована VIII је задржавало само поштовање према оцу несклоном таквим поступцима.

Али, чим је 21. јула 1425. Манојло II преминуо, Софија је и сâма решила да побегне из Цариграда, увиђајући да „василевс у вези са њом истрајава у својим осећањима". Искористивши погодан тренутак, повезала се са Ђеновљанима из Пере и, пошавши у шетњу са малобројном италијанском свитом, склонила се код њих. Претходно се читавог дана скривала у једној од башти у околини престонице. Када је увече откривен њен нестанак, прва реакција становништава била је да уништава ђеновљанску имовину и њих малтретира, но Јован VIII је умирио Цариграђане и драге воље допустио да се Софија на једној ђеновљанској галији дискретно превезе у отаџбину. Тамо је живот завршила као монахиња, тешећи се, као једином успоменом на бављење међу Ромејима, царском круном („стемом") коју је са собом понела: „То ми је довољно" – говорила је, „као сведочанство да сам и ја била царица Ромеја, а за тамо остављене хиљаде златника није ме брига".[163] До бекства Софије од Монферата дошло је августа 1426.[164] Сваку сумњу у некакве друге разлоге њеног одласка распршује начин на који је Дука забележио једну у суштини обичну животну причу која се, понекад, догађа и царевима. За разилажење међу супружницима заиста није било политичких мотива, што посредно доказује и наредни брак Јована VIII са трапезунтском принцезом. Сигурно је да трапе-

---

[163] Ducas, 137–139. О неслагању међу супружницима говори и Chalc., I, 192. Код Сфранцеса, међутим, има више дискретности. Осим што је констатовао да је свадба била прилика за „празник над празницима и слављe над слављима", овај аутор се уздржава од приказивања наличја односа Јована VIII и Софије (Sphrantzes, 8). Псеудо-Сфранцес је, са друге стране, очигледно радозналији када каже како „василевс Јован није осећао према царици ни љубав нити је према њој имао добре воље, па је неслога владала; василевс је волео друге жене, будући да је деспини природа ускратила сваку лепоту" (Pseudo-Phrantzes, 260). – Изванредан опис околности под којима је Софија од Монферата живела у Цариграду пружа Diehl, Figures, II, 273–275.

[164] Датум даје Sphrantzes, 18; cf. Ducas, 139; Chalc., I, 192–193.

зунтска држава, изузев лепоте својих невести, није била у стању да понуди ишта друго и да је овај избор Јована VIII био инспирисан искључиво личним побудама.

Крунисање Јована VIII некако се подударило са све видљивијим знацима нарушеног здравља код његовог оца. Срећом, континуитет царске власти био је у сваком случају унапред обезбеђен. Јован VIII не само да је увелико равноправно учествовао у спољнополитичким пословима (какви су, на пример, били преговори око уније) и водио самосталне војне подухвате (каква је била акција у Мореји), него је, такође пре крунисања, почео да бива и од своје браће признаван за пуноправног Манојловог савладара. Да ли су остали Манојлови синови радо гледали на положај најстаријег брата засебно је питање, али је, чини се, изван спора да су звање морали да му признају. Премда до јануара 1421. године нема, то јест нема бар сачуваних, царских докумената које би Јован VIII потписивао разрешавајући правне спорове својих поданика, понуђену претпоставку о његовом царском ауторитету над браћом оснажује и почетак једне оризме деспота Андроника Палеолога из септембра 1420. манастиру Дионисијату. У акту се јасно каже да ова монашка обитељ поседује имања „доброчинством блажених и покојних светих царева мојих предака *као и владајућих и светих ми господара и царева*" (курзив – И. Ђ.).[165]

Упоредо са болешћу, можда и као њена манифестација, код Манојла II се побожност увећавала а давнашња страст за скупљањем реликвија стала је да досеже гротескне размере. Када је у јесен 1421. године у Цариград дошао бургундски витез Жилбер од Ланоа са писмима и даровима енглеског и француског краља, сачекала су га обојица царева а на поласку Манојло II му је, поред осталог, „fist monstrer sollempnellement les dignes reliques, dont plusieurs en y a voit en la cité et mesmes aucunes precieuses, qu'il avoit en sa garde".[166] Једва четири месеца по Јовановом крунисању, стари цар се повукао у манастир Богородице Перивлепте, наводно због епидемије

---

[165] Dionysiou, No. 18, 109.
[166] Lannoy, 82. Исти писац је, такође, један од многих који су се осведочили да је омиљена забава Јована VIII био лов. У више наврата Ланоа је цара пратио док је овај ловио („Et me mena le jeune empereur plusieurs fois a ses chasses et me donna a disner sur les champs": ibidem, 82). Уп. нап. 29, у овом поглављу.

куге, чиме је фактички напустио активни политички живот.[167] Иако се касније Манојло II поново вратио државничким пословима, било је то само за неко време, јер 1. октобра 1422. године преживљава мождани удар од кога се никада неће опоравити.[168]

Учестале лажне вести о његовој смрти које почињу по свету да се шире још марта 1421,[169] потврђивале су да је у Царству смена суверена већ обављена. Умро је, међутим, тек 21. јула 1425, замонашивши се пред смрт под именом монаха Матеја. Сахрањен је у престоничкој цркви Пантократора, којој је сâм у више наврата давао прилоге и у којој су били сахрањени такорећи сви чланови његове породице.[170] Сину је преостало да, поред живога оца и титуларног првог василевса, надаље сâм води државу, управо онако како је речено у наслову овога поглавља – истовремено и као други и као први цар. Тако, када је 15. XI 1423. кретао на своје прво путовање по европском западу, у престоници није остао да га замењује отац него млађи брат Константин.[171] У ствари, из последње три године Манојловог живота нема ниједног податка који би подстакао помисао на било какву јавну улогу старога цара.[172] Чак и онај, у литератури често навођени разговор који су отац и син водили непосредно пред смрт Манојла II око односа са Латинима и у коме се отац наводно

---

[167] Sphrantzes, 12; cf. *Barker*, Manuel II, 354.

[168] Датум дају једна кратка хродика (Kleinchroniken, 117) и Сфранцес (Sphrantzes, 14). Дука погрешно наводи да је Манојло II три дана после можданог удара преминуо (Ducas, 237). Да је Сфранцес коректно забележио догађаје око болести и смрти старога автократора, сведочи Силвестер Сиропул, који наводи да је папин изасланик Антонио да Маса (о њему в. текст који следи) још био у Цариграду када је Манојло II оболео од хемиплегије и да је царева болест трајала скоро три године пре него што је умро *(Laurent,* Syropoulos, 112); cf. *Barker*, Manuel II, 367.

[169] Код Морозинија је записано да је 8. априла 1421. године стигла у Млетке новост како „linperador de Constantinopoly et vechio, chomo avesemo per nuove de dy XVII de marzo de MCCCCXXI могу, abudo per la via da Modon e Negroponte" (Morosini, II, 297). О другим преурањеним гласинама, cf. *Barker*, Manuel II, 368.

[170] За тачан датум Манојлове смрти, в. нап. 297, у овом поглављу.

[171] Уп. даље излагање у овоме поглављу.

[172] Чак да је стари цар имао воље и умних снага да се и даље бави државним пословима, било би то практично тешко изводљиво, будући да је Манојло II према Сфранцесовим речима, лежао „прикован за кревет" (Sphrantzes, 16; о томе слично говори и Ducas, 235). Чињеница је, ипак, да се Млечани у више прилика обраћају њему, нарочито током одсуствовања Јована VIII из Цариграда 1423–1424. Истина, млетачким посланицима по правилу се оставља и алтернативна могућност да се представе било Манојловом „представнику" било „деспоту", то јест Константину Драгашу *(Iorga,* Notes et extraits, I 365–366, 370–371; *Thiriet,* Régestes, II, 1930, 1948). Cf. *Barker*, Manuel II, 382–383.

изричито супротстављао склапању у није са њима, с обзиром на оно што се зна о Манојловим ставовима у вези са црквеним сједињењем као и о спису у коме је дијалог забележен, врло мало је вероватан.[173]

Крунисање Јована VIII се, међутим, није подударало само са погоршањем очевог здравља него, што је по Византију историјски било неупоредиво далекосежније, и са завршетком релативног спокојства у односима са Османлијама. Пуне четири године протекле су без већих, боље рећи неуобичајених непријатељстава, откако се завршила прва Мустафина побуна против Мехмеда I. Тада је, како је истакнуто, млади цар држао страну побуњенику.[174] У међувремену, једино што се на Западу покушало да учини у корист заштите Царства од Турака био је апел папе Мартина V из 1420. свим хришћанима да крену у одбрану вере и брзоплети Жигмундов поход из јесени претходне године.[175] Од Срба, од којих се још пре којих деценију у Византији тако много очекивало, користи није било. Најистакнутији међу њима, деспот Стефан Лазаревић, управо је извршавао своје редовне дужности према угарском краљу борећи се против Хусита, а на другој страни ни он није изостајао из бесконачних трвења око земаља у зетском приморју и Албанији. Септембра 1421. деспоту Стефану је коначно пошло за руком да ове територије себи припоји а стекао је и подршку свог другог сизерена, новог султана Мурата II.[176] Политички посматрано, српски владар и византијски цар били су један од другога врло далеко.

Кварење, овога пута дефинитивно, односа са Османлијама, одржаваних у мање-више приближно истој форми још од ангорске битке, почело је крајем зиме 1421. године, када се пред цариградским зидинама појавио Мехмед I, намеравајући да се са војском пребаци у Малу Азију.[177] Сфранцес приповеда да се у престоници унапред тајно сазнало да је емирова намера била да, пошто заврши послове у Анадолији, нападне на Цариград. Неизбежни учесници

---

[173] В. нап. 47, у овоме поглављу.
[174] Уп. раније излагање у овоме поглављу.
[175] Уп. нап. 114 и 117, у овоме поглављу.
[176] Да је Стефан Лазаревић од почетка недвосмислено био уз Мурата II, приповеда Константин Филозоф, 314. Уп. *Јиречек-Радонић*, Историја, I, 345; Историја Црне Горе, II, 2, 135 сл.; *Пурковић*, Деспот Стефан, 117 сл.
[177] Sphrantzes, 8. Око хронологије, cf. *Barker*, Manuel II, 351–353.

Други први цар (1414–1425)

у политичким збивањима Царства XV века, „сви архонти и представници јерархије" вршили су притисак на Манојла II да султана зароби на превару. Стари цар се опирао позивајући се на своје и султанове положене заклетве и, у крајњем случају, на божју вољу „која је и од њега (то јест султана) моћнија".[178] Султану није упућен да га на устаљени начин поздрави ниједан од Манојлових синова него истакнути архонти Димитрије Леонтарис, Исак Асан и протостратор Манојло Кантакузин са многобројном пратњом младих племића и „стратиота" као и са пригодним даровима. Иако су се, после одређеног оклевања, Манојло II и Јован VIII у близини престонице ипак касније састали са Мехмедом I и у миру га испратили на исток, епизода је потврдила да поверења у Манојловом пријатељству са султаном нема.[179] Обично се овај догађај узима као први спољашњи показатељ постојања две струје у престоници у односу на Турке, умерене и радикалне, од којих је прву персонификовао и предводио стари василевс а другу његов наследник, што не одговара истини.[180] Чини се да је у претходном излагању довољно истакнуто разилажење Манојла II и Јована VIII око Османлија и пре неколико година, приликом прве Мустафине побуне, када се млади цар понашао као отворени савезник узурпатора. Из Сфранцесовог писања такође произлази да је 1421. године радикална, односно „ратна" странка имала у Цариграду знатно више присталица, бар међу врховима свештенства и богате аристократије. „Ови архонти" били су за то да се султан зароби, истиче поменути писац. Стога није чудно што је наредних месеци Јован VIII и круг људи који га је подржавао углавном несметано настојао да врло активним држа-

---

[178] Sphrantzes, 8.

[179] Архонти, архонтопули и „стратиоти" срели су се са Мехмедом I у близини Златног рога, код такозваног Кутулоса, одакле су са султаном пошли ка Диплокиону, пристаништу на Босфору. Са Мехмедом I је, уз пут, био овлашћен да преговара Димитрије Леонтарис. Ту су чекали Манојло II и Јован VIII, обојица на броду на који се попео и султан. Тако су, сви заједно, на лађи пошли ка Скутарију, то јест Хрисопољу. Султан је у Скутарију сишао са брода и сместио се под чадоре, унапред за њега припремљене. Затим је почело обедовање које је потрајало до вечери, када се емир попео на коња и пошао пут Анадолије. При том, цареви су јели на лађи, а Мехмед I на копну (Sphrantzes, 8–10). *–Barker* (Manuel II. 353), преводећи овај одломак, „стратиоте" сматра војницима?

[180] Тако, на пример, *G. Walter* (La ruine de Byzance, 1204– 1453, Paris 1958, 308) сматра да се 1421. први пут показао сукоб између две струје, од којих је једна била последица издвојеног држања младих престоничких нараштаја окупљених око Јована VIII. *Barker* (Manuel II, 351) такође верује да 1421. ваља посматрати као тренутак појаве две „странке".

њем, чак агресивним уплитањем у турске међусобице, извуче некакву корист по Византију. Храбрих намера, преузимајући на себе доста ризика, присталице радикалних потеза биле су, како се показало, за цигло две године принуђене да признају неуспех. Мехмед I се није дуго задржао у Анадолији. У пролеће 1421. он се већ налазио у Једрену када му је стигао посланик из Цариграда, искусни дипломата Димитрије Ласкарис Леонтарис. Из Сфранцесове приче се не види шта је био тачни циљ мисије – осим што је поклисар желео да се обавести од султана о новостима, увери га у пријатељство и поклони му византијске дарове, али је извесно да је Леонтарис дошао да у Једрену разговара у име Манојла II а не Јована VIII.[181] Био је то последњи потез дуготрајне и доследне политичке игре старог автократора према султанима. Мехмед I је благонаклоно примио цареве поруке, али је три дана касније, 21. V 1421. преминуо.[182] У безвлашћу које је наступило, Леонтарис се једва докопао престонице. У њој је затекао свога господара и налогодавца како се из јавног живота повукао у манастир.[183]

На вест о Мехмедовој смрти, у Цариграду су се издвојила два, међусобно опречна става: умерени – по коме је требало да се подржи султанов син Мурат II и са њим обнове пређашњи споразуми и заклетве, односно радикални – по коме је ваљало да се из прогонства доведе некадашњи Мехмедов супарник Мустафа и да му се помогне

---

[181] Sphrantzes, 10 (овај писац изричито саопштава да је Леонтарис пошао султану по личном налогу Манојла II). – Халкокондил и „Хроника о турским султанима" износе да је, наводно, Мехмед I желео пред крај живота да подели државу двојици синова, на Анадолију и Румелију (Chalc., I, 203; Зорас, Χρονικὸν, 55). Дука ништа не говори о посланству Леонтариса, али износи да је емир предвиђао рат о османско наслеђе после своје смрти и да је Мурата II унапред одредио за наследника (Ducas, 167). Cf. Barker, Manuel II, 354.

[182] Прецизан датум смрти даје једна белешка из Солуна: Chronologische Einzelnotizen, 617. О смрти султана и месецу у коме је до ње дошло сведочи и надгробна плоча на његовом гробу у Бруси: F. Taescher, Beiträge zur frühosmanische Epigraphik und Archäologie, Der Islam 30 (1932) 147–148. Cf. Barker, Manuel II, 354; Schreiner, Kommentar, 412. – Занимљиво је да је у случају Мехмеда I, као и Манојла II, у Венецији дошло до преурањених вести о смрти. Наиме, 24. III 1421. стигла је у Млетке новост да је фебруара исте године умро стари („homo vechisimo") султан „Siechy" који је био велики непријатељ хришћана (Morosini, II, 296–297). Неповољна оцена Мехмеда I је у овој белешки сагласна са оним што је записао и састављач вести из Солуна, као и тамошњи архиепископ Симеон (Balfour, Symeon of Thessalonica, 51–52). Очигледно, савременици у најмању руку нису делили мишљење Манојла II и појединих историографа у погледу целокупне оцене државе Мехмеда I према Ромејима и хришћанима уопште. О Мехмедовом надимку „Kyritzes", cf. P. Wittek, Der Beiname des Osmanischen Sultans Mehmed I., Eretz-Israel (1963) 144–153.

[183] Sphrantzes, 10–12.

Други први цар (1414–1425)

да успостави власт над Румелијом, а да Анадолија остане Мурату II. Наравно, Манојло II био је мишљења да се безрезервно поштује прва могућност а за другу су се залагали Јован VIII и одређени број његових следбеника, међу којима и блиски Јованов сарадник Димитрије Палеолог Кантакузин. Победило је друго мишљење и стари цар је, наводно, препустио сину сву власт (ἐξουσία) и одговорност, обраћајући му се патетичним речима: „Учини како желиш, јер ја сам, сине мој, и стар и болестан и на домак смрти; царство и власт предадох теби а ти учини како хоћеш".[184] Присталице Јована VIII биле су врло оптимистички расположене, па су чак веровале да ће од Мустафе, када буде стигао из Мистре – у којој се према Сфранцесу од 1417. налазио, успети да за Царство приграбе најзначајнију турску луку Галипољ.[185] Што се тиче Манојла II, он је, одвојен од државних послова, време и даље проводио у манастиру.

По Мустафу је Јован VIII послао Димитрија Ласкариса Леонтариса и овај се заиста, крајем лета или најкасније септембра 1421. године,[186] појавио и уз помоћ ромејског василевса заузео Галипољ. Византинци град коме су се надали нису добили,[187] а Мустафа је, стигавши у Једрене из Галипоља, постао привремени господар централних области османске Румелије, но одлучујућу предност над Муратом II није стекао.[188] У јесен 1421. године неизвесност око исхода борбе за турски престо достигла је врхунац. Јован VIII је у

---

[184] Ibidem, 12.

[185] Ibidem.

[186] Овако излази према Сфранцесу (Sphrantzes, 12), односно белешки из Солуна, у којој је речено да је по Мустафи цар послао брод 15. августа 1421. и поставио га за господара Запада *(Kugeas,* Notizbuch 152; цитирано према овоме издању, јер *Schreiner,* Chronologische Enzelnotizen, поменуту вест није поново издао).

[187] Sphrantzes, 12. У суштини слично говори о Мустафином одбијању да преда Јовану VIII Галипољ Chalc., II, 1–3. Посебно је подробан Дука, који пише да је Галипољ од Мустафе покушавао да добије Леонтарис, али да је то претендент на османски престо одлучно одбијао (Ducas, 175, 181–201). О Мустафином одбијању пише такође и „Хроника о турским султанима" *(Зорас,* Χρονικόν, 58), као и бургундски витез Ланоа: „en iceluy temps avoit le viel empereur delivre hors de sa prison ung prime turcq nomme Moustaffa, et l'avoit fait par sons sens et puissance empereur de la Turquie vers la Grece, apres la mort de Guirici chalaby son frere, pardevant empereur de Turquie, et l'avoit mis sur la partie de Grece vers Galipoly, par condicion que jamais ne devoit passer le bras de Rommenie pour passer oultre en Turqie, et devoit rendre le chastel et tout le navire de Galipoly a l'empereur de Constantinoble et faire guerre perpetuelle a Mourart bay, estant seigneur de Prusse et de la Turquie, qui lors y estoit receu empereur par la mort du dit Guiricy son frere. Mais il menty faulcement de toute sa promesse car il passa oultre a navire en la Turquie en puissance..." (Lannoy, 84–86).

[188] Sphrantzes, 14; Chalc., II, 4; Ducas, 195. Cf. *Barker,* Manuel II, 358–359.

Мурату II стекао трајног непријатеља а да за узврат од Мустафе ништа није добио. Сви покушаји да се Царство, накнадним контактима са Муратом II, макар делимично политички прикаже као неутрално нису имали успеха,[189] већ и због тога што су се Ромеји још увек надали у могућност да њима припадне Галипољ, било да им га преда Мустафа било Мурат II.[190] Мустафа се 20. I 1422. пребацио на бродовима Ђеновљана и пошао у Анадолију, у сусрет Мурату. Поражен и одбачен назад у Европу, доскорашњи византијски штићеник остао је без савезника и без војске. Мурат II је пошао за њим, мореуз прешао и сâм на ђеновљанским лађама, Мустафу ухватио на Дунаву и у Једрену, по свој прилици још истог јануара 1422, на ритуални начин га усмртио, трудећи се да овим чином докаже поданицима како узурпатор није био прави син великог Јилдирима.[191] Ђеновљане, који су га, на основу раније склопљених договора са њиховим подестом Ђованијем Адорном, помогли флотом и људством, Мурат II је издашно наградио а Адорна је, како Дука приповеда, од тога тренутка сматрао својим „братом и оданим пријатељем".[192] У опширном Дукином опису побуне вредна је пажње и опаска да је Мустафа желео да се преко Тракије склони у Влашку, премда су му византијски Солун и Цариград били неупоредиво ближи. Али, он у Царству више није био пожељан.[193]

Напротив, из престонице су Мурата II ужурбано уверавали у добре и пријатељске намере Ромеја, но без успеха. Византијског изасланика Теолога Коракса, иначе Грка родом из Филаделфије, богатог човека, знаоца турског језика и личности која је важила као блиска

---

[189] Грчки извори углавном говоре о Муратовој иницијативи да Ромеје, пре него што је супарника савладао, одврати од Мустафе: Sphrantzes, 14; Chalc., II, 5–6; Zorac, op. cit., 58–59. В. наредну напомену.

[190] Дука каже како је Манојло II, увидевши Мустафине зле намере, послао Мурату II поруку у којој је тражио мир. Но, када је султанов покисар стигао у Цариград, склапање мира било му је условљено давањем Галипоља (Ducas, 201–205).

[191] Датум Мустафиног преласка зна се на основу извештаја венецијанског баила, састављеног 20. јануара 1422 (Iorga, Notes et extraits, I, 316–317). После пораза Мустафе, Мурат је пошао за бегунцима, како бележи један солунски извор, истог јануара месеца (Chronologische Einzelnotizen, 617). О покушају Мустафе да се домогне Влашке: Ducas, 227. Ланоа пише како су пре битке два противника дуго стајала један наспрам другога, гледајући се преко неке реке (Lannoy, 86). Константин Филозоф (315) износи да је Мустафа нудио савез деспоту Стефану пре него што је био поражен и у бекству убијен у некаквом лугу. У складу са доследном лојалном политиком према Мурату II, деспот је то одбио. Cf. Barker, Manuel II, 359.

[192] Ducas, 225–227; Chronologische Einzelnotizen, 617; Balfour, Symeon of Thessalonica, 52. Cf. Babinger, Relazioni, 13 sq. (reprint: Aufsätze, III, 180 sq.).

[193] Ducas, 227–229.

круговима око султана, априла 1422. Мурат II је врло осорно примио, иако се овај пред њим приказивао као гласник Манојла II а не Јована VIII.[194] Султан није више правио разлику између двојице царева нити му је до тога стало. На уму је имао заузеће Цариграда. По себи се разуме да боље није могло да прође ни следеће посланство које је емиру, непосредно пред почетак опсаде, нудило мир. Сȃм не хотећи ни да разговара са изасланицима и препустивши их ароганцији свога везира Бајазита, Мурат II их је после неколико дана отпустио са објавом рата василевсу.[195] И заиста, 10. јуна 1422. године пред Цариградом се указала Муратова претходница коју је предводио румелијски беглербег Михалоглу, по устаљеној турској пракси најпре се одлучивши на темељно пљачкање градске околине.[196] Уз пут, Османлије су без напора заузеле и византијске градове на обали Мраморног мора.[197] Десетак дана доцније са главнином војске стигао је и султан.[198]

Млечани, који су се држали врло опрезно и пасивно током рата између Мустафе и Мурата II,[199] са таквим понашањем су продужили чак и када су почели жестоки напади на престоничка утврђења.

---

[194] Ducas, 229.

[195] Ducas, 231; Sphrantzes, 14. Први писац говори о два посланства. По њему је у саставу другог посланства био Палеолог Лаханас и Марко Јагарис. По Сфранцесу било је само једно посланство, које су чинили Димитрије Кантакузин, Матеј Ласкарис и Анђео Филомат. Cf. Barker, Manuel, II, 360.

[196] Kleinchroniken, 116; Ioannes Cananus (in: Georgius Phrantzes, Ioannes Cananus, Ioannes Anagnostes, ex. rec. I. Bekkeri, Bonnae 1838), 457–479; Sphrantzes, 14; Chalc., II, 7; Зорас, op. cit., 50–60.

[197] О томе говори писмо папе Мартина V, упућено 8. октобра 1422. Манојлу II, у коме се каже да је католички поглавар чуо како је Мурат II у велику кушњу ставио Царство опсадом престонице и „castris ante urbem Constantinopolitanam positis" (Hofmann, Epistolae, I, n. 17, 12). О пустошењу околине Цариграда сведочи и извештај који је 22. VI 1422. послао отуда млетачки баило, који пише да је султан „dito per nome Zalaby" кренуо „dale parte de Saluonichy" и тражи од Републике да се наоружају 4 галије „e legny XXI", јер Турака који опседају престоницу има 25 000. Баило затим извештава да је „lo dito Turcho aver abudo IIII chastely de linperador dy grexi", као и да је василевс ојачао и озидао „algune porte de Constantinopoly". Уз налог који је у Млецима издат, по пријему писма 18. августа, о покретању венецијанских бродова, сазнаје се да цар „aver galie VII ben in ordene" (Morosini, II, 345–346).

[198] О доласку Мурата II 20. јануара говори директно једна кратка хроника (Kleinchroniken, 116) и посредно Канан (Cananus, 459). Према Сфранцесу, Мурат II је приспео 15. јуна (Sphrantzes, 14). Cf. Barker Manuel II, 360; Schreiner, Kommentar, 414–415.

[199] У томе погледу врло је карактеристично упутство од 10. X 1421. године цариградском баилу, у коме му је наложено да са Муратом II склопи мировни уговор, споразуме се око Албаније, привилегија венецијанских трговаца на султановој територији и испослује дозволу за извоз 10 000 модија жита из Турске. Од византијског цара, баилу је изричито речено, ваља крити циљеве преговора (Iorga, Notes et extraits, I, 312–313; Thiriet, Régestes, II, 1825).

Мада су обавештења која је отуда баило послао 22. јуна била више него озбиљна, Република је оклевала да са флотом крене у помоћ Јовану VIII. Уместо подршке, цар је од Сената 26. августа добио савет да би Serenissima свим срцем желела склапање мира између Царства и Мурата II.[200] Византинци су у лето 1422. године били препуштени сами себи. „Ратна странка" и Јован VIII, доживевши политички неуспех, преузели су на себе одговорност око одбране града. Упоредо са неуспешним напорима да избегне рат са султаном, Јован VIII је очигледно вршио ужурбане војне припреме за евентуалну опсаду. Према поменутоме извештају цариградског баила, када се Мурат II појавио пред престоницом затекао је зидине ојачане и преправљене као и „algune porte de Constantinopoly". У Цариградском пристаништу василевс је имао, што је за позновизантијске прилике био изненађујуће, велики број „galie VII ben in ordene". [201] Била је то још једна потврда за приметну бригу Манојла II и нарочито његовог наследника о ратном бродовљу, о чему, како је помињано, постоје сведочанства и у царевима посвећеним панегирицима.[202] Полетност па и храброст са којом је Јован VIII ушао у рат

---

[200] Sathas, Documents inédits, I, 119–123; Iorga, Notes et extraits, I, 323–324; Thiriet, Régestes, II, 1583–1584; уп, нап. 197, у овоме поглављу.

[201] Уп. нап. 197, у овоме поглављу.

[202] На неколико места је до сада истакнуто да би нетачно било тврдити да је Царство у XV веку у потпуности било без ратне флоте. Познат је, на пример, случај са битком код Платија, у којој је ромејска флота тријумфовала над турском (в. нап. 222, у претходном поглављу). Такође се зна да је Манојло II априла 1415. године, долазећи у Мореју, за собом имао малу али врло добро наоружану ескадру од четири галије и две коке (в. нап. 38, у овоме поглављу). Иако је опште прихваћено у литератури и да је василевс у XV столећу имао у најбољем случају у цариградском пристаништу неколико бродова за личну употребу (H. Ahrweiler, Byzance et la mer, Paris 1966, 386 sq.), већи број различитих изворних вести овакву оцену делимично доводи у сумњу, премда је јасно да византијско бродовље, уосталом као и војска па и држава у целини, у доба последњих Палеолога нема ширег значаја. Ако се изузму непрестани напори Манојла II и Јована VIII да им Serenissima уступи известан број ратних бродова (в. нап. 240, у овоме поглављу), пажњу на себе скрећу у првоме реду подаци који евентуално указују на оно што је у самој Византији чињено за обнову флоте. Тако, рецимо, Јован Хортазмен, у писму Димитрију Мавријану, поморском заповеднику у Солуну, говорећи о ратним бродовима које овај има под собом (περὶ τῆς σῆς ναυαρχίας καὶ τῆς τῶν τριηρῶν ἐπιμελείας), подстиче претпоставку да је у Царству известан број лађа био на располагању директно василевсу за одбрану престонице, али да је један део ратне флоте био усидрен и у Солуну пре 1423. године, то јест све док град нису преузели Млечани (Hunger, Chortasmenos, 216). Са друге стране, Исидор из Кијева, пишући панегирик царевима Манојлу II и Јовану VIII, посебно истиче њихову заједничку бригу око обнављања флоте и алудира на порезе којима је овај подухват био подржан (Ламброс, Παλαιολόγεια, III 170–171, 186). О изградњи ратних бродова, овога пута заслугом и старањем само Јована VIII, има речи и у једном похвалном слову упућеном Манојловом сину (ibidem, 294). Ромејске „тријере" и корист од њих хвали, не цару већ деспоту Константину Драгашу, коначно и кардинал Висарион (ibidem, IV, 44). Прем-

за Мехмедово наслеђе, била је видљива и током опсаде, и то не само код василевса него и код многих његових суграђана.²⁰³ Сличан патриотски ентузијазам Царство одавно није доживело. Процене очевидаца о снази турске војске по обичају су врло различите и досежу до 200 000 војника,²⁰⁴ али се чини да је најближи истини број од 25 000, колико је млетачки баило сматрао да има Османлија.²⁰⁵ Према Халкокондилу, код нападача су посебну улогу имали одреди јаничара, као и први пут употребљени топови, такозване лумбарде.²⁰⁶ Физичка исцрпљеност и психичка пренапрегнутост Цариграђана биле су сигурно врло велике. Као по правилу у таквим тренуцима, и овде је било нужно пронаћи непосредног кривца за неуспех преговора и долазак султана и уједно подићи морал бранилаца. Гнев се свалио на Теолога Коракса који је оптужен да је као посланик шуровао са Муратом II и саветовао му како да освоји престоницу. Злосрећни Теолог је страдао а његова замашна имовина је опљачкана.²⁰⁷ И међу Турцима, којима опсада није ишла онако како су замишљали, јавио се извесни Мирсаит, наводно Алахов изасланик, чија је појава требало да подстрекне нападаче.²⁰⁸ Иначе,

да је незахвално узимати буквално све што се налази у сродним списима, ипак је учесталост похвала исте врсте које се срећу у њима немогуће објашњавати једино пуком реторском фразеологијом састављача. Није искључено да би можда, имајући у виду изнето, ваљало и преиспитати недовољно проучени порез „кокиатикон", који се почев од 1409. године, јавља на светогорским документима. За „кокиатикон" је претпостављено да је био у облику давања жита за храну на бродовима, односно за исхрану посада на њима. Од поменуте дажбине такорећи није било ослобађања (Lavra, III, No. 161. No, 164; cf. *Oikonomidès*, „Haradj", 686. Cf. H. *Antoniadès-Bibicou*, Etudes d'histoire maritime de Byzance, Paris, 16, 23.

²⁰³ Да је Јован VIII не само руководио одбраном престонице већ био и кадар да повремено лично учествује у борбама, приповеда савременик и очевидац Јован Канан. Он каже да је Манојло II, због старости и болести, био неспособан да се лати оружја и коња па је терет организовања бранилаца пао на његовог сина. Канан описује доста подробно како је Јован VIII, у кључном тренутку опсаде престонице, када су фанатизовани Турци, предвођени верским заносењаком Мирсаитом (в. нап. 208, мало даље), претили да пробију зидине између Златне и Дрвене Капије, попевши се на коња и наоружавши се, изишао са малобројном пратњом кроз Романову капију у сусрет нападачима. Очајнички отпор Ромеја на спољашњим фортификацијама изненадио је Османлије. Многе њихове главе пале су у боју и донешене су све пред Јована VIII чији су војници на крају успели да одбаце нападаче (Cananus, 471 sq.). За разлику од Канана, Дука штуро бележи једино да је, док је Манојло II болестан лежао у манастиру Перивлепте, „цар Јован бринуо о одбрани престонице" (Ducas, 233). Cf. *Barker*, Manuel II, 363.

²⁰⁴ Ducas, 231; cf. *Barker*, Manuel II, 361.
²⁰⁵ В. нап. 197, у овом поглављу.
²⁰⁶ Chalc., II, 10–12; Cananus, 461; Зорас, Χρονικὸν, 60. О јаничарима, cf. *J. A. Palmer*, The Origins of the Janissaries, Bulletin of the John Rylands Library XXXV (1953) 448–491.
²⁰⁷ Ducas, 231–235. Cf. *Barker*, Manuel II, 361–363.
²⁰⁸ Cananus, 466–472; cf. *Werner*, Die Geburt, 220–221.

тешко је отети се утиску да је обрачун са Теологом био изведен уз учешће Млечана.²⁰⁹

У понедељак, 24. августа 1422, на празник светог мученика Евтихија, османлијска војска кренула је у општи јуриш који је трајао око два часа. Нападаче су Ромеји, међутим, успели да одбаце и Мурат II је 6. септембра почео са повлачењем.²¹⁰ Привремено је непосредне опасности вероватно био ослобођен и византијски Солун, који је такође био опседан почев од 13. јуна 1422. па практично све до пада 1430. После три месеца неизвесности, Јован VIII, чија је лична одважност и умешност при заповедању током опсаде изазивала неподељно дивљење, успео је мало да одахне.²¹¹ Наравно, повлачење од зидина није одмах подразумевало и одлазак Османлија из престоничке околине, јер неколико дана по Муратовом узмицању, папски легат је могао да се увери да је султан још увек у близини Цариграда.²¹²

Нагли одлазак Мурата II, више него неуспехом под зидинама или стрепњама од намера Млетака,²¹³ био је проузрокован побуном до које је дошло у Анадолији. Тамошњи обласни господари, тради-

---

[209] Још 11. марта 1418. Сенат се жалио на насилничко понашање оца и сина Коракса према венецијанским трговцима у Цариграду (Iorga, Notes et extraits, I, 276; Thiriet, Régestes, II, 1688). Код Морозинија о хапшењу Коракса пише следеће: „Da puo de questo tenpo (крајем августа 1422 – прим. И. Ђ.) avesemo el tratado eser sta deschoverto del traimento fato per uno griego de linperador de Constantinopoly per nome chamado Teologo so baron, e di mazior del so Chonseio, e plu e fe caver i ochy, e toltoy el so aver, del quai schazado de fuora fose aprexentado al signor Turcho in so chonfuxion per caxion con luy fato ave el tratado" (Morosini, II, 347).

[210] Kleinchroniken, 116; Cananus, 479; Сфранцес каже да је до јуриша дошло 22. августа (Sphrantzes, 14). За остале изворе, cf. Barker, Manuel II, 364–365; Schreiner, Kommentar, 414–415. – Датум Муратовог повлачења дају: Kleinchroniken, 116; Sphrantzes, 14.

[211] За датум почетка напада на Солун: Kugeas, Notizbuch, 148. Код архиепископа Симеона стоји да је опсада почела 14. VI 1422 (Balfour, Symeon of Thessalonica, 54). Нападаче је предводио Барак, један од синова чувеног Евреноса. – Да је непосредна опасност по Јована VIII трајала око три месеца, пише Дука, који се, иначе, задовољава оваквом апроксимативном хронологијом (Ducas, 229–237). – Канан је сматрао да је, само приликом општег јуриша 24. августа, погинуло преко хиљаду Османлија (Cananus, 479); према једној краткој хроници, опет, „Ромеји су били победоносни и много хиљада Турака су побили" (Kleinchroniken, 99).

[212] Папин легат Антонио да Маса стигао је у Цариград 10. септембра 1422 (Laurent, Syropoulos, 112). Како Сиропул каже, цар и патријарх су легата подсетили да је град увек окружен емировим снагама, што је овај и сâм видео.

[213] Сенат је 26. августа 1422. наложио баилу да Јовану VIII изрази у име Републике моралну подршку и пријатељство, али да му објасни да Млечани тренутно нису у могућности да практично помогну. Истога дана дата су упутства и за случај склапања мира између султана и василевса (Iorga, Notes et extraits, 323–324; Sathas, Documents inédits, I, 119–123; Thiriet, Régestes, II, 1854–1855).

ционално супротстављени централистичким идејама како Мехмеда I тако и његовог наследника, искористили су султаново одсуство, истакли као свог кандидата за османски престо Муратовог четрнаестогодишњег млађег брата Мустафу и опколили Брусу.[214] Удео Византинаца у подстицању побуне био је изван сумње. Овога пута су оба василевса, посебно стари Манојло II који се, пред крај опсаде Цариграда, укључио у јавне обавезе, била сложна у погледу тактике према Турцима. На лични позив Манојла II млади турски принц се, заједно са својим тутором и учитељем Илијазом и одређеним бројем присталица обрео у Цариграду 30. IX 1422.[215] Наишао је, нажалост, у незгодном тренутку јер је Манојло II, изгледа заинтересованији од Јована VIII за комбинације са Муратовим братом, већ 1. октобра доживео мождани удар од кога се више никада није опоравио.[216] По свему судећи, долазак Мустафин није донео никакве спектакуларне резултате ни њему а ни Ромејима. Приче неких познијих аутора и компилатора о његовом венчању са ћерком Илариона Дорије, како је истакнуто у ранијем излагању, плод су збрканих интерпретација вести примарних извора.[217] Мурат II, коме је најмање бриге задавао сâм млађи брат а много више кнежевине у западној Анадолији, прешао је мореуз и у Никеји је Мустафу, издајством дечаковог васпитача, ухватио и 24–25. јануара 1423. усмртио. Убрзо је султан рестаурисао власт и над највећим делом западне Мале Азије.[218]

Престанак опсаде и болест Манојла II хронолошки су коинцидирале и са крајем илузија старога василевса као и оних који су, попут њега, веровали у скоро окончање преговора око није и почетак притицања систематске помоћи европског запада. Наиме, 10. IX 1422. године, док су турски војници још били у видокругу цариградских бедема, ушао је у престоницу изасланик папе Мартина V, провинцијал фрањевачког реда Антонио да Маса. Њега је римски црквени поглавар одредио још 15. јуна исте године да пође Грцима и убрза

---

[214] Уп. *Иналчик*, Османско царство, 29.
[215] Датум приспећа дају Sphrantzes, 14; Kleinchroniken, 117. – О улози Ромеја у побуни, у првоме реду пише Дука (Ducas, 235–237). О овоме такође пишу и „Хроника о турским султанима" (*Зорас, Χρονικὸν*, 60) и Халкокондил (Chalc., II, 12).
[216] Sphrantzes, 14; *Laurent*, Syropoulos, 112; Kleinchroniken, 117.
[217] Уп. *Младост*, нап. 231; в. почетак овог поглавља и нап. 9.
[218] Датум даје једна белешка из Солуна: Chronologische Einzelnotizen, 618. Остали извори: Ducas, 237; Sphrantzes, 14; Chalc., II, 12–13; Kleinchroniken, 624. Cf. *Barker*, Manuel II, 369.

њихову одлуку о једноставном и једностраном приступању начелима латинске вере. На ово Византинци, ни патријарх а ни Јован VIII који је фактички преговоре водио, нису могли да пристану. Манојло II, пошто је 16. септембра примио легата, касније, због здравственог стања, у разговорима није учествовао.[219] Јован VIII у најмању руку није био ништа више од оца склон компромисима у вези са унијом. Судећи по понашању из јесени 1422, Манојлов наследник је чак био одлучнији у одбијању сједињења по сваку цену од Манојла II у неким ранијим приликама. Ромејски одговор, у коме се објашњавало да у оваквим условима нема ни говора о одржавању сабора, био је смеша искрености и дипломатске вештине када се оправдавао турским невољама.[220] Византијски став, у коме се за Латине исказала неочекивана чврстина, изнет је тек 8. XI 1423. пред сабором у Сијени.[221]

Мартин V је у међувремену одлучио да ромејском цару, формално се обраћао Манојлу II а у ствари Јовану VIII, отворено изнесе своје предлоге. Саучествујући у несрећи која се свалила на „tuo minimantem imperio", осуђујући хришћанске плаћенике који су помогли Мурату II да се пребаци у Европу (beneficio mercenariae classis traiecisse), извештавајући о помоћи коју је за Царство затражио од Јовановаца, Млечана (Venetos insuper, devotos homines et potentes), Ђеновљана и миланског војводе, папа поставља услов: прво унија па онда подршка.[222] Ревносни папа, упркос византијском држању, није одустајао од преговора о унији и 6. XI 1422. у Цариград је послао Жана Порсија да још једном обавести Ромеје о потреби за сједињењем,[223] но окупљање снага, онакво каквим га

---

[219] О одлуци папе Мартина V да пошаље легата: cf. *Hofmann,* Epistolae, I, n. 15, 11; о његовом доласку у Цариград, уп. нап. 212, у овоме поглављу. Антонио да Маса је о своме боравку оставио извештај у коме наводи да после 16. септембра Манојло II није више могао да разговара са њим (cf. *Gill,* Council, 33–36). Cf. *V. Laurent,* Les préliminaires du concile de Florence; les neuf articles du pape Martin V et la réponse inédite du patriarche de Constantinople Joseph II (octobre 1422), REB 20 (1962) 10–23; *Barker.* Manuel II, 327–329, 367.

[220] *Laurent,* Syropoulos, 112. Једино је одговор цара сачуван. Јован VIII 14. новембра 1422, између осталога, одговара да једнострана унија не долази у обзир, да претходно треба да се састане васељенски сабор који би, у складу са канонима претходних сабора, донео закључке око порекла Св. Духа, а да то сада није могуће „propter guerras infidelium" *(Hofmann,* Orientalium documenta, n. 1, 3–4).

[221] Cf. *Laurent,* Syropoulos, 112, n. 1.

[222] *Hofmann,* Epistolae, I, n. 17, 12–14.

[223] Ibidem, n. 18–19, 14.

Други йрви цар (1414–1425)

је замишљао Мартин V, нешто касније је наишло на отпор и у крилу католичке Европе. Млечани, најутицајнији међу потенцијалним члановима хришћанске лиге, 31. марта 1423. су хладнокрвно одбацили предлог папиног посланика, оног истог Антонија да Масе, о своме учешћу у помоћи ромејском цару. Уместо десет галија, колико је папа захтевао да дају Јовану VIII, понудили су само три (на венецијански трошак), условљавајући чак и то ефективним а не вербалним ангажовањем осталих учесника.[224]

На своје јалово бављење под зидинама Цариграда султан није заборављао. „Како, дакле, ништа није могао да учини против престонице, намера му је била да удари на солунске стране и Пелопонез" – језгровито је описао историчар Дука суштину измењеног Муратовог плана.[225] У Млецима се турски напад на Мореју очекивао бар месец дана пре него што је до османлијске провале на полуострво дошло.[226] Упоредо су у Венецију стизале све алармантније и, нажалост, све поузданије вести о озбиљним преговорима око предаје Солуна у руке Турака.[227] Другим речима, наставак борби очигледно није представљао изненађење ни за једну од зараћених страна.[228] Чим је 21. маја 1423. године Муратов војсковођа Турахан са око 25 000 војника

---

[224] *Iorga*, Notes et extraits, I, 332–333; *Thiriet*, Régestes, II, 1876. Уп. *Радоњић*, Западна Европа, 44; cf. *Barker*, Manuel II, 369.

[225] *Ducas*, 239.

[226] Према Морозинију, још 19. IV 1423. године очекивало се у Млецима да Османлије, стигле из свих крајева Турске, укупно на броју између 60 000 и 80 000, нападну Мореју и са копна и са мора (Morosini, II, 391).

[227] Када је Долфин Венијер стигао из Мореје 23. V 1423, донео је вест „per lo qual avesemo miser linperator vechio eser morto, e quelo Inperio eser in debel condicion", док су „quely da Saluonichi" ради да се предаду Турцима и да је Османлијама наводно понуђен један део солунског залеђа. Уколико ови то не прихвате, Солуњани ће се предати Венецији (Morosini, II, 397– 398). О овим питањима, уп. даље излагање у овоме поглављу.

[228] Током читаве 1422. године вођени су преговори између деспота Теодора II и Млетака око уступања појединих делова византијске Мореје Венецији. Република би, за узврат, преузела на себе веће одговорности око одбране Пелопонеза. Млечани су, међутим, више волели да се Грци сами бране од Турака: *Iorga*, Notes et extraits, I, 319; *Thiriet*, Régestes, II, 1840. Исте идеје деспотов посланик је поново излагао у Венецији и почетком 1423 *(Sathas*, Documents inédits, I, 125–127; *Thiriet*, Régestes, II, 1863– 1871). Теодор II се, у свим овим понудама, непрестано жалио да наредни турски упад тешко може сâм да издржи. Cf. *Zakythinos*, Despotat, I, 192–194. – Изгледа да би у контекст акција цариградске владе, којима је желела да неутралише нови Муратов напад на ромејске територије, требало да се стави и посланство које је априла 1423. предводио „nobilis vir dominus Asan, ambasiator serenissimi domini imperatoris Constantinopolitani". Асан се, преко Дубровника, запутио босанском војводи Сандаљу Хранићу, али од помоћи отуда очигледно није било ништа (cf. *Krekić*, Dubrovnik, 681).

из „румелијских" области (претежно из Тесалије) провалио преко Хексамилиона на Пелопонез и гласови о успесима нападача стигли у Млетке, у Сенату се 8. јуна са забринутошћу разматрала нова ситуација као и страховите последице по Републику уколико би Мурат II постигао и свој основни циљ – освајање Цариграда, али без конкретних закључака. Истога дана Сенат је једино одлучио да василевсу сместа пошаље изасланика који би са Царством продужио уговор на наредних пет година.[229] Турахановом упаду претходио је читав низ догађаја у Мореји, чији компликовани ток није неопходно до у појединости пратити. У сваком случају, ма колико се деспот Теодор II између 1421. и 1423. године трудио да византијску територију на Пелопонезу прошири на рачун суседних латинских државица,[230] он сам није био у стању да се Османлијама супротстави. Ни напори деспота да се, пред опасношћу од неверника, помири посредством Венеције са дојучерашњим противницима, нису били успешни.[231] Узалудним су се показале и замисли према којима је полуострво ваљало од непријатеља осигурати зидом, јер је Турахан са лакоћом продро преко небрањеног Хексамилиона, срушио га и продужио ка деспотовој престоници Мистри.[232] У изворима је нарочито истакнут покољ великог броја Албанаца приликом турског освајања Тавије, 5. јуна 1423. Чињеница да су млетачки поседи донекле били поштеђени османлијских пустошења, пружила је изговор Венецији за млако и опортунистичко понашање, али је зато Турахану свесрдно помогао Карло Токо, господар Кефалоније.[233]

---

[229] Iorga, Notes et extraits, I, 334–335; Sphrantzes, 16; Kleinchroniken, 249 ; cf. Zakythinos, Despotat, I, 196–198; Barker, Manuel II, 371.

[230] Cf. Zakythinos, Despotat, I,191–196. Од значаја је да се помене да „Хроника породице Токо" бележи како се уз Теодора II налазе и трупе послате из Цариграда, што би, уколико је тачно, значило да су деспотове акције биле обављене у договору са Јованом VIII (Cronaca dei Tocco, 489, 3636 sq.).

[231] Cf. Zakythinos, Despotat, I, 195–196.

[232] Деспот Теодор је тражио од Млетака посаду за Хексамилион, али је Венеција ову услугу условљавала османлијским уступањем Коринта. Све се то догађало фебруара 1423 (Sathas, Documents inédits, I, 126; Thiriet, Régestes, II, 1870).

[233] За датум: Kleinchroniken, 249. О Тавији (Триполици), cf. Sp. Lambros, Tavia, eine verkannte mittelgriechiche Stadt, BZ (1893) 309–315. О Албанцима на Пелопонезу, cf. J. X. Πυλος, Ἡ ἐποίκησις τῶν Ἀλβανῶν εἰς Κορινθίαν, Ἐπ. τοῦ Μεσαιωνικοῦ Ἀρχ. 3 (1950) 31 –105; T. P. Jochalas, Über die Einwanderung der Albaner in Griechenland, Dissertationes Albanicae, München 1971, 89–106; P. Topping, Albanian Settlements in Medieval Greece: Some Venetian Testimonies, Charanis Studies. Essays in Honor of Peter Charanis, New Brunswick – New Jersey 1980, 261–271. – О помоћи Карла Тока Сенат је, уз извињавања, известио по-

Ипак, премда уз огромне напоре и жртве али и храброст па и спорадичне војне успехе против Османлија,[234] византијска Мореја је преживела Тураханов напад 1423, као што ће у отпору Турцима упорно истрајавати још наредних четрдесетак година. Солун је, међутим, ове исте године Царству дефинитивно измакао из руку. Поменутоме граду султан је најпре одузео његово природно залеђе, почетком лета 1422. освојио је Каламарију, плодни обални појас на источној страни солунског залива,[235] по свој прилици 1423. године светогорски монаси су, уз претходну невољну сагласност деспота Андроника, поново признали врховну власт Турака и послали своје изабране представнике у Једрене, на поклоњење Мурату II,[236] погроми и пљачка хришћанског становништва постали су свакодневна слика у околини вароши а рекло би се да је султан и неке трибуте од градских прихода у међувремену за себе присвојио.[237] Несклон предавању Солуна Млечанима, за шта се залагао известан број грађана, суочен са све израженијом жељом многих становника да се капије отворе емиру (о чему су маја 1423. стигле вести и у Млетке), што је обезвређивало сваку мировну иницијативу цариградске владе, болестан и политички изолован, деспот Андроник, према речима савременика, није имао од кога да затражи помоћ.[238] Али, мора се признати да су се и представе Солуњана о врсти спољне подршке која би им била најсврсисходнија показале не само међусобно опречне (у опредељивању за Венецију или Турке) него и благо речено необичне када су помишљали да се обрате своме василевсу Јовану VIII (односно Манојлу II). Молећи за помоћ из Цариграда, деспот Андроник и солунски архиепископ Симеон траже да им се пошаље неколицина

сланик поменутог феудалца августа 1423 *(Iorga*, Notes et extraits, I, 344; *Thiriet*, Régestes, II, 1901; cf. *Zakythinos*, Despotat, I, 197). Према хроници ове породице, Турци нису у Мореју провалили једино преко Хексамилиона него и, превезени бродовима, преко Патраса, то јест Axaje (Cronaca dei Tocco, 496, 3740–3743).

[234] О успешном одупирању Грка приповеда млетачки хроничар Санудо (Sanudo, 970–978); cf. *Zakythinos*, Despotat, I, 196–197.

[235] *Kugeas*, Notizbuch, 148.

[236] Kleinchroniken, 473; cf. *Schreiner*, Kommentar, 422–423.

[237] За пљачку: *Balfour*, Symeon of Thessalonica, 55–56. – О приходима султана од Солуна у време Андроника и питању харача који му је евентуално плаћан, уп. нап. 23, у овоме поглављу.

[238] *Balfour*, Symeon of Thessalonica, 56. – Занимљиво је да Млечани солунског архиепископа касније сматрају својим поуздаником *(Sathas*, Documents inédits, II, 269–270; *Thiriet*, Régestes, II, 1947), мада то из Симеоновог казивања није претерано видљиво.

људи вичних ратовању а посебно одбрани града, истовремено и „довољно богатих да варош штите сопственим средствима."²³⁹ Иако и сâм угрожен од султана, цар је у Солун послао ваљаног и искусног стратега који се са деспотом сукобио захтевајући да сви чланови градског синклита као и грађанство учествују у трошковима одбране, „док је већина становништва била за то да се трошкови деле на добровољној основи."²⁴⁰ Деспот се, на другој страни, будући против предаје града Млечанима или Турцима као и против стратегових предлога, под притиском и једних и других а немајући бољег излаза, одлучује коначно на уступање своје апанаже Републици. Данас је поуздано утврђено да Венеција за Солун септембра 1423, у тренутку када га је званично прихватила под своје окриље, није деспоту платила ниједну пару,²⁴¹ но у преговорима, вођеним око уступања града, било је речи и о новцу који је требало да Андронику припадне. Свота која му је нуђена досезала је 40 000 аспри годишње ренте, али са погоршањем Андрониковог положаја у вароши оваква награда се показала излишна. И без новца Република је била у стању да добије други град Царства.²⁴² Деспот, који је прве преговоре са Млечанима почео јуна 1423, јед-

---

²³⁹ *Balfour,* Symeon of Thessalonica, 57.
²⁴⁰ Ibidem.
²⁴¹ Верзија о продаји Солуна Млечанима за 50 000 златника налази се код Псеудо-Сфранцеса и осталих познијих грчких и западних писаца и компилатора (Pseudo-Phrantzes, 260). Од историчара ближих овим догађајима, код Сфранцеса нема говора о продаји, Халкокондил пише да је деспот предао град „не за много" (новца), а Дука бележи да су Солуњани хтели да се предају Млечанима, „слагао се деспот или не" (Chalc., II, 13; Ducas, 247). Да је Андроник ипак продао Солун, има помена и у појединим кратким хроникама (Kleinchroniken, 185), али је више примера у њима који сведоче у прилог уступања вароши (ibidem, 266, 310). Докази за тврдњу да продаја на крају није била обављена заснивају се на једном писму са Еубеје, датованом 7. јула 1423, у коме се јавља да је Андроник спреман на предају Солуна без новчане накнаде *(Sathas,* Documents inédits, I, 133–139; *Thiriet,* Régestes, II, 1892), упутству Николу Ђорђу и Санту Венијеру да провере истинитост поменуте вести *(Sathas,* Documents inédits, I, 141–150; *Thiriet,* Régestes, II, 1898) и садржини савремених венецијанских хроника (Morosini, II, 405, 406–407, 424–425; Cronaca Veniera, 44; Zancaruolo, 507; Zorzi Dolfin, 320–321). Cf. *Мерциос,* Μνημεῖα, 30 sq. За разлику од Мерциоса, који је први понудио изворне вести о продаји а не продаји, *I. Tsaras* (La fin d'Andronic Paléologue, dernier despote de Thessalonique, RESEE 3, 1963, 419–432) покушава да докаже како је Солун Венеција ипак купила, нажалост са старим аргументима и без много успеха. О куповини се заиста преговарало, у томе су сви млетачки извори јединствени, али се касније од тога одустало, што је, чак и за Сенат, било мало изненађење.
²⁴² У поменутом упутству Ђорђу и Венијеру (в. претходну напомену) налаже се да, уколико Андроник ипак затражи какву надокнаду, Република може да му понуди годишњу ренту „singulo anno ab aspris viginti mille usque ad quadraginta mille" *(Sathas,* Documents inédits, I, 144). Cf. *Manfroni,* La marina, 8 sq.

ва да је сачекао 13. септембра њихове галије па да заувек напусти апанажу и живот оконча 4. III 1429. године као монах Акакије у Цариградском манастиру Пантократора.²⁴³ Јовану VIII преостало је једино да формално потврди отуђење Солуна.²⁴⁴

Збивања у Солуну 1423. године тешко је потпуније разумети уколико се пажња усредсреди само на ток преговора са Млечанима и питање да ли је или није деспот Андроник град њима продао. Препуштање Солуна Венецији немогуће је посматрати изван ширег социјалног и економског контекста, друштвених, политичких па и династичких раслојавања која су, стицајем околности, овде видљивија у појединим доменима него што су то прилике чак и у престоници Царства. У оштрим супротстављањима туркофила и присталица Млечана, који настоје да доведу у варош било Мурата II било венецијанске галије, деспот Андроник је био подједнако удаљен и од једних и од других, са врло малим бројем властитих приврженика.²⁴⁵ Штавише, Андроник Палеолог се политички разилазио и са својим оцем и старијим братом, Манојлом II и Јованом VIII. Трвења међу последњим представницима царског рода избила су на површину управо током ове драматичне 1423. године. Речи солунског архиепископа Симеона су често врло загонетне и недовољне да објасне све појединости овога сукоба, али ипак допуштају да се макар наслути његова суштина. Званично легалистички настројен а интимно близак деспоту Андронику, Симеон на више места износи озбиљне примедбе на рачун понашања цариградске владе. Истичући да „деспоту отац и брат нису помагали због сопствених брига",²⁴⁶ осуђујући понашање туркофила који шаљу из Солуна посланства

---

²⁴³ Према кратким хроникама, Солун су Млечани преузели 13. септембра (Kleinchroniken, 266, 310), а према венецијанским 14. септембра *(Iorga,* Notes et extraits, I, 347; *Thiriet,* Régestes, II, 1908). Око Солуна, cf. такође *P. Lemerle,* La domination vénitienne à Thessalonique, Misc. G. Galbiati III, Fontes Ambrosiani 27,Milano 1951, 219–225. – О смрти Андроника обавештава Sphrantzes, 26. О осталим дивергентним вестима које се тичу судбине деспота после 1423. опсежно расправља *D. Balfour (Balfour,* Symeon of Thessalonica, 203–205, 272–278) и са доста убедљивих разлога верује да је Андроник једно време провео као монах на Светој Гори, вероватно у Ватопеду.

²⁴⁴ Формално се саглашавао Манојло II. О томе говоре млетачке хронике (в. нап. 240). Такође је, уз шест венецијанских галија, септембра 1423. године упловила и једна царска из Цариграда (в. документ наведен на почетку прошле напомене). Cf. *Barker,* Manuel II, 372–374.

²⁴⁵ Према Симеоновим речима, изузимајући њега и још понекога, деспот Андроник уза себе није имао никога другог *(Balvour,* Symeon of Thessalonica, 57).

²⁴⁶ Ibidem, 56.

султану а да не консултују Јована VIII,²⁴⁷ Симеон, на другој страни, наглашава да је много времена протекло док се цар није сетио да удовољи братовљевој молби и пошаље стратега.²⁴⁸ Концепција одбране града коју је, свакако према упутствима из Цариграда, донео овај безимени војсковођа била је у оштрој супротности са гледањима чланова солунског самоуправног тела – синклита. Индиректно, она је означавала спутавање власти деспота Андроника. Рекло би се да је у слању стратега и инструкцијама које је он следио била можда оличена и идеја василевса о потреби, макар привременој, централизовања дотадашње, практично фиктивне управе цара над територијама изван цариградских зидова.

Не успевши да помоћу стратега наметне брату ауторитет, Јован VIII се и сâм окреће Венецији. Врло је значајно да се нагласи да се Андроник нерадо сложио са препуштањем апанаже Млечанима, али да је Република ревносно извештавала цара о току преговора и да изричито није пристајала да преузме Солун без његове сагласности.²⁴⁹ Стога је умесно претпоставити да су 1423. године односи између Андроника и Јована VIII били лоши и да је василевс, не успевши да сâм озбиљније утиче на збивања у граду, био мање-више сагласан или бар пасиван када су управу над Солуном хтели да преузму Млечани. За први део ове хипотезе као да пружа основа и једна, иначе релативно самостално писана, венецијанска историја у којој се износи како је „il Despoto di Salonichi..., fratello

---

²⁴⁷ Ibidem, 57
²⁴⁸ Ibidem. – *Balfour* (ibidem, 161–163, 276) покушао је да идентификује поменутог стратега. Помислио је на извесног „деспотовог капетана" о коме говори Морозини да је желео да град преда Турцима, па су га Млечани силом прогнали из Солуна новембра 1423 (Morosini, II, 435; cf. Мерциос, Μνημεῖα, 95–96). Сличну претпоставку изнео је и *А. Е. Вакалопулос*, Συμβολὴ στὴν ἱστορία τῆς Θεσσαλονίκης ἐπὶ Βενετοκρατίας (1423–1430), Τόμος Κ. Ἀρμενοπούλου, Солун 1952, 133–136. Чини се, међутим, да наведени аутори нису у праву. По ономе што Симеон приповеда, стратег који је упућен из престонице био је врло одлучан у намери да се Солун брани од Турака и, осим тога, строго узевши и није био подређен деспоту Андронику, него директно василевсу, по свој прилици Јовану VIII. Стога, претпоставка *Вакалопулоса* (op. cit., 136) да је у питању један од прогнаних туркофила, по имену Плиацикалит, није одржива. Премда је немогуће изрећи некакву другу одређену комбинацију, можда није неумесно помислити на онога Димитрија Мавријана, заповедника царске флоте у Солуну, коме се Јован Хортазмен обратио једним писмом и о коме се, иначе, ништа друго поуздано не зна (в. нап. 202, у овоме поглављу).
²⁴⁹ О противљењу синклита говори архиепископ Симеон (*Balfour*, Symeon of Thessalonica, 57). О социјалном изгледу Царства, па и Солуна, биће још речи у последњем поглављу. – Око млетачког условљавања преузимања Солуна сагласношћу цара, сведочи упутство сената Ђорђу и Венијеру од 27. VII 1423 (*Sathas* Documents inédits, I, 141–150; *Thiriet*, Régestes, II, 1898).

di Calojani Imperador di Costantinopoli, non ben sodisfatto d'esso Imperadore suo fratello", прво покушавао да се нагоди са Турцима а онда пристао, пошто је Мурат II захтевао безусловну предају, да препусти „esse Citta liberamente alla Signoria di Venezia".[250] Да је, опет, управо доба предаје Солуна било обележено политичком блискошћу Републике и Јована VIII, поред путовања у Млетке које ће цар у јесен 1423. предузети, може да посведочи и уговор који је између две државе обновљен 30. септембра исте године као и неки, наоко неважни детаљи.[251] Тако је, на пример, 4. јуна 1423, у јеку турских притисака на Солун и Мореју, Сенат одлучио да се сва роба упућена Цариграду ослободи половине уобичајене таксе.[252] Природно је помислити да је Сенат тиме желео да поспеши промет са престоницом, од кога је, путем разних дажбина, добрим делом била издржавана царска благајна.

Зближење са Млечанима и промењено држање Јована VIII према осталој браћи, јер Манојлов наследник је као автакратор од 1421. показивао намеру да Царством одлучно влада, били су, изгледа, у позадини његовог разилажења са још једним братом. Млади Димитрије, отприлике шеснаестогодишњи брат Јована VIII, изненадио је породицу када је 4. VII 1423. пребегао у пратњи Манојловог зета Илариона Дорије и великаша Георгија Изаула у ђеновљанску Перу. Узалудни су били позиви оба родитеља, Манојла II и Јелене Драгаш, бунтовнику да се врати. Када већ у томе нису успели, „против воље" су га 7. јула исте године, заједно са Доријом, Матејом Асаном и неким архонтима, послали у мисију Жигмунду. Идући преко Београда (?), Димитрије је у Угарску приспео септембра 1423.[253]

---

[250] Andreae Naugerii patritii veneti Historia Veneta italico sermone scripta ab origine urbis usque ad Annum MCDXCVIII *(Muratori,* RIS, XXIII, 1085).

[251] *MM,,* III, 163; *Thomas,* Diplomatarium, II, 341.

[252] *Thiriet,* Régestes, II, 1884.

[253] Сфранцес каже да је до бекства дошло у лето 1423 (Sphrantzes, 16); Сиропул износи да је Димитрије решио да побегне у Галату заједно са царевим зетом Доријом „почетком друге године рата" са Турцима *(Laurent,* Syropoulos, 112); једна кратка хроника даје датум 4. јул (Kleinchroniken, 117). Сиропул приповеда како су Манојло II и Јелена Драгаш молили сина да се врати *(Laurent,* Syropoulos, 112). Код истог аутора стоји и да је Димитрије отишао у Угарску преко Аспрокастрона, а 7. јул као датум поласка из Пере доноси поменута кратка хроника. Код Сиропула стоји, међутим, да је Димитрије стигао у Угарску тек септембра 1423, па остаје нејасно шта се с њим догађало од јула до септембра. – *Laurent (Laurent,* Syropoulos, 112, n. 9) под Аспрокастроном је спреман да види Акерман (Cetatea

Код Сфранцеса је забележено да је Димитријева намера била да пребегне Турцима,[254] што је неоспорно била тешка политичка дисквалификација бегунца. Али, у исказ поменутога писца, несагласан са оним што са своје стране износи Сиропул, ваља сумњати и с обзиром да је Сфранцес био личност од Драгашевог поверења, управо онога чији је положај, почев од 1423. године, морао да изазива непрестану завист Димитрија. Константину је, наиме, полазећи у јесен 1423. за Млетке, Јован VIII поверио управу над престоницом. По свој прилици добивши номинално од оца острво Лимнос за апанажу,[255] као што је и Константину Драгашу део црноморске обале припао само на папиру, изгледа да Димитрије у тренутку бекства додељеном територијом уопште није управљао.[256]

Alba), варош на ушћу Дњестра. *Ферјанчић* (Међусобни сукоби, 138) верује да је посреди Београд, а *Schreiner* (Studien, 165) мисли да је ипак у питању Акерман (cf. *P. S. Nasturel*, Le littoral roumain de la Mer Noire d'après le portulan grec de Leyde, Revue des Etudes Roumaines 13–15, 1974, 125). Аспрокастрон се такође наводи као град кроз који је, годину дана доцније, пропутовао Јован VIII, на повратку кући из посете угарском краљу (в. нап. 282, у овоме поглављу). Овај други по реду помен Аспрокастрона као успутне станице на путу за Угарску налази се у краткој хроници која је дала датуме Димитријевог одласка. У хроници се, међутим, за Димитрија не каже да је путовао преко Аспрокастрона, већ само за Јована VIII. С обзиром на чињенице да је Стефан Лазаревић, господар Београда, био вазал угарског краља, као и да је боравио у Будиму истовремено са Јованом VIII (в. даљи текст), има основа веровању у мишљење *Ферјанчића*, али, са друге стране, помен Хилије у којој је византијски цар био очекиван говори пре у прилог Акермана, будући да се овај град налази не много јужније од ушћа Дњестра.

[254] Sphrantzes, 16. О Димитрију је овако строгу Сфранцесову оцену преузела такорећи читава модерна историографија (cf. *Zakythinos*, Despotat, I, 241 sq.; *Осшроīорски*, Историја, 525, 529. *Gill*, Personalities, 109; итд.). Колико је познато, први који је у литератури покушао да унеколико ревидира устаљене представе о Димитрију био је Б. *Ферјанчић* (Међусобни сукоби). В. даљи текст у овом и наредном поглављу.

[255] О Константиновом преузимању управе над Цариградом, уз паралелно уздизање у чин деспота, приповеда Сфранцес (Sphrantezs, 16; уп. *Ферјанчић*, Деспоти, 116; Schreiner, Untersuchungen, 297). – Да је Манојло II доделио, боље би можда било рећи наменио, део Пелопонеза још неком од синова, а Лимнос Димитрију, посвећеном самоме Димитрију (*Ламброс*. Παλαιολόγεια, IV, 215 sq.). Но, већ околност да је 1423. године Димитрије боравио у престоници пре него што се одлучио на авантуру и полазак у Угарску, говорила би да он тада није још увек фактички преузео апанажу.

[256] О формалном Димитријевом праву на Лимнос говори и руски путописац ђакон Зосим, који бележи да је, између 1421. и 1423 (будући да помиње крунисање Јована VIII и актуелну управу Андроника у Солуну), Манојловим синовима територија Царства била поверена на следећи начин: Јован VIII владао је Цариградом, Андроник је био „деспот Солуна", Теодор II „деспот Мореје", Константин „деспот Црнога мора", Димитрије „деспот Лимноса", а Тома „је још у очевој палати" (*Х. Лойаревъ*, Хожденіе инока Зосимы, Правосл. Палест. Сборникъ VIII, 3, 1889, 10; *Khitrowo*, op. cit., 207). Прво што пада у очи у поменутоме спису јесте неадекватна употреба титуле деспота и чини се да је *Schreiner* (Untersuchungen, 297) у праву када претпоставља да је Зосим ово достојанство повезивао са имањем права на апанажу. Зосим је у три наврата боравио у византијској престоници (1414–1417, 1419, 1421–1422),

Други први цар (1414–1425)

али због ове околности не треба по сваку цену настојати на хронолошкој слојевитости његовог путописа, како то чини истакнути немачки научник. Стога је *Schreiner*, на основу помена Томе у Цариграду, закључио да је читав овај став из путописа настао пре него што је најмлађи Манојлов син отишао у Мореју у јесен 1417 (уп. нап. 83, у овом поглављу; cf. *Schreiner*, Untersuchungen, 296). О Томином одласку у Мореју пише Сфранцес, истичући да је он лично био у служби младога принца (Sphrantzes, 6–8). Но, Сфранцес се касније вратио у Цариград и у њему боравио 1421–1422. године, а нигде не каже да је Тома остао на Пелопонезу. Са друге стране, *Schreiner* је покушао да усклади овако датовану Зосимову вест са једним ставом код Дуке, убаченим у излагање позног историчара о две побуне Мустафе (1417. и 1421–1422. године), у коме је очигледно да је посреди покушај резимирања ширег временског размака. Који је то хронолошки распон, тешко је одредити, али, судећи по контексту, требало би да је у питању објашњење прилика у Царству непосредно по смрти султана Мехмеда I: „Од шест синова цара Манојла, први беше Јован, кога је отац крунисао и уздигао за цара Ромеја, други Теодор, кога учини деспотом Лакедемоније, трећи Андроник, који постаде деспот Тесалије, четврти Константин, који је држао понтске стране према Хазарији, пети Димитрије и шести Тома, који су док су били деца код оца боравили (οἳ καὶ σὺν τῷ πατρὶ διῆγον νήπια τυγχάνοντες)" (Ducas, 175). Две су чињенице карактеристичне у Дукином излагању: помен Јована VIII као крунисаног цара и одсуство деспотског достојанства уз Константина Драгаша. Пренето у датуме, значило би да је Дука има у виду време после 19. јануара 1421. и свакако пре новембра 1423. Ако је, опет, Дука навео да Константину припада црноморска обала, премда је он у том периоду, то јест пред полазак Јована VIII на Запад, живео у престоници (бар како произлази из Сфранцеса: Sphrantzes, 16), онда је закључак који следи да је право на понтске крајеве Константину само формално припадало. Дука и Зосим се, међутим, међусобно не слажу када говоре о Димитрију. На жалост, овде није могуће пружити друкчије објашњење осим хипотезе да је Димитрије стекао формално право на Лимнос управо 1422. године или да је Зосимов текст редигован непосредно после Манојлове смрти, што његов тон допушта. Штета је при томе што овом приликом није, будући да је неприступачно, искоришћено ново, критички обрађено издање Зосимовог путописа: *Н. И. Прокофиев*, Хождение Зосимы в Царьград, Афон и Палестину (текст и археографическое вступление), Уч. зап. Москов. гос. пед. инст. им. В. И Ленина, Т. 455, Москва 1971, 12– 42. Текст је у овоме издању дат на основу 8 рукописа XV–XVII века. Најзад, још нека реч о панегирику посвећеном Димитрију. Из њега следи да је Манојло II, када је предао власт Јовану VIII, имао још три незбринута сина уза себе и без територије. Ако се зна да су Теодору II и Андронику апанаже биле врло давно додељене, онда су та тројица била Константин Драгаш, Димитрије и Тома. Састављач панегирика, како је истакнуто, каже да су од њих тројице двојица добила поседе на Пелопонезу (од којих један у Ахаји), а Димитрију је допао Лимнос. Невоља са овим панегириком је, међутим, у чињеници да и Дука и Зосим говоре о Константину Драгашу као држаоцу апанаже на Црном мору, а не на Пелопонезу. Другим речима, састављач панегирика, помињући изричито Ахају, наговештава да је ова област полуострва била обећана Драгашу пре него што је доспела у ромејске руке и пре него што је Константин један њен део и сам миразом од Карла Тока стекао. Исто тако, ако се дословно схвати садржина панегирика, излази да је до фиктивне поделе апанажа дошло упоредо са крунисањем Јована VIII или непосредно после њега, што није у несагласности са Зосимовим и Дукиним казивањем. О свему овоме детаљно је расправљао *Ферјанчић* (Међусобни сукоби, 131 сл.), исправно оспоривши Шрајнерово датовање, истина са нешто друкчијим аргументима од овде изнетих. О Димитрију и Константину после 1425. године биће говора у наредном поглављу. У овоме тренутку је битно једино како се истакле да је Манојло II, предајући ефективну власт најстаријем сину, оставио за свакога од синова понеки део скромне територије Царства, суочивши Јована VIII са ситуацијом да практично управља једино Цариградом. Или, како би рекао Теодор Спандуњино, пре него што ће описати смрт Мехмеда I: „Emanuel ... face tutto il contrario di quello che haveva fatto li suoi predecessori, perchè ciascheduno di loro havea più figlioli, uno erava imperatore che'l tutto possedea, et gli altri non possedeano cosa alcuna; et questo Emanuel Paleologo havendo sette figlioli, divise lo stato dello impero in sette parte, dando la sua portione a cadauno; laqual cosa permisse

Да ли му је апанажу Јован VIII оспоравао није познато, али је јасно да је, од свих земаља којима је Царство још располагало, Лимнос био најнеугледнији. Међутим, као и у случају Андроника, на сукоб Димитрија са породицом чини се да су битно утицали моћни спољашњи чиниоци. Упадљиво је да он, уз подршку Ђеновљанина Дорије, бежи Ђеновљанима у Перу а отуда на двор млетачког ривала Жигмунда. Бојазан коју су блискост Млетака са Јованом VIII, пораст њиховог ауторитета у Мореји и преузимање Солуна изазивали код Османлија и Ђеновљана, показала се као врло снажна. Уосталом, страх да василевс, попут Солуна, не уступи Републици и Цариград, био је један од основних разлога склапања мира у зиму 1424. између Мурата II и Византије.

Неслагање, испољено 1423. године између Андроника и Димитрија са једне стране и њиховог брата и цара са друге, било је тек најава озбиљнијих гложења која ће Манојлове синове да прате током читаве владе Јована VIII. Непосредно после смрти Манојла II као опонент василевсу појавиће се дотле углавном лојални Теодор II, господар Мореје, чије се отворене амбиције усмерене стицању царске титуле могу пратити већ од 1425. године. Између осталих, подршку је Теодору II пружао и папа Мартин V, који се није изгледа либио да га, антиципирајући достојанство, назове чак царем, мада он то никада није био.[257] Претходно је Теодор II, још за очевог живота, чим су се Турахонови Турци повукли са полуострва, заратио са господарем Атине Неријом Ачајуолијем који је, чини се, искористио продор Османлија да нападне Коринт.[258] У складу са праксом свих тамошњих династа, опасност од нових турских упада није била довољан разлог да се прекине са бесмисленим окршајима. Напротив, од јула 1424. распламсао се рат између деспота и Карла Тока,[259] а неспоразуми са венецијанским властима у Корону и Модону били су све чешћи.[260] Упоредо, византијска Мореја није била у стању да

Iddio per li peccati nostri, acciochè nascesse le dimisioni che nacque tra loro fratelli, che fu causa délla ruina de noi altri et di tutta la christianità" (Spandugnino, 148).

[257] После 21. VII 1425. године, папа Мартин V пише „ad Theodorum imperatorem constantinopolitanum" *(Zakythinos,* Despotat, I, 299–301; *Hofmann,* Epistolae, I, n. 20, 15).

[258] Cf. *Zakythinos,* Despotat, I, 198.

[259] Cf. *Zakythinos,* Despotat, I, 199; *Bon,* Morée, 290 sq.

[260] *Zakythinos,* Despotat, I, 199.

издржи непрестани османлијски притисак, па је деспот Теодор II био принуђен да, независно од споразума цариградске владе са Муратом II, почне са плаћањем данка Турцима.²⁶¹ Према подацима који су у Млетке допрли, само за уздржавање Османлија од проваљивања преко Хексамилиона, Ромеји су почетком 1425. морали да плаћају 500 златних дуката месечно.²⁶² У бољем положају, уосталом, нису били ни сами Млечани у Романији, поготово у Солуну. Упорно али и безуспешно се трудећи да са султаном склопи мир,²⁶³ Република је још априла 1424. нудила за Солун годишњи трибут у износу од 2 000 златних дуката, односно 5 000 дуката, рачунајући и села око Солуна са тврђавом Хортаити.²⁶⁴

Пред нараслим невољама, „василевс кир Јован, гледајући на безизлазни рат и у процепу са тешкоћама, проценио је да је нужно да и он сâм пође реченом цару Аламана (то јест Жигмунду – прим. И. Ђ.) да би га натерао да на било какав начин притекне у помоћ престоници" – записао је у својим „сећањима" Силвестар Сиропул.²⁶⁵ Иако автократор читаве државе, Јован VIII је фактички бринуо једино о Цариграду. Последице сличног путовања које је на Запад предузео пре четврт века његов отац биле су му сигурно добро познате, али у јесен 1423. Јован VIII друго решење није ви-

---

²⁶¹ О томе говори Морозинијева хроника. Извештавајући да је 20. фебруара 1424. године склопљен мир између Царства и Мурата II (в. даљи текст, у овоме поглављу), Морозини наглашава да се уговор није тицао Пелопонеза, јер Мореја је још одраније принуђена на плаћање данка Османлијама: „E per la Morea, questo che la Morea sia fata censuaria al Turcho, non e nuova cosa" (Morosini, II, 476–477).

²⁶² У Венецију је 1. III 1425. стигла вест о великом продору Турака који су у близини Модона убили 1 200, а поробили 5 000 Грка и Албанаца, да су млетачке посаде преморене, као и „che quel maledeto Inperador griego de Constantinopoly, al qual per questa dogal Signoria averly mostrado tanto honor (мисли се на боравак Јована VIII у Млецима нешто раније – прим. И. Ђ.) quelo non aver demostrar alguno signal ai lougi nostry de segurtade alguna... (a затим) ... i turchi aver derupado e averto Eschysimia de darly duchati V cento doro al mexe, e de non i far plu alguna novita– de ne molestia alguna" (Morosini, II, 535–536).

²⁶³ *Iorga*, Notes et extraits, I, 363–365, 379, 391–395, 417–418, 424–425, 462, 478–479, 480–481, 490–491, 508; *Sathas*, Documents inédits, I, 182–186; *Thiriet*, Régestes, II, 1929, 1931, 1980, 2018, 2027, 2066, 2073, 2109, 2111, 2127, 2136, 2175. За вести из млетачких хроника о овим силним сенатским одлукама, одговорима Мурата II и упутствима венецијанским посланицима код султана, cf. Мерциос, Μνημεῖα, 45 sq. *Thiriet*, Chroniques vénitiennes, 277 sq.

²⁶⁴ *Iorga*, Notes et extraits, I, 363–365; *Thiriet*, Régestes, II, 1931; cf. Мерциос, Μνημεῖα, 45.

²⁶⁵ *Laurent*, Syropoulos, 114. – Жигмунда Сиропул доследно назива „царем Аламана" (ibidem, 180–182, 584). Зато се чини да *Ферјанчић* (Међусобни сукоби, 138) није у праву када, поводом одласка Димитрија из Цариграда, Сиропулове речи о жељи овога да се запути „цару Аламана" тумачи као првобитну намеру бунтовника да оде немачком цару, што је касније изменио и отишао угарском владару.

део, пошто је његова активна политика храброг ослањања на сопствене војне снаге као и настојање да се Солун приведе контроли централне власти доживела неуспех. Пре него што је пошао на пут, Јован VIII је за регента поставио Константина Драгаша, једнога од своје браће.[266] На брод се укрцао 14. XI 1423. године[267] а у Венецију је, заједно са многобројном свитом („barony e fameia"), стигао тек 15. децембра. Цар је наиме преживео велико невреме у Мраморном мору, због кога је једна његова ратна лађа била принуђена да се врати у Цариград.[268] Дужд Франческо Фоскари га је свечано дочекао на „букентауру" и сместио на острву San Giorgio Maggiore. Читав дочек као и боравак цара у Млецима био је ретко виђени спектакл за житеље, свечаност која је подуже трајала јер је Јован VIII отуда пошао тек после 17. јануара 1424.[269]

---

[266] Sphrantzes, 16; уп. *Ферјанчић*, Деспоти, 116; cf. *Barker*, Manuel II, 375; *Schreiner*, Untersuchungen, 297; *Ферјанчић*, Међусобни сукоби, 136.

[267] Датум који је усвојен у основном тексту даје једна кратка хроника и једна усамљена белешка (Kleinchroniken, 117; Chronologische Einzelnotizen, 618), док је код Сфранцеса и у другој краткој хроници забележен 15. новембар (Sphrantzes, 16; Kleinchroniken, 266).

[268] О томе пишу млетачке хронике, на првоме месту Санудо и Морозини. Код Морозинија је забележено под 15. XII 1423: „zionse qui in Veniexia tre nostre galie da marchado dale parte dela Tana, Trapexonda e Constantinopoly (капетан Моизе Гримани – прим. И. Ђ.)"; на њих „montase miser linperador de Constantinopoly, chamado zoane fio de miser lo Inperador vechio dito Manoly, e questo avemo fose per lo pare incoronado de linperio de tuta la Grecia, lo qual zionto in Veniexia in lo tenpo de liniclito principo doxe miser franzescho foschary, e quelo andadoy in contra con el buzentoro armado, a su quelo montase molty e ase zentilomeny con la Signoria sovra de quelo, andando con molte barche e ganzernoly e pareschelmy armady in fina a San Nicholo de lydo a levarlo e vegnudo con molty barony e griexi zintilomeny in San Marcho, e da puo aconpagnado lo dito Inperador infina al monastier de San ziorzi, e la siandoy aparechado de molty alberghi in stancia nobelysima mente fose rezevudo, e apreso de luy suo barony e fameia, e aprexentado ly fose de molty prexenty viny e confeti, salvadexine, cera e ogny maniera de pesie al sovradito in lo dito monestier e specie in quantitade. E de da saver che una so galia armada partida insenbre da Constantinopoly con le nostre tre galie de conpagnia..." због ветра у Мраморном мору код Ираклије (Хераклеје) морала је да застане и, премда су је на Еубеји очекивали да пристигне, морала је, изгледа, да се врати. Баш на њој је била и „fameia" царева. Претпоставља се, продужава Морозини, да је царева намера „a offerirse a questa Signoria, prima a requixicion de moneda, a de galie e zente per poser quelo resister a linperio so contra i turchi, el qual viene asidiado e molto debeliado, e uno vien raxionado da i ongary e da i vlachi i qual vien dito quely aver abudo vituoria contra el Turcho, e apreso partido de qui die andar in Corte de Roma de miser lo papa... e in Lonbardia a miser lo ducha de Milan, over in nongaria, e altre parte, chomo a quelo piaxera prestisima mente" (Morosini, II, 439– 440); Sanudo, 971 C

[269] Уп. претходну напомену. – Опширан опис букентаура, свечаног дуждевог брода, оставио је Сиропул *(Laurent, Syropoulos, 216)*. – Да је Јован VIII остао у Млецима и после 17. јануара, потврђује сенатски акт, заведен под тим датумом у канцеларији *(Iorga, Notes et extraits, I, 352–353; Thiriet, Régestes, II, 1920)*. Цар је у Млецима још био по свој прилици и 27. јануара 1424. године, бар како произлази из сенатске одлуке од тог дана *(Iorga, Notes et extraits, I, 354)*. – У међувремену, програм василевса у Венецији је подразумевао и упознавање града. Тако су 13. I 1424 „questo inperador per nome Chaloiany", дужд Франческо Фоскари,

Други ирви цар (1414–1425)

У Венецији је Јован VIII тражио помоћ у бродовљу, нудио своје посредништво у сукобу Републике са Жигмундом и предлагао да се што пре покрене уједињена крсташка војска на Турке, будући да су они недавно доживели тежак пораз од Влаха и Угара.[270] Иако је била реч о некаквом скромнијем Жигмундовом успеху против Османлија, просто је невероватно како се вест о њему брзо проширила на све суседне земље и нарасла до „тријумфалних" размера. Чак су и Дубровчани октобра 1423. са задовољством истицали да су Турци „terrefacti" заслугом угарске војске.[271] Хришћански свет је очигледно чезнуо за променом ратне среће. Од овега што је цар изложио, Сенат се обавезао да ће у најскорије време у Романију послати снажну флоту (наравно, у првоме реду због сопствених поседа), док је према осталим предлозима, као и обично, имао скептичан став. Јован VIII је, такође, притешњен новчаном оскудицом, понудио Сенату два велика рубина у залог, од којих је за сваки веровао да вреди 40 000 дуката, на шта му је одговорено да Сенат није у стању да их процени! Када је од Сената цар затражио разумевање за повећање увозне таксе на вино у Цариграду, на које је био принуђен трошковима рата, опет му је хладно одговорено да Serenissima нема намеру да одступа од раније њој додељених привилегија па ни од ове око таксе. Једино што су Млечани сматрали за сходно да понуде василевсу био је бесплатан превоз, зајам од 1 500 дуката и, док се још буде бавио у Венецији, дневни џепарац од 8 дуката.[272] Дошавши у Млетке, чини се да Јован VIII није тачно знао куда ће даље. Помишљао је да крене угарском краљу, миланском војводи па и римскоме папи.[273] Наредна тачка његовог

као и њихове многобројне свите дошли на трг св. Марка и ту се попели на звоник да би бацили одозго поглед на варош и да би се цар уверио у величину Венеције, да би видео све те силне трговине, банкаре, куће и улице. Јован VIII је истом приликом могао да се упозна са садржином благајне Републике, да се увери колико је у Млецима златног новца, скупоцених предмета и позлаћених тканина. Потом се Јован VIII упутио „a San Tomado", а људи су се на улицама окупљали дивећи се раскоши са којом су Византинци били одевени. Коначно, цар и дужд су ушли у нову салу палате на тргу св. Марка (Morosini, II, 446–448).

[270] О византијским предлозима обавештења пружа одговор Сената од 30. XII 1423. године, упућен представницима ромејског цара *(Iorga,* Notes et extraits, I, 350–351; *Thiriet,* Régestes, II, 1915); уп. нап. 268, у овоме поглављу.

[271] *Gelcich-Thallozcy,* Diplomatarium, 292; cf. *Krekić,* Dubrovnik, 685.

[272] *Sathas,* Documents inédits, I, 158–160; *Iorga,* Notes et extraits, I, 351–352; *Thiriet,* Régestes, II, 1916–1919.

[273] Да је Јован VIII помишљао да евентуално оде у посету Мартину V, потврђују Санудо и Морозини (в. нап. 268, у овоме поглављу). Cf. *Barker,* Manuel II, 375, n. 137.

путовања зависила је од изгледа за посредовање између миланског војводе, Венеције и угарског владара, све у циљу стварања још једне хришћанске лиге. Када је примио од Сената уверавања да би такав мир био користан, Јован VIII је пошао у Милано где га је очекивао Филипо-Марија Висконти.[274] У Милану је Јован VIII успео да добије сагласност војводе у погледу стварања лиге као и око помирења са Жигмундом. О томе је василевс 17. марта 1424. године известио Сенат.[275] Тада се налазио у Лодију, а из Милана је пошао још 9. фебруара.[276] Шта је у међувремену радио и где је евентуално још боравио, није познато. После Висконтија, Јован VIII је отишао и у Мантову, у госте Ђанфранческу Гонзаги, основном Жигмундовом савезнику у Италији, а отуда се још једном вратио у Милано пре него што је напустио Апенинско полуострво.[277] Нема сумње да су све ове посете биле у функцији поменутог посредовања и стварања хришћанске коалиције. У Павији се Јован VIII налазио 2. маја 1424. године,[278] а у јуну је већ био у Угарској. Са Жигмундом се сусрео 22. јуна 1424. испред Будима, на пола миље од града. Жигмунд је изишао у сусрет цару и, када се Јован VIII приближио, обојица су сишли са коња и загрлили се.[279] Према сећању савременика, василевс је уз Жигмунда

---

[274] О разлозима због којих Јован VIII није кретао из Венеције говорило се у Сенату 17. јануара: *Iorga*, Notes et extraits, I, 352–353; *Thiriet*, Régestes, II, 1920. – Ако се прихвати да је цар био у Млецима још увек 27. јануара (в. нап. 269), онда би требало да је у Милану боравио једва неколико дана, јер је отуда пошао 9. фебруара (в. нап. 276). Нажалост, датум приспећа у Милано није познат.

[275] *Iorga*, Notes et extraits, I, 361–362; *Thiriet*, Régestes, II, 1927.

[276] *R. Sabbadini*, Carteggio di Giovanni Aurispa, Roma 1931, 81; cf. *Gill*, Council, 39; *Barker*, Manuel II, 377. У модерној литератури се среће и погрешно мишљење да је Јован VIII боравио све време у Милану, то јест све до 3. маја 1424, када се из Милана обратио млетачком дужду Франческу Фоскарију у вези са неким у Венецији заложеним предметима које је цар желео да пресели у Мантову, код Ђанфранческа Гонзаге (Ламброс, Παλαιολόγεια, III, 353). Тако, на пример, закључује *Schreiner*, Studien, 165. Изгледа да је ово писмо Јована VIII написано непосредно по повратку у Милано, будући да би 2. маја требало да је био у Павији (в. нап. 278).

[277] Да је цар био у Мантови, сазнаје се из његовог писма дужду (в. претходну напомену).

[278] Cf. *Sabbadini*, op. cit., 81. – *Радонић* (Западна Европа, 46) претпостављао је да је Јован VIII, приликом боравка у Италији, био у преговорима и са Ђеновљанима. Као потврда за ову хипотезу послужило му је ђеновљанско писмо Мурату II, у коме га крајем фебруара 1424. године упозоравају да ће Ромеји можда бити принуђени да престоницу уступе Венецији (в. нап. 293, у овом поглављу). Извори, међутим, такве комбинације никако не допуштају.

[279] Опис првог сусрета између угарског и византијског владара оставио је Жигмундов биограф, Еберхард Виндеке: Windecke, Denkwürdigkeiten zur Geschichte des Zeitalters Kaiser Sigismunds, ed. *W. Altmann*, Berlin 1893, 177. Cf. *Beckmann*, Der Kampf Kaiser Sigmunds, 97; уп. *Моравчик*, Византийские императоры, 250–252.

Друѓи ѿрви цар (1414–1425)

остао пуних осам недеља.²⁸⁰ Требало би да је око 24. августа 1424. године пошао из Угарске према Цариграду.²⁸¹ Испред себе је послао једног гласника да из престонице затражи за цара византијске лађе које би га Дунавом и Црним морем вратиле у Византију. Бродови су 13. септембра упућени из Цариграда, али не у Хилију, како је гласник пренео, него у Аспрокастрон.²⁸² Укрцавши се, Јован VIII је у пролазу свратио 20. октобра у Месемврију²⁸³ а 1. новембра 1424. упловио је са две галије у престоничко пристаниште.²⁸⁴

По ономе што се из штурих вести да закључити, византијски суверен је настојао да Жигмунда приближи Венецији и да га загреје за заједничку акцију против Мурата II. Јованово посредовање, нажалост, остало је тренутно без успеха, јер је Жигмунд у Млетке упутио своје предлоге око стварања савеза тек октобра 1425. Сенат се 30. октобра коначно сложио са тиме, али у овоме мирењу, иначе без икаквог практичног ефекта, није било никакве заслуге ромејског василевса.²⁸⁵ Угарски владар је, истина, у лето 1425. године пошао сам преко Дунава, можда подстакнут и разговорима које је имао претходне године са Јованом VIII, приволео босанског краља да му приђе и на томе се зауставио.²⁸⁶ Уосталом, да би са султаном заратио, Жигмунд је прво морао да раскине са њим 1424. склопљен мир на пет година, за шта он тада није био расположен.²⁸⁷ Тек када је Serenissima уочила да је на помолу сукоб са миланским војводом као и да посланства Мурату II у вези са безбедношћу Солуна остају без икаквог резултата, она постаје заинтересована за лигу са

---

²⁸⁰ Windeke, 186. Cf. *Schreiner*, Studien, 165. – Према сведочењу Виндекеа, истовремено са Јованом VIII, боравио је у Будиму и српски владар, деспот Стефан Лазаревић, (Windecke, 21ᵣ 177, 186). Уп. *Јиречек–Радонић*, Историја, I, 345; *Пурковић*, Деспот Стефан, 128.

²⁸¹ Windecke, 186. Cf. *Schreiner*, Studien, 165.

²⁸² Sphrantzes, 16–18; Kleinchroniken, 118; cf. *Schreiner*, Kommentar, 426–427. Око Хилије и Аспрокастрона, уп. нап. 253, у овом поглављу.

²⁸³ Kleinchroniken, 215.

²⁸⁴ Тачан датум доласка Јована VIII даје само једна кратка хроника: Kleinchroniken, 118. Према Сфранцесу је крајем октобра 1424. у Цариград стигао гласник Јована VIII, а не цар, како је разумео *Barker* (Manuel II, 379). Исти писац имплицитно саопштава да је Јован VIII дошао током новембра 1424 (Sphrantzes, 18).

²⁸⁵ *Iorga*, Notes et extraits, I, 409–410; *Thiriet*, Régestes, II, 2006.

²⁸⁶ Уп. *Радонић*, Западна Европа, 48–49.

²⁸⁷ Исто, 48.

Угрима.²⁸⁸ Жигмунд је, опет, морао претходно да се суочи са недостатком новца и бродова као и са чињеницом да није у стању сâм да успешно ратује на две стране, против Хусита и Османлија, па да се присети византијског предлога о уједињењу снага.²⁸⁹
На двору угарског краља било је, што се могло очекивати, говора и о црквеној унији. Према сећању самога Јована VIII, Жигмунд се у лето 1424. показао изузетно наклоњен ромејском виђењу начина да се шизма превазиђе. Тринаест година доцније, убеђујући своје сународнике у корист од учешћа на будућем сабору у Ферари, Јован VIII је нашао за сходно да им исприча шта му је много раније, приликом његове посете угарском краљу, сам Жигмунд поверио. Овом реминесценцијом василевс је желео да увери Ромеје како би унија била прилика за њих да утичу на оздрављење и побољшање латинске цркве, а сродног је мишљења био и Жигмунд који се аутократору тада обратио наводно следећим речима: „Побрини се да оствариш унију. Уколико то учиниш, такође ћеш да преобратиш и ову цркву, јер наши су одступили у многим питањима док они из источне цркве имају боље држање. Ако, дакле, унију склопиш, и наше ћеш да поправиш".²⁹⁰ Аутократор је затим поменуо да је предлог угарског владара био за похвалу, а о краљевој добронамерности и благонаклоности Царству сведочио је, између осталог, и предлог Жигмунда Јовану VIII да ће управо њега учинити наследником властите државе.²⁹¹ Тешко је поверовати да је Жигмунд нешто слично заиста предлагао, али да је са Јованом VIII о унији разговарао и на њу га наговарао, нема разлога доводити у сумњу. Што се тиче понуде василевсу о наслеђивању, чини се да је пре била посреди потреба Јована VIII да Византинцима, унапред скептичним према унији но још увек врло осетљивим на своје мисионарско место у хришћанском свету, пону-

---

[288] У упутству датом Фредерику Контаринију, Сенат 11. X 1426. изјављује да је спреман на закључење антитурске лиге са Жигмундом, Венеција ће дати угарском владару зајам од 50 000 дуката, војнике и мајсторе за бродове, под условом да Жигмунд заиста окупи и сâм пристојне снаге (Iorga, Notes et extraits, I, 434–435; Thiriet, Régestes, 2039). Мање-више исто Република је Жигмунду одговорила и 30. октобра претходне године (Iorga, Notes et extraits, I, 409–410; Thiriet, Régestes, II, 2006).

[289] Жигмунд је 1425. године тражио од Венеције 20 000 дуката, а добио је само 5 000 (Iorga, Notes et extraits, I, 409–410).

[290] Laurent, Syropoulos, 150–152, 584.

[291] Ibidem, 152, 584. Податке Сиропула приметио је Barker (Manuel II, 378, n. 148), премда се, природно, на њима није много задржао.

ди илузију о обнављању старога сна о васељенској улози Царства, не би ли, пред одлазак на сабор, задобио њихову подршку. По Византију је, како 1437. тако и 1424. године, суморна стварност, нажалост, била врло далеко од идеала светског царства. У одсуству Јована VIII, Мурат II је најзад пристао да склопи мир са владом у Цариграду. Један од честих ромејских изасланика код султана, Манојло Мелахрин, сазнао је да је султан расположен да прекине непријатељства и одмах је пожурио у престоницу да јави радосну. вест. Изгледа, међутим, да у Цариграду у томе тренутку главну реч није водио ни болесни Манојло II а ни Константин, формални регент до повратка Јована VIII, него Јелена, царица-мајка. Она је, како истиче и Сфранцес, уосталом била рођака Мурата II преко његове мајке. Из Цариграда су сместа упућени султану, поред Мелахрина, Лука Нотарас и сâм Георгије Сфранцес, који је имао и обавезу да, у име царице Јелене, што хитније извести о миру Манојла II и одсутног Јована VIII. Мир је, у име ове двојице царева, склопљен по свој прилици 20. јануара 1424.[292]

Иако се Мурат II одлучио на овај корак, руковођен основаном бојазни да ће Ромеји, како су га извештавали њему наклоњени Ђеновљани, попут Солуна, у немоћи да град одрже под својом влашћу, понудити Цариград Венецији,[293] услове мира наметао је он а

---

[292] О улози Мелахрина у склапању мира, утицају Јелене Драгаш, као и о обавези Сфранцеса да што пре обавести Јована VIII, приповеда у „Мемоарима" сâм Сфранцес (Sphrantzes, 16). Прихваћени датум склапања мира налази се у једној краткој хроници (Kleinchroniken, 118), као и у појединим млетачким хроникама: Morosini, II, 476; Zancaruolo, 509. Cf. Dölger, Regesten, V, 3414. Иначе, о појединостима мира од византијских извора најисцрпније говори Дука (в. нап. 294, у овом поглављу). – О сродству Јелене Драгаш са Муратом II, уп. нап. 9, у овом поглављу. – У модерној литератури се срећу и неки други датуми, прихваћени као тренутак склапања мира. Поједини аутори су склони да се приклоне Сфранцесу, који каже да је уговор са султаном утврђен био 22. фебруара 1424. године (Sphrantzes, 16; Dölger, Regesten, V, 3414), неки се двоуме између 20. и 22. фебруара (Barker, Manuel II, 379), а срећe се каткада и 24. фебруар (уп. Ćирємић, Харач, 188), можда искоришћен захваљујући околности што је тога дана са Еубеје послата порука у Млетке о миру: „Adi, 24, fevrer el venne lettere ala signoria d(e)li rectori de negroponte, et de quelli da Modon et da Coron come el turcho havea fatto laccordo con lo imp(er)ator d(e) consta(n)tinopoli, et questo p(er) ch(e) el sentiva ch(e)l gran charman se aparechiava p(er) andar contra d(e) lui, et p(er) questa raxo(n) lui havea mandato un salvo conduto a m(iser) nicolo zorzi el chavalier et ambassator d(e) la signoria al qual in la cita d(e) Salonichi" (реч је о посланству које су Млечани упутили Мурату II поводом Солуна и нагодбе са султаном око овога града) (Zorzi Dolfin, 323).

[293] Iorga, Notes et extraits, I, 359–360; Belgrano, Studi e document!, 186–187. Међу првима је у науци на овај ђеновљански документ од 28. фебруара 1424. године обратио пажњу наш историчар J. Радонић (Западна Европа, 46); cf. Barker, Manuel II, 380, n. 151. Ђеновљанско упозорење изузетно важним по понашање Мурата II 1424. године сматрају и многи османисти: уп. Иналчик, Османско царство, 29.

не Византија. Султан је Царству оставио вароши на обали Црног и Мраморног мора које је оно и дотле држало, у ромејским рукама остао је и Зитунион са приобаљем реке Струме, али је Мурат отео све земље изван поменутих градова и само за Цариград наметнуо данак од 100 000 аспри годишње.[294] Царство је поново постало вазална држава. Независно од овог уговора, византијска Мореја је

---

[294] Податке о условима мира пружа Дука (Ducas, 245), али и неки други извори (в. даљи текст у овој напомени). Да Дука, у случају мира из 1424, мисли на Зитунион код Струме (καὶ τὸ Ζητούνιον σὺν ταῖς λοιπαῖς χώραις τοῦ Στρυμόνος) нема сумње (в. нап. 148, у прошлом поглављу). По њему, данак је износио 300 000 аспри, о чему је било говора у једном од претходних поглавља (уп. *Византија крајем XIV века*, нап. 109). Тада је, чини се, доказано да је ова цифра била само привидно велика и да је приближно одговарала харачу који је Царство плаћало у доба Јована V. Према млетачком хроничару Сануду, данак је износио 100 000 перпера годишње (Saiudo, 975 B), а код Морозинија је забележено следеће: „...in prima el turcho lasa el ziton e levasese de canpo in quely ziorny e da lasidia de quelo a dado a linperador per eserli lasado el ziton, Vischo e Chatafigia, el Turcho a rexo a linperador quelo el ge tolse de fuora, zioe da meso honbria fin a Costantinopoli, e sel bexognase al Turcho, haver che volese far ziente da mar, el posa meter zente dentro da Constantinopoli homo con moneda che el regovra per soldo, e alguny altry capitoly comuny che sclavy, aver homeny del Turcho, che scanpase in ly luogi de linperio sia rexi, e de converso linperador die dar de trabuto al Turcho hogny ano aspry C milla per Constantinopoly. E per la Morea, questo che la Morea sia fata censuaria al Turcho, non e nuova cosa..." (Morosini, II, 476–477). Колико је могуће проценити на основу писања различитих извора, плаћање харача је обрачунавано по областима Царства: Цариграду, црноморској обали и трачкој егејској обали. Како Морозини наглашава, дуговања византијске Мореје према султану нису улазила у општу суму и била су посебно намиривана. У вези са овим питањима, својевремено је претпостављено да је и деспот Андроник, док је још управљао солунском апанажом, био принуђен да Османлијама плаћа харач у износу од 100 000 аспри годишње (уп. *Сиремић*, Харач). На основу такву хипотези послужило је писање Спандуњина о данку који је Андроник давао а Венеција током четири године није, па је зато Мурат II опсео град (Spandugnino, 149; уп. *Сиремић*, Харач, 188). Други аргумент је садржина сенатског упутства Фантину Микијелу, посланику код султана, у коме се наводи да је деспот, док је управљао Солуном, давао „Турчину" 100 000 аспри годишње, прикупљаних у граду од сваког домаћинства (ad portas) (*Iorga*, Notes et extraits, I, 391–395; *Thiriet*, Régestes, II, 1980; уп. *Сиремић*, Харач, 188–189). Ако се Спандуњинове речи лако одбацити као неистините, будући да су Млечани од почетка своје управе настојали управо обрнуто, да некако плаћањем обезбеде Солун, као и да је Мурат II опседао Солун и пре него што је град припао Венецији (да се не говори о нетачности тврдње да је Република држала Солун четири и по године), дотле је знатно теже објаснити оно што се каже у сенатском документу, поготову оспорити га. Јер, још 27. јула 1423. године, млетачки сенат је, у упутствима Николу Ђорђу и Санту Венијеру (в. нап. 241–242, у овоме поглављу), дозвољавао могућност да Мурат II затражи да му и Република дозволи да у Солуну има исте приходе од соли, какве је имао у време Андроника. Нема ни говора о некаквом општем харачу, али има о другим видовима зависности од Османлија (*Sathas*, Documents inédits, I, 141–150; cf. *Мерциос*, Μνημεῖα, 37–39). Покушај довођења у склад венецијанских докумената из 1425. и 1423. године је, дакле, помало натегнут, али се, бар на основу расположивих знања, своди на констатацију да су неки облици зависности Солуна према Турцима постојали и пре септембра 1423. године, но да није био у питању харач, већ порез на со. Иначе харач, онакав какав је био пре ангорске битке, постојао је, идентификован са општим наметом, такозваним „телосом", и после 1403. године (cf. *Ostrogorsky*, État tributaire, 49–58; *Oikonomidès*, „Haradj", 681–688). Како је у своје време закључио *Oikonomidès*: „Byzance a voulu garder le *statu quo* fiscal dans les régions recouvrées" („Haradj", 687).

такође била подвргнута вазалном положају и Теодор II је морао, како је мало раније наведено, да плаћа, између осталих дажбина, засебан трибут за Хексамилион.[295] Упркос склопљеном миру са цариградском владом, Муратове чете су продужиле са упадима на Пелопонез, који је султан очигледно одвојено третирао од Цариграда и Тракије. Истина, османлијска опасност више је била усмерена према млетачким поседима на полуострву него ка деспотовим земљама.[296] Рат са Венецијом, који је емир од 1423. године водио, био је општи и од њега нису били поштеђени ни остали. Тежиште сукоба који је почео око Солуна и због ове вароши, проширило се врло брзо и на Албанију, Мореју, Егејско море, речју на целу Романију. У оружаном судару две тако велике силе, какве су биле Serenissima и Муратова држава, Царство је једино било пасивни посматрач.

Престоница се налазила у неславном стању. Њен суморни изглед био је у још већој мери наглашен када је 21. јула 1425. преминуо стари автократор, Манојло II. Пред смрт, по обичајима својих предака, он се замонашио и узео име Матеј. Сахрањен је у цариградском манастиру Пантократора.[297] Посмртно слово поводом цареве смрти срочио је Висарион, у време Фирентинског сабора митрополит Никеје, касније кардинал, иначе чеони представник унијатских идеја међу Ромејима.[298] Било је у овом и нечег несвесно симболичног, јер је највећи део Манојловог живота протекао у труду да се два хришћанска света приближе, не би ли се један од њих, онај православни који је предводио, спасао од пропасти. Очево дело покушао је да настави Јован VIII. Он је владао и за Манојловог живота, но сада је остао као први и једини цар и автократор свих Ромеја.

---

[295] Уп. напомене 261–262, у овоме поглављу.
[296] О нападима из зиме 1425. године, в. нап. 262, у овоме поглављу. О сукобима на широј територији „Романије", в, излагање у наредном поглављу.
[297] Тачан датум Манојлове смрти дају: Kleinchroniken, 118; Chronologische Einzelnotizen, 618; Sphrantzes, 18. За остале изворне вести cf. Barker, Manuel II, 383.
[298] Ламброс, Παλαολόγεια, III, 284–290; cf. Barker, Manuel II, 384. Према исказу самога Висариона, он у томе тренутку још није био ни ђакон (cf. Saffrey, Recherches, 263–297).

ПРВИ И ЈЕДИНИ ЦАР
(1425-1440)

Како је, чини се, јасно произишло из приказа последњих година живота Манојла II, смрт старога цара, сама по себи, није означавала никакву прекретницу у ширем историјском контексту. Чињеница да је Јован VIII остао формално и реално као први и једини василевс Ромеја, није донела предност ниједном од моћних учесника у великој ратној и дипломатској игри око Цариграда и Романије. Борба о наслеђе још увек постојећег Царства, уосталом, није ни била временски омеђена почетком и крајем владавине најстаријег Манојловог сина. Физички нестанак Манојла II уследио је, са друге стране, неколико година пошто се он повукао са политичке позорнице и пошто је власт и одговорност, бар када је реч о престоници и врховном духовном ауторитету автократора и посредног господара преосталих византијских земаља изван Цариграда, прешла на Јована VIII.

Али, историја Царства XV столећа као и лични удео Јована VIII у њој захтевају анализу не само са становишта ширих европских и медитеранских збивања, већ намећу и посматрање онога што би се условно могло називати локалном или унутрашњом повешћу Византије у истоме раздобљу. Тако се стиже и до аргумената који оправдавају разграничење на епоху до 1425. године и период који је започео са смрћу Манојла II. Наиме, тек од поменуте године, гложење и сукоби међу синовима старога цара добијају дотле непознати облик и размере. Неслога међу браћом, каткада притајена а често и отворена, у најкраћем сведена на настојања свакога од њих да се домогне што богатије апанаже и издашнијег извора прихода, трајаће све до завршетка владе Јована VIII. У спору са традиционалним правним схватањима централизоване државе и царског положаја који сад заузима Јован VIII, његова браћа су неминовно приморана да се у већој или мањој мери повезују са спољашњим снагама. Страним силама, опет, сукоби међу последњим Палеолозима прилика су да са повољнијим изгледима на успех покушају да приграбе за себе византијску престоницу. Апанажама, као и еволуцији идеја о јединствености државне територије или измењеним схватањима природе царске власти, корене ваља тражити знатно пре XV века. Смрт Манојла II, личности која је сâма знатно допринела таквоме развитку, једноставно је оваквим појавама дозволила да се искажу у своме завршном облику.

Откако је Венеција септембра 1423. године преузела Солун од деспота Андроника, између Млечана и Османлија разбуктао се рат, по жестини, учешћу снага код оба противника и ширини простора на коме је вођен, тешко упоредив са претходним млетачко-турским непријатељствима. Како је истицано, у овоме рату Византија је била улог али не и прави учесник. Упркос наглашеној жељи Републике да се са Муратом II споразуме, макар и по цену врло високих трибута, борба никако није престајала, све док 1430. године султан није ушао у некадашњи други град Царства. Иако је бојева између Турака и Млечана било у читавој Романији, Солун се, природно, од почетка налазио у жижи Муратових освајачких амбиција. Заблуда је, међутим, веровати да је османлијским нападима на ову богату варош разлог била предаја града Венецији. У прошломе поглављу је наглашено да је опсада Солуна почела још док се у њему налазио деспот Андроник и да је била нераздвојиви део опште ратне политике Мурата II на Балканском полуострву.[1] То је било очигледно и појединим позним византијским историчарима.[2]

Наиме, да би се докопао Цариграда, Мурат II је сматрао да претходно мора да заузме Солун. Будући да је са ромејском владом званично трајало примирје, засновано на уговору из 1424. године, коме је претходила неуспешна опсада Цариграда, султан је, страхујући од могућности да се Serenissima, попут Солуна, не учврсти и у византијској престоници, морао по сваку цену да Венецију

---

[1] Уп. излагање у прошлом поглављу, посебно стране 244–250.
[2] Уп. излагање у прошлом поглављу, посебно нап. 225.

обесхрабри тамо где је била најрањивија. Муратови поступци током треће деценије XV века, свакако условљавани и међународним приликама, ипак се ни у коме случају не могу назвати одбрамбеним или проузрокованим споља наметнутим околностима.[3] Несумњиво страхујући од непријатељске тимуридске државе на истоку, њене заштитничке улоге према караманској кнежевини и евентуалне коалиције са латинским силама, много мање се прибојавајући млетачкоугарског савеза на западу али се трудећи да не ратује истовремено и са Републиком и са Жигмундом, Мурат II је истрајно и без брзоплете журбе ишао ка крајњем циљу – освајању ромејске престонице и уједињавању анадолијских и румелијских страна. У ширем смислу, на простору некадашњег хришћанског, било је на видику ново исламско царство универзалистичких претензија. Остварење овог амбициозног плана било је незамисливо без истискивања Венеције. Ако је питање односа са Угарском могло да се сведе на проблем северних граница османског царства, њиховог изгледа и безбедности, присуство Млечана широм Романије, њихова неоспорна премоћ на мору и утицај у Цариграду, захтевали су од султана непосредну акцију. Одсуство хришћанских савезника који би се можда Републици придружили, Мурату II је само олакшавало посао.

Цариградска влада је, судећи бар на основу онога што је из извора познато, на судбину Солуна престала да утиче још 1423. године, то јест онога тренутка када су Млечани ушли у овај град. То ни у коме случају није значило да је Солун напречац престао Ромеје да занима што, уосталом, не би ни било природно. Иако је Република до Солуна дошла тек пошто су пропала настојања деспота Андроника а потом и његовог брата василевса Јована VIII да варош некако остане у византијским рукама, изгледа да је цар, премда немоћан да било шта промени, у суштини био незадовољан таквим исходом. Неслагање Византинаца са венецијанском упра-

---

[3] Такво мишљење, између осталих, заступа и *Inalcik* (Crisis, 158–159), позивајући се на оцене Мурата II код неких савременика, попут Сфранцеса или Брокијера. Као аргумент се нарочито потежу мировни покушаји овога султана да иступи из рата у Румелији, почев од 1428. Разлози овоме су, међутим, били на сасвим другој страни и очигледни чак и за савременике. Невоље су се испречиле пред Мурата II првенствено онда када је сазнао да је против Османлија подигао војску од 50 000 Татара Тимуров син, о чему се чуло и у Млецима (Morosini, II, 889). – Иначе, Морозинију је било јасно, као и другима уосталом, да све што Турци чине у Романији, пљачкају острва, заузимају мање градове и томе слично, чине због Солуна: „... e tuto per caxion de Saluonichi" (Morosini, II, 657).

вом у Солуну трајало је, чини се, током свих седам година њеног постојања и подударило се са затегнутошћу ромејско-млетачких односа на Пелопонезу, па донекле и са застојем у преговорима око уније, по Јована VIII без сумње првенственим од трајнијих политичких задатака. У противном, тешко је разумети садржину упутства Сената Фантину Микијелу од 2. IV 1425, када је овоме налагано да некако покуша да се нагоди са Муратом II. Сенат је тада претпостављао да Ромеји врло лако могу да изразе своје незадовољство успешним окончањем преговора султана и Млетака, којим би Солун био Републици остављен, па је Фантин Микијел ваљало да василевсу објасни како је Serenissima узела овај град зато што је претила опасност да се Солуна домогну други, или хришћани или Турци, а и једни и други су по интересе Царства подједнако опасни.[4] Уколико цар ипак буде покушавао да помирење са Муратом II омете, није на одмет да га посланик подсети да је Република у више наврата према њему била дарежљива и да је он њен дужник.[5]

Да ли је Јован VIII заправо гајио наду да ће, десолидаришући се са Млечанима, успети да Солун врати под своје окриље уз подршку Османлија, немогуће је знати. Таква замисао, уколико је постојала, била је мало вероватна, чак када се узме у обзир и расположење самих Солуњана. Они су, истина, добрим делом били несклони венецијанској управи, многи међу њима и даље нису скривали туркофилска осећања, али искрено говорећи, носталгији за некадашњом ромејском администрацијом, у изворима нема трага.[6] Са друге стране, ни Serenissima није осећала потребу за византијским савезништвом у погледу будућности Солуна. Тек 3. III 1430. године, када је било извесно да ће султан на крају овај град да заузме силом, Венеција је, упркос хладним односима које је у томе тренутку са автократором имала, одлучила да се обрати Јовану VIII, не би ли он код Мурата II

---

[4] Iorga, Notes et extraits, I, 391–395; Thiriet, Régestes, II, 1980; cf. Μερμιος, Μνημεῖα, 67.

[5] Мислило се, у првоме реду, на позајмицу од 1 500 дуката које је Јовану VIII доделио Сенат 13. II 1424 (Iorga, Notes et extraits, I, 351–352; Thiriet, Régestes, II, 1919); уп. нап. 272, у прошлом поглављу. Ових 1 500 дуката је у Сенату помињано и 10. I 1437. Из сенатске одлуке се сазнаје да је Јован VIII, „intimus amicus nostri dominii", сâм вратио 500, других 500 дуката му је Сињорија опростила због штета које је у своје време направила њена флота на Лимносу (лета 1425) а последњу трећину дуга обавезао се да надокнади Марино Моћениго (Iorga, Notes et extraits, III, 11).

[6] О томе подробније пише и архиепископ Симеон (Balfour, Symeon of Thessalonica, 59). Cf. Μερμιος, Μνημεῖα, 45 sq.

посредовао и помогао при склапању мира. Са тим циљем требало је цару да пође Лодовико Лоредан.[7] Све је, међутим, било касно јер су Османлије ушле у варош 29. марта.[8] Млечани су у међувремену улагали велике напоре да се у Солуну некако одрже. Упоредо са ратним заповестима галијама, Сенат се истрајно трудио да сукоб са Муратом II оконча преговорима. На мору су венецијански бродови заиста били врло успешни: Касандрија, Платамон и Христопољ (Кавала) ослобођени су привремено 1425. године,[9] турски Галипољ је у неколико махова бивао непосредно угрожен а 1429. је Андреа Моћениго до ногу потукао Османлије пред њиховом матичном луком,[10] но све то није било довољно да султана одврати од опсаде Солуна са копна. Преговори које су, у име Републике, са Муратом II или његовим опуномоћеницима водили Николо Ђорђо, Микеле Фантин, Ђовани де Бозизи, Андреа Моћениго, Бенедето Емо и Јакопо Дандоло, без обзира на чињеницу што су млетачке понуде сваком приликом подразумевале све већа годишња новчана обећања, редом су се завршавали неуспешно.[11] Превазилазећи хронично неповерење према Угрима, Serenissima је желела да у рату са Турцима уза себе има макар Жигмунда. Тога ради, угарском владару је 1425. године био дат и зајам у вредности од 5 000 дуката.[12] Али, када је најзад Жигмунд, пошто је

---

[7] Iorga, Notes et extraits, I, 513–515; Thiriet, Régestes, II, 2186.

[8] Овај датум дају Јован Анагност и један запис са рукописа манастира Влатада (J. Царас, Διήγησις περὶ τῆς τελευταίας ἁλώσεως τῆς Θεσσαλονίκης, Солун 1958, 22; cf. Μερμιος, Μνημεῖα, 88–89). За остале изворне вести о паду, cf. Schreiner, Kommentar, 440–441. – О реаговању Срба на пад Солуна, cf. J. A. Папаδριανος,Ἡ ἅλωση τῆς Θεσσαλονίκης στὸ 1430 καὶ ὁ σέρβος δεσπότης Γεώργιος Μπράνκοβιτς (Đurađ Branković), Μακεδονικά 8 (1968) 401–405. – Поред радова наведених у напоменама 241 и 243 (у прошлом поглављу), општи преглед историје Солуна под Млечанима пружио је и J. Царас, Ἡ Θεσσαλονίκη ἀπὸ τοὺς Βυζαντινοὺς στοὺς Βενετσιάνους (1423–1430), Μακεδονικά 17 (1977) 85–122.

[9] О томе првенствено говоре Морозини и Цанкаруоло (Morosini, II, 575; Zancaruolo, 514); cf. Μερμιος, Μνημεῖα, 27–28; Thiriet, Chroniques, 278; Balfour, Symeon of Thessalonica, 266–268. – Султан је на ове успехе одговорио, почетком марта 1426, великим нападом на Солун, који је поново показао колико у граду има Муратових присталица (ibidem, 60–62).

[10] О припремама за ову акцију Моћенига говори сенатско упутство од 3. I 1429 (Iorga, Notes et extraits, I, 508; Thiriet, Régestes, II, 2175). – О самом боју има помена и у млетачким хроникама (Zorzi Dolfin, 347); cf. Thiriet, Chroniques, 278.

[11] О преговорима, cf. Μερμιος, Μνημεῖα, 45 sq. – Према Морозинију, Република је у току седам година утрошила на Солун 740 000 златних дуката (Morosini, II, 1077), што је свакако претерано. Cf. Μερμιος, Μνημεῖα, 98–99; Thiriet, Chroniques, 278, 284. Према проценама Сената од 3. I 1430, ова цифра је реалнија и износила је најмање 60 000 дуката годишње (Iorga, Notes, et extraits, I, 508; Thiriet, Régestes, II, 2175).

[12] Iorga, Notes et extraits, I, 409–410; Thiriet, Régestes, II, 2006.

Први и једини цар (1425–1440)

после смрти деспота Стефана Лазаревића заузео српски Београд,[13] покушао 1428. године да угрози код Голупца османлијске положаје на десној обали Дунава, доживео је тежак пораз и ускоро био приморан да са султаном склопи мир на три године.[14]

Ништа више успеха нису имале ни млетачке комбинације са Стефаном Лазаревићем и Ђурђем Бранковићем,[15] као ни са Мустафом, још једним у низу претендената истог имена на турски престо, који се, издајући се за легитимног Бајазитовог наследника, склонио са неколицином присталица у Солун.[16] Не обазирући се на често поразе на мору, Мурат II се уздао у своју војску на копну. Када је, са наводно 190 000 ратника на јуриш заузео град 29. III 1430, Венецији није ништа друго преостало осим да моли за мир. Према одредбама споразума од 4. септембра исте године, Млечанима је дозвољена трговина на османлијској територији, али и наметнути су им нови годишњи трибути на поседе у Албанији као и за Нафпакт.[17] Царству се сада, у знатно погоршаним околностима у поређењу са онима пре

---

[13] О смрти Стефана Лазаревића, уп. *Пурковић*, Деспот Стефан, 133 сл. – О предаји Београда Жигмунду, уп. *J. Калић*, Београд у Средњем веку, Београд 1967, 101–104; уп. такође *J. Радонић*, Споразум у Тати 1426 и српско-угарски односи од XIII до XVI века, Глас СКА CLXXXVII (1941) 117–132. Општи преглед збивања у Србији после 1427. дали су у последње време *М. Сиремић* и *С. Ђирковић* (Историја српског народа, II, 218–229, 230–240).

[14] Уп. *Радонић*. Западна Европа, 54–57; *С. Ђирковић*, Голубац у средњем веку, Пожаревац 1968, 13–17. – Морозини, који је још крајем августа 1427. забележио да Жигмунд спрема војску од Угара, Немаца, Босанаца и Литванаца, турских отпадника као и Влаха – укупно око 400 000 људи (!), није успео да сакрије радост због угарског неуспеха, а што је почетком септембра 1428. било извесно (Morosini, II, 825, 899).

[15] Према Морозинију је још 8. VIII 1425. стигао у Млетке посланик „dale parte de Rasia de Ialbania" који је, „у име деспота", предложио мир Млецима, молио Републику да се измири са Жигмундом и препоручивао пребега Мустафу као корисног по заједничку антитурску акцију (Morosini, II, 563). То би требало да је био изасланик или Ђурђа Бранковића или Стефана Лазаревића. За првога се зна да је нешто потом био у контакту са Венецијом (уп. *Јиречек-Радонић*, Историја, I, 349), а што се тиче Стефана, он је у ово време био према Млецима непријатељски расположен, па је, наводно, чак и подбуњивао Жигмунда против Републике (уп. *Пурковић*, Деспот Стефан, 131), – За општију слику ових догађаја, уп. Историја српског народа, II, 212 сл. (текст *J. Калић*). – Мустафа је, међутим, према млетачким изворима, почетком 1427. боравио код „српског деспота" који није удовољио Муратовом захтеву за екстрадицију побуњеника (*Iorga*, Notes et extraits, I, 453–454). Чини се да је овде ипак реч о Стефану Лазаревићу? Cf. *Balfour*, Symeon of Thessalonica, 186. У Солуну се Мустафа обрео изгледа тек у пролеће 1429 (*Thiriet*, Régestes, II, 2132).

[16] О преговорима које је Сенат наложио Фантину Микијелу (2. IV 1425) око прихватања услуга овога самозванца: *Iorga*, Notes et extraits, I, 391–395; *Thiriet*, Régestes II, 1980. Cf. *Balfour*, Symeon of Thessalonica, 185–186; такође, cf. *N. Iorga*, Sur les deux prétendants Moustafa du XVe siècle, Rev. hist, du Sud-est européen 10 (1933) 12–13.

[17] Податак о броју Турака изнео је у своме писму од 3. IV 1430. Антонио Диедо, што је далеко од истине. Писмо је сачувано у Морозинијевој хроници (*Migne*, P. G., 156, col, 589

пада Солуна, наметало поновно политичко зближење са ослабљеном Венецијом. Јасно је било да ће се Мурат II, упркос неутралности византијског цара у турско-млетачком рату, врло брзо окренути ка Цариграду, после 1430. још усамљенијем.

Док је трајала опсада Солуна под зидинама престонице је владало релативно затишје. То је дозволило Јовану VIII да се на миру посвети припремама за свој трећи брак. Овога пута његова изабраница била је трапезунтска принцеза Марија Комнина, ћерка тамошњег цара Алексија IV и Кантакузине Комнине. Ако је невестин отац био просечан владар једне, у крајњој линији, сићушне државе, мати је, судећи бар према презимену, потицала из славне породице Кантакузина и била можда кћи угледног византијског високог достојанственика, протостратора Манојла Кантакузина.[18] Ипак, уза сву вољу да се и овој женидби Јована VIII прида политичка позадина и објашњење, за такво тумачење се не чине довољним ни положај ни значај па ни генеалогија Маријиних родитеља. Трећи брак ромејског автократора био је очигледно последица његовог личног избора.[19] Ћерка Алексија IV и Теодоре Кантакузине била је, наиме, изузетне лепоте као и моралног лика, у чему су сви савременици, без обзира одакле да су долазили, били једногласни. Марија Комнина је у најбољем смислу речи настављала традицију властите породице која је већ више од два столећа издашно користила заносан изглед својих представница за грађење вишеструких, по њен опстанак на челу Трапезунтског царства врло корисних, рођачких веза и са Латинима и са муслиманским династијама. Примера ради, једна Маријина сестра била је удата за татарског господара Али-бега, хана хорде Црне овце (Кара-Којунлу),[20] а за другу се сматра да је била прва жена српског деспота Ђурђа Бранковића.[21]

---

sq.; Morosini, 1087–1090; cf. *Мерциос*, Μνημεῖα,93; *Thiriet*, Chroniques, 278–279)· – Копију уговора преноси *Thomas*, Diplomatarium, II, 343–345.

[18] Да је била ћерка неког протостратора, говори само једна позна хроника (Ecthesis Chronica, 7), али је то врло тешко довести у склад са јединим познатим носиоцем овог достојанства из рода Кантакузина који је био, вероватно, знатно млађи од Теодоре. Ипак, сигурно је да је Теодора била кћи неког угледног цариградског племића, како сведочи и путописац Клавихо, који је видео приликом посете Трапезунту 1403: „una fija de un Caballero de Constantinopla, é tiene dos fijas pequeñas" (Clavijo, 117). О Теодори, cf. *Nicol*, Kantakouzenos, No. 61. 168–170. – О протостратору Манојлу Кантакузину, cf. ibidem, No. 63, 172–173.

[19] Маријин портрет је пружио *Diehl*, Figures, II, 275–278; са просопографске стране, cf. *Nicol*, Kantakouzenos, No. 62, 171–172. В. даље излагање.

[20] Chalc., II, 219.

[21] Cf. *J. Папагрианос*, Τινες οἱ δεσμοὶ συγγενίας τοῦ Γεωργίου Βράνκοβιτς (Бранковић) πρὸς τὸν οἶκον τῶν Παλαιολόγων, ΕΕΒΣ 33 (1964) 140–142; *исти*, Ἦταν ἡ Εἰρήνη

Ток предбрачних преговора, неизбежних када су у питању цареви, недовољно је познат. Сигурно је једино да су они започети не задуго пошто је друга Јованова супруга, Софија од Монферата, отишла из Цариграда августа 1426.[22] Припреме за долазак невесте у ромејску престоницу у свакоме случају нису потрајале дуже од годину дана, будући да је Марија Комнина приспела у Цариград на лађама из Трапезунта 29. августа 1427.[23] Ако се прихвати као сигурно да је око склапања брака посредовао Висарион, тада млади ђакон а касније предводник унијатске струје међу грчким прелатима на сабору у Фиренци,[24] онда је ово венчање у његовој личности имало изврсног заговорника. Висарион, судећи по ономе што је Јовану VIII писао поводом Маријине смрти 1439. године,[25] био је за нову византијску царицу дубоко емотивно везан. Висарион је био идеалан посредник, с обзиром да је колико Трапезунту припадао и Цариграду. Сâм је, једном приликом, ово двојство своје личности сажео на следећи начин: „Моја отаџбина јесте Трапезунт, али ја сам одрастао и био васпитан у Цариграду".[26] Убрзо по Маријином доласку, а она је тада имала највише 23–24 године,[27] септембра 1427. дошло је до венчања које је обавио патријарх Јосиф II. Марија је постала деспина (ἀνηγορεύθη) Ромеја.[28]

Дука, чији је натуралистички спис претходне автократорове жене био подробно навођен у прошломе поглављу,[29] за трећу супругу Јована VIII је врло кратко изнео да је она била жена „ваљана како по

Καντακουζηνή μητέρα τῆς σερβίδας πριγκίπισσας Μάρας; Ἑλληνικὰ 19 (1966) 113–116; Nicol, Kantakouzenos. 170.

[22] В. нап. 164, у прошлом поглављу.

[23] Sphrantzes, 20; Kleinchroniken, 630 (у краткој хроници забележено је да је приспела 30. августа); Ducas, 139.

[24] Migne. P. G., 161, col. 105; Ducas, 139 (код њега има речи само о посланству, али не и о његовом саставу). Cf. R.-J. Loenertz, Pour la biographie du cardinal Bessarion, OCP 10 (1944) 130 sq. Око Висарионових година, cf. такође Saffrey, Recherches, 271. Висарион је, исто тако, лично писао у лето 1426. Алексију IV Комнину, а после смрти Теодоре, Маријине мајке (12. XI 1426) написао је три пригодне монодије њој у славу, од којих су две неиздате (Saffrey, Recherches, 288).

[25] Cf. Saffrey, Recherches, 290–291.

[26] Ibidem, 283.

[27] Клавихо је 1403. забележио да је Алексије IV тада имао две малене кћери, а укупно их је са Теодором имао три (в. нап. 18, у овоме поглављу) (Clavijo, 117). Према томе, Марија је могла тада или да буде сасвим мало дете или да још ни не буде рођена.

[28] Датум пружа Сфранцес (Sphrantzes, 20) а поменути израз дугује се Дуки (Ducas, 139).

[29] В. прошло поглавље, посебно нап. 163.

лепоти тако и по врлини" (ὡραῖαν καὶ κάλλει καὶ ἤθει).[30] Знатно издашнији је опис који је о Марији оставио Француз Бертрандон де ла Брокијер, приликом посете Цариграду 1433. године. Једнога јутра обрео се он у велелепном здању Свете Софије да би присуствовао православном јутрењу. У присуству Јована VIII, Јелене Драгаш и Марије Комнине служио је лично патријарх Јосиф II. Брокијеру се Марија у цркви учинила врло лепа, па је западни витез, подстакнут радозналошћу, провео читав дан без јела и пића, све у нади да ће је поново угледати напољу, јер је она, наиме, вечерала у ближњој палати. Труд се Французу исплатио, Марија се појавила и уз скромну пратњу узјахала коња као што то чине мушкарци, пребацила преко рамена дуги огртач, ставила на главу шиљати шешир са три златна пера и натерала витеза да констатује како је још лепша него што је мислио. Задивљен царичином појавом, путописац је приметио на њој минђуше од широког и пљоснатог злата као и младалачки изглед, али управо стога није одобравао Марији што шминка лице.[31] Брокијер је имао прилику да царицу види и касније и да се још једном увери како је „она увек врло лепа" (laquelle estoit tousiours tresbelle fille).[32] Нажалост, Јовану VIII било је суђено да још једном остане сâм. Марија, са којом цар, као уосталом ни са Аном Васиљевном и Софијом од Монферата, није имао порода, умрла је 17. XII 1439, нешто пре него што се Јован VIII вратио у Цариград са Фирентинског сабора. Сахрањена је у породичној гробници Палеолога, престоничком манастиру Пантократора. Ту ће јој се, девет година касније, придружити и њен муж.[33]

Новембра 1427. године, пошто је уз трапезунтску принцезу провео једва два месеца, Јован VIII је пошао из Цариграда ка Мореји. Са њим је кренуо и његов брат, деспот Константин Драгаш.[34] Разлози који су василевса навели да се упути према Пелопонезу били су двојаки. Заузетост Османлија и Млечана међусобним обрачунавањем дозвољавала је Византинцима да сада, са више изгледа на успех него у претходним наврaтима, покушају да прошире и заокруже своје поседе на овоме полуострву. Латински господари у Грчкој, наиме,

---

[30] Ducas, 139.
[31] Брокијер, 96–98.
[32] Исто, 102.
[33] Sphrantzes, 62 (даје датум смрти); Kleinchroniken, 640, 645; Ducas, 269; Laurent, Syropoulos, 542, 568. Уп. нап. 260–261, у наредном поглављу.
[34] Датум даје Сфранцес (Sphrantzes, 20).

нису могли да рачунају на онако ефикасну заштиту Републике, какву им је она у прошлости пружала у сличним приликама, из простог разлога што је Венеција тренутно имала пречих брига. Турци, опет, до пада Солуна 1430. године, све своје војне подухвате усмеравају у првоме реду ка Млечанима као најопаснијем противнику, бар када је реч о Балкану, привремено остављајући на миру не само Цариград него мање-више и остале византијске територије. Али, поред спољнополитичких околности које су, чинило се, ишле цару на руку у његовој замисли да ромејску власт обнови над читавим Пелопонезом, Јован VIII је био очигледно изазван и унутрашњим политичким потребама да крене пут Мореје. Неслога међу царевом браћом, чији је први наговештај било бекство Димитрија у Угарску 1423. године,[35] продужила се и после смрти Манојла II. Крајем 1427. године разилажења последњих Палеолога поново су се јавно исказала.

Сукоби међу Манојловим синовима, шире узев, били су завршни израз децентрализације феудализованог Царства. Жеље Јованове браће да за себе приграбе што боље апанаже, врло брзо су распршиле његове стидљиве, али ипак видљиве, првобитне намере да, почев од тренутка када је, после крунисања 1421. године, преузео главну одговорност над судбином Византије, унеколико прошири своју стварну власт изван домашаја цариградских зидина. Престоница и њена околина биле су, наиме, једина територија којом је главни цар непосредно располагао. Одуставши од оваквих настојања, Јован VIII је доцније покушавао да макар игра улогу врховног арбитра, помажући онога међу браћом за кога је мислио да ће бити ближи политици централне управе у Цариграду и њему лично. Искуство је показивало да је и султан, основни непријатељ Царства, још крајем XIV века престао да третира византијске поседе као јединствен простор. Отада се не једном догађало да мир или рат са престоничком владом не значи неизоставно мир односно рат и за апанаже.

Када је у ранијем излагању у више наврата било расправљано око еволуције схватања о царској титули, значају крунисања василевса као и о савладарству, истицано је да Јован VIII никада није имао сацара. Тада је, међутим, поменуто да царске амбиције код његове браће нису сасвим и нестале. Био је наведен и пример са деспотом

---

[35] Уп. нап. 253–257, у прошлом поглављу.

Теодором II, за кога је изнета претпоставка да је, почев од смрти Манојла II, овакве намере показивао.[36] Теодор II је са правом ишчекивао за себе савладарско достојанство, будући да је Јовану VIII био по узрасту најближи. Брату је, на своју невољу, деспот Теодор II био близак једино по годинама, јер Јован VIII већ 1423. године ставља до знања да међу браћом предност даје младоме Константину. Полазећи за Италију, Јован VIII је заобишао Теодора II и у Цариграду оставио Константина Драгаша да у његовом одсуству води државне послове. Према устаљеним обичајима, у позној Византији је цара, када би он путовао изван земље, представљао његов наследник или личност за коју се, с обзиром на савладарски чин, реално помишљало као на наследника. За Јована VIII то је био Константин Драгаш. Али, Теодор II је, поред редоследа рођења, имао себи у корист, бар у овоме периоду, и околност да је управо он, више него било ко друга из царске породице, уживао наклоност папе Мартина V, а римски поглавар је био онај који је, надали су се у Византији, у стању да организује помоћ Царству. После одласка деспота Андроника из Солуна, Теодор II је био такође једини који је ефективно управљао апанажом од оца додељеном, уз то по пространству и богатству далеко издашнијом од црноморске или егејске обале. Наиме, нема података да је било Константин, било Тома, било Димитрије уопште преузео земље које им је отац препустио.

Андроник је после 1423. навукао монашку ризу, Константин је, изгледа, боравио у Цариграду и пре него што га је Јован VIII 1423. оставио у престоници као свога заступника а Димитрије је ове исте године одбегао у Угарску, да би први поуздани подаци о његовом преузимању апанаже на Лимносу потицали тек из децембра 1429.[37] Уза сву нужну опрезност, можда би се могло претпоставити да је Димитрије био на Лимносу још у јесен 1426,[38] али за

---

[36] Уп. нап. 257, у прошломе поглављу.

[37] Реч је о оризми деспота Димитрија из децембра 1429, којом је потврдио извесна имања манастира Лавре на острву Лимносу (Actes de Lavra, III, No. 167,181–183). Из маја 1430. године потиче списак поседа манастира Дионисијата, састављен по налогу деспота Димитрија, а из августа исте године његова оризма наведеној монашкој обитељи (Dionysiou, No. 25–26, 135–154). Поред ових, у српском преводу су сачувана још два документа, простагма Јована VIII из 1429/30. и оризма Димитрија из фебруара 1431, који указују на деспотово присуство на острву: Д. Синдик, Простагма цара Јована VIII Палеолога и хоризма деспота Димитрија Палеолога, Зборник Вл. Мошина, Београд 1977, 205–212. Уп. Ферјанчић, Међусобни сукоби, 139; в. нап. 256, у прошломе поглављу.

[38] Уопштено се сматра да је деспот Димитрије на Лимнос дошао између 1425. и 1429. године, премда за време пре 1429. нема никаквих сигурнијих аргумената у прилог његовом присуству на острву. Нека питања, поводом овог доласка Димитрија из Угарске и преузимања

Св. Петар поверава кључеве папи Евгенију IV.
Деталь са бронзаних врата на улазу у цркву Св. Петра у Ватикану
(рад Филарета, 1433–45)

Цариград. „Златна капија" (IV век), обвовљена у доба Јована VIII

Јован VIII Палеолог и Ана од Русије. Детаљ са „великог" Фотијевог сакоса (Кремљ, „Оружејнаја палата")

Портрет Жигмунда Луксембуршког, дело Антонија Пизана званог Пизанело
(Беч, Kunsthistorisches Museum)

Медаљон са ликом Алфонса V
од Арагона, рад Пизанела
(Фиренца, Museo Bargello)

Медаљон са ликом Франческа
Сфорце, рад Пизанела
(Милано, Civici Musei del Castello)

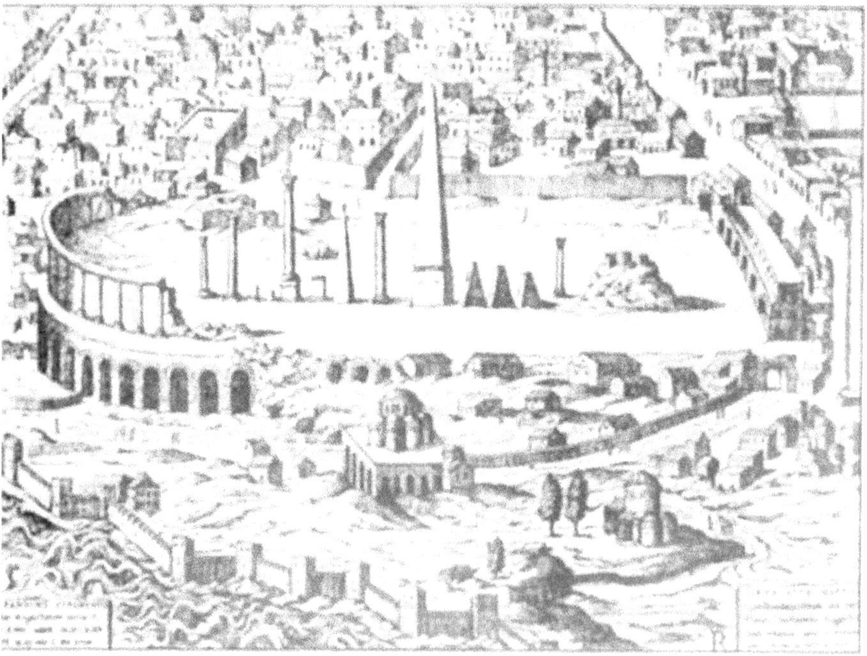

Цариград. Рушевине Хиподрома 1450. године
(рад Онуфрија Панвинија из Вероне)

Јован VIII Палеолог у Фиренци. Рад Беноца Гоцолија
(Фиренца, Palazzo Medici-Ricardi) (фреска)

Висарион, митрополит Никеје
и потоњи кардинал
(цртеж из 1577)

Јован Аргиропул,
византијски хуманиста
(цртеж из 1577)

Цариград. Манастир Пантократора (Зеирек џамија), X–XII век

Цариград. Минијатура из 1455. са приказом опсаде града 1453.
(Париз, Bibl. Nat., Ms. fr. 9087, f. 207ᵛ)

Портрет Мехмеда II Освајача, рад Ђентилеа Белинија (?)
(Лондон, National Gallery)

Први и једини цар (1425–1440)

неки ранији датум у изворима нема апсолутно никаквих индиција. Тако се неминовно долази до констатације да је Манојлова подела ромејске територије синовима првенствено означавала њихово право на одређене поседе а не и одлазак на апанаже. Судећи по једном анонимном панегирику и дословно га тумачећи, било је ту чак и додељивања „апанажа на папиру", будући да је Константину Драгашу Ахаја била намењена већ тада, у време Манојла II, иако су ову покрајину Ромеји стекли тек после војних акција, започетих одласком Јована VIII у Мореју крајем 1427.[39]

Најзад, у сложене и често напете односе међу последњим Палеолозима уплетене су и стране силе. Мада је тешко прецизно процењивати њихов удео, подстрек који је из иностранства пружан појединим поступцима Јованове браће као и самога василевса није споран. Примера ради, бекство Димитрија из Цариграда 1423. године, у доба када је Serenissima углавном стајала иза политичких поступака Јована VIII, овога младића није случајно одвело најпре у ђеновљанску Перу а затим млетачком такмацу Жигмунду. Последица је било злостављање ђеновљанских трговаца у Цариграду, које је, с јесени 1424. године, навело миланског војводу да код Јована VIII најенергичније протестује.[40] Као што је познато, војвода је био заштитник Ђенове и непријатељ Млетака. Уколико би се прихватило да је, почетком владе Јована VIII, за Венецију Димитрије био пријатељ Ђеновљана као што је 1423. био, можда би и пљачкање Лимноса, које су 1425. годи-

---

апанаже, можда намеће и једна вест код Морозинија. Под 14. X 1426, забележено је у Морозинијевој хроници да је бродом из Кандије дошла новост „per letere de Stalimene, in sustancia son queste, avesemo el Signor de Blachia chon pipo florentin con el signor del zagora, altri ano pasado con gran potencia la danoia e ocupada, e ochupada la citade dita Gravitini, e aora asiedia la citade dita Tristria (he sul pasy dela danoia, e dixe che nel piar dela citade Vitriny, fo morty plu de Turchi XXV milla e che per questa caxon e deslegnada tuta larmada de Galipoli, e che morato ne va in persona chon tuta la soa posanza per restorar questo so dano, e lyberar e rechoverar le dite suo Citade". Такође се сазнало да је Дука Архипелага пристао да плаћа султану харач од 200 златних дуката и да преда све своје луке на услугу турским лађама (Morosini, II, 714–715). У свему реченом препознаје се почетак познатих акција Жигмунда и Пипа Спана код Оршаве из септембра 1426, но то овде није од значаја (уп. *Радонић*, Западна Европа, 50; *С. Станојевић*, О Филипу Мацарину, Гласник Ист. друштва у Новом Саду 4–2, 1931, 304.). Занимљивије је да је вест из Угарске и са Дунава стигла са Лимноса, који је врло удаљен од тих крајева а и није под млетачком влашћу. Чини се да је умесно запитати се откуда се на овом острву могло знати за новости из Угарске? Није искључено да је свеже гласове са собом донео управо Димитрије али, наравно, било би сувише хипотетично веровати да се, на основу Морозинијевих редова, може прецизније утврдити и датум његовог повратка и преузимања апанаже. За тако нешто су неопходни много чвршћи докази.

[39] В. нап. 256, у прошломе поглављу.
[40] *Iorga*, Notes et extraits, I, 377–380.

не извршиле млетачке галије гонећи ђеновљанске бродове, могло да буде сагледано у друкчијој светлости.[41] Коначно, не би било упутно, само због недостатка експлицитних потврда у изворима, одбацити и могућност једног од објашњења четворогодишњег застоја у преговорима око црквене уније са католичким поглаваром Мартином V, до кога долази упоредо са разилажењем Јована VIII и Теодора II, између осталог и чињеницом да је Теодор II био папин рођак.[42]

У Мореју су Јован VIII и Константин Драгаш приспели 26. децембра 1427.[43] Василевс није захтевао од Млечана да га на својим галијама превезу до Пелопонеза, како је иначе било уобичајено у претходним Манојловим и Јовановим посетама полуострву, него се овога пута ослонио на сопствене лађе. Плодови дуготрајне бриге и Манојла II а посебно Јована VIII око обнављања византијске флоте први пут су се показали у пуној мери управо сада, током операција ромејских чета 1428. године.[44] Према вестима које су у Венецију дошле преко млетачког Нафплиона и Аргоса, Јован VIII је са око 100–120 људи, на три галије и две галиоте, пристао најпре у Коринту. Са собом је носио велику количину оружја. Отуда је пошао ка Мухлију (al Mocholi luogo de so inperio), врло значајном византијском упоришту у средишњем делу Пелопонеза,[45] где га је очекивала ромејска војска, прикупљена на полуострву.

Основни ратни циљ аутократора било је освајање Кларенце а затим и Патраса са читавом Ахајом. Доласку Јована VIII претходио је вишегодишњи сукоб између Ромеја и Карла Токa, господара јонског острвља, знатног дела Епира као и извесних подручја на

---

[41] У питању су штете које су Млечани направили у лето 1425. на Лимносу, током рата са Ђеновом (в. нап. 5, у овоме поглављу).

[42] В. даљи текст, посебно стр. 250 сл.

[43] Sphrantzes, 20; Kleinchroniken, 322.

[44] О византијској флоти, уп. претходно излагање, посебно нап. 201–202, у прошлом поглављу, као и текст који следи.

[45] Код Морозинија је забележено да је децембра 1427. пошла једна лађа из Нафплиона и Аргоса која је обавестила да „linperador de Constantinopoli in sta Morea a Coranto zionse da persone C in CXX. con galie tre e galicte do e canduse alay arme, e da puo tira per questa piar dargo e Napoli, e ando al Mocholi luogo de so inperio, e stete ala stela apreso mia XV de qua, e voler eser a Clarenza per ofender quel luogo, ma niente li pote fare, ma da puo eser stado gran quantitade de Turchi verso Modon e Coron, scrivando eser de Turchi XII in XIII milla e una parte zoinse a Modon e Coron, e fexe dano a queli casteli de aneme VI millaz. menady per sclavy..." (Morosini, II, 869). Ове драгоцене вести Морозинија не налазе се у византијским изворима. – О Мухлију, cf. Zakythinos, Despotat, II, 113–114; Bon, Morée, 523–524.

западном Пелопонезу. Откупивши од Оливерија пре јула 1422. године Кларенцу,[46] Токо је успео да се домогне тврђаве коју су безуспешно покушавали пре њега да освоје Византинци.[47] На вест о Токовом уласку у Кларенцу, бес је наводно спопао не само морејске феудалце из околине Теодора II него и самога Јована VIII.[48] Цар, међутим, није могао ништа лично да учини да промени новонастало стање, с обзиром на опсаду под којом се престоница тада налазила, али је између Тока и Теодора II ускоро дошло до рата чије појединости нису познате. Окршаји су били непрестани и, премда су имали претежно карактер пљачкашких упада, ратна срећа се све више смешила Теодоровим противницима, међу којима се нарочито издвајао најстарији ванбрачни Карлов син Ерколе Токо, управник Кларенце.[49] Он је три године узастопце несметано харао и поробљавао Теодорове поданике а да овај није имао снаге да му се одупре. Ерколе је превршио меру када је почетком 1427. године, како су Млечани били обавештени, успео да отме око 100 000 грла стоке, власништво Албанаца, византијских поданика, уз то још и заробивши њих око 1300.[50] Венеција, која је и сама била у завади са Теодором II због перманентних обостраних оптуживања око одговорности за погранитне инциденте,[51] новости са Пелопонеза је примала са задовољством, иако због рата са Муратом II није могла Карлу Току активно да помогне. Упркос извесним ондашњим мишљењима, какво је, на пример, имао савременик ових збивања хроничар Антонио Морозини, да би ваљало да Serenissima искорис-

---

[46] Cf. Schirò, Cronaca dei Tocco, 90; уп. нап. 82, у прошломе поглављу.
[47] Уп. нап. 81, у прошломе поглављу.
[48] Cronaca dei Tocco, 488–490.
[49] О томе, cf. Schirò, Cronaca dei Tocco, 92–100.
[50] Према Морозинију је у Млетке 17. III 1427. стигла вест из Модона од 6. II исте године, „per la quai la Signoria aver abudo molta alegreza, chonta che a XXVI de zener el signor Erchules aver fato una coreria de chiarenza sul teritorio de dispoti griego, per lo qual lo dito non aver posudo scriver el numero del dano lo qual la fato con la sua zente sovra i suo abitanty, avixandone lo dito signor una preda de animae i e buo e chavali preso C milia, e meter albanexi e altry la pido circha da teste M III cento, honde el dito dispoty, romaxo molto smarido chon tuty i Albanexi, e scrive aver speranza in dio, che se lo dito signor Erchules prosperera de quelo la participado non pasera per mexi tre, el dito dispoti sera castigado avanti lincora altro, scrivando, sperando in dio, che la nostra Signoria vora la soa parte del dito paixe" (Morosini, II, 760–761). О невољама Теодора II приповеда и анонимни панегирик у славу Манојла II и Јована VIII (Ламброс,Παλαιολόγεια, III, 195.) Cf. Zakythinos, Despotat, I, 200.
[51] Када је посреди 1427. година, о спорењима говоре сенатски акти од 28. фебруара и 24. јула (Sathas, Documents inédits, III, 323–325; Thiriet, Régestes, II, 2049, 2065). Cf. Zakythinos, Despotat, I, 200–202.

ти пружену прилику и једном за свагда заузме византијску Мореју, Република је, ипак, у поменутом рату остала званично неутрална.⁵² Код византијских позних историчара забележено је да је деспот Теодор II, пре него што је Јован VIII пошао на Пелопонез, пожелео да напусти световни живот и да се замонаши.⁵³ То је морало да буде изненађење и за деспотову околину, будући да је Теодор II, новембра 1427, дакле истога месеца када је Јован VIII полазио из Цариграда, обављао редовне дужности на својој апанажи, што доводи у сумњу веровање у искреност његовог поступка. Тада је он управо био доделио неке поседе уваженом филозофу Георгију Гемисту Плитону.⁵⁴ Ипак, да је Теодорова неочекивана намера била озбиљно схваћена чак и код људи из крила цркве, сведочи беседа коју је овим поводом саставио учени Јован Евгеник, потоњи митрополит Лакедемоније.⁵⁵ Али, када се уз Јована VIII у Мореји појавио и Константин Драгаш, не само да је Теодор II одустао од првобитне одлуке него су се пред Драгашом и царем испречили и локални великаши, захтевајући од василевса да им господара не мења.⁵⁶ Били су то представници оног истог слоја архоната, пред којима је 1415. године устукнуо и Манојло II, Јованов отац.⁵⁷ Очигледно је да Теодоров чудан поступак није могуће тумачити само као последицу „моралне кризе",⁵⁸ него да му ваља пронаћи и неко објашњење у постојећим политичким околностима, ставу Теодора II према двојици браће, његовим савладарским амбицијама као и у тешкоћама у које је запао у односима са Млецима и, нарочито, ратујући са Карлом Током.⁵⁹ Како било да било, неоспорно је да је Теодору II 1427. била потребна политичка и војна подршка из Цариграда, јер су изгледи на успех у сукобу са

---

⁵² *Iorga,* Notes et extraits, I, 451; в. нап. 50, у овоме поглављу.

⁵³ Sphrantzes, 20; Chalc., II, 17. Cf. *Zakythinos,* Despotat, I, 204–205.

⁵⁴ *MM.,* III 174–175; *Ламброс,* Παλαιολόγεια, IV, 104–105, Уп. *Г. Осūроīорски,* Пронија. Прилог историји феудализма у Византији и у јужнословенским земљама, Београд 1951, 122 сл. (Сабр. дела, I, 276 сл.); *Zakythinos,* Despotat, II, 122 sq.; *Максимовић,* Апанаже, 145.

⁵⁵ Беседа је насловљена πρὸς τὸν δεσπότην κῦρ Θεόδωρον τὸν πορφυρογέννητον ὅτε τὸ μοναχικὸν ἐπόθει σχῆμα *(Ламброс,* Παλαιολόγεια , I, 67–111).

⁵⁶ О томе приповеда Халкокондил (Chalc., II, 17–18).

⁵⁷ В. нап. 40, у прошлом поглављу.

⁵⁸ *Zakythinos,* Despotat, II, 340. Исти аутор на другоме месту прихвата Халкокондилову верзију о неким породичним тешкоћама Теодора II (ibidem, I, 204).

⁵⁹ Једини који је међу историчарима понудио решење са оваквим разлозима, био је *Ферјанчић* (Међусобни сукоби, 142).

Токовим снагама били све мањи. Није искључено да је Теодор II могао да рачуна на помоћ из престонице једино уз одрицање од апанаже или једног њеног дела, а можда је, што је мање вероватно, Теодорова намера да се замонаши била поколебана сазнањем о доласку Драгаша, кога је Јован VIII недвосмислено фаворизовао, но о свему томе сигурних доказа нема.

Одмах по искрцавању на Пелопонез и окупљању ромејске војске, Јован VIII се окренуо ка покрајини Елиди, у којој је Карло Токо претходних година успоставио власт и померио границе своје државе све до реке Алфеја и планине Фолои.[60] Опсада Кларенце, тврђаве коју је Јован VIII неуспешно покушавао и 1418. године да освоји,[61] премда започета још децембра 1427,[62] показала се поново јалова. Да би ублажио притисак царевих чета, Карло Токо се одлучује да, уз помоћ неколико марсељских бродова, нападне византијску флоту.[63] На челу супротстављених лађа налазили су се Турко Токо, још један од Карлових ванбрачних синова, и Димитрије Ласкарис Леонтарис.[64] До боја је, вероватно почетком 1428. године, дошло у близини малог архипелага Ехинади, на улазу у Патраски залив. Исход је био катастрофалан по Токову флоту а Турко се једва спасао, бежећи пред Леонтарисом на Лефкаду, острво које је, иначе, било у поседу Тока.[65] Дугогодишња брига око обнављања византијске морнарице била је, овом приликом, на најлепши начин награђена.[66]

После пораза код Ехинада Карло Токо се показао спреман за преговоре који су окончани пристанком Карла да своју синовицу Мадалену, ћерку Леонарда Тока, венча за Јовановог брата Константина Драгаша. Карло се одрекао свих земаља које је држао на полуострву и уступио их Драгашу као Мадаленин мираз.

---

[60] Ламброс, Παλαιολόγεια, III, 195; cf. Zakythinos, Despotat, I, 200.

[61] В. нап. 82, у прошлом поглављу.

[62] Да је опсада Кларенце започела одмах по царевом приспећу, сведочи Морозини (уп. нап. 45, у овом поглављу).

[63] Подробности о овој страни рата на Пелопонезу дугују се искључиво анонимном панегирику у славу Манојла II и Јована (Ламброс, Παλαιολόγεια, III, 196–197).

[64] У панегирику се не каже пуно име византијског војсковође, већ само његово презиме „Леонтариос" (ibidem, 196). Међутим, са разлозима се сме претпоставити да је у питању Димитрије, познат из периода малолетства деспота Андроника у Солуну. Cf. Zakythinos, Despotat, I, 201; Hunger, Chortasmenos, 128.

[65] Ламброс, Παλαιολόγεια, III, 197; cf. Zakythinos, Despotat, 201.

[66] В. нап. 44, у овом поглављу.

Најзад је добијена и Кларенца коју је, у име Константина Драгаша, 1. V 1428. преузео нико други до историчар Георгије Сфранцес, писац драгоцених „Мемоара".[67] Венчање је свечано обављено јула исте године а Константинова невеста је, према ромејским обичајима, тада променила име и назвала се Теодора.[68] Потискивање Карла Тока са Пелопонеза и мир склопљен са њим представљали су несумњиво приличан војни и политички успех за Јована VIII и Царство у целини. Уступање Токових поседа на полуострву, чини се, ипак није било само последица надмоћности Византинаца, односно Карловог признања да је поражен, израженог кроз давање већ изгубљених територија у мираз синовици, како произлази из Ромејима наклоњених извора, него и резултат политичких погађања. Добро упућен у поменута збивања, Млечанин Антонио Морозини је наиме записао да је Карло Токо дао Мадалену Драгашу, али да је мираз који је уз њу ишао делимично надокнадио у новцу: "... e dali per dota Clarenza e Belveder conpesando i dity luogi per duchati XX milla doro".[69] Допуна венецијанског хроничара је корисна јер византијском тријумфу даје праве, нешто скромније размере.

Ромејске војне акције нису се, међутим, зауставиле на заузимању Кларенце. Одважност Византинаца као да се увећавала упоредо са успесима. Преговори са Карлом Током тако рећи да нису били ни окончани, а Јован VIII се, на челу византијских одреда, окренуо ка новоме противнику, почевши да угрожава поседе латинског архиепископа Патраса. Већ 30. маја 1428. године у Млетке је допрла вест како се автократор припрема и за освајање сâме вароши.[70] Као поглавар ове католичке дијецезе, Патрасом је тада управљао Пандолфо Малатеста, стриц Клеопе, жене царевог бра-

---

[67] Sphrantzes, 24.

[68] Sphrantzes, 24; Chalc., II, 19 (погрешно назива Теодору ћерком Карла Тока); Kleinchroniken, 266. Место венчања су, према Сфранцесу, били Мили, близу Патраса. Cf. Zakythinos, Despotat, I, 205; Bon, Morée, 658–661.

[69] У Млетке су, по Морозинију, 28. маја 1428. стигле потврђене вести да „linperador de Constantinopoly e so fradelo dispoti dela Morea, el quai verizava con el dispoty de Larta e dela Jania, e queli fi dito aver fato paxie, e contrato noze in una fia fo del Conte Lunardo fradelo del dito dispoti de Larta in uno fradelo del dito Inperador de Constantinopoly, chamado Dragasy, e dali per dota Clarenza e Belveder conpesando i dity luogi per duchati XX milla doro" (Morosini, II, 887–888).

[70] О томе говори Zancaruolo (Iorga, Notes et extraits, I, 474) као и Morosini (II, 889). Cf. Zakythinos, Despotat, I, 207.

Први и једини цар (1425–1440)

та деспота Теодора II, што по свој прилици није без утицаја на Теодорово држање према будућој судбини овога града. У ствари, било је јасно да би од освајања Патраса непосредну корист извукао једино Константин Драгаш, Теодоров млађи брат, коме је још њихов отац Манојло II у своје време наменио северозападни део Пелопонеза као апанажу. Јован VIII, очигледно наклоњенији Драгашу него Теодору II, био је 1428. спреман да очево обећање поштује и поспеши његово испуњење. Лако је могуће да је василевс у свему овоме видео и сопствену добит, између осталог и зато што су се, наводно, Јован VIII и Константин унапред споразумели да, уколико Патрас буде освојен, дотадашња Драгашева апанажа на обали Црног мора пређе под непосредну автократорову ингеренцију а да Константин новоосвојене крајеве задржи за себе.[71] Разуме се да Теодор II поменутим договором није био задовољан, већ и због чињенице да је Јован VIII и иначе у наслеђивању престола давао Драгашу предност, да се и не помиње околност да је земља око које је он без ичије помоћи годинама ратовао на крају припала као мираз Константину, односно да је до јесени 1427. управо Теодор II био једини међу браћом који је уопште располагао поседима на полуострву. Најзад, можда је и сродство са Малатестама Теодору II уливало наду да ће се једног дана домоћи и Патраса.

Стога није чудо што је сложна делатност Јована VIII, Теодора II, Константина и Томе потрајала врло кратко, само до неуспешног напада на опкољени Патрас, предузетог 1. јула 1428. Изузев што је потчинила три незнатне тврђавице у околини града и наметнула им плаћање годишњег трибута од 500 златника, сједињена ромејска војска друге резултате код Патраса није постигла.[72] После неуспеха породична „коалиција" се распала. Теодор II се вратио у Мистру, Константин се на извесно време повукао са

---

[71] Такву интерпретацију даје једино позни и непоуздани Псеудо-Сфранцес (Pseudo-Phrantzes, 276). Уп. *Ферјанчић*, Међусобни сукоби, 143.

[72] Sphrantzes, 26; cf. *Zakythinos*, Despotat, I, 206–207. Датум напада који даје Сфранцес тиче се свакако главног јуриша на патраске зидине; будући да се за византијску опсаду овога града у Млецима знало већ 7. VII 1428, отприлике је дозвољено да се претпостави да је она била у јеку и месец дана раније, крајем маја или почетком јуна: Patras eser tolto per lo dispoty dela Jania (то јест Константин, прим. И. Ђ.) fradelo de linperador de Chonstantinopoly, ma del Chastelo eser molto forte quelo non laver posudo aver, ma aver levado San Marcho confortandose in laida dela comunita..." (Morosini, II, 894). Иначе, прве вести о опсади Патраса у Венецију су приспеле 30. V 1428 (Morosini, II, 889).

невестом у Хлумуцион а цар се припремао за повратак у Цариград.⁷³ Чини се да је сада, бавећи се по свему судећи и сâм у Мистри, Јован VIII имао прилике да се посвети и неким другим пословима на које га је обавезивала дужност цара, у првоме реду онима законодавне природе. Познато је да је василевс октобра 1428. потврдио садржину аргировуље којом је претходне године деспот Теодор II доделио имања Георгију Гемисту Плитону а, рекло би се некако у исто време, цар је хрисовуљом признао права монемвасијског митрополита над епископијама Земене, Реонта, Маине, Корона и Модона, иначе предмет давнашњег спора између монемвасијског и патраског црквеног поглавара.⁷⁴ На челу монемвасијске митрополије требало би да је био Исидор, стари пријатељ покојног автократора а у неку руку и Теодора II.⁷⁵

Оба ова случајно позната примера сведоче лепо о границама аутономности коју уживају држаоци апанажа. Чак и у XV столећу, бар до овога тренутка, они нису у позицији да наруше компетенције врховног пресудитеља, које цар има у црквеним питањима, па ни да оспоре василевсу његово неприкосновено право да, тек издавањем својих потврдних хрисовуља, пружа коначну легитимност њиховим актима. Но, ако је у погледу цркве автократор задржао до краја постојања Царства наведене послове у својој надлежности, када је реч о додељивању поседа и других привилегија није тако било. Баш пример са породицом Георгија Гемиста подсећа на промене које су започеле и пре 1428. године. Димитрије Палеолог се 1450. неће устезати да учини управо обрнуто некадашњој пракси, сâм потврђујући садржину хрисовуље актуелног цара Константина XI Драгаша. Слично је поступио још 1417. Андроник Палеолог у Солуну, а има на претек примера и за осталу браћу Јована VIII.⁷⁶

У престоницу је цар стигао са Пелопонеза вероватно крајем 1428. године, будући да се октобра исте године, како је остало забе-

---

⁷³ Sphrantzes, 26. За Хлумуцион – Клермон, cf. *Bon*, Morée, 325 sq.

⁷⁴ *MM.*, III, 173 sq.; *Ламброс*, Παλαιολόγεια, III, 331–333. – Када је у питању хрисовуља за монемвасијску митрополију, данас непостојећа, вест о њеној садржини, својеврсни регест, доноси једна кратка хроника (Kleinchroniken, 236). Cf. *Schreiner*, Kommentar, 436–437; cf. *Dölger*, Regesten, V, No. 3518. О проблему наведених епископија, cf. *Сп. Ламброс*, Δύο ἀναφοραὶ μητροπολίτου Μονεμβασίας πρὸς τὸν Πατριάρχην, ΝΕ 12 (1915) 272–318.

⁷⁵ Cf. *Barker*, Manuel II, 525–527; в. *Младост*, нап. 16 и 21.

⁷⁶ Dionysiou, No. 16, 101–103; уп. *Максимовић*, Апанаже, 146.

лежено, на путу кући накратко задржао у Коринту.⁷⁷ Пре него што се укрцао на лађу, изгледа да је василевс настојао да поправи односе међу браћом тако што их је у Мистри још једном окупио. Труд је био узалудан јер, премда су Теодор, Константин и Тома заједнички пратили Јована VIII чак до Коринта, чим је автократор отпловио, окренули су се свако на своју страну. Георгије Сфранцес, драгоцени сведок ових збивања али и пристрасни посматрач као личност блиска Константину Драгашу, приповеда о растанку у Коринту а затим износи да је Теодор II, иако је одустао од идеје о замонашењу, ипак решио да Драгашу уступи замашан део своје земље, укључујући Востицу, Андрусу, Каламату, Пидима, Мани и још понешто.⁷⁸

Овим је Драгаш, такорећи напречац, уз поседе које је у мираз добио од Тока као и уз оно што је – било сâм било уз помоћ Јована VIII – освојио у Ахаји, успео себи да подреди већу територију него што је Теодор II икада у Мореји држао. Стога је тешко замислити да се Теодор II заиста драговољно одрекао поменутих територија у корист онога међу браћом који је највише ометао његове амбиције на полуострву и тежње ка стицању царског достојанства. Поготово звучи необично да је Теодор II то учинио, како се Сфранцес труди да увери, после одласка Драгашевог заштитника Јована VIII и пошто је властите дилеме око замонашења разрешио. Пре ће бити да је Теодорово одрицање од дела апанаже било проузроковано неуспехом његове политике према латинским противницима на Пелопонезу као и старијем брату василевсу. Дозвољено је претпоставити да је један од основних разлога Теодоровом подређеном положају у томе тренутку био садржан и у промени држања морејских великаша. После првобитног одбијања, неки од најугледнијих међу њима, какви су, на пример, изгледа били Франгопули, у другој половини 1428. године почињу да прилазе Драгашу, што је морало да има утицаја и на промену односа снага међу браћом.⁷⁹

---

⁷⁷ За датум и застанак у Коринту: Sphrantzes, 26; Kleinchroniken, 236. Cf. *Schreiner*, Kommentar, 438. – У Сенату је 4–7. VIII 1428. одлучено да се, због невоља које Модону и Корону причињава Теодор II, пошаље изасланик Јовану VIII, уколико се овај још налази у Мореји *(Iorga,* Notes et extraits, I, 474; *Thiriet,* Régestes, II, 2103). Ова одлука Сената потврђује претпоставку да је цар, убрзо по неуспеху напада на Патрас, одлучио да се врати у Цариград.

⁷⁸ Sphrantzes, 26; о поменутим местима, cf. *Bon,* Morée, 463–466, 637–639, 666–668, 654–655, 502–503.

⁷⁹ Sphrantzes, 26; о Франгопулима, cf. *Dennis,* Letters of Manuel, XLII; в. нап. 173, у прошлом поглављу.

Константин, чије је самопоуздање непрестано расло, без обзира на одлазак Јована VIII и повлачење Теодора II, од освајања Патраса није одустајао. Што се тиче бранилаца овога града као и самог архиепископа Пандолфа Малатесте, они су покушавали да за себе и будућност Патраса заинтересују папу, арагонског краља или Млечане, али узалуд.[80] Драгаша није помело ни противљење Мурата II који је Патрас сматрао градом зависним од Османлија.[81] Почетком јуна 1429. године Патрас је освојен а јула 1430. Драгашу је припала и варошка тврђава.[82] Георгије Сфранцес је успео потом да издејствује и сагласност султана, чиме су, у добрим традицијама вазалитета успостављеног између Мурата II и хришћанских господара, Драгашева освајања добила ознаку легитимности.[83] Мада је нова епизода око Кларенце, коју је јула 1430. у име Мартина V за тили час Драгашу преотела чета каталанских најамника, стиглих на свега седам малених „фусти", још једном показала сву релативност оцена о војној снази Ромеја на Пелопонезу, у целини узев прилике у Мореји су и даље имале повољан ток по Византинце.[84] Константин је успео да

---

[80] *Sathas,* Documents inédits, 1, 189; *Iorga,* Notes et extraits, 478–479, 484–485, 487; *Thiriet,* Régestes, II, 2097, 2116, 2117, 2123. Код Морозинија је забележено да је 10. IX 1428. стигла вест како се Патрас једва одржава, будући да је угрожен са две стране: од Јована VIII и од арагонског краља; премда би архиепископ највише желео да се преда Млечанима (Morosini, II, 914). Према истом хроничару, у Венецији се 26. IX 1428. сазнало да се архиепископ предао: "... a dar a linperador de Constantinopoli, aver se intenda el dispoti dela Jania V cento doro a lano, e la so signorie da la averse levadi, e cusy eser romaxi in bona paxe" (ibidem, 918). Ова друга белешка тиче се, без сумње, догађаја о коме говори и Сфранцес под 1. јулом исте године (в. нап. 72, у овом поглављу).

[81] Sphrantzes, 40; cf. *Zakythinos,* Despotat, I, 208.

[82] Sphrantzes, 40, 48; Chalc., II, 18–19; Kleinchroniken, 288, 322, 236, 267, Cf. *Gerland,* op. cit., 64–67; *Zakythinos,* Despotat, I, 208–209; *G. Fedalto,* La chiesa latina in Oriente, I, Verona, 1973, 310–311. – За патраски акропољ Сфранцес, као и други извори, користи колоквијални синоним „кула" (Sphrantzes, 48). Исто тако је 1403, у случају Сулејмановог предавања Солуна Ромејима, у уговору, сачуваном у италијанској верзији, тамошњи акропољ назван „cula" (в. нап. 102, *Младост*). Сличних примера из овога времена има на претек; cf. *J. Kalić,* Byzanz und die mittelalterlichen Städte in Serbien, XVI. Int. Byzantinistenkongress, Wien 1981, Résumés der Kurzbeiträge, 9.3.

[83] Sphrantzes, 44–46. – Драгаш је, такође, упутио посланства истим поводом и папи и Млечанима. О доласку Константиновог поклисара има речи и код Морозинија. Хроничар бележи да је 10. XI 1429. стигао амбасадор из Мореје, „uno caloiero griego, hover papa". Иако се, како каже, још није добио обавестио о тачном циљу његове мисије, Морозини претпоставља да је овај дошао због Патраса (Morosini, II, 1032). Cf. *Hopf,* Geschichte, II, 85.

[84] Sphrantzes, 48; Chalc, II, 19; Kleinchroniken, 183, 236, 267; *Iorga,* Notes et exraits, I, 511. Код Морозинија је средином августа 1430. забележено да је седам каталанских фусти опљачкало Кларенцу, да би одатле отишле ка Патрасу из сличних разлога (Morosini, II, 1111). – Када је посреди војна снага Византинаца на Пелопонезу, занимљив је податак из

се ослободи Каталанаца плативши им за Кларенцу 6 000 дуката,[85] а нешто раније, током 1429. године и најмлађи од Палеолога, Тома, мало ратовањем а мало орођавањем успео је да заузме преостале поседе Чентуриона Цакарије.[86] Управо док су Турци славили освајање Солуна, Ромеји су са поносом могли да се подиче да су, први пут после више од два столећа, поново постали господари читавог Пелопонеза, изузев млетачких упоришта на полуострву.

У периоду између 1426. и 1430, дакле првих неколико година после Манојлове смрти, у спољнополитичкој оријентацији цариградске владе дошло је до извесних промена, и то најпре према Венецији, кључноме савезнику Царства. Упркос недостатку изричитих изворних података, неке општије чињенице дозвољавају да се претпоставе бар основни правци овог процеса. Положај Византије према Турцима био је, како се Ромејима чинило, прилично чврсто дефинисан мировним уговором из 1424. као и спољнополитичким тешкоћама câмих Османлија. Истина је да је султан Јована VIII углавном остављао на миру, обузет беспоштедним ратом са Млечанима око Солуна. Уосталом, једино тако, имајући за собом безбедне цариградске зидине, византијски цар је уопште смео да помишља на опсежне операције у Мореји и обнављање ромејске власти на полуострву. Појава царске војске на Пелопонезу без сумње је нарушавала тамошње интересе Млечана. Постоје многобројне потврде о незадовољству Венеције успесима Византинаца, посебно о страховању да ће они, пре или касније, заузети и Патрас. У прошлости је Serenissima са лакоћом била у стању да пружи заштиту овоме граду,[87] али сада, премда је и таквих предлога у Сенату било, Млечани Патрас препуштају

одговора Сената римском папи на његов захтев да Serenissima преузме на себе бригу око Патраса. Одбијајући ово и изговарајући се различитим разлозима, Сенат у одговору истиче да је у међувремену снага Ромеја увећана и да су они сада у стању да прикупе у поредак пет до шест хиљада коњаника *(Thiriet,* Régestes, II, 2116; одговор је од 27. XI 1428).

[85] О томе пишу млетачке хронике: 6. II 1431. „vene novela dela Romania basa, como el Capetanio de Clarenza Castelan per nome chamado Troncha barsila, quelo aver vendudo ady XXVIII del mese de dezenbrio pasado la dita tera per duchati VI milla doro al dispoti de ragasy fradelo de linperador de Constantinopoli, e chel dito Capetanio aver per prixion i sclavy tuty i zudie dela dita tera" (Morosini, II, 1172). Код Цанкаруола је, такође, записано почетком септембра 1430. да је седам каталанских бродова отишло у Мореју и заузело Кларенцу и опљачкало је „per nome dela chiesia e per nome del papa e robola" (Zancaruolo, 537). Cf. *Zakythinos,* Despotat, I, 209.

[86] Sphrantzes, 46–48. Chalc., II, 20; Kleinnehroniken, 186. Cf. *Zakythinos,* Despotat, I, 209.

[87] В. напомене 75–76, 78, у прошлом поглављу.

судбини.⁸⁸ Чак и када им је Пандолфо Малатеста, који је у међувремену изгубио варош, понудио да се макар прихвате одбране патраске тврђаве, још увек у архиепископовим рукама, Млечани нису пристали.⁸⁹ Развој догађаја је морао да се допада Мурату II, о чему се знало и у Млецима, па стога и Сфранцесово приповедање о мукотрпним преговорима које је имао са Муратом II, не би ли га приволео да призна византијска освајања, мора да се схвати као делимично самохвалисаво и претерано.⁹⁰ Иако није разјашњено да ли су Турци ромејској војсци и непосредно помагали, како се иначе 27. новембра 1428. тврдило у млетачком сенату,⁹¹ изгледа неоспорно да су заиста постојали дипломатски контакти браће Палеолога са султаном поводом Пелопонеза.⁹²

Мореја је врло вероватно била и узрок скоро потпуног прекида преговора између папе Мартина V и Јована VIII око склапања црквене уније. У противном, немогуће је пронаћи конкретан одговор на питање зашто су преговори, којима су са доста добре воље приступили и римски поглавар и византијски василевс, били око четири године потпуно замрзнути? Поред околности да је његов рођак преко жене, деспот Теодор II, објективно био потиснут на рачун млађег Константина, папа је имао и других, озбиљнијих разлога за неслагање са Јованом VIII. Патрас, град који су Ромеји нападали, посредно је био под папином заштитом а, уз то, њиме је управљао опет један од Мартинових рођака, архиепископ Пандолфо Малатеста. Коначно, Каталанци, који изненада стижу у помоћ Малатести и успевају да поколебају претходне византијске успехе, на Пелопонезу наступају, бар формално, у име Мартина V.

Још у пролеће 1426. године, дакле знатно пре него што је цар пошао на Пелопонез, упућено је из Цариграда посланство папи, са којим се враћао и Мартинов легат Андреј са Родоса. Између осталога, било је и даље говора око места одржавања будућег сабора. Автократор се трудио да се он одржи у Цариграду а папа је настојао

---

⁸⁸ *Sathas*, Documents inédits, I, 189; *Iorga*, Notes et extraits, I, 478–479, 484–485, 487; *Thiriet*, Régestes, II, 2097, 2109–2110, 2116–2117, 2123.

⁸⁹ *Sathas*, Documents inédits, I, 191; *Thiriet*, Régestes, II, 2165.

⁹⁰ *Sphrantzes*, 44–48. *Zakythinos* (Despotat, I, 208) прихвата дословно Сфранцесове речи.

⁹¹ *Thiriet*, Régestes, II, 2116.

⁹² Млетачки посланик, који је у лето 1429. преговарао са Ромејима око Корона и Модона, затекао је у Мистри и турског емисара (*Iorga*, Notes et extraits, I, 497).

Први и једини цар (1425–1440)

да то буде у Италији. У завршним разговорима са посланицима, Мартин V, иначе искрени присталица сједињења, што му ни скептични Византинци нису оспоравали, у прилично оштрој форми изјавио је да је неопходно „да се источна црква, као ћерка мајци, врати у крило римске".[93] По Ромеје је то била непријатна, премда можда очекивана изјава. Али, уследило је нешто још горе по Јована VIII. У жељи да одговоре папу од замисли да се сабор одржи у Италији, посланици су га опоменули колико би то био велики издатак за његову благајну. Јер, према њиховој хотимично претераној процени, Мартин V би морао да обезбеди три стотине стрелаца и три галије за одбрану Цариграда током василевсовог одсуства, шест бродова за превоз многобројних учесника и око 75 000 флорина за њихове трошкове, не рачунајући издатке за цара и његову пратњу. Папа је на то спокојно одговорио да је спреман да плати и свих 100 000 флорина али, што се тиче Јована VIII, он му на сабору уопште није потребан (ἐγὼ γὰρ οὐκ ἔχω ἀνάγκην περί τοῦ βασιλέως).[94] Жестина са којом је Мартин V одбацио могућност да он евентуално буде домаћин аутократору подудара се са оним што се између курије и Царства збивало наредних година. Важно је, међутим, да се овде нагласи да поремећени односи папе са Јованом VIII никако нису били последица одустајања Мартина V од црквене уније. Напротив, у упутству које је 10. VI 1426. издао у Риму своме поклисару Андреју са Родоса, папа је истакао да је спреман одмах (presentialiter) на преговоре, но не са аутократором него са представницима цариградске цркве.[95] Тако, мада је Андреј јуна 1426. поново кренуо пут византијске престонице, прве следеће вести које говоре о наставку разговора око сједињења потичу тек из 1430. године.[96]

Карактеристично је да пре поменуте године нема трага ни о неком ромејском посланству у Млецима. Садржина одговора Сената,

---

[93] *Laurent*, Syropoulos, 114.

[94] Ibidem, 116. – Уз пут, пада у очи како су чак и претеране цифре којих су Ромеји у овоме тренутку могли да се досете, биле релативно скромне за западне појмове и далеко испод стварних трошкова будућег сабора (о томе у даљем тексту). Cf. *Gill*, Personalities, 186–203.

[95] *Hofmann*, Epistolae, I, n. 23–24, 18–19; *Laurent*, Syropoulos, 116. Cf. *M.-H. Laurent*, L'activité d'André Chrysobergès, O. P., sous le pontificat de Martin V (1418–1437), EO XXXIV (1935) 431–432.

[96] В. напомену 135, у овом поглављу.

упућеног 19. јула 1430. Јовану VIII, одсликавала је промене у држању Јована VIII до којих је протеклих година дошло.[97] Рекло би се да је византијски цар, откако се вратио са дугачког путовања по Италији и Угарској, настојао да, више него раније, политику своје државе према Западу учини разноврснијом и мање зависном од млетачке наклоности. Ова својеврсна „политичка диверсификација" није била новина у историји позног Царства. У крајњој линији, и влада Јовановог оца Манојла II познавала је сличне неуспешне покушаје. Јован VIII је, изледа, после сусрета са Жигмундом, прилично полагао на подршку коју би можда успео да добије не само од угарског владара него и из Пољске и Литве. У изворима је забележено да је василевс 1426. упутио и једно писмо Витовту, у коме му је најавио и посланство, на жалост све без икаквог ефекта.[98] Владислав, Витовт и Жигмунд су имали довољно својих међусобица да би било реално ишчекивати некакву њихову заједничку противтурску акцију. Осим тога, Жигмунд је 1428. у боју са Османлијама доживео озбиљан пораз и био принуђен да склопи са Муратом II неповољан мир. Нашавши се у невољи и у односима са Венецијом, угарски владар је исте године и са Млецима склопио мировни уговор.[99] Зато, када су се 1429. године састали Владислав, Витовт и Жигмунд, угарски владар је отворено изјавио да је црквено помирење са Грцима потпуно некорисно.[100] Контрадикторан или неискрен у погледу уније, свеједно, Жигмунд је 10. октобра исте године упутио писмо деспотима Теодору II и Константину у коме их је уверавао о својој доброј вољи у вези са унијом, извештавао о миру који је са Муратом II склопио да би се супротставио Млечанима, „нашим заједничким непријатељима". О овоме као и о понуди за стварање антимлетачког савеза био је, преко посланика Јована

---

[97] Византијски посланици су тада предлагали Млечанима да треба заједнички да настоје да продубљују размирице код Турака и у томе смислу су тражили да им пруже сарадњу цариградски баило као и војне власти са Еубеје. То је Сенат одбацио као и захтев да Република Ромејима врати одузета места на Пелопонезу (Мили и Свети Илија; уп. нап. 68, у овом поглављу; cf. *Bon*, Morée, 453–454). Једино што је од свих ромејских захтева прихваћено био је пристанак да се прекине са даљим ометањем и нападањем византијских лађа које тргују са „Турском" *(Ioga*, Notes et extraits, I, 523–524; *Thiriet*, Régestes, II, 2209).

[98] Liber cancellariae Stanislai Ciolek, ed. *J. Caro*, Archiv für österreichische Geschichte 45 (1871) 483; cf. *Halecki*, Pologne, 57 sq.

[99] Уп. *Радонић*, Западна Европа, 56.

[100] Cf. *Halecki*, Pologne, 58.

Дисипата, извештен и Јован VIII. Пада у очи да угарски владар, када је у питању Венеција, Теодора II, Драгаша и василевса сматра истомишљеницима и да их извештава понаособ о својим плановима, као међусобно независне спољнополитичке саговорнике. За Жигмунда апанаже Палеолога имају особине засебних државних целина а помињање автократора, кога је одвојено о истоме информисао, уобичајена је алузија на сизерена, схваћеног на западни феудални начин.[101]

Удаљавање Јована VIII од Венеције могло је да утиче на побољшање позиција које је у Царству имала Ђенова. Од времена Јована VII, Ђеновљанима се није пружала боља прилика да Млечане отуда потисну, али и овај, као и претходни покушаји да Serenissima натера на повлачење из Цариграда и Романије, у крајњем исходу испао је неуспешан. Премда је политика Венеције у доба дужда Франческа Фоскарија била свакако више окренута северној Италији него Леванту, она ипак није доживела толике промене да би Ђеновљанима стварно понудила млетачко место у животу Византије. Како било, тек милански војвода Филипо-Мариа Висконти је, у јесен 1424. године, био још увек принуђен да, у својству господара Ђенове, упућује жалбе Јовану VIII на понашање према ђеновљанским трговцима у Цариграду.[102] Милански војвода био је непријатељ Венеције али и папе Мартина V. Одмах по доласку Мурата II на османски престо, Висконти је почео да негује са султаном истрајне пријатељске везе,[103] а у више наврата био је и посредник између Турака и Жигмунда.[104] У ствари, у борби са Млецима, Висконти је веровао да је неопходно да се Венеција упоредо напада са више страна и у таквоме контексту предвидео је скроман простор и за византијског василевса. Вести о појачаним војводиним политичким додирима са Царством заиста се поклапају са хлађењем византијско-млетачког пријатељства.

Тако је, на пример, октобра 1426. године дошао у Перу извесни Доменико да Мар који је имао сва пуномоћја Висконтија. Остало

---

[101] *Ламброс*, Παλαιολόγεια, III, 323; *Iorga*, Notes et extraits, II, 252; cf. *Zakythinos*, Despotat, I, 220.
[102] В. нап. 40, у овом поглављу.
[103] Cf. *Babinger*, Relazioni, 10 (Aufsätze, III, 187).
[104] Ibidem, 14 sq. (191 sq.).

је забележено да је он одмах почео да терорише тамошње Млечане а понудио је и Мурату II сву помоћ у рату са Венецијом. Мало је вероватно да се делатност Доменика да Мара одвијала мимо воље Јована VIII.[105] Али, ако у његовом случају није све јасно, када је посреди други Висконтијев дипломата, по имену Бенедето деи Фолки, ствари су очигледне. Познато је, наиме, да је Бенедето, налазећи се уз Жигмунда и помажући му да се помири са султаном после пораза код Голупца, био овлашћен да угарском владару пренесе и најновије поруке Јована VIII у вези са унијом.[106]

Врхунац напора које су чинили милански војвода и сâми Ђеновљани у погледу учвршћења односа са автократором дошао је, међутим, тек крајем 1431. године, када су се међународне околности битно измениле. Између осталог, Мурат II је заузео Солун, умро је папа Мартин V, очекивања од Жигмунда била су још једном изневерена а Турци су, у првој половини 1431, поново напали на Цариград и разрушили Хексамилион. Понуда, у друкчијим приликама сигурно врло примамљива, да цар уз помоћ Ђеновљана заузме Крит и остала млетачка острва, у Цариграду није била прихваћена. Управа Ђенове је 7. XII 1431. године упутила Јовану VIII Андреу де Мариниса са инструкцијама да предложи освајање Крита тако што би на челу ђеновљанске флоте, којој би се можда придружио и понеки византијски брод, стајао један од цареве браће, а у свакоме случају Ромеј. Ђеновљани су предвиђали да би било довољно да се једноставно овај Палеолог појави па да тамошње становништво и само дигне побуну.[107] Висконти је и лично 4. XII 1431. године, опет преко Бенедета деи Фолкија, спремио поруке за Јована VIII и његову мајку Јелену Драгаш, али ни од тога није било практичне користи.[108]

---

[105] О томе говоре млетачке хронике (Morosini, II, 715–716); cf. *Babinger*, Relazioni, 14 sq. (Aufsätze, III, 193 sq.).

[106] До ових порука Јована VIII дошло је, по свој прилици, у првим месецима 1429, како произлази из Висконтијевих писама у којима се (6. априла 1429) овај Бенедето помиње као да се већ вратио из Турске: Documenti diplomatici tratti dagli Archivi Milanesi e coordinati da *Luigi Osio*, II, Milano 1872, 405 sq. Сâм Жигмунд је 10. X 1429. у поруци папи поменуо поруку Јована VIII око уније *(Iorga*, Notes et extraits, II, 252–254). Cf. *Babinger*, Relazioni, 19 (Aufsätze, III, 196).

[107] *Iorga*, Notes et extraits, I, 549–550.

[108] *Osio*, op. cit., III, 49–50. Бенедето деи Фолки је, међутим, из Милана пошао тек после 21. II 1432 (cf. *Babinger*, Relazioni, 23; Aufsätze, 200). Поред порука за Ромеје, поклисар

Царству није била потребна помоћ да освоји Крит који, уосталом, Византинци нису држали још од IV крсташког рата, него подршка да задржи оно што му је преостало, пре свега Цариград. За Ромеје је најважније било да помоћ почне да пристиже, да буде што већа и бржа, а да ли ће је организовати Базелски сабор, нови папа Евгеније IV, Жигмунд или неко други, било је мање битно. За узврат, Јован VIII је нудио Западу спремност да преговара о унији. Логично, док се бавио Пелопонезом и обновом византијске власти на њему, Јован VIII је био наклоњенији Жигмунду, уздајући се у његову способност да се супротстави Османлијама. Али, када је овај претрпео пораз код Голупца и када је сам устао потом против планова о црквеном помирењу, автократор је неминовно морао да се поново приближи Млечанима.

Нема сумње да су учестали турски успеси на Дунаву и под Солуном, василевсовом трагању за спасиоцем Царства давали призвук трке са временом. Солун је пао 29. III 1430, први контакти Јована VIII са Млецима, после паузе од неколико година, потичу из лета исте године а, нимало случајно, василевс је у приближно исто време понудио Фиренци, млетачком савезнику против Висконтија, трговачке привилегије у Царству. Комуна је 8. VI 1430. захвалила цару и обавестила га да ће да пошаље поклисара да о свему са њим преговара.[109] Мало доцније, Јован VIII је био спреман да са папом Евгенијем IV изнова утврђује појединости око уније и помоћи Византији, али пошто се римски поглавар у први мах показао недовољно заинтересован, автократор је прихватио понуђену руку из Базела. На крају, дуго процењујући расположење патријарха, клира, архоната, вредност понуда једних и других, Јован VIII ће ипак да дође код папе у Италију. О овоме ће бити још доста говора, но за сада није на одмет истаћи да су последње дилеме око тога да

је носио и писма за Ђурђа Бранковића, Ђеновљане са Хиоса и из Пере као и за Дорина Гатилузија (cf. *Manfroni*, Relazioni 732). *Miller* (Essays, 328) је погрешно сматрао да је циљ ове мисије био антитурски, иако је у ствари њена сврха била управо супротна (cf. *Babinger*, Relazioni, 22–23; Aufsätze, III, 199–200). Cf. *G. Romano*, Filippo Maria Visconti e i Turchi, Archivio Storico Lombardo XVII (1890), III, 30; *Argenti*, Occupation of Chios, 180–181. – Податак о додиримa миланског војводе са деспотом Ђурђем није у нашој литератури био запажен, али је изван сумње да га ваља посматрати у контексту српско-млетачких односа у Приморју.

[109] *Müller*, Documenti, 156; *Ламброс*, Παλαιολόγεια, III, 320.

ли ићи у Ферару или у Базел биле разрешене тек током путовања византијских саборника крајем 1437. Ромеји су у путу сазнали за смрт Жигмунда,[110] а онда је у Венецији Јован VIII, иначе врло дуго склонији Базелском концилу него Евгенију IV, коначно решио да се ипак придружи римском поглавару.[111]

Овде је потребно зауставита се начас и прекинути са праћењем политичких потеза цариградске владе, из простог разлога што су међународни положај Византије, став Јована VIII према италијанским државама, римскоме папи као и питању црквене уније били у непосредној вези са сложеном ситуацијом у којој се налазила католичка Европа почетком четврте деценије XV века. Наиме, све што је ромејски цар предузимао почев од повратка у престоницу (вероватно крајем 1428), не би ли увећао изгледе на опстанак своје државе, било је условљено држањем и међусобним односима неколико кључних чинилаца на политичкој и верској позорници европског запада. Смрт папе Мартина V и избор Евгенија IV за новог поглавара римске цркве, родом Млечанина из угледне породице Кондолмера, означавали су почетак узбудљивог раздобља у историји папске столице. Преговори са Византинцима, завршени 1439. потписивањем уније у Фиренци, представљали су само један део те историје. Изабран 3. III 1431, Евгеније IV је одмах био суочен са тешким наслеђем раскола у крилу латинске цркве, у којој је, већ и околношћу да је од 1378. до 1417. упоредо постојало двојица папа са идентичним амбицијама, дошло до видног опадања снаге и угледа апостолске столице. Код нижег свештенства и нарочито међу угледним западним теолозима била је такође све израженија жеља да се папина свемоћ подведе под контролу једног ширег тела, називаног сабором или концилом. Да је за сређивање прилика у католичкој цркви сазрео тренутак, упућивали су и чести примери зависности ставова римског папе од политичких захтева његових италијанских заштитника као и појава учења Јана Хуса, оглашеног у Риму за јеретичко и погибељно по чистоту вере.

Још је Мартин V, претходник Евгенија IV, премда се ступањем на папску столицу обавезао да ће сазвати екуменски концил, зака-

---

[110] *Laurent,* Syropoulos, 210.
[111] Ibidem, 218–220.

зао отварање таквог сабора у Базелу тек 1. II 1431, са намером да се тамо поменути спорови расправе. Скуп у Базелу је отворен 1. VII 1431. године и одмах, при почетку заседања, септембра 1431. поручио је Евгенију IV да оживи преговоре са цариградском владом око уније и да позове цареве изасланике да у Базелу изложе ромејско виђење црквеног сједињења. У ствари, учесници сабора, поред захтева за престанком анархије у крилу католичанства и наглашавања да они чине врховног пресудитеља у питањима вере а не папа, позивом Јовану VIII показивали су да се о унији компетентно може преговарати једино са њима а не са Евгенијем IV. Унија је Базелском сабору била првенствено потребна да би доказао супрематију над папом, а тек је у позадини тињало хтење за уједињењем хришћана. Разговори о конкретној војној помоћи Ромејима, нажалост, никада нису постали уистину конкретни.[112]

Евгеније IV, опет, руковођен властитим разлозима, сигурно много бољи познавалац прилика у Византији и на хришћанском истоку него што су то били саборници из Базела, у почетку је био према преговорима око уније доста резервисан. Папа је био Млечанин и није му се могла допадати делатност Јована VIII на Пелопонезу претходних година. Не само да су византијским освајањима у Мореји а посебно са падом Патраса били оштећени интереси латинске цркве, него је била погођена и Serenissima, да се не подсећа на страх од уплитања Висконтија у ромејске послове и византијског одговора на позиве војводе за приступање Царства противмлетачком савезу.

Основни папин непријатељ био је од почетка Филипо-Мариа Висконти. Војвода је био у свађи са Римом још из доба Мартина V. Истовремено, Висконти је био љути супарник Фиренце и Млечана. Залагањем папиних противника, у првоме реду Висконтија, који су подржавали римску породицу Колона, у сродству са покојним Мартином V и незадовољну избором новога поглавара, као и подбуњивањем самих Римљана, Евгеније IV је 1434. био приморан да из Рима одбегне у Фиренцу. Ни у црквеним круговима папа није могао да рачуна на већину јер, примера ради, од укупно 21 карди-

---

[112] О стварној помоћи која је пристигла Царству са закључењем уније, уп. наредно поглавље, посебно напомене 24 и 33, као и напомену 305, у овоме поглављу.

нала, њих петнаест је стајало иза одлука Базелског сабора. Стога, немајући тренутно бољег решења, Евгеније IV, пошто је новембра 1431. покушао да сабор у Базелу распусти и закаже нови под својим надзором у Болоњи, крајем 1433. године невољно пристаје да ипак са саборницима сарађује, и то тек пошто су пред Рим стигле плаћеничке чете Висконтија.[113]

Сва ова збивања, међутим, нису остала ограничена на Апенинско полуострво, јер је и једна и друга страна тежила да противника туче свуда где он има економских интереса. Када су 1429. године Венеција и Фиренца заратиле против Луке, Милана и Ђенове (чији је врховни господар био Висконти), милански војвода је одмах знао да ће основном непријатељу, а то су били Млечани, највише наудити уколико у савез привуче угарског владара Жигмунда. Поменуте мисије Бенедета деи Фолкија имале су врло јасан циљ: помирити Угре са султаном на штету Венеције. Са упоредним задатком, да привуче василевса на антимлетачку страну, Фолки је преговарао и у Цариграду. Жигмунд на сличне предлоге никада није био имун па ни овога пута. Срећом по Евгенија IV, до овако снажне алијансе није дошло, јер је угарски владар, пошто је после много перипетија успео да приволи папу да га у Риму крунише 31. V 1433. за римскога цара, касније своје учешће у италијанским размирицама углавном свео на притиске на Евгенија IV да прихвати сарадњу са Базелским сабором. Поред мука са хуситима, суочен са сталном несташицом новца, вечити дужник Републике, због материјалне оскудице олако схватан и када је предлагао да се сабор поводом уније, уместо у Болоњи или Базелу, одржи о његовом трошку у Будиму, Жигмунд себи није смео више да дозволи отворени рат са Млечанима. Од августа 1431. године, сукоб Венеције са Висконтијем и Ђеновом се, и без Жигмунда, проширио на Левант. Serenissima је сматрала да ће освајањем ђеновљанског Хиоса задати тежак ударац, не толико својим привредним такмацима колико самоме миланском војводи.[114] Има разлога веровању да је, наиме, основни циљ ове експедиције био да побуни Ђеновљане против Висконтијеве вла-

---

[113] *Hofmann*, Epistolae, I, η. 29–31, 21–25; cf. *Gill*, Personalities, 35–36.

[114] *Sathas*, Documents inédits, I, 192; *Iorga*, Notes et extraits, I, 546–549; *Thiriet*, Régestes, III, 2257, 2260–2262, 2267; cf. *Heyd*, Commerce, II, 290.

сти.[115] Природно је да су браниоци острва одмах за помоћ замолили Мурата II. Султан им није помогао, но и без њега млетачки подухват је неславно пропао почетком 1432.[116] Јован VIII, коме су се крајем 1431. године Ђеновљани обратили са идејом о нападу на Крит, покушао је и да посредује међу зараћенима, али није био озбиљније схваћен.[117]

Пошто је помоћ са Запада Византији била преко потребна, василевс је морао пажљиво да одмерава све своје дипломатске поступке, добро пазећи на односе снага у Европи али и остављајући себи што слободније руке у доношењу одлука. Цариград је у то доба заиста био место на коме је било могуће истовремено срести шпијуне и поклисаре многих суверена. Тако су се, на пример, јануара 1433. године срели у престоници изасланик миланског војводе Бенедето деи Фолки (Фолко) и тајанствени бургундски витез Бертрандон де ла Брокијер. Али, док је за првога јасно шта је тражио на Леванту,[118] дотле је прави циљ Брокијеровог приспећа у Цариград непознат.[119] Да ли је он заиста испитивао могућности за почињање новога крсташког рата, чему је, зна се, био наклоњен његов господар, бургундски војвода Филип Добри, или је на уму имао нешто друго, тешко је наслутити.[120] Из његовог путописа ипак излази као извесно да је са Ромејима било речи о приликама у Француској. У Византији се знало за разбуктали рат са Енглеском а на Брокијерове домаћине је нарочито велики утисак оставила вест о смрти Јованке Орлеанке.[121] Француски краљ Шарл VII подржавао је Базелски сабор, док је Филип Добри био наклоњенији папи, па је чак био једини од за-

---

[115] Cf. *Thiriet* Romanie, 374; такође, уп. *Радонић,* Западна Европа, 61–62; *Argenti,* Occupation, 182 sq.

[116] *Iorga, Notes* et extraits, I, 546–549.

[117] *Iorga,* Notes et extraits, I, 549–550.

[118] Cf. *Babinger,* Relazioni, 23–24 (Aufsätze, III, 200–201).

[119] Њих двојица су се срели у Цариграду 22. I 1433. и отуда су продужили ка Муратовом двору у Једрене. Пут их је заједно водио и кроз Србију и Угарску, да би се раздвојили тек после Будима, у Бруку (Брокијер, 157; cf. *Babinger,* Relazioni, 24; Aufsätze, III, 201).

[120] Тако је, на пример, папа Евгеније IV примио током сабора у Ферари 27. XI 1438. посланика бургундског војводе који је, у име Филипа Доброг, изразио наду да ће најлепши резултат уније бити крсташки рат и при том нудио сву своју помоћ да се он организује *(Hofmann,* Fragmenta, XXXVII–XXXVIII, 3). О везама Бургундије са Византијом, cf. *A. Grunzweig,* Philippe le Bon et Constantinople, Byz. XXIV (1954) 47–61; уп. нап. 122, у овом поглављу.

[121] Брокијер, 102.

падних суверена који ће, на позив Евгенија IV, послати званичне делегате на Фирентински сабор.[122] Можда је и занимање Ромеја за Јованку Орлеанку било, у ствари, у функцији општих процењивања Византинаца сведених на дилему: ако се унија већ склапа, са ким је исплативије преговарати, да ли са папом и његовим подржаваоцима или са базелским саборницима и њиховим заштитницима? На овим теразијама Шарл VII и Филип Добри нису били тегови који би олако били унапред одбачени.

Но, не само да су Ромеји били приморани да пажљиво прате промене на Западу и да се обавештавају отуда о свим новостима, него је и код неких западних владара и њихових поштоноша и изасланика била приметна солидна упућеност у збивања и односе снага у Царству, па и у начине помоћу којих се у Цариграду политички одлучивало. У Европи се чак понегде знало и за појединачно учешће чланова царске породице у пословима Царства као и за утицај који су неки од њих имали на држање византијског клира, архоната или câмога Јована VIII. Једна од таквих личности из василевсове околине, чији су углед и улога у политичким збивањима били познати и изван граница Византије, била је на првоме месту мајка Јована VIII, Јелена Драгаш. Пажња се сада зауставља на њој јер се чини да је њен удео у историји Царства, почев од 1425. године, био знатнији него што би се помислило и већи него што је то било током владе Манојла II. Њено место у јавним збивањима било је очигледно и за миланског војводу Висконтија.

Наиме, поводом другог посланства Бенедета деи Фолкија, вероватно је могло да се запази да се милански војвода одвојено обраћао автократору и његовој мајци. Изразито политичка природа преписке коју је Филипо-Мариа Висконти водио са Ромејима, искључује претпоставку да је његово писмо Јелени Драгаш садржавало протоколарне љубазности. Извесно је било посреди исцрпно познавање прилика на цариградском двору, за које је можда најзаслужнији био баш Бенедето деи Фолки, и које је војводи сугери-

---

[122] *Laurent,* Syropoulos, 340; Quae supersunt Actorum Graecorum Concilii Florentini necnon descriptiones cuiusdam eiusdem, Concilium Florentinum. Documenta et Scriptores, ser. B, vol. V, fasc. I, ed. *I. Gill,* Roma 1953, 212–213; cf. *J. Toussaint,* Les relations diplomatiques de Philippe le Bon avec le concile de Bâle (1431–1447), Louvain 1942, 150–152, 160–174; *C. Marinesco,* Philippe le Bon, duc de Bourgogne et la croisade (1414–1543), Actes du VIᵉ Congrès Int. des Ét. byzantines, Paris 1948, 47–61.

Први и једини цар (1425–1440)

сало да је за успешне преговоре са автократором веома битно и држање његове мајке Јелене. О њој до сада није било много говора али, и из оно мало наврата у којима је помињана, излази на видело да се супруга Манојла II, поготово откада су јој синови поодрасли, није устезала од активног учествовања у државним пословима. Када је, у једном од прошлих поглавља, пружана најопштија скица за портрете родитеља Јована VIII, онда је, без намере да се сувише прејудицира, једино истакнуто да сви, Јелени савремени панегиричари, сложно истичу њену мудрост и духовне способности.[123]

Ове особине изгледа да нису долазиле до израза у политичком животу док је Манојло II суверено управљао Царством. Али, када се после 1421. године и крунисања Јована VIII стари цар убрзо повукао из јавних збивања, представа о Јелени Драгаш почиње да се мења. Премда и даље на први поглед у сенци, царица-мајка отада стоји у позадини многих догађаја и одлука у византијској престоници. Прегледом претходних страница лако је утврдити да је о Јелени било речи када је описивано бекство Јовановог брата Димитрија 1423. године у Угарску[124] и, што се чини неупоредиво индикативнијим, поводом опсаде Цариграда у зиму 1424, када је царица водила преговоре са Муратом II око склапања мира.[125] Ако се њена улога у одвраћању Димитрија од бекства може свести у природне оквире родитељске бриге за сина, опсада престонице је показала да, у одсуству Јована VIII, Царством пре управља царица--мајка него формални регент Константин Драгаш.

Други изворни подаци који би упућивали на директно учешће Јелене у збивањима пре 1430. године нису сачувани. Али, почев од наведене године, множе се сведочанства која потврђују претпоставке о њеном снажном и непрестаном утицају на политичко понашање Јована VIII. Када је василевс напустио 1437. године Цариград, не би ли у Фиренци најзад привео крају дуготрајне преговоре око црквене уније, у престоници Царства је остала, поред званичног царевог заменика Константина, и царица-мајка. Да је о безбедности Цариграда она поново бринула бар колико и регент, доказ је

---

[123] Уп. нап. 68–69, *Рођење, йородица и йрве ѓодине*.
[124] Уп. претходно поглавље, нап. 253.
[125] Уп. претходно поглавље, нап. 292.

њена порука Јовану VIII у пролеће 1439. године да је неопходно да се што пре пошаљу најмање још две папине галије за заштиту града пред очекиваним скорим османлијским нападом. Доносилац писма, Факрасис Кантакузин, понео је са собом поруке о истој ствари и од цареве жене Марије Комнине, Константина Драгаша као и месазона Луке Нотараса и Димитрија Кантакузина Палеолога.[126]

Њена улога је, међутим, била далеко истакнутија у обновљеним преговорима око уније који су претходили Фирентинском сабору. Разговорима са римском куријом је Јован VIII, како ће мало касније бити показано, приступио после четворогодишње паузе управо 1430. године, у склопу још једном измењене политике према Западу. Сасвим сигурно на страни противника црквеног сједињења, бар онаквог какво је по последицама било оно из 1439. године, Јелена Драгаш је, рекло би се, Јовану VIII била неопходна у придобијању присталица из редова антиуниониста. Њени судови о верским питањима очигледно су утицали како на припаднике јерархије тако и на câмога Јована VIII. То није измакло ни римскоме папи.

Пре него што је одлучио да, у пролеће 1431. године, пошаље Мартину V Марка Јагариса са понудама око одржавања сабора, Јован VIII је отишао по савет код мајке. У њеним дворским одајама, такозваној Палатиани,[127] окупио се ужи савет који је, после дужег већања, решио да се изасланици пошаљу,[128] али је том приликом цар био принуђен да ћутећи слуша изазовне тираде епископа Ираклије (Хераклеје) Антонија, заклетог противника уније, будући да је овај уживао заштиту царице-мајке.[129] Исто тако, када је Јован Дубровчанин (Стојковић), поклисар Базелског сабора, боравио 1435–1436. у Цариграду, имао је упутства да се обавезно сретне и са обе царице, Јеленом Драгаш и Маријом Комнином,[130] пошто

---

[126] *Laurent*, Syropoulos, 396; cf. *Nicol*, Kantakouzenos, No. 74, 192.

[127] Реч је очигледно о уобичајеној резиденцији Јелене Драгаш, с обзиром да се исти назив везује за њу у више наврата: *Laurent*, Syropoulos, 118, 128, 402. *Janin* (Constantinople, 133) не зна нити за друге помене ове палате из ранијих времена нити је у стању да је убифицира. Биће да је, вероватно, реч о неком од познатих делова царског двора, за који је у XV веку коришћен наведени синоним.

[128] *Laurent*, Syropoulos, 118.

[129] *Laurent*, Syropoulos, 118, 402.

[130] *Cecconi*, Studi storici, CCCCXC. – О Јовану Стојковићу, cf. *B. Duda*, Joannis Stojković de Ragusio OP doctrina de cognoscibilitate Ecclesiae, Roma, 1958; *J. Kubalik*, Jean de Raguse.

је Јован VIII много држао и до мишљења своје обожаване супруге. Автократорово оклевање да доноси одлуке у вези са унијом и црквеним питањима без мајчиних савета, морало је, наравно, да смета његовој околини па је чак иритирало и оне међу грчким прелатима који су били Јеленини истомишљеници. Повод за њихово незадовољство била је смрт патријарха Јосифа II у Фиренци (10. VI 1439), када је василевс, упркос настојању папе и отпору присутних Ромеја, желео да се пре избора новога патријарха саветује са мајком која је боравила у Цариграду.[131] Најзад, после склапања уније, захваљујући првенствено залагању Јелене Драгаш која је пружала заштиту противницима сједињења, била је онемогућена свака одлучна акција Јована VIII против њих.[132] Да ли под мајчиним утицајем или не, тек цар је заиста после 1440. био изразито толерантан према антиунионистима.

Другим речима, поступци автократора у спољној политици, почев од 1430. више него икада раније сви у служби што скоријег црквеног помирења, били су често условљавани ставовима царице-мајке и кругова који су иза ње стајали. Зато и одговорност за оно што се збивало, мора да буде делимично подељена и на Јелену и на њеног најстаријег сина. Ако се овоме дода и потреба за њеним присуством у управљању Цариградом у обе прилике када је Јован VIII био у иностранству, присуством које као да је јамчило за стабилност царског престола, тврдња из пређашње реченице изгледа још оправданија. Василевс није био везан за Јелену само чињеницом што је био њен син, већ и улогом коју је она имала у политичком животу Византије, у верским превирањима и породичним сукобима који су Царство растрзали. Наклоност коју је показивала према Јовану VIII, Јелена је, чини се, у још већој мери преносила и на Константина, другог њеног љубимца међу синовима. Не само да се у више махова налазила уз њега, док је Константин боравио уз василевса у престоници или га као регент замењивао, него је са бригом о Драгашу продужила и пошто је Јован VIII умро.

Son importance pour l'ecclésiologie du XV siècle, Revue des Sciences Religieuses 157 (1967) 150–167; такође, уп. *И. Божић*, Појава хуманизма у Дубровнику, Ист. преглед 1 (1955) 9.

[131] *Laurent*, Syropoulos, 510.

[132] Cf. ibidem, 511, n. 2; такође, уп. *Анастасијевић*, Једина царица, 12 сл.

Без обзира што заправо није сасвим јасан термин, искоришћен у једној краткој хроници, смисао реченице о преузимању власти Константана 1449. године врло је индикативан: уз Драгаша који је преузео Царство боравила је и мајка Јелена, у монаштву названа Ипомона, као нека врста савладара (εἰς' τοῦ ἀποβασιλέως).[133] При оваквим околностима, ваљало би размислити још једном о хипотезама око Константиновог надимка „Драгаш"?[134] Поред чињенице да је носио дедино име, није ли још бољи разлог за ово име била Константинова блискост са Јеленом, израженија него код било кога од осталих Манојлових синова?

Како је малопре поменуто, одговорност за четоворогодишњи застој у преговорима са римском куријом лежала је на ромејском василевсу а не на папи. После мисије Андреја са Родоса из априла 1426, византијски одговор Мартину V уследио је тек фебруара 1430. године, када су у Рим упућени Марко Јагарис и Макарије Макрис.[135] Споља посматрано, основни проблем око кога се две стране нису слагале сводио се на избор места одржавања будућег сабора. Византинци су стрепели да ће, чињеницом да се сабор спрема на латинској земљи и папиним новцем, они бити у мањини и, будући материјално зависни од Мартина V, у некој врсти потчињеног положаја у поређењу са католичким епископима. Иако је cȃм Јован VIII био наводно 1426. спреман да пристане на папине предлоге, касније се и он приклонио патријарху и држању већине.[136] У међувремену, цар је постигао успехе на Пелопонезу, неке од њих (као у случају Патраса) директно на уштрб папиних интереса, а

---

[133] Kleinchroniken, 187.

[134] Уп. *Ферјанчић*, Деспоти, 173–174; *Осūроīорски*, Господин Константин Драгаш, 287–294 (Сабр. дела, IV, 271'–280); *Ђурић*, Ектесис неа, 430–431.

[135] *Laurent*, Syropoulos, 118; *Hofmann-O'Shaughnessy-Simon*, Orientalium documenta, IX, n. 8–9; cf. *Loenertz*, Négotiations, 58–59. Док одлазак овог посланства није прецизно утврђен, о повратку се зна много више. Према Сфранцесу, оно се појавило у Цариграду августа 1430 (Sphrantzes, 48). Јула месеца је било у Млецима *(Iorga*, Notes et extraits, I, 522–523; *Thiriet*, Régestes, II, 2209) а 20. IV 1430. византијски поклисари су приспели у Анкону: cf. *A. Pertusi*, The Anconitan Colony in Constantinople and the Report of its Consul, Benvenuto, on the Fall of the City, Charanis Studies, New Brunswick–New Jersey 1980, 202, 214. Са боравком Ромеја у Анкони је, међутим, невоља у томе што из тамошњих извора произлази да су се они у поменутоме граду обрели идући ка папи а не од њега кући се враћајући. Да ли то значи да су посланици из Цариграда пошли нешто доцније него што се претпоставља? Cf. *Cecconi*, Studi storici, 14; Gill, Council, 42 sq.

[136] *Laurent*, Syropoulos, 116. Cf. *Laurent*, Chrysobergès, 432.

затим је следило постепено разочарење у погледу Жигмундове спремности да Царству притекне у помоћ као и страх од онога што се Цариграду спрема после очекиваног пада млетачког Солуна у турске руке. Пред овако озбиљним разлозима, сви у престоници, па чак и јавни противници споразумевања са папом, морали су поново да се окрену Риму, макар то чинили против воље.

Пре него што је Јован VIII упутио папи ново посланство, у коме се опет нашао Марко Јагарис,[137] са циљем да Мартина V упозна са царевим одговорима на његове поруке, дошло је до наведеног скупа код царице-мајке. Ту је, упркос много просуте жучи и примедаба на рачун василевса, на крају подржана автократорова политика према питању уније.[138] Према томе, цар није деловао на црквеном помирењу на своју руку, како му је касније приписивано. Отпор преговорима, мада слабији него пре неколико година, изражавао се и даље углавном кроз противљење папиној идеји о месту и начину финансирања сабора. Патријарх Јосиф II је помишљао на могућност да се овај скуп држи и у Цариграду и евентуално потпомогне средствима поглавара три најбогатије православне цркве: руске, ивирске и српске.[139] За „пећког архиепископа" се, на пример, могло надати да би, уколико се сабор одржава у Цариграду, дошао и са собом понео око 20 000 перпера.[140] На вест о смрти Мартана V, која их је затекла у Галипољу, ромејски изасланици се врате, али им Јован VIII то оштро замери, истичући да он преговара са римским поглаваром, без обзира ко да заузима тај положај, а не искључиво са покојним папом.[141] Јагарис се септембра 1431. године најзад срео са новим папом Евгенијем IV који га је, међутим,

---

[137] Laurent, Syropoulos, 122; cf. Cecconi, Studi storici, CCCXXXIV, Loenertz. Negotiations, 59; Gill, Council, sq.; Hofmann-O'Shaughnessy-Simon, Orientalium documenta, IX, n. 8–9.

[138] Laurent, Syropoulos, 118–122.

[139] Ibidem, 122.

[140] Ibidem. Уп. *Византија крајем XIV века*, нап. 42. – Иначе, за ивирског католикоса се претпостављало да би, будући богат, могао да донесе бар 20 000 ако не и свих 30 000 перпера а за руског митрополита Фотија чак више од 100 000. Коментаришући ове износе, издавач Сиропуловог списа иронично констатује да, „ма какви да су били његови извори прихода", кијевски поглавар Исидор је на сабору у Фиренци подједнако са осталима оптерећивао папину кесу *(Laurent,* Syropoulos, 121, n. 2; *Iorga,* Notes et extraits, II, 9, 13, 16; *Hofmann,* Acta camerae, 82).

[141] Laurent, Syropoulos, 122. – У другом посланству су, уз Јагариса, били игуман цариградског манастира Мангана Макарије Курунас и архонт Димитрије Анђео Клидас Филоматис, с обзиром да је Макрис почетком јануара 1431. преминуо (Sphrantzes, 50).

врло хладно примио. Папа је нарочито озбиљно замерао Јовану VIII заузеће Патраса, што је поклисаре довело у ситуацију да на помирљив и доста неодређен начин уверавају у спремност цара на уступке у томе питању, уколико се споразумеју око главног проблема – склапања уније. У Цариград су се посланици вратили тек крајем 1433. године, са потпуно исправном оценом да Евгеније IV знатно мање држи како до црквеног помирења тако и до слања помоћи него до губитка латинске вароши на Пелопонезу.[142] Ако је 1426. године преговоре зауставио Јован VIII, сада је одговорност за ћорсокак, настао између 1431. и 1434, била на Евгенију IV.

Само, за разлику од претходних застоја који су се огледали у потпуном прекиду измена порука и посланстава, у овоме тренутку ни Евгеније IV ни Јован VIII нису били у прилици да се преговарања сасвим одрекну. Василевсу је, без обзира одакле да стиже, свака латинска помоћ била добродошла, док је Евгеније IV, чији је ауторитет Базелски сабор покушавао да ограничи у свим доменима, сматрао да не сме да допусти да и реч око склапања уније препусти својим противницима.[143] Наиме, још док се византијско посланство бавило у Риму, 30. IV 1433. године приспели су у Цариград шпански доминиканац Антонио Муњоз и августинац Алберто де Криспис са писмима за цара и патријарха и понудом да се уједињење цркава обави под покровитељством Базелског сабора и католичких владара који су његове одлуке подржавали. Међу њима је био и Жигмунд који је и сâм, крајем септем-

---

[142] О пријему код папе и примедби око Патраса: *Laurent,* Syropoulos, 124. – Око датума приспећа: *Iorga,* Notes et extraits, II, 1; *Hofmann,* Epistolae, I, n. 27–30, 21–23; cf. *Gill,* Council, 51 sq. – Према Сиропулосу, пријем је био врло хладан, што донекле ублажавају речи којима је папа дочекао ову византијску амбасаду, издајући булу 12. XI 1431. о премештању сабора из Базела у Болоњу и пружајући неопходна упутства кардиналу Ђулијану Чезаринију у вези са тим, описао је као врло корисну по коначно и жељено сједињење (наравно, под папиним условима): *Hofmann,* Epistolae, I, n. 28–31, 22–25. Ипак, суштина Сиропулосове оцене је исправна, с обзиром да је Евгеније IV у томе тренутку пред очима имао првенствено бриге око Базелског сабора као и имајући у виду каснији развој преговора. (за супротно мишљење, cf. *Hofmann,* op. cit., 21). – Према Сиропулосу би требало да су се ромејски поклисари вратили у Цариград тек почетком 1434 *(Laurent,* Syropoulos, 124, n. 2). У основном тексту је, међутим, њихов повратак померен на крај 1433, углавном због садржине једне белешке из Морозинијеве хронике у којој се каже да се 10. VII 1433. у Млецима појавило византијско посланство, на путу из Рима ка Цариграду. У Риму су поклисари разговарали са папом. Република им је обезбедила превоз у престоницу, „ma crezo non sia de inportancia nisuna in Veniexia la dita anbasada sia dalguno afar", мудро закључује хроничар (Morosini, 11, 1541).

[143] За основна обавештења, cf. *Gill,* Personalities, 4, 35 sq.

бра 1434. године, позвао Јована VIII да унију склопи са Базалским сабором а за узврат му је по ко зна који пут обећавао ефикасну војну подршку.[144] На позив Базелског сабора Јован VIII је потврдно одговорио новембра 1433. и из престонице су се тамо упутили његови посланици Димитрије Палеолог Метохит, Јован Дисипат и игуман цариградског манастира св. Димитрија Исидор.[145] Суочен са резервисаношћу Евгенија IV, автократор је био приморан да у поруци Базалском сабору оде у уступцима још за корак даље, препуштајући католичким прелатима избор места будућег унијатског васељенског скупа.[146] Обавештен о контактима Цариграда са Базелским сабором, Евгеније IV је сместа послао за византијским поклисарима, који су се из Рима враћали необављеног посла, свога легата Христофора Гаратонија, са понудом да се сабор одржи ипак у Цариграду, што је иначе доскора одбијао, али без присуства папе. Штавише, Евгеније IV је препоручио да његов изасланик на сабору треба да има место испред патријарховог. Избор византијске престонице папу би лишавао и не безначајне бриге око трошкова организације сабора. Свестан колико је Цариграду неопходна помоћ са стране, а надајући се да ће му она склапањем уније пристићи, Јован VIII се показао прилично неосетљив на питања протокола и примата, прешао је преко неслагања патријарха и клира са другим делом папиног предлога и јасно ставио до знања да је спреман да прихвати Гаратонијеве понуде.[147]

---

[144] *Laurent*, Syropoulos, 126; *Haller*, Concilium, I, 331–333; о Муњозу и Криспису, cf. *Laurent*, Syropoulos, 126, n. 3–4. – Жигмумундово писмо: *Cecconi*, Studi storici, C–CI.

[145] Тим поводом издата је 11. XI 1433. хрисовуља, сачувана и у латинском преводу: *Hofmann-O'Shaughnessy-Simon*, Orientalium documenta, n. 4, 8–9. Нешто раније, 13. X 1433, Базелском сабору обратио се и Јосиф II, са одговорима на поруку саборника: ibidem, n. 3, 6–7. Јован VIII је 28. XI 1433. још једном срочио писмо за Базелски сабор, у коме правда закашњење поласка посланства временским неприликама и буром на мору: ibidem, n. 5, 9–10. – О Димитрију Метохиту, cf. *V. Laurent*, Le dernier gouverneur byzantin de Constantinople: Démétrius Paléologue Métochite, REB 15 (1957) 197–206. Игуман Исидор није нико други до потоњи кијевски митрополит а доцније и кардинал Исидор. О Исидору, в. *Младост*, нап. 16. Такође, cf. *A. Ziegler*, Isidore de Kiev, apôtre de l'Union Florentine, Irenikon XIII (1936) 393–410; *Gill*, Personalities, 65–78. О Јовану Дисипату биће још доста говора у каснијем излагању.

[146] *Laurent*, Syropoulos, 128. Cf. *Cecconi*, Studi storici, XXXVIII.

[147] *Laurent*, Syropoulos, 128–130; *Cecconi*, Studi storici, XCIII –XCV. – Сиропулос је за ову прилику употребио израз „икономија" да би објаснио цареву одлуку (*Laurent*, Syropoulos, 128). В. *Византија крајем XIV века (царство која нема)*, нап. 103. – О Гаратонију, cf. *L. Pesce*, Cristoforo Garatone, Trevigiano, nunzio di Eugenio IV, Roma 1975. – Текст папине одлуке: *Hofmann*, Epistolae, I, n. 36–40, 28–30.

Папино реаговање било је заиста правовремено јер су византијски посланици у Базелу били примљени врло благонаклоно. Тамошњи саборници су пристали да на себе преузму све трошкове око организације будућег скупа а за место његовог одржавања понудили Јовану VIII да се одлучи између Калабрије, Болоње, Милана или неке друге вароши у Италији, затим Будима, Беча, Савоје, Базела и Авињона.[148] Услови су били врло повољни. Базелски сабор се чинио вољан и на велике уступке у верском погледу као и на хитро припремање помоћи Царству, па су поклисари Димитрије Метохит и Јован Дисипат, вративши се почетком октобра 1435,[149] били уверени да ће их цар прихватити. Са своје стране је и Базелски сабор послао легате у Цариград да у првоме реду помогну око припрема за полазак Ромеја и брину о новчаним и техничким појединостима поводом скорог пута. Тако су се 24. IX 1435. у престоници појавили Јован Дубровчанин, Хенрик Менгер и Симон Фрерон.[150] Колико су базелски легати били подробно упућени, вероватно на основу обавештења царевих посланика, у прилике у Цариграду, сведоче и засебна писма која су носили не само Јовану VIII, Јосифу II и Јелени, него и Константину Драгашу, сматрајући га потенцијалним наследником а сигурним замеником постојећег василевса током његовог странствовања.[151] У аудијенцији код патријарха, Јован Дубровчанин, о коме су посланици донели у Цариград посебно повољно мишљење, настојао је да Јосифа II убеди како је врло важно да и он крене на пут, али овај се непрестано бранио да му

---

[148] *Cecconi*, Studi storici, LII, LXXXIX, CCLIV; *Laurent*, Syropoulos, 130, 146. – Са своје стране, Евгеније IV је још новембра 1431, премештајући сабор из Базела у Италију, био мишљења да „cum quibus Grecis, dum nominate fuissent Roma, Ancona et Bononia et alia Italie loca, demum, licet Roma nobis et aliis fratribus nostris commodior extitisset, in civitate Bononie putavimus aptius convenire, que propter habilitatem navigationis eorum et propter viciniorem aditum ultramontanarum ad Italiam, capacitatem loci et alias condiciones ydonea reputatur" *(Hofmann*, Epistolae, I, n 28, 21).

[149] *Laurent*, Syropoulos, 134; *Cecconi*, Studi storici, CXCIX, CCCCXC, CXLI, CXLII, CXCVIII, CCCCLXXXVIII. У међувремену су браћа Дисипати упоредо преговарали и са папом и са Базелским сабором: *Hofmann*, Epistolae, I, n. 47, 39; *Cecconi*, Studi storici, XLIV; cf. *Gill*, Council, 57 sq.

[150] *Laurent*, Syropoulos, 132; уп. претходну напомену.

[151] *Hofmann-O'Shaughnessy-Simon*, Orientalium documenta, n. 17, 22–23. Реч је, у ствари, о одговору Константина, 26. новембра 1435. године, у коме деспот, налазећи се у Цариграду, захваљујући Базелском сабору на поруци и изражава спремност да и сâм сарађује на остварењу није. Cf. *Zakythinos*, Despotat, I, 212–213.

је то немогуће због старости и болести.¹⁵² Са легатима је такође допутовао и Христофор Гаратони, папин поверљиви емисар, са изричитим тајним задатком да напоре базелске мисије онемогућава и покуша да патријарха и цара приволи да се лате преговора само са Евгенијем IV. За Гаратонија посао са Јосифом II није био сувише тежак, будући да је патријарх од почетка, мало због сујете а мало и из канонских разлога, мислио да је једини њега достојни саговорник у питањима црквеног сједињења римски поглавар.¹⁵³ Патријархов отпор према Базелском сабору увећавала је чињеница да овај скуп папа није одобравао као и околност да је представник патријаршије у византијској делегацији, игуман Исидор, тамо био потпуно изолован, јер су преговоре водили искључиво цареви људи Дисипат и Метохит, а теме о којима се у Базелу разговарало биле само политичке.¹⁵⁴ Другим речима, Јован VIII је, полажући на политичку снагу европских владара који су подржавали сабор у Базелу или Евгенија IV, мање бринуо о правној ваљаности будуће уније или о уступцима које би требало направити у погледу догме а много вишео практичним корацима који би сједињење цркава пратили. Нарочито верујући у Жигмундове способности и расположење угарског владара према Царству и Турцима, василевс је у јесен 1435. био склон да позив из Базела прихвати.¹⁵⁵

Ток догађаја око уније, нарочито оно што се збивало од 1434. године, исказао је у коначној форми неке од особина и суштинских политичких начела Јована VIII, нужних за објективно процењивање његове историјске личности. Иако је превазилажењу шизме током многих година посвећивао изузетан труд и упркос околности да је у повести углавном остао упамћен захваљујући учешћу на сабору чије су одлуке требало да поново сједине две хришћанске цркве, за Јована III унија ни у једном тренутку није била циљ већ само најбоље средство да до циља стигне. Међу решењима која су му се нудила, византијском цару је, као једини начин да своју државу поштеди неизбежне пропасти, преостајала слаба нада у сложну, „крс-

---

¹⁵² *Laurent*, Syropoulos, 136–138; *Cecconi*, Studi storici, CCVI.
¹⁵³ *Laurent*, Syropoulos, 134.
¹⁵⁴ Ibidem.
¹⁵⁵ Ibidem, 138 sq.

ташку" помоћ читавог Запада. Све друге, дотле окушаване замисли, исказане кроз појединачно обраћање папи или католичким владарима, завршавале су се у прошлости неуспешно. Чак је и искуство са Венецијом, највише заинтересованом међу хришћанским силама за опстанак Царства, учило да је василевсу подршка Републике, онда када би је имао, ипак недовољна да обезбеди спокојнију будућност. А да је пад Цариграда, „уколико се неко чудо не догоди", изгледао известан и многима од житеља престонице, излишно је сумњати.[156] Мада израстао из срца средњовековне православне византијске средине, Јован VIII се током преговора око уније држао зато као политички прагматичар, врло далеко од екстремне ортодоксне искључивости. То непрестано произлази и из „Мемоара" Силвестра Сиропула, проницљивог и образованог, али овоме цару несклоног сведока збивања око Фирентинског сабора.[157]

У складу са својим политичким прагматизмом, Јован VIII је такође увиђао да, поред папе и Базелског сабора, мора да води мукотрпну борбу и са властитим патријархом и црквеном јерархијом која се, у крајњој линији, сводила на жељу Јована VIII за супрематијом над ограниченим али таштим Јосифом II и амбицијом да царски и национални интереси буду надређени верским. Овај стари спор две власти, световне и духовне, познат још из Фотијевог времена а, како је раније помињано, итекако актуелан и за живота Манојла II и првих година царевања Јована VIII, остао је нерешен све до краја Византије.[158] Када је реч о приближавању и уступцима Западу, василевс је уза себе имао престоничку елиту, аристократију и архонте. Али, у редовима представника овога племства уочљива је несагласност око тога на чијој су они заправо страни на Западу. Понекад се чак јавља недоумица да ли они у преговорима, на пример са куријом, заступају цареве или папине интересе. У

---

[156] Ambrosii Traversarii, Generalis Camaldulensium aliorumque ad ipsum et ad alios de eodem Ambrosio Latinae Epistolae a domno Petro Canneto abbati Camaldulensi in libros XXV distributae. Accedit eiusdem Ambrosii vita in qua historia litteraria Florentina ab anno MCXCII usque ad annum MCCCCXL ... decucta est, ed. *L. Mehus*, Florentiae 1759, col. 1028. Јован Дубровчанин је, опет, 10. III 1436. у писму Базелском сабору страховао да ће, уколико се преговори са Ромејима око уније прекину, Цариград одмах пасти а уследиће и пустошење Угарске, горе но оно од прошлог лета: *Cecconi*, Studi storici, CCXVIII, CCLIV; уп. *Радонић*, Западна Европа, 71.

[157] Cf. *Laurent*, Syropoulos, 10–15.

[158] Уп. *Младост*, нап. 111; *Други први цар (1414–1425)*, нап. 87–92.

томе смислу, међу именима ромејских великаша каква су била она Кантакузина, Јагариса, Метохита, Нотараса, Асана, Филантропина, Филоматиса или Валсамона, карактеристичан је случај са византијским изасланишта и дипломатама Јованом Дисипатом и Манојлом Тарханиотом Вулотисом, за које су и Јован Дубровчанин и Базелски сабор тврдили да су реално у служби Евгенија IV а не Јована VIII.[159] Потврде за истинитост оваквих оптужби пружа акт од 12. VII 1437, из кога се види да је Евгеније IV, примајући Дисипата у „familiares suos", овоме доделио и „provisionem annuam mille florenorum auri de camera" а слично се може претпоставити и за Вулотиса.[160]

Суочен са традиционалним неповерењем становништва према Латинима и борећи се за пристанак цркве уз унионистичку политику, автократор без архоната ипак није могао. Колико је од држања цариградских одличника зависио и успех предстојећег сабора, најбоље је илустровало реаговање млетачких патриција који су Ромејима у Венецији, одмах по њиховом приспећу, поставили питање да ли је цар на сабор повео са собом месазоне Луку Нотараса и Димитрија Палеолога Кантакузина? Када им је одговорено да су они остали код куће а да су, уместо њих, пошли Марко Јагарис и Георгије Филантропин, Млечани су прокоментарисали: „Чини нам се да је било неопходно да бар један од њих буде овде".[161] Јован VIII није био у прилици да не води рачуна о овако снажним чиниоцима у Цариграду, какви су били црквени врхови, патријарх или архонти, али се мора признати да их је врло спретно користио, час једне час друге, све у циљу склапања уније и коначног добијања помоћи.

---

[159] *Cecconi*, Studi storici, DVII–DIX. Јован Дубровчанин је тврдио да су два најсигурнија поборника папиних ставова међу Грцима били игуман Исидор и Манојло Дисипат, брат Јованов (ibidem, CCCCXCIII).

[160] *Hofmann*, Epistolae, I, n. 81, 80–81: „... Ut autem te et familiam, cum qua nobis servire promisisti, decenter sustenare possis, provisionem annuam mille florenorum auri de camera, anno singulo, a nobis et officialibus nostris ad id deputamus; mandantes predictis officialibus nostris, qui pro tempore fuerint quatenus dictos mille florenos, singulo, ut prefertur, anno tibi solvere curent". Из одлуке Евгенија IV од 20. VII 1437, сазнаје се да је Дисипат („magnus Adriacus"), премда је био носилац свих овлашћења о преговорима у име Јована VIII и Јосифа II, имао „et collegam suum, spectabilem virum dominum Emanuelem Tracagnoti Vulotis". И један и други су „familiarii" Јована VIII (ibidem, n. 85, 84–88). О обојици више ће бити говора у каснијем излагању. „Familiaris" је и за Ромеје исто што и οἰκεῖος, како проистиче из много докумената, па и из хрисовуље Јована VIII од 11. XI 1433: *Hofmann-O'Shaughnessy-Simon*, Orientalium documenta, n. 4, 8–9.

[161] *Laurent*, Syropoulos, 214. О амбивалентном држању Луке Нотараса, уп. *Епилог* (1440–1448), нап. 43, 60–63.

Цар је успео да на сабор доведе и епископе и Јосифа II, довео је у Италију и себи склоне архонте, успео је да скопи унију не са папиним представницима него са самим папом, а разлози због којих црквено сједињење Цариграду ипак није донело ишчекивани спас лежали су у околностима изван способности претпоследњег ромејског василевса.

До почетка сабора ваљало је, међутим, још много тешкоћа пребродити. Поводом понуде Базелског сабора из 1435. године, Јован VIII није могао ништа да учини док не придобије за себе патријарха и док не омекша супротстављања антиуниониста. Стога се цар, као и у другим сличним приликама, најпре обраћа мајци Јелени Драгаш а потом разговара са патријархом.[162] Њих двојица су некако успела да се споразумеју да би Ромеји требало да изасланицима Базелског сабора прво изложе своје ставове, затим би сабор морао да се сложи са византијским условима, па би тек онда могло да се приступи одржавању новога сабора и склапању уније. Црквени кругови у Цариграду посебно су били узбуђени незграпним изједначавањем јереси Јана Хуса са православним учењем, до кога је дошло у базелским расправама и документима, а страховали су и шта ће се догодити са начином и трошковима превоза Грка са сабора, у случају да унија не буде остварена.[163] На састанку са легатима, на коме је изнет ромејски став, видело се да је патријархова страна и даље опструктивна а да су цареви људи више него склони нагодби са Базелским сабором. Сâм автократор је чак ишао толико далеко па је истицао да ће, уколико на будућем сабору папа не буде присутан, њему бити понашање у преговорима утолико више олакшано.[164] Ипак, обраћајући се Јосифу II и црквеним великодостојницима, Јован VIII је убеђивање у неопходност уније, и то баш ове коју предлаже Базелски сабор, вршио аргументима изван политичке сфере, настојећи да их увери како у екуменски значај предстојећег догађаја тако и у прилику да православље сада може да утиче на верско оздрављење и очишћење католичанства. Овакви, у суштини демагошки аргументи, били су једини којима је василевс

---

[162] *Laurent,* Syropoulos, 138.
[163] Ibidem, 140, 146–150. *Cf.* Cecconi, Studi storici, CLXII.
[164] *Laurent,* Syropoulos, 146.

био у стању да придобије за сарадњу патријарха и клир, очигледно глуве на политичке разлоге.[165] Јован Дубровчанин и базелски легати пристајали су на све византијске примедбе, чак и на ону о обавезном присуству папе. Нешто милом а више притиском, они су успели да приволе и Гаратонија да унапред обећа да ће на предстојећи сабор доћи и Евгеније IV.[166] Под таквим условима срочено је 25. XI 1435. и упутство посланицима који су пошли да о исходу разговора известе Базелски сабор. Хенрих Менгер је 1. XII 1435. кренуо за Базел а Христофор Гаратони је, са византијским поклисарима Јованом, Георгијем и Манојлом Дисипатом, запловио према Италији да о договору извести Евгенија IV.[167]

Тек после више од годину дана, 13. фебруара 1437, стигао је у Цариград одговор из Базела.[168] У међувремену, у престоници је од легата остао само Јован Дубровчанин, јер је Симон Френон преминуо од страховите епидемије куге која је харала крајевима око Цариграда. Дубровчанин је упорно покушавао да Јосифа II некако приволи да пристане уз Базелски сабор и дочаравао је патријарху почасти које би га чекале у Савоји или Авињону, уколико би решио да тамо оде и унију потпише.[169] Овај труд се постепено исплаћивао и заиста као да је Јосиф II био све склонији да према Дубровчаниновим саветима поступа. У сваком случају, патријарх је био вољан да крене на пут.[170]

Пре него што је из Базела стигао позитиван одговор, Јован VIII је пожурио да, са новцем који су му католички изасланици донели, информише и позове на учешће у скором црквеном помирењу многе стране владаре као и источне патријархе. У ту сврху послао је, између осталог, поруку пољскоме краљу,[171] септембра 1436. био је упућен Андроник Јагарис у Ивирију и Трапезунт,[172] нешто раније

---

[165] Ibidem, 152–154.
[166] Ibidem, 152–154.
[167] *Cecconi,* Studi storici, CLXXIX–CLXXXI, CXCIV, CCXXI– CCXXIII; *Haller,* Concilium, V, 54; *Hofmann-O'Shaughnessy-Simon,* Orientalium documenta, n. 10–18, 14–23.
[168] *Cecconi,* Studi storici, DI–DII.
[169] Ibidem; *Laurent,* Syropoulos, 162.
[170] *Laurent,* Syropoulos, 162.
[171] Cf. *Cecconi,* Studi storici, CCIII; *Halecki,* Pologne, 59.
[172] *Laurent,* Syropoulos, 162; *Hofmann-O'Shaughnessy-Simon,* Orientalium documenta, n. 14, 10; cf. *Gill,* Council, 75. Јован VIII, папа и трапезунтски цар су, међутим, били и раније у

био је обавештен митрополит Молдовлахије одакле је одговор стигао почетком октобра 1437,[173] обратио се кијевском митрополиту све Русије, источним патријарсима је у јесен 1436. пошао Павле Макрохерис а српскоме деспоту Ђурђу Бранковићу Андроник Палеолог Кантакузин.[174] Тражена је била и подршка са Свете Горе.[175] Што се тиче коптске, то јест етиопске цркве, њени преговори са

контакту поводом уније. Између осталог о томе говори и писмо Јована IV Комнина Евгенију IV од 18. X 1434, у коме трапезунтски владар изражава начелну спремност да сједињење цркава прихвати: *Hofmann-O'Shaughnessy-Simon*, Orientalium documenta, n. 7, 11–12. – Новембра 1436. упућени су и у Базел и папи Јован Дисипат и Манојло Вулотис *(Hofmann,* Epistolae, I, n. 64, 66. 85; *Cecconi.* Studi storici, CCLIX; cf. *Gill,* Council, 74 sq.). Cf. *Dölger,* Regesten, V, 3444–3446.

[173] *Hofmann,* Epistolae, I, n. 54, 49; *Laurent,* Syropoulos, 162; cf. *P. S. Nasturel,* Quelques observations sur l'union de Florence et Moldavie, Südostforschungen 18 (1959) 61–66.

[174] О путовању Андроника Палеолога Кантакузина говори Сиропулос *(Laurent,* Syropoulos, 162–164; cf. *Mercati,* Cardinale ruteno, 10; в. нап. 203, у овом поглављу), који истиче да је Андроник био шурак деспота Ђурђа. Из његовог казивања посредно произлази да је тада српски владар већ имао деспотски чин. Код Дуке, међутим, стоји да је, отприлике у ово време (1435/36. године), у Србију приспео Георгије Филантропин да би, у име Јована VIII, поставио српског владара за деспота (Ducas, 259). Са друге стране, утврђено је да је Ђурађ Бранковић деспотски чин стекао највероватније у пролеће 1429 (уп. *Ферјанчић,* Деспоти, 188 –189). Да је Дука, изузев што тачно истиче византијско порекло Ђурђеве титуле, по свој прилици побркао збивања, као да сведочи изричит податак, забележен код Сфранцеса, како је десет година доцније, у јесен 1446, Георгије Филантропин заиста отпутовао у Србију, али да би почаствовао деспотским чином Ђурђевог сина Лазара Бранковића (Sphrantzes, 70; уп. *Ферјанчић,* Деспоти, 191). Такозвана редакција B Сиропулосовог списа (чији он није аутор; настала је крајем XV века) наводи да је Андроник Палеолог Кантакузин ишао код Ђурђа „због личних послова", а уз пут је разговарао и о присуству Срба на предстојећем сабору *(Laurent,* Syropoulos, 598). Да ли то значи да је он, у име цара, 1435/36. године прогласио Ђурђа за деспота, то јест да ли би то евентуално били његови „лични послови", у недостатку других података остаје у домену пуких хипотеза. У модерној литератури се, иначе, обично прихвата да је Георгије Филантропин у Србији боравио и 1429 (уп. *Ласкарис,* Принцезе, 100). Занимљиво је да је на својеврстан начин, преко прве супруге (в. нап. 21, у овом поглављу), и Филантропин био у сродству са Ђурђем, будући да је Филантропинов нећак био зет протостратора Манојла Кантакузина, деде по мајци прве Ђурђеве жене (Sphrantzes, 30–32; cf. *Nicol,* Kantakouzenos, No. 61, 168 sq.). Наша историографија још увек није посветила довољно пажње улози Ђурђа Бранковића у преговорима око црквене уније, па јој је измакао и Сиропулосов податак о посланству из 1436 (уп. Историја српског народа, II, 246–247; текст: *М. Спремић).* – О мисији Макрохериса, *Laurent,* Syropoulos, 164.

[175] Са Свете Горе су тражене књиге којих у Цариграду није било а биле су нужне за теолошке распре пред одлазак на сабор. Такође су тамошњи монаси замољени да пошаљу своје представнике који би узели учешћа у припремама за унију. Отуда су стигли јеромонаси Мојсије из Лавре и Доротеј из Ватопеда, обојица учесници и потоњег сабора у Фиренци *(Laurent,* Syropoulos, 170). – Септембра 1439. је Евгеније IV манастиру Ватопеду доделио опроштајнице, користећи прилику што се његов представник налази на сабору *(Hofmann,* Epistolae, II, n. 215, 111–112; *idem,* Athos e Roma, OCP 5, 2, 1925, 165). Велика Лавра је у првој половини XV века, независно од преговора око уније, имала петнаестак година раније успостављене контакте и са краљем Арагона Алфонсом V. Овоме су монаси поменуте обитељи још 1421. послали у Месину двојицу братственика са реликвијама и захтевом да их арагонски владар убудуће штити: *A. Mundó,* Alphonse V d'Aragon et le Mont Athos, Le Millénaire du Mont Athos. 963– 1963, I, Chevetogne 1963, 149–159.

Евгенијем IV текли су независно од василевсових.[176] Резултати ове богате дипломатске активности испали су половични. Невоље су се појавиле већ када је патријарх оштро протестовао што га Јован VIII није консултовао око избора представника источних патријаршија на будућем сабору, а и источни патријарси су у првоме тренутку цару дали само условну сагласност са унијом. Василевс је био принуђен да им поново пошаље посланика Теодосија Антиоха и затражи од њих одлучан пристанак уз цареве замисли. Почетком 1437. Антиох се вратио са сагласношћу ових, али без њих лично, јер су им тамошње власти свако путовање забраниле.[177] Посебно је био неповољан исход Кантакузинове мисије у Србији. Иако је његова сестра Ирина била супруга деспота Ђурђа и премда је поклисар био убеђени присталица црквеног сједињења, Кантакузин од српског владара није успео да издејствује ни слање представника на будући сабор ни писмену сагласност у вези са склапањем уније.[178] Држање деспота Ђурђа свакако је било првенствено мотивисано међунаро-

---

[176] Cf. G. Hofmann, Kopten und Aethioper auf dem Konzil von Florenz, OCP 8 (1942) 5–29.

[177] Laurent, Syropoulos, 164–166.

[178] Laurent, Syropoulos, 164. – Чини се да још увек није довољно проучено противречно сведочење извора о ставу Ђурђа Бранковића према Фирентинској унији. Такозвана редакција В Сиропулосовог списа наводи да је Ђурађ своје одбијање да пошаље делегацију на предстојећи сабор образложио тиме што он, будући сусед „Латина" са којима има многоструке везе и врло их добро познаје, управо свестан латинских намера и навика, не мисли да пошаље своје представнике у Италију (Laurent, Syropoulos, 598). На другој страни, Андреа да Санта Кроче, „advocatus consistorialis", тврдио је, сасвим погрешно, да је деспот Ђурађ био присутан на отварању сабора (Andreas de Santacroce, Acta latina Concilii Florentini, ed. G. Hofmann, Romae 1955, 30). Ипак, упркос одбијању Ђурђа да се појави на сабору, папа Евгеније IV је, заводећи десетак у католичком свету зарад спасења хришћанског истока, нашао за сходно да, међу онима који заврјеђују помоћ, највише простора посвети баш српском владару. У акту који је 1. I 1443. папа потписао, између осталога се набраја коме све Турци наудили, „... ac novissime dominum dilecti filii, nobilis viri Georgii despoti Rascie cum filiis, quos Turcus captivos habet, auri atque argenti mineram, ac subditos numero, ut fertur ducentarum millium animarum, impie servituti subegit, longe magis solito immanis et efferata effecta est... " (Hofmann, Epistolae, III, n. 261, 70). Још више изненађује писање папе Николе V који је 24. X 1453. изјавио да је Ђурађ, будући да је са својима пригрлио завршни споразум о црквеној унији, својим пристанком обезбедио Србији папину заштиту (Hofmann, Epistolae, III, n. 306, 144). Супротно реченом, фрањевачки проповедник Иван Капистран је јула 1455. протестовао код папе Каликста III у вези са антикатоличанством Ђурђа Бранковића, а нарочито поводом оснивања православних манастира у Угарској (cf. Hofmann, Epistolae, III, 142–143). Спорење Ђурђа са Капистраном забележено је и у делу Енеје Силвија Пиколоминија „De statu Europae", па и код нашег Мавра Орбина (Мавро Орбин, Краљевство Словена, Београд 1968, 126, 338). У разговору са фрањевцем деспот је тада наводно изјавио да, пошто је читав живот провео у вери предака, ако би пришао католичанству, сви би га његови поданици почели да сматрају за умно поремећенога, иако је дотле важио за мудрога човека (уп. Историја српског народа, II, 247, текст: М. Спремић).

дним положајем Србије па тек онда евентуално верским убеђењем српског владара. Ако се зна да је деспот био у процепу између Турака и Угара, да је управо 1435. његова кћер Мара као ханума заузела место уз султана Мурата II, а да је његов хришћански сизерен Жигмунд, од половине 1437. године ако не и раније, изричито био против одржавања сабора, бар онаквог какав је Евгеније IV у Италији припремао, онда је и став Ђурђа Бранковића сасвим схватљив.[179]

Док је цар слао дипломате на разне стране, дошло је до нове затегнутости односа између Евгенија IV и Базелског сабора. Папи су саборници покушали да ускрате право на такозване „анате", један од врло уносних прихода курије, а затим су започели да преговарају са градом Авињоном око организације будућег екуменског скупа. Папа и Ромеји томе су се изричито противили па је, премда је Јован VIII упорно настојао да посредује између Базелског сабора и Евгенија IV, царев посланик Јован Дисипат био принуђен да у Базелу енергично протестује против поменуте идеје о Авињону. Базелски сабор је тиме олакшао одлуку византијских посланика (наиме, Дисипату се у Базелу придружио и Вулотис) да убудуће преговарају једино са папом. Свакако су обојица у томе, како је показано, имали и личних интереса.[180] Ипак, чак и септембра 1437. године, Јован VIII је истински био неопредељен између папе и Базела. Код василевса, међутим, није било никаквих личних разлога, какви се могу пронаћи код Јосифа II или неких архоната (попут Дисипата, на пример), који би га приволели Евгенију IV. Стога су и цареви покушаји да две стране измири бар у питању уније били подстакнтуи једино жељом да оно што је ваљало да уследи по потписивању акта сједињења – а то је била војна и финансијска помоћ Цариграду, буде што брже и боље припремљено. Укратко, када је 14. IX 1437. василевс примио једног од легата базелске мањине који му је пренео да се Евгеније IV одлучно противи Базелу, Савоји или Авињону као

---

[179] *Laurent*, Syropoulos, 180–182). – О удаји Маре Бранковић, в. *P. Ђук*, Царица Мара (са старијом литературом), Ист. часопис XXV–XXVI (1978–1979) 58 сл. – Уп. такође: *P. Rokaj*, Poslednje godine balkanske politike kralja Žigmunda (1435–1437), Godišnjak Filoz. fak. u Novom Sadu 12–1 (1969) 89–108.

[180] *Cecconi*, Studi storici, CCLIX; *Hofmann*, Epistolae, I, n. 63, n. 64, n. 66; *Laurent*, Syropoulos, 166–168; *Hofmann*, Fragmenta, 31; cf. Gill, Council, 74–78.

месту сабора, Јован VIII је разговор закључио подсећањем да је до тога тренутка Царству више понуђено од базелских саборника него од папе и да ће он пристати уз Евгенија IV „quando, ab eis adhuc certios factus est eos stetisse pactis Graecorum cum concilio Basiliensi et praeparasse res cum concilio connexes (naves, pecunias, etc.)".[181]

Мада је већина у Базелу, упркос неслагању автократора и патријарха, наставила да се договара са Авињоном и француским краљем Шарлом VII, један део католичких прелата је априла 1437. предложио да су за будући синод знатно повољнији италијански градови а међу њима и Фиренца. Не обазирући се на вољу већине у Базелу, Евгеније IV је ову алтернативу спремно дочекао и 30. V 1437. је у Болоњи предлог о Италији потврдио, у чему су га оба ромејска поклисара свесрдно подржала.[182] Сада су и Евгеније IV и присталице авињонске солуције прегли да одвојено опремају галије које ће на Запад да поведу ромејску делегацију. Папа се за лађе обратио Млечанима а саборници Ђеновљанима. Будући да су саборници имали, поред осталога, и нерешених финансијских питања око трошкова опремања флоте и око новца потребног за будући скуп, ово надметање је на крају било завршено у корист папе.

Под заповедништвом Евгенијевог рођака Франческа Кондолмера, из Млетака су 26. јула 1437. године кренуле четири лађе и прва од њих је приспела у Цариград 3. септембра.[183] Базелске галије стигле су пред византијску престоницу тек 4. октобра.[184] На папиним бродовима такође су се у престоницу вратили Вулотис и Дисипат. Док је Вулотис ипак био за то да се срећа најпре опроба са Базелским сабором, дотле је Дисипат убеђивао цара и патријарха да је Базелски сабор пред распуштањем и да је већина латанских епископа уз Евгенија IV. У овоме је Дисипат имао више успеха.[185]

---

[181] У питању је навод из такозваног „Sermo Petri Dignensis", то јест извештаја који је 1. III 1438. поднет у Ферари папи о исходу мисије: *Hofmann*, Fragmenta, 34–36; такође cf. *G. Hofmann*, Rodrigo, Dekan von Braga, Kaiser Johann VIII. Palaiologos, OCP 9 (1943) 178–184.

[182] *Hofmann*, Epistolae, I, n. 65–66; *Iorga*, Notes et extraits, II, 343–344, III, 15–16.

[183] *Cecconi*, Studi storici, DVII, DLXXI, DLXXIV, DLXXVI; Sphrantzes, 56; *Laurent*, Syropoulos, 172; *Hofmann*, Epistolae, I, n. 76, 76–77.

[184] *Cecconi*, Studi storici, DXXIV–DXXIX; Hofmann, Fragmenta, 58; cf. *Vasiliev*, Pero Tafur, 83–87; Сиропулос даје унеколико погрешну хронологију (*Laurent*, Syropoulos, 178).

[185] *Laurent*, Syropoulos, 174.

Атмосфера је била толико напета да је, на појаву базелске флоте, Франческо Кондолмер био спреман да са њом заметне бој. Било је неопходно да Јован VIII заложи сав свој ауторитет да до кавге не дође.[186] У међувремену, 24. септембра 1437. године приспео је у Цариград и Константин Драгаш, спреман да преузме управу над државом током царевог одсуства.[187] Пошто су пропали аутократорови покушаји да представнике Базелског сабора измири са папиним легатима и пошто су базелски изасланици могли у Цариграду да се још једном увере како је за Ромеје унија без папиног присуства незамислива, ђеновљански бродови су саборнике отуда понели 2. октобра[188] а 25. новембра 1437. укрцали су се цар, патријарх и остали из њихове пратње на млетачке галије. Одлуку Јована VIII и Јосифа II да се ипак укрцају на папине бродове, није изменио ни долазак Манојла Дисипата који је василевса обавестио да је Жигмунд против одласка у Италију. Коначно опредељење Византинаца за папин предлог уследило је, међутим, тек у Млецима.[189] Иначе, судећи по Перу Тафуру, шпанском путописцу који је у јесен 1437. боравио у Цариграду, Јован VIII је изјавио и Млечанима и Ђеновљанима да неће ићи ни са једним од посланстава а наумио је да узме галије и од једних и од других па да путује самостално. Наводно, пристанак на цареву идеју дали су и Кондолмер и саборници из Базела, али су Млечани лукаво отишли у Црно море па, када су се базелски легати удаљили, вратили се после неколико дана, укрцали Јована VIII и одвели га у Венецију.[190]

Ромеји су запловили ка Млецима, мада још увек нису знали где ће им бити последња станица путовања. Истина, Евгеније IV је 18. IX 1437. одредио Ферару за поприште унионистичког сабора,[191]

---

[186] Ibidem, 176–178.

[187] Sphrantzes, 56; *Laurent*, Syropoulos, 172. Драгаш је стигао заједно са млетачким галијама, о чему има речи и у писму Сената упућеном Ђулијану Чезаринију. Из ове поруке се сазнаје да је Константин до Еубеје дошао на једној галеоти да је одатле 1. IX 1437. укрцан уз Кондолмера на лађе Републике *(Hofmann*, Acta camerae, n. 2, 5–6).

[188] *Cecconi*, Studi storici, DLXXX, DLXXXVII, DXL; *Laurent*, Syropoulos, 178–182.

[189] Полазак је, међутим, уследио тек два дана доцније. За хронологију: *Laurent*, Syropoulos, 198; Sphrantzes, 56; Chronologische Einzelnotizen (Kommentar), 619; cf. *Schreiner*, Kommentar, 450. – За повратак Манојла Дисипата и Жигмундово мишљење: *Laurent*, Syropoulos, 180–182.

[190] Cf. *Vasiliev*, Pero Tafur, 83–84.

[191] *Hofmann*, Epistolae, I, n. 88. 91–99.

30. децембра је заказао његово свечано отварање за 8. јануар 1438,[192] 15. фебруара је под претњом излучења наложио саборницима из Базела да се разиђу,[193] али чини се да је за Византинце, који су у Венецију стигли почетком фебруара, више од свих ових була и декрета, коначан аргумент у опредељивању за Ферару била смрт цара Жигмунда, о чему је већ било речи.[194] Дугогодишња неизвесност око тога да ли ће се Ромеји приклонити унионистичким понудама курије или Базелског сабора, дилема која се постављала од 1431. године, била је у Венецији разрешена у корист Евгенија IV. Објективно посматрано, такав завршетак био је мимо правих жеља Јована VIII. Василевс је, чак и током сабора у Фиренци, још увек покушавао да католички свет измири, чиме би и помоћ Царству имала више изгледа на успех. Автократор је у Италији неуспешно настојао и да убеди миланског војводу, најљућег папиног непријатеља, у сврсисходност прихватања ромејских погледа на успостављање реда у цркви и хришћанској васељени уопште.[195] Наравно, без успеха.

Но, у јесен 1437. изгледало је да је унија, а са њом и помоћ Царству, на дохват руке. За Јованом VIII је био огроман труд са којим је автократор истрајно рушио код куће отпоре према самој помисли о црквеном сједињењу са Латинима. Иако је већини морало да буде јасно да без подршке са Запада нема спаса опкољеној престоници, што се више приближавао час поласка на сабор, духови су постаја-

---

[192] Ibidem, n. 108, 110–112.

[193] *Cecconi*, Studi storici, CCCCXXII, CCCCXLII, CCCCLXIII– CCCCLXIV, DXLVI–DL; *Hofmann*, Epistolae, II, 115–116.

[194] *Laurent*, Syropoulos, 210–212. – Око датума приспећа: *Cecconi*, Studi storici, DLXIII; *J. Gill*, Quae supersunt actorum graecorum Concilii florentini, Concilium florentinum: Documenta et scriptores. Series B, vol. V–VI, Roma 1953, 1; *Hofmann-O'Shaughnessy-Simon*, Orientalium documenta, n. 28, 31–32. – Мада су Ромеји у Млецима још увек били неодлучни, Република је притајено али одлучно радила да се они у сваком случају приволе папи а не Базелском сабору. Овај притисак је као прву последицу имао изостанак европских владара на сабору у Ферари, односно јединих корисних политичких саговорника Јована VIII. На прве вести о приспећу Ромеја у Млетке, из Базела су се, на пример, сместа упутили изасланици краља Кастиље са жељом да ступе у контакт са Јованом VIII. Међутим, они су једва 15. II 1438. успели да их прими патријарх Јосиф II али не и василевс, па су, чувши да Византинци ипак иду папи а не у Базел, отишли у Базел да се никада више не заинтересују за судбину Царства. Нема сумње да је оваквом исходу, поред кривице Млечана и Евгенија IV, разлог била и претерана нада Ромеја у Жигмунда а затим и у папу. Cf. *V. Laurent*, Les ambassadeurs du roi de Castille au Concile de Bâle et le patriarche Joseph II (février 1438), REB 18 (1960) 136–144.

[195] *W. Ullmann*, A Greek Démarche on the Eve of the Council of Florence, Journal of Ecclesiastical History XXVI (1975) 337–352.

ли све узнемиренији и мнење подељеније. Цар је у савлађивању традиционалног зазирања од контаката са католичком Европом био суочен са врло хетерогеним опонентима. Када је посреди становништво Царства у најширем смислу речи, оно је у великој већини било против уније и о томе има сијасет изворних потврда, а поготово против преговора са папом. У томе погледу, осећања житеља као да су се подударала и са расположењем у црквеним круговима који су, изузев самог патријарха, базелске саборнике сматрали мањим злом. На симпатије и антипатије Цариграђана према папи доста је утицала и околност што су Евгенија IV подржавали Млечани, најбогатији становници византијске престонице и свемоћни чиниоци ромејске спољне политике. Тиме је ова дилема између две латинске стране добијала код Византинаца и благе елементе социјалног опредељивања. У сваком случају, према Пјеру, епископу Диња, долазак папско-млетачких лађа 3. IX 1437. са задовољством су примили архонти („... a nobilibus et militibus imperatoris cum gaudio et exultatione honorifica recepti, ad domos nobis assignatas equites nos conduxerunt") a приспеће базелских галија Цариграђани у целини („... quarum galearum adventus Graecorum fuit in admirationem").[196]

Укратко, народ у престоници, а слично је било и у унутрашњости, прожимала су нелагодна осећања. У првоме реду била је у питању дубоко усађена бојазан да се црквеним сједињењем из основа руши систем ексклузивних вредности на којима је византијска цивилизација вековима почивала, бојазан која је, у суштини, проистекла из познате ромејске „ксенофобије".[197] Нажалост, цариградски пук није уочавао да је тај систем почео да бива нарушаван много раније, са све очигледнијим присуством Млечана и Ђеновљана у свим порама јавног живота, привреде и државне политике. Посебно су цареви поданици страховали од утицаја латинског новца. Сумње у свемоћ италијанског богатства биле су свуда присутне, па се у Цариграду чак веровало да су и грчки епископи, потписници финалног документа у Фиренци, за пристанак били

---

[196] *Hofmann*, Fragmenta, 52, 57.

[197] О ставу Ромеја према странцима и туђим, западним цивилизацијским тековинама, последњих година је доста писано. Cf. *Ahrweiler*, Idéologie; *Nicol*, Church; *J. Irmscher*, „Griechischer Patriotismus" im 14. Jahrhundert, Actes du XIVe Congrès International des Études Byzantines, II, Bucarest 1975, 133–137; *F. Thiriet*, La formation d'une conscience nationale hellénique en Romanie latine (XIIIe–XIVe s.), RESEE (1975) 187–196; *Oikonomidès*, Hommes d'affaires, 23–33.

исплаћени у златним флоринима.[198] Мора се признати да овакво мишљење није било сасвим без основа, о чему сведочи и навођен пример са царевим дипломатом Јованом Дисипатом.

О новцу који поводом уније пристиже, у Цариграду се стварно врло много расправљало, не само после василевсовог повратка из Италије него и у току припрема за путовање. Када је Јован VIII хладнокрвно и не полажући сувише на верска осећања сународника одузео цариградском манастиру Пантократора златнике, које је овој монашкој обитељи својевремено подарио кијевски митрополит Фотије, да би себе достојно опремио за сабор, реакција у црквеним круговима, премда притајена, била је очигледно неповољна.[199] А када су папини легати 1437. донели 15 000 флорина за трошкове Византинаца, између цара и патријарха је дошло до правог отимања око ове релативно умерене своте.[200] Све сличне појаве ишле су, природно, у прилог антиунионистима и њиховим тврђењима да је сједињење у Фиренци лажно, да је сам васељенски сабор, назван осмим, лажан,[201] а да је храм Свете Софије због поткупљености Ромеја постао обична јеврејска синагога.[202] Речи прекора, којима је на сабору Марко Евгеник, епископ Ефеса и заклети противник уније, пребацивао Јовану VIII и Јосифу II да су „за злато и сребро" себе продали папи, анатемисање црквеног сједињења у целини као и тврдње да је унија била лажна – све се то зачас проширило и по словенском православном свету. Из уверења да Цариград издаје ортодоксију а посредно и идеју васељенског царства, предстојао је само корак до рађања нове идеологије о Москви као „трећем Риму".[203]

---

[198] Ducas, 269–271; cf. *Laurent,* Syropoulos, 11, n. 3 (парафразира речи Агалијаноса, чији ми је „Дијалог против Латина" био неприступачан).

[199] *Laurent,* Syropoulos, 188.

[200] Ibidem, 190.

[201] Kleinchroniken, 652.

[202] Ducas, 327; cf. *Gill,* Personalities, 11; *Laurent,* Syropoulos, 12.

[203] Уп. *А. Поповъ,* Историко-литературный обзоръ..., Москва 1975, 326–406. – Ново издање руских путописа о Фирентинском сабору и учешћу руских делегата на њему даје *Krajcar,* Acta slavica, 7–46, 51–111. Према њима, кијевски митрополит Исидор је пошао 22. XII 1439. из Венеције ка Угарској. Пут га је водио преко Пореча, Пуле, Осора, Сења и Бриња. „И у тим варошима живе 'хавратјани' чији је језик руски а вера латинска". Затим је Исидор продужио ка Модрушу, Озаљу и Јастребарском, да би најзад приспео у Загреб, „велики и лепи град у држави угарског цара". Путописац наставља: „И у самоме граду видесмо српског цесара деспота са његовом царицом и децом, будући да је његово српско царство од

Ово пучко осећање понижености због властитог положаја и зависности од западне милости изражавано је код Византинаца кроз општи отпор свему католичком који изненађује путнике са Запада, нарочито ако нису Италијани и долазе из далека. „Они мрзе хришћане (католике)", често збуњено констатује Бертрандон де ла Брокијер[204] а, примера ради, Перо Тафур иде још даље, уопштавајући да су „Грци злурад и грешан народ".[205] Наравно, сличне реакције и негативне квалификације нису се тицале свих Ромеја, а поготово их не треба бркати са чувеном изјавом византијског месазона и богаташа Луке Нотараса „да је боље у Цариграду видети турски турбан него латинску митру".[206]

Елита, кругови око василевса, архонти -- како их обично називају савремени византијски извори, мислила је друкчије и о Латинима и о унији од црквених кругова и обичних царевих поданика.

Амурата запљењено" (ibidem, 36–37); другим речима, Ђурађ Бранковић је почетком 1440. године, пошто је у лето 1439. побегао из опсађеног Смедерева у Будим, боравио у Загребу, одакле је покушавао да утиче на борбу око угарског престола после Албрехтове смрти; као што је познато, деспот је желео да Албрехтову удовицу уда за свога сина Лазара. Није овде прилика да се задржава на речима путописца, али ваља подсетити да оне, између осталог, подржавају и оно што је о боравку Ђурђа Бранковића у Загребу написао *Мавро Орбин* (Краљевство Словена, Београд 1968, 112), у шта се иначе, због недостатка потврда у другим изворима, досада сумњало (уп. коментар *С. Ћирковића*, нав. дело, 336). Свакако је деспот у Загребу био гост свога зета Улриха Цељског, за кога је била удата Катарина, Ђурђева ћерка. О имањима Цељских у околини Загреба, уп. *Јиречек-Радонић*, Историја, I, 409; такође, уп. *Радонић*, Западна Европа, 89–97. – Што се тиче оптужби о подмићивању Ромеја, њих у руским сведочанствима има на претек. Симеон Суздаљски, на пример, у више наврата тврди да је унија потписана „због среброљубља и златољубља" *(Krajcar*, Acta slavica, 52), као и да је папа, не би ли Грке приволео да дођу на сабор, „послао цару и патријарху своје кардинале и архиепископе, а са њима је послато и много злата и сребра" (ibidem, 60). Симеон оптужује и Јована VIII лично: „Папа је цару давао много злата, а Марка (Евгеника, прим. И. Ђ.) никако ничим није могао усладити, ни златом ни сребром ни књигама својим умолити га. Неки од Грка се усладише, злата и части ради почеше папи често долазити и, што слушаше од Грка, то и приповедаше папи..." (ibidem, 61 sq.). – Уп. *Ф. Делекторскій*, Критико-библиографическій обзоръ древне-русскихъ сказаній о Флорентинской Уніи, ЖМнПр CCC (1895) 131–184; *I. Ševčenko*, Intellectual Repercussions of the Council of Florence, Church History 24 (1955; 291–323; *M Cherniavsky*. The Reception of the Council of Florence in Moscow, Church History 24 (1955) 347–359; *G. Alef*, Muscovy and the Council of Florence, The American Slavic and East European Review XX (1961), 389–401. – Такође, уп. *П. Соколовъ*, Русскій архірей изъ Византіи, Кіевъ 1913; *А. Б. Карташевъ*, Очерки по истории русской церкви, I, Paris 1959; *Л. В. Черепнин*, Образование русс. центр. государства..., Москва 1960, 5 сл. Од старијих дела, cf. *P. Pierling*, La Russie et le Saint-Siège. Paris 1896; *O. Halecki*, From Florence to Brest (1439–1596), Roma 1958; уп. нап. 3, *Византија крајем XIV века*.

[204] Брокијер, 92.
[205] Cf. *Vasiliev*, Pero Tafur, 113.
[206] Ducas, 365. Cf. H. Evert-Kappesowa. Le Tiaire ou le Turban?, Byzantinoslavica XIV (1953) 245–257.

Нимало необично, архонте су социјални положај и економски интереси везивали уз циљеве цареве политике. Прагматизам са којим је автократор гледао на преговоре око уније био је подударан са њиховим виђењем, а они, боље од осталих у престоници, познају Латине. При том, архонти се не разумеју много у питања догме нити их она, искрено говорећи, сувише занимају. Према Сиропулосовом писању, архонтима је, пре одласка на сабор, у начелу било свеједно где ће се и како обавити свечано спајање цркава,[207] али су, зато, били изгледа боље и пре него други обавештени о правом износу средстава предвиђених за путовање Византинаца, којима су располагали изасланици било папе било Базелског концила.[208] Исто тако, они су, то јест они међу архонтима који су се нашли на сабору, без противљења целивали папине ноге, на опште згражање православних клирика.[209] Сиропул такође наводи да, кад год би неко од незадовољника из патријархове околине покушао током заседања да своје мишљење изложи Јовану VIII, пред њим би се испречавали василевсови архонти.[210] Зато је логично што су архонти, на захтев црквеног дела ромејске делегације, били касније искључени из царевих разговора са епископима, јер се страховало да ће да утичу на прелате у доношењу одлука.[211] Али, када му је био потребан оштрији притисак на Јосифа II и архијереје, автократор их је поново уводио у теоријске диспуте са тврдоглавим клирицима као поуздан ослонац,[212] будући да је архонтима унија, онаква какву је предлажу Латини и каква је склопљена, изгледала сасвим прихватљива.[213]

Такав став према потписаном документу из Фиренце, архонти показују и надаље. Свечане изјаве, бар оне сачуване, којима су се Ромеји заветовали да усвојену догму прихватају, међусобно се разликују. Док је „professio fidei" којим је, уз признање да се у црквена питања не разуме, Манојло Тарханиот Вулотис пристао

---

[207] *Laurent,* Syropoulos, 144.
[208] Ibidem, 178.
[209] Ibidem, 226.
[210] Ibidem, 254.
[211] Ibidem, 320.
[212] Ibidem, 438.
[213] Ibidem, 456.

уз унију, искрена и једноставна изјава,²¹⁴ дотле су исти акти, сачувани од људи из теолошких и клиричких кругова, нејасни па и противречни.²¹⁵ У напорима да се византијско становништво и јерархија приморају на поштовање договореног у Фиренци,²¹⁶ архонти су најпоузданији ослонац царске власти и за владе последњег василевса Константина XI Драгаша, када је свима већ требало да буде извесно да унија није донела спас. Код архоната је тада овакво држање било нешто више од политичког прагматизма у недостатку бољег решења, био је у питању такорећи поглед на свет. Карактеристично је да је Јован Евгеник, трудећи се да Константина XI увери у нужност одбацивања уније, нашао 1449. за сходно да се пожали како је већина архоната пригрлила λατινισμός.²¹⁷ Под овим термином није се имало на уму само опредељење за црквену унију него и однос према сопственом наслеђу и цивилизацији.

Понашање цара и већине архоната, на које су били огорчени противници сједињења, алтернативу, уосталом, није имало. Јер, Османлије су Солун заузеле 29. марта 1430. године, у Једрену је 4. септембра исте године склопљен мир између Млечана и Мурата II,²¹⁸ а није прошло више од неколико месеци док у Венецију нису приспеле вести о турској опсади Цариграда. Мурат II, међутим, није напао само Цариград већ су чете његовог поузданог војсковође Турахан-бега, у пролеће 1431. године, некако у исто време са опсадом престонице, провалиле преко Хексамилиона у

---

²¹⁴ Cf. V. Laurent, La profession de foi da Manuel Tarchaniotès Boullotès au concile de Florence, REB 10 (1952) 60–69.

²¹⁵ Сачуване су три такве изјаве, Георгија Схоларија, Георгија Амируциса и Михаила Валсамона: Scholarios. Oeuvres, 372–374; M. Jugie, La profession de foi de Georges Amiroutzès au concile de Florence, EO (1937) 175–180; J. Gill, A Profession of Faith of Michael Balsamon, the Great Chartophylax. Byzantinische Forschungen III (1968) 120–128.

²¹⁶ Притисак који је вршен после потписивања уније на Византинце да се приклоне договореном је несумњиво постојао, али ни изблиза није изгледао онако како су антиунионисти желели да га прикажу. У свакоме случају, удео Јована VIII је у овоме био релативно мали (в. даље излагање, посебно *Епилог*). Ипак, црквену јерархију цар је настојао да контролише тако што је за нове митрополите потврђивао само пристеше уније. Ова политика била је, међутим, ограниченог дејства на територијама под турском управом, јер је тамо локално свештенство одбијало послушност васељенском патријарху. За наведену појаву карактеристичан је случај са серском митрополијом. Cf. V. Laurent, La métropole de Serrès contre le concile de Florence, REB 17 (1959) 195–200.

²¹⁷ *Ламброс*, Παλαιολόγεια, I, 124, 127, 130.

²¹⁸ *Thomas*, Diplomatarium, II, n. 182, 343–345.

византијску Мореју. Очигледно, реч је била о синхронизованим турским акцијама.²¹⁹

Престоница се у сличној ситуацији последњи пут налазила још пре пуних седам година, током одсуствовања Јована VIII и његовог пута у Италију и Угарску. У Млецима се, наиме, 10. априла 1431. године сазнало да је султан, „са непрегледним мноштвом Турака", стигао пред цариградске зидине и започео опсаду не само византијске престонице него и ђеновљанске Пере. Јован VIII је, како подробно извештавају млетачки хроничари (позновизантајски историчари о овим збивањима сложно ћуте), предвидео могућност опсаде и настојао да хитним грађевинским интервенцијама, спроведеним у договору са ђеновљанском управом из Пере, припреми град за оно што му је предстојало. Тада је, на улазу у Златни рог, постављен велики гвоздени ланац („una grossa chatena"; „una forte cadena"), чувен из борби око Цариграда 1453, којим су се браниоци надали да ће спречити упловљавање у луку османлијским бродовима. У недостатку властитих поморских снага, василевс је конфисковао привремено и четири млетачке лађе „de Candia", иако се Serenissima у томе тренутку није налазила у рату са султаном. Све предузето би, међутим, мало вредело – како истичу венецијански извори – да Мурат II, који је после пада Солуна вероватно повлачио војску из Румелије, није овом приликом желео једино да демонстрира пред цариградским зидинама своју силу и окуша праве могућности бранилаца.²²⁰

Пада у очи да је автократор, управо после поменутог догађаја из зиме 1431. године, пожурио са преговорима са куријом и Базелским сабором. Упоредо, Јован VIII је покушавао да не изазива султана, непрестано га уверавајући у своје искрено пристајање на потчињени положај. Једно, случајно сачувано писмо Јована VIII из априла 1432. године, илуструје праву природу царевих односа са Муратом II. Обраћањем угледном султановом чиновнику Сарица-бегу уместо непосредно султану, василевс је показао да у начелу он са турским владарем има прилике да саобраћа једино

---

[219] О провали Османлија преко Хексамилиона: Sphrantzes, 50; cf. *Zakythinos*, Despotat, I, 212; *Schreiner*, Kommentar, 444.
[220] О нападу на Цариград као и о ланцу говоре: Zorzi Dolfin, 353; Morosini, II, 1196–1197.

преко посредника, како и доликује свим Муратовим поданицима.²²¹ Анализа форме писма даље показује да цар на овакав статус спремно пристаје, што потврђује и кроз епитете које користи када говори о султану и оне којима почаствује Сарица-бега. Мурат II је ословљен као „царев брат", што само привидно подразумева једнакост између њих двојице, будући да је у византијској титулатури апсолутно немогуће изразити хијерархијску релацију у којој би се василевс било коме обраћао као своме „оцу". Да би се ово боље разумело, довољно је подсетити се начина на који је Сулејман 1403. године помињао византијског цара као свога родитеља.²²² Заправо, равноправни саговорник Јована VIII 1432. године није султан већ „василевсов љубљени и добри пријатељ Сарица-бег". Садржина писма, међутим, потврђује да аутократор са Муратом II нема редовне дипломатске додире, јер носилац писма има налог да се код Сарица-бега распита о султану, о коме „дуже време" цар ништа није чуо.²²³

Василевс се у писму усрдно распитивао о здрављу Мурата II а сâм је, управо у то доба, био озбиљно болестан. У прилог овој тврдњи сведочи царев менологем на крају писма, исписан дрхтавим и несигурним рукописом. Јован VIII је, наиме, у својим познијим годинама имао све веће сметње због костобоље, односно болести која је повремено изазивала делимичну или потпуну парализу руку и доњих делова тела. Да је прве невоље са здрављем цар осетио баш у време настанка писма Сарица-бегу, потврђује и садржина анонимног панегирика, писаног очигледно 1432/33. године, у коме се говори подробно о недавној болести Јована VIII.²²⁴ Како обично

---

²²¹ Ово писмо је до сада у више наврата публиковано и коментарисано: *Tahsin Oz*, Bizans imperatorunum bir namesi, Belleten 15 (1951) 219–222 (мени неприступачно); *P. Wittek*, Ein Brief des Kaisers Johannes VIII. an den osmanischen Wesir Sariga Pascha vom Jahr 1432, Byz. 21 (1951) 323–331 (note: *H. Grégoire*, 331–332); *F. Babinger-F. Dölger*, Ein Auslandsbrief des Kaisers Johannes VIII. vom Jahre 1447, BZ 45 (1952) 20–28 (reprint: *F. Dölger*, Byzantinische Diplomatik, Ettal 1956, 292–301); *N. Oikonomidès*, On the Date of John VIII's Letter to Saridja Beg (April 1432), Byz. 34 (1964) 105–109 (reprint: *idem*, Documents et études sur les institutions de Byzance. VIIe–XVe siècles, London 1976). *Oikonomidès* је непобитно показао да је датација писма за коју се залагао *Wittek* исправна.

²²² Уп. *Младост*, нап. 102–104, 134.

²²³ У писму се каже и следеће: ἀνεθήκαμέν τον δὲ (то јест носилац Манојло Стахизис) καὶ τινὰζ δουλεί/ας/, ὁποί/ας/ θέλει δείξειν πρὸς ἐσᾶς. Није јасно шта се под овим подразумевало? Да ли харач?

²²⁴ *Ламброс*, Παλαιολόγεια, III, 292–308; cf. *Oikonomidès*, On the Date, 106.

бива када се један суверен разболи, на вест о болести стале су да се шире гласине па је у Млетке 3. VI 1432. чак приспела вест да је „Imperador de Constantinopoly eser morto".[225] Срећом, испоставило се да слична обавештења нису ни близу истине јер је Јован VIII, пошто се крајем зиме разболео и склонио у престонички храм Филантропа, проборавио у њему четрдесет дана, затим прездравио и почетком априла 1432. се вратио у царску палату. Из похвалне песме Марка Евгеника сазнаје се, наиме, да је автократор, дошавши у двор 13. априла, опет могао да се користи својим дотле одузетим ногама.[226]

Будући да је цар патио од хроничног обољења које је имало прогресиван ток, вероватно на реуматској основи, временом су тегобе које су га притискале биле све мучније. Познато је, на пример, да је Јован VIII, на путу за Венецију децембра 1437, због тога био принуђен да се на неком пустом острву, негде између Корчуле и Задра, задржи чак четири дана јер није био у стању да настави пловидбу. Свакако да је василевсу мало погодовала изузетна хладноћа и снег који су га непрекидно пратили дуж далматинске обале.[227] Болест је узела маха, па је током боравка у Млецима због тешког кретања автократор одустао од укрцавања на дуждев свечани брод „Букентаур" и тако се помпезно представи грађанима.[228] Стање се није битније поправило ни у Ферари и Фиренци.[229] Из честих депресија које су болест пратиле, василевса је ефикасно извлачила једино његова страст према лову.[230] Колике је размере царева љубав према овој вештини досезала, најбоље сведочи случајан запис са једног врло занимљивог автократоровог излета током трајања сабора у Фиренци. Извесни Јакопо ди Латино де Пиљи је као оче-

---

[225] Morosini, 1376.
[226] *Oikonomidès*, On the Date, 108, n. 4.
[227] *Laurent*, Syropoulos, 212.
[228] Ibidem, 214–216, 220.
[229] *Cecconi*, Studi storici, DLXIV.
[230] О тој страсти је било говора и раније (в. *Други први цар*, страна 188). О љубави према лову: *Laurent*, Syropoulos, 296, 298 (маркиз од Фераре је цару пребацивао да је сувише обузет ловом), 304, 306, 336, 458 (док се цар обраћао патријарху и разговарао са њим и осталим Ромејима, обавезно би његове речи пропраћао лавеж увек присутног ловачког кера под автократоровим ногама), 540 (користи прилику да лови чак и на кратким застанцима приликом путовања бродом); cf. *Vasiliev*, Pero Tafur, 93. У даљем излагању биће још помена о ставу Јована VIII према поменутој разоноди.

видац забележио да је цар, ловећи 27. јула 1439. године, случајно бануо са пратњом у варошицу Перетола, на путу према Прату. Овај Јакопо је, пошто су цар и остали ловци огладнели и уморили се, био изненада почашћен да буде домаћин угледним намерницима. Будући да Јован VIII, „perche lui era perduto delle ghanbe", није могао да хода, у унутрашњост куће је ушао на коњу („entro insino nella nostra sala a chavallo") а тако је отуда и пошао, узјахујући још док из куће није изишао („menatogli il chavallo in sala... e ... monto a chavallo").²³¹ Ипак, бар до повратка са сабора, здравствене недаће нису утицале на василевсову агилност. Нажалост, после повратка у Цариград, автократор је, како ће се видети, много мање личио на онога Јована VIII из времена пре 1440. године.

Но, ако се и за једну од царевих делатности сме рећи да одласком у Италију није била пресечена па ни промењена, онда је то случај са грађевинским подухватима на цариградским зидинама које је, поготово од 1431. године, Јован VIII систематски спроводио. Демонстрација османлијске војске пред престоницом у зиму 1431. указала је цару да је, поред преговора са Западом, неопходно да још више прегне са обнављањем, дограђивањем и преправљањем цариградских фортификација. Основни извор обавештења о првим автократоровим озбиљним грађевинским интервенцијама, извођеним искључиво у циљу што бољег обезбеђења престонице, јесте такозвана „Похвала автократору", панегирички опис посвећен Јовану VIII и навођен малопре, поводом датовања писма Сарицабегу. Прецизно одређивање тренутка настанка похвале доводи до закључка да је у панегирику дата нека врста резимеа основних градитељских реконструкција између повратка Јована VIII из Мореје и септембра 1432, односно лета 1433.²³²

Наравно, било би супротно природи сличних текстова очекивати да панегирик исцрпно и систематски извештава о свим грађевинама, обнављаним и подизаним напорима автократора током поменутих пет година, али ипак пада у очи да писац похвале није нашао за сходно да истакне нити један пример залагања Јована VIII

---

²³¹ Текст је објављиван у неколико прилика: *Ламброс*, Παλαιολόγεια, III, 327–329; K. M. *Setton*, „The Emperor John VIII slept here... " Speculum, april 1958 (vol. XXXIII, n. 2) 222–228.
²³² *Ламброс*, Παλαιολόγεια, III, 293–308; cf. *Oikonomidès*, On the Date, 108.

да се улепша, поправи или сагради било какав објект који би служио цркви. Истини за вољу, да је тако нешто учинио, панегиричар би био принуђен да лаже. Јер, не само у овоме периоду него и у току читаве владе, Јована VIII су у грађевинарству занимале искључиво фортификације и оно што служи заштити Цариграда. Нема сумње да је, између осталог, и овакав приступ ктиторским обичајима, Јована VIII удаљавао од многовековне традиције и није се могао допадати црквеним круговима, као што се клиру није допадала ни секвестрација манастирских добара које се, како је поменуто, аутократор није либио када је сматрао нужном.[233] Цар се и у погледу грађевина показивао као прагматичар, склон мењању навика и начела на којима је Византија његовог доба сувише чврсто почивала.

Писац панегирика почиње са истицањем труда који је Јован VIII улагао у подизање византијске флоте и посредно подсећа на успехе ромејских бродова у недавној прошлости, вероватно алудирајући на ромејски тријумф у боју код Ехинада.[234] У контексту ове сталне бриге за поморску моћ, у похвали се посебно наводи да је василевс, по повратку из Мореје, почео са обнављањем Контоскалиона, једне од цариградских лука. Запуштено пристаниште је очишћено од муља помоћу специјалних справа и оспособљено да може да прими око три стотине лађа. Значај обнављања Контоскалиона био је увећан чињеницом да престоница, изузев интернационализованог лучког простора на обали Златног рога, правог пристаништа за византијску флоту није тада имала, што истиче и писац панегирика.

Занимљиво је како је Јован VIII обезбеђивао радну снагу на градилишту: „Дакле, не бадава ни бесплатно, већ су сви радили за плату и са теглећим животињама, осим реда изабраних јереја и ђакона; ипак је и не мали део монаха пришао из околине и манастира; и читав клир се око пастира (тј. Јована VIII, прим. И. Ђ.) окупио и са пастиром су се готово сви напрезали у послу, изузев неких, а и од ових је велики број био међу надзорницима".[235] Премда је, на основу цитираног текста, тешко одређено рећи како је и на основу

---

[233] *Laurent*, Syropoulos, 188.
[234] *Ламброс*, Παλαιολόγεια, III, 294; уп. нап. 63–66, у овом поглављу.
[235] *Ламброс*, Παλαιολόγεια, III, 298; cf. *Janin*, Constantinople, 230–231. В. даљи текст.

које правне праксе Јован VIII организовао ове послове, опрезно се може закључити да је посреди била некаква комбинација јавних радова са унајмљивањем за плату, у сваком случају не толико неуобичајена за Византију XV столећа.[236] Оно што је у панегирику необично, јесте, међутим, помен учешћа клира у радовима на обнови пристаништа. Ако је цар, као што је умесно да се претпостави, заиста покушао да клир изједначи са осталим становништвом, онда је то био преседан и још један озбиљан разлог за разилажење автократора са црквом, односно један од многобројних непосредних повода перманентној тихој опструкцији византијског свештенства спољнополитичким потезима Јована VIII.

У панегирику се такође истиче да је цар, по повратку из Мореје, очистио у близини Влахерна одавно запуштене јаркове испред зидина, реконструисао такозвану „царску" кулу (недалеко од Царске капије), коју је у своје време одлазећи на Пелопонез оставио полузавршену. Саградио је и две куле у Вланги, у близини обновљеног Контоскалиона.[237] Утврђивање Цариграда продужено је и касније. Тако је, на пример, познато да су василевсовим залагањем, вероватно у лето 1433, обновљени престонички зидови између Једренске и Јени капије[238], затим 1434. једна кула код Београдске капије,[239] непосредно пред одлазак на сабор Јован VIII је октобра 1437. окончао поправљање кула и зида између Регионске и „војне" капије,[240] током царевог одсуствовања завршени су (јануара 1439, априла 1439. односно јануара 1440) раније започети радови на простору између капија Ксилокерка и Пигис,[241] августа 1441. автократор је окончао оправке дела зида према Златном рогу[242] а 1443/44. године је вршио извесне интервенције и на фортификацијама око Златне капије.[243]

---

[236] Уп. нап. 36–39, у прошлом поглављу (око начина изградње Хексамилиона).

[237] *Лалброс*, Παλαιολόγεια, III, 296–297; cf. *Janin*, Constantinople, 325.

[238] B. *Meyer-Plath-M. Schneider*, Die Landmauer von Konstantinopel, 2, Berlin 1943, 136, 142; cf. *Oikonomidès*, On the Date, 107.

[239] Cf. *Janin*, Constantinople, 273.

[240] *Meyer-Plath-Schneider*, op. cit., 130; cf. *Janin*, Constantinople, 277.

[241] *Meyer-Plath-Schneider*, op. cit., 127, 128, 130; cf. *Janin*, Constantinople, 274–275, 276.

[242] *Meyer-Plath-Schneider*, op. cit., 140; cf. *Janin*, Constantinople, 284.

[243] *Meyer-Plath-Schneider*, op. cit., 127; cf. *Janin*, Constantinople, 273.

Цареве напоре на утврђивању Цариграда следили су и неки од истакнутих архоната, чијим су се средствима и залагањем такође зидине обнављале. Такав је случај са Манојлом Вријенијем Леонтарисом који је маја 1438. завршио са обнављањем капије Пигис, очигледно у складу са ширим царевим интервенцијама на овоме делу фортификација.[244] Пред крај живота Јована VIII, помоћ учвршћивању престонице, што је карактеристично – опет градској четврти око Контоскалиона, пружио је и српски деспот Ђурађ Бранковић, изградивши 1448/49. на свој трошак једну кулу и „кортину" (зид који спаја две куле).[245] Као и већина автократорових интервенција, тако је и Ђурђев прилог служио јачању оне стране Цариграда која је окренута ка мору и Босфору. Изгледа да је овај део фортификација, у тренутку када је Јован VIII почињао са обновом зидина, био стварно у нешто лошијем стању од копнених утврђења.[246]

Турска опсада из 1431. године навела је цара да обезбеди и Златни рог постављањем једног тешког ланца који би спречавао улазак непријатељских бродова у залив. Састављач панегирика је, зачудо, заборавио да помене његово постављање, но срећом млетачки савремени извори но остављају о томе никакве недоумице.[247] Ланац није био проналазâк Јована VIII, он је постојао као једно од византијских техничких чуда још од почетка VIII века. Пошто после 1203. о њему нема података, умесно је претпоставити да је ланац био уништен приликом првога пада Цариграда 1204.[248] Када је 1403. године Клавихо боравио у престоници, показали су му и место на коме је стајао некадашњи ланац, али не у Златном рогу него приближно између Румели и Анадолу хисара, на најужем делу мореуза. Шпанцу је објашњено да је ланац по потреби спречавао поморске комуника-

---

[244] *Meyer-Plath-Schneider*, op. cit., 128; cf. *Janin*, Constantinople, 275.

[245] A. D. *Mordtmann*, Belagerung und Eroberung Konstantinopels durch die Türken im Jahre 1453, Stuttgart-Augsburg 1858, 132; С. *Новаковић*, Деспот Ђурађ Бранковић и оправка Цариградског града, Глас СКА 22(1890) 1–12; А. *Дероко*, Неки споменици у Турској и Грчкој у вези са историјом средњовековне Србије, Зборник МС за друштв. науке 13–14 (1956) 294; *Janin*, Constantinople, 299.

[246] Брокијер, 94.

[247] В. нап. 220, у овоме поглављу.

[248] Cf. R. *Guilland*, La chaîne de la Corne d'Or, ΕΕΒΣ 25 (1955) (reprint: idem, Etudes de topographie de Constantinople byzantine, II, Berlin–Amsterdam 1969, 122–123). Овај аутор као да сматра да је ланац све време постојао!?

ције са Црним морем.²⁴⁹ Уколико се Клавихо није преварио, то би говорило да је некада постојао испред Цариграда још један ланац, различит од онога који је Јован VIII обнављао,²⁵⁰ кога у XV веку није било. Исто тако, ћутање путописца о ланцу у Златном рогу, сведочи да почетком столећа њега такође није било.

Câme зидине ипак су биле недовољне да заштите Цариград од Турака. Пошто је миром са Млечанима Републици доделио веће уступке него што га је исход на бојном пољу обавезивао, Мурат II је од Венеције очекивао уздржавање од учешћа у обрачуну који је припремао са Угарском и њеним вазалима, односно са византијским царем Јованом VIII. Мада после рушења Хексамилиона и напада на Цариград из прве половине 1431, наредних седам-осам година преостала ромејска територија није била непосредно угрожавана, нема сумње да је за Османлије управо Јован VIII био носилац свих антитурских крсташких планова а његова престоница циљ од кога султан никако није одустајао. Из тактичких разлога, имајући у виду прече задатке, пре свих Жигмунда, Мурат II је, изгледа, Цариграда покушавао да се домогне лукавством. Почетком лета (или крајем пролећа) 1433. Јован VIII је открио заверу, у којој су главну реч водили престонички рибари, чија је намера била да василевса сруше са власти и отворе улаз у луку турској флоти. Наиме, испред цариградских зидина чекала су спремно 42 османлијска ратна брода.²⁵¹ Овакако, размере опсаде 1431. као и завере

---

[249] Clavijo, 94–96.

[250] У модерној литератури је уобичајено да се за овај ланац, шире узев, сматра да је затварао улазак бродовима из Босфорског мореуза у Златни рог; cf. *Janin*, Constantinople, 293, 458; *A. Pertusi*, La caduta di Costantinopoli. Le testimonianze dei contemporanei, 1976, 349–350

[251] О томе приповеда Цанкаруоло: 23. VII 1433. дошао је мисер Јакомо Лоредан са галијом из Цариграда и донео вест „come el turcho haveva armado XLII fuste fra grande e picole e quelle mandade a Constantinopoli per algun tratado che lui haveva fatto cum li peschadori di quello luogo. Onde el piaxete adio avanti che la ditta armada zonzesse a Constantinopoli. El ditto tratato fuo desoverto per lo Imperador e fexeve morir assai che erano nel ditto tratato et apresso lui fexe gittar per terra da caxe VI. che iera fuora della terra fuxo per la marina apresso li muri. Ezonta che fuo la ditta armada a Constantinopoli vedando chel suo tratada iera sta descoverto et de esserli vegnudo el suopensier fallido subito li retornano in dredo. Eando ale parte del mar mazor andando verso trebixonda per veder se la i podena damnificar come che li haveva in comandamento dal suo signor" (Zancaruolo, 556). – Под „рибарима" ваља свакако подразумевати не само оне који су рибу ловили већ и оне који су је продавали. Да је цариградско тржиште рибом државној благајни доносило значајне приходе, сведочи податак према коме је почетком XIV века тај доходак износио 10 000 перпера годишње (Gregoras, I, 428; cf. *Oikonomidès*, Hommes d'affaires, 99). Но, без обзира на њихову важност, у „рибарима" не треба препознавати никакву струковну корпорацију (cf. *Maksimović, Charakter*, 161 sq.).

1433. не треба прецењивати, али чињеница што се о њима у изворима говори указује да се византијска престоница налазила практично стално под претњом турског освајања.

Мурата II је посебно бринуло оживљавање царевих преговора са Западом око уније о чему је, пре него што је ромејска делегација кренула за Италију, у јесен 1437. султан обавестио Павла Асана, посланика Јована VIII.[252] Да је унионистичка делатност автократора код Турака узимана као повод за све оно што се, после повратка Јована VIII из Фиренце, збивало у политици султана према Румелији, потврђује и такозвана „Газаватнаме", хроника с краја XV века, по којој је бој код Варне 1444. године био изазван учешћем византијског цара на Фирентинском сабору а победа Османлија оцењена као праведна казна за тамо склопљену унију.[253] Стога, чим се василевс крајем 1437. укрцао на млетачке галије и запутио ка Италији, Цариграђанима је постало јасно да почиње период непрестане стрепње од турских напада. Још се цар и патријарх нису честито ни удаљили а варош је почетком 1438. захватила паника да Мурат II, чију је војску, на путу ка Црном мору, становништво заплашено посматрало, можда не смера да крене на Цариград. У то су веровали и цариградска влада и Ђеновљани из Пере, али султан је, уз неколико безначајних чарки у близини зидина, ипак продужио даље. Очевидац Перо Тафур констатовао је резигнирано да у престоници има врло мало житеља орних да се Османлијама супротставе.[254] Слично се догодило и у пролеће 1439. године, али ни тада Мурат II није још сматрао корисним да покуша са освајањем Цариграда.[255]

Султан је претходно желео да своју власт на Балканском полуострву заокружи и да, што је више могуће, обезбеди себе у првоме реду од Угара. Читава четврта деценија XV века протекла је у систематским османлијским напорима да се освојено задржи као и да се турска граница на простору испод Саве и Дунава у што већој мери консолидује. Октобра 1430. је са заузећем Јањине коначно чи-

---

[252] Laurent, Syropoulos, 182. Код Сфранцеса стоји да је у мисији код султана био Андроник Јагарис, али је, судећи по исходу оба посланства, у ствари реч о истоме догађају (Sphrantzes, 60).

[253] Cf. Inalcik, Crisis, 160 sq.

[254] Cf. Vasiliev, Pero Tafur, 115.

[255] Laurent, Syropoulos, 396.

тав Епир дошао под непосредну турску управу,²⁵⁶ скопски намесник Исхак-бег је после више година борбе успео да у јесен 1436. привремено савлада устанак у Албанији²⁵⁷ а ускоро је и Угарска, основни противник на Балкану, била натерана на повлачење. Није овде прилика да се подробно прати ток ратова које је Мурат II водио на дунавским границама, али је изван сумње да је, баш током боравка Јована VIII у Италији, турска граница на северу била помакнута даље него икада раније.

Жигмунд је, убрзо пошто су угарске трупе у јесен 1437. продрле до Сталаћа и на тренутак освојиле Крушевац, преминуо а Турци су 1438. освојили готово читаву територију угарског вазала Ђурђа Бранковића.²⁵⁸ У јесен исте године Турци су продрли и у Ердељ и јужну Угарску.²⁵⁹ Повукавши се током зиме, почетком лета 1439. султан се поново појавио и, после тромесечне опсаде, успео да 18. VIII 1439. заузме Ђурђеву престоницу Смедерево.²⁶⁰ У историографији је овај датум познат као „први пад српске деспотовине". Смрт Жигмундовог наследника на престолу Албрехта (27. X 1439) означавала је почетак унутрашњег рата у Угарској око наслеђа престола, што се Мурату II са правом чинило као повољна прилика за још дубље упаде у угарску земљу. Премда је 1440. године храбра београдска посада успела да одоли султану²⁶¹ а Јанош Хуњади нанео осетне поразе турском заповеднику Смедерева,²⁶² резиме догађаја четврте деценије XV столећа био је изузетно повољан по Мурата II. Утолико се више василевсу на сабору наметала нужност сједињења свих хришћана да би се некако одупрло неверницима.

---

²⁵⁶ Sphrantzes, 50; Chalc., II, 15–16; Kleinchroniken, 462, 657, cf. *Schreiner*, Kommentar, 443–444.

²⁵⁷ Уп. *И. Божић*, Историја Црне Горе, 159–160.

²⁵⁸ Уп. *Радонић*, Западна Европа, 78 сл.; *Јиречек–Радонић*, Историја, I, 362–363.

²⁵⁹ Cf. *Inalcik*, Crisis, 159. Општи преглед догађаја даје Историја српског народа, II, 244 сл. (текст: *М. Спремић*).

²⁶⁰ Уп. *Јиречек–Радонић*, Историја, I, 362–363; за вести о паду Смедерева у византијским изворима, cf. *Schreiner*, Kommentar, 455. – Отсјај ових трагичних збивања у Србији постоји и у документима римске курије. Тако је, на пример, Евгеније IV, заводећи десетак у католичком свету у циљу борбе против неверника, као један од основних аргумената за хитност акције истицао судбину породице Ђурђа Бранковића (в. нап. 178, у овом поглављу).

²⁶¹ Уп. *Калић*, Београд, 109–114.

²⁶² Уп. *Бабингер*, Мехмед II, 20–21.

У досадашњем излагању је лако могло да се примети да је Јован VIII током исте ове четврте деценије одустао од пређашњих идеја о потреби за чвршћом структуром државе којој је био на челу. Сигурно и због спољнополитичких тешкоћа али и у складу са процесом осамостаљивања апанажа у засебне целине, Јован VIII је фактички признао своју некомпетентност за оно што се на њима збива, понашајући се првенствено као господар Цариграда чија судбина одвојено тече од оне коју имају поседи у унутрашњости. Ова, у суштини негативна промена, дозволила је, међутим, автократору да отвореније одустане и од непристрасног држања у сукобу који се појавио међу његовом браћом, држаоцима апанажа, залажући отвореније свој ауторитет врховног суверена у корист једнога а на рачун другога од њих. У средишту спора међу Палеолозима био је Пелопонез – најатрактивнија од византијских земаља. На овоме полуострву, изузев турског упада преко Хексамилиона из 1431, током поменуте деценије Турци нису предузимали никакве опсежније акције а и пре овога османлијски напади били су усмерени пре против Венеције него против Ромеја. У оним немирним временима, била је то велика предност за Византинце са Пелопонеза. Константин Драгаш је 1435. године, по смрти атинског војводе Антонија Ачајуолија, имао чак прилику и да пређе оквире полуострва и да се домогне његових земаља у Атици и у Беотији. До тога, истина, није дошло јер су се пред Сфранцесом, Константиновим емисаром, испречиле трупе султановог војсковође Турахан-бега.[263] Речју, од свих апанажа Мореја је била најпространија, најбогатија и најбезбеднија. Једини озбиљнији спољнополитички неспоразуми на полуострву тада су искрсавали у односима цареве браће (нарочито Томе) са млетачком администрацијом на поседима Републике на Пелопонезу.

Од четворице цареве браће,[264] почетком четврте деценије XV века су Теодор II, Константин и Тома држали апанаже на полуострву. Само се Димитрије налазио на Лимносу. Што се тиче царских

---

[263] Sphrantzes, 52; Chalc., II, 93; Kleinchroniken, 345–346; cf. *Zakythinos*, Despotat, I, 212; *K. M. Setton*, Catalan Domination of Athens 1311–1388, Cambridge-Massachusetts 1948, 204–205.

[264] В. нап. 243, у прошлом поглављу (деспот Андроник је, наиме, после напуштања Солуна 1423, последње године живота провео као монах, преминувши 1429).

поседа на црноморској обали, они су, наводно тек пошто је Драгаш заузео Патрас, прешли под непосредну управу Јована VIII.[265] Царева наклоност према Константину, а затим и према Томи, довела је до промена у снагама последњих Палеолога. У њима је најгоре прошао Теодор II. Међутим, све до 1435. године, када је Константин, на позив автократора, кренуо у Цариград да би се, према жељи Јована VIII, прихватио регентства током царевог одсуства, обавештења о ономе што се догађало међу браћом скоро да нема. Познато је, рецимо, да су Драгаш и Тома, пријатељски расположени један према другоме, марта 1432. године одлучили да замене своје апанаже. Тома је преузео Кларенцу а Константин је своје седиште пренео у Калавриту.[266] Ова размена довела је Тому у близину Млечана из Корона и Модона. Исте године Тома је успео да заточи своју ташту и приграби Аркадију, једину преосталу земљу покојног Чентуриона Цакарије.[267] Најмлађи автократоров брат се, и са становишта Републике, показао као врло незгодан сусед. Његове размирице и спорови са кастеланима Корона и Модона започели су одмах. Већ јула 1433. о томе има трагова у сенатским документима,[268] оптужбе Венеције да Тома практично држи под опсадом поменуте тврђаве настављају се и 1434,[269] а 10. X 1438. године Јован VIII, коме наглашене симпатије нису ни према Томи недостајале, успева да на сабору у Ферари приволи папу да се овај заложи код млетачког дужда у прилог Томе у његовом сукобу са Венецијом.[270] Тада је, наравно само формално, спор био сведен на питање права латинског епископа Модона, но Евгеније IV је, у име „виших циљева" (superiorem ratione), молби Јована VIII ипак удовољио.[271]

Потиснут заслугом Јавана VIII и Драгаша, Теодор II је, изгледа, ових година био прилично пасиван у догађајима на полуострву. Једино што му је преостајало, била је борба за остварење легитимних права на царско наслеђе. Како је истицано, Јован VIII га није

---

[265] Pseudo-Phrantzes, 276; уп. *Ферјанчић*, Међусобни сукоби, 143.
[266] Sphrantzes 50; cf. *Zakythinos*, Despotat, I, 211.
[267] Chalc., II, 19–20; cf. *Zakythinos*, Despotat, I, 209.
[268] *Sathas*, Documents inédits, III, 418–419; *Thiriet*, Régestes, III, 2324.
[269] *Sathas*, Documents inédits, III, 424; *Thiriet*, Régestes, II, 2359.
[270] *Hofmann*, Epistolae, II, n. 155, 55–56; cf. *Iorga*, Notes et extraits, II, 354.
[271] *Iorga* (Notes et extraits, II, 354) погрешно везује молбу Јована VIII за Теодора II.

Први и једини цар (1425–1440)

хтео за наследника, претпостављао му је Константина, али да га сасвим мимоиће није могао. У тој чињеници лежи, између осталог, један од начина објашњења гашења институције савладарства. Када је почетком 1433. године Бертрандон де ла Брокијер боравио у Цариграду, приметио је да се, уз Јована VIII, његову жену и царицу-мајку, налазио и царев брат, „деспот Мореје" (son frere qui estoit disipot de la Mourée).[272] У пратњи овога Брокијер је другом приликом запазио да се налазило двадесет-тридесет коњаника.[273] Поставља се питање кога је заправо бургундски витез видео у Цариграду, Константина, Тому или Теодора II? С обзиром да током 1432. и 1433. године има више директних вести о присуству Томе у Мореји, будући да је марта 1432. Драгаш био сигурно тамо а поготово имајући у виду да Константинов верни чиновник и мемоарист Сфранцес не помиње никаква путовања свога господара изван полуострва, мора се признати да је врло тешко било кога од њих двојице изједначити са Брокијеровим „деспотом Мореје". Остаје Теодор II, о коме на Пелопонезу нема трага све до септембра 1433.

Ма колико хипотеза о боравку Теодора II у Цариграду у то време била несигурна, она ипак захтева додатну анализу. Зашто је, уколико уопште јесте, Теодор II нашао за сходно да се појави у аутократоровој близини немогуће је одговорити, осим уколико то није било изазвано озбиљном болешћу Јована VIII крајем зиме 1432, када је проблем царског наслеђа морао да постане актуелан? У оваком случају, не зна се чак ни да ли је Теодор II био у Мистри 18. априла 1433, када је преминула његова супруга Клеопа Малатеста?[274]

Но, ако су спорења Манојлових синова до 1435. године била привремено утишана, она нису сасвим и престала. Тада је, избором Драгаша за регента као и, у више наврата, изражаваном жељом Јована VIII да му баш он буде наследник, Теодор II био принуђен да реагује.[275] Ни Теодор II, са своје стране, није остајао дужан старијем брату. Какво је било његово држање према Јовану VIII и пре 1435. године, илуструје Теодорова повеља, издата септембра 1433. Гемистовим синовима Димитрију и Андронику, поново пово-

---

[272] Брокијер, 96.
[273] Брокијер, 98.
[274] Sphrantzes, 50; Kleinchroniken, 303.
[275] Sphrantzes, 54; Chalc., II, уп. *Ферјанчић*, Међусобни сукоби, 143. В. даље излагање.

дом Фанарија и Врисиса, истих оних имања о којима је било речи 1427/28. године. Онда је деспот Теодор II поменуте поседе овој породици доделио а василевс, према обичају, његову одлуку потврдио.[276] Септембра 1433, Теодор II, међутим, намерно пропушта да се позове на документ владајућег цара, иако би у нормалним приликама био дужан да то учини, већ се задовољава потсећањем на акт покојног Манојла II (τοῦ ἁγίου μου αὐθέντου καὶ βασιλέως τοῦ πατρός μου).[277] Провокативан став Теодора II према документу чији је потписник живи владар, деспотов суверен, уз то и брат, један је од типичних феномена који прате разградњу некадашње централне власти у провинцијама као и њених законских прерогатива, чији је носилац у овоме случају био Јован VIII. Значајан „допринос" тој дезинтеграцији пружили су и последњи Палеолози, како василевс тако и његова браћа.

Фактичко стање односа између цара и његове браће било је познато и на европском западу. Врло је карактеристично да су изасланици Базелског сабора носили 1435. године, како је истицано, писмо и за Константина Драгаша. Зашто би се сабор посебно обраћао Драгашу, осим уколико није био обавештен (од царевих посланика?) о његовом статусу у држави Ромеја? Одредивши 1435. године Константина за регента, цар је, према Халкокондилу и Сфранцесу, имао намеру да га одреди и за наследника престола.[278] Константин се 23. IX 1435. године обрео у престоници, али већ почетком пролећа 1436. у Цариграду је непознан боравио и Теодор II.[279] Дошавши

---

[276] Уп. нап. 54, у овом поглављу.

[277] *Ламброс,* Παλαιολόγεια, IV 106, уп. *Б. Ферјанчић,* О деспотским повељама, ЗРВИ 4 (1956) 99.

[278] Уп. нап. 275, у овом поглављу. – Силвестар Сиропул се задовољава одмереним коментаром автократорове одлуке и бележи: „тако је, наиме, цар одлучио" (Laurent, Syropoulos, 172).

[279] За Константинов долазак: Sphrantzes, 52–54; Kleinchroniken, 322. Сфранцес каже да је Теодор II приспео у Цариград 25. III 1436. Међутим, у тачност његовог податка као да се помало сумња уколико се он упореди са садржином похвалног слова Јована Докијана, упућеног Теодору II. У овоме спису, који се по свој прилици тиче боравка Теодора II током 1436. у Цариграду, чини се да се праве алузије на зимско доба које је још увек у јеку (*Ламброс,* Παλαιολόγεια, I, 236–238; Cf. *Zakythinos,* Despotat, II, 340). Ако је поменути утисак исправан, поставља се питање да ли је Теодор II заиста стигао у престоницу онда када је то прибележио Сфранцес или раније? Са друге стране, Висарион пише марта–јуна 1436, трудећи се да, налазећи се у Мореји, посредује у сукобу између браће Палеолога, што би значило, уколико се поштује Сфранцесова хронологија, да су ова писма кренула одмах за Теодором II пут Цариграда! То је доста тешко прихватити, већ и због садржине Висарионових

Први и једини цар (1425–1440)

у Цариград, Драгаш је у прво време прихватио да врши савладарске дужности без одговарајућег достојанства. У томе новоме својству он је примио и поруке Базелског сабора и на њих 26. XI 1435. године одговорио и изразио спремност за сарадњу око остварења уније.[280] То Теодор II није могао да дозволи и он је вероватно убрзо за Драгашем стигао и сâм у Цариград. Можда је већ зиму проводио у чувеном манастиру Пантократора, одакле је непрестано упозоравао автократора и Константина да је он тај који је наследник престола (διάδοχος).[281] Потоњи кардинал Висарион је марта–априла 1436. писао Теодору II са Пелопонеза и настојао да га са братом и царем измири, али је непознато у којој је мери привремено помирење, до кога долази крајем пролећа исте године, било последица Висарионових напора.[282]

Марта 1436. се у Цариграду свакако налазио и четврти брат, Димитрије, у ишчекивању доласка своје будуће невесте Зоје, ћерке великог дукса Параспондила. Није неупутно да се истакне да је Димитрије био једини међу Манојловим синовима чији су бракови, па и овај први, остајали у границама ромејске државе. Зоја је на царској галији упловила у престоничку луку 25. марта и неколико дана доцније обављено је и венчање.[283] До тога тренутка Димитрије је управљао Лимносом, североегејским острвом скромних размера, економски много сиромашнијим у поређењу са Морејом у којој су Теодор II, Константин и Тома располагали апанажама.[284] Изненада, у пролеће 1436. године, Јован VIII је одлучио или био приморан да

писама (cf. R.–J. Loenertz, Pour la biographie du cardinal Bessarion, OCP 10, 1944, 145–149; Saffrey, Recherches, 289). Најзад, Георгије Схоларије пише своме пријатељу Јовану Евгенику из Цариграда управо током зиме 1435/36, што је лако утврдити на основу помена доласка Јована Дубровчанина и Христофора Гаратонија о којима Схоларије подробно извештава примаоца писма. Тешко је, нажалост, одредити о коме деспоту говори Схоларије, у чијој близини, у манастиру Пантократору, намерава да проведе зиму у престоници? Да ли је у питању Драгаш или можда сам Теодор II *(Ламброс,* Παλαιολόγεια, II, 286–289)? Или чак Димитрије? Уп. даље излагање.

[280] *Hofmann-O'Shaughnessy-Simon,* Orientalium documenta, n. 17, 22–23.

[281] Sphrantzes, 54. – В. нап. 279, у овом поглављу.

[282] Ламброс, Παλαιολόγεια, IV, 136–140; уп. нап. 279, у овоме поглављу; такође, cf. *Zakythinos,* Despotat, II, 333–334.

[283] Sphrantzes, 54.

[284] О претходној подели апанажа међу Манојловим синовима, уп. нап. 256, у прошлом поглављу. – Димитријев ауторитет на Лимносу и околним острвима био је, изгледа, ојачан чињеницом да су на њима снажан утицај имали Асани, његови дугогодишњи политички пријатељи (о томе в. даље излагање).

одлучи да Димитрију повери Драгашеву територију на Пелопонезу а да, за узврат, Константин остане уз цара.²⁸⁵ Међутим, Драгаш и Тома, чији је представник такође пожурио да се појави у Цариграду, мислили су управо супротно, предлажући да Теодор II и Димитрије остану покрај Јована VIII а да њих двојица међу собом поделе читаву Мореју. Нема сумње да је Константинова амбиција ка престолу тада морала да узмакне пред примамљивошћу елиминисања Теодора II са полуострсва.²⁸⁶

Иако је изгледало да Константинов и Томин предлог нуди породичним неспоразумима расплет, с обзиром да је Драгаш, добивши у међувремену и сагласност султана за поменуте промене, јуна 1436. године пошао за Мореју а Теодор II остао у престоници, ипак није било тако.²⁸⁷ У Цариграду је било доста оних које је Теодоров нови положај радовао. Један од њих је, чини се, био и Јован Докијан који је, претерујући у складу са правилима реторске вештине, био спреман да тврди како су Теодорово приспеће у престоницу као и понуђена му савладарска улога (τὴν ... σὴν παρουσίαν καὶ βασιλείαν ἀρχὴν) довољни да „род Ромеја" врате на пут пређашњег благостања.²⁸⁸ Нажалост, Докијанов оптимизам био је неоправдан јер, како је скора будућност потврдила, ни Јован VIII ни Теодор II новонасталим стањем нису били задовољни. Њихова међусобна нетрпељивост трајала је, уосталом, током читавог живота и једног и другог. Коликих је размера била, ваља подсетити помоћу примера са епитафом Георгија Схоларија, састављеним поводом смрти Теодора II 1448. године, који није смео да буде јавно прочитан у Цариграду пуна три месеца, све док Јован VIII није 31. октобра исте године и сам преминуо.²⁸⁹

Теодор II се задржао уз автократора бар до друге половине септембра 1436, али је крајем године већ био опет у Мореји.²⁹⁰

---

²⁸⁵ Sphrantzes, 54.
²⁸⁶ Ibidem.
²⁸⁷ Ibidem; cf. *Zakythinos*, Despotat, I, 212–214; *J. Бојазидис*, Νέα πηγὴ βυζαντινῆς ἱστορίας, NE 18 (1924) 85; *Ферјанчић*, Међусобни сукоби, 144.
²⁸⁸ *Ламброс*, Παλαιολόγεια, I, 238; уп. нап. 279.
²⁸⁹ *Ламброс*, Παλαιολόγεια, II, 3–13.
²⁹⁰ Према једном писму Јована Дубровчанина од 16. IX 1436, Теодор II је још увек тада боравио у Цариграду у својству савладара *(Haller,* Concilium, I, 376) а Сфранцес бележи да је крајем исте године већ био у Мореји (Sphrantzes, 56). Уп. *Ферјанчић*, Међусобни сукоби, 145.

Положај „дијадоха" и он је оставио зарад одбране апанаже коју су му угрозили Константин и Тома. Између три брата распламсао се поново рат, прекинут тек 1437. пошто је Јован VIII у два наврата као посредник интервенисао.[291] Био је то познати споразум по коме је Константин ваљало да дође у престоницу и у њој замењује василевса док се он буде налазио на сабору, док би Тома и Теодор II остали на Пелопонезу. Белешке Шпанца Тафура свакако се тичу ове ситуације. По поменутоме путописцу, Мореја би требало да је била „patrimonium" само Теодора II, док је Драгаш наведен једино као наследник царског престола.[292]

Ствари на Пелопонезу нису 1437. биле баш тако јасне, како би из реченог следило. Основну невољу причињава недоумица око судбине Драгашевих земаља током његовог бављења у Цариграду. У питању је она иста апанажа коју је, у пролеће 1436. године, Јован VIII нудио Димитрију. Сфранцес, Драгашев чиновник, из разумљивих разлога о томе ћути и не објашњава шта је требало да буде са апанажом његовог господара. Ни остали византијски извори не бацају више светлости на околности под којима се Димитрије нашао уз Јована VIII на сабору. Могуће је, мада са расположивим знањима уједно и недоказиво, да је василевс деспота Димитрија на путовање приволео управо обећањем о добијању апанаже у Мореји.[293] Постојећи извори, међутим, пре допуштају нешто друкчију претпоставку: да је Димитрију, пред полазак у Италију, обећана Месемврија са црноморском обалом, посед на који је, уосталом, овај деспот ступио убрзо по повратку из Фиренце.[294] Са друге стране, једини начин да се Драгаш привуче у Цариград као регент, што је мало раније одбио и претпоставио апанажи у Мореји, вероватно је било обећање да ће му посед на Пелопонезу све време остати на располагању.

---

[291] Sphrantzes, 56. О доласку Драгаша, уп. *Ейилоі*, нап. 2.

[292] Cf. *Vasiliev*, Pero Tafur, 81.

[293] *Müller* (Documenti, 177–178) је у своје време датовао један Димитријев документ упућен његовом посланику Димитрију Ласкарису када је овај путовао у Фиренцу у 1439. годину. У исправи се Димитрије јавља као господар Мореје, што би, другим речима, значило да је поменуту апанажу тада формално и држао. Одавно је, међутим, показано да је оваква датација погрешна и да је ваља померити на дванаестак година доцније (cf. *Zakythinos*, Despotat, I, 276). То што Димитрија познији извори о Фирентинском сабору називају „Demetrio Principe della Morea", није ништа друго до антиципација деспотовог положаја (Sabellico, 155).

[294] Димитрије је у Месемврији био сигурно пре 16. IV 1441. године (Sphrantzes, 64). О томе, уп. наредно поглавље.

Сукоб, до кога је дошло у првој половини 1442. године, у коме су Димитрију оспорили прву праву апанажу коју је стекао нико други до цар и Драгаш, показао је неискрену природу претходног даривања. Понашање око Димитријеве апанаже на Црном мору, Јовану VIII је, истина тек пошто је василевс умро, пребацивао Георгије Схоларије, будући цариградски патријарх.[295] Занимљиво је да је тада, октобра 1441. године, Константин Драгаш, обрнуто од онога што је сматрао пред Фирентински сабор, желео да замени своју апанажу на Пелопонезу за територију у близини престонице, на шта овога пута Димитрије није пристајао. По свој прилици се Драгаш бојао да ће му царски престо измаћи, уколико се не налази близу Цариграда и болесног автократора.[296] Константинов страх је само увећавала чињеница да је, упркос труду његовог посланика Сфранцеса да за намеравану размену поседа добије сагласност султана, Димитрије био ближи турским интересима.[297]

Овде је умесно још једном се осврнути на нека од честих мишљења у модерној литератури о Димитрију, његовом наводно негативном карактеру, антиунионизму и туркофилству. Овакве тезе често се проширују и на тврдње да је овај царев брат био силом одведен на сабор, што је нетачно али, са друге стране, не може се спорити да је василевс вршио озбиљне притиске на деспота, не би ли се овај приволео исходу преговора око уније.[298] При томе се губи из вида да већина извора чије оцене осуђују Димитрија потиче из кругова око самога Јована VIII и Константина XI. Што се тиче става према Турцима, Димитрије, бар у овом раздобљу, није улагао ништа више труда да се Османлијама приближи него што је то, на пример, чинио Константин Драгаш. Друго је, међутим, питање што је султановим политичким циљевима кориснији могао да буде Димитрије, коме су цар и Драгаш били нескони. Када је посреди антиунионизам, Димитрије је, попут многих архоната, признавао своју неупућеност у богословске распре и једино што је

---

[295] Ламброс, Παλαιολόγεια, II, 53–54; Scholarios. Oeuvres, III, 118–119; cf. Schreiner, Studien, 167–168; Ферјанчић, Међусобни сукоби, 151. Такође, cf. Војазидис, op. cit., 79. – Слично Схоларију размишља и Халкокондил (Chalc, II, 80).

[296] В. излагање у наредном поглављу, посебно нап. 72.

[297] В. излагање у наредном поглављу, посебно страна 323 сл.

[298] Laurent, Syropoulos, 458.

Први и једини цар (1425–1440)

од уније захтевао била је практична помоћ.²⁹⁹ Уз пут, све оно што би се као некаква морална дисквалификација Димитрија нашло у Сиропулосовом спису, основном извору за држање Византинаца према унији, у ствари ни не припада аутору „Мемоара", већ личности из круга Константина XI Драгаша.³⁰⁰ Најзад, кад је у питању држање према Западу, овај, злосрећно тумачени принц није био ништа мање отворен према католичкој Европи од осталих Палеолога, што је доцније доказивао разгранатим везама са Арагоном, Фераром, Миланом, о чему овде неће бити говора.³⁰¹ Једноставно, повезивао се са онима са којима је могао. Путеве ка Млецима, папи или Угарској затварали су му, пре него његов пријатељ Алфонсо V, остали Палеолози, његова браћа.

Обревши се 1438. у Италији, Димитрије је био један од оних који су суштину преговора око уније сводили на реалну помоћ Запада Царству. За разлику од цара и остале браће,³⁰² он је прихватање завршног документа условљавао опипљивим реципроцитетом, израженим кроз новац, галије и војнике, неопходне Византији. Путовање и боравак многобројне ромејске делегације заиста су доста коштали, можда и свих 5 000 дуката месечно,³⁰³ али овај новац није непосредно користио опсађеној престоници. Курија сама није имала довољно средстава, па је прибегавала уновчавању индулгенција, узимању прихода са упражњених дијецеза, касније увођењу десетка, чак и задуживању код приватних поверилаца.³⁰⁴

---

²⁹⁹ Ibidem, 460. Отприлике исти закључак произлази и из писања Јована Евгеника, иначе противника уније *(Ламброс,* Παλαιολόγεια, I, 278). – Мишљење које је својевремено заступала З. Удаљцова (Борьба византийских партий на флорент. соборе..., Виз. Врем. 3. 1950,118 сл.), верујући да је сукоб међу браћом Палеолозима био обележен и њиховом верском опредељеношћу (за унију или против ње, то јест пролатинским или антилатинским ставом), чини се шематским па и нетачним. В. излагање у идућем поглављу.

³⁰⁰ *Laurent,* Syropoulos, 608, cf. 190–191; о ауторству ове редакције, ibidem, 86 sq.

³⁰¹ Примера ради, погледати уговоре и преписку коју је Димитрије имао са италијанским градовима: *Ламброс,* Παλαιολόγεια, IV, 198 sq.

³⁰² *Laurent,* Syropoulos, 460; *Ламброс,* Παλαιολόγεια, I, 278.

³⁰³ Cf. *Gill,* Personalities, 194. Током преговора око преласка сабора из Фераре у Фиренцу Медичи је, у име Комуне, био 3. XII 1438. спреман једва на трошкове од 1 500 флорина месечно, али је 13. децембра ова свота нешто повећана, на 1 700 флорина највише, и то само у трајању од осам месеци. Тако је и било, будући да се сабор заиста завршио, делимично и због финансијских невоља, некако на брзину али пре истека рока *(Hofmann,* Acta camerae, n. 59, 48–49).

³⁰⁴ Cf. *Hofmann,* Epistolae, III, 261; *Gill,* Personalities, 197–199.

Све учињено је, међутим, једва покривало расходе унајмљивања две наоружане галије са посадама и три стотине увежбаних стрелаца, родом са Крита, који су све време аутократоровог одсуства боравили у Цариграду.[305] За нешто више Евгеније IV није имао пара. Стога су и покушаји Факрасиса Кантакузина, с пролећа 1439, гласоноше из ромејске престонице, да од папе добије још најмање две галије за одбрану од Турака, били јалови.[306] Ни труд Јована VIII код римског поглавара није био много успешнији. Папа је, ипак, пружио обећање цару да ће надокнадити трошкове око бродова које би овај непосредним преговорима са Републиком добио од Млечана. Сенат је на цареву молбу 30. VI 1439. позитивно одговорио и одобрио опремање три галије за василевса.[307] Али, ова три брода никада нису ни стигла у цариградску луку, него је ускоро, уместо њих, Евгеније IV затражио опремање флоте од десет бродова.[308] Био је то већ део припрема за крсташки рат, због кога је Јован VIII и ишао у Фиренцу, нажалост неуспешно окончан 10. новембра 1444, битком код Варне. Serenissima је на себе, иначе, преузела и повратак Ромеја у Византију, али опет о папином трошку. Укрцала их је, на њихово незадовољство, 19. X 1439. године на обичне теретне лађе које су кретале у Романију редовним трговачким послом.[309] Чврсто на земљи као и увек, Венецијанци су, проценивши да је непосредна опасност од Турака прошла и да Цариград тренутно није угрожен, сматрали да је упутније штедети и предати Јовану VIII папин новац за галије „in hoc suo accessu", него га харчити на ратно бродовље.[310]

У католичког поглавара и у његову способност да ефикасно помогне Царству, Димитрије је сумњао још током трајања сабо-

---

[305] Kugeas, Notizbuch, 152; Hofmann, Epistolae, II, 46; Iorga, Notes et extraits, II, 351; Hofmann, Acta camerae, 67–68; Laurent, Syropoulos, 396–398. Збрка која се јавља и у изворима и у литератури око тога да ли је било две или три галије разјашњава се сенатским документом од 26. V 1438. У акту млетачки сенат дозвољава да царева галија остане у Венецији током трајања сабора, а да се посада са ње прикључи и укрца на један од три брода који су упућени у Цариград. Тако ће само две галије (од три) бити под млетачким заповедништвом и са венецијанским посадама (Thiriet, Régestes, III, 2473).

[306] Laurent, Syropoulos, 398.

[307] Thiriet, Régestes, III, 2500; Hofmann, Acta camerae, n. 75, 66. Cf. Gill, Personalities, 194.

[308] Iorga, Notes et extraits, III, 138–139; Thiriet, Régestes, III, 2618.

[309] Laurent, Syropoulos, 532.

[310] Iorga, Notes et extraits, III, 47–48; Thiriet, Régestes, III, 2507, 2512.

ра. Теодор II и Драгаш су били далеко да би, осим спремности за црквеним помирењем, непосредно изразили шта од њега очекују у пракси. Автократор је, опет, Евгенију IV веровао, јер му друго није преостајало. Будућност је показала да су и Димитрије и Јован VIII били у праву. Алтернативе царевој политици није било, а унија Византију није спасла.

ЕПИЛОГ
(1440–1448)

Код класичних хеленских писаца под „епилогом" се у првом реду подразумевала завршна реч која се додавала претходном исцрпном разматрању. Међутим, епилог јавне делатности, политичких достигнућа, неуспешних напора и амбиција Јована VIII почео је читавих десет година пре него што је претпоследњи византијски цар преминуо, управо током трајања сабора у Ферари и Фиренци. Све што се у овоме раздобљу збивало у Царству било је, заиста, само потврда, исход или последица концепције са којом је аутократор настојао да Византијом управља и објективних околности са којима се при томе сусретао. Ипак, ако се учини да је десет година претерано дуг период и да је тренутак за епилог прерано одабран, ваља подсетити да је и „пролог", појам који се противставља „епилогу", у случају Јована VIII такође временски замашан и да знатно прекорачује границу коју намеће царев датум рођења.

Будући да питање тока самога униокистичког сабора заслужује засебно разматрање, овде ће бити сажето поменуте а каткада и поновљене једино неке од важнијих чињеница, првенствено оне које помажу разумевању претходног и потоњег излагања. Уосталом, о проблемима уније као и о сабору у Ферари и Фиренци данас постоји многобројна, премда по вредности различита, историјска и теолошка литература.[1] Одсуствовање василевса и Ромеја који су

---

[1] У последњих десетак година изишле су две студије о питањима фирентинске уније, у којима се налазе подужи библиографски прегледи релевантних дела: *J. Décarreaux*, Les Grecs au Concile de l'Union. Ferrare-Florence 1438–1439, Paris 1970; *C. Tsirplanis*, Mark Eugenicus and the Council of Florence. A historical reevaluation of his personality, Thessaloniki 1974. У оцену

Епилог (1440–1448)

са њим пошли из Цариграда трајало је безмало две године и два месеца. Редослед догађаја око овог царевог путовања врло је добро познат. Наиме, пошто је 24. IX 1437. у престоницу приспео Константин Драгаш и пошто су разрешени неспоразуми са делегатима Базелског концила, Јован VIII је 27. новембра кренуо на млетачким галијама пут Венеције.[2]

Из Млетака, у које је стигао 8. II 1438,[3] василевс је пошао 28. фебруара[4] и 4. марта 1438. најзад је приспео у Ферару, место за које

вредности наведених монографија не желим да се овде упуштам. Такође, cf. *St. Mösl*, Das theologische Problem des 17. Oekumenischen Konzils von Ferrara – Florenz – Rom (1438–1445), Innsbruck 1947. – О Висариону је расправљао већи број научника у јубиларном зборнику радова посвећеном овоме кардиналу (Miscellanea Marciana di Studi Bessarionei – a coronamento del V Centenario della donazione vicina, Padova 1976). Уопште узев, личност Висариона је одувек изазивала огромно занимање теолога и историчара. Међу последњим расправама налазе се и ове: *V. Saxer*, Le missel du cardinal Bessarion, Scriptorium 26 (1972) 302–213; *C. Capizzi*, Un piccolo contributo alla biografia del Bessarione. La „descriptio bonorum ac rerum mobilium" del monastero ravennate di San Giovanni Evangeliste del 9. settembre 1444. OCP 40 (1974) 84–113; *idem*, Una lista di creditori e debitori ad uso del Bessarione, commendatario di San Giovanni Evangelista di Ravenna, Byzantino-Sicula II (1975) 73–105; *J. Gill*, The Sincerity of Bessarion the Unionist, Journ. Theol. Stud. XXVI (1975) 377–392; *S. Bernardinello*, Bessarione riassume la Fisica di Aristotele, Scritti in onore di Carlo Diano (Bologna 1975), 26–42. –О Марку Евгенику, cf. *Н. П. Василиадис*, Μάρκος ὁ Εὐγενικὸς καὶ ἡ Ἕνωσις τῶν Ἐκκλησιῶν, Атина 1972; *Н. Политис*, Ἡ μετάνοια τοῦ Συλβέστρου Συροπούλου, ΕΕΒΣ 39–40 (1972–1973), 386–402. – Занимљиво је да се проблеми уније, који су традиционално привлачили руску византологију, и даље налазе у жижи занимања совјетске науке. Пролазећи поред Галипоља, бродови су имали невоља са врло непријатељским држањем Турака уз које је истовремено дошло и до земљотреса, наравно схваћеног као лош предзнак читавог подухвата (*Laurent*, Syropoulos, 200). Лађе су се затим преко Лимноса упутиле ка Мореји. У Модону је дошло до инцидента са локалним црквеним православним старешинама. Јосиф II се ту задржао око две недеље, пошто му је пловидба, као и цару, врло тешко падала (ibidem, 204–206). Од Модона маршрута је водила у Пилос (где се василевс, који је преко Пелопонеза путовао коњем, поново укрцао на брод), Кефалонију (где је било велико невреме), Крф, на коме је Ромеје опет сачекало неповерење грчког становништва према њиховом подухвату (ibidem, 206–210), а затим, само прошавши поред Дубровника, бродови су се зауставили на Корчули. Бура и хладноћа Византинце никако нису напуштале. У међувремену, Јован VIII је, исцрпљен путовањем и болешћу, био принуђен да се заустави на једном пустом острву и ту остане четири дана. У Далмацији је, иначе, непрестано падао снег. У Задру су лађе остале три а у Ровињу један дан (ibidem, 210–212). Из Пореча, у коме је цар остао три дана, у Млетке је испред осталих упућен Јован Дисипат (ibidem, 212). – Поред Сиропулоса, подробан опис путовања налази се и у извештају Пјера из Диња, не баш сасвим сагласан са исказом Сиропула: *Hofmann*, Fragmenta, 50–60. Путовањем Византинаца ваљало би посебно се бавити што, ипак, премашује намере овог рада.

[3] *Gill*, Acta, 1; Pseudo-Phrantzes, 322; Kleinchroniken, 631; *Laurent*, Syropoulos, 212; *Thiriet*, Régestes, III, 2461.

[4] *Gill*, Acta, 6; Pseudo-Phrantzes, 328.

се папа, после много недоумица, одлучио да буде позорница сабора.⁵ Четири дана касније, у Ферару је дошао и други део византијских саборника на челу са патријархом Јосифом II⁶ и заседање је, после првих неформалних састанака, аудијенција и договора, некако отпочело 9. априла 1438.⁷ Тада су се сви учесници у писменој форми, на грчком и латинском језику, сложили да је сабор „законит и васељенски",⁸ иако су касније неки од потписника међу Грцима антиунионистима овоме скупу оспоравали легитимност и екуменски карактер. Православну страну на сабору бројчано је знатно ојачао долазак изасланика из Русије августа 1438, на челу са кијевским митрополитом Исидором. Истина, ове придошлице, као и они од Ромеја који су већ боравили у Италији, међусобно су се мало у чему слагали.⁹

За закашњење са којим је сабор отворен и спорост са којом се на њему долазило до сагласности, било је више разлога. На страну добра воља источних и западних теолога да се споразумеју, која им је често недостајала, цар је лично допринео да се у Ферари пуна четири месеца оклева са почетком стварних распри, све у нади да ће се на сабору појавити макар неко од европских владара или бар њихових представника са којима би се разговарало о конкретној помоћи Царству. Нажалост, изузев једног посланства војводе Бургундије, које формално није ни било позвано и које се појавило тек новембра 1438, одзива није било. У таквој атмосфери, у којој су се папини финансијски извори сваким даном смањивали, незадовољство се ширило у редовима и Латина и Грка.

Прва тема око које се дискутовало био је спор поводом су-

---

⁵ *Gill*, Acta, 8; *Hofmann*, Fragmenta, 33, 42.

⁶ *Gill*, Acta, 9; Pseudo-Phrantzes, 330; Kleinchroniken, 631; *Laurent*, Syropoulos, 288 sq.

⁷ *Hofmann*, Epistolae, II, n. 135, 21–23; *Gill*, Acta, 12–19; *Hofmann*, Fragmenta, 29; *Laurent*, Syropoulos, 252.

⁸ *Hofmann*, Epistolae, II, n. 135, 21–23.

⁹ У „Хожденију митрополита Исидора" се износи да је Исидор пошао из Москве 8. IX 1437, да би, преко Твера, Великог Новгорода и Пскова, приспео у Ригу 4. II 1438. У Либеку је био 19. V 1438. а отуда је преко Немачке и Алпа доспео у Инсбрук. У Ферару је дошао 18. августа *(Krajcar*, Acta slavica, 7 sq.). – Исидорова пратња је имала стотинак људи а по некима и свих четири стотине *(Hofmann*, Acta camerae, 82; *Iorga*, Notes et extraits, II, 9). Овако велики број Руса на Сабору очекивао се у Цариграду и пре поласка цара у Италију. Чак се Ромејима чинило да ће бити, захваљујући Исидору, у већини у поређењу са латинском страном *(Laurent*, Syropoulos, 192). Нажалост, епидемија куге, која је Византинце поштедела, руску делегацију је у Италији просто покосила (ibidem, 300).

штине Чистилишта, а убрзо је ромејска страна увела у распре и дилеме око такозваног „Filioque", то јест питања происхођења Св. Духа, или из Оца или из Оца и Сина или из Оца преко Сина. Показало се да су византијски богослови, односно њихова тврдокорна мањина која је била неспремна на било какав уступак латинској догми, тежиште отпора стављали управо на тумачење „Filioque". Компромисима на које би латински прелати евентуално пристали, објективно није било места. Уступке је морала да чини једино ромејска страна. Суморној клими која је пратила ток сабора у Ферари, поред јалових диспута, допринела је и појава снажне епидемије куге (на коју су, занимљиво, Ромеји били отпорни) као и све гора ситуација са папином благајном. У децембру 1438. се, на пример, каснило пет месеци са исплатама редовних принадлежности за Византинце, па је природно што је Евгеније IV радо прихватио понуду Фиренце да се сабор пресели у овај град, релативно поштеђен од заразе.

Папа је 15. I 1439. донео одлуку о пресељењу и сâм дошао 27. јануара у Фиренцу. Цар и патријарх су приспели 17. фебруара а прва седница у Фиренци је одржана 14. марта. Пуних осам узастопних састанака је током овога месеца било посвећено природи происхођења Св. Духа, али без икаквог успеха. Најзад су се обе стране бар договориле да, као основу за даље дискусије, прихвате начела и одлуке седам васељенских сабора. Током маја 1439. године изгледало је да од није неће бити ништа, јер су непопустљивост Марка Евгеника и аргументи са којима је ефески епископ бранио ортодоксну догму стицали све више присталица међу Ромејима.[10] Међу Византинцима се такође ширило и мишљење, уосталом сасвим оправдано, да римски поглавар није ништа учинио ни у практичном погледу да војно и политички помогне Царству и да ће склапање није донети огромну подвојеност а да, за узврат, неће пружити никакве опипљиве користи. Мада су, у начелу, сви архонти из цареве и Димитријеве околине, полазећи из

---

[10] За пресељење у Фиренцу: *Hofmann*, Epistolae, II, n. 160, 60–61; *Gill*, Acta, 224–226; *Laurent*, Syropoulos, 380 sq. – За улазак цара и патријарха у Фиренцу: *Gill*, Acta, 226–227; *Laurent*, Syropoulos, 386–388. – За подробнија обавештења о току сабора и распри на њему, cf. *Gill*, Council. Такође, уп. нап. 1, у овоме поглављу. – Успут вреди запазити да Дука назива Марка Евгеника „егзархом" Грка на заседању а Чезаринија предводником Латина (Ducas, 267).

Цариграда, били спремни на велика одрицања зарад помоћи Запада, са оваквим развојем је и код њих дошло до разилажења. Такав је био случај и са câмим деспотом који је, још док су се саборници налазили у Ферари, незадовољан развитком догађаја, напустио заседање и отишао у Венецију. Отуда се, на инсистирање брата и уз царева заклињања да је слободан да се врати у Млетке кад год зажели, Димитрије поново обрео на сабору у тренутку његовог пресељења у Фиренцу.[11]

У крајње озбиљној ситуацији, Јован VIII, чија је упорност расла упоредо са продужавањем трајања сабора и који је од прилично пасивног држања у црквеним питањима био принуђен да на себе преузме одговорност и у тој сфери, обратио се 27. маја врло емотивним речима и Грцима и Латинима.[12] Као да је аутократоров говор наишао на одјек, јер после њега је православна страна почела да попушта на два споредна и у суштини прастара питања: контроверзи око папиног примата и разликама у начину причешћа. У том се на Ромеје свалила још једна недаћа. Цариградски патријарх Јосиф II преминуо је 11. јуна 1439. Премда је он током сабора углавном био под утицајем цара и његових идеја о унији, упркос чињеници да се слабо разумевао у теолошке диспуте, а у ствари био присташа „икономије" у приступу сједињењу, ипак је, бар када је реч о форми и првенству, био итекако ревносан бранилац властитог ауторитета.

Три дана пре него што је Јосиф II умро,[13] дошло је до компромиса око „Filioque" и све је, изненада, кренуло много бржим током.[14] Грци су се 21. јуна сложили са поставком да папа има примат над источним патријарсима, но још увек су му оспоравали право на са-

---

[11] Laurent, Syropoulos, 312, 380; уп. Ферјанчић, Међусобни сукоби, 147–148. – За датум првог одласка Димитрија, в. нап. 18, мало даље.

[12] Gill, Acta, 390–393; Laurent, Syropoulos, 448. – Издавач Сиропулосовог списа примећује и сâм да је Јован VIII у својим говорима грчким делегатима увек настојао да објасни како он не чини ништа осим што једноставно продужава политику уније коју је започео још Манојло II.

[13] Laurent, Syropoulos, 472; Hofmann, Acta camerae, X–XL – О патријарховом пореклу као и о умним способностима било је говора у ранијем излагању. Занимљиво је да је Јосиф II, ипак, западњаке импресионирао својом појавом и понашањем. Очигледно је да су га они, за разлику од Ромеја, прецењивали: cf. J. Gill, Joseph II, Patriarch of Constantinople, OCP 21 (1955) 79–101.

[14] О свему овоме подробно приповеда Сиропул: Laurent, Syropoulos, 418–422, 450 sq.

зивање сабора мимо воље патријарха. Али, већ 26. јуна пристали су потпуно на гледиште курије и усвојили општу формулу о заштити патријархових права, понављајући древно учење о хијерархији петоглаве цркве.[15] Завршни документ на поменутим основама био је спремљен 29. јуна[16] а 6. јула 1439. године, у фирентинској катедрали, пред уморним латинским прелатима и византијским делегатима, папском булом „Laetentur caeli" свечано је проглашено помирење две сестринске цркве.[17]

Финални акт нису потписала двојица значајних учесника: духовни узор грчких теолога и епископа Марко Евгеник и царев брат Димитрије. Деспот је још 25. јуна напустио по други пут сабор, незадовољан третманом који је код василевса уживао, политичким ефектима уније као и начином на који је до ње дошло.[18] Неповољне

---

[15] Gill, Acta, 451 sq.; Laurent, Syropoulos, 474 sq. Cf. E. Boularand, La primauté du pape au concile de Florence, Bulletin de Littérature ecclésiastique LXI (1960) 161–203 (мени неприступачно); A. A. Schmidt, The Problem of Papal Primacy at the Council of Florence, Church History 30 (1961) 35–49; посебно је користан чланак о питању папиног примата који је објавио Gill (Personalities, 264–286).

[16] Gill, 425–436; Laurent, Syropoulos, 450 sq.; cf. Gill, Personalities, 154–158.

[17] Hofmann, Epistolae, II, n. 176, 68–79. – За вести о склапању уније у византијским изворима, cf. Schreiner, Kommentar, 453–454. – Сиропулос тврди да је, чак и непосредно пред потписавање уније, митилински епископ Доротеј, све у бризи око њеног остварења, наводно изјавио: „Ако папа то жели, нека ми да флорине да их као његове дарове поделим особама које познајем и тиме их учиним наклоњеним како према завршном документу тако и према унији". Евгеније IV је то заиста и учинио, продужава Сиропулос своју антиунистичку оптужбу, и дао му „не знам колико флорина", које је потом Доротеј делио. У наставку, писац „Мемоара" износи и неке друге примере подмићивања чланова црквеног дела византијске делегације, а поименце се задржава на случају митрополита Никомедије Макарија који је папу уценио да ће, уколико му се не да новац за нови „фелонион", он бити без прописане одежде на свечаности потписивања уније. За ово му је Евгеније IV доделио 18 флорина. Истина, Сиропулос признаје да су сва подмићивања вршена без сведока и трагова, тако да се не праве износи не могу знати (Laurent, Syropoulos, 482). О подмићивању је било говора у претходном поглављу а биће још речи и у даљем тексту.

[18] Тачан датум одласка Димитрија из Фиренце даје руски очевидац („Хожденије Исидора"), док су претпоставке по којима је до његовог пута у Венецију дошло 14–15. јуна очито преурањене (Krajcar, Acta slavica, 30; cf. Laurent, Syropoulos, 460, n. 1; Ферјанчић, Међусобни сукоби, 148). Наиме, код Сиропулоса се каже да је Димитрије отишао четири дана пошто је договор око уније постигнут, али он не мисли на договор који је претходио смрти Јосифа II већ на онај од 21. јуна – како потврђује и руски путописац. Као и обично, хронологија за коју се залаже Gill (Personalities, 85; нажалост, без осврtaња на изворе из којих црпи податке) је исправна. – Што се тиче првог одласка Димитрија са Сабора, чини се да га је могуће сместити између 21. IX 1438. и почетка јануара 1439. У томе периоду Димитрије је боравио у Венецији, о чему пише Јован Евгеник. Он каже да је и он сâм, незадовољан током преговора, 14. септембра напустио Ферару и отишао у Млетке. После седам дана у Венецији се појавио и Димитрије, који је, такође, схватио да око Сабора ништа није ваљано припремљено. Као што је познато, деспот се на Сабор вратио у тренутку његовог пресељења у Фиренцу (Ламброс, Παλαιολόγεια, I, 276–278; Laurent, Syropoulos, 380). – Одлазак из

последице одсуства Евгеника и Димитрија у завршном чину сабора биле су неоспорне, свесни су их били и Грци и Латини па и сâм Евгеније IV.[19] Но, назад се није могло. Стога је папа прегао већ 7. јула да појединачно извести о постигнутоме европске суверене, угледне католичке универзитете, коптског црквеног поглавара, александријског патријарха и друге од којих је очекивао подршку.[20] Августа 1439. обавештен је и московски велики кнез који фирентинску унију није прихватио а септембра исте године папа је, помоћу опроштајница намењених манастиру Ватопеду, покушао да унији приближи и Свету Гору.[21] Ромеји су Фиренцу стали да напуштају 20. јула а први међу њима су недељу дана доцније пристигли у Венецију.[22] Августа 1439. Евгеније IV је, поред оних византијских дипломата који су за своје заслуге у организовању сабора раније били материјално обдаривани, обезбедио годишње пензије и најистакнутијим православним заговорницима црквеног сједињења: тако је никејском митрополиту Висариону додељено 600 а Доротеју, епископу митилинском, 300 златних флорина годишње ренте.[23] Јован VIII и остали Ромеји увелико су се, међутим, налазили у Млецима а да од папе никаква порука о конкретној помоћи није стизала. Коначно, 23. IX 1439. стигло је такво обећање Евгенија IV, али колико лепо у изразима толико уопштено када су у питању начини реализације.[24]

Фиренце, наравно, није Димитрија спречавао да свој даљи боравак и трошкове око њега и даље сваљује на терет латинске благајне *(Hofmann,* Acta camerae, n. 90, 76–77; реч је о исплати курира деспотовог за Јована VIII, док се Димитрије налазио у Венецији).

[19] *Laurent,* Syropoulos, 496, 504, 458. – Наиме, са Димитријем су пре потписивања није отишли и Схоларије и Гемист Плитон, што је недостатке завршног чина још више увећавало. Њихови разлози би, међутим, тешко могли да се схвате као начелно неслагање са унијом, напротив, чини се да су сједињењу обојица у претходном раду Сабора била склона *(Laurent,* Syropoulos, 460; cf. *J. Dräseke,* Zu Georgios Scholarios, BZ 4, 1895, 584: *F. Masai.* Pléthon et le platonisme de Mistra, Paris 1956, 315–327; *Т. Николау,* Αἱ περὶ Πολιτείας καὶ Δικαίου ἰδέαι τοῦ Γ. Πλήθωνος Γεμιστοῦ, Солун 1974, 42–43).

[20] *Hofmann,* Epistolae, II, n. 178–189, 81–84, n. 190–191, 84–85.

[21] Cf. ibidem, n. 204, 95–96, n. 215, 111–112.

[22] *Laurent,* Syropoulos, 514, cf. n. 2; *Gill,* Acta, 470. – Јован VIII је пошао 26. августа (Gill, Acta, 266; *Iorga,* Notes et extraits, II, 12; Andreas de Santa Croce, advocatus consistorialis. Acta latina Concilii Florentini, ed. *I. Gill,* Romae 1953, 266; *idem,* Fragmenta, 37). Испраћај је био „cum maximo honore", уз цара је, све до граница фирентинске комуне, налазила три кардинала.

[23] *Hofmann,* Epistolae, II, n. 196–197, 88–89.

[24] Јован VIII је стигао у Млетке 6. септембра *(Laurent,* Syropoulos, 524; *Iorga,* Notes et extraits, III, 48; Sanudo, 1078, 1081). – Папина порука Јовану VIII од 23. IX 1439. издата је у

Епилог (1440–1448)

Како је у прошлом поглављу речено, Ромеји су из Венеције испловили 19. октобра.[25] Споро се крећући, као и када су полазили у Италију, стигли су у Цариград 31. јануара 1440.[26] На Лимносу, на коме су због неповољних ветрова остали око месец дана, чланови византијске делегације су сазнали да је 17. децембра умрла царица Марија, супруга Јована VIII, али је ова вест држана у тајности све до Цариграда, јер је постојало основано страховање да ће василевс, ионако склон апатији, тешко поднети овај губитак и можда неће моћи ни да се покрене на даље путовање.[27] Цару је само саопштено да је у престоници преминула Димитријева жена Зоја. Обрнуто од автократора, његов брат Димитрије је знао за смрт царице али не и сопствене супруге.[28] Природно, на страну став Цариграда према склопљеној унији, у невеселом тренутку ни дочек није могао да буде свечан. Пред Јована VIII и Димитрија изишао је најпре кефалија престонице Павле Асан, а потом и званични регент Константин Драгаш.[29] Цара је заиста дубоко коснула Маријина смрт.[30] Јован VIII је запао у озбиљну депресију која

Hofmann, Epistolae II, n. 217, 113–115.

[25] *Laurent*, Syropoulos, 532; cf. *Iorga*, Notes et extraits, III, 48. Цар је, иначе, све време уза себе држао Марка Евгеника, коме је обећао заштиту а бојао се да му се што не догоди док се буду још бавили у Италији. Приликом боравка у Млецима у два маха су одржаване свечане литургије у катедрали св. Марка, којима је присуствовао и дужд. Цар је, међутим, био присутан само на првом богослужењу, а други пут је био одсутан. Сиропулос такође пребацује василевсу да се није појављивао ни на редовним службама, каткада молитви претпостављајући омиљену забаву – лов *(Laurent*, Syropoulos, 526; реч је о излету Јована VIII у Падову).

[26] На Крфу и у Модону становништво нимало није било одушевљено постигнутом унијом *(Laurent*, Syropoulos, 534–536). Од Модона до Корона цар је пут превалио на коњу, а затим се прикључио осталима и, преко Еубеје и Лимноса, приспео у престоницу *(Laurent*, Syropoulos, 536–542). За датум: *Hofmann*, Epistolae, III, n. 243, 17; Sphrantzes, 62; Kleinchroniken, 215, 632.

[27] *Laurent*, Syropoulos, 542. Марија Комнина је умрла 17. XII 1439. године (Sphrantzes, 62).

[28] *Laurent*, Syropoulos, 544. Зоја Параспондил, жена Димитријева, преминула је 17. I 1440 (Sphrantzes, 62).

[29] *Laurent*, Syropoulos, 544. У ствари, Јован VIII је 31. јануара дошао пред престоницу и ту му је изишао у сусрет Павле Асан. Наредног дана, 1. фебруара, свечано се ка автократору на лађи упутио и регент Константин да цара уведе у град.

[30] Марија је сахрањена у цариградском манастиру Пантократора, као и удовица Јована VII Евгенија, преминула 1. I 1440 (Sphrantzes, 62; *Laurent*, Syropoulos, 542; cf. *Janin*, Géographie, 532). – Поводом Маријине смрти Јован Евгеник је саставио једну монодију *(Ламброс*, Παλαιολόγεια, I, 112–114) а постоји и једна елегија анонимног аутора, настала истим поводом (cf. *Mercati*, Da Giustiniano, 87–89). – Сиропулос сматра да је смрт царице била једна од седам основних сметњи прихватању уније у Царству после повратка византијских делегата са Сабора. Ово стога што је цар, опхрван тугом, пустио да послови око спровођења уније иду како иду, што су искористили ојачали противници црквеног сједињења *(Laurent*, Syropoulos, 568).

се продужила дубоко у лето 1440. године и која је сметала чак и папи, нестрпљивом да види како ће цар да спроводи одлуке сабора у својој држави.³¹ У стварности, василевс је, судећи по неким сведочанствима, привремено потпуно изгубио интересовање за оно чему је посветио толике године труда.³² Нервозно реагујући на пасивност Јована VIII, Евгеније IV је своме сталном легату у Цариграду, латинском епископу Корона Христофору Гаратонију поручивао да ће да смањи број критских најамника, додељених за заштиту престоничких зидина, као и да ће суспендовати сваку будућу помоћ.³³

Нема сумње, прихватање уније је код Ромеја ишло спорије него што је можда римски поглавар очекивао али, без обзира на неактивност Јована VIII, реакција на споразум из Фиренце није била, бар у почетку, једнодушно негативна. При проценама пријема на који је склапање уније наишло код Грка, не треба сметнути с ума да огромна већина византијских извора, по своме пореклу или тренутку настајања, није у прилици да буде објективна. Чини се да су 1440. године ромејска осећања ипак била подељена између свести о неизбежности онога што је обављено у Италији и осећања о напуштању не толико вере отаца колико основа хиљадугодишње цивилизације. У мноштву вести о пријему уније, чија би подробна анализа затхевала засебно испитивање, ваља издвојити неке карактеристичне.

Тако, на пример, „вечити" папин нунције код Ромеја, Христофор Гаратони, извештавао је оптимистички 1440. године Евгенија IV да Цариграђани у целини прихватају црквено сједињење.³⁴

---

³¹ Папа у упутству Христофору Гаратонију између осталог каже: „Sed pernitiose navigationis tarditati addita est pernitiosior mora publicationis, quam ab imperatricis morte causantes videmini vobis forsan excusabiles, quasi vero non fuerit tolerabile tante exultationis rem preponere dolora extincte mulieris, cui si eam dilexit maritus, hoc tanto cum tropheo debuit parentare. Nec ulla ex potentissimorum olim illius imperii principium uxoribus tante glorie funus habuisset. Dum vero expectare placuit, et dolori dolenter indulgere, miscuerunt colloquia, qui domi manserant, cum hiis, qui interfuerant unioni, et nata ex contentione sermonum garrulitas dissimultatem, dissimultas odium peperit, quod in recusandi resistendique pertinaciam obduruit. Quin fertur, quod vero est simillimum, existimasse Constantinopolitanos deterritum esse a publicatione imperatorem eius rei, quam iniustam senserit et populis pernitiosam" (*Hofmann*, Epistolae, III, n. 243, 17).

³² Уп. нап. 30, у овом поглављу.

³³ *Hofmann*, Epistolae, III, n. 243, 18.

³⁴ Ibidem.

Са друге стране, Силвестар Сиропул, истина судећи о 1440. години са извесне временске раздаљине, приповеда да је клир, како монаси тако и мирско свештенство, а нарочито оно окупљено око Свете Софије, већ тада пружао отпор унионистима.[35] Његове речи се, наравно, не смеју одбацити олако, али ваља подсетити да је и он сâм био од оних који су у Фиренци на унију пристали, да би се касније разочарали у њене последице. Уопште узев, код многих учесника сабора из редова цркве, па и код Сиропула, непрестано је провејавало осећање кривице због учињеног.[36] Код историчара Дуке се, опет, износи да су оптужбе Цариграђана ромејским делегатима биле врло оштре а посебно она о њиховој поткупљености, то јест зависности од латинског новца.[37] Сигурно, не треба изгубити из вида да је Дука писац који о овоме говори више од две деценије пошто су се Ромеји вратили са сабора, али се исто тако не може пренебрегнути чињеница да је, како је на многим случајевима показано, оптужба о новцу била итекако основана.[38]

Антиунионистичке оптужбе о репресији са којом су одлуке сабора насилно спровођене а њихови противници прогањани, биле су ипак претеране. Изузев коришћења свога права да, између два, на синоду предложена, кандидата за патријарха, извуче цедуљицу са именом једнога од њих, сам Јован VIII је 1440. године био потпуно одсутан из осталих верских збивања и о некаквом његовом личном учешћу у притисцима на поданике да прихвате унију нема ни говора. Но, ако је бригу око спровођења уније препустио другима, автократор, чак и у депресији каква га је 1440. захватила, није смео да дозволи да на патријаршијску столицу заседне неко од оних иза којих су стајали упорни Марко Евгеник и остали антиунионисти. Коришћењем легитимне царске привилегије да његова реч буде најстарија и уклањањем са листе предложеног Евгениковог истомишљеника Светогорца Генадија, Јован VIII је поступио у складу са својим и свога оца назорима о нужности да духовна

---

[35] До првог инцидента у Светој Софији дошло је, по њему, још 14. фебруара 1440 (Laurent, Syropoulos, 546).

[36] О разлозима који су га навели да се и он у Фиренци сложи са унијом Сиропул нашироко распреда, али све је то проткано жељом да се накнадно оправда оно што је учињено (Laurent, Syropoulos, 486–492). Cf. ibidem, 10–11.

[37] Ducas, 271.

[38] В. нап. 17 и 23, у овом поглављу; нап. 159–160, 200–203, у прошлом.

власт мора да буде подређена световној.[39] Избор Митрофана, 5. маја 1440, за новога патријарха, био је тријумф униониста.[40] Већина престоничких архоната налазила се међу њима. И даље се не упуштајући у теоријске аспекте спорења бранилаца православља са Латинима, архонти су, у опредељивању за или против уније, читаво питање сводили на дилему жели ли Царство подршку Запада или не? Ма колико то са данашњег становишта изгледало политички слепо и непатриотски, мора се признати да, на другој страни, у списима средишње личности противника црквеног сједињења, Марка Евгеника, нема ниједног слова о претњама Царству, због којих су и Манојло II и Јован VIII уопште почели да размишљају о унији,[41] премда је разлога за бојазан од турског напада било сасвим довољно још 1440. године. Тако је, рецимо, Ђенова, очекујући опсаду Цариграда, наложила 4. IX 1440. године управи Хиоса да упути макар неку скромну помоћ Јовану VIII.[42]

Став претежног дела једног друштвеног слоја био је, дакле, јасан и говорио да архонти великим делом подржавају одлуке, тачније, последице одлука Фирентинског сабора. Чак је пословично опрезни, богати и угледни месазон Лука Нотарас, о чијем је амбивалентном држању поводом припрема за сабор било помена, заклањајући се иза чињенице да се не може избрисати оно што се збило и посебно полажући на такозвану „икономију", сматрао 1440. годи-

---

[39] Патријарх Нил је 1380–1382. признао Јовану V Палеологу право мешања у црквене послове, укључујући и избор патријарха. Ово је затим потврдио и патријаршијски синод: cf. *V. Laurent*, Les droits de l'empereur en matière ecclésiastique. L'accord de 1380–1382, REB 13 (1955) 5–20. Поменуту привилегију Манојло II је користио у два наврата, 1403 (приликом поновног устоличења патријарха Матеја) и 1416 (приликом избора Јосифа II); уп. *Младост*, нап. 111; *Други први цар (1414–1425)*, нап. 87–90. Са друге стране, василевсу је 1440. године ишао на руку и стари обичај да цар има право да, између три предложена кандидата, одабере једнога по своме нахођењу, али га Јован VIII није користио. Уместо тога, автократор је дао предност другом, знатно ређем начину бирања, по коме би се написала на цедуљама имена два кандидата а онда би цар отварањем једне од њих прочитао и име новога патријарха. Избор је препуштен тако „божјој вољи". Сиропул оптужује унионисте да су на оба папирића написали исто име, чиме су избори били фалсификовани, али то већ припада домену клеветања *(Laurent,* Syropoulos, 552).

[40] Сиропулос каже да је то било 4. маја (*Laurent*, Syropoulos, 554), али једна кратка хроника као и Христофор Гаратони бележе 5. мај (Kleinchroniken, 632; cf. *Laurent*, Syropoulos, 565, n. 5).

[41] Утолико се више чине наивни напори које је уложио *Tsirplanis* (Mark Eugenicus), трудећи се да покаже како он није био „fanatic monk" већ да је, родољубиво настројен, био и на Сабору спреман на сарадњу и компромисе.

[42] *Iorga*, Notes et extraits, III, 62.

Епилог (1440–1448)

не да се све мора учинити зарад ваљаног уједињења са Латинима.[43] Код Сиропулоса је забележено да је, четири године доцније, појава велике латинске флоте од 25 галија, у склопу амбициозног крсташког похода неславно окончаног битком код Варне, послужила као повод унионистима да ликујући малтретирају оне који се са њима нису слагали.[44] Био је то врхунац на узлазној линији расположења знатнијег дела једне класе, слоја цариградске елите. Клир је, међутим, наредних година бивао све мање расположен да се приклони новинама које су, између осталог, укључивале и обавезно помињање на првоме месту римског поглавара у свим богослужењима. А какав је био став оне већине која није припадала ни цариградској аристократији ни монаштву? Чини се, у првоме реду опрезан али и пун наде, управо онакав како га је језгровито исказао један обичан савременик, приликом поласка Ромеја на сабор у Италију. „А нека се уједине... и против неверника... и сâм Бог и пресвета Богородица Одигитрија, нека учине да се хришћани договоре".[45] Од ефикасности најављиваног спасења са Запада зависило је у будућности и држање народа.

Разумљиво је што су се, по повратку из Фиренце, на истој страни нашли антиунионисти и деспот Димитрије са својим присталицама. И једни и други сматрали су цареву политику, било да је у питању унија било понашање према деспоту, погрешном и неправедном. Димитрије се са ефеским епископом Марком Евгеником зближио још током трајања сабора, посебно док су се обојица, незадовољни током разговора, налазили у Млецима. Деспот, који је сâм најпре тврдио, попут свих световних личности на сабору (изузев донекле василевса), да је у теоријском и уско црквеном погледу недовољно упућен па и неутралан, чак прихватајући сједињење под одређеним условима,[46] свесрдно се залагао код Јована VIII за

---

[43] *Laurent*, Syropoulos, 562–564. *Gill* (Personalities, 122–123) је сасвим исправно закључио да је Нотарас, бар до 1451/1452. године, био веран унионизму и да су сви напори Схоларија – који је месазону писао у много наврата – да га приволи на промену држања остајали узалудни *(Ламброс,* Παλαιολόγεια, II, 122 sq.; Scholarios. Oeuvres, III, 99 sq.).

[44] *Laurent*, Syropoulos, 572.

[45] *Kugeas*, Notizbuch, n. 85, 152–153.

[46] *Laurent*, Syropoulos, 460; у суштини, на исти закључак наводе и речи Јована Евгеника о његовом сусрету са Димитријем у Млецима, када је деспот изражавао незадовољство

Марка Евгеника и слободу изражавања неслагања са унијом.⁴⁷ Евгеник је заиста од автократора добио обећање да му се ништа неће догодити, василевс га је у неколико наврата узимао у заштиту, па му је чак обезбедио и да се у Цариград враћа на царској галији а не на теретним лађама.⁴⁸ Јован VIII је према противницима уније па и према Евгенику показивао широкогрудост и стрпљење и током 1440. године, али Марко је зато био врло активан у јавном рушењу достигнућа из Фиренце. Започевши прави мали рат против присталица сједињења а, избором Митрофана за новога патријарха, привремено потучен, Евгеник се 15. маја 1440, управо на дан када је Митрофан служио свечану литургију и у њој помињао папино име, заједно са Антонијем Ираклијским, одлучује на бекство из престонице.⁴⁹

Његова делатност, поготово оно што је чинио после доласка са сабора, далеко је превазилазила оквире црквених распри и непосредно је утицала на распоред и понашање политичких снага у Царству. Упадљиво је да се Марко прво запутио Османлијама у Брусу, да би отуда накратко приспео и у Ефес, седиште своје дијецезе и град у коме, иначе, никада ни раније ни касније није више боравио.⁵⁰ У Ефесу се није дуже задржао, пошто су му, наводно, према његовим речима, Турци причињавали тешкоће, него је пошао на Свету Гору са жељом да, опет наводно, тамо оконча свој монашки век. Чудно, Марко се, још једном наводно случајно, зауставио у османлијском Галипољу а затим на Лимносу, где је, „према царевој наредби задржан и заточен".⁵¹ У Цариград се Евгеник вратио после пуне две године, односно, како се сме претпоставити,

---

не преговорима око уније него недостатком практичних корака који би је непосредно пратили (в. нап. 18, у овоме поглављу).

⁴⁷ Laurent, Syropoulos, 482–484.

⁴⁸ Ibidem, 504, 524.

⁴⁹ Laurent, Syropoulos, 556; Kleinchroniken, 632 (о смрти Митрофана).

⁵⁰ Laurent, Syropoulos, 556; Ламброс, Παλαιολόγεια, I, 21.

⁵¹ Ламброс, Παλαιολόγεια, I, 21. Требало би да је јуна 1441. свакако био на Лимносу, будући да наведено његово писмо носи датум 16. VI 1441 (ibidem, I, 23). У њему Марко позива све своје истомишљенике да учине и сами исто што и он и да побегну од униониста. Писмо нема у датуму записану годину, али је дозвољено да се претпостави да је у питању 1441. а не 1440. година, једноставно зато што би било немогуће замислити да Евгеник за месец дана оде у Брусу, задржи се у Ефесу, сврати у Галипољ и крене на Свету Гору – све пре него што је у првој половини јуна приспео на Лимнос. У 1441. писмо датује и Zakythinos, Despotat, II, 359.

Епилог (1440–1448)

тамо је стигао тек у лето 1443, пошто је, у међувремену, био очевидац турског напада на острво и пошто је схватио да му никако није могуће да оде на Атос.[52] Коинциденцијом или не, тек 1. августа 1443. изненада је преминуо патријарх Митрофан,[53] а некако у исто време је у престоницу приспео и Марко Евгеник. У исказ овога, у православном свету толико слављеног борца за одбрану ортодоксије (Евгеник је 1734. године био и канонизован), ваља сумњати и кад је реч о његовој конфинацији, бар када је у питању првих неколико месеци по бекству из Цариграда. Није јасно зашто би Јован VIII, током дискусија око избора патријарха, априла 1440, био према њему изразито попустљив, допустио му да уради све што је желео и могао против царевог мишљења, да би га онда, када је ионако био далеко од престонице, напрасно интернирао? Сумњу повећава чињеница да је 25. августа 1440. године римски папа био управо незадовољан начином на који је василевс поступао према Евгенику. На извештај Гаратонија, у коме је по свој прилици био помињан и Евгеник, Евгеније IV је журно одговорио, освpћући се, између осталог, и на ефеског митрополита: „... Дошао је, међутим, онај неваљали Ефески (тј. митрополит) избацујући са свих страна запаљени јед и кога ако би цар пристао да заслужено казни, тако као што је најславнијег сећања вредан Константин дозволио да се обузда Арије, отров цркве, имаће много мање непријатеља".[54]

Марко Евгеник и антиуниoнисти добили су 1440. међутим, изврсног заштитника у личности деспота Димитрија, такође незадовољног, наравно из својих разлога, развитком догађаја у престоници. Без обзира да ли му је црноморска обала била обећана пре путовања у Италију или обећана и дата тек по повратку,[55] сигурно

---

[52] Толико је провео на Лимносу према казивању његовог житија: *S. Pétridès*, Le synaxaire de Marc d'Ephèse, Revue d'Orient Chrétien 15 (1910) 97–107; *L. Petit*, Acolouthie de Marc Eugenicos, archévêque d'Ephèse, Studi bizantini e neoellenici 2 (1927) 195–235; cf. *Gill*, Personalities, 59–60, 231–232. Навод из његовог житија о „две године изгнанства" тиче се не укупног одсуствовања Евгеника из Цариграда него само боравка на Лимносу, па је стога и умесна хипотеза о Марковом повратку у престоницу тек у лето 1443. Уосталом, да је у питању прва интерпретација хронологије Евгениковог одсуствовања, како би било могуће објаснити присуство ефеског митрополита на Лимносу када је острво крајем јула 1442. напала османлијска флота? В. даљи текст.

[53] *Laurent*, Syropoulos, 572.

[54] *Hofmann*, Epistolae, III, n. 243, 17–18.

[55] В. страну 303; уп. *Ферјанчић*, Међусобни сукоби, 149–150.

је да се он удаљио из Цариграда убрзо пошто је приспео у престоницу. Јован VIII, који није имао наклоности према Димитрију, после доласка из Фиренце и сазнања да му је супруга умрла, запао је у лоше душевно стање. Василевсово, одраније нарушено здравље тиме је било само погоршано, о чему се знало и у Царству и изван његових граница. Како обично бива, одмах су се шириле гласине о автократоровој смрти, па је тако једна од лажних вести допрла маја 1442. године чак до Анконе.[56] Ако василевс није имао склоности према Димитрију, још мање их је имао Константин Драгаш, са којим је Димитрије пред сабор имао спор око расподеле апанажа, регент у одсуству Јована VIII и човек који је остао у престоници и када се цар вратио у њу. Имајући у виду автократорово здравствено стање, Драгашево регентство је практично и даље трајало, можда и до јула 1441. а можда чак и до септембра исте године.[57]

Већ у лето 1440. године Евгеније IV је, преко свог поверљивог нунција Гаратонија, био упознат са ситуацијом у Цариграду. Гаратони је папи предлагао да је нужно да се лично обрати Константину и упозна га са новостима и својим погледима на унију, што је Евгеније IV прихватио.[58] Са малим закашњењем, 22. априла 1441. године, римски поглавар се обратио Константину, као реалном тренутном суверену, хвалећи његову приврженост унији и труд који је он уложио да сједињење буде прихваћено „in Constantinopoli et in ceteris Grecie partibus", о чему га је известио Гаратони. То завређује сваке помоћи са папине стране, уколико Драгаш буде дошао на царски престо, како је папа предвиђао (si te in futurum quandoque in Romeorum imperio huiusmodi succedere aut quovis modo presidere

---

[56] У свакоме случају било је то пре 16. априла 1441. када се Димитрије поуздано налазио у Месемврији, јер му је тамо одбегао из Цариграда Павле Асан са ћерком управо наведеног дана (Sphrantzes, 64; в. нап. 294, у прошлом поглављу; уп. *Ферјанчић*, Међусобни сукоби, 150, који оправдано верује да се Димитрије удаљио из Цариграда још 1440). Ако се прихвати да Сиропулос излаже хронолошким редом збивања, онда би излазило да је Димитрије напустио престоницу још пре него што је Митрофан, почетком маја 1440, постао патријарх *(Laurent,* Syropoulos, 570). – За вест о смрти Јована VIII: Cronaca Malatestiana *(Muratori,* RIS, n. s., fasc. 201, 87).

[57] Наиме, из Сфранцесових „Мемоара" се посредно сазнаје да је Драгаш тек 27. јула 1441. напустио Цариград да би пошао на Лезбос у сватове, а септембра је одатле пошао у Мореју (Sphrantzes, 64; в. даљи текст). Све дотле он је боравио у престоници.

[58] У упутству Гаратонију од 25. VIII 1440. папа обећава да ће да поступи по савету свога нунција: „Constantino dispoto copiose scribimus, ut videbis" *(Hofmann,* Epistolae, III, n. 243, 20).

Епилог (1440–1448)

et in imperatorem creari contigerit).⁵⁹ У ствари, 1440–1441. године погоднији и папиним замислима склонији саговорник у Цариграду био је Константин Драгаш.

Упутно је претпоставити да је Константин, имајући за собом наклоност безвољног автократора и папина обећања о помоћи, морао да буде привлачнији престоничким архонтима него што је то био Димитрије. Изгледа да је Драгаш успео да за себе веже и најбогатијег представника цариградске аристократије Луку Нотараса. Овај архонт, месазон и трговац упоредо, још 1424. године је, заједно са Сфранцесом, успео да, у име царице-мајке и Драгаша, са султаном склопи мир. Сфранцес, верни Константинов пратилац, још тада је нашао за згодно да га опише као „честитог и доброг човека".⁶⁰ Из опрезног ишчекивања са којим је пратио припреме за сабор, Лука Нотарас се, као и Константин, 1440. године трансформише у браниоца зближења са Латинима, о чему је било говора.⁶¹ Када је 27. VII 1441, после неопходних припрема које је децембра 1440. обавио Сфранцес,⁶¹ Драгаш пошао на Лезбос по нову невесту, Катарину, ћерку тамошњег господара Дорина Гатилузија, сватови су превожени на бродовима Луке Нотараса. „После овога постао је (тј. Лука Нотарас) велики дукс" – записао је Сфранцес.⁶² Септембра 1441. Нотарасове лађе су превезле младенце са Лезбоса у Мореју.⁶³

Димитрије је, међутим, 1440. године у Цариграду могао да рачуна једино на оне међу представницима аристократије који или нису били заинтересовани за економске контакте са Западом – што је доста нереално претпостављати да их је уопште било – или на оне који нису успели да се изборе за своје место у поменутим контактима. Занимљиво је да је Димитрије за пријатеља имао, још из доба сабора, Георгија Схоларија који, иако носилац достојанства „општег судије Ромеја" и вршилац дужности царевог личног секретара, архонтима није припадао. Схоларије, потекао из средње

---

⁵⁹ Ibidem, n. 249, 35–36.
⁶⁰ Уп. нап. 292, *Други први цар (1414–1425);* Sphrantzes, 16.
⁶¹ Ibidem, 62–64.
⁶² Ibidem; Chalc., II, 80; cf. *Miller,* Essays, 329–330.
⁶³ Sphrantzes, 64.

имућне породице, најпре изразити заговорник није а од 1442–1443. године њен ватрени противник, Димитрију је чинио велике услуге. Нема потребе посебно истицати од колике је важности за Димитрија било да има свога присташу у непосредној василевсовој околини.⁶⁴ Али, Схоларије није припадао престоничким моћницима. Једини од ових за кога се зна да је био близак са Димитријем био је Павле Асан, кефалија Цариграда током боравка Ромеја у Италији. Пријатељство које је Димитрија везивало за Асане почивало је још на темељу епизоде са одласком тада младог деспота 1423. у Угарску заједно са Павловим сином Матејом. Рекло би се, такође, да је и на црквеном сабору у Фиренци један од чланова личне деспотове пратње био Христофор Асан.⁶⁵ Како било, Асани су на турском двору били добро познати, што је Димитрију и те како било значајно, с обзиром на ново распламсавање сукоба између последњих Палеолога, до кога долази у јесен 1441. Претходно су се Асани априла исте године ородили са Димитријем, за кога се Матејова сестра а Павлова кћи удала.

Како је већ поменуто, Димитрије је по повратку са сабора преузео црноморску обалу са Месемвријом као апанажу. Тешко је, ипак, замислити да је Јован VIII ово учинио зато што је хтео да свога брата удаљи из престонице.⁶⁶ Борба Драгаша и Димитрија о Месемврију пре доказује супротно, сву важност ове апанаже која је Димитрију припала мимо Драгашеве воље, а тиме, умесно је претпоставити, и мимо воље автократора. Такво размишљање је и довело до хипотезе, истакнуте у прошлом поглављу, о Месемврији као улогу обећаном за Димитријево присуство на сабору. Уз Месемврију, Димитрије се, међутим, и даље задржао као фактички господар Лимноса, заједно са Имбросом и Самотраком, иако је ово острвље било вероватно формално враћено под непосредну

---

⁶⁴ Cf. *C. J. G. Turner*, The Career of George-Gennadius Scholarius, Byz. XXXIX (1969) 420–455.

⁶⁵ О Асанима: *Ф. И. Успенскій*, Болгарскіе Асьневичи на византійской службѣ..., ИРАИК 13 (1905) 1–16; *B. Krekić*, Contribution à l'étude des Asanès à Byzance, Trav. et Mém. 5 (1973) 347–355; *E. Trapp*, Beiträge zur Genealogie der Asanen in Byzanz, JOB 25 (1976) 163–177). – О Христофору Асану Палеологу: *Hofmann*, Acta camerae, n. 41–42, 37.

⁶⁶ О венчању (после 16. IV 1441): Sphrantzes, 64; *Laurent*, Syropoulos, 570; Kleinchroniken, 187. – Такво мишљење о разлозима Јована VIII да преда Димитрију Месемврију пренео је *Ферјанчић* (Међусобни сукоби, 149), позивајући се на хипотезу коју је изнео *Војазидис*, Νέα πηγή, 76–78.

управу Јована VIII. У хронолошки недовољно прецизној и панегирички интонираној посланици Георгија Схоларија, упућеној Димитрију, изражава се јасно суштина природе деспотовог ауторитета на Лимносу. Димитрију је, каже Схоларије, Јован VIII, за добро држање у царевом сукобу са Теодором II, „дао острва која је овај и раније својом влашћу обгрлио".[67] Када се то догодило, немогуће је одређено рећи, у сваком случају између 1443. и 1448, односно после Димитријевог помирења са василевсом и смрти Теодора II. Да Димитрије, макар до октобра 1445, није држао Лимнос као апанажу, доказ, мада не претерано сигуран, била би хоризма Јована VIII, издата под тим датумом, а да се Димитрије никако у њој не помиње.[68] У прилог тврдњи да је цар после 1440. године преузео на себе управу над Лимносом, поред овог документа и мало извесне претпоставке да је Димитрију, јединoм међу браћом, Јован VIII допустио држање два територијална комплекса у близини Цариграда, као да говори и дневник италијанског хуманисте Ћиријака из Анконе. Овај путник по Леванту, радознали археолог-аматер, повремени дипломата и ко зна шта још не све, записао је да је октобра 1444. на Имбросу био сачекан од Манојла Асана, „virum ex Byzantio nobilem et eius insulae pro Iohanne Palaeologo imperatore benemerentem praesidem".[69] Манојло Асан је био власник и солидне флоте од које је ставио Ћиријаку на располагање четири брода за даље путовање.[70] О њему има помена и на Лимносу, две године раније.[71] У свакоме случају, везаност Асана за трачко острвље, родбинска и пријатељска спрега Димитрија са њима, да се и не помиње необично „изгнанство" Марка Евгеника на Лимносу, бацају занимљиву светлост на спор Константина Драгаша са Димитријем, из кога се изродио 1442. године рат овога другога са сâмим царем. Стога се чини да је оправдано веровати да Димитрије заиста формално није држао Лимнос, али да је фактички, захваљујући Асанима, имао контролу над острвом. Из свега реченог следи закључак да је, с

---

[67] Ламброс, Παλαιολόγεια, II, 57; Scholarios. Oeuvres, III, 121, Уп. даљи текст.
[68] Dionysiou, No. 28, 157–159.
[69] E. W. Bodnar – Ch. Mitchell, Cyriacus of Ancona's Journeys in the Propontis and the Northern Aegean, 1444–1445, Philadelphia 1976, 35. О Ћиријаковом путовању из ове године, уп. И. Ђурић, Податак из 1444. о светогорском манастиру Каракалу, ЗФФБ XIV-1 (1979) 211 сл.
[70] Bodnar-Mitchell, Cyriacus, 37.
[71] Ламброс, Παλαιολόγεια, II, 235.

обзиром на земље којима је располагао у близини Цариграда, Димитрије имао све разлоге да стечено брани од оних којима је његов положај сметао, то јест од Драгаша и Јована VIII. У читав сукоб се уплитало и питање става појединих Палеолога према унији, будући да се Марко Евгеник налазио под Димитријевом заштитом.

Тек што се, после пуне четири године одсуствовања, септембра 1441. вратио у Мореју, са собом водећи и невесту са Лезбоса, Константин је 20. октобра исте године упутио Мурату II Сфранцеса, са задатком да од султана испослује одобрење за размену поседа коју је Драгаш намеравао да изврши. Од турског владара је, као од врховног арбитра у ромејским међусобицама, по обичају затражено да се сложи са предлогом вазала. По предлогу, Димитрије је требало да добије Драгашеву апанажу у Мореји, а Константин би у потпуности преузео територију на источној и јужној трачкој обали, од Селимврије до Месемврије и Деркоса.[72] Из овог предлога су били изостављени једино Цариград и трачко острвље. Простор који је Драгаш себи наменио нимало није био импозантан, износио је према једном савременику једва „in longitudine octo dierum equestre ambulando et in latitudine duorum dierum vel minus",[73] али је у његовој понуди, што је занимљиво, било садржано и оно што ни Драгаш ни Димитрије у јесен 1441. нису држали. У питању је Селимврија која се тада, попут трачког острвља, налазила формално под директном автократоровом управом, јер је Димитријева апанажа била ограничена само на црноморску обалу. Константин је, другим речима, нудио оно чиме званично није располагао али чиме је, како је очигледно веровао, био у позицији да суверено располаже. Бољег показатеља односа снага међу браћом и стварног Драгашевог положаја као господара и царских земаља у ужем смислу, од овог примера нема. Истина, Константин је, рачунајући на милост коју је код Јована VIII уживао, рачунао да ће од цара у међувремену лако издејствовати добијање Селимврије, што се и догодило.[74] Пошто је Мурат II наводно био сагласан са пројектом, Сфранцес се јануара

---

[72] Sphrantzes, 64.
[73] Опис грчких земаља издао је *Сп. Ламброс* (NE, 7, 1910, 362).
[74] Sphrantzes, 64.

Епилог (1440–1448)

1442. запутио у Месемврију, но његова мисија је била неуспешна[75], јер је просто здрав разум налагао Димитрију да је оваква размена по њега у сваком погледу штетна.

Сукоб је поново био на помолу. Појединости о његовом почетку нису познате, али је извесно да су Константин и Јован VIII покушали силом оно што милом нису успели. Према Халкокондилу, василевс је већи део земље коју је био дужан да преда Димитрију хтео силом да му одузме.[76] Нашав се у невољи, Димитрије се, изгледа, за помоћ обратио Турцима, са којима га је повезивала нова тазбина а, како је опрезно претпостављено, можда и Евгеникови антиунионисти. Османлије су, природно, ову прилику искористиле као добродошлу да се умешају у ромејске послове и, подржавајући једног од Палеолога, угрозе и сам Цариград. Заједничка Димитријева и султанова војска појавила се пред престоницом 23. априла и све до 6. августа 1442. деспотове и Муратове чете су пустошиле њену околину.[77]

На вест о опсади Цариграда, јула 1442. Драгаш је похитао Јовану VIII у помоћ, али ка престоници није ишао директно. Најпре је на Митилини оставио супругу код њених родитеља а затим је дошао на Лимнос. Према Сфранцесу, Драгаш је на Лимносу имао вишедневне тешке борбе бранећи се од комплетне османлијске флоте, но божјим провиђењем успео је да се од ње одбрани. Тада му је приспела са Лезбоса и супруга која се изненада разболела и већ августа 1442. преминула, тако да је Драгаш у Цариград упловио тек новембра 1442, када је опсада била увелико завршена.[78] Изгледа, међутим, да Сфранцес о овоме путовању није испричао пуну истину. Јер, чак да је пловидба Драгаша и морала да нанесе на Лимнос, под претпоставком да га је изненадни турски напад задржао на ос-

---

[75] Ibidem.
[76] Chalc., II, 80; слично говори и Схоларије (Ламброс, Παλαιολογεια, II, 54; Scholarios. Oeuvres, III, 118). Уп. *Ферјанчић*, Међусобни сукоби, 151.
[77] Kleinchroniken, 216, 463, cf. *Schreiner*, Studien 161–169; idem, Kommentar, 461; *Ферјанчић*, Међусобни сукоби, 151.
[78] Sphrantzes, 64–66. – Сенат је 2. I 1443. писао бургундском војводи о спремности Републике да се сâма заложи у борби против Турака. У акту се, између осталог, наводи да је осам млетачких галија било принуђено да обезбеди одлазак Константина Драгаша са Лимноса у Цариград, мада је његов отпор Османлијама на острву био достојан похвала (*Thiriet, Régestes*, III, 2597).

трву дуже него што је првобитно очекивао, неколико других штуро изнетих појединости дозвољава хипотезу према којој је Лимнос, као острво под Димитријевом контролом, Константину био циљ а не успутна станица на путовању. Поставља се питање зашто би Драгаш супругу оставио код Гатилузија, с тим да она касније стигне на Лимнос, осим уколико није очекивао тешкоће при своме доласку, а затим шта је радио на Лимносу више од три месеца по смрти супруге, будући да је до османлијског напада, који је трајао неколико дана, дошло очигледно крајем јула? У ствари, покушајем преузимања Лимноса, Драгаш је себи на врат навукао Димитријеве савезнике из Галипоља, у коме је било седиште турске флоте. У оваквој интерпретацији, чини се да добија оправдање и малопре изнета сумња у уобичајена објашњења бављења Марка Евгеника на Лимносу, управо током описаних борби са османлијским лађама, којих је према венецијанским вестима било шездесет.[79] Иначе, из млетачких извора се сазнаје да је рат на мору између Јована VIII и Константина, са једне стране, и Димитрија и Мурата II, са друге, био по интензитету раван ономе који се водио на копну. Тако је Сенат јула 1442. најпре предузео у вези са сукобом све неопходне мере приправности за своју флоту,[80] а септембра исте године су дата упутства Марину Соранцу да предложи Јовану VIII посредовање Републике код султана, будући да немирно море знатно омета трговину у Романији.[81]

Не задуго по Соранцовом приспећу код василевса, мир је вероватно био већ склопљен, али се не зна да ли је у његовом склапању било уопште млетачког удела. Мурат II, који је током 1442. главнину војске упутио на северне границе државе, у Влашкој је стао да трпи неуспехе. У неколико махова, марта на Моришу, почетком септембра на Јаломници и у децембру на Дунаву, Османлије су биле поражене.[82] Нашавши се пред тешкоћама са Угрима а нарочито страхујући од општехришћанске акције (у којој је постојао и удео Јована VIII), султан је желео да се привремено нагоди са ав-

---

[79] *Thiriet*, Régestes, III, 2590.
[80] Ibidem, 2583–2584.
[81] Ibidem, 2590–2591; cf. *Iorga*, Notes et extraits, III, 102–103.
[82] Уп. *Радонић*, Западна Европа, 115–123; *Бабингер*, Мехмед II, 19–20; *Јиречек–Радонић*, Историја, I, 366.

тократором. Мир који је склопљен најкасније априла 1443, није, међутим, означавао и прави прекид непријатељстава, што се види из жалби Теодора Каристина, царевог посланика у Млецима, изнетих почетком маја 1443. пред Сенатом.[83] Али, мир са султаном још није значио и василевсово помирење са Димитријем. До мира међу браћом дошло је, према вести из једне кратке хронике, тек јуна 1443. године.[84]

Могло се приметити да, после одступања Османлија (6. VIII 1442), ниједан од завађених Палеолога није био у стању да стекне одлучујућу предност над супарником. Зато је, и са успостављањем мира, Димитријева територија остала неокрњена (држао је и даље Месемврију и контролисао Лимнос), ако није, захваљујући благонаклоности Мурата II, била и нешто проширена у унутрашњост копна,[85] али је автократор опет попустио пред Драгашем. Георгије Сфранцес је 1. марта 1443. пошао као кефалија у Селимврију, коју је Константин од Јована VIII добио на управу. Сфранцесу је Драгаш наложио да Селимврију чува и од султана и од Димитрија, јер се Драгаш још увек налазио у сукобу са њим, али и од василевса, иако је управо Јован VIII град дао Драгашу.[86] Друге детаље о ономе што је претходило миру из јуна 1443. немогуће је открити.

Међу оскудним изворним вестима није од велике помоћи ни казивање Халкокондила, мада овај историчар доноси неке необичне појединости о којима нема трага у осталим сведочанствима, па ни у Сфранцесовом спису, иако је овај био учесник у поменутим збивањима. Халкокондил тврди да је, још током опсаде Цариграда, Димитрије послао цару свога шурака Матеја Асана као преговарача. Асана је, међутим, Јован VIII заточио а, пошто је султан дигао

---

[83] *Iorga*, Notes et extraits, III, 122–123; *Thiriet*, Régestes, III, 2603. Из овог документа недвосмислено произлази да мир званично влада између Ромеја и Мурата II, премда *Schreiner* (Kommentar, 462–463) верује да је до измирења са Османлијама дошло тек у јуну 1443 (в. наредну напомену). О миру са султаном неодређено говори и Халкокондил (Chalc., II, 6, 81). *Dölger* (Regesten, V, 3501) је знатно опрезнији и мир смешта у пролеће 1443. године.

[84] Чини се да се на ово помирење међу Палеолозима односи белешка из месемвријске хронике, за коју *Schreiner* (в. претходну напомену) мисли да означава датум помирења Мурата II и цара (Kleinchroniken, 216).

[85] О томе говори у својој похвали деспоту Георгије Схоларије *(Λάμπρος,* Παλαιολόγεια, II, 55; Scholarios. Oeuvres, III, 119). Cf. *Бојазидис*, op. cit., 83–85; *Ферјанчић*, Међусобни сукоби, 153.

[86] Sphrantzes, 66; cf. *Zakythinos*, Despotat, I, 216; *Ферјанчић*, Међусобни сукоби, 152.

опсаду, у затвору се уз Матеја нашао и сам Димитрије. Спасли су се обојица захваљујући везама које је Асан имао са Ђеновљанима и склонили у Перу. Отуда је Димитрије, наводно, поново започео преговоре, окончане склапањем мира и автократоровим признањем Димитријевих права на црноморску обалу.[87] Неверица у Халкокондиловој причу заснива се, поред чињенице да осим њега нико други па ни најближи догађајима Сфранцес о овоме не говори, на неким од општих недостатака Лаоника Халкокондила као историчара, подробно анализованим у неколико прилика у ранијим поглављима. Без сумње, пада у очи сличност описаног бекства са бекством Димитрија и Матеја Асана 1423. у Перу и преговора које је Манојлов син потом водио са царем.[88] Сумња у веродостојност приче о бекству из 1442. године појачава се утолико више када се утврди да код Халкокондила нема ни речи о догађају из 1423.[89] На крају, ваља приметити да би, са Димитријевог становишта, било врло неразумно да долази у престоницу, у којој је већ затворен његов емисар, у тренутку када се његови савезници Турци повлаче а он сâм остаје и даље у сукобу са василевсом. Чини се да ни Халкокондил није умео да осмисли своју причу и објасни начин на који је Димитрије доспео у Цариград а затим побегао из њега, што показују и крајње неодређене хронолошке одреднице којима је овде пропратио текст.[90]

Споразум по коме је Константин добио Селимврију а није напустио свој део Мореје показао се као рачун без крчмара и није био дугога века. Тек што је јуна склопљен мир између Димитрија и Јована VIII, јула 1443. појавио се у престоници Лав Франгопул, истакнути архонт Теодора II и његов посланик, да у име свога господара затражи још једну прерасподелу апанажа. Теодор II, који

---

[87] Chalc., II, 80–81.
[88] В. страну 217.
[89] Чини се, такође, да у читавој Халкокондиловој причи има неких елемената сродних и са бекством Софије од Монферата 1426. године из Цариграда у Перу. Карактеристично је да ни ове епизоде у Халкокондиловој историји нема: Chalc., I, 192.
[90] Крајње је чудан склоп прецизних појединости, каква је, на пример, она о опсади која је Драгаша задесила на Лимносу и трајала двадесет седам дана и то тако што су се Турци под заповедништвом Муратовог војсковође и заповедника флоте Ахмета искрцали на острво и бомбардовали Ромеје у Коциносу, са једне стране, и са друге неодређени изрази као што су „не много касније" или „не задуго", којима Халкокондил описује тренутак када се Драгаш запутио ка Цариграду или када је Асан дошао у престоницу (Chalc., II, 80–81).

је имао првенство у наслеђивању престола, мислио је да је дошао тренутак да се нађе у близини престонице, будући да Јован VIII није успео да стекне пород ни док му је супруга била жива а сада је као удовац био још и озбиљно болестан. Размена апанажа извршена је тако што је Теодор II децембра 1443. преузео Селимврију а Драгашу уступио свој посед у Мореји. Константин је 10. октобра исте године отпутовао на Пелопонез.[91] Да је Теодор II озбиљно намеравао да на престолу замени старијег брата, Сфранцес не каже изричито, премда наводи да је Теодор II најпре дошао у Цариград, али једна од кратких хроника је зато врло експлицитна: „Деспот је дошао у Цариград да би постао василевс, но није у намери успео, јер је наставио да царује његов брат, кир Јован".[92] Оваквим исходом Теодор II је, разумљиво, био незадовољан. Напустио је релатавно безбедну и богату Мистру, зарад скромне, од Турака непрестано угрожаване Селимврије.[93] Новонастало стање настојао је да измени, између осталог неуспешно покушавајући да у сукоб са Јованом VIII увуче и Димитрија, али овај је нове спорове са автократором избегавао.[94] Ни сâм Теодор II се, изгледа, није усуђивао да отворено иступи против брата василевса. Напротив, дошавши крајем 1443. у близину престонице, он се каткада појављивао уз брата у Цариграду у неким значајнијим приликама, остављајући утисак лојалности према Јовану VIII. Тако је познато да је у то време Теодор II био, уз василевса и цариградског патријарха Григорија, присутан расправа које су у Цариграду јавно водили Георгије Схоларије и Бартоломео Лапачи, спорећи се око догматских питања.[95] Можда је Теодор II, још из епохе папе Мартина V у добрим

---

[91] Sphrantzes, 66; уп. *Ферјанчић*, Међусобни сукоби, 153.

[92] Kleinchroniken, 236.

[93] Истина, папа је почетком 1443. колико за Цариград и његову околину толико и за Мореју сматрао да је угрожена: „Nondum, ut ita dixerimus illo audito, et ecce dilecti filii illustris principis Theodori despoti fratris dicti imperatoris Romeorum, qui Moree dominatur, supervenit orator eadem et similia narrans, et instanter supplicans, ut providere conemur, ne locus ille Moree totque millia animarum illic habitantium in servitutem perveniant Turcorum" *(Hofmann,* Epistolae, III, n. 261, 72; позив папе од 1. I 1443. на скупљање црквеног десетка за крсташки рат).

[94] *Ламброс*, Παλαιολόγεια, II, 57; Scholarios. Oeuvres, III, 121 (реч је о похвали Схоларија).

[95] Од августа 1445. до новембра 1446. вођено је у цариградској палати Ксилала петнаест јавних расправа између Лапачија, епископа Кортоне, и Схоларија, тада царевог секретара и „општег судије Ромеја". На крају низа дискусија обе стране су сматрале да су однеле победу на теоријском пољу; cf. G. *Mercati,* Bartolomeo Lapacci, vescovo di Cortona e lo Scola-

односима са римском црквом, покушавао да се приближи и Евгенију IV, будући да је овоме писао и жалио се на свој положај док се налазио у Мореји,⁹⁶ као и с обзиром на чињеницу да је унији, бар начелно, одувек био склон. Но, свако нагађање у овоме смеру, без података није корисно. За разлику од Теодора II, Константин је, са своје стране, имао разлога за задовољство. Пелопонез је, осим Томине апанаже, у целини био његов.

Депресија и опште лоше здравствено стање Јована VIII били су, свакако, један од подстицаја сукобима међу Палеолозима почев од 1440. године. Јован VIII, најпре потпуно одсутан из ових збивања, полако се ипак опорављао, што се могло приметити и по његовом, са временом све израженијем напору да престо сачува и размирице међу браћом некако оконча. Наравно, био је то бледи одсјај некадашње автократорове енергије са којом је владао државом пре одласка у Италију. Премда није познат тачан тренутак када се василевс вратио царским дужностима, а вероватније је да је до тога долазило постепено, сачувани извори пре дубоке јесени 1441. године не указују ни на какву автократорову делатност. Римски папа је тек почетком јуна 1443. сазнао да се цар опоравља, о чему га је обавестио Андроник Јагарис, посланик Јована VIII.⁹⁷ Разлог Јагарисовој мисији била је молба василевса да се Царству помогне флотом као и настављање опсежних договора око сједињене хришћанске војне против Османлија. Праћење припрема за овај крсташки рат, у који се Јован VIII много уздао и због кога је, у крајњој линији, склопио унију, дозвољава да се претпостави да је автократор почео да прихвата политичке обавезе приближно крајем 1441, тек пошто је окончано Драгашево регентство у Цариграду.⁹⁸ Брига око организовања хришћанске лиге и стварања велике међународне војске, кадре да Турке једним налетом протера са Балканског полуострва, била је исход дугогодишњег труда који је Јован VIII улагао, не би

---

rio, Opere Minori, IV, Città del Vaticano 1937, 97–101. – О присуству Теодора II овим расправама: L. Petit, Documents relatifs au concile de Florence, Patrologia Orientalis XVII, Paris 1923, No. XXIII, 486 sq. Cf. Gill, Council, 326 sq.

⁹⁶ В. нап. 83, у овом поглављу.

⁹⁷ Hofmann, Epistolae, III, n. 266, 84.

⁹⁸ Под условом да се прихвати хипотеза да је Драгаш обављао регентске послове све док није напустио Цариград (в. нап. 57–59, у овом поглављу).

Епилог (1440–1448)

ли католичку Европу заинтересовао за судбину Царства. Пропаст крсташа код Варне (10. XI 1444) била је и крај ових надања.

Далеко би одвело када би се подробно пратила повест догађаја који су овоме боју претходили. Оно што је овде битно да се утврди јесте стварни удео Јована VIII у њему. Прилике у Европи, као и обично, нису баш биле повољне за покретање идеје о хришћанском окупљању. Француска и Енглеска, на пример, налазиле су се у јеку рата, познатог у историји као стогодишњи, немачки владар Фридрих III бринуо је о растућим амбицијама пољског краља Владислава III, коме је узгред био и тутор до пунолетства, а италијанске државице су се и даље исцрпљивале у међусобним зађевицама. Али, с друге стране, султан је, такође, имао приличних невоља, с обзиром да је 1441–1442. у Влашкој претрпео неколико пораза и да је, у пролеће 1443. морао још једном да зарати са караманским емиром Ибрахим-бегом. Папа је булом од 1. јануара 1443. свечано позвао на крсташки рат и одредио скупљање десетка за ту прилику, но на његов позив се мало ко одазвао. Изузев онога што је папин легат Ђулијано Чезарини успео да учини у Угарској ватреним залагањем за поход и посредовањем у тамошњим борбама око престола, Евгеније IV нигде није имао успеха. Тачније, на папин позив одазвали су се једино најугроженији: пољски краљ Владислав, одскора и владар Угарске, угарско племство предвођено Јаношем Хуњадијем, осведоченим ратником против Османлија, као и српски деспот Ђурађ Бранковић, чија је земља требало да буде прва ослобођена и који је, по реалној снази, био можда најзначајнији учесник похода.

У Угарској се окупило око 25 000 људи који су почетком октобра 1443. прешли Дунав код Смедерева и, користећи султаново бављење у Анадолији, брзо продрли до Ниша, где је Хуњади однео запажену победу над румелијским одредима. Отуда су крсташи кренули ка Софији, заузели је и потом се зауставили тек у Тракији, више због велике хладноће него због турског отпора. У повлачењу, почетком јануара 1444, хришћанска војска је код Куновице још једном потукла Османлије а заробила је чак и Муратовог зета Мехмеда Челебију. Паралелни успеси албанских устаника, предвођених Скендер-бегом, као и Константина Драгаша у Грчкој, натерали су султана на преговоре са крсташима. Почетком јуна (12. VI 1444) Мурат II је у Једрену пристао да склопи мир на десет година са деспотом Ђурђем, Владиславом и Угрима и сложио се са враћањем замашних делова територија српском владару, међу којима су били и градови Крушевац на југу и Голубац на Дунаву. Резултат ових преговора је ратификован и јула 1444. у Сегедину.

Успех је био блистав, али је обавезивао на растанак са даљим освајачким плановима. Ђурађ Бранковић, задовољан добијеним, није имао више намеру да војује, али је папа био мишљења да пораженог противника ваља дотући. Прекидом ратних операција био је, како ће се видети, незадовољан и византијски цар. Подстрек папином оптимизму пружао је и пристанак Млечана да, после дужег премишљања, уз подршку две дубровачке и три ромејске галије као и са нешто папиног и бургундског новца, препрече Мурату II, чија се главнина војске налазила на истоку, прелазак из Азије на европско копно. Нешто због неповољних временских услова а нешто и због помоћи коју су Ђеновљани пружили Турцима, блокада мореуза није успела. У међувремену, Евгеније IV је Владислава III ослободио речи задате Мурату II и крсташи су у окрњеноме саставу пошли ка обали Црног мора. Код Варне је 10. новембра 1444. године дошло до одлучног боја у коме су погинули краљ Владислав и кардинал Чезарини. Хришћанска војска је била катастрофално поражена. У преосталих седам-осам година живота Византијског царства сличан подухват више није могао да буде остварен.[99]

Јован VIII није био носилац крсташке идеје, већ и стога што је материјална и војна сила којом је располагао била занемарљива. Василевс је за собом имао једино традицију првог хришћанског царства, чије су идеолошке вредности на Западу ипак били свесни. Зато циљ друге експедиције краља Владислава из 1444. године, да се парафразира исказ једног савременика, није више само био сведен на потискивање Османлија са угарских граница, него и на бој за ослобођење „Романије и Грчке", јуришање на Турке све до Анадолије и вра-

---

[99] За основну литературу о боју код Варне, уп. *Острогорски*, Историја, 524–525. Такође, уп. *Б. Крекић*, Учешће Дубровника у ратовима против Турака 1443 и 1444 г., ЗРВИ 2 (1953) 145–158; *H. Inalčik*, Pitanje Segedinskog mira i kriza turske države 1444. godine, Prilozi za orijentalnu filologiju 12–13 (1962–1963) 269–306; Историја српског народа, II, 254 сл. (текст: *М. Спремић*). За византијске изворе о овом догађају, cf. *Schreiner*, Kommentar, 465 –466.

Епилог (1440–1448)

ћање слободе „Грцима и Бугарима".[100] Трагичан положај Јована VIII и његове државе, поготово откад је цар склопио унију, био је један од непосредних повода за покретање крсташке акције. Автократор је, такође, сигурно био међу онима који су желели да рату дају што шире, општехришћанско обележје. Последњи запаженији потези Јована VIII на међународној политичкој позорници завршавају се поразом код Варне. Пораз крсташа био је и пораз утопијских заношења о окупљању оних чији се интереси објективно разликују.

Почетком 1442. године, царев дипломата а уједно „familiaris pontificius" још од 20. VIII 1439, Крићанин Јанакис Торчело, појавио се у Млецима да пред Сенатом изложи бригу Јована VIII за судбину разједињене Угарске. Цар је био уверен да је неопходно Муратове освајачке намере према овој земљи предупредити заједничким напорима Венеције и Византије. Сенат је учтиво одговорио 21. II 1442. да дели василевсову забринутост али да је потребно, пре него што Serenissima нешто предузме, да Торчело лично упозна прилике у Угарској као и развитак планова о крсташком рату које кује римски папа.[101] Ствари су у Угарској у међувремену кренуле набоље, будући да је Хуњади успео да порази Турке а папин изасланик Чезарини, који је у Будим стигао маја 1442, некако да помири децембра исте године заваћене стране краљице Елизабете и Владислава III.[102] Јовану VIII је, међутим, док се крсташи не окупе, била нужна и она, последњих година већ уобичајена заштита цариградских зидина. Та врста подршке са Запада била му је потребна и да би поданике уверио у предности склопљене уније, јер су Грци, према признању самога Евгенија IV, још увек били „in magna confusione".[103] У лето 1442. код римског поглавара појавио

---

[100] Cf. *Halecki*, Pologne, 63. – Владислав природно не помиње Србе, јер су они одбили да учествују у крсташком рату. Наиме, ова изјава младога краља дошла је управо у тренутку када је он раскидао Сегедински мир. Као што је познато, Ђурађ Бранковић је тада био задовољан миром који је са султаном склопио: уп. *Радонић*, Западна Европа, 200 сл.; *Јиречек-Радонић*, Историја, I, 369; *G. Škrivanić*, Zasto despot Đurad nije učestvovao u boju na Varni 1444, Vesnik Vojnog muzeja 16 (1970) 227–230.

[101] За Торчелов избор: *Hofmann*, Epistolae, II, n. 206, 97. Торчело је, још током Сабора, био овлашћен да подстрекује европске владаре на крсташки рат, па је у томе смислу упутио 16. марта 1439. писмо и бургундском војводи Филипу. – Одговор млетачког сената: *Iorga*, Notes et extraits, III, 83; *Thiriet*, Régestes, III, 2568.

[102] Уп. *Радонић*, Западна Европа, 114–115.

[103] *Hofmann*, Epistolae, III, n. 243, 19.

се зато царев поклисар фрањевац Јаков, који је претходно свратио у Млетке и од Републике затражио за одбрану Цариграда током наредне зиме три галије, или макар да бродови венецијанске флоте, пратећи трговачке лађе, за извесно време остану у цариградском пристаништу, не би ли се тиме султан обесхрабрио.[104] Млечани су галије послали, али су ипак дали упутства својим ратним бродовима да првенствено брину о добрима и грађанима Републике.[105] Венеција се, иако је прихватила да саучествује у припремама за општи рат, још увек чувала да односе са Турцима отворено квари. Прво је хтела да види шта ће други да учине. Овај исти Јаков је известио и Фиренцу о тешкоћама које Јован VIII има у Цариграду, али отуда је упућен одговор василевсу 7. IX 1442. који, осим начелног разумевања за цареве патње, ништа конкретније није садржао.[106]

Премда се из Фиренце вратио празних шака и трећи автократоров поклисар, по имену Теодор Каристин, који је, као и Јаков, у првој половини 1443. ишао најпре код Млечана а затим код папе,[107] ситуација се, у поређењу са прошлом годином, чинила сада нешто повољнијом. За одмерени оптимизам основа су цару пружали консолидација Угарске, Хуњадијеве победе над Турцима као и обавештења која је о својој расположености за рат доставио Јовану VIII Ђурађ Бранковић, пославши марта 1443. једног изасланика у Цариград.[108] Теодор Каристин је почетком маја исте године могао у Млецима да сазна да је папа већ успео да од Републике добије обећање за десет галија,[109] о чему је Евгеније IV 13. јуна, односно 6. јула 1443, известио писмено цара преко његових посланика Андроника Јагариса и Јанакиса Торчела.[110] Папа је и Јагарису и Торчелу, који су се наизглед распитивали за флоту а суштински одмеравали

---

[104] *Thiriet*, Régestes, III, 2588. – Код папе је Јаков био септембра 1442. Cf. *Hofmann*, Epistolae, III, n. 261, 72.

[105] *Thiriet*, Régestes, III, 2592.

[106] *Hofmann*, Epistolae, III, n. 261, 72.

[107] *Iorga*, Notes et extraits, III, 121–123; *Thiriet*, Régestes, III, 2603. Каристин је такође био и код бургундског војводе: cf *Marinesco*, Philippe, 156; *idem*, Notes sur quelques ambassadeurs byzantins en Occident à la veille de la chute de Constantinople sous les Turcs, Annuaire de l'Institut de Philologie et d'Histoire Orientales et Slaves 10 (1950) 421. Cf. *Dölger*, Regesten, V, 3500.

[108] *Iorga*, Notes et extraits, II, 394; *Krekić*, Dubrovnik, 999; уп. *исти*, Учешће, 147.

[109] В. нап. 107, у овом поглављу.

[110] *Hofmann*, Epistolae, III, n. 266–267, 84–85.

Епилог (1440–1448)

у коликој је мери Евгеније IV у стању да покрене Републику на веће издатке и ратне напоре, одговорио да чини све што је у његовој моћи. Јован VIII, коме као да се у току ове две-три године помало вратио некадашњи полет, није се задовољавао само слањем поклисара пут Италије, него је процењивао да сада он треба лично да се обрати онима од западних владара, од којих је, како се процењивало у Млецима или у папиној околини, реално очекивати да ће да пруже Царству потпору. Таквима су сматрани бургундски војвода Филип и арагонски краљ Алфонсо V.

Занимљиво је да Јован VIII није одржавао директне контакте са Владиславом III, мада нема сумње да је пољски краљ био у току са приликама у Романији, захваљујући везама које је са њим успоставио василевсов брат Константин.[111] Када је реч о Бургундији, има основа веровању да је некакво византијско посланство допрло још током 1442. године до Дижона, ту било лепо примљено и известило Филипа о новостима из Цариграда. Од војводе је чак добијено обећање о опремању четири галије на бургундски трошак.[112] О додирима Јована VIII са француским краљем Шарлом VII и војводом Бургундије Филипом, кога је заиста Евгеније IV придобио за крсташки рат и који је дао новац за опремање четири галије, го-

---

[111] Монах Георгије је пошао Владиславу и 2. IV 1444. је тражио од дубровачког сената да му да две галије за његовог господара Драгаша, што је одбијено: *Iorga*, Notes et extraits, II, 401; *Krekić*, Dubrovnik, 1041–1042. Како је показао *A. Hohlweg* (Kaiser Johannes VIII. Palaiologos und der Kreuzzug des Jahres 1444, BZ, 73, 1980, 14–24), препис писма које је наводно Јован VIII послао Владиславу и које је уметнуо у своје анале пољски хроничар Длугош, у ствари је копија поруке Константина Драгаша овоме владару.

[112] *Dölger* (Regesten, V, 3500) је сматрао да је реч о истом посланству које је почетком 1443. пошло ка војводи и нашло се маја 1443. у Млецима (уп. нап. 107, у овоме поглављу). Међутим, као да има основа помисли на још једно, нешто раније упућено посланство Филипу, јер се из писма Сената бургундском војводи од 2. I 1443. може закључити да је Филип управо био обавештен о догађајима у Романији из претходне године, па и о турској опсади Лимноса и учешћу Драгаша у поменутим борбама (в. нап. 78, у овом поглављу; *Thiriet*, Régestes, III, 2597), што му Република сада само потврђује. *Радонић* (Западна Европа, 112) се ослонио на парафразу Вавренове хронике и изнео причу о византијском посланству које је свечано дочекано у Дижону 1442. и биле му обећане галије за помоћ Цариграду. Нажалост, није ми било приступачно издање Вавренових хроника: Jean de Wavrin, Anciennes chroniques d'Engleterre, éd. *Dupont*, Paris 1859–1863. *Marinesco* (в. радове наведене у нап. 107) крајње сумарно описује ова збивања, али не говори о два посланства. Можда је све речено упутно довести у везу са писмом које је још 16. III 1439. послао Филипу Јанакис Торчело (в. нап. 101), у коме га је подстицао на крсташки рат „обавештењима" о снази турске војске и закључивањем да „en moins d'ung mois tout serait finy par la grâce de Dieu" (Le voyage d'outre mer de Bertrandon de la Brocquière éd. *Ch. Scheffer*, Paris 1892, 263–268); cf. *Cerone*, Politica orientale, 435–437.

вори без хронолошких ознака и историчар Халкокондил.[113] Што се тиче византијског посланства Алфонсу V, до кога је дошло у јесен 1443, једино што је успело било је да подстакне арагонског краља да нешто касније затражи за себе од Ромеја Атинско војводство![114] Највише подстрека царевом надању у успех коалиције, изражаваном током целе 1443. године, није пружила ниједна од поменутих мисија хришћанским владарима, већ тајни договори, вођени између Јована VIII и Ибрахим-бега, у којима је карамански кнез био охрабриван да са леђа нападне Мурата II. Почетком 1443. године овај је тако и учинио. Султан је, међутим, успео некако да августа исте године примора свог незгодног зета на мир.[115] Поход крсташа у јесен 1443. подстакао је, како произлази из османских извора, византијског цара да поново ступи у контакт са караманским господарем и потруди се да га наговори на још један напад на Мурата II. За преношење порука из Цариграда Ибрахим-бегу је, као и увек када су у питању деликатне мисије у унутрашњости Анадолије, најпогоднији био неки монах. Због тога је Мурат II био приморан да у пролеће 1444. напусти Румелију и пође у Малу Азију да би Караманију најзад умирио.[116] Ако се претпостави да је главнина турске војске тада отишла на исток, остављајући у Једрену само младог Мехмеда Челебију, једног од султанових синова, са снагама од наводно једва 7 000–8 000 људи и проблемима које је у

---

[113] Chalc., IL, 95; *Iorga,* Notes et extraits, III, 162–163; *Thiriet,* Régestes, III, 2639.

[114] Cf. *Cerone,* Politica orientale, 433–436. Акт којим је 27. XI 1444. Алфонсо V затражио за себе Атинско војводство пропраћен је био слањем маркиза од Геракија који је требало да преузме наведене поседе *(Cerone,* Politica orientale, 430–431; *Zakythinos,* Despotat, I, 232). Посланик Јована VIII био је Перо Роко, за кога је у арагонској канцеларији забележено следеће: „Item a XXij del dit mes (ottobre) en lo dit camp (de valle de sango) a mossen pero roczo embaxador del emperador de Contestinoble per lo sosteniment seu – XXd." *(Cerone,* op. cit., 436). Алфонсо V је, иначе, много пре него што је затражио Атинско војводство, унео у своју титулу поменуте крајеве. Тако, на пример, на једном акту од 1. XIII 1438. потписује се као „Don Alfonso per la gratia de Deu, re d'Aragon, di Sicilia dieza e dilla di lu Faru... ducha d'Athenas e di Neopatria, ecc." *(Cerone,* Politica orientale, 410). О ранијим контактима Алфонса V са Ромејима, cf. такође *Marinesco,* Relations économiques.

[115] Муратова сестра била је удата за Ибрахим-бега. – Читав план извођења крсташког похода, по коме је ваљало да Угри, напредујући преко Балкана, заузму Једрене а, паралелно, млетачка флота затвори прелазак из Анадолије у Европу, у име Јована VIII изложио је у Фиренци Торчело још 1439. године (Voyage d'Outtre mer, 265–266). Cf. *Inalcik,* Crisis, 160; уп. *Бабингер,* Мехмед II, 22–23. О овом византијском посланству (или посланствима?) караманском владару говоре једино османски извори, у првоме реду „Газаватнаме" а посредно и уговор између Мурата II и Ибрахима (август 1443). – О стању турских извора, cf. *Babinger,* Relazioni, 9, n. 5.

[116] Ducas, 273–275; Chalc., II, 90 sq. Cf. *Inalcik,* Crisis, 162–163; *Бабингер,* Мехмед II, 26–30; *idem, Amurath,* 231–232 (Aufsätze, I, 130); *Hohlweg,* Kreuzzug, 19–20.

Епилог (1440–1448)

Тракији изазивала шиитска секта хуруфита, онда је очигледно да је Јован VIII са својим савезницима успео у замисли.[117] Византинци су отишли и корак даље, па су се досетили старог, у прошлости много пута окушаваног средства у борби са Османлијама и 1444. године упутили из Цариграда у испражњену Румелију једног од увек постојећих запостављених или лажних претендената на турски престо.[118] У Венецији, у којој се хришћанска флота окупљала, били су свакако убрзо обавештени о одласку Мурата II из Европе као и о осталим новостима отуда, јер је Алвизе Лоредан, заповедник крсташких бродова, испловио из Млетака пре него што је могао знати за примирје склопљено 12. VI 1444. са султаном, намеравајући да спречи повратак неверничких чета на Балканско полуострво из Анадолије.[119] Будући да је василевс, потпиривањем сукоба са караманским кнезом, у два наврата довео Мурата II у непријатан положај да мора да оставља небрањене европске покрајине, разумљиво је што је за Османлије цар Ромеја био најљући противник. Султан, мада се званично налазио у миру са Царством и због спољнополитичких околности крио своје право расположење, није заборављао да је одлазак Јована VIII у Италију пре неколико година означавао прави почетак крсташког подухвата. Код Турака је, са њиховог становишта сасвим исправно, било раширено мишљење да је автократор тајни покретач антиосманлијских покрета и међу хришћанима и у Анадолији.[120] У литератури се среће мишљење да је, иако је султан био приморан да се, бар до битке код Варне, уздржава од директног напада на Цариград, судбина Византије тада била одлучена, што није сасвим тачно.[121] Жељу за рушењем Царства и заузимањем ромејске престонице показивао је још крајем прошлог столећа Бајазит I, али после хришћанског пораза 1444. Османлије нису више морале да на било који начин ову намеру прикривају или да одлажу њено остварење.

---

[117] *Бабингер*, Мехмед II, 30–34; *idem*, Amurath, 233 sq. (Aufsätze, I, 132 sq.).

[118] Cf. *Inalcik*, Crisis, 163.

[119] Сенат је 17. и 19. јуна давао упутства Лоредану *(Iorga*, Notes et extraits, III, 173–174; *Thiriet*, Régestes, III, 2651) а папа је 4. јула извештен да је крсташка флота кренула *(Iorga*, Notes et extraits, III, 175; *Thiriet*, Régestes, III, 2655). За мир у Сегедину: cf. *Babinger*, Amurath, 234 (Aufsätze, I, 133 sq.); *Бабингер*, Мехмед II, 28–29. Уп. нап. 99, мало раније.

[120] Посебно је занимљива анализа турске хронике о догађајима око Варне, такозване „Газаватнаме" и оцене Јована VIII које се у њој налазе: cf. *Inalcik*, 160 sq.

[121] Такво мишљење заступа *Inalcik*, Crisis, 159–163.

За катастрофу код Варне у Европи се сазнавало врло споро, уз мноштво противречних верзија о судбини краља Владислава и осталих крсташких вођа, просто као да хришћански свет није смео да се суочи са неумитном стварношћу. У Дубровник су, на пример, прве вести о поразу допрле тек у другој половини јануара 1445.[122] Али, новонасталој ситуацији је ваљало прилагођавати се. То су на Балканском полуострву пожурили сви да учине, па и ромејски василевс. Ипак, рекло би се да су, по хитрини са којом су се обавестили о исходу боја и спремности да сместа султану пошаљу изасланике на поклоњење, светогорски монаси били без премца. Њихови представници, међу којима би требало да су се налазили ивиронски игуман Герасим и можда игуман Филотеја Калист, код Мурата II су боравили још током новембра 1444, непосредно после његовог приспећа у Једрене.[123] Султан је, наиме, другу половину новембра проводио у османској престоници, уређујући појединости око преноса власти над Румелијом на сина Мехмеда II. Сâм се, најкасније почетком јануара 1445, повукао у Брусу.[124] О коректним односима атонских монаха са османлијском администрацијом има потврда и из наредних година,[125] али

---

[122] О верзијама судбине Владислава, уп. *Радонић*, Западна Европа, 230–233. – Око вести које су стигле у Дубровник, уп. *Крекић*, Учешће, 156.

[123] Наиме, Ћиријако из Анконе је, приликом своје посете Светој Гори од 19. новембра до 4. децембра 1444, био у Ивирону обавештен да је игуман Герасим одсутан (23. XI), а у другоме наврату, када се Ћиријако још једном обрео у истом манастиру, затекао је Герасима који се вратио: „... iterum Hiberanum revisimus monasterium, ubi abbatem eiusdem Hierasimon, Hiberum eorum lingua litterisque perdoctum, ex Macedonia remeantem comperimus" *(Bodnar-Mitchell,* Cyriacus, 55). Када је први пут дошао у манастир, Ћиријаку је, међутим, било речено да је игуман отишао код султана (?): „... Hierasimo Hibero abbate ad Theucrum oratore absente" (ibidem, 51). Што се тиче Филотеја, Ћиријако 25. новембра није у њему нашао игумана („Callisto abbate eiusdem monasterii absente"; ibidem, 52). Необично је да истовремено два игумана буду одсутна са Свете Горе, па је, имајући у виду ову подударност, и предложена хипотеза да је можда игуман Филотеја такође ишао заједно са Герасимом Турцима.

[124] Уп. *Бабингер,* Мехмед II, 37; cf. idem, Amurath, 248 sq. (Aufsätze, I, 147 sq.).

[125] О везама Светогораца са османлијском администрацијом има трагова још из доба Орхана (1326–1360), но то овде није од првенствене важности. Турски управници Солуна и територија суседних Атосу су, још за трајања Царства, редовно позивали представнике манастира различитим поводима. Њихова арбитража била је за монахе неприкосновена. Тако, на пример, о реченом сведочи и један неиздат документ из 1452. године у коме се наводи да је Сабати-паша, господар Солуна, позвао прота и епископе Касандрије и Јериса (?) око истраге у спору манастира Ксенофона и Пантелејмона (cf. *J. Darrouzès,* Liste des Prôtes de l'Athos, Le Millénaire du Mont Athos, 963–1963, I, Chevetogne 1963, 435–436). Још је занимљивији, опет изабран једино примера ради, акт патријарха Јосифа II из 1426. којим се манастиру Кастамонита потврђују сва његова имања, посебно Неакит. У документу се наглашава да све евентуалне жалбе монаха манастира Зографа (који је оспоравао наведено имање Кастамони-

политичка мудрост Светогорцима, уосталом, никада па ни сада није недостајала.¹²⁶

Сигурно је да је и Јован VIII, или цариградска влада у његово име, покушавао да се прилагоди измењеним околностима. Вероватно да је и автократор био међу онима који су се трудили да се са султаном помире што пре,¹²⁷ како је то чинио и пошто се 1440. вратио са сабора у Фиренци.¹²⁸ При том не треба сметнути с ума да је Византија свих ових година и даље била у вазалном статусу према Турском царству. Издавши сизерена, у Цариграду су оправдано страховали да ће прве последице њиховог учешћа у крсташкој војни, ромејска престоница ускоро да осети. Стога је жеља василевсова била да се хришћанска флота и после неславне улоге у затварању Босфора задржи што дуже у близини Цариграда.¹²⁹ У ствари, мислило се једино на млетачке лађе. Тако је и било, будући да се Република, премда невољно, налазила током читаве 1445. године још увек у рату са Муратом II. Мир је склопљен тек 25. II 1446, и то са младим Мехмедом II, под условима врло сличним онима у уговору из 1430.¹³⁰

Међутим, ако је Serenissima могла да умири султана, износећи му обостране предности од млетачког присуства на територији Романије и Турског царства, Ромеји у рукама нису имали ни при-

---

ту) могу да буду разматране једино пред „секретом" Јована VIII или пред Светим синодом. Патријарх се, у ствари, бојао да се монаси Зографа случајно не обрате турском султану, па им, у том случају, чак прети одлучењем (Actes de Kastamonitou, éd. *N. Oikonomidès*, Paris 1978, No. 6). При оцени овог акта, не треба сметнути с ума чињеницу да су Светогорци правду задовољавали код турских правосудних тела, упркос околности да формално подлежу цару и без обзира на то што Османлије још увек не држе ни Солун, па ни читаву његову околину.

¹²⁶ О њиховој политичкој мудрости сведочи и Ђиријако када, на пример, помиње како се Светогорци обраћају Паламеду Гатилузију, господару Тасоса, као суседном хришћанском господару и својевсном заштитнику Атоса. Од Гатилузија је Ђиријако и носио писма која су му отварала врата атонских манастира, па и Велике Лавре *(Bodnar-Mitchell*, Cyriacus, 53).

¹²⁷ У упутству Орсату Ђустинијану, Сенат 18. III 1445. наглашава да су скоро сви у Романији некако измирили са Муратом II осим Венеције, која је принуђена и даље да ратује. Ђустинијан је био посланик Републике код папе *(Iorga,* Notes et extraits, III, 197–198; *Thiriet,* Régestes, III, 2681). Рекло би се да је Сенат овде имао у виду и византијског цара. В. даље излагање.

¹²⁸ Ducas, 269.

¹²⁹ *Iorga,* Notes et extraits, III, 195; *Thiriet,* Régestes, III, 2675, 2702.

¹³⁰ *Thomas,* Diplomatarium, II, n. 366–368. – Код Долфина је забележено да је у Млетке 27. IV 1446. стигла вест да је потврђен мир са султаном „... et ρ (er) questa raxon molte nave se hano messo ad andar in romania p(er) merchantie" (Zorzi Dolfin, 404). Уп. *Радонић,* Западна Европа, 236–237, 242.

ближно јаке аргументе. Османлије нису виделе ниједан разлог у прилог толерисању минијатурне и на два удаљена географска простора смештене државе. Автократору је преостајала танушна нада у ново окупљање крсташа а Константину Драгашу, господару већег дела византијске Мореје, да се брани нападајући. Драгаш је у рано пролеће 1444. године најпре обновио Хексамилион а затим је пошао на Атику, чијег је владара, Нерија II Ачајуолија, натерао да призна подређеност деспоту.[131] Упоредо је ступио и у непосредне преговоре са вођама хришћанске лиге, Ђулијаном Чезаринијем, краљем Владиславом III и Млечанима.[132] Са освајањима у средишњој Грчкој, лишеној знатније османлијске војске, Драгаш је продужио и после боја код Варне, проширивши своју власт све до подножја Пинда. Изненађујући успеси Константина и брзина којом су остварени, подстакли су многобројна надања у ренесансу Царства, али су били и један од два основна повода султановом повратку из Мале Азије у Европу.[133] Други повод појављивања Мурата II у Румелији било је састављање тестамента и уређивање односа са сином у кога отац није имао сувише поверења.[134]

Са снажном војском Мурат II је несметано продро кроз Тесалију, у Беотији и Атици пришао му је добровољно Нерио II Ачајуоли а Драгаш, у томе тренутку сасвим усамљен, очекивао је непријатеља тек на Хексамилиону. Када су Турци, после месец дана неодлучности, 10. децембра 1446. године коначно пробили овај зид, настало је незапамћено пљачкање Пелопонеза. Константин и Тома су успели да избегну заробљавање, поштеђена је остала Мистра као и акропољ Патраса, али су материјалне штете и људске жртве биле ненадокнадиве.[135] За освајачима, који су се са Пелопонеза

---

[131] О томе: Sphrantzes, 66; Chalc., II, 91; Kleinchroniken, 236, 251, 251, 382, 459; cf. *Zakythinos*, Despotat, I, 226–232.

[132] Сфранцес приповеда да је Драгаш послао поруке Владиславу, султану (поклисар је био сâм Сфранцес) као и Алвизе Лоредану, заповеднику хришћанске флоте (Sphrantzes, 66–68). Што се тиче контакта са Чезаринијем, о њему говори једно писмо поменутог кардинала: R. Wolkan, Der Briefwechsel des Eneas Sylvius Piccolomini, Fontes rerum Austriacarum, I, 1909, 283. За писмо Владиславу: Hohlweg, Kreuzzug, 22 sq.

[133] Chalc., II, 112; Ducas, 279; cf. *Zakythinos*, Despotat, I, 231. Уз Драгаша су се од априла 1445. иначе налазили и бургундски витезови, на броју око три стотине: *Hopf*, Chroniques, 195.

[134] Уп. *Бабингер*, Мехмед II, 40 сл.

[135] Sphrantzes, 70; Ducas, 279; Chalc., II, 112–117; Kleinchroniken, 187, 250, 268, 286, 293, 299, 304, 310–311, 314, 346, 382, 389, 399, 407, 419, 452, 502, 513, 517, 521, 530, 533, 566, 572, 597, 654, 657.

Епилог (1440–1448)

повукли релативно брзо, остала је пустош а на браниоцима мрља да по испољеној храбрости нису следили пример свог одважног предводника.[136] Сан о препороду био је децембра 1446. срушен и потоња политика Константина у Мореји, у којој је остао још око две године, сводила се на плаћање харача султану[137] и скромна настојања да макар економске прилике на апанажи поправи трговачким споразумима и давањем олакшица Фиренци или Дубровнику, ако већ са Млечанима односи нису текли како ваља.[138]

Цариградска влада је, по свој прилици врло брзо по катастрофи, пожурила да гнев победника неутралише склапањем мира. Посредно, чини се да о томе, поред хронолошки неодређеног Халкокондиловог списа, говори и упутство млетачког сената од 18. III 1445, намењено Орсату Ђустинијану, посланику Републике код папе. У упутству се оправдава држање Венеције у протеклим догађајима као и разлози због којих Serenissima није склона новим сличним акцијама, уколико оне нису темељно припремљене. Између осталог, истиче се да су у Романији Млечани једини који су још у рату са Османлијама, јер су остали већ склопили са султаном мир.[139] За разлику од Млечана, Царство је, међутим, морало да продужи са веровањем у остварљивост јединственог хришћанског отпора неверницима. Друкчија алтернатива, уосталом, пред Византијом није ни постојала. Но, на Западу саговорника није било. Осим Хуњадија у Угарској[140] и Евгенија IV у Риму, заинтересовани нису постојали.

---

[136] Нарочито је оштар у примедбама на издајство, небудност и кукавичлук Пелопонежана Георгије Схоларије *(Ламброс* Παλαιολόγεια, II, 7). Код Дуке је, међутим, кривица за издају сваљена на Албанце у служби Константина (Ducas, 279). Број заробљеника је према истом писцу износио преко 60 000 (ibidem), што потврђује и писмо млетачког сената од 19. X 1447 *(Iorga,* Notes et extraits, III, 221).

[137] Cf. *Zakythinos,* Despotat, I, 235 sq.

[138] *Müller,* Documenti, 178; *Ламброс,* Παλαιολόγεια, IV, 31; *Krekić,* Dubrovnik, 1094, 1098; cf. *Zakythinos,* Despotat, I, 237–238; cf. *F. Thiriet,* La Messénie méridionale dans le système colonial des Vénitiens en Romanie, Πρακτικά Α' Διέθνους Συνεδρίου Πελοποννησιακῶν Σπουδῶν, I, 1976, 86–98.

[139] О честиткама које је Јован VIII упутио султану после његовог тријумфа говори једино Халкокондил (Chalc., II, 111), али без приближнијих хронолошких ознака. *Babinger* (Amurath, 249; Aufsätze, 148) је утврдио да се вести ученог атинског историчара у овом делу његовог списа тичу збивања с краја 1444. или почетка 1445. године, па би се, тако, условно могло претпоставити да је до византијске мировне иницијативе дошло у то време. Поменута претпоставка, уколико се прихвати, слагала би се и са садржином млетачког акта од 18. III 1445, односно његовом интерпретацијом, понуђеном у напомени 127, у овом поглављу. Уп. *Острогорски,* Историја, 525; *Бабингер,* Мехмед II, 37.

[140] Уп. *Радонић,* Западна Европа, 237–241.

Чак ни српски владар, деспот Ђурађ Бранковић, упркос вишеструким, сада и ојачаним родбинским везама са Палеолозима,[141] није хтео да се упушта у било какве хришћанске планове, уколико нису опште прихваћени и солидно припремљени. У лето 1445. године, упућен је из Цариграда Пахомије, митрополит Амасије, иначе прврженик уније,[142] папи, француском краљу, бургундском војводи и Млечанима, са инструкцијама да их убеди у сврсисходност новог крсташког окупљања.[143] У повратку, Пахомије је свратио у Венецију где му је отворено одговорено да, упркос охрабрујућим разговорима које је имао са Евгенијем IV, Шарлом VII и Филипом Добрим, Serenissima нема намеру да се укључи у нову авантуру док се Угри за њу не припреме како доликује и док се не рашчисти питање њених галија које су се још увек налазиле у близини мореуза.[144] Евгеније IV је умро почетком 1447. а да ништа конкретно после Пахомијеве мисије није уследило. Једино што је папа још могао да учини била је скромна финансијска помоћ из његове истрошене благајне, намењена откупу ратних заробљеника и утврђивању цариградских зидина.[145]

---

[141] До женидбе Ђурђевог сина Лазара Бранковића Јеленом, ћерком Томе Палеолога, дошло је крајем 1446, вероватно 18. децембра. Истовремено је Лазар стекао преко Георгија Филантропина, изасланика Јована VIII, достојанство деспота. У припремама за брак, посланствима тим поводом упућиваним са обе стране као и у превозу невесте из Кларенце у Дубровник а затим и у Србију, значајну улогу су имали Дубровчани. Преко њих је деспот Ђурађ, уосталом, саобраћао и раније са Ромејима, како са автократором уочи крсташког похода в 1444 *(Krekić* Dubrovnik, 999; уп. *исти,* Учешће, 147) тако и са Томом и Константином у Мореји *(Krekic, Dubrovnik,* 1062; уп. *исти,* Учешће, 155). Извесно је да су Ромеји покушали да помоћу орођавања још једном вежу деспота Ђурђа за антиосманлијске подухвате, па и за онај који је припремао Јанош Хуњади, али од тога није испало ништа, или како је своjевремено закључио *Ласкарис:* „Мислим да не би требало преувеличавати значај те женидбе" (Принцезе, 101–102). Једини који се ефективно користио овим орођавањем био је Дубровник, који нешто шире продире на Пелопонез управо од тога доба. Уп. *В. Ђоровић,* Женидба деспота Лазара, Глас СКА 156 (1933) 145–157; *Б. Недељковић,* Дубровник о сватовима кнеза Лазара Ђурђевића, ЗФФБ VIII–2 (1964) 479–523; Историја српског народа, II, 262–263 (текст: *М. Спремић).* – О Лазаревој деспотској титули, уп. такође нап. 174, у претходном поглављу.

[142] Он је био учесник Сабора и доследни присталица црквеног уједињења *(Laurent,* Syropoulos, 186, n. 3).

[143] *Thiriet,* Régestes, III, 2702.

[144] Уп. *Радонић,* Западна Европа, 238–239.

[145] О томе папа говори у писму које је 30. XI 1445. упутио фрањевцу Јакову у Цариград. Из поруке Евгенија IV види се да је папа за одбрану од турске војске, поправљање зидина, обнављање флоте и откуп заробљеника, уз раније датих 400 дуката, доделио још 500 дуката Јакову да са њима по потреби располаже *(Hofmann,* Epistolae, III, n. 284, 108).

Епилог (1440–1448)

На апостолској столици заменио га је 6. III 1447. Никола V, поглавар који је у првоме реду био обузет уређивањем односа у крилу католичке цркве, поготово спора који је постојао између Угарске и цара Фридриха III. Уз то, искрено говорећи, будући незадовољан понашањем Византинаца према унији, није се претерано за њих ни бринуо. Ипак, из Цариграда је, ускоро по устоличењу новога папе, послат фрањевац Григорије као поклисар, али се о резултатима његове посете Николи V не зна ништа, најпре зато што их није ни било.[146] Нажалост, угроженост ромејске престонице је налагала да се, без обзира на јаловост ових иницијатива, са слањем мисија мора наставити. У ствари, још пре него што се Григорије појавио у Риму, у пролеће 1447. године, тек што је Никола V био изабран за папу, приспео је ромејски посланик, више пута помињани Јанакис Торчело, Алфонсу V да арагонског краља замоли за посредовање код новог католичког поглавара. Алфонсо V се, у писму Јовану VIII од 26. V 1447, хвалио да је после даноноћног труда (dies ac noctes) успео да папа прихвати василевсове молбе, премда не каже какве су оне биле,[147] али ни тада, као ни раније или касније, није Ромејима ништа сâм понудио изузев празних речи.[148]

Тешко је да се одреди прецизно колико је у свим поменутим збивањима из последњих година живота Јована VIII цар лично осмишљавао спољну и унутрашњу политику Византије, а колико је она вођена у његово име. Правих потврда за автократорово одсуство из јавног живота има једино за период непосредно по повратку из Италије, како је претпостављено, евентуално до половине 1441. године.[149] Како било, тек Евгеније IV је 13. VII 1443. у писму цару изразио радост због добрих вести које му је донео Андроник Јагарис, посланик из Цариграда: „Id autem ex hiis, que nobis retulit precipue gratum habuimus, quod pro tua solita corporis qualitate bene

---

[146] *Hofmann*, Epistolae, III, n. 296, 122–123. Никола V је 13. III 1448. овом Григорију, будућем латинском архиепископу „Kioviensis, Lithuaniae et Russiae inferioris", дао „salvumconductum". За трошкове му је папска благајна доделила 24. IV 1448. и 200 флорина *(Iorga,* Notes et extraits, II, 27).

[147] Cerone, Politica orientale, 439–440.

[148] Како је исправно одавно закључио *Cerone* (Politica orientale, 444), циљ Алфонса V, уколико га је уопште на Истоку и имао, био је једино да Цариград и Грчку потчини својој власти а никако не да помогне Ромејима да сачувају Царство.

[149] Уп. нап. 57, у овом поглављу.

valere asseveravit".[150] Са друге стране, неоспорно је да су из царске канцеларије, у распону од пуних осам година, од 1440. до 1448, сачувана само два документа, оба у облику простагми, намењена поданицима Јована VIII. Први потиче из октобра 1445. а други из новембра 1447.[151] Хронична болест, чија је последица била одузетост ногу, пратила је василевса до краја,[152] мада би се на основу Дуке рекло да није била непосредан узрочник његове смрти.[153] Све када се сабере, излази да је цар, свакако у смањеном обиму због болести и замора, ипак до краја живота испуњавао своје државничке обавезе. И сада, на завршетку пута, његову енергију је било могуће подстаћи, нарочито свежим замислима о протеривању Турака.

Пред смрт, као спасење у добар час, пред василевсом је стајало ишчекивање исхода похода који је Јанко Хуњади са Угрима и нешто Влаха смело предузео почетком јесени 1448. Хуњади је подухват отпочео амбициозно и спустио се до Косова где га је очекивала премоћна турска војска са Муратом II и Мехмедом, султановим сином. У крвавоме боју који се 18. X 1448. заметнуо на истоме месту на коме су пре шездесет година Срби покушали да зауставе Мехмедовог прадеду, Угри су подлегли, али Јован VIII то већ није могао више да сазна.[154] Цар, уосталом, у Хуњадијевој иницијативи није ни имао непосреднијег удела, али зато оно што се у пролеће исте године збило пред цариградским зидинама могло је да изгледа макар као делимична утеха за напоре које је Јован VIII чинио не би ли престоницу заштитио од неверника: „Године 6956 (1448), једанаестог индикта, месеца јуна ..., на празник Светих Апостола (Петра и Павла, 29. VI), дођоше пред Цариград Муслимани са 65 бродава и још приде једном армадом са много оружја, људства и справа; али, своју намеру сасвим промашише и осрамотише се,

---

[150] *Hofmann*, Epistolae, III, n. 266, 84.

[151] Први је документ намењен Великој Лаври (Schatzkammern, No. 26; Lavra, III, No. 169, 187) а други постављању епископа Агатопоља Јоакима на упражњено место преминулог митрополита Молдовлахије Дамјана *(M. Lascaris*, Joachim, métropolite de Moldavie et les relations de l'église moldave avec le patriarcat de Peć et l'archevêché d'Achris au XVᵉ siècle, Bull. Sect. Hist. Acad. Roum. 13, 1927, 159).

[152] Ducas, 279.

[153] Цару је позлило и после неколико дана је умро (ibidem).

[154] Уп. *Радонић*, Западна Европа, 254–258; cf. *M. Cazacu*, La Valachie et la bataille de Kossovo (1448), RESEE 9 (1971) 131–139. – За византијске изворе о другоме боју на Косову: *Schreiner*, Kommentar, 473–474.

Епилог (1440–1448)

јер нађоше Влангу изграђену и обилно наоружану као и кастрон и (наиђоше, прим. И. Ђ.) на поморске и копнене снаге а и на ланце у мору; тако, пошто су видели да су се срамотно преварили, одоше у Келион, хотећи да га потпуно униште а вратише се разбијени".[155] Ова опширна белешка налази се у једној краткој хроници, насталој пре 1453. године, па је, према томе, савремена догађају који описује а, с обзиром на остале вести које садржи, вероватно да је њен састављач био или очевидац или бар близу места збивања.[156]

Упркос околности што њене наводе не потврђују други извори, у аутентичност белешке нема разлога да се сумња. Без обзира да ли је турска ескадра, пошав из Галипоља, имала за циљ да нападне управо Цариград и покуша да га на препад освоји или је, што се чини ближим истини, на проласку, крећући ка влашким земљама и Дунаву, желела једино да опљачка околину престонице и њене слабије брањене делове, застрашујући становништво на уобичајени начин, неоспорно је да се у рачуну преварила. Фортификације у Влаги, којима је брањено ново цариградско пристаниште Контоскалион – можда кључна мета напада, ромејска флота као и ланац у мору били су плод делатности Јована VIII. Множина, која је у белешки употребљена за ланчане препреке (ἄλυσες), указује на оправданост претпоставке о постојању више од једнога ланца испред Цариграда.[157] Помен Келиона, који није ништа друго до Хилија, као да упућује да Мурат II није спокојно проводио време у Једрену током зиме 1448. године, чекајући да се Угри и Власи несметано припреме за рат,[158] него да је и сâм хтео да превентивним нападима спречи њихов нови освајачки план.

Јуна 1448. године умро је у Селимврији Теодор II.[159] Узрок смрти, према Сфранцесу, била је епидемија куге.[160] Његовом смрћу нестала је основна запрека замишљеном наслеђивању престола,

---

[155] Kleinchroniken, 99.

[156] Cf. ibidem, 88–91.

[157] Уп. нап. 244–250, у прошлом поглављу.

[158] Тако произлази из *Бабингера* (Мехмед II, 45).

[159] Sphrantzes, 72; Kleinchroniken, 99, 186, 268, 287. Cf. *Schreiner*, Kommentar, 471–472. В. даље излагање.

[160] Sphrantzes, 72; у једној хроници, писаној под јаким утицајем редакција Сфранцесовог списа, забележено је да је Теодор умро у Селимврији „лечећи се" (Kleinchroniken, 186). В. даље излагање.

онаквом какво су прижељкивали Јован VIII и Константин Драгаш. Будући да је овај догађај битно утицао на исход сукоба међу последњим Палеолозима и добрим делом одредио будућност Царства, вреди на њему се задржати. Као што је познато, односи автократора са Теодором II никада нису били срдачни, па ни онда када су се нашли у суседству. Јула 1446. године Теодор II је напустио, заједно са Димитријем Леонтарисом, Цариград и отишао у Селимврију а његов пратилац се потом вратио назад.[161] У престоницу је Теодор II покушао да се врати 1448, како сведочи једна кратка хроника, тек непосредно пре смрти, али је, већ пошавши из Селимврије, управо тада, 24. јуна 1448, преминуо.[162] Мора се признати да верзија о деспотовој смрти из ове хронике не може да се доведе у сагласност са Сфранцесовим писањем. Јер, с обзиром да је раздаљина између Селимврије и Цариграда толико мала, износила је највише два дана уобичајеног јахања или пловидбе морем, разумно је претпоставити да човек који се тек разболео, и то од тако опаке болести каква је куга, или на пут не креће или уопште није болестан, то јест или истину не говори састављач белешке у хроници или је заташкава Сфранцес?[163] Несагласност између две верзије изгледа да је ставила на муке и састављача белешке о смрти Теодора II у једној другој хроници, који је пред собом имао и познији варијанте Сфранцесовог списа. Невољу је покушао да разреши спајањем оба податка: „Долазећи да узме царство (у варијанти: престоницу), Теодор је лечећи се у Селимврији умро".[164]

---

[161] Како је навођено у претходном излагању, Теодор II је, док је још боравио у Цариграду, присуствовао и расправа вођеним између Бартоломеа Лапачија и Георгија Схоларија (в. нап. 95, у овоме поглављу). Према томе, дискусије је могао да слуша само до јула 1446, када је отишао из престонице (Schreiner, Kommentar, 472, n. 51).

[162] Kleinchroniken, 246. Проблем, наметнут поменутом верзијом о смрти Теодора II, везан је за питање о којој је личности реч? Наиме, судећи по две од три редакције хронике из које потиче белешка, Теодор је умро 1407. године, што би говорило да се ради о Теодору I а не о Теодору II, премда је наредна вест у хроници из 1404. године. Очигледно, хронолошки редослед бележака није јача страна овога списа. Месец и дан смрти су у све три верзије идентични. Ваља, такође, приметити да није познато да је Теодор I имао било какву релацију са Селимвријом, поготово не пред смрт. Другим речима, чини се да се слободно може прихватити читава вест као аутентичан извор за смрт Теодора II.

[163] Анонимни водич кроз Грчку из времена Базелског сабора каже да је укупна дужина обале коју држи Јован VIII, од егејске стране до иза Месемврије „in longitudine octo dierum equestre ambulando" (уп. нап. 73, у овоме поглављу). Клавиху је, од Галипоља до Цариграда, било по врло узбурканом мору потребно четири дана пловидбе (Clavijo, 48–50).

[164] Kleinchroniken, 186 (в. нап. 160).

Епилог (1440–1448)

Циљеве које је Теодор II намеравао да постигне 1448. доласком у Цариград, можда разјашњава још једна белешка из кратких хроника. По њој је, непосредно пре смрти Теодора II, дошло до завере у којој су учествовали „не малобројни", а међу њима „Теофило Палеолог, Вријеније Леонтарис Палеолог, Сенгрула, Стратигопул Сканцилерис, судија, секретар и многи други".[165] Нажалост, хроника не саопштава где је дошло до завере, али будући да није назначено место догађаја, а хроника је настала у Цариграду и бележи практично искључиво збивања у њему, нема много сумње да је и овде реч о завери до које је дошло у престоници.[166] Неке од личности, изриком наведене у вести, иначе су познате. Теофило Палеолог би свакако требало да буде онај исти архонт који је, прешавши у католичанство, био међу најистакнутијим браниоцима Цариграда 1453.[167] Вријеније Леонтарис Палеолог се вероватно звао Андроник и касније, као дипломата, био у служби Константина XI а потом и Димитрија Палеолога.[168] Сенгрулу и Стратигопула је тешко идентификовати, но занимљиво је да је оба поменута чина, „судије" и „секретара", имао нико други до Георгије Схоларије, који је био „васељенски судија" и автократоров лични секретар.[169] Умесно је стога запитати се није ли у белешки, у ствари, „судија" и „секретар" иста личност?[170]

Како било, тек Схоларије се током последње две године живота Јована VIII удаљио од свога господара, а био је и међу онима који су се противили избору Константина Драгаша за василевса после

---

[165] Kleinchroniken, 99; у прилог вести о завери као да иде и казивање Халкокондила који наводи да је Теодор II желео да из Селимврије узме царски престо (Chalc., II, 111 sq). Уп. *Ферјанчић*, Међусобни сукоби, 155.

[166] Cf. Kleinchroniken, 88–91.

[167] Cf. *Pertusi*, Caduta, I, 126, 162.

[168] За Леонтарисе и њихову везаност за Селимврију има и других помена. Тако је 1437. у овоме граду преминуо Јован Леонтарис, син Димитрија (умрлог 1431), и био сахрањен у тамошњем манастиру Продрома (Kleinchroniken, 648; *Hunger*, Chortasmenos, 128). Још 1400. године је један Вријеније Леонтарис био кефалија Селимврије (*MM.*, II, 401). О Андронику Вријенију Леонтарису: *Iorga*, Notes et extraits, III, 166; VIII, 77; *Thiriet*, Régestes, III, 2856; *Hofmann*, Epistolae, III, n. 304, 131; Λάμπρος, Παλαιολόγεια, IV, 26–27. Cf. *Schreiner*, Kommentar, 449.

[169] Cf. Scholarios. Oeuvres, II, IX–XIV.

[170] Можда је посреди неспретна реченична конструкција, која би, уколико не би било интерпункције (издавачеве ?), наводила на помисао да је у питању иста личност. Са Схоларијем је, заиста, био такав случај, он је упоредо имао оба чина.

Јованове смрти.¹⁷¹ Из Схоларијевог похвалног слова упућеног Димитрију сазнаје се да је овај царев брат био у договору са Теодором II да дође у Селимврију, али га је Теодорова смрт у одсудном тренутку омела у томе.¹⁷² Оправдано је претпоставити да Теодор II не би звао Димитрија на своју апанажу, уколико сâм није имао посебне планове према Цариграду а у којима се надао да ће га Димитрије подржати. У крајњој хипотетичној инстанци, договор је могао да буде спроведен према начелу да, ако Теодор II постане цар, Димитрије сједини под собом све копнене поседе у близини престонице. Срећом по Јована VIII, али и Константина, замисао се изјаловила због смрти Теодора II и откривања завере у престоници. У промењеним околностима, Димитрије је, уместо у Селимврију, пожурио у Цариград, у коме се обрео сигурно пре краја августа 1448.¹⁷³ Да ли је хтео да пружи потврде о својој лојалности Јовану VIII или да

---

¹⁷¹ Овакво Схоларијево држање било је добрим делом мотивисано наклоношћу коју је гајио према Димитрију. Како је познато, Димитрије је сâм покушао да приграби царски престо, али је у намери био осујећен (Kleinchroniken, 269 уп. *Ферјанчић*, Међусобни сукоби, 156). – Cf. *Gill*, Personalities, 86; *Laurent*, Syropoulos, 41.

¹⁷² У претходном излагању похвално слово Георгија Схоларија је било помињано у неколико прилика, али је намерно пропуштано да се проговори нешто више око хронологије догађаја које наводи (уп. посебно нап. 94, као и стране 323–324). У сваком случају, Схоларијева похвала је настала после смрти Теодора II, будући да се Димитријев брат у њој помиње као покојник, али пре 1450. када се Схоларије замонашио. Будући да се у спису говори и о Димитрију на Пелопонезу, дозвољено је претпоставити да је срочен 1449 (Димитрије је у Мореју пошао 1. IX 1449: Sphrantzes, 74). Из текста, уосталом као што је случај и у другим сличним саставима, није могуће извући прецизан редослед збивања, али би се ипак рекло следеће: Теодор II је, пошто је напустио Цариград, покушао да увуче у заверу Димитрија, у чему није успео. Као награду, Димитрије је добио Лимнос, на коме је раније имао власт (Scholarios. Oeuvres, III, 121, 6; *Ламброс*, Παλαιολόγεια, II, 57, 5–6). Пошто је утврђено да је Теодор II из Цариграда отишао јула 1446 (в. нап. 95, 161), овај неузвраћени позив старијег млађем брату био је непосредно после јула 1446. Тако би се добио и значајан податак о формалном уступању Лимноса Димитрију после поменутог датума (в. претходно излагање као и нап. 68), сасвим у сагласности са сачуваним дипломатичким изворима. Оно што Схоларије у наставку прича, односи се на другу епизоду која, с обзиром да је уследила релативно брзо за првом, тече у наредним редовима. Ово што се у наставку износи припада већ сâмоме крају живота Теодора II, то јест 1448. години, када је Димитрије требало да дође код старијег брата који је у међувремену умро (Scholarios. Oeuvres, III, 121, 12–13; *Lambros*, Παλαιολόγεια II, 57, 11–14). Cf. *Schreiner*, Studien, 178; *Ферјанчић*, Међусобни сукоби, 154–155; *Schreiner*, Kommentar, 473.

¹⁷³ У једној краткој хроници која доноси вест о смрти Теодора II, јуна 1448, каже се у наредној белешки да је исте године дошао (у Цариград) Димитрије. С обзиром на трајање византијске године до 1. септембра, излази да је Димитрије приспео у Цариград јула или августа 1448 (Kleinchroniken, 100). Да је приспео у престоницу у којој му је цар поново потврдио поседе око Месемврије, произлази опет и из Схоларијеве похвале (Scholarios. Oeuvres, III, 121, 13–17; *Ламброс*, Παλαιολόγεια, II, 57, 14–18). Халкокондил погрешно пише да је Димитрије дошао у Цариград тек по смрти Јована VIII (Chalc., II, 141).

Епилог (1440–1448)

из непосредне близине покуша да утиче на догађаје око престола, не зна се, премда је могуће да је желео обоје.[174] Имајући у виду околности под којима је дошло до смрти Теодора II, сада постаје схватљиво и зашто је Георгију Схоларију било пуна три месеца забрањено да јавно представи своју монодију, састављену поводом смрти Теодора II.[175]

Јован VIII је, дакле, такорећи до последњег часа, био приморан да брани од незадовољне браће не само сопствену политику расподеле апанажа, него и властито виђење царског наслеђа па и сâм престо. Фаворизовањем Драгаша, а уз њега и Томе, василевс је целих четврт века потпиривао отпор код запостављених Теодора II и Димитрија. Сваки од супротстављених Палеолога трудио се да стекне што више присталица у клиру, код страних сила а изнад свега код домаће аристократије. Архонти, како се сложно у савременим изворима називају припадници ове класе, уједно су припадали друштвеном и привредном врху византијске државе. Слој архоната по пореклу није био сасвим хомоген, али су у њему ипак претезали потомци велепоседничких породица из протеклих столећа који су у међувремену турским освајањима остали лишени прихода са земље и окренули се трговачким и банкарским пословима, без обзира на уврежене предрасуде према њима.[176] Што се повест Царства више примицала завршетку, то је већи био број оних који су се архонтима прикључивали из редова средњег, грађанског сталежа (некадашњи „месои" из XIV века), нарочито из средина изразитије захваћених економским и политичким утицајем и присуством италијанских република.[177] Ако се осмотре презимена најутицајнијих цариградских становника, јер за владе Јована VIII градско становништво се претежно своди на византијску престоницу, уочљиво је да је велики број богатих трговаца, банкара па и угледних царевих чиновника или дошао из млетачке Рома-

---

[174] Наставак текста у Схоларијевој похвали звучи првенствено као оправдавање Димитрија да доласком у Цариград није желео да узурпира престо. Утолико су сумње у томе смислу још израженије (Scholarios. Oeuvres, III, 121–122; *Ламброс*, Παλαιολόγεια, II, 57–58).

[175] Уп. нап. 289, у прошлом поглављу.

[176] Cf. *Maksimović*, Charakter, 181–182.

[177] *Oikonomidès* (Hommes d'affaires, 111–120) верује да „месои" као класа ишчезавају у XV веку. – *Maksimović* (Charakter, 181–182) показује узајамност нестајања земљишта и нарастања учешћа аристократије у банкарским и трговачким пословима.

није или има страно држављанство уз паралелну припадност Царству или потиче из неког од центара који су одавно под фактичком контролом Венеције. У једном од ранијих поглавља наведен је, на пример, случај са монемвасијским породицама Софијана, Евдемонојаниса и Нотараса.[178] Често се налазећи на истакнутим управним функцијама, они су без сумње користили положај и за своје приватно пословање.[179] Тако се у књизи рачуна млетачког трговца у Цариграду Ђакома Бадоера, поред низа Грка са Крита, Лезбоса или Хиоса, сусрећу и кефалија Агатопоља Константин Палеолог, Димитрије Нотарас, син Луке, сâм месазон Лука Нотарас или Манојло Јагарис, један од најближих сарадника Јована VIII у току Фирентинског сабора.[180]

Променама мање издашних апанажа за оне атрактивније, да се и не помиње могућност доласка њиховог „кандидата" на царски престо, архонтима би се, помало упрошћено али не далеко од истине, отварала лепа будућност. Нису у питању само привиловане позиције у пословању са иностранством, право грађанства које би као „дворани" свога господара стицали на многобројним дипломатским задацима, него и легализован обичај примања провизије за услуге које би странцима чинили, уколико су ови заинтересовани за Царство у политичком или привредном погледу.[181] Наравно, сва ова питања захтевају засебно и опширно разматрање, но ипак је корисно да се макар подсети на два упечатљива случаја са Фиренцом и Ђеновом. Када је фирентинска комуна 1416. године разговарала са василевсом око својих привилегија, изасланику Бетину Бертолију дато је пуномоћје да се упоредо обрати за посредовање Николи Нотарасу, Димитрију Гуделису, Илариону Дорији и Јовану Хрисолорасу (са којима је Фиренца већ била у контакту) и при том их награди. О износу награде се не говори, јер она зависи од

---

[178] В. страну 91.

[179] Ова ружна навика сметала је Георгију Гемисту Плитону који је устајао против ње: Migne, P. G., 160, 849C, 861B; cf. *Oikonomidès*, Hommes d'affaires, 122, n. 287.

[180] Badoer, 29, 108, 135, 148, 153, 19, 59, 91, 109, 139, 202, 285, 288, 299, 354, 376, 557, 602, 739; 410, 480; 51, 783. Cf. *Oikonomidès*, Hommes d'affaires, 20, 120, 122.

[181] Извесна разлика за коју се, рекло би се, залаже *Oikonomidès* (Hommes d'affaires, 122), између „дворана", „архоната" и царских чиновника није оправдана. Чини се да је у протеклом излагању изнето доста примера који су показали да су василевсови архонти, уједно његови чиновници, а такође и „дворани" цара.

Епилог (1440–1448)

тока преговора.[182] Тридесетак година доцније, 11. VII 1445. управа Ђенове се обратила сину Луке Нотараса, подсетила га на пријатељство које је са овим градом везивало Лукиног оца Николу, захвалила му на изразима наклоности које јој је упутио и уверавала га да ће нови подеста Пере знати то достојно да награди.[183] Лука Нотарас је 1445. заузимао највиши положај у Цариграду после царевог, који ни сâм, у начелу, на сличне разговоре није пристајао без претходних понуда. Да се не иде сувише далеко, довољан је пример из истих преговора са Фиренцом 1416. године, када је Бертоли требало да преда василевсу некакве поклоне, „perchè sempre ci troverà ne' suoi piaceri prompti".[184]

Добре везе са Италијанима дозволиле су највећем броју ових престоничких архоната да, уколико су преживели опсаду, избегну масакр после пада Цариграда 1453. Насељавајући се углавном на млетачким поседима, али и на ђеновљанском Хиосу,[185] ромејске породице се орођавају са латинским, о чему има потврда кроз читав XV век. Примера ради, само је галија Ђеновљанина Зорзи Дорије, приспела у помоћ престоници 1452,[186] превезла отуда двадесетак истакнутих цариградских трговаца и достојанственика заједно са њиховим пратњама, „con li suoi huomini" – како се каже у списку са именима спасених.[187] У ствари, није у питању нико други до „дворани" појединих моћних архоната, јер установа „дворана", то јест личне везаности за цара, проширила се у епохи Палеолога на нешто сложенију формулу, налик оној на Западу, на „пријатеље

---

[182] *Ламброс*, Παλαιολόγεια, III, 356–359; уп. нап. 94–97, *Други први цар*.

[183] *Iorga*, Notes et extraits, III, 299; cf. *Oikonomidès*, Hommes d'affaires, 20, n. 4.

[184] *Ламброс*, Παλαιολόγεια, III, 358.

[185] О орођавањима са Ђеновљанима на Хиосу, исцрпно сведочи Јеронимо Ђустинијани у својој историји острва, писаној 1585 *(Argenti*, Giustiniani). Овај егзодус Грка почео је много пре пада Цариграда, али је без сумње у првој половини XV столећа достигао највеће размере. Папа Евгеније IV је 7. XI 1432. нудио олакшице свим оним Грцима који се обрате римској курији бежећи испред Турака са својим породицама *(Hofmann*, Epistolae, I, n. 34, 27–28). О поменутим питањима у последње време је писао *A. E. Vacalopoulos*, The Flight of the Inhabitants of Greece to the Aegean Islands, Crete and Mane, during the Turkish Invasions (Fourteenth and Fifteenth Centuries), Charanis Studies, New Brunswick-New Jersey 1980, 272–283.

[186] *Pertusi*, Caduta, I, LXII, LXXXVI, 37.

[187] *К. Д. Мерциос*, Περὶ τῶν ἐκ Κων/πόλεως διαφυγόντων τὸ 1453 Παλαιολόγων καὶ ἀποβιβασθέντων εἰς Κρήτην, Actes du XIIe Congrès International d'Etudes Byzantines, II, Beograd, 1964, 172–173.

царевих пријатеља".[188] Тако су се међу оваквима на Доријиној лађи обрели између осталих Теодор и Андроник Палеолози,[189] Манојло, Тома (Асан) и Димитрије Палеолози,[190] Теодор и Манојло Ласкариси, Михаило и Јаков Калафати, Власије и Матеј Нотараси, синови месазона Луке Нотараса,[191] па чак и Јован и Димитрије Кантакузини (по свој прилици месазон Димитрије Палеолог Кантакузин).[192]

Економска снага архоната била је реципрочна са политичким утицајем на збивања у Царству али, исто тако, ограничене могућноста византијске спољне политике биле су управо у складу са привредним потенцијалом њених креатора. Наиме, занатска производња у византијским градовима одавно је почела да заостаје и по квантитету и по квалитету за оном у западној Европи.[193] У доба Јована VIII, када је у пракси реч једино о Цариграду, производња која би иоле превазилазила потребе локалне размене, сведена је била на минимум.[194] Чак и они артикли, традиционално особени за византијску привреду, какви су кожа и тканине, у Цариграду се претежно задржавају у транзиту. Продаја сирове коже сели се ближе местима у чијој близини има стоке или дивљачи са крзном, а то је приобаље Црног мора и посебно Једрене.[195] У турским крајевима, међутим, монопол на увоз и извоз не држе локални Грци већ, поред релативно малобројних Турака, Јермени и велики број Јевреја, којих има доста и у престоници.[196] Са тканинама, другим

---

[188] Cf. *Maksimović*, Charakter, 155.

[189] Cf. *Pertusi*, Caduta, I, LXXI.

[190] Cf. Ibidem, LXXII, 208, 296.

[191] Документе који о синовима Луке Нотараса постоје у ђеновљанским изворима делимично набраја *Oikonomidès*, Hommes d'affaires, 20, n. 4.

[192] Cf. *Pertusi*, Caduta, I, LXXI; *Nicol*, Kantakouzenos, No. 75, 194 (ипак, можда ваља размислити и о другим носиоцима истог имена и презимена).

[193] Cf. *Maksimović*, Charakter, 158.

[194] Cf. Ibidem, 165–167.

[195] Badoer, 112, 394, 434.

[196] Код Бадоера су забележени следећи Јевреји: Anastaxo de Danilli, 84, 792; Comatiano Saracaia, 162, 214, 360, 556; Comatiano Signorin de Lazaro, 636; Dedimari Elia, 188, 412, 802, 594; Elia, Baron e Davit zudii, 48, 348, 10,408,312; Flaflama Elia, 262; Leonin d'Abraan, 214, 258; Salaiman, 164, 270, 562; Saporta Samuel, 300; Signorin, 54; Zacaria, 74; Pulixoto, 250, 638; итд. Изгледа да је међу Јеврејима било и оних који су дошли из Млетака и настанили се у цариградској четврти Вланга. Ту су коже и крзна, увожени из иностранства, били прерађивани у њиховим радионицама: cf. *K.–P. Matschke*, Fortschritt und Reaktion im Byzanz in 14. Jh. Konstantinopel in der Bürgerkriegsperiode von 1341 bis 1354, Berlin 1971, 96–97. – Cf. *D. Jacoby*, Les quartiers juifs de Constantinople à l'epoque byzantine, Byz. 38 (1967) 167–227.

традиционалним производом, стање је нешто боље[197] али се на њима изврсно показује сва подређеност ромејске привреде. Замашан увоз простијих типова тканина Бадоер надокнађује количински мањим извозом скупоцених, у међувремену обрађених материјала са Запада, финансијски исплативијих. Срећу се код њега „pani scarlati",[198] „pani de 60 cupi",[199] „pani de grana",[200] произведени у Фландрији,[201] Лондону,[202] Мантови,[203] Падови[204] или у Венецији.[205]

Природно цариградско тржиште није било довољно велико да прихвати толики увоз нити му је он намењен. Престоница служи само као идеално транзитно средиште, делимично захваљујући географском положају а делимично и због олакшица које странци у њој уживају. Познато је, на пример, да је „комеркион", односно такса на право уласка робе у пристаниште, још срединим XIV века износио 10% од цене транспорта, уколико се ради о Ромејима, док је за странце варирао од 1% до највише 4%, а каткада су странци од „комеркиона" у потпуности били ослобођени.[206] Изузев краткотрајних настојања Јована VI Кантакузина да странце и Ромеје изједначи у условима пословања,[207] покушаји византијских трговаца да постојеће стање измене у своју корист, наилазили су на непремостиве препреке код сâмих ромејских власти, политички и економски зависних од италијанских република, па стога нескло-

---

[197] Уп. *М. М. Шитиков,* Торговля сукном в Константинополе и его окрестностьях..., Ант. Древность и сред. века, 10 (1973) 283–288. Овај аутор долази до следећих резултата: странци западног порекла су код Бадоера куповали сукно у вредности од око 36 000 перпера, Власи и Бугари за 1,1 хиљаду, Турци за око 5 000 перпера, Јевреји за 12 000 а Грци за око 20 000 перпера. Cf. *Oikonomidès,* Hommes d'affaires, 100.

[198] Badoer, 338.

[199] Ibidem, 216.

[200] Ibidem, 20.

[201] Ibidem, 50.

[202] Ibidem, 386, 782.

[203] Ibidem, 18, 28, 134, 142.

[204] Ibidem, 226, 278, 338.

[205] Ibidem, 138, 292, 294. – Има их још из Фиренце (ibidem, 24, 28, 134, 142, 224, 576, 778), са Мајорке (ibidem, 742) из Парме (ibidem, 776), Валенције (ibidem, 134). – О карактеру цариградске привреде и о Бадоеровим пословима као и посредничкој улози византијске престонице још увек су умесни општи закључци до којих је дошао *Luzzatto* (Storia, 169–179).

[206] Cf. *H. Antoniadis-Bibicou,* Recherches sur les douanes à Byzance, Paris, 1963, 97 sq.; *J. Chrysostomides,* Venetian Commercial Privileges under the Paleologi, Studi Veneziani 12 (1970) 267–356; *Oikonomidès,* Hommes d'affaires, 43–44. Такође, cf. *Zakythinos,* Despotat, II, 241–242.

[207] Cf. *Oikonomidès,* Hommes d'affaires, 46–49.

них и немоћних да им помогну. Сенат је, рецимо, 24. јула 1414. одговорио Манојлу II, који се Млечанима жалио да се велики број Византинаца издаје за Млечане и тиме избегава „комеркион", да убудуће таквих случајева више неће бити.[208] Наравно, било их је и касније, и то баш из редова богатах Грка, а неки случајеви су у протеклом излагању били поименце набрајани.

Као и данас, привлачење бесплатног страног капитала и, уз то, снажне политичке позиције у отаџбини, ниједна држава никада није одбијала, па то нису чинили ни Ђеновљани или Млечани. Ово ваља имати на уму када се подвргава анализи однос између процента Византинаца у укупном промету у Цариграду и процента вредности послова које они обављају у поређењу са другима. На основу пословања Ђакома Бадоера излази да су Грци чинили 31% његових клијената, са укупном вредношћу послова од 18,3%.[209] Наведени однос, сâм по себи врло речит, треба да се још више погорша ако се од Грка, урачунатих у проценат (18,3%), одузме број оних који етнички Грцима припадају, али потичу са Крита или неког другог невизантијског поседа. Таквих у „Књизи рачуна" Ђакома Бадоера има доста: Гаврило Катакалон и Димитрије Аргитис, обојица из Кандије,[210] Фоке „del Paleo Foro",[211] Андреја Риксис из Једрена,[212] итд. Њима још морају бити додати они који, добивши млетачко грађанство, послују под привилегованим условима. Између осталих, код Бадоера се међу овима јављају Георгије и Димитрије Кинами, Марко Филоматис, да се не помињу најчувенија архонтска имена.[213]

Да је за стране трговце Цариград био врло привлачан, лако се може потврдити статистичким поређењима обима појединих послова по годинама. Политичка агонија Царства није битније утицала на економску конјунктурност његове престонице. Немоћ домаћих власти да се супротставе италијанским републикама је трговцима донекле ишла чак на руку. Највише што је автократор објективно био

---

[208] Thiriet, Régestes, II, 1544.
[209] Према статистици коју је извео Oikonomidès, Hommes d'affaires, 104; cf. Maksimović, Charakter, 167–170.
[210] Гаврило Катакалон је иначе био тумач код баила (Badoer, 358). – Аргитис: ibidem, 410.
[211] Ibidem, 718. Они су ђеновљански поданици.
[212] „Andrea Rixo griego"; ibidem, 74.
[213] Кинами: ibidem, 622, 640. – Филоматис: ibidem, 168, 398, 610, 644.

Епилог (1440–1448)

у прилици да учини, били су напори усмерени ка смањивању монополског притиска једне од њих. Пример са пословањем Ђакома Бадоера сведочи да је укупна вредност трговине којом се он у току три и по године бавио у Цариграду (1436–1440) доспела на више од једног милиона перпера, то јест преко 300 000 златних млетачких дуката, са тенденцијом сталног годишњег пораста.[214] Ако се, са друге стране, упореди учешће Романије као привредног простора за венецијански приватни капитал, запажа се да је између 1443. и 1456. вредност промета била приближно једнака оној која је остваривана средином XIV столећа, док је почетком XV века привремено пала на половину. Но, ова вредност промета, која је средином претходног столећа износила 57,6% укупно остварене суме, пала је у Романији почетком XV века на 22%, да би се између 1443. и 1456. незнатно подигла на 26%.[215] Као закључак, јасно следи да се обим послова није смањивао, али се смањивала зависност Републике од Романије као привредног простора, будући да је Serenissima осетно увећала приходе на другим странама.

Када би било дозвољено политичке појаве мерити процентима, могло би се рећи да је, са овим смањењем учешћа Романије у приходима Републике, на одговарајући начин копнила и спремност Венеције да Царство по сваку цену брани. Рационални хроничар свога доба, Млечанин Гаспаро Цанкаруоло, да његово залагање за повлачење Млетака из скупих авантура са ромејским василевсом не би било схваћено као апстрактна контемплација, приложио је своме размишљању хладну рачуницу, на примеру прегледа прихода Републике за 1432. годину. Од укупоно 1 099 800 златних дуката, на приходе из „Доминанте" (град Венеција и царине) одлазило је 613 750 дуката, на оно што је стизало из такозване „terra ferma" (копно у залеђу) отпадало је 306 050 дуката, док је Романија доносила само 180 000 дуката.[216] Уместо Млечана, чији се удео у привредном животу Царства постепено реално смањивао, долазе

---

[214] Cf. Bertelé, Giro d'affari, 57.

[215] То су оцене које произлазе из анализе коју је о промету у поменутом периоду направио Thiriet, Observations, 495–522; уп. нап. 12, *Византија крајем XIV века*. Такође, cf. Thiriet, Régestes, III, p. 268–269; Grierson, Moneta, 86–88, доказује да Републике велики део своје моћи заснива на извозу новца који управо током четврте деценије XV века доживљава успон (сваке године више од 300 000 дуката).

[216] Податке даје Цанкаруоло (Zancaruolo, 638–639). Cf. Thiriet, Chroniques, 284–285.

други, као што су поред Ђеновљана били Фирентинци, Дубровчани, Провансалци или Каталанци, али нико од њих нема за собом државу такве снаге која би политички и војно била успешна замена Венецији и заштита пред Османлијама.

Инфериорност пред странцима била је последица вишевековног заостајања и архаичног социјалног устројства Византије. Међутим, није посреди прихватање или неприхватање феудализма у Царству – Византија је под Палеолозима, изван сумње, феудална држава – већ је у питању управо зависност од феудалне организације друштва. Није прилика за рашчлањавање овога проблема, али је свакако неоспорно да су у Царству, као и у свакој другој феудалној држави, основни приходи притицали са земље, којом се због османлијских освајања у XV веку више не располаже. Чак и оно земље што је остајало у рукама Ромеја, прекривено је било сплетом имунитетних права која су, некада врло снажну, државну благајну лишавала прихода. За разлику од западне Европе, у Византији је град под Палеолозима све време „осовина феудалног живота и печат му даје не класа градског патрицијата него земљишних поседника".[217] Нити се у византијском граду развио друштвени слој средњег сталежа нити у њему може бити говора о правим струковним корпорацијама.[218] Уместо њих, у Цариграду се у XV столећу примећује некадашња земљишна аристократија, у међувремену лишена земље, у коју се утапају и поједини истакнути представници неразвијеног средњег сталежа. Та, за византијске социјалне услове, нова класа требало је да издржи конкуренцију италијанских патрицијских република у којима власт снажним протекционистичким мерама подржава приватни капитал, истовремено га суверено контролишући централистичким и фискалним мерама и пунећи државну касу. Прва и основна последица губљења тери-

---

[217] Cf. *Maksimović,* Charakter, 188. – *V. Chrochova* (Le commerce vénitien et les changements dans l'importance des centres de commerce en Grèce du 13ᵉ au 15ᵉ siècles, Studi Veneziani IX, 1967, 3–34) дели грчке градове на три групе: оне који су се развијали независно од веза са Млецима (Мистра, Јањина, можда Арта или Монемвасија), оне који су се развијали упоредо са пенетрацијом Венеције (Алмирос, Лариса, Трикала, Канина, Нафпакт, Патрас), али код којих се не може доказати утицај Републике на њихову стабилност, и оне који су потпуно зависили од Млетака, најчешће и политички (Корон, Модон, Негропонт). Чини се да оваква подела ипак прецењује аутономност еволуције византијског града а и критеријуми разврставања нису баш сасвим јасни.

[218] Cf. *Maksimović,* Charakter, 161 sq.

Епилог (1440–1448)

торија и западне конкуренције било је драстично сиромашење, са којим се Византија суочила још од средине XIV века,[219] касније непрестано патећи од дефицита због непокривености извоза увозом, ма колико он стварно био скромних размера.[220]

Јован VIII је био свестан зависности Царства од спољних чинилаца и трудио се да смањи стеге, не само њиховог политичког притиска на Византију – о чему је у ранијем излагању много расправљано, него и економског, помоћу неких конкретних мера, намењених првенствено страним трговцима. У томе погледу је умесно упоредити га са Јованом VI Кантакузином, јединим међу царевима из епохе Палеолога који је, макар на тренутак, успео да заустави процес подређивања византијске привреде и друштва Латинима. Личио је Јован VIII на Кантакузина и по бризи за обнову домаће флоте,[221] али ситуација у којој је Кантакузин ускратио привилегован положај страним трговцима битно се разликовала од прилика у XV веку.[222] Зато је василевс, по прилици од 1430. године, стао да се користи привлачношћу Цариграда за трговце,[223] једним од малобројних оружја која су му преостајала, не би ли њихово присуство учинио етнички разнороднијим а политички и финансијски кориснијим по Царство. Исправно проценивши да је од свих мера најефикасније оно што се може добити од увозних и извозних дажбина и наплате пристанишних услуга, Јован VIII је крајем 1432. године непријатно изненадио најпре Млечане, ускративши Силвестру Морозинију храну, воду и остале потрепштине за петнаест ратних галија које је предводио против Хиоса.[224] Премда је у одбијању било првенствено политичких разлога,[225] не могу се пренебрегнути и економски мотиви ове одлуке краткога века.

---

[219] О томе у првоме реду cf. *D. Zakythinos*. Crise monétaire et crise économique à Byzance du XIIIᵉ au XVᵉ siècle, Athènes 1948; уп. *Острогорски*, Историја, 451–453, 488–491.

[220] Cf. *Maksimović*, Charakter, 169.

[221] Cf. *Ahrweiler*, Mer, 385 sq.

[222] Cf. *Oikonomidès*, Hommes d'affaires, 46–52.

[223] *Heers* (Gênes, 382), чини се, прецењује улогу Пере када тврди да је ђеновљанска лука преузела на себе највећи део промета у транзиту још пре него што је Цариград пао у руке Турака. Прецизних доказа за то нема, напротив, промена економске и царинске политике доказује пре супротно.

[224] Zorzi Dolfin, 363.

[225] Реч је о затегнутим односима Венеције са Царством због акција Републике против опсађеног Хиоса (в. стране 247–248); cf. Ламброс, Παλαιολόγεια, III, λγ'–λς' (И. К. Војазидис).

Вероватно наредне, 1433. године, Јован VIII је решио да повиси „комеркион", основну таксу приликом уласка и изласка сваке робе у луку, без обзира на њено порекло.[226] Фебруара 1434. године, арагонски краљ Алфонсо V је узбуђено реаговао на промену „комеркиона", питајући преко свога посланика автократора зашто баш он да буде први на коме се примењује нови пропис, по коме поменута такса треба да износи 3% од цене транспорта. Интервенција Алфонсовог поклисара била је неуспешна, будући да је цар чврсто остао при донетој одлуци.[227] У жалби арагонског краља у првоме реду имали су се у виду Каталанци који су у XII веку плаћали 3% а у XIV столећу 2% „комеркиона".[228] Фиренца је била следећа која је искусила нове прописе око „комеркиона". Ова комуна, која се иначе врло тешко пробијала на цариградско тржиште, дуго је морала да моли за давање привилегија, одавно додељених Венецији и Ђенови. Фиренци је посебно било значајно да јој се признају старе повластице Пизанаца али, све до сабора у њиховоме граду и практичних разлога царевој промени држања према домаћину скупа, напори Комуне били су јалови. Тек 1439. године дозволио је Јован VIII Фиренци да преузме „пизанску лођу" и смањио јој „комеркион" са дотадашња 4% на 2%.[229] Исте 1439. године, автократор је доделио и широке повластице појединим Фирентнцима, међу којима су се налазили и Ђакомо де Морели и Панкрацио Микеле Федини, сврставајући их у своје „дворане" и ослобађајући их различитах дажбина и пореза које су други морали да плаћају, али не и „комеркиона",[230] од кога није било могуће индивидуално ослобађање.

На висину „комеркиона" била је осетљива и Serenissima. Сенат је 7. VIII 1447, позивајући се на одлуку још из 1409, захтевао да проценат наплате таксе буде јединствен за све производе у износу

---

[226] Уз радове наведене у напомени 206, у овом поглављу, cf. *J. Danstrup,* Indirect Taxation at Byzantium, Classica et Mediaevalia VIII (1946) 139–167.

[227] *Marinescu,* Relations économiques, 212.

[228] Cf. *idem,* Notes sur les Catalans dans l'Empire byzantin pendant le règne de Jacques II (1291–1327), Mélanges Lot, Paris 1925, 506.

[229] Фирентинци су у више наврата тражили да преузму привилегије Пизе у Цариграду, о чему је било говора у протеклим поглављима. Молили су за повластице и 1430 *(Müller,* Documenti, n. 111, 156; *Ламброс, Παλαιολόγεια,* III, 320) и 1436 *(Müller,* Documenti, n. 117, 162; *Ламброс, Παλαιολόγεια,* III, 321). Хрисовуље Јована VIII из 1439: *Müller,* Documenti, n. 121–122, 172–174; ММ., III, 195–202; *Ламброс, Παλαιολόγεια,* III, 334–344.

[230] *Ламброс, Παλαιολόγεια,* III, 345–352.

Епилог (1440–1448) 361

од 1%.²³¹ Наиме, мада се „комеркион" за Млечане заиста кретао око поменутог процента, он у свакодневном пословању није био прецизно наплаћиван, често премашујући износ од 1% (1,25%), али се и спуштајући на 0,75%.²³² У пракси су се заиста јављали, осим такозваног „chomerchio de linperador", многи други сродни намети, ови са циљем опорезивања промета робе: „chomerchio de la mità", „de bote d'oropelle", „de piper", „de teste" итд. ²³³

Василевс је помоћу „комеркиона" био у прилици да у погодном тренутку конкретно утиче на занимање страних трговаца за Царство, о чему сведочи добро пример са Фиренцом. Турци, који до 1453. нису уводили сличне дажбине, став су променили одмах по заузећу Цариграда. Мехмед II је једноставно сматрао да није мудро лишити се прихода од промета у метрополи коју је трговцима тешко да избегавају. Зато султан 1454. године намеће „комеркион" од 2% најпре Млечанима, то јест у двоструком износу у поређењу са овим који су плаћали Јовану VIII.²³⁴

„Комеркион" су наплаћивала и царева браћа на својим апанажама. Када је, на повратку у Мореју, посланик Константина Драгаша свратио фебруара 1431. године у Дубровник, договорио се да трговци овога града буду на Пелопонезу подвргнути „комеркиону" од 3%, али истовремено ослобођени од дажбина на жито, сребро, злато, драгоцености и томе слично. Драгаш, међутим, није прихватио прелиминарни споразум.²³⁵ Чини се, из два разлога: Мореја је била пространо пољопривредно подручје, па су стари порези у њој још увек пружали значајне приходе²³⁶ а, са друге стране, била је још увек релативно заштићена од Османлија и привредно богата. Двадесет година доцније, деспот Тома Палеолог смањује истим Дубровчанима „комеркион" на 0,5% а Димитрије их 1451. године ослобађа свакога „комеркиона",²³⁷ нудећи и Фиренци смањење ове

---

²³¹ *Thiriet*, Régestes, III, 2755.
²³² Badoer, 103, 182, 184, 198.
²³³ Ibidem, 203, 354, 765, 589.
²³⁴ Cf. *Thiriet*, Romanie, 383. Мехмед II је желео да промени пропорцију у приходима државе, у којој је, судећи по Халкокондилу, од царина притицало једва неколико стотина хиљада дуката од укупно 13 милиона (Chalc., II, 198–201; cf. *Vryonis*, Ottoman Budget, 423 sq.).
²³⁵ *Iorga*, Notes et extraits, II, 292–293; *Krekić*, Dubrovnik, 786, 787, cf. p. 51.
²³⁶ О порезима у XV веку не постоје још увек довољно исцрпна истраживања. Cf. *Oikonomidés*, „Haradj", 686–688.
²³⁷ *ММ.*, III, 232–234, 230–232; Ламброс, Παλαιολόγεια, IV, 187–189, 233–235.

таксе на половину.[238] Остајући без прихода који су вековима са поља пристизали, Палеолози у Мореји покушавају да губитак смање оним што је могла да пружи трговина, поступајући у суштини исто као и њихов брат у Цариграду. „Комеркион" или нека трошарина на капији („chortesia a la porta per intrar", односно „licencia a la porta")[239] били су начини да се држава колико-толико опорави од штета изазваних турским освајањима, али и мере, по обиму заиста скромне и недовољне. Но, такво је било и Царство у XV столећу. Ипак, некакви резултати ове политике били су очигледни. Јер, само су здравије финансије у поређењу са некадашњим стањем могле да дозволе василевсу толике замашне интервенције на цариградским фортификацијама (да се остави по страни Мореја) или обнављање византијске морнарице, ма колико оно стидљиво било. Нешто због стицаја ширих међународних политичких околности, нешто због дипломатске вештине али сигурно и због кредитне способности Царства, Јован VIII, усталом, никад није био пред Млечанима као повериоцима у онако очајном положају дужника, у каквоме су се налазили током читавих својих влада његови претходници на престолу, Манојло II и Јован V.

Јован VIII се трудио да измени схватања својих поданика о концепцији царске власти, посебно мењајући њихове погледе на институцију савладарства или крунисања, као обавезног чина за стацање легитимности управљања. Такође је, бар у једном краткотрајном делу своје владе, настојао да се супротстави даљој децентрализацији државе, оличеној кроз осамостаљивање апанажа, чији је независан положај свео праве домашаје централне администрације са царем на челу на видокруг око Цариграда, и то много пре него што су Турци заузели остале ромејске земље. Без сувише обзира на традиционално веровање Ромеја у ексклузивну супериорност ортодоксне догме, василевс је, имајући пред собом практичне импликације шизме и наду у будућност коју би њено превазилажење донело, систематски покушао да две завађене цркве измири и доведе Царству са Запада ишчекивано спасење од неверника. И у економској политици автократор је донекле хтео да измени праксу

---

[238] *Müller*, Documenti, 177–178; *Ламброс*, Παλαιολόγεια IV, 203 –204.
[239] Badoer, 650.

својих претходника на престолу, добро схватајући да је, на путу ка стварноме ослобођењу Византије и отимању од ослонца на једну или другу италијанску републику, нужно заинтересовати, политички и привредно, што шири круг европских држава за недаће Царства и корист по хришћански свет уколико би се оно опоравило. Уза све, он ипак није био ни прави реформатор ни утопијски визионар. Промене за које се залагао нису суштински мењале ни устројство византијског друштва ни његов политички и привредни положај. За преображење Царства чак и реформе су, уосталом, биле недовољне, његова превазиђена социјална структура и идеолошка основа захтевале су револуционарне поступке.

Све хотећи да, како се чини, Царство приближи мерилима ондашњег Запада, а у првоме реду италијанским републикама и њиховом прагматистичком поимању државе и политике, аутократор је забележио само привремене и међусобно неједнаке успехе. Мада је незахвално давати сличне процене, рекло би се да је криза Византије, започета грађанским ратом четрдесетих година XIV века, била у корену онога што се у Царству током потоњих деценија збивало, али је била и прилика за промене. Један од главних учесника наведеног грађанског рата, Јован VI Кантакузин, као да је понешто из будућности државе антиципирао, не само довођењем Турака на Балканско полуострво него и начином на који је мислио да финансијски, политички и војно отргне Царство од сенке италијанских покровитеља. Због тога је и излагање о Јовану VIII и његовом времену морало да започне знатно пре него што се и родио, а поготово много пре него што је почео самостално да влада.

Византија се видно топила за дугог царевања Јована V, да би, под Манојлом II, ово осипање било настављено. У доба Манојловог најстаријег сина на цариградском престолу, Царство, међутим, ни по простору који је заузимало ни по финансијској и војној снази којима је располагало, ни у чему није битније заостајало за Византијом с краја XIV столећа. Можда би се чак смело рећи да је пропадање државе у понечему било заустављено а понегде су се запажали и слабашни знаци постепеног опоравка (ширење граница у Мореји, обнављање флоте па и пунија каса). Наравно, Јован VIII није био први који се досетио ових мера. Ако су, на пример, у питању ставови према обнови бродовља и промени царинске политике, претходника је имао у Јовану VI Кантакузину, да се не набрајају сви они цареви који су се залагали за црквену унију са Римом, укључујући и његовог оца Манојла II. Јовану VIII је једино пошло за руком да верско сједињење са Латинима формално приведе крају, онда када је за њега свакако било прекасно.

Уопште, Византију је, у односу на Запад, суседе па и Турке, одавно пратило закашњење. Како је истицано, трагедија Царства из епохе Јована VIII није била толико изражена у његовом назадовању колико у напредовању других, како непријатеља тако и могућих савезника. Речју, Византија је била анахрона средњовековна држава у новоме времену. Цар је, изгледа, наслућивао дах тог новог доба, у чему, уз пут, није у Царству био усамљен. Човек ренесансе није био само неоплатоничар Георгије Гемист Плитон, назорима феудалног друштва су се на свој начин отргли и престонички архонти XV века, али не и Византија у целини.

Ненаклоњен верском зилотизму, упоредо склон да традиционалну византијску „икономију" поистовети са млетачким прагматизмом, Јован VIII је, рекло би се, и по понашању одударао од устаљене представе о автократору. Сигурно, на то је утицала и чињеница да протокол, раскошна изолованост и узвишеност цареве личности, столећима утврђивани као природно василевсово оружје, нису могли доследно да се спроводе у осиромашеној држави маленог обима, опкољеној престоници и на скромноме двору. Ипак, толерантност са којом је у Цариграду и у Италији у много наврата слушао понекад и врло увредљива супротстављања својих противника, или како се опходио према не баш угледном шпанском путнику Перу Тафуру,[240] као да говоре да је и сâм цар тежио смањењу сувишног церемонијала. Можда о василевсу понешто сведочи и помињани запис Латина де Пињија, скромног житеља села Перетоле крај Фиренце, о томе како је Јован VIII, пошто му је Пињи према византијским обичајима, на дискретни наговор царске пратње, пао пред ноге, искрено захвалио на гостопримству и домаћину поручио да ће бити почаствован да му гостопримство узврати, ако овај икада доспе у ромејске земље. Автократор је на крају пажљиво забележио адресу и Пињијево име.[241]

---

[240] Cf. *Vasiliev*, Pero Tafur, 93–94, 119–120.
[241] *Ламброс*, Παλαιολόγεια, III, 329; *Setton*, John VIII slept here.

Епилог (1440–1448)

За портрет цареве личности погодно је поље и посматрање његовог става према унији. Премда оглашаван од свих њених противника великим кривцем пред властитим народом и осуђиван као строги прогонитељ оних који се са црквеним сједињењем нису слагали, у стварности василевс није био такав. Недвосмислено уверен у сврсисходност верског помирења, Јован VIII је у придобијању антиуниониста показивао упадљиво стрпљење. Ако је поређење овога цара са Кантакузином имало донекле оправдања, поистовећивати Јована VIII са творцем прве уније из 1274, Михаилом VIII Палеологом, неумесно је. О такозваним „злоделима", којима је Михаило VIII прибегавао не би ли Византинце приволео сједињењу, за владе Јована VIII нема трага.[242] Његово понашање после повратка из Фиренце није било по вољи ни римскоме папи. Мање стрпљив и мање заинтересован за судбину Царства од претходника, Никола V се 1451. године није устезао да у писму Константину XI врло директно проговори о држању Јована VIII: „Ми ни најмање не сумњамо" – каже папа – „да је Јован Палеолог, твој старији брат и претходник у Царству, са врлином разборитости којом га је Бог обдарио, могао, да је тако хтео, да ствар (sc. унију) приведе срећном завршетку али, будући да се он упро да је (sc. унију) усклади са приликама свога доба, зауставио се усред посла".[243] Другим речима, Јовану VIII било је суђено да умре усамљен, будући да није припадао ни ватреним православним круговима нити је својим држањем задовољавао радикалне захтеве курије. На основу онога што је до данас сачувано, када је преминуо, састављена је само једна пригодна монодија. Аутор је био Јован Аргиропул, мудри хуманиста и потоњи избеглица у Италији.[244]

Аргиропул је преминулог автократора означио искључиво као цара Грка. О Ромејима нема ни помена. Истина, код већине византијских писаца, историчара или ретора, поготово оних из XV сто-

---

[242] Уп. *М. Живојиновић*, Света Гора и Лионска унија, ЗРВИ 18 (1978) 147 сл.
[243] *Hofmann*, Epistolae, III, n. 304, 132; cf. *Gill*, Personalities, 123.
[244] *Ламброс*, Παλαιολόγεια, III, 313–319. О Аргиропулу, cf. *G. Cammelli*, Giovanni Argiropulo, Firenze 1941; *D. J. Geanakoplos*, Byzantium and the Renaissance, Greek Scholars in Venice, 1973,²73 sq. – Чињеница је да о Јовану VIII постоји само једна монодија што, упркос случајности која често има пресудну улогу у располагању изворима, ипак није занемарљиво, поготово када се упореди са бројем сродних списа сачуваних о осталим представницима царске породице.

лећа, врло је омиљено присећање на хеленски елемент у ромејском наслеђу, али се по правилу уз њега јављају и јасне потврде римске хришћанске државне традиције. Рађање, боље рећи још једно рађање, новог грчког националног бића засебно је питање и захтева посебну анализу. Овде је умесно једино да се истакне, као што је у претходним поглављима било у више наврата чињено, да је политичка дезинтеграција Царства помагала и његово привредно, културно па и етничко раслојавање. Ова дезинтеграција постепено је водила стварању два упоредна ентитета, оног ромејског и оног хеленског. Слабост Византије пред Латинима и Турцима ишла је свакако само у прилог овом другом. Први је подразумевао припадност Византији као држави и Палеолозима као владарима а други је своје корене тражио у јединственом језику, вери и у прошлости постојећој снажној држави, некадашњем Царству. Актуелтни страни господари не успевају да угуше грчки национални идентитет, но изван сумње је да се он, бар у XV веку, налази подалеко од још увек важеће политичке идеологије Цариграда. Када је овај процес започео, тешко је рећи, по некима у првој половини XIII столећа, али то за ову прилику није најважније.[245] Много је битније да се подвуче да је разлике између Ромеја и Грка био свестан и знатан део савременика Јована VIII, на основу обичних свакодневних искустава и животне праксе. Суштински, био је у питању растанак са хиљадугодишњим превазиђеним наслеђем, кога се неко попут Аргиропула,[246] радо одрицао у име античких хеленских идеала, а неко, као византијска црквена хијерархија,[247] тешко лишавао у име прошлости. Било је, наравно, и оних који су се трудили да оба схватања помире, као на пример филозоф Георгије Гемист Плитон.[248]

Слагали се или не, стварност је била таква каква је. Називати се Ромејима у XV веку имало је смисла само у случају посредне

---

[245] Cf. *Ahrweiler,* Idéologie.

[246] Cf. *Geanakoplos,* Renaissance, задржава се на судбинама Михаила Апостолиса, Марка Мусуроса, Арсенија Апостолиса, Захарија Калиергиса, Димитрија Дуке, Еразма, да би закључио са општом оценом њиховог доприноса западној образованости.

[247] Cf. *Vryonis,* Decline, 288–350 (о променама са којима се суочила црквена организација у Малој Азији под Османлијама).

[248] Cf. *Masai* op. cit., посебно 270 sq.

Епилог (1440–1448)

или непосредне подложности цариградској влади. То је било природно чак и за грчког састављача описа православних земаља, то јест територијалног и људског улога којим је православна црква располагала током преговора око сједињења са Латинима. Прилика да се овај списак, инспирисан антиунионистичким побудама, искористи, пружила се 1433. године на Базелском сабору. У њему се изричито каже да су Пелопонез, Лимнос, Имброс и већи део Тракије око Цариграда ромејски, будући да су под византијском влашћу, а све остало (јонска и кикладска острва, Крит, Беотија, Тесалија, Атика, „Хелада", Тракија, Македонија...) „грчка је домовина".[249] У латинском преводу ствар је, у складу са западним схватањима, још више поједностављена и приближена реалности. Термин „Ромеји" уступа чак и када је у питању територија Царства и мења се у „Грци".[250]

У XV веку се, међутим, не треба претерано чудити повезивању ромејства искључиво са признавањем конкретне власти из Цариграда. Нису ли се, уосталом, још 1349. године у Солуну појединци међу грађанима, током преговора које су тамошњи „зилоти" водили са српским царем Душаном око предаје вароши, називали „филоромејима" (φιλορρώμαιοι), то јест онима који осећају пријатељство према истоименим суседима.[251] Наведени израз за житеље Солуна, града који се тада налазио изван домашаја било цариградске владе било Јована VI Кантакузина, утолико пре мора да буде озбиљно схваћен ако се присети да је Солун до 1342. године припадао истом царству Ромеја, а првенствено ако се зна да појаву „филоромеја" бележи нико други до сâм цар Ромеја, Јован VI Кантакузин, иначе дубоко прожет идеологијом васељенске мисије „Новога Рима".

Раскорак између теоријских погледа на поље посматрања и онога што око посматрачу пружа, очигледан је и код тројице историчара епохе Јована VIII, Халкокондила, Дуке и Сфранцеса, но њихова схватања се озбиљно разилазе. Сфранцес, писац изразито сажетих успомена, представљених у облику налик дневнику, уз то

---

[249] Ламброс, Παλαιολόγεια, I, 9 sq.; 333 sq., cf. νδ'.
[250] Ibidem, νδ'.
[251] Cant., III, 110.

човек који је већи део века провео на апанажама поред Константина XI Драгаша, у приказу збивања до 1453. године не служи се ознакама као што су „Ромеј" или „Хелен". За њега једино постоје географски термини којима означава опсег апанажа или власти појединих Палеолога, цара или неког страног господара на хеленском тлу. Карактеристично је да је само два пута, говорећи о догађајима после пада Цариграда, употребио појам „Ромеј", и то у етничком смислу.[252] Код Дуке се, опет, исти израз доследно примењује уза све што припада Византији, било да је реч о царској титули, територији или становништву на тој територији. Али, када говори, будући да дело почиње као хронику, о давној превизантијској прошлости, помиње искључиво Хелене. Међутим, у вези са збивањима око фирентинске уније, посебно у поређењима παρὰ Ἰταλῶν καὶ Γραικῶν, или када наводи речи странаца о Грцима, јавља се и вулгарни синоним за „Хелен" који као да означава уже „национално" осећање а изоставља се „Ромеј".[253] Све у свему, за њега је ипак бити Ромеј исто што и бити Хелен, или како он сâм каже, причајући, на пример, о страхотама грађанског рата четрдесетих година XIV века: „Свуда плач, свуда нарицање, свуда сузе у очима Ромеја, а милосрђе немаше ни Хелен ни варварин".[254]

Потпуно друкчији приступ византијској повести има много образованији Лаоник Халкокондил. Он трага, свакако не без утицаја морејске средине у којој је одрастао и живео, за грчким континуитетом од Спарте и Атине, преко Александра Македонског, до Византије XV столећа. Према њему, Римљани су у своје време наметнули Грцима власт, али су Грци успели да сачувају своје име, језик и обичаје. Визант је грчки град, истиче Халкокондил, као што је то и Никеја. Цареви Византа, то јест Цариграда, своје

---

[252] Sphrantzes, 114, 132.
[253] Ducas, 33, 41, 47, 49, 55, 65, 71, 87, 129 (примери за *Ромеје*); 267 sq. (примери за догађаје око уније). – Из Сиропулосовог приповедања сазнаје се да су се Ромеји, изгледа нарочито они из редова клира, љутили када би их на Западу називали „Грцима" уместо „Хеленима" *(Laurent*, Syropoulos, 124). Cf. B. A. *Mystakides*, Αἱ λέξεις Ἕλλην, Γραικός (Γραίκυλος), Βυζαντινός, c Ῥωμαῖος..., Tübingen s. a. (неприступачно у току писања рада); *H. Ditten*, Βάρβαροι, Ἕλληνες und Ῥωμαῖοι bei den letzten byzantinischen Geschichtsschreibern, Actes du XIIe Congrès d'Etudes Byzantines, II, Beograd 1964, 273–298.
[254] Ducas, 57. Уп. *С. К. Красавина*, Мировоззрение и социальнополитическше взгляды византийского историка Дуки, ВВ 34 (1973) 97–111.

национално име су ипак променили, па су се називали са великим поштовањем царевима и автократорима Ромеја, нажалост не удостојавајући титулу „грчких царева (краљева)".²⁵⁵ Слично је, сетно закључује Халкокондил, било и са црквом. Стога он, после овог уводног објашњења основа државне идеологије Царства, нигде више неће користити за византијске владаре израз „цар Ромеја".²⁵⁶ Начин Халкокондиловог мишљења својом савременошћу задивљава модерног читаоца, али својим захтевима према традицији и стварности неминовно је премашивао способности мењања једне уморне цивилизације.

У вишевековном распињању између онога што је било и онога што је претендовало да буде садржана је била судбина и коб Царства. Природно, овај процеп се, идући крају, непрестано увећавао. Може се закључити да је и неспоразум између Јована VIII и његових противника у Византији, нарочито када је реч о унији и западној политици у целини, делимично био у томе што се од василевса очекивало да заступа Ромеје, у некадашњем значењу овога појма, премда је он, без обзира да ли се тако лично осећао, био само владар једне скромне државице.

На основу свега изнетог, требало би да буде разумљивије зашто је автократор на крају живота био усамљен а плодови његовог политичког труда споро прихватани или одбацивани. Умро је, по свој прилици, после кратке болести коју не ваља доводити у непосредну везу са хронично лошим здрављем василевса. Болест је, изгледа, потрајала свега неколико дана.²⁵⁷ Преминуо је 31. октобра 1448.

---

²⁵⁵ Chalc., I, 1 sq. – Истини за вољу, Халкокондил није био ни једини па ни први који је на сличан начин размишљао. Са извесним нијансама, о Ромејима као наследницима античких Хелена размишљали су чак и писци XIII столећа, а на првом месту Теодор Метохит. Овим питањима је у литератури у више наврата опсежно прилажено. Cf. *S. Runciman*, The Last Byzantine Renaissance, Cambridge 1970, 14 –23; idem, Byzantine and Hellene in the Fourteenth Century, Τόμος Κ. Ἀρμενοπούλου, Солун 1952, 27–31; *П. К. Христу*, Αἱ περιπέτειαι τῶν ἐθνικῶν ὀνοματῶν τῶν Ἑλλήνων, Солун 1960. Ипак, чини се да, мада врло сажет и опрезан, најбољи увид у читав проблем пружа и при том нуди тачне интерпретације *S. Vryonis* (Recent Scholarship on Continuity and Discontinuity of Culture: Classical Greeks, Byzantines, Modern Greeks, Byzantina kai Metabyzantina, I, 1978, 237 sq.).

²⁵⁶ Chalc. I, 1–7. – И Георгије (Генадије) Схоларије је сматрао да су „Хелен" и „Ромеј" синоними. У монодији, састављеној поводом смрти Јелене Драгаш, он говори о њеној непрестаној бризи за добро „Ромеја или Хелена" (Scholarios, Oeuvres, I, 262; уп. *Анастасијевић*, Једина царица, 15).

²⁵⁷ Ducas, 279.

године.²⁵⁸ Смрт је, наводно, наступила у десет часова.²⁵⁹ Наредног дана, 1. новембра, сахрањен је у породичној гробници последњих Палеолога, цариградском манастиру Пантократора.²⁶⁰ Према сопственој жељи, смештен је у гроб своје треће супруге, трапезунтске лепотице Марије Комнине.²⁶¹ Нажалост, ни такав тренутак, какав је била смрт автократора, није омео противнике цареве унијатске политике да покажу огорчење према њему. Црквене власти су, наиме, одбијале да обаве нужне погребне церемоније,²⁶² а царица-мајка, за коју је василевс био везан више него што је уобичајено, забранила је помињање Јовановог имена међу царевима приликом литургија.²⁶³ Јелена Драгаш се, другим речима, окренула против сина који јој је био дубоко емотивно близак. У оваквим околностима догодило се да је Јован VIII био сахрањен по католичким а не по ортодоксним обичајима. Податак је то који су забележили и савременици на Западу.²⁶⁴ Мало је вредело Константину XI и Јелени Драгаш што су ускоро одустали од анатеме, увиђајући и сâми да друге помоћи Царству нема, изузев оне коју нуде папство и Запад. Како је речено на почетку излагања, у првоме поглављу, одавно је за све било сувише касно.²⁶⁵

---

²⁵⁸ Датум нуди Сфранцес: Sphrantzes, 72. Такође: Kleincroniken, 187, 269, 462, 646 (? – аутор белешке прави лапсус са даном). О смрти говоре: Ducas, 279; Chalc., II, 140. – За остале вести, cf. *Schreiner*, Kommentar, 474–475. – Лик овога владара инспирисао је неколико значајних западних уметника онога доба, као што су били Беноцо Гоцоли, Пјеро дела Франческа и Пизанело. О представама Јована VIII у делима савременика писао је *Сн. Ламброс* (NE 4, 1907, 386–417; NE 6, 1909, 399–408), *P. Jurgenson* (Zur Ikonographie des Kaisers Johannes VIII. Palaiologos, BZ 27. 1927, 346–349) и *G. Marinesco* (Deux empereurs byzantins: Manuel II et Jean VIII Paléologues, vus par les artistes occidentaux, Le Flambeau 9–10, 1957, 759–672; *idem*, Échos byzantins dans l'oeuvre de Piero della Francesca, Bulletin de la Société Nationale des Antiquaires de France, déc. 1958, 192–203).
²⁵⁹ Kleinchroniken, 646.
²⁶⁰ Sphrantzes, 72; Kleinchroniken, 269, 647.
²⁶¹ Sphrantzes, 72; Kleincroniken, 647.
²⁶² Scholarios. Oeuvres, III, 100; cf. *Gill*, Personalities, 106.
²⁶³ *Ламброс*, Παλαιολόγεια, I, 56–61, посебно 59; уп. нап. 69, *Рођење, породица и прве године*; *Анастасијевић*, Једина царица 12.
²⁶⁴ „Fu sepulto catolicho", каже Zorzi Dolfin (413).
²⁶⁵ *Ламброс*, Παλαιολόγεια, I, 59; уп. *Анастасијевић*, Једина царица, 12.

РЕЧ НА КРАЈУ

Чини се да би било врло тешко, опширно а у исти мах и непотпуно, настојати на крају књиге са систематским подсећањем на оно о чему је све било говора у претходним поглављима. Напротив, изгледало је сврсисходније да се сада, на завршетку истраживања, поставе нека, у ранијем излагању једноставно преурањена питања или прошире нека од размишљања којима је било посвећено доста простора расутог на странице и појединачне поводе. Нужно је, такође, да се овде изведу и неки од општијих закључака о природи Царства Јована VIII Палеолога, као и да се слободније изрекну, зарад потоњих проучавања, неке од недоумица пред којима се ова монографија зауставила.

Изван сумње је да је међу оним, условно названим примарним задацима са којима се писац суочио, његову пажњу, поред осветљавања генеалогије и породичне хронике последњих Палеолога, морала да привуче и садржина царске титуле Јована VIII. Тачније, резултати до којих се дошло о институцији савладарства, крунисању и условима за стицање легалне царске власти у Византији XV столећа били су, рекло би се, изненађујући и нови. Из њих је, између осталога, произлазило да је еволуција обичаја постепено умањивала улогу крунисања као претпоставке за законитост положаја главнога василевса. За савладаре се, по свој прилици од краја XIV века, ова церемонија није ни предвиђала, изузев ако није био у питању први међу њима. А последњи византијски владар, Константан XI Драгаш, премда није имао царско достојанство, не само што је као први регент и наследник на престолу у више наврата замењивао старијег брата Јована VIII него је касније, као василевс-автократор, завладао државом иако никада крунисан није био. У ствари, промене у државно-правним схватањима Ромеја, па и у онима око царског достојанства, биле су само један од показатеља мере у којој се Византија XV столећа озбиљно удаљила од властитих цивилизацијских идеала и архетипова. Разумљиво, циљ истраживања састојао се управо у што прецизнијем утврђивању удела Јована VIII у овим значајним променама, исто као што се то настојало и када је ваљало да се објасне покушаји Царства да се војно и финансијски макар делимично ослободи зависности од моћне млетачке републике. Ма колико исходи оваквих напора били скромни и недовољни, они ипак недвосмислено указују на непосредно учешће и заслуге Јована VIII у њима.

Надаље, ваљало је што свестраније осветлити битне особине епохе у којој се Јован VIII појавио, као и државе којом је управљао. Ово из простог разлога што је тема књиге изискивала упознавање колико самог претпоследњег византијског цара толико и времена и простора у којима се као личност кретао. Али, када је посреди Царство Јована VIII, умесно је запитати се о којој је држави заправо реч. Јер, слика која је, по окончању анализе, добијена о Византији тога доба не само да потврђује да је она још одавно била сведена у скромне размере балканске државице него и да је њена територија, издељена на апанаже, била поприште засебних повести у међувремену осамостаљених области, са израженим елементима независних држава као израза феудализације доведене до завршних консеквенци. Везе ових држава са централном влашћу, прожете снажним обележјима приватних и породичних спрега, биле су углавном индиректне и формалне. Сви покушаји Јована VIII да ојача своју државу, каткада крунисани тренутним успесима, били су, ипак, објективно условљени анахроном структуром Византије, која није захтевала побољшања него корените захвате. Од невелике важности је у томе чињеница што Јован VIII умногоме није био типичан изданак своје епохе.

Царству су једино значај простора на коме се налазило и, нарочито, традиција којом се поносило давали врло дуго, бар у конзервативном православном свету, већу улогу од оне коју је реално имало. Но, и у овоме погледу ствари су се суштински мењале и

Реч на крају

пре него што је Јован VIII завладао државом. Компромисним ставом према католичком Западу, делатношћу око црквене уније као и унутрашњом неслогом Византија је, чак и по мишљењу ортодоксне Русије, губила тај арбитрарни ауторитет а да, за узврат, ништа није стицала. Тачније, у тексту је подробно показано да се, у политичкој историји оновремене Европе, Балканског полуострва и Средоземља, положај Царства, и пре Јована VIII, сводио на питање у коликој је мери оно поступно губило особине политичког субјекта и претварало се у више или мање привлачан објект пажње ондашњих великих сила, у првоме реду Османлија и Млетака. Њима се, поред Ђенове или Угарске, из својих посебних разлога придружила и римска курија.

Турке је изнад свега занимало стварање простране, универзалистичке и централизоване државе исламске вере на тлу некадашњег Источног римског царства. Пред њима је стајала Византија са свим оним што је за хришћане још значила и што је симболизовала њена географски и привредно атрактивна престоница. Заиста, Цариград је био и такорећи последње што је Царству преостало, па стога није необично да се појам Царства изједначава са његовом престоницом не само на Западу него и код Османлија. Први међу султанима који је изричито исказивао намеру да ромејски Цариград заузме и први који је кроз праксу целовитије формулисао дугорочне циљеве османлијске политичке идеологије био је Бајазит I. Године његове владе подударају се са детињством Јована VIII. Касније, како се чини, овај цар ће, иако у неповољнијим околностима, у ставу према Турцима показати више и дипломатске истрајности и политичке чврстине но што су их имали његови претходници на византијском престолу.

Други утицајан чинилац на простору још увек постојеће Византије била је римска курија. Папа је сматрао да обнављању његовог угледа у католичком свету, нарочито озбиљно оспореног током трајања сабора у Базелу, може да помогне и превазилажење шизме под пастирском руком римског поглавара. Као што је познато, до сједињења је дошло 1439. године у Фиренци, на скупу на коме је управо Јован VIII предводио православну страну. Али, нужно је да се истакне, а то је у књизи поткрепљено и многобројним потврдама, Јован VIII није био први који се није досетио. Сличне замисли гајили су и његови претходници на царскоме трону, па и његов отац Манојло II, иначе доцније толико слављен као верни син православља. Свакако, Јован VIII, мада се обрео на унионистичком сабору у Италији побуђен искључиво грозничавим, узалудним и закаснелим напорима да, путем црквеног помирења, Царству отуда доведе конкретну војну и материјалну помоћ, такав углед никада није уживао.

Манојлов наследник је помало био весник новога доба, личност отворена према тековинама западне европске цивилизације и, у складу са тим, изван и изнад уобичајених ромејских ортодоксних зилотизама. Оно што је као исход истраживања овде можда вредно помена јесте непобитно утврђена чињеница да василевс у томе погледу није био усамљен – уз њега је стајао читав нов друштвени слој такозваних „архоната", то јест престоничка аристократија. Ваља такође подсетити да је код Византинаца XV века засењеност и осећање инфериорности пред Западом, а нарочито Италијом, била општа, без обзира да ли су Ромеји желели да се приближе тамошњим културним тековинама или су их истрајно одбијали.[1] Већ и по своме васпитању, Јован VIII је био чедо такве климе.

За разлику од папе, па и од Турака, Венеција – трећи и вероватно најутицајнији учесник у борби за византијско наслеђе, није се, међутим, претерано занимала за духовне вредности и идеолошку садржину оронулог Царства. Као и увек чврсто на земљи, Млечани, који су значај опстанка Византије процењивали једноставно и прагматично кроз користи које је она, а првенствено сâм Цариград, доносила њиховој трговини, вечито стрепе, не толико од физичког нестанка Царства колико од могућности да његово место не преу-

---

[1] У XIV столећу, малобројни међу Византинцима су уочавали одређене предности знања о тековинама европског запада, али то је био само поглед радозналих интелектуалаца, сасвим сигурно лишен осећања властите ниже вредности. Све до времена Манојловог путовања на Запад и владе Јована VIII, а нарочито пре сабора у Италији, Ромеји из Цариграда су представе о Западу стицали углавном посредно, преко млетачких и ђеновљанских трговаца (cf. *Nicol*, Church, 76–77). Утолико је ефекат суочавања са богатом Италијом за многе међу њима био снажнији а завист према срећницима који су имали прилику да у њој остану разумљивија. Добар пример за то пружа Георгије Схоларије када уздише над предностима новог Висарионовог положаја (Scholarios. Oeuvres, III, 115; cf. A. E. *Vacalopoulos*, Origins of the Greek Nation. 1204–1461, New Brunswick – New Jersey 1970, 243–244). Cf. D. J. *Geanakoplos*, Byzantium and the Renaissance. Greek Scholars in Venice, Hamden-Connecticut 1973², 34.

зму политички супарници и привредни такмаци Републике – Турци или Ђеновљани. При том Млечани, опет за разлику од папиних легата, османлијских трговаца, шпијуна и принчева, као и других многобројних странаца, у Византији нису туђини у правоме смислу. Иако је Јован VIII покушавао са повременим успехом да смањи војну и економску зависност Царства од воље Републике, ипак све до 1453. године Serenissima остаје његов често принудни заштитник. Улога вечитог кредитора, чије позајмице нису мотивисане непосредном новчаном добити, него трудом за повећањем целокупне зависности Ромеја од потражиоца, хронична византијска државна дуговања и условљеност далеко скромније византијске приватне трговине италијанским а најпре млетачким капиталом, коначно флота Републике која, стално у близини престоничких зидина, бди да се не би Цариграда којим случајем домогли било Ђенављани било Турци – све су то разлози да се судбина Царства испреплете са млетачком.

Од подршке или несклоности спољашњих политичких чинилаца зависили су такође и исходи спорова међу браћом претпоследњег византијског василевса. Сукоби који раздиру представнике царске куће Палеолога били су, осим тога, дубоко прожети и условљени политичким импликацијама које је доносило и њихово сопствено држање према унијатским идејама или Турцима. Другим речима, у кројењу судбине Царства уз Ромеје су очигледно учествовале и водеће стране силе. Од таквих прелиминарних претпоставки, за које се срећом показало да су биле оправдане, створено је и начело у трагању за изворима о Византији из епохе Јована VIII. Јер, наметнуло се питање: зашто о прошлости Царства из последњих деценија његовог живота не би, уз византијске, равноправно могли да сведоче и разноврсни невизантијски извори, не само они дипломатички него и они који се, премда некоректно, често називају наративним?

Али, поред подсећања на оно што се књигом желело, упутно је, још једном, рећи нешто и о ономе чега у њој нема. Одређено и очекивано незадовољство што таквих празнина има, разумљиво је, нарочито када се присети да су проблеми, као што су изглед централне и провинцијске администрације (наравно, уколико ова друга заправо и постоји), улога архоната и друштвена структура у византијској Мореји или функције пореског система у царству Јована VIII, остали недовољно анализовани. Но, постоји и једно општије питање, које не припада у потпуности теми монографије, али се, чини се, логично покреће после обављених истраживања о Јовану VIII и Византији у XV столећу. Посреди је дилема око суштине државе којој је овај василевс био на челу, њене везаности за традиционална обележја ромејске цивилизације и места у њој за грчко национално биће.

Није спорно да се Царство крајем XIV века удаљило а понегде и темељно разликовало од идеала на којима је почивало. У тексту је истакнуто, у мери у којој је то садржина дозвољавала, да је у XV веку „називати се Ромејима имало смисла само у случају посредне или непосредне подложности цариградској влади". Све остало било је део сложене судбине грчког народа, односно „ромејство" је представљало политичку квалификацију и географску ознаку која се тицала простора јасно омеђеног скромним границама византијске државе, а не некакав етнички појам. На тадашњем европском Западу схватања о овој држави била су још поједностављенија, будући да за њих, Европљане, постоје једино Грци.

Погледи Словена на Византију су, међутим, били унеколико друкчији, већ и због припадности цивилизацијском кругу „византијског комонвелта" – како је пре десетак година духовито назвао своју књигу Димитриј Оболенски.[2] Словенски писци, Срби, Бугари или Руси, термин „Ромеји" такорећи нису ни познавали. За њих постоје „Грци" и „грчки цар". Утолико је занимљивија квалитативна промена која се примећује код Константина Филозофа, савременика Јована VIII. Учени биограф Стефана Лазаревића, управо у складу са реалношћу XV столећа, поистовећује Цариград са државом када констатује: „А тада се царствујући град простирао до Визе и даље по Црном мору до силвријске стране, и остало, а још и по ахајитским странама са солунским странама и по Светој Гори Атонској" (у питању је обим Царства 1403. године).[3] Иза описа престонице крије се опис византијских земаља које припадају

---

[2] D. *Obolensky*, The Byzantine Commonowealth. Eastern Europe 500–1453, London 1971.
[3] Константин Филозоф, 279; *Мирковић*, Биографије, 77.

њеном господару, или како би се у Млецима рекло „a linperador de Costantinopoli". Успут, ни појмови „Грци" и „грчки" за Словене, почев од IX века, по својој прилици нису имали значење идентично са оним на Западу, већ су пре били синоними за прихватање тековина хеленске па и ромејске културе.[4]

Слично Константину Филозофу, сећање на последње деценије Царства задржало се и у грчкој народној свести па и у повести из XVI века, познатој као „Хроника о турским султанима". Њен аутор о Византији размишља искључиво на релацији Ромеји – полис – василевс, с тим што је титулу византијског цара принуђен да објасни речју „imperador" коју је донела „lingua franca", језик многим Грцима близак бар колико и архаизовано приповедање и пренемагање ромејских интелектуалаца из прошлости.[5] То није толико необично уколико се прихвати да су осетне промене у грчком средњовековном језику, поприштy непрестане и јаке диглосије, започеле још у XII столећу а да је говорни језик из времена Јована VIII био у много чему налик данашњем.[6] Такође је сигурно да пад Цариграда 1453. године није битније утицао на еволуцију тога језика.[7] Зато је учени Халкокондил, као и читав „неохеленизам" XV столећа, био заточеник затвореног круга прохујале цивилизације када се, зборећи о хеленском бићу у Византији, позивао на античко наслеђе и служио Тукидидовим језиком, јер је, практично, чинио исто што и византијска традиционална историографија.

Тек у вековима „туркократије", можда и под утицајем Османлија који су радо поједностављивали ствари и изједначавали „римско" са „хеленским", појму „Ромеји" враћа се давно заборављени етнички смисао, сада као ознака за Грке. Са оваквог, лингвистич-

---

[4] Овакво схватање испољава се и у српској царској титулатури у којy је укључена и реч „Грци", без обзира на њено идеолошки и просторно ограничено значење. Уп. *Љ. Максимовић*, Грци и Романија у српској владарској титули, ЗРВИ 12 (1970) 61–78.

[5] Cf. *R. Browning*, Ἑλληνικὴ γλῶσσα, μεσαιωνική καὶ νέα, Атина 1972, 103–126. – О појму „lingua franca", cf. *H. and R. Kahane – A. Tietze*, The Lingua Franca in the Levant, Urbana–Illinois 1958.

[6] Cf. *М. А. Триандафилидис*, Νεοελληνικὴ γραμματική, I, Атина 1938, 35–37; *Browning*, Γλῶσσα, 108 sq. – О диглосији, cf. *K. Kriaras*, Diglossie des derniers siècles de Byzance, Proceedings of the XIIIth International Congress of Byzantine Studies, Oxford 1967, 283–299 – Овде није могуће упуштати се дубље у лингвистичка питања, па је, стога, у напоменама назначена само основна литература.

[7] *Browning*, Γλῶσσα, 127.

ког становишта, тешко је оспорити закључак Манолиса Трианда-
филидиса, „оца" модерног грчког језика, који је закључио: „Стари
Ромеји, грађани Источног римског царства, постали су на крају,
као Грци, Ρωμαῖοι и Ρωμιοί. Тако је стара латинска реч, која је од
етничког добила политичко значење, у грчком језику поново до-
била етнографски смисао и означавала је Грке".[8] Под Турцима је
то лепо изражено кроз речи које је наводно изговорио и један од
јунака устанка против Османлија из 1821. године, Танасис Диа-
кос, иначе родом из срца античке Хеладе: „Ρωμιὸς ἐγὼ γεννήθηκα,
Ρωμιὸς θενὰ πεθάνω".[9]

Уместо да се овде даље подробно излажу сродне идеје, које су
у науци до сада многи образлагали а многи и порицали, изгледа
ипак корисније да се подсети на речи Спироса Вриониса, у његовом
бриљатном чланку о континуитету и дисконтинуитету у кул-
тури старих Хелена, Византинаца и модерних Грка, који је оштро
упозорио да, управо када је у питању структура позне византијске
културе, велики број научника пати од конзервативизма, пуризма
и концептуализма оспоравајући хеленски карактер овој држави.[10]
Враћајући се, међутим, питању, кроз претходна поглавља непре-
стано понављаном, а које се сводило на суштину Византије XV
столећа, чини се да је могуће, завршавајући излагање, на њега од-
говорити једино на следећи начин: држава Јована VIII била је про-
жета са два елемента, ромејским и грчким. На простору сведеном
на Цариград и делове Тракије и Мореје, ромејска је била идеоло-
гија некадашњег Царства, тачније оно што је од ње још остало, а
грчко је било њено национално биће. Одговор, који би искључио
било један било други елемент, просто није вероватан. Исто тако,
као закључак се намеће убеђење да бављење епохом Јована VIII
није само предмет занимања византолога него и истраживача мо-
дерне грчке историје.

---

[8] *Триандафилидис,* op. cit., 24–25.
[9] Ibidem, 25.
[10] Sp. *Vryonis, Jr., Recent* Scholarship on Continuity and Discontinuity of Culture: Classical Greeks, Byzantines, Modern Greeks, Byzantina kai Metabyzantina 1 (1978) 249.

LE CREPUSCULE DE BYZANCE.
LE TEMPS DE JEAN VIII PALEOLOGUE
(1392–1448)

L'Empire de la fin du XIVe siècle était privé de la capacité réelle de décider seul son sort. Etant devenue l'objet plutôt que le sujet des événements internationaux dans les Balkans et la Méditerranée, étant entrée, par le concours de circonstances, dans les histoires particulières de plusieurs puissances et Etats de cette époque, Byzance, depuis la seconde moitié du XIVe siècle jusqu'à sa fin, a de moins en mois influencé, par ses propres forces, sur son propre avenir. C'étaient de plus en plus les autres qui, avec elle ou même contre son gré, le faisaient – tout d'abord les Serbes, puis les Turcs, les Vénitiens et les Génois. C'est pourquoi l'exposé, fût-ce le plus bref, des circonstances dans lesquelles se trouvait Byzance vers la fin du siècle, sous-entend au moins la connaissance des qualités élémentaires des autres, de leurs possibilités et de leurs intentions, dans la même mesure dans laquelle est utile la connaissance de l'histoire intérieure de l' Empire.

Une des conséquences méthodologiques des suppositions préliminaires proposées sur l'époque du crépuscule de l'Empire byzantin et de l'avant-dernier souverain sur son trône, était la position à l'égard des sources historiques. Elles ont été effectivement estimées sans aucune attitude a priori méfiante envers leur origine. Ainsi, outre les sources byzantines, dites „classiques", des sources hétérogènes non-byzantines ont été aussi abondamment utilisées dans la recherche. Parmi elles, il a été particulièrement tenu compte de celles qui considéraient, à l'instar des chroniques vénitiennes, le passé de ce qu'on appelait la „Romanie", comme une partie intégrale de l'histoire vénitienne largement comprise.

Le deuxième principe préliminaire tire son origine de la conviction que l'objet de l'histoire doit être le passé dans son ensemble, et non seulement ses manifestations politiques, économiques ou n'importe quelles autres démonstrations partielles. Par conséquent, les sources qui ont servi à le rendre clair ont été jugées par la question de savoir si elles sont utiles ou non à la connaissance historique, et non par les hésitations si, en tant que genres, elles sont typiques de l'historiographie. A vrai dire, il s'agit de problèmes théoriques auxquels l'historiographie devait se confronter dans son ère „positiviste". Même quand il s'agissait d'un sujet où il est naturel de donner la priorité aux questions de nature purement politique, il était parfois profitable de s'appuyer sur divers monuments de la langue écrite, autrement dit des belles-lettres dans leur sens le plus large, ou sur des oeuvres appartenant aux différents domaines des arts en général. Dans l'*Introduction* on a aussi mentionné des écrits particuliers ou isolés ainsi que des recueils diplomatiques. Leur valeur a été succinctement analysée et mutuellement comparée, et cela a été fait en premier lieu avec les sources byzantines, et même avec les écrivains bien connus comme Sphrantzès, Ducas et Chalcocondyle, avec l'auteur des célèbres „Mémoires" sur le Concile de Florence Sylvestre Syropoulos, ensuite avec les nombreuses „breves chroniques" populaires et finalement avec divers traités et éloges des rhéteurs byzantins du XVe siècle.

La représentation des circonstances qui régnaient à Byzance à l'époque précédente ou contemporaine de la naissance de Jean VIII Paléologue s'est pratiquement réduite à la deuxième moitié du XIVe siècle. Ce chapitre, nullement par hasard, était nommé comme *Un Empire qui n'existe pas*. Pour expliquer avec concision la contradiction de la position de l'Empire d'alors, on a utilisé la phrase bien connue par laquelle le prince Basile Ier de Moscou reconaissait la supériorité spirituelle du patriarche de Constantinople, mais ne voyait plus de raison à la suprématie de „l'empereur des Rhômaioi" sur lui. C'est justement dans les années 90 du XIVe siècle que Byzance avait perdu son autorité arbitraire et traditionnelle, compromise par sa faiblesse politique, sa dépendance économique des républiques italiennes et par sa promptitude aux différentes concessions idéologiques et religieuses, non seulement dans l'Occident européen, mais même dans la Russie conservatrice et orthodoxe. Cependant, l'église byzantine n'a pas suivi de pair le sort de l'Etat et, dans les conditions modifiées, elle lui survivra longtemps.

En évitant l'ordre chronologique ou „événementiel", on s'est efforcé de choisir les faits qui illustreraient le mieux la situation dans l'Empire et autour de lui, non seulement au cours de la seconde moitié du siècle mentionné mais plus longtemps, jusqu'à la disparition physique de Byzance en 1453. Parmi les participants étrangers dans le grand jeu politique autour de l'avenir de l'Empire, les premiers qui perdirent le pas furent les Serbes. La bataille de la Maritza (26 septembre 1371) a dépassé par ses conséquences les semblables affrontements, en majorité sans succès, des chrétiens avec les Turcs, répétés à plusieurs reprises au cours du dernier siècle de Byzance. Pour les pays serbes, ce fut le commencement d'une longue décadence, et pour les Rhômaioi, d'ailleurs absents de la bataille, le début d'une trentaine d'années de la soumission aux Turcs. Bien que le montant du tribut („haradj") ainsi que le nombre de soldats que l'empereur était tenu d'équiper (conformément à ses obligations de vassal) n'étaient objectivement pas excessifs, Byzance, eu égard à ses potentiels plus que modestes, était durement frappée. Par la comparaison des chiffres, on a conclu que l'Empire au XVe siècle était même économiquement et militairement plus sain que ce n'était le cas dans la seconde moitié du siècle précédent.

La principale possession de l'Empire, que les étrangers identifiaient parfois avec l'Etat tout entier, était la capitale – Constantinople. Or, à Constantinople – seul territoire ayant une validité économique et idéologique et de loin le plus intéressant pour les autres – le plus important revenu de la Trésorerie impériale provenait des douanes. Malheureusement, depuis les années 40 du XIVe siècle, ces douanes étaient hors de la portée des fonctionnaires byzantins. A cet égard, seulement Jean VIII Paléologue, dans les années 30 du XVe siècle, s'efforcera de changer la situation en faveur de l'Empire, par le transfert des profits en provenance des douanes dans les trésors byzantins, par le renforcement de la marine de guerre et de la marine marchande nationales ainsi que par l'établissement d'un certain équilibre entre Byzance et ses créanciers occidentaux, Vénitiens et Génois, tout cela avec un succès limité.

En s'adressant aux créditeurs étrangers, surtout à Venise, le seul créancier qui fût capable et prêt à l'aider, Byzance, en particulier depuis les années 40 du XIVe siècle et la guerre civile qui l'a secouée alors, se transformait petit à petit en un éternel débiteur. L'analyse a confirmé que les Vénitiens, en octroyant à l'Empire des prêts à intérêts, gratuits ou irrécouvrables – il s'agissait de sommes qui ne pesaient pas du tout sérieusement sur les finances saines de la République – les utilisaient très efficacement à des fins politiques et pour exercer une influence directe sur l'indépendance politique et économique de l'Empire. Sans armée (du moins jusqu'au temps de Jean VIII), confrontée à l'inefficacité des Croisades, Byzance devait, bon gré mal gré, demander la protection élémentaire aux deux plus grandes puissances maritimes de cette époque, d'ailleurs les seules intéressées à l'existence de l'Empire. En fait, Venise et Gênes estimaient que Constantinople leur appartenait comme zone d'influence. Dans leur jalousie mutuelle deux Républiques s'usaient et déterminaient inévitablement les actes des derniers représentants de la dynastie des Paléologues, en les polarisant, dépendants du point de vue économique et politique, autour de l'un ou de l'autre côté. Le malheur, cependant, consistait en ce que les Vénitiens étaient importunés par les Génois plus que par les Ottomans à Constantinople, et vice-versa. Dans leur longue rivalité, ce seront les Turcs qui auront le dernier mot. Par exemple, pour illustrer ce qu'on vient de constater, on a souligné dans cette analyse le cas du litige compliqué entre Gênes et Venise au sujet de l'île de Ténédos (1357–1397), formellement toujours sous l'autorité de l'empereur.

De leur côté, les Paléologues ont mêlé aux circonstances mentionnées encore leurs querelles familiales et leurs guerres mutuelles. Ils demandaient l'aide successivement, aux Turcs, aux Génois et aux Vénitiens. Lorsqu'en 1376 Andronic IV déposa son père, il le fit avec l'aide de Gênes et des Ottomans. Pour chasser l'usurpateur du trône, Jean V et Manuel II eurent recours eux aussi à l'appui des mêmes infidèles; dans le complot de Jean VII (1390), ce furent encore une fois les Turcs et les Génois qui jouèrent le rôle décisif; c'est grâce à l'aide des Hospitaliers de Rhodes que Manuel II rentra à Constantinople et reprit le trône à Andronic IV. Ce faisant, pour la déposition ou la réinstallation du basileus, il suffisait toujours ou que Venise refuse son aide, ou que le sultan remplace pour un moment ses protégés et amis. La guerre autour de Ténédos autant que les conflits mutuels dans la famille impériale ont fiait que vers la fin du XIVe siècle, Byzance, privée de toute indépendance dans la prise de décisions, se trouvait dans une position inférieure qu'elle ne le sera au siècle suivant. Tout en étant sans cesse menacé par les Turcs, Jean VIII réussira quand même, ne fût-ce qu'avec un demi-succès, à restituer à l'Empire la dignité d'un Etat souverain.

Parallèlement, les Ottomans ont poursuivi systématiquement la conquête de l'intérieur de la Péninsule des Balkans. En effet, dans cet espace, même après la catastrophe de la Maritza qui les a privés de leur brève primauté dans la Péninsule, les Serbes, du moins jusqu'à la bataille de Kosovo, étaient encore toujours plus capables que les autres de résister aux Turcs. Bien que la Constantinople officielle ne fût nullement prête à changer ses vues traditionnelles sur le voisin barbare, l'opinion des Rhômaioi sur les Serbes a progressivement évolué, depuis la non-acceptation de l'Empire parvenu de Douchan, par la méfiance à l'égard des usurpateurs-épigones, jusqu'à la manifestation ouverte de sympathies et d'esprit communautaire au siècle suivant. Un fait qui contribuait à cela était sans nul doute la symbiose ethnique particulière des Grecs et des Serbes dans le Sud de l'ancien Etat de Douchan, évidente en dépit de la ferme non-reconnaissance byzantine du statut de l'Eglise serbe. L'examen attentif des sources fait apparaître que même chez les moines inflexibles byzantins, la tentative des Mrniavtchévitch a été estimée, plus tard mais justement, comme une lutte au nom du monde chrétien plus large, ainsi que des Rhômaioi. Les Serbes, en d'autres termes, étaient souhaités comme sauveurs, tout d'abord parce que plus proches des Rhômaioi par leur religion, et parce qu'ils leur semblaient un moindre mal que les alliés italiens. L'espérance dans la force serbe s'évanouira avec la fin du XIVe siècle, mais on peut expliquer par elle une des raisons qui inspireront le mariage de l'empereur Manuel II avec la fille de Constantin Dragach, un seigneur régional serbe.

Après 1389, cependant, les parties septentrionales des pays serbes tomberont à leur tour dans un état de dépendance à l'égard des Turcs. Le nouveau sultan, Bajazet, était le premier parmi les sultans ottomans qui songeât sérieusement à la conquête de Constantinople, et en même temps le premier qui, soit tout seul soit en se servant de son protégé Jean VII, et des Génois et des Vénitiens mutuellement opposés, fût en état d'accomplir cet exploit. Constantinople, naturellement, ne représentait pas l'entière Byzance. Vers la fin du XIVe siècle, il appartenait à l'Empire encore une soixantaine de kilomètres de la côte thrace (à l'Ouest de Constantinople, jusqu'à Héraclée), puis des parties isolées de la côte de la Mer Noire (en premier lieu Mesemvria, bien que sous les Turcs après la défaite des croisés en 1396 jusqu'à 1403), l'archipel des Sporades (pratiquement sans cesse sous le contrôle des pirates), indirectement et seulement formellement Chios (sous l'administration des Giustiniani, des tributaires du basileus et du sultan à la fois), les îles thraces (Thasos, Lemnos, Samothrace et Imbros), et enfin la moindre partie du Péloponèse. Dans le dernier siècle de l'histoire de Byzance, la Morée byzantine était devenue la province la plus dynamique du point de vue économique et culturel, la mieux préparée sur le plan militaire et de plus, la province la plus étendue de l'Etat. En ce qui concerne les anciens territoires de l'Empire, sur le sol des Balkans et avec une population grecque, mais maintenant hors de la portée du pouvoir constantinopolitain, leurs habitants ne se sentaient pas Rhômaioi et leur vision des événements de Constantinople était simplement un regard jeté du proche voisinage.

L'intérêt de Venise pour le Péloponèse était, au demeurant, énorme et compréhensible. La République donnait aux événements dans cette presqu'île la priorité sur toutes les autres affaires dans le Levant, et même sur le sort de Constantinople. Venise même, contrairement à ses principes, était prête à élargir prudemment ses possessions dans le Péloponèse. Seulement ainsi, par l'identité des objectifs proches et par le danger commun – les Turcs, peut s'expliquer, à partir de 1394, l'alliance de ceux qui encore récemment étaient ennemis – du despote Théodore Ier (frère de Manuel II) et de la République qui

Résumé 383

tentait vraiment de défendre le Péloponèse. La Morée byzantine, comme les autres parties de l'Empire en dehors de la capitale, était en effet à cette époque en position d'un des apanages. Ses habitants étaient de doubles citoyens – du détenteur de l'apanage directement et du basileus de Constantinople indirectement. Au XVe siècle, en dépit des efforts qu'à une ou deux reprises Jean VIII a déployés pour modifier la situation au profit du gouvernement central, tout l'Empire ne sera plus qu'un conglomérat d'apanages.

L'avènement de Bajazet au trône ottoman a marqué le commencement de la période finale de l'histoire byzantine. La réunion à Serrès (hiver 1393/4), à laquelle s'étaient retrouvés tous les vassaux chrétiens d'importance du sultan, a démontré, à Manuel II ainsi qu'à Théodore Ier, qu'outre la lutte ouverte contre les Ottomans, il n'y avait pas d'autre alternative pour eux. Au printemps de 1394, le despote se réconciliait avec les Vénitiens, et l'empereur, après s'être bientôt adressé à la République, commençait à rechercher désespérément l'aide de l'Occident. Ainsi la politique initiale turcophile de Manuel a échoué. Il faut considérer dans ce contexte la place que Byzance a occupée, en général grâce à ce qu'elle symbolisait, dans les préparatifs et la croisade même de 1396, dans ce même contexte il faut comprendre les offres humiliantes byzantines concernant la vente des restes de son territoire, et finalement dans ce même contexte on doit expliquer le voyage – la fuite de Manuel II et de sa famille en Occident, ou bien en Moreé (en décembre 1399).

Après la victoire de Nicopolis et s'étant consolidé sur les rives du Danube, l'Empire ottoman est devenu un Etat européen autant qu'anatolien, dont les revenus en provenance de la Péninsule balkanique croissaient à un rythme accéléré, pour dépasser, vers la moitié du XVe siècle, de loin ceux en provenance de l'Est. Mourad et Bajazet usaient de tactiques subtiles, en s'efforçant par une politique périodiquement conciliante à l'égard des Vénitiens, de les neutraliser sur les plans militaire et politique par des propositions financières attractives. Quand, enfin, en 1394 Bajazet, il semblait le tout-puissant, avait commencé le siège de Constantinople, on croyait que les jours de la capitale byzantine étaient comptés.

A Constantinople, qui n'avait alors qu'à peine quelques dizaines de milliers d'habitants, donc c'est là où Jean VIII est né et où passait les premières années de sa vie. Il était le fils aîné issu du seul mariage de Manuel II et d'Hélène Dragach. Le grand-père maternel de Jean VIII était à cette époque probablement le plus fort parmi les vassaux chrétiens de Bajazet dans l'intérieur des Balkans, mais son prestige, déjà à cause du fait qu'il était le parent des Nemanjić et des Comnènes, deux dynasties impériales (de Serbie et de Trébizonde), n'était pas non plus négligeable. Contrairement aux allégations de certaines sources tardives, tout d'abord de Chalcocondyle, il a été établi que le père de Jean VIII ne s'est marié qu'une seule fois. De même, contrairement aux dires de certains compilateurs postérieurs, il a été prouvé que le mariage de Manuel II avec Hélène, et ainsi la naissance de Jean VIII, n'a aucun lien chronologique avec la réunion de Serrès, mais que les noces ont été célébrées plus tôt, le 11 février 1392, et que le futur empereur est né le 17/18 décembre de la même année. Ces résultats ont été obtenus en comparant les documents vénitiens et génois, le récit du témoin oculaire Ignace de Smolensk (qui a assisté au mariage de Manuel II), les témoignages des historiens byzantins et les notes des „chroniques brèves".

Dans le chapitre intitulé *La naissance, la famille et les premières années*, outre l'étude des questions généalogiques et prosopographiques, des problèmes concernant la chronologie des naissances et des décès de certains membres de la famille impériale ou le nombre exact des représentants des derniers Paléologues, on a essayé de faire les portraits succints des parents de Jean VIII. En ce qui concerne Manuel II, il a été démontré que, en dépit des mythes rattachés plus tard à son nom, il a commencé son règne par une politique nettement turcophile, et que les idées sur la conclusion de l'Union avec Rome pour le moins ne lui étaient pas étrangères. Quand il s'agit d'Hélène Dragach, mère de Jean VIII, „la seule impératrice byzantine Serbe", au demeurant bien plus réputée pour son intelligence que pour sa beauté, elle exercera une influence, parfois même décisive, sur l'activité publique de son fils aîné (et surtout à partir de 1422, aprés que Manuel II s'est retiré de la vie politique). Elle était une adversaire convaincue et passionnée de l'Union des Eglises, et bien connue par ses nombreuses oeuvres de bienfaisance.

Le fait que Jean VIII était le fils aîné de Manuel II, ne lui assurait pas la succession du trône. Devant lui se trouvait, et il le restera jusqu'à sa mort en 1408, Jean VII, et jusqu'à 1393, peut-être même Andronic V (fils unique de Jean VII), naturellement, à condition qu'il survive. Par l'accord de 1393 (à Selymvria), sur la proposition de Manuel, une double adoption eut lieu. Manuel II a adopté son neveu, et ce dernier, de son côté, a adopté le fils aîné de Manuel, qui était encore toujours sans aucun titre. Malheureusement, Jean VII a dévoilé tout cet accord au sultan, et la double adoption fut annulée. Un nouvel accord sur l'adoption fut conclu à la veille du voyage de Manuel II en Occident (1399). Amené dans la capitale de force plutôt que de bon gré, grâce au maréchal de France, Boucicaut, Jean VII se réconciliait avec son oncle et celui-ci l'adoptait de nouveau. Etant donné qu'à cette époque, Jean VII était sûrement sans héritiers, la concession mentionnée de Manuel II n'en était pas en réalité, de même que le premier empereur (Manuel II) n'a cédé qu'en apparence dans le deuxième point – l'attribution de Thessalonique à Jean VII, ville qui ne se trouvait pas entre les mains byzantines, mais dans celles de Bajazet. En 1399, de son statut de formelle égalité, Jean VII était dégradé dans un statut subordonné.

En revanche, Manuel II laissait à Jean VII l'administration de l'Etat en son absence, en quoi il prenait le risque de trouver à son retour la capitale entre les mains des Turcs, protecteurs de Jean VII, mais c'était un danger qui menaçait Constantinople de toute façon. Manuel II a exprimé sa méfiance à l'égard de Jean VII aussi en emmenant toute sa famille chez son frère en Morée, et il a essayé également de gagner les Génois, les Vénitiens et les Hospitaliers de Rhodes à se charger de veiller sur la sécurité de Constantinople en son absence. Dans le désespoir qui avait entre-temps couvert l'Empire, après le triomphe de Bajazet à Nicopolis, la chute de l'Empire de Vidin, la prise d'Athènes par les Turcs, le saccage du Péloponèse, l'arrachement d'Argos vénitienne, la famine qui sévissait dans la capitale assiégée – Manuel II, sur les instigations de Boucicaut, se décidait de s'acheminer vers la France. Son frère, le despote Théodore, cédait parallèlement aux Hospitaliers sa capitale Mistra, pour que les chevaliers de Rhodes la défendent contre les Turcs, alors qu'il se retirait lui même à Monembasie, plus près de la protection vénitienne. C'est là que, Venise ayant promis de les protéger en cas de besoin, c'étaient réfugiés aussi les membres de la famille de Manuel II, et parmi eux le futur empereur Jean VIII.

Le troisième chapitre s'inscrit chronologiquement entre le voyage de Manuel II en Occident (1399) et le mariage de son fils Jean VIII avec la princesse Anne de Russie (1414). Il a été intitulé *La Jeunesse*, car il comprend la période de maturation, à la différence du précédent chapitre consacré aux années d'enfance de Jean VIII. Durant l'absence de l'empereur, sa famille (ainsi que son fils aîné) a séjourné à Monembasie (1399–1403). Le séjour de Manuel II en France, en Angleterre et en Italie, sur lequel il existe au demeurant une abondante bibliographie, n'a pas fait l'objet d'une attention particulière, mais en revanche on s'est efforcé soigneusement d'apprendre le plus possible sur l'atmosphère dans laquelle grandissait le jeune Jean VIII à Monembasie, sur les circonstances dans cette ville et leur influence sur la formation de la personnalité du futur basileus, sur ses premiers pas dans l'éducation (son précepteur était le sage Théodore Antiochite), la peste qui a emporté ses soeurs et un de ses frères, et sur la terreur incessante des infidèles et de la chute éventuelle de la seule ville demeurée byzantine du Péloponèse entre les mains des Turcs. Dans les conclusions sur le temps passé à Monembasie, particulièrement utile s'est montrée l'analyse des textes oratoires qui, à côté des autres sources, prouvent que cartaines des conceptions politiques de Jean VIII (par exemple son cosmopolitisme ou ses idées sur l'Union des Eglises – Antiochite en était le partisan) peuvent être dues précisément à son séjour dans cette ville.

Pendant ce temps-là, Manuel II tentait d'obtenir des souverains d'Europe occidentale n'importe quelle aide militaire et financière. L'argent, cependant, était aussi rare en Occident, de sorte que les dons de Manuel II, les reliques et tout ce qu'il pouvait offrir en plus, recevaient en substance des réponses adéquates. Considéré plus largement, le résultat de sa mission était le reflet de „l'equilibre" politique momentané entre les puissances occidentales au début du XVe siècle. L'alternative, peu importe comment Manuel II la regardait, s'offrait exclusivement dans le retour à l'appui des Républiques maritimes italiennes, en premier lieu celle de Venise. Non seulement les Vénitiens avaient de l'argent, mais ils voyaient leur intérêt dans la subsistance de l'Empire, précisément tel qu'il était, bien plus que de n'importe quel autre en Occident. Jean VIII a appris quelque peu des mauvaises expériences de son père. En effet, il a compris que, dans la mesure où il pouvait espérer une aide de l'Occident, il devait lui offrir en revanche la seule chose qui l'intéressât – l'Union des Eglises. Jean VIII comprenait aussi que le fondement de toute action commune des chrétiens était l'entente des Vénitiens avec les Hongrois – c'était évident aussi à Manuel II, mais ni l'un ni l'autre n'avaient eu de succès dans leur médiation. Quand même, bien que l'enjeu (l'Union) que Jean VIII offrait fût plus attirant que toutes les autres propositions précédentes, bien que la position économique et militaire de Jean VIII à Constantinople fût à coup sûr plus favorable que celle dont disposait Manuel II en 1400, ni même la tentative de l'Union en 1439 n'a donné les résultats attendus.

Durant l'absence de Manuel II, aux termes de l'accord conclu selon les principes de la patrie du maréchal Boucicaut plutôt que selon les conceptions des Rhômaioi, l'Empire était gouverné par Jean VII. Les serments réciproques entre l'oncle et le neveu en 1399 étaient, en effet, une confirmation de plus que Byzance perdait définitivement son aspect millénaire, en se faisant passer de plus en plus souvent pour ce qu'elle avait cessé d'être. Jean VII, ce protégé ancien des Turcs, a probablement manifesté, bientôt après son entrée dans la capitale, sa volonté de faire des concessions à Bajazet, et même à lui rendre Constantinople dans des conditions déterminées. Cela a particuliérement inquiété les Vénitiens, dont les troupes de Jean VII ont attaqué les possessions, ensemble avec les Turcs. Jean VII comptait aussi avec la possibilité du faiblissement du sultan, possibilité réelle depuis que Timur s'était tout à fait rapproché de l'Etat des Ottomans. Menacé par ces nouvelles, il avait engagé des contacts avec l'Occident, non pour se séparer de Bajazet, mais pour gagner des positions encore plus avantageuses auprès d'émir. Malgré ce qu'on vient de dire, ses usurpations et sa turcophilie, les témoignages contemporains des Byzantins sur Jean VII sont unanimement élogieux, étant donné qu'il était avant tout un bon fils de l'Eglise de Constantinople. Rien d'étonnant, surtout quand on tient compte du fait qu'une bonne partie des habitants de la capitale était bien disposée envers les Turcs et prête à se rendre et que, dans le chaos général et la famine, une des victimes de ces circonstances a été le patriarche de Constantinople lui-même.

Puis, en 1402 eut lieu la bataille d'Angora et la situation se retourna complètement. Manuel II, qui retardait son retour pour la simple raison qu'il n'avait pas où revenir, pouvait maintenant se diriger vers Constantinopole. Manuel II, en dépit du fait qu'il est rentré dans la capitale escorté par les bateaux génois et vénitiens – ce qui était la conséquence de leur rivalité mutuelle, sera depuis lors plus ou moins le prisonnier perpétuel de l'amitié avec Venise (Gênes d'ailleurs n'était plus un Etat indépendant). Jean VIII, de quelque manière qu'il tentât périodiquement d'établir l'équilibre avec les autres puissances occidentales, sera obligé de suivre cette orientation. D'ailleurs, ni Venise, ni l'héritier de Bajazet en Roumélie, Soliman, ne souhaitaient aucunement faire quelconques combinaisons sérieuses avec le neveu de Manuel II, Jean VII, privé de sa puissante protection après la défaite de Bajazet.

Soliman l'a montré dès février 1403, par la trêve de Gallipoli (avec Venise, Gênes y compris Chios, Naxos, le despote serbe Etienne Lazarévitch et Jean VII). Quand il s'agissait de la seule concession qui concernait directement Jean VII – la remise aux Byzantins de Thessalonique et des environs de cette ville (possession promise à Jean VII en 1399, à l'occasion du départ de Manuel II en Occident), il l'a faite partiellement sous la condition que les Ottomans quitteraient l'acropole de Thessalonique seulement quand „le grand empereur et père de Soliman" sera revenu dans son Empire. En juin de la même année, Soliman a rencontré Manuel II à Gallipoli pour lui remettre ce qu'il avait promis, ensuite c'est Manuel II qui a immédiatement accusé Jean VII de trahison et l'exilé à Lemnos, ce dernier a tenté, avec l'aide des Gattilusio, de s'arroger la succession du trône, mais tout cela sans succès, étant donné que les Vénitiens s'étaient montrés, près de Modon (en octobre 1403), encore une fois supérieurs dans la bataille avec la flotte franco-génoise (dans laquelle Jean VII mettait ses espoirs). Privé de ses alliés, Jean VII n'était plus dangereux et Manuel II se reconcilia avec lui vers la fin de l'automne de 1403 (sous les mêmes conditions qu'en 1399), pour que finalement, Jean VII entre à Thessalonique. Il administrera son apanage jusqu'à sa mort.

Les conséquences du désastre subi par Bajazet et les conflits autour du pouvoir entre ses fils ont permis à Byzance de reprendre haleine, d'augmenter quelque part son territoire, la lutte entre les diadoques de Bajazet a permis aussi à Manuel II de s'occuper systématiquement de l'avenir de ses fils en leur attribuant des apanages de s'en occuper, mais, malheureusement, ni l'Empire ni le reste du monde chrétien n'ont profité, de l'occasion qui s'offrait après 1403 – de porter un coup décisif aux Ottomans en Europe. Enfin, selon toutes les apparences en 1407, Manuel II a désigné son fils aîné Jean VIII comme „jeune", c'est-à-dire troisième empereur. Jean VIII restera à la troisième place seulement jusqu'au 22. septembre 1408 (la mort de Jean VII). Il semble que, immédiatement après cet événement, Jean VIII en faisant un voyage en Morée, est entré symboliquement dans l'univers des fonctions impériales publiques. Le fait qu'entre la nomination de Jean VIII comme troisième co-empereur, sa proclamation comme premier héritier du trône et son couronnement (en même temps que son mariage avec sa deuxième épouse Sophie de Montferrat – en 1421) ce sont les années qui sont passées, ne contraste nullement à la pratique basse byzantine, et il n'y avait pas de raisons particulières de se hâter. Jean VII, malgré tout, était un co-empereur – autocrator légitime, mais depuis qu'il avait perdu son fils Andronic V, la succession était en tout cas assurée à Jean VIII – naturellement seulement après le décès de Jean VII. En général, l'analyse a démontré que l'évolution des idées dans l'Empire sur les fondements théoriques mêmes, grâce auxquels ont été édifiés pendant des siécles la conscience et la conviction de la particularité de Byzance et de ses conceptions universalistes ainsi que celles de l'Etat, s'exprime parfaitement précisément sur de telles questions. A la fin de l'histoire de Byzance, même le couronnement n'était plus indispensable pour qu'un empereur soit estimé comme légitime. Le dernier souverain byzantin, Constantin XI Dragach, n'a jamais été couronné comme premier, „grand" empereur, et avant son avènement au trône, il n'avait même pas le statut de co-empereur. Par conséquent, Jean VIII aurait été en réalité le dernier empereur, réflexion que ses contemporains n'ont pas manqué de faire.

Dans la suite, on a aussi consacré assez de place aux circonstances dans lesquelles la fille du grand prince Basile Ier de Moscou a été donnée en 1411 à Jean VIII et à la toile de fond politique de ce mariage, déterminé (comme toutes les autres actions du gouvernement de Constantinople) par le désir de s'affranchir de la dépendance unilatérale des Vénitiens et, en premier lieu, par le danger turc permanent. La princesse Anne est arrivée dans la capitale en 1414, mais, victime de la peste, est bientôt morte (en 1417). Les Turcs, en dépit de la guerre qui durait depuis 1402 entre les héritiers de Bajazet pour la domination sur leur Etat, occupaient naturellement la place centrale dans les activités de Manuel II ainsi que de Jean VIII. Les Paléologues s'efforçaient de jouer entre les princes ottomans un jeu diplomatique compliqué, en favorisant ceux parmi les Turcs qui leur étaient enclins. Dans le triangle politique autour de l'Empire (Vénitiens, Hongrois, Turcs), Jean VIII, de plus en plus à droits égaux avec son père, prend une part gradissante aux affaires, de sorte que certaines entreprises (comme par exemple les guerres du Péloponèse en 1416–1418) montrent clairement les caractéristiques des positions et des attitudes du jeune empereur. D'ailleurs, même pour les autres (Turcs ou Vénitiens), la séparation des actes de Jean VIII de ceux de son père, ainsi que la distinction de la politique à l'égard de Constantinople de celle qui était menée à l'égard des autres possessions byzantines en dehors de la capitale, était estimée habituelle. Les efforts de Manuel II d'attribuer à ses fils des apanages selon un ordre successif établi, s'inscrit à coup sûr logiquement dans ce tableau. Après la mort de Jean VII, Thessalonique et ses environs reviendront à impubère Andronic, et après la disparition de Théodore Ier, la

Morée byzantine sera entre les mains de Théodore II. Tous ces problèmes sont traités dans le chapitre intitulé *Le second premier empereur (1414–1425)*.

Le titre susmentionné illustre lapidairement la place et le rôle de Jean VIII dans le gouvernement de l'Empire durant les dernières dix années de la vie de Manuel II. Les conceptions de Jean VIII parfois coïncidaient avec celles de son père, mais parfois ne l'étaient pas concordantes. Le séjour de Manuel II en Morée (1414–1416) et les succès qu'il a remportés alors dans la lutte contre l'aristocratie locale (entretemps de plus en plus renforcée) ont frayé la voie aux pas de Jean VIII sur le même sol, ou du moins ils s'accordaient avec eux. Cependant, si les deux empereurs étaient unanimes quand il fallait réprimer les ambitions centrifuges des féodaux moréotes, quand il s'agissait des Turcs, Manuel II s'employait pour une politique relativement conciliante, tandis que Jean VIII préconisait l'appui énergique aux princes rebelles turcs qui menaçaient le pouvoir de Mahomet Ier. Il est intéressant que Jean VIII était alors soutenu par les „archontes" de la capitale, c'est-à-dire par la riche aristocratie de Constantinople, depuis longtemps dans des liens multiples avec les Républiques maritimes italiennes, et auxquels le jeune empereur convenait mieux comme leur représentant que le vieux. Le comportement combatif à l'égard des Turcs a atteint son point culminant après la mort de Mahomet Ier, quand Jean VII soutenait Moustapha contre Mourad II. Il s'ensuivit alors une attaque du vainqueur (Mourad) contre Constantinopole et un siège de la capitale durant lequel le jeune basileus se distingua par son courage.

La confrontation au danger turc accru était la raison de nouvelles tentatives byzantines de réconcilier Venise avec Sigismond (voyage de Jean VIII en 1423–1424 en Italie et en Hongrie), la stabilisation de l'Etat turc et son renforcement raniment chez Manuel II et Jean VIII les projets sur l'Union des Eglises et l'alliance avec l'Europe catholique, et c'est au service des craintes et des espoirs mentionnés qu'il faut considérer le mariage de Jean VIII avec Sophie de Montferrat et celui de son frère avec Cléope Malatesta (1421). L'union des Eglises et l'obtention de l'aide de l'Occident dominent la politique de Jean VIII aussi dans la période de son règne indépendant, commencé, formellement par la mort de Manuel II (1425) et de fait aussi quelques années avant le décès du vieil autocrator. Tout un chapitre *(Premier et unique empereur. 1425–1440)* est consacré aux efforts de Jean VIII de réaliser l'Union et d'unifier l'Empire avec la chrétienté occidentale, afin qu'elle aide Byzance à survivre, autant qu'à son effort de maintenir l'équilibre entre ses frères constamment désunis comme un arbitre suprême, et même à ses désirs de contraindre les derniers Paléologues, dont chacun gouvernait son apanage séparé, à admettre les nouvelles conceptions centralistes d'Etat sur l'unité du territoire. La correspondance de l'empereur avec le Concile de Bâle et la Curie Romaine met à l'évidence que pour Jean VIII, l'Union des Eglises était une question exclusivement politique, et que le basileus était très loin des exagérations religieuses orthodoxes typiquement byzantines. En beaucoup d'éléments homme des temps nouveaux, Jean VIII s'efforce de reconstruire les fortifications de Constantinople, de construire une flotte et, en général, d'établir l'équilibre entre le faible Empire et ses partenaires étrangers. Tout cela, sans égard au fait que les Turcs entreront à Constantinople à peine cinq ans après la mort de Jean VIII, restituera partiellement et pour un moment à Byzance la dignité d'un véritable et souverain Etat, en tout cas meilleur que du temps de son père. Vers ce même but tendaient certaines mesures fiscales et la politique économique de Jean VIII, conscient que la liberté minimale dans les décisions économique est indispensable pour la souveraineté d'un Etat.

On n'a pas consacré beaucoup de place au déroulement du Concile de Ferrare-Florence (1438–1439), mais en revanche on a analysé en détail les dispositions de l'opinion publique de Constantinople, de l'impératrice-mère Hélène, de certaines couches de la société byzantine et de l'Eglise envers la politique de Jean VIII, en premier lieu leur rapport à l'égard de la réunification avec l'Eglise Romaine ou des Turcs. De même, on a dû suivre en détail la chronologie ainsi que l'arrière-plan politique et économique des conflits mutuels des derniers Paléologues qui, ouverts ou dissimulés,, ont duré pendant tout le règne de Jean VIII. Etant donné que l'empeureur n'avait pas de descendants ni de co-empereur antérieurement désigné, ces conflits étaient empreints de la lutte pour le trône de Byzance. Pour cette raison, chacun des frères de Jean VIII tendait à obtenir des possessions le plus près possible de la capitale, en même temps chacun parmi eux se liant à quelque couche sociale ou milieu politique influent de Constantinople et avec l'appui inévitable sur une des puissances étrangères, y compris les Ottomans – comme il aparaîtra en 1440 au retour de Jean VIII du Concile en Italie. Même l'acceptation de l'Union conclue avec le pape ou son rejet sont motivés chez les Paléologues (ou du moins additionnellement teints) par des ambitions politiques et des intérêts économiques pratiques.

Les sympathies de Jean VIII allaient au despote Constantin Dragach qu'il avait laissé comme régent à Constantinople durant son long séjour en Italie (1337–1440). Le despote Théodore II, s'estimant que plus âgé, il avait un droit de primauté sur Constantin, se sentit lésé par la décision de l'empereur. Après son retour d'Italie, Jean VIII se confrontera aussi, non pas pour la première fois, aux ambitions de son troisième frère, Démétrius, qui en 1442, s'alliant avec les adversaires de l'Union (en premier lieu avec le haut clergé et Marc Eugénikos) et les turcophiles, assiégera (avec l'aide du sultan Mourad II) son frère et empereur dans la capitale. Le despote Théodore II également, à la veille de sa mort (en juin 1448), tentera encore une fois d'enlever le trône à Jean VIII, qui mourra bientôt lui aussi (31. octobre 1448). Dans les dernières années da sa vie Jean VIII, qui pendant son séjour en Italie était devenu veuf, était accablé par la maladie accompagnée souvent d'absence de volonté. Ses dernières illusions (ainsi que l'espoir dans les succès des croisés, dissipé par la catastrophe de Varna en 1444) qu'il réussira à apporter à Byzance le salut de l'Occident, se sont évanouies. Jean VIII, avant et après le Concile de Ferrare-Florence, n'était pas la même personne, c'était, à partir de 1440, en vérité l'*Epilogue* – comme est intitulé le chapitre sur les dernières années de son règne.

Il a été enterré à côté de sa troisième épouse, la belle princesse Marie Comnène de Trébizonde, selon le rite catholique. Les autorités de l'Eglise, opposées à sa politique unioniste, avaient refusé de célébrer la cérémonie funèbre, et pour ces mêmes raisons, sa mère Hélène Dragach interdit que le nom de son fils uniat fût mentionné dans les prières. Ainsi disparut l'homme qui, bien qu'il ne fût pas un véritable réformateur, était le messager d'une nouvelle époque. Jean VIII s'est efforcé avec un succès inégal de modifier les idées de ses contemporains et sujets sur la conception du pouvoir impérial, il s'est efforcé (du moins pendant une courte partie de son régne) de s'opposer à la décentralisation ultérieure de l'Etat et d'étendre la portée de l'administration centrale au-delà de l'horizon des remparts de Constatntinople. Confronté aux implications pratiques du Schisme, il souhaitait réconcilier les deux Eglises désunies et apporter de l'Occident à l'Empire le salut attendu des infidèles. En même temps, il voulait tant soit peu affranchir son Etat des créanciers italiens. Tout en voulant, comme il semble, rapprocher l'Empire des critères d'alors de l'Occident, en premier lieu des Républiques italiennes et de leurs conceptions pragmatiste de l'Etat et de la politique, l'autocrator n'a marqué que des succès provisoires. Les racines de la crise étaient beaucoup plus complexes et antérieures à l'époque de Jean VII. Bref, Byzance était un Etat médiéval anachronique dans les temps nouveaux. Jean VIII, semble-t-il, présentait le souffle de cette nouvelle époque, en quoi il n'était pas tout à fait seul dans l'Empire. Un homme de la, Renaissance n'était pas seulement le néo-platonicien Georges Gémiste-Pléthon, aux vues de la société féodale se sont arrachés à leur manière même les archontes de Constantinople du XVe siècle, mais non pas Byzance dans son ensemble. C'est pourquoi elle fut remplacée par un Etat jeune et différent, inspiré par l'Islam, qui n'avait avec l'Empire chrétien qu'une seule ressemblance: des prétentions universalistes. Ce remplacement a été réalisé sur un territoire inspiré jusqu'à la fin par l'héritage romain, mais déjà largement réoccupé par le sentiment national grec. C'est pourquoi l'étude de l'époque de Jean VIII représente un défi pour les byzantinistes ainsi que pour les spécialistes de l'histoire grecque moderne.

СПИСАК СКРАЋЕНИЦА – ИЗВОРИ

Badoer	Il Libro dei Conti di Giacomo Badoer, edd. U. Dorini – T. Bertelè, Roma 1956.
Balfour, Symeon of Thessalonica	D. *Balfour*, Politico-Historical Works of Symeon, Archbishop of Thessalonica (1416/17 to 1429), Wien 1979.
Брокијер	Бертрандон де ла Брокијер, Путовање преко мора, прев. М. *Рајичић*, Београд 1950.
Cant.	Ioannis Cantacuzeni imperatoris historiarum libri IV, I–III, cura L. *Schopeni*, Bonnae 1828–1832.
Chalc.	Laonici Chalcocandylae historiarum demonstrationes, I–II, rec. E. *Darkó*, Budapestini 1922.
Clavijo	Рюи Гонзалес де Клавихо. Дневвник путешествия ко двору Тимура в Самарканд в 1403–1406 гг., изд. *И. И. Срезневский*, Петроград 1881 (reprint: London 1971).
Cronaca dei Tocco	Cronaca dei Tocco di Cefalonia di anonimo, ed. G. *Schiró*, Roma 1975.
Cydonès. Correspondance	Demétrius Cydonès. Correspondance, I–II, éd. R. J. *Loenertz*, Città del Vaticano 1960.
Dennis, Letters of Manuel	The Letters of Manuel II Palaelogus, ed. by G. T. *Dennis*, Dumbarton Oaks 1977.
Ducas	Ducas, Istoria turco-byzantina (1341–1462), ed. V. *Grecu*, Bucuresti 1958.
Gelcich-Thallóczy, Diplomatarium	J. *Gelcich* – L. *Thallóczy*, Diplomatarium relationum Reipublicae Ragusanae cum regno Hungariae, Budapest 1887.

Gregoras	Nicephori Gregorae Byzantina historia, I–III, cura L. *Schopeni,* Bonnae 1829–1855.
Hofmann, Epistolae I	Epistolae pontificiae ad Concilium Florentinum spectantes, Pars I. Epistolae pontificiae de rebus ante Concilium Florentinum gestis (1418–1438), ed. *G. Hofmann,* Romae 1940.
Hofmann, Epistolae II	Epistolae pontificiae ad Concilium Florentinum spectantes, Pars II. Epistolae pontificiae de rebus in Concilio Florentino annis 1438–1439 gestis, ed. *G. Hofmann,* Romae 1944.
Hofmann, Epistolae III	Epistolae pontificiae ad Concilium Florentinum spectantes, Pars III. Epistolae pontificiae de ultimis actis Concilii Florentini annis 1440–1445 et de rebus post Concilium gestis annis 1446–1453, ed. *G. Hofmann,* Romae 1946.
Hofmann, Acta camerae	Acta camerae apostolicae et civitatum Venetiarum, Ferrariae, Florentiae, Ianuae de Concilio Florentino, Concilium Florentinum. Documenta et scriptores, v. III, f. 1, ed. *G. Hofmann,* Romae 1950.
Hofmann, Fragmenta	Fragmenta protocolli, diaria privata, sermones. Concilium Florentinum, Documenta et scriptores, ser. A, v. III, f. II, ed. *G. Hofmann,* Romae 1951.
Hofmann-O'Shaughnessy-Simon, Orientalium documenta	Orientalium documenta minora, Concilium Florentinum, Documenta et scriptores, ser. A, v. III, f. III. edd. *G. Hofmann, Th. O'Shaughnessy, I. Simon,* Romae 1953.
Hunger, Chortasmenos	Johannes Chortasmenos (ca. 1370-ca. 1436/37). Briefe, Gedichte und kleine Schriften..., ed. *H. Hunger,* Wien 1969.
Iorga, Analele	*N. Iorga,* Venetia in Marea neagră, Analele Academiei Române. Memoriile Sectiunii istorice, II, 36 (1913–1914), 1043–1118.
Iorga, Notes et extraits	*N. Iorga,* Notes et extraits pour servir à l'histoire des croisades au XVe siècle, I–IV, Paris––Bucarest 1899–1916.
Kleinchroniken	Die byzantinischen Kleinchroniken, 1. Teil, Text, ed. *P. Schreiner,* Wien 1975.

Константин Филозоф	Константин Филозоф, Житије Стефана Лазаревића деспота српског, изд. *В. Јагић*, Гласник Српског ученог друштва 42 (1875) 223–328, 373–377.
Krajcar, Acta slavica	Acta slavica Concilii Florentini, Concilium Florentinum. Documenta et scriptores, v. XI, ed. *J. Krajcar*, Romae 1976.
Krekić, Dubrovnik	*B. Krekić*, Dubrovnik (Raguse) et le Levant au Moyen âge, Paris-La Haye 1961.
Kugeas, Notizbuch	*S. Kugeas*, Notizbuch eines Beamten der Metropolis in Thessalonike aus dem Anfang des XV. Jahrhunderts, BZ 22 (1914) 143–163.
Ламброс, Παλαιολόγεια	*Сп. Ламброс*, Παλαιολόγεια καὶ Πελοποννησιακά, I–IV, Атина 1912–1930.
Laurent, Syropoulos	Les „Mémoires" du Grand Ecclésiarque de l'Eglise de Constantinople Sylvestre Syropoulos sur le concile de Florence (1438–1439), éd. par *V. Laurent*, Paris 1971.
Legrand, Lettres de Manuel	Lettres de Manuel Paléologue, éd. *E. Legrand*, Paris 1893 (reprint: Amsterdam 1962).
M. M.	*F. Miklosich – J. Müller*, Acta et diplomata graeca medii aevi sacra et profana, I–VI, Vindobonnae 1860–1890.
Migne, P. G.	*J. P. Migne*, Patrologiae cursus completus. Series graeca, Paris 1857 ss.
Müller, Documenti	*G. Müller*, Documenti sulle relazioni delle città toscane coll'Oriente cristiano e coi Turchi fino all'anno MDXXXI, Firenze 1879 (reprint: Roma 1966).
Muratori, RIS	Rerum Italicarum Scriptores, 1–45, ed. *L. A. Muratori*, Milano 1723–1751.
Noiret, Documents	*H. Noiret*, Documents pour servir à l'histoire de la domination vénitienne en Crète (1380–1485), Paris 1892.
Панарет	Μιχαὴλ τοῦ Παναρέτου περὶ τῶν Μεγάλων Κομνηνῶν, изд. *Г. Ламисидис*, Атина 1958.
Pseudo-Kodinos	Pseudo-Kodinos. Traité des offices, éd. *J. Verpeaux*, Paris 1966.

Pseudo-Phrantzes	Pseudo-Phrantzes sive Macarios Melissenos, Chronicon 1258–1481 (in: Georgios Sphrantzes, Memorii 1401–1477, ed. *V. Grecu*, Bucuresti 1966).
Sathas, Documents inédits	C. *Sathas*, Documents inédits relatifs à l'histoire de la Grèce au Moyen âge, I, III, Paris 1880–1882.
Scholarios. Oeuvres	L. *Petit* – H. A. *Sideridès* – M. *Jugie*, edd., Oeuvres complètes de Georges Scholarios, I–VIII, Paris 1928–1937.
Sphrantzes	Georgios Sphrantzes, Memorii 1401–1477, ed. *V. Grecu*, Bucuresti 1966.
Стојановић, Летописи	Љ. *Стојановић*, Стари српски родослови и летописи, Београд–Сремски Карловци 1927.
Thiriet, Régestes	F. *Thiriet*, Régestes des délibérations du Sénat de Venise concernant la Romanie, I–III, Paris–La Haye 1958–1971.
Thomas, Diplomatarium	Diplomatarium Veneto-Levantinum, I–II, ed. C. M. *Thomas*, Venezia 1899 (reprint: New York 1966).
Зорас, Χρονικὸν	Χρονικὸν περὶ τῶν τούρκων σουλτάνων (κατὰ τὸν Βαρβερινὸν Κώδικα 111), изд. *Γ. Зорас*, Атина 1958.

ЛИТЕРАТУРА

Alexandrescu-Dersca, Timur	M. *Alexandrescu-Dersca,* La campagne de Timur en Anatolie (1402), Bucarest 1942.
Анасшасијевић, Једина царица	Д. *Анасшасијевић,* Једина византијска царица Српкиња, Братство XXX (1939) 1–23.
Babinger, Amurath	F. *Babinger,* Von Amurath zu Amurath. Vor- und Nachspiel der Schlacht bei Varna (1444), Oriens III, Nr. 2 (Leiden 1950) 229–265 (reprint: Aufsätze, I, 128–157).
Babinger, Aufsätze	F. *Babinger,* Aufsätze und Abhandlungen zur Geschichte Südosteuropas und der Levante, I–III, München 1962–1976.
Бабингер, Мехмед II	Ф. *Бабингер,* Мехмед II Освајач и његово доба, Нови Сад 1968.
Babinger, Relazioni	F. *Babinger,* Relazioni Visconteo-Sforzesche con la Corte Ottomana durante il secolo XV, Atti del Convegno di studi su la Lombardia e l'Oriente, Milano 1963, 8–30 (reprint: Aufsätze, III, 185–207).
Bakalopulos, Limites	A. *Bakalopulos,* Les limites de l'Empire byzantin depuis la fin du XIVe siècle jusqu'à sa chute, BZ 55 (1962) 56–65.
Barker, John VII in Genoa	J. W. *Barker,* John VII in Genoa: A Problem in Late Byzantine Source Confusion, OCP 28 (1962) 213–238.
Barker, Manuel II	J. W. *Barker,* Manuel II Palaeologus (1391–1425): A Study in Late Byzantine Statesmanship, New Brunswick–New Jersey 1969.

Belgrano, Studi e documenti	L. T. Belgrano, Studi e documenti su la Colonia genovese di Pera (prima serie), Atti della Società ligure di storia patria XIII, 2 (1877) 97–317.
Berger de Xivrey, Mémoire	J. Berger de Xivrey, Mémoire sur la vie et les ouvrages de l'empereur Manuel Paléologue, Mem. de l'Institut de France. Académie des Inscriptions et Belles-Lettres, 19, 2, Paris 1853, 1–201.
Bertelè, Giro d'affari	T. Bertelè, Il giro d'affari di Giacomo Badoer: precisazioni e deduzioni, Akten des XI. Internationalen Byzantinistenkongress, München 1960, 48–57.
Bertelè, I gioielli	T. Bertelè, I gioielli della corona bizantina dati in pegno alla Repubblica veneta nel secolo XIV e Mastino II della Scala, Studi in onore di A. Fanfani, II, Milano 1962, 90–177.
Bon, Morée	A. Bon, La Morée franque. Recherches historiques, topographiques et archéologiques sur la principauté d'Achaïe (1205–1430), Paris 1969.
Byz.	Byzantion, Bruxelles.
BZ	Byzantinische Zeitschrift, München.
Cecconi, Studi storici	E. Cecconi, Studi storici sul Concilio di Firenze, Firenze 1869.
Cerone, Politica orientale	F. Cerone, La politica orientale di Alfonso di Aragona, Archivio storico per le province napoletane XXVIII, f. 1 (1902) 3–93, 380–456, 555–634, 774–852.
Delaville le Roulx, Hospitaliers	J. Delaville le Roulx, Les Hospitaliers à Rhodes jusqu'à la mort de Philibert de Naillac (1310–1421), Paris 1913.
Delaville le Roulx, La France en Orient	J. Delaville le Roulx, La France en Orient au XIVe siècle, I–II, Paris 1886.
Dennis, The Reign	G. T. Dennis, The Reign of Manuel II Palaeologus in Thessalonica. 1382–1387, Rome 1960.
Diehl, Figures II	Ch. Diehl, Figures byzantines, II, Paris 1921.
Dölger, Die Krönung	F. Dölger, Die Krönung Johanns VIII, zum Mitkaiser, BZ 36 (1936) 318–319.
Dölger, Johannes VII.	F. Dölger, Johannes VII, Kaiser der Rhomäer. 1390–1408, BZ 31 (1931) 21–36.
Dölger, Regesten V	F. Dölger, Regesten der Kaiserurkunden des Oströmischen Reiches, 5. Teil: Regesten von 1341–1451 unter verantwortlicher Mitarbeit von P. Wirth, München 1965.
EO	Echos d'Orient, Paris.

Ферјанчић, Андроник Палеолог	Б. *Ферјанчић*, Деспот Андроник Палеолог у Солуну, ЗФФБ X–1 (1968) 227–235.
Ферјанчић, Деспоти	Б. *Ферјанчић*, Деспоти у Византији и јужнословенским земљама, Београд 1960.
Ферјанчић, Међусобни сукоби	Б. *Ферјанчић*, Међусобни сукоби последњих Палеолога (1425–1449), ЗРВИ 16 (1975) 131–160.
Filipović, Princ Musa	N. *Filipović*, Princ Musa i Šejh Bedredin, Sarajevo 1971.
Gill, Council	J. *Gill*, The Council of Florence, Cambridge 1958.
Gill, Personalities	J. *Gill*, Personalities of the Council of Florence, Oxford 1964.
Halecki, Pologne	O. *Halecki*, La Pologne et l'Empire byzantin, Byz. VII–1 (1932) 41–67.
Halecki, Un empereur	O. *Halecki*, Un empereur de Byzance à Rome. Vingt ans de travail pour l'union des églises et pour la défense de l'Empire de l'Orient: 1355–1375, Varsovie 1930.
Hopf, Geschichte	K. *Hopf*, Geschichte Griechenlands vom Beginn des Mittelalters bis auf unsere Zeit, I–II, Leipzig 1867–68 (reprint: New York 1965).
Христофилопуло, Ἐκλογή	E. *Христофилопуло*, Ἐκλογή, ἀναγόρευσις καὶ στέψις τοῦ βυζαντινοῦ αὐτοκράτορος, Атина 1956.
Inalcik, Crisis	H. *Inalcik*, Byzantium and the Origins of the Crisis of 1444 under the Light of Turkish Sources, Actes du XIIe Congrès International d'Etudes byzantines (Ohrid 1961), II, Belgrade 1964, 159–163.
Иналчик, Османско царство	Х. *Иналчик*, Османско царство, Београд 1974.
Janin, Constantinople	R. *Janin*, Constantinople byzantine, Paris 1964[2].
Janin, Géographie	R. *Janin*, La géographie ecclésiastique de l'Empire byzantin, Paris 1953.
Јиречек-Радонић, Историја	К. *Јиречек* – J. *Радонић*, Историја Срба, I–II, Београд 1952.
JÖB	Jahrbuch der Österreichischen Byzantinistik, Wien.
Loenertz, Autour du Chronicon maius	R.–J. *Loenertz*, Autour du Chronicon maius attribué à Georges Phrantzès, Misc. G. Mercati, III, Città del Vaticano 1946, 273 –311 (reprint: *idem*, Byzantina et Franco-Graeca, Roma 1970, 3–44).
Loenertz, Pour l'histoire	R.–J. *Loenertz*, Pour l'histoire du Péloponèse au XIVe siècle. 1382–1404, Etudes byzantines 1 (1943) 152–196 (reprint: Byzantina et Franco-Graeca, 227–265).

Loenertz, Une erreur	R.–J. Loenertz, Une erreur singulière de Laonic Chalcocandyle: le prétendu mariage de Jean V Paléologue, REB 15 (1957) 177–184 (reprint: Byzantina et Franco-Graeca, 382–392).
Luzzatto, Storia	G. Luzzatto, Storia economica di Venezia dal'XI al XVI secolo, Venezia 1961.
Максимовић, Апанаже	Љ. Максимовић, Генеза и карактер апанажа у Византији, ЗРВИ 14–15 (1973) 103–154.
Maksimović, Charakter	Lj. Maksimović, Charakter der sozial-wirtschaftlichen Struktur der spätbyzantinischen Stadt (13–15 Jh.), JÖB 31 (1981), XVI. Internationaler Byzantinistenkongress, Akten I/1, Wien 1981, 149–188.
Максимовић, Управа	Љ. Максимовић, Византијска провинцијска управа у доба Палеолога, Београд 1972.
Малтезу, Περιπέτειες	X. Μαλτέζου, Οἱ ἱστορικὲς περιπέτειες τῆς Κορίνθου στὰ τέλη τοῦ 14ου αἰώνα, Σύμμεικτα 3 (1979) 29–51.
Manfroni, Relazioni	C. Manfroni, Le relazioni fra Genova, l'Impero Bizantino e i Turchi, Atti della Società ligure di storia patria XXVIII (1898) 575–618, 714–736.
Marinescu, Manuel II	C. Marinescu, Manuel II Paléologue et les rois d'Aragon. Commentaire sur quatre lettres inédites en latin, expédiées par la chancellerie byzantine, Académie Roumaine. Bulletin de la Séction Historique 11 (1924) 192–206.
Мерциос, Μνημεῖα	K. Μέρτζιος, Μνημεῖα μακεδονικῆς ἱστορίας, Солун 1947.
Михаљчић, Крај царства	Р. Михаљчић, Крај Српског царства, Београд 1975.
Miller, Essays	W. Miller, Essays on the Latin Orient, London 1921 (reprint: Amsterdam 1964).
Моравчик, Византийские императоры	Дж. Моравчик, Византийские императоры и их послы в г. Буда, Acta historica academiae scientiarum hungaricae 8 (1961) 239–256.
Nicol, Church	D. M. Nicol, Church and Society in the Last Centuries of Byzantium, Cambridge 1977.
Nicol, Kantakouzenos	D. M. Nicol, The Byzantine Family of Kantakouzenos (ca. 1100–1460), Dumbarton Oaks 1968.
OCP	Orientalia Christiana Periodica, Roma.

Oikonomidès, „Haradj"	N. *Oikonomidès*, Le „Haradj" dans l'Empire byzantin du XVe siècle, Actes du Ier Congrès International des Etudes Balkaniques et Sud-Est Européennes, III, Sofia 1969, 681–688.
Oikonomidès, Hommes d'affaires	N. *Oikonomidès*, Hommes d'affaires grecs et latins à Constantinople (XIIIe–XVe siècles), Montréal–Paris 1979.
Ostrogorsky, Etat tributaire	G. *Ostrogorsky*, Byzance, état tributaire de l'Empire turc, ЗРВИ 5 (1958) 49–58 (прешт. у „Сабраним делима" Георгија Острогорског, III, Београд 1970, 377–389).
Острогорски, Историја	Г. *Острогорски*, Историја Византије, Београд 1959 (Сабрана дела, VI).
Острогорски, Серска област	Г. *Острогорски*, Серска област после Душанове смрти, Београд 1965 (Сабрана дела, IV, 422–631).
Papadopulos, Versuch	A. Th. *Papadopulos*, Versuch einer Genealogie der Palaiologen, München 1938.
Пурковић, Деспот Стефан	М. Ал. *Пурковић*, Кнез и деспот Стефан Лазаревић, Београд 1978.
Радонић, Западна Европа	J. *Радонић*, Западна Европа и балкански народи према Турцима у првој половини XV века, Нови Сад 1905.
REB	Revue des études byzantines, Paris.
Saffrey, Recherches	N. D. *Saffrey*, Recherches sur quelques autographes du cardinal Bessarion et leur caractère autobiographique, Mél. E. Tisserant, III, Città del Vaticano 1964, 263–297.
Schreiner, Hochzeit	P. *Schreiner*, Hochzeit und Krönung Kaiser Manuels II im Jahre 1392, BZ 60 (1968) 70–85.
Schreiner, Kommentar	P. *Schreiner*, Die byzantinischen Kleinchroniken, 2. Teil: Historischer Kommentar, Wien 1977.
Schreiner, Studien	P. *Schreiner*, Studien zu den BPAXEA XRONIKA, München 1967.
Schreiner, Untersuchungen	P. *Schreiner*, Chronologische Untersuchungen zur Familie Manuels II, BZ 63 (1970) 285–299.
Silberschmidt, Das orientalische Problem	N. *Silberschmidt*, Das orientalische Problem zur Zeit der Entstehung der türkischen Reiches nach venezianischen Quellen, Leipzig 1923.
Сиремић, Харач	М. *Сиремић*, Харач Солуна у XV веку, ЗРВИ 10 (1967) 187–195.

Thiriet, Chroniques	F. *Thiriet*, Les chroniques vénitiennes de la Marcienne et leur importance pour l'histoire de la Romanie gréco-vénitienne, Mél. de l'École française de Rome LXVI (1954) 241–292 (reprint: *idem*, Études sur la Romanie Gréco-Vénitienne. X^e–XVe siècles, London 1977).
Thiriet, Observations	F. *Thiriet*, Quelques observations sur le trafic des galées vénitiennes d'après les chiffres des „incanti" (XIVe–XVe siècles), Studi in onore di A. Fanfani, III, 495–523, Milano 1962 (reprint: Etudes sur la Romanie).
Thiriet, Romanie	F. *Thiriet*, La Romanie vénitienne au Moyen âge. Le développement et l'exploitation du domaine colonial vénitien (XIIe– XVe siècles), Paris 1959.
Thiriet, Ténédos	F. *Thiriet*, Venise et l'occupation de Ténédos au XIVe siècle, Mél. de l'École française de Rome LXV (1953) 219–245 (reprint: Études sur la Romanie).
Vasiliev, Pero Tafur	A. A. *Vasiliev*, Pero Tafur, a spanish traveller of the fifteenth century and his visit to Constantinople, Trebizond and Italy, Byz. 7 (1932) 75–122.
Васильев, Путешествие	А. А. *Васильев*, Путешествие византийского императора Мануила II Палеолога по западной Европе, ЖМНПр., Н. С. 39 (1912) 41–78, 260–304.
Виз. Врем.	Византийский Временник, Петроград (1894т–1927); Москва 1947 сл.
Vryonis, Decline	Sp. *Vryonis.*, The Decline of Medieval Hellenism in Asia Minor and the Process of Islamization from the Eleventh through the Fifteenth Century, Los Angeles–London 1971.
Verner, Die Geburt	E. *Werner*, Die Geburt einer Grossmacht – Die Osmanen, Berlin 1966.
Zakythinos, Despotat	D. A. *Zakythinos*, Le despotat grec de Morée (1262–1460), I–II, Paris–Athènes 1932–1953.
ЗРВИ	Зборник радова Византолошког института, Београд.
ЗФФБ	Зборник Филозофског факултета у Београду, Београд.
ЖМНПр.	Журнал Министерства Народного Просвещения, Петроград.

О АУТОРУ

Иван Ђурић рођен је 1947. у Београду где је завршио класичну гимназију и студије историје на Филозофском факултету, на којем је докторирао 1982. године.

Као византолог формирао се под непосредним утицајем свога професора Георгија Острогорског и тзв. „београдске византолошке школе". Поред повести Византије у ужем смислу, бавио се проучавањем веза византијске цивилизације са невизантијским светом и јужнословенским земљама, као и теоријом историје. Објављивао је радове у Грчкој, Аустрији, Швајцарској, Чехословачкој, Француској, Немачкој и САД. Био је доцент на Филозофском факултету у Београду и гостујући професор на универзитетима у Ници, Атини и Паризу.

Књига *Сумрак Византије* (1984) била је добро прихваћена како од стручне јавности тако и од шире читалачке публике, а преведена је на више страних језика (француски, италијански, немачки, руски, пољски). Објавио је и књигу *Историја – прибежиште или путоказ*.

Одликован је Орденом витеза за заслуге учињење грчком народу и један је од најмлађих носилаца тог одликовања.

Умро је у Паризу 1997. године.

ИНДЕКС

А

августа, епитет царице 133
Авињон 100, 106, 270, 275, 278– 279
Агарени 104 (в. Турци)
Агатопољ, град и седиште епископије 352
Адорно, Ђовани, подеста 204
Азија 14, 16, 20, *41*, 45, 58, *95*, 106–107, *108*, 119, 122, *122– 123*, 157, 200, 209, 334, 338, 342, *366*, (в. Анадолија)
Акакије, митрополит Монемвасије 93
Акакије, монах 215 (в. деспот Андроник Палеолог)
Акерман, град *217– 218* (в. Аспрокастрон)
акропољ 111, 122, *250*, 342 (в. „кула")
Аламани 221, (в. Жигмунд)
Албанија 40, *120*, 186, 200, *205*, 229, 235, 296
Албанци 31, *124*, 139, *172*, 174, 178, 186, 200, *205*, 212, *221*, 229, 243, *333–343*
Албрехт, немачки цар и угарски краљ *284*, 296
Александар Македонски 138, 368
Александрија 115
александријски патријарх 314
Алексије III (Велики) Комнин, трапезунтски цар 51, 68
Алексије IV (Велики) Комнин, трапезунтски цар *69*, 236, *237*
Али–бег, татарски хан 230
Алмирос, град *358*
Алпи; *310*
Алфеј, река 245
Алфонсо V, арагонски краљ *177*, *276*, 305, 337–338, 345, 364 (в. Арагон, арагонски краљ)
Амадео Савојски, војвода 22, 189
Амасија, град 344
Амируцис, Георгије, савременик Сабора у Фиренци *286*
Ана Васиљевна (Ана од Русије), прва жена Јована VIII 147–149, 178, 185, 193
Ана Савојска, жена Андроника III Палеолога *67*, 189
Ана, угарска принцеза и прва жена Андроника II Палеолога *67*
Ана Филантропина, жена трапезунтског цара Манојла III Комнина *69*
Анагност, Јован, сведок турског освајања Солуна *234*
Анадолија 59, 108, 119, 120, 140, 143, *155*, 158, 169, 200, *201*, 202–204, 208–209, 333–334, 338–339 (в. Мала Азија)
Анадолу Хисар, тврђава 47, *293*
„анати", један од прихода римског папе 278
„ангарија", обавеза зависног становништва 178
Ангелокастрон, град 139
Ангора, град 16, 33, 76, *82*, 106, 107, *110*, 115, *123*, 391 (в. ангорска битка)
ангорска битка 37, 103–105, 108, 110, 115, 117, 121–122, 124, 126, *140*, 143, *154*, 155, 200, *228*
Андреј са Родоса, папски легат 252–253, 266
Андријаш, син краља Вукашина 40

Андроник II Палеолог, византијски цар 67, 101, 188,
Андроник III Палеолог, византијски цар 67, 129, 189
Андроник IV Палеолог, савладар Јована V 21–24, 26, 32, 102, 111, 116, 121, 192
Андроник V Палеолог, син Јована VII 72–73, 81, 116,
Андроник Палеолог, деспот, син Манојла II 52, 56, 93, 106, 112, 127–128, 132–134, 138, 145, 163–164, 166, 171, 179, 213–216, 218–219, 220, 228, 231–232, 240, 245, 297
Андруса, град 174, 176, 249
Анђели, византијска царска породица 188
Анкона, град 8, 266, 322, 325
Антиох, Теодосије, византијски посланик 277
Антиохит, Теодор, византијски хуманиста, 94–95, 136–137
антиуниониcти 264–265, 274, 283, 286, 310, 317, 319, 321, 327, 365, 367
Антоније, цариградски патријарх 61, 145
Антоније, митрополит Ираклије 264, 320
апанаже 26, 34, 35, 37, 39–40, 74, 80, 83, 102, 115, 117, 121–122, 125–129, 134, 163, 166, 171, 181, 214–216, 218, 219, 220, 228, 230–231, 239–241, 244–245, 247–249, 255, 297–298, 301–304, 322–326, 330, 331–332, 343, 350–352, 361, 368, 372
Апенинско полуострво 224, 260
Апостолис, Арсеније, византијски хуманиста 366
Апостолис, Михаило, византијски хуманиста 366
апостолска столица 187, 258, 345 (в. курија, римска курија, папа)
Апулија 176, 177
Арагон 79, 97, 305
арагонски краљ 177, 289, 318, 337, 345, 360 (в. Алфонсо V)
Аргиропул, Јован, византијски хуманиста 365–366
Аргитис, Димитрије, трговац из Кандије 356
Аргос, град 36–37, 75, 79, 249
Арије, александријски презвитер 321
аристократија 180, 183, 201, 272, 319, 323, 351, 358, 374 (в. архонти)
Аристотел 94

Аркадија 298
Арта, град 358
архиепископ Патраса 37, 175–176, 246 (в. Малатеста, Патрас)
архонти 31, 56, 104, 134, 180, 196, 201, 217, 267, 274, 282–286, 311, 318, 323, 330, 349, 351, 352, 356, 364 (в. аристократија)
„архонтопули", синови Манојла II 56, 201
Асани, византијска породица 301, 324–325
Асан, Исак, архонт 201
Асан, Манојло, управник Имброса 325
Асан, Матеј, цариградски архонт 250, 371, 377
Асан, Павле, византијски посланик и кефалија Цариграда 315, 322, 324
Асан, Христофор Палеолог, учесник Сабора у Фиренци 324
Асан, византијски посланик 244 (в. Асан, Матеј) 325
аспра, новац 46, 214, 228
Аспрокастрон, град 217–218, 225 (в. Акерман, Београд)
Атика 31, 342, 367
Атина 10, 28, 31, 37–38, 45, 51, 74, 79, 148, 309, 377
Атинско војводство 338
Атос 321, 340–341 (в. Света Гора)
„афтентопул, син царев 56, 134 (в. „архонтопули")
Африка 168
Ахаја 36, 213, 219, 241–242, 249
Ахајска кнежевина 36, 174
ахајски кнез 165–166, 173–174, 177, 201 (в. Цакарија, Чентурионе)
Ачајуоли, Антонио, атински војвода 297
Ачајуоли, Нерио I, атински војвода 31, 36, 38, 220
Ачајуоли, Нерио II, атински војвода 342

Б

Багдад 100
Бадоер, Ђакомо, венецијански трговац 352, 354, 355–357
Базел 257, 258, 259, 260, 270, 271, 275, 276, 278, 279, 280, 281, 373 (в. Базелски сабор)
Базелски концил 285, 309 (в. Базелски сабор)

Индекс

Базелски сабор 257, 259, 260,261, 264, 268, 269,270, 271, 272, 273, 274, 275, 278, 279, 280, 281, 287, 300, 301, *348*, 367
баило, млетачки у Цариграду 103, 159, *161*, 174, *205*, 206, 207, *254*
Бајазит, турски владар 16, 24, 25, 32–33, 36, 39– 41, *42–43*, 44–48, 55, 57, *58*, 59–60, 65, 70–71, 73–79, 81, *82*, *95*, *97*, 100–105, 107–108, 110, *111*, 112–114, *115*, 119–121, 123–124, 139–142, 154–155, *156*, 157, 161, 172, 205, 235, 339, 373 (в. султан)
Бајазит, везир Мурата II 205
Балдуин Фландријски, латински цар 188
Балдуин V, јерусалимски краљ 188
Балкан 13, 28, 42, 44–45, 71, 97, 142, 185, 239, 296, *338* (в. Балканско полуострво)
Балканско полуострво 15, 24, 29–32, 40, *46*, 47, 70, 76, 108, 139, 144, 169, 213, 295, 332, 339–340, 363, 373
Барак, турски војсковођа 208
Барбо, Пантолеоне, венецијански посланик *60*
беглербег, турски провинцијски управник 205
Бембо, Андреа, венецијански посланик *24*
Бенедикт XIII, авињонски противпапа *96*, 100, 106
Београд *16*, *27*, *28*, *30*, *66*, *69*, *76*, *105*, *123*, *126*, *189*, *195*, 217, *218*, 235, *240*, *244*, 277, *284*, *296*
Беотија 297, 342, 367
Бертоли, Бетино, фирентински посланик 352–353
Беч *6*, 270
Билећа, град 30
Бисак, Хуго, грчки историчар *93*
Богородица Одигитрија, црква у Монемвасији 93
Богородица Одигитрија, манастир у Цариграду *49*
Богородица Памакариста, манастир у Цариграду 170
Богородица Перивлепта, манастир у Цариграду 198, *207*
Божић, Иван, југословенски историчар 7, *120*, *139*, *186*, *265*, *296*
Бозизи, Ђовани де, венецијански посланик 234
Болоња 140, 260, *268*, 270, 279
Бонифације IX, римски папа 80, *96*, 100, 188
Бонифације Монфератски, солунски краљ 189 (в. Монферати)
Борџија, Алфонсо *177* (в. Каликст III)
босански војвода *211*
босански краљ 225
Босанци 30, *235*
Босна *160*
Босфор *46*, *58*, 107, 120, *123*, *159*, *201*, 293, 341,
Босфорски мореуз 25, 48, *294*
Бранденбург, изборни кнез 184
Брера, библиотека у Милану *6*
Брање, градић у Хрватској *283*
Брокијер, Бертрандон де ла, бургундски витез 8, *46*, *232*, 238, 261,284, *293*, 299
Брук, град *261*
Бруса, град *24*,58, 107, 155, *202*,209, 320, 340
Бугари 335, 355, 376
Бугарска 71, 140
бугарско приморје 33, *36*
Бугарско царство 16
Будим 43, 78, 218, 224, *225*, 260, *261*, 270, 284, 335
будимски кардинал 182
„букентаур", дуждов свечани брод 222
Буонделмонти, Исаило, деспот и господар Јањрше 31*14*
Бургундија 42, *261*, 310, 337
Бургунђани 8, *42*
Бусико (Жан ле Менгр), маршал Француске 80, 82, *87*, *96*, 101,*103*, 109, 113, 115–116, 118, *121*

В

Ваврен, бургундски хроничар *337*
вазалство 41, 122–123 (в. харач)
Валсамони, византијска породица 273, *286*
Валсамон, Михаило, велики хартофилакс 273, *286*
Вардар 69, 122
Варна, град (бој код Варне) 33, 44, 121, 295, 306, 319, 333–335, 339–340, 342
васељенски сабор 184, 212, *210*, 283, 311
Василије I, московски кнез 13, 145–146, 148–149

василиса, деспотова жена 69
Василопотамос, тврђава 109, *110*
Ватопед, светогорски манастир *163, 215,
276,* 314
Велика Лавра, светогорски манастир *127,
240, 276, 341, 346*
велики дукс, достојанство *141,* 301, 323
Велики Новгород *310*
велики примикирије, достојанство 35
велики стратопедарх, достојанство 35
велики хартофилакс, достојанство *328*
Венеција 6–7, 15, 16–22, *23,* 24–26, 34,
36–38, *41,* 43, 46–48, *59,* 74–75, *76,* 77–78,
83, *84,* 86–89, 97, *95–96,* 98–100, 102–103,
105, *101, 103–104,* 108–110, 113, 117–119,
127–128, 138–143, 152, 158–160, 162, 164,
166–167, *168,* 173, *174,* 175, 177–178, 181,
183, 186, 191, *202,* 211–216, *221,* 222–225,
226, 228–233, 236, 239, 241–243, *247,*
250–251, 254–256, 258, 260, 272–273,
280–281, 283, 286, 298, *306,* 309, 312, *313,*
314–315, 335–336, 339, *341,* 343–344, 352,
355, 357–358, *359,* 360, 374 (в. Млеци)
венецијанска флота *176*
венецијанске хронике 107, *174,* 176, 214
Венијер, Долфин, венецијански посланик
167, *211*
Венијер, Санто, венецијански посланик
214, 228
венчање, царско (церемонија) 50–52, 59,
60–61, 70, *112,* 130, *131, 134,* 149, *150,*
151–152, *156,* 187–188, 190–193, 196–197,
209, 237, 246, 301, *324* (в. крунисање)
Видин 79
Видинска царевина 44, 79
Визант (Цариград) 368
византијска војска 18, *188,* 202,
237, 281, 286, *290*
византијска флота *18, 168,* 242, 245, 291
Визија (Виза), град 121, 141
Виљем II, маркиз од Монферата 188
Виндеке, Еберхард, историчар *224–225*
вино, извозни производ 90, 223
Висарион, никејски митрополит, кардинал
11, *71, 94, 187, 206,* 229, 237, *300,* 301,
309, 314, 374
Висконти, миланска породица *19,* 224–257,
259, 260, 262

Витовт, литвански владар 79, 145–147, *148,*
149, 185, 254
Виченца 96
Бладислав, пољски краљ *43, 79,* 146, *148,*
185, 254, 333
Владислав III, пољски и угарски краљ 333,
334, 335, 337, 340, 342
Вланга, део Цариграда 292, 347, *354*
Власи 167, 169, 347, *355*
Влатади, манастир у Солуну *234*
Влахерне, царска палата у Цариграду 292
Влашка 42, 47, 147, 158, 172, 185, 186, 204,
328, 333
Водоница, маркиз од 123
„Војна" капија (у Цариграду) 292
Востица, градић 249
Вранас, Алексије, византијски посланик *96*
Врање 69
Вријеније, Јосиф, византијски теолог *147*
Врисис, место 300
Вукашин, краљ 15, 27, 28–29, 40
Вулиотис, Димитрије, чиновник Манојла
II *101*
Вулотис, Манојло Тарханиот, византијски
посланик 273, 276, 278, 279, 285

Г

„газаватнаме", турска хроника 295, *338–339*
Газис, Павле, царев чиновник *127–128*
Галата, ђеновљанска колонија 112, 133, *217*
(в. Пера)
Галатија *133*
(в. Француска)
Галеацо из Нове Фокеје, венецијански посланик *96, 107*
галије 17, 22, 43, *50,* 78–79, *97,* 101, 104,
107, 109–110, 153, 158, *161, 167,* 191, 197,
205–206, 211, 215, 225, 234, 242, 253, 264,
279–280, 282, *294,* 295, 301, 305–306, 309,
319, 320, *327,* 334, 336–337, 344, 353, 359
(в. Венеција, византијска флота, Ђеновљани, папа)
галиоте 242
Галик, река 122
Галипољ 21, 30, 32, 48, 110, 112, 114, *115,*
116, 119, *120,* 121–122, *123,* 127, 142, 144,
161, *167,* 168, 186, 203–204, 234, 267, *309,*
320, 328, 347, *348*

Индекс

Галипољски споразум *112, 115, 12–121, 123,* 144
Гаратони, Христофор (Кристофоро Гаратоне), папски нунције 269, 271, 275, *301, 316, 318,*321, 322
Гатилузи, ђеновљанска породица *76,* 135, *136,*118, 163,188, 328
Гатилузи, Дорино, господар Лезбоса *257,* 323
Гатилузи, Ђовани (?) *136*
Гатилузи, Ђорђо, господар Тасоса *118,163*
Гатилузи, Паламеде, господар Тасоса *341*
Гатилузи, Франческо II, господар Лезбоса *24,31,112,*115,118
Гварини, Гварино деи, пријатељ Манојла II *175*
гвелфи *187*
Гемисти, византијска породица *195*
Гемист, Андроник, феудалац 343
Гемист, Георгије (Плитон), философ 11, *61, 70, 187,* 244, 248, *314*364, 366, *35 2,*
Гемист, Димитрије, феудалац 343
Генадије Светогорац, антиуниониста 317
Георгије монах, византијски посланик *337*
Гераки, маркиз од *338*
Герасим, игуман Ивирона 340
глад у Цариграду 75–76, 104–105
Голубац 235, 256–257, 272, 334
Гонзага, Ђанфранческо, војвода Мантове 224
Гоцоли, Беноцо, италијански уметник *370*
Григора, Нићифор, историчар 17–18
Григорије, цариградски патријарх 331
Гризи, тврђава *174*
Грци 31, *106, 111,* 122, *211, 254, 273,* 310, 312, 314, 335, *353,* 354, 355, 356, 367–368, 367, 377
Грчка 31, 107, *110,*121, *123,* 139, *142,* 159, 162, *164,* 168, 238, *293,* 333–334, 342, *345, 348*
Гуделис, Димитрије Палеолог, архонт 181, 183, 352
гусари (пирати) 34–35, *177*

Д

Давид и Дамјан, јеромонаси *166*
Далмација *19, 120,* 186, *309*
Дамаск *100*

данак *46, 142,* 228 в. „телос", „турски порез", харач
Дандоло, Алвизе, венецијански посланик 25
Дандоло, Јакопо, венецијански посланик 234
Данилов настављач, писац *28*
Данион, град 32
Дарданели 20, 116
„дворани" *191,* 180, 183, 352–353, 360
Дејан, деспот *66– 69* (в. Драгаши)
Дејановићи *66* в. Драгаши
Деркос, место 326
деспина, царица *68–69, 197,* 237
деспот, достојанство 15, 27–28, *31, 33,* 36–38, 40–41, 54, *67–68,* 69, 74, *75,* 77, *78,* 79, 82– 90, 93, 106, *107,* 109–110, 112, 123–124, *127,* 128–129, 132, 134, 136–139, *140,* 141, *142,* 143, *144–145,* 160, 162–163, *164,* 166, 171, 174, 179, 183–184, 187, *189,* 194, 198, *199,* 200, *204, 206, 211,* 212–216, *218–219,* 220–221, *225, 228,* 231–232, 235–236, 238–240, 244, *245,* 247–248, 252, *257, 270,* 276–278, *283–284,* 293, *297,* 299–300, *301,* 303–304, 312–313, 319, 321, 324, 327, *329,* 331, 333–334, 342, 344, 348, 361
Дечански летопис *69*
Диакос, Танасис, грчки јунак 378
Диедо, Антонио, венецијански патрициј *235*
Диедо, Бертручо, цариградски баило 186
Дижон, град 337
Димитрије Палеолог, деспот, син Манојла II 52, 55, *56,*144, 179, 181, 183, 203, 205, 217–218, *219,* 220, *221,* 239–241, 248, 263–264, 269, 273, 297, 301–307, 311–315, 319, 321–331, 349–351, 354, 361
Димитрије-Јусуф, Бајазитов син 55, *154,* 179
Дионисијат, светогорски манастир *163–164,* 168, *240*
Диплокион, пристаниште *201*
Дисипат, Георгије, византијски посланик 316
Дисипат, Јован, византијски посланик 255, 269, 271–271, 273, *276,* 278, 279, 283, *309*
Дисипат, Манојло, византијски посланик 275, 280

Длугош, пољски хроничар *337*
Дмитар, син краља Вукашина 40
Дњестар, река *218*
Додеканез, архипелаг 31
Докијан, Јован, византијски ретор *300*, 302
Долфин, Зорзи, венецијански хроничар 6, *7, 341*
Дорија, Зорзи, ђеновљански патриције 220, 353–354
Дорија, Иларион, зет Манојла II 52, 56, *144, 156,* 181, 183, 209, 217, 352
Доротеј из Ватопеда, монах 276
Доротеј митилински, епископ *313,* 314
Дохијар, светогорски манастир *127, 163*
Драгаши, српска породица 66, *69,* 77, *309,*
Драгаш, Јован, деспот, обласни господар 16, *76*
Драгаш, Константин („господин"), обласни господар и таст Манојла II 16, 29–30, 40, *41,* 49, 59, *61, 65, 66,* 67, *68,* 69–70, *74,* 77, *78*
Драгаш, Теодора-Евдокија, жена деспота Дејана *69, 78* (в. Константин XI Палеолог, Јелена Драгаш)
Драма, град 163, *164*
Дрвена капија, у Цариграду *207*
Дубровачки архив *177*
Дубровник 109, *211, 265, 309, 334,* 340, 343, *344,* 361
Дубровчани 109, *157,* 172, 223, *344,* 358, 361
Дука Архипелага, венецијански заповедник *241*
Дука, историчар 6, 9–10, *32, 46* 54, 883, 88, *95,* 102, *103,* 104–105, *111–112, 115, 121–122,* 123, *124, 127, 131, 145,* 147–148, *154, 156,* 161, 168–171, 178, 194, 196–197, *199, 202–203,* 204, *207–209,* 211, *214, 219, 227–228,* 237, *241, 276, 311,* 317, *343,* 346, *366,* 367–368
Дука, Димитрије, византијски хуманиста *366*
дукат, новац *17,* 18, 21, *22, 34, 37, 44,* 45, *46, 48, 80, 87, 97, 161,* 221, 223, *226, 233,* 233, *241,* 251, 305, *344,* 357, *361* (в. Венеција, Млечани)
Дунав 33, *42,* 43–45, 51, *70,* 167, 169,185, 186, 204, 225, 235, *241,* 257, 295, 328, 333–334, 347
Душан, српски цар 27–27, 67, *68,* 69, *101,* 367

Ђ

Ђан–Галеацо Висконти, милански војвода *96*
Ђенова 18–21, 25–26, 34, *43, 67, 79, 96,* 102–103, *106,* 108–110, 117–118, 132, 140, *144,* 160, *161, 174,* 181, 241, *242,* 255–256, 260, 318, 352–353, 360, 373
Ђеновљани 13, 15, 17, *18, 19,* 20–25, *26, 31, 34, 43, 45–46,* 52, *59,* 60, 72, 83, *87, 97,* 103, 107, 110, 113, 116, *119,* 152, 160, 161–162, 166, *167,*173, 175, 178–179, 197, 204, 220, *224,* 227, 241, 255–256, *257,* 260–261, 279–280, 282, 295, 330, 334, 353, 356, 358, 375
Ђовани Ђакомо, маркиз од Монферата *189*
Ђорђо, Николо, венецијански посланик *214, 228,* 234
Ђурађ Бранковић, деспот, српски владар 143, *276–277, 284,* 293, 333–334, *335,* 336, 344
ђурђијански краљ *68*
Ђустинијан, Орсат, венецијански посланик *341,*343,
Ђустинијан, Франческо, венецијански посланик 139
Ђустинијан (да Сан Поло), Марко, „генерални капетан мора" 25
Ђустинијани, ђеновљанска породица 34 (в. Хиос)
Ђустинијани, Јеронимо, историчар *34, 353*

Е

Евгенија Гатилузи, жена Јована VII *31, 67, 112*
Евгеније IV, римски папа 257–260, *261,* 262, 267, 268–269, *270,* 271, *273,* 275, *276,* 277–282, *296,* 298, 306, 307, 311, *313,* 314, 316, 321–335, 337, 343, *344,* 345, *353* (в. папа)
Евгеник, Јован, митрополит Лакедемоније, ретор 11, 194, 244, 286, *301, 305, 313, 315, 319*
Евгеник, Марко, ефески митрополит 11, 283, *284,* 289, *309,* 311, *313, 315,* 317–321, 325–328
Евдемонојаниси, византијска породица 91, 92, 352

Евдемонојанис, Никола, византијски посланик *91, 92, 160, 161, 168, 182,*183, 184, 190, 191
Евдокија Комнина, жена Тацедина, жена Константина Драгаша 51, 68, *69*
Евдокија, монахиња в. Драгаш, Теодора-Евдокија *67, 69*
Евдокија (Палеологина?), ћерка кесара 163
Евренос, турски војсковођа *77, 208*
Европа *29,* 42, 44, 45, 77, 78, *86,* 95, 107, 110, *111, 118, 123,* 131, 140, 141, *143, 146,* 157, 158, *160,* 179, 181, *185,* 204, 210, 211, *224, 225, 227, 235, 241, 254,* 258, 261, *272,* 282, *284, 296,* 305, *328,* 333, *335, 337,* 338, 340, *341,* 342, *343, 344, 346,* 353, 358, 373, 399 (в. Запад)
Еврота, река *110*
Евтимије II, цариградски патријарх 150, 180, 208
егејска обала *46,*121, 125, *228,* 240 (в. Тракија)
егејска острва *37,* 159, 301 (в. Додеканез, Киклади, Споради)
Егејско море 229
Египат *20, 100*
„Ектесис неа", патријаршијски приручник *70,130, 146, 266*
Елиавуркос, морејски архонт 165, *166*
Елида, област 245
Елизабета, угарска краљица 335
емир в. султан
Емо, Бенедето, венецијански посланик 234
Енглези *43*
Енглеска 79, 80, 261, 333
енглески краљ 185
Енрике III, краљ Кастиље *96*
Епидаврос, град *170*
епидемије в. куга
Епир 31, 242, 296
Еразмо, холандски хуманиста *366*
Ердељ, област 296
етиопска црква 276
Еубеја (Негропонт), острво 34, 160, 164, *167, 177, 214, 222, 228, 255, 280, 315*
Еуфрат 45
Еуфросина Палеологина, жена великог дукса Манојла (?) *142*

Ефес 107, 180, 283, 320, 321
Ехинади, архипелаг 245, 291

Ж

Жан II, од Лузињана, кипарски краљ *189*
Жана, ћерка Амадеа Савојског *189*
Жигмунд, угарски краљ, немачки цар 40, 42–44, 78, 79, 96, 97, 120, 139, 142, 143, 146, 157, 160, 182, 184–186, 200, 217, 220, 221, 223–226, 232, 234, *235,* 241, *254*–258, 260, 267, 268, 278, 280, 281, 294, 296
жито 44, *47,* 76, *105,* 361

З

Забија (Изабела), ванбрачна ћерка Манојла II 52, 53, 56, *144*
Загреб *283, 284*
Задар *289. 310*
Закитинос, Дионисиос, грчки византолог 11
заклетва верности *101* (в. усиновљење)
Запад 5, 14, 15, 18, 19, 29, 32, 34, 41–44, *45, 58, 64, 65,* 78, 80, 82, 83, *84,* 85, 87, 88, *91,* 95–97, 98, *99,* 100, *101,* 103, *108, 111,* 114, 118, 119, *120, 123,* 125, 132, 140, *141, 144,* 146, 154, *158, 159,* 168, 172, 179–181, 183, *185,* 186, 189, 200, *203,* 254, 257, *261,* 262, 264, 272, 279, 281, 284, 290, *296,* 305, 318, *335, 337, 340,* 343, *346,* 353, 355, 363, 354, 370, 373, 374, 376 (в. Европа)
Земена, епископија 248
Зено, Паоло, венецијански посланик *117*
Зета 40, *120*
зетско приморје 200
Зитунион, град 123, *124,* 228 (в. Ламија)
Златна капија, у Цариграду 26, 207, 292.
златник 16, 17, *34,* 196, 197, *214,* 247, 283 (в. дукат)
Златни рог *231,* 330, 336–337
злато 412
Зоаљи, Николо де, подеста *66*
Зограф, светогорски манастир *389*
Зоја Параспондил, прва жена деспота Димитрија Палеолога 345, 361
Зоодоти, црква у Мистри 216
Зорзи, Фантин, „генерални капетан мора" *23*
Зосим, ђакон, руски путник, *252, 253*

И

Ибрахим–бег, карамански владар 333, 338
Иван Александар, бугарски цар *67*
Иван Страцимир, бугарски цар *79*
Ивирија (Грузија, Ђурђија) 275
Ивирон, светогорски манастир *340*
ивирски католикос, црквени поглавар *267*
Игњатије из Смоленска, руски путник, 8, 24, *26*, 59, 60, *64*, *131*, 195
Изаул, Георгије, архонт 217
„икономија", византијско политичко начело 45, *269*, 312, 318, 364
Илијаз, учитељ принца Мустафе 209
Имброс, острво 35, *170*, 324, 325, 367
Индија 106
индулгенције („опроштајнице") 185, 305
Инсбрук *310*
Ипомена, монахиња 266 (в. Јелена Драгаш)
Ираклија (Хераклеја), град 23, 32, *222*, 264
Ирина (Јоланта) од Монферата, жена Андроника II Палеолога *67*, 188, *189*
Ирина Кантакузина, жена деспота Ђурђа Бранковића 277
Ирина од Брауншвајга, прва жена Андроника III Палеолога *67*
Иса, син Бајазита 119, *154*, *156*
Исак II Анђео, византијски цар 188
Исаија, старац, очевидац боја на Марици 16
Исидор из Кијева, игуман, митрополит 89, *90*, *92*, *127*, *169*, *206*, *267*, *269*, 271, *273*, *283*, 310, *313*
Исидор, монемвасијски митрополит 248
Исократ, ретор 95
источне цркве 226, 253
Исхак–бег, скопски намесник 296
Италија 7, 19, 90, 95, 132, *187*, *189*, 197, 224, 253–255, 257, 270, 274, *277*, 278–281, 283, 287, 290, 295, 296, 304, 305, 310, 315, 316, 319, 321, 324, 332, 337, 339, 345, 364, 365, 374
Италијани 42, 106, 153, 284, 353
италијанске државе 22, 46, 97, 118, 196, 258, 279, 333, 351, 355, 356, 358, 363 (в. Венеција, Ђенова Милано, Фиренца)

Ј

Јагариси, византијска породица 273
Јагарис, Андроник, византијски посланик 275, *295*, 332, 336, 345
Јагарис, Манојло, архонт 352
Јагарис, Марко, византијски посланик *205*, 264, 266, 267, 273
Јадранска обала *139*
Јаков, фрањевац, византијски посланик 336, *344*
Јакуб, син Мурата I *26*
Јаломница, река 328
јаничари 207
Јањина 28, *32*, *295*, *358*
Јастребарско, градић *283*
Јевреји 283, 354, *355*
Једрене 141, 169, 202–204, 213, *261*, 286, 292, 334, *338*, 340, 347, 354, 355
Јелена Палеологина (Бранковић), жена деспота Лазара Бранковића *344*
Јелена Гатилузи, жена деспота Стефана Лазаревића *113*
Јелена Драгаш, жена Манојла II Палеолога 49, 59, *61*, 66, 68, 70, 71, 84, *131*, 133, *156*, *217*, 227, 262, 264, 265, 266, 270
Јелена Кантакузина Палеологина, жена Јована V Палеолога 58, *86*, 81, 93
јерархија (цариградска) 201, 264, 272, *286*, (в. клир)
Јерисос, град и седиште епископије *340*
Јермени 354
јерменски краљ *67*
„Јилдирим", надимак Бајазитов 25, 204
Јоаким, епископ Агатопоља *346*
Јован III Ватац, никејски цар *67*
Јован Дубровчанин (Стојковић), легат Базелског сабора 264, 270, 272, 273, 275, 301, *302*
Јован IV Комнин, трапезунтски цар *276*
Јован V Палеолог, византијски цар 15, 16, 20, *21*, 22, 23, 24, 25, 31, *32*, *33*, *34*, 35, *46*, 49, 51, 52, 58, *61*, 64, *67*, 68, 92, 99, *112*, 118, *130*, 141, *142*, 156, 167, 193, *318*, 362, 363
Јован VI Кантакузин, византијски цар *18*, 20, 47, 67, 93, *101*, 156, 355, 363, 364, 367
Јован VII Палеолог, савладар Манојла II 23–26, *31*, 32, 39, 40, 58, 59, *67*, 72, 73, 74, 78–83, 85–87, 99, *101*, 102–104, 107,

110, 111, *112*, 113–116, 118, 119, 121, 122, 124–127, 129, 130, 132, 134, 138, 145, 154, *163*, 193, 255
Јован Угљеша (деспот) *27*, 28
Јован XXIII, римски папа 140
Јованка Орлеанка 261, 262
Јовановци (родоски витезови), монашки ред 26, *38*, 71, 82, 83, 84, *85*, 86, 87, 88, 90, 103, 109,
јонска острва 31, 242, 367 (в. Кефалонија, Крф, Лефкада)
Јорга, Никола, румунски историчар 7
Јосиф II, цариградски патријарх *148*, 149, 180, 191, 237, 238, 265, 267, 269–272, *273*, 274, 275, 278, 281, 283, 285, *309*, 310, 312, *313*, *318*, *340*
Јустинијан, византијски цар 165
Јусуф–бег, турски магнат *124*, 139

К

Кавала, град 234
Калабрија 270
Калаврита, град *88*, 298
Каламарија, област 121, 122, 213
Каламата, град 175, 249
Калафат, Јаков, избеглица из Цариграда 354
Калафат, Михаило, избеглица из Цариграда 354
Калиергис, Захарија, византијски хуманиста *366*
Каликст III, римски папа *177*, 278
Калист, игуман Филотеја 340
Канан, Јован, сведок опсаде Цариграда (1422) *206*, *207*, *208*
Кандија, град *241*, 356 (в. Крит)
Канина, град *358*
Кантакузини, византијска царска породица *94*, 236, 237, 173
Кантакузин, Андроник Палеолог, византијски посланик 276, 354
Кантакузин, Јован, избеглица из Цариграда 354
Кантакузин, Манојло, протостратор 201, 236, *276*
Кантакузин Палеолог, „из Галате" *112* (в. Франческо II Гатилузи)
Кантакузин Стравомитис, кефалија *124*

Кантакузин Факрасис, византијски гласник 264, 306
Кантакузина Комина, жена Алекија IV Комнина 236
капетан Голфа, венецијански заповедник *44*, *79*
Капистран, Иван, фрањевачки проповедник *277*
Кара–Којунлу (Црна овца), хорда 236
Караманија, област 338
Караманска кнежевина 232
карамански владар (емир) 158, 169, 333, 338, 339
Карара, града *19*
Каристин, Теодор, византијски посланик 329, 336
Каролдо, Ђан–Јакопо, историчар *21*
Касандрија, полуострво 122, 126, *163*, 164, 234, 340
Кастамонит, светогорски манастир *340*
кастелани (Корона и Модона), венецијански заповедници *102*, 178, 298
Кастиља *52*, *96*, *97*, *282*
Катакалон, Гаврило, трговац из Кандије 356
Каталанци *167*, *177*, 251, 252, *358*, 360
Каталонија 177
Катарина Бранковић, жена Улриха Цељског *284*
Катарина Гатилузи, жена Константина XI Палеолога 323
католичанство 21, 99, 184, *187*, 258, 289, 274, *277*, 349
католичка Европа *29*, *44*, 140, 179, 181, 211, 258, 282, 305, 333, 373 (в. Европа, Запад)
католички епископи 266, 305, 345
Келион (Хилија), град *218*, 225, 347
Кентерберис *96*
кесар, достојанство *142*
Кесарија (Цезареја, Кајзери), град 107
кефалија, служба *124*, 315, 324, 329, *349*, 352
Кефалонија, острво 212, *309*
Кидон, Димитрије, византијски писац *17*, 30, *41*
Кијев 89, *92*, *127*, 145, *146*, 169, 171, 206
кијевски митрополит *43*, *79*, *147*, *269*, 283
Киклади, архипелаг 367

Кинам, Георгије, трговац у Цариграду 356
Кинам, Димитрије, трговац у Цариграду 356
Кипар 110
Кипријан, кијевски митрополит *145*, 146
Кјођа, град 191
Клавихо, Руј Гонзалес, шпански посланик 7, *49, 52, 56*, 81, *97*, 104, *112, 115, 116, 118, 121, 123, 136, 237*, 293, 294
Кладово (Новиград) 185
Кларенца, град 175–177, 242, 243, 245, 246, 250, 251, 298, 344
Клеопа Малатеста, жена деспота Теодора II Палеолога 182, 184, 187, *188*, 191, 246, 299
Клермон, град 248
клир 29, 179, 257, 262, 269, 275, 285, 286, 291, 292, 317, 351, 369 (в. јерархија)
кожа, извозни производ 354
„кока", врста брода *206*
„кокиатикон", порез *207*
Колона, римска породица 259
„комеркион", дажбина *25*, 355, 360, 361
Комнини, византијска (трапезунтска) царска породица *69, 157*, 188
Кондолмер, Франческо, венецијански заповедник 258, 279, 280
Конрад од Монферата, јерусалимски краљ *188*
Константин Велики, римски цар 321
Константин (старији) Палеолог, син Манојла II Палеолога 54, 54, 55, 56, 57, 65, 81, 84, 85, 89, 112, 145
Константин XI Палеолог (Драгаш), византијски цар 9, *49*, 52–55, 62, 66, 68, 99, *112*, 133, 144, 179, 192–195, 199, 218, *219*, 222, 238, 244–250, 252, 254, 263–266, 270, 280, 286, 297–298, 304, *305*, 307, 309, 315, 322–329, 331–333, *337*, 342–343, 348–351, 361, 365, 368, 370–371
Констанстин Филозоф, српски писац *105, 106, 111, 112, 118, 121, 122, 141, 155, 170, 200, 204, 376, 377,*
Константинов град *104* (в. Цариград)
Констанца (сабор у), град 140, 148, *160*, 168, *180*, 181–182
Контарини, Ђероламо, венецијански посланик *83,*

Контарини, Фредерико, венецијански посланик *226*
Контоскалион, пристаниште у Цариграду 291–293, 347
коптска црква 276, 314 (в. источне цркве)
Коракс Теолог, трговац из Филаделфије 204, 207, *208*
Коринт *38, 77*, 83, 85–86, 89, 90, 95, 110, 124, *127*, 136, 139, 164, 212, 220, 242, 249,
Коринтска превлака 139 (в. Хексамилиои)
Коринћани 105
Корнаро, Пјетро, господар Аргоса 36, *105, 107*
Корнаро, Пјетро (Петар), венецијански патрициј *105, 107*
Корон, град 37, 38, 83, 88, *102*, 103, *110*, 143, *176*, 178, 220, 248, 249, *252*, 298, 315, 316, *358*
Корчула 289, *309*
Кос, острво *26*
Косово (бој 1389. и 1448) 24, 28–30, 346
Котијеј, градић 104
Коцинос, место *330* (в. Лимнос)
Краков *148*
„кратке хронике", врста историјских извора 10, *26*, 33, 62, *63, 71, 95*, 104, 105, *121, 128, 141,* 148, *154*, 194, 329
крзно, извозни производ 354
Криспис, Алберто де, августинац, посланик Базелског сабора 268, *269*
Крит *19, 47, 50, 90,* 117, 256, 257, 261, 306, 352, 356, 367
Крићани *167,* 335
крсташи 29, *32,* 42–44, *77,* 86, 162, 179, 333–335, 338, 342
крсташка војска 43, 78, 334
крсташки поход 42, 44, 77, 78, 162, 188, 338, 339, 341, 344
крсташки рат 7, 42, 43, 78, 185, 188, 257, 261, 306, 319, 331–333, 335, 337
круна, царска (крунисање) 50, 51, 59–63, 129, 130, 131, *132,* 135, 136, 149, 152, 159, 191–198, *218, 219,* 239, 260, 263, 362, 371, 372 (в. савладарство)
Крушевац 296, 334
Крф 31, *84, 104, 309,* 315 (в. јонска острва)
Ксенофон, светогорски манастир *340*
Ксеркс, персијски владар 138
Ксилала, палата у Цариграду *331*
Ксилокерка, капија у Цариграду 292

Индекс

куга 55, 84, 94, *104*, *112*, *123*, 145, *147*, 148, 199, 275, *310*, 347, 348
„кула" *250*, 292 (в. акропољ)
Куновица, битка код 333
Кутулос, место *201*

Л

Лазар, српски кнез *28*, 30, 112
Лазар Бранковић, српски владар, деспот *276*, *344*
Лакедемонија, област *219*, 244
Ламија, град *122*, 123, 124, 128 (в. Зитунион)
Ланоа, Жилбер од, бургундски витез 8, 147, *170*, *185*, 198, *203*, *207*
Лапачи, Бартоломео, епископ Кортоне 331, *348*
Лариса, град *358*
Ласкариси, византијска породица 181
Ласкарис, Димитрије, посланик деспота Димитрија Палеолога 303
Ласкарис, Манојло, избеглица из Цариграда 354
Ласкарис, Матеј, византијски посланик 205
Ласкарис, Теодор, избеглица из Цариграда 354
Латини *18*, 29, 31, 92, 105, 134, *168*, 199, 210, 236, 238, 273, 277, 281, 283, 284, 285, 289, 310, *311*, 312, 314, 318, 319, 323, 359, 364, 366, 367 (в. католичка Европа)
Левант *17*, *19*, 37, 48, 55, 255, 260, 261, *325*
Лезбос (Митилина), острво *24*, *31*, *80*, 115, *116*, 118, *170*, *322*, 323, 326, 327, 352 (в. Додеканез)
Леонтариси, византијска породица *349* (в. Ласкариси)
Леонтарис, Андроник (?) Вријеније Палеолог, архонт *349*
Леонтарис, Георгије Ласкарис, архонт *127*
Леонтарис, Димитрије, архонт 183, 348
Леонтарис, Димитрије Ласкарис, царев чиновник *111*, 127, 128, 138, 163, 170, *201*, 202, 203, 245
Леонтарис, Јован, архонт *349*
Леонтарис, Манојло Вријеније 293
Лефкада, острво 245 (в. јонска острва)

Либек *310*
либра, новац *118*
Ливадија, место *124*
Лимнос, острво *24*, 35, *111*, 114, *115*, 170, *171*, 218, 219, 220, *233*, 240, 241, *242*, 297, 301, 309, 315, 320, *321*, 324, 325, 327, 328, 329, 330, *337*, *350*, 367
Липсов манастир (у Цариграду) 148
Литва (Литванија) 79, 147, 254
Литванци 100, *235*
лов, забава Јована VIII 95, 162, *198*, 289, 290, *294*, 315
Лоди, град 224
Лодовико Савојски, титуларни кнез Ахаје *189*
Лондон 96, 140, 355
Лоран, Виталиен, француски византолог *10*
Лоредан, Алвизе, заповедник крсташких бродова 339, *342*
Лоредан, Бернабе, венецијански посланик 174, 175, *176*
Лоредан, Ђовани, „капетан Голфа" *44*, 79
Лоредан, Јакомо, венецијански трговац *294*
Лоредан, Лодовико, венецијански посланик 234
Лоредан, Пјеро, венецијански адмирал 167, 186
Лузињан, Гиј од, солунски великаш *163*, *186*
Лука, град 260
„лумбарда", врста топа 207

М

Мавран, Димитрије, византијски поморски заповедник *206*, *216*
Магнесија, град 108
Мадалена Токо, прва жена Константина XI Палеолога 245, 246
Мађари *42* (в. Угри)
„Мазарисова сатира", књижевни спис *152*, *163*, *164*, *165*
Маина, епископија 248
Макарије, цариградски патријарх 146
Макарије из Анкире, митрополит *113*, 114
Макарије (Курунас), игуман Мангана *267*
Макарије из Никомедије, митрополит *313*
Македонија 16, 40, 69, 188

Макрис, Макарије, византијски посланик 266
Макрохерис, Павле, византијски посланик 276
Мала Азија *14*, 16, *20, 41*, 58, *95*, 106, 107, *108*, 119, 122, *123*, 200, 209, 338, 342, *366* (в. Анадолија)
Малатеста, италијанска породица *187*, 189, 247
Малатеста да Верукио, вођа гвелфа *187*,
Малатеста, Пандолфо, кондотјер *187*, 246 252
Малатеста, Сигисмондо, кондотјер, господар Риминија *187*
„малвазија", врста вина 91
Мамонас, византијски великаш 40, 41, 74, 91 (породица)
Мангани, цариградски манастир 268
Мани, област 249
Манојло I Комнин, византијски цар *188*
Манојло III (Велики) Комнин, трапезунтски цар 69
Манојло II Палеолог, византијски цар 15–16, *21*, 23–26, *32*, 35, 39, 40, 41, 43, 49–61, 64, 65, 69–89, 93–109, *110*, 111–118, 120, *121*, 123–125, *126*, 127–146, *147*, 148–155, 157–159, 161–168, *169*, 171–173, 177, 179–186, 188–190, 193, 197–201, 203, *204, 206, 207*, 209, 210, 215, 217, 218, *219*, 220, 227, 229–230, 239, 241, 244, 247, 251, 263, 266, 299, *301, 312*, 318, 330, 362–363, 374
Мантинеја, битка код 165, *166*
Мантикори, тврђава *174*
Мантова 224, 355
Мар, Доменико да, опуномоћеник миланског војводе 255
Мара Бранковић, ханума Мурата II 68, 156, 278
Маргарита, жена Теодора II од Монферата *189*
Марија, жена Исака II Анђела, Бонифација Монфератског 188
Марија–Кираца, жена Андроника IV Палеолога 25, 67
Марија Комнина, трећа жена Јована VIII Палеолога 236, 237, 238, 264, 315, 370
Марија–Рита, жена Михаила IX Палеолога 67

Маринис, Андреа де, ђеновљански посланик 256
Марица, битка на 15, 27, 28, 30, 167
Марка, област *187*
Марко Краљевић 16, 40, *41*, 69, 77
Мартин I, арагонски краљ *96, 97, 132*
Мартин V, римски папа *168*, 181, 182, 183, 184, 187, 189, 190, 200, 205, 209, 210, 211, 220, *223*, 340, 242, 250, 252, 253, 255, 256, 258, 259, 264, 266, 267, 331
„Марћана", библиотека у Венецији 6
Маса, Антонио да, папин легат *168, 208, 209, 210*
маслиново уље, извозни производ 90
Матеј I, цариградски патријарх *80*, 81, 105, 114, 180, *318*
Матеј, монашко име Манојла II Палеолога 199, 229
Матија Кантакузин, савладар и супарник Јована V Палеолога 92, 93
мацо, мера *105* (в. модиј)
Медитеран 19, 153, 231 (в. Средоземље)
Медичи, фирентинска породица *305*
Мезиер, Филип де, бургундски племић *43*
Мелахрин, Манојло, византијски посланик 227
Мелник, град 69
Менгер, Хенрик, изасланик Базелског сабора 270, 275
Мерциос, Константин, грчки историчар 6, *214, 215, 221, 228, 233, 234, 236, 253*
месазон, служба 181, 264, 273, 284, 318, *319*, 323, 352, 354
Месемврија, град *29*, 33, 39, 111, 121, 141, 225, 303, 322, 324, 326, 327, 329, *348, 350*
Месемвријска хроника *33* (в. „кратке хронике")
Месина 276
Места, река 32
Метохит, Димитрије Палеолог, византијски посланик 269, 270, 271
Метохит, Теодор, византијски ерудита *19, 369*
Мехмед I, турски владар 120, *143*, 144, *156, 154*, 157–159, *160*, 161, 168–173, *185*, 186, 200, *201*, 202, 219
Мехмед II Освајач, турски владар 34, 156,

Индекс 415

161, 296, 328, 338, 339, 340, 342, 343, 347, 361
Мехмед Челебија, зет Мурата II 333, 338
Мијатовић, Чедомиљ, српски историчар 53
Милано *6*, 87, *96*, 224, *256*, 260, 270, 305
милански војвода *97*, 210, 224, 241, 255, 257, 261, 262, 281 (в. Ђан–Галеацо, Филипо–Марија Висконти)
Мили, место *246, 254*
Милопотамо, место *36*
Милутин, српски краљ *115*
миропомазање (царско) *149, 196* (в. круна, крунисање)
Мирсаит, „Алахов изасланик 207
Мирча, влашки војвода *42*, 77, 158, 160, 169, *186*
Мисал Маталаби (?), господар Понтоираклије *123*
Мистра, град 36, 84–88, 93, 165, 170, 187, 194, 203, 212, 247–249, 252, 299, 342, *358*
Митилина, острво *24*, 115, *116*, 326 (в. Додеканез, Лезбос)
Митрофан, цариградски патријарх 318, 320, 321, *322*
Михаило Палеолог, син Манојла II *33, 55, 56*, 133, 145
Михаило VIII Палеолог, византијски цар *67*, 365
Михаило IX Палеолог, савладар Андроника II Палеолога 67, *129*
Михалоглу, румелијски беглербег 205
Млечани 13, 15, 17–26, 35, 37–38, 40, 43–44, 46–48, 59, *75*, 77, 79, 83, 85, 87, 89–92, *94*, 95, 97–98, 102–103, *104, 107*, 108, 110, 111, *116*, 117, *119, 124*, 126, 129, 139, 141–144, *146*, 152–153, 158–159, *160*, 161, 164, *165*, 166, *167*, 168, 173, 175, *176*, 177–179, 182–184, 186, 188, 191, *199*, 205, 208, 210, 211, 213–215, 216–217, 221, 223, *227, 228*, 231–235, 238–239, 242–243, 246, 250–252, 254–257, 259–260, 273, 279, *280*, 282, 286, 294, 298, 306, 334, 336, 342, 344, 356–358, 361–362, 374, 375
Млеци 21, *24, 37, 46*, 74, *77*, 78, *79*, 86, *87, 92, 95, 106*, 108, *129, 141, 158, 167, 174, 191, 205*, 211, *221*, 222, *223–224, 232, 235, 244, 247*, 252–255, 257, *266, 268*,
280, *281*, 287, 289, 305, 314, *315*, 319, 329, 335–337, *358*, 376 (в. Венеција)
модиј, мера *47*, 105, *205*,
Модон, град 37, 38, 83, *84*, 88, 91, *102*, 103, *104*, 109, 112, 115, 116, 118, *143, 175, 177*, 220, 221, *243*, 248, *249, 252*, 298, *309, 315, 358*
Модруш, место *283*
Мојсије, јеромонах из Велике Лавре 276
молдавсковлашка митрополија 180
Молдовлахија 276, *346*
Молино, Тома да, венецијански патриciј 105, 107
Монемвасија, град 36, 38, 40–41, 56, 74–75, 77, 83–85, 87–95, 146, 153, *358*
монемвасијска митрополија 55, 89, 93
Монтебело, грофовија 190
Монферати, италијанска породица 188, 189
Мореја 31, 36, *37*, 39, 58, 74–75, 77, 81–83, 85–86, 88–91, *92–93*, 94–95, *102–103*, 105, 109, *110*, 112, 117, 124–125, *127*, 128–129, 134, *136*, 137, 139, *140*, 143, 153, 158–159, *160*, 162, 165–166, 170–173, *174, 176*, 177–179, 183, 186, *188*, 191, 194, 198, 211, 212–213, 217, *218–219*, 220–221, 228–229, 238–239, 241–242, 244, 249–252, 259, 287, 290–292, 297, 299, *300*, 301–303, *309, 322*, 323, 326, 330–332, 342, *344, 350*, 361–363, 376, 378 (в. Пелопонез)
морејска аристрократија 183, 243 (в. архонти)
Морели, Ђакомо де, фирентински трговац 360
Мориш, битка на 328
Морозини, Антонио, венецијански хроничар 6, *7, 109, 116, 117, 142, 143, 144, 160, 164, 165, 174, 176, 199, 208, 211, 216, 221, 222, 223, 228, 232, 234, 235, 241, 242*, 243, *245*, 246, *250, 268*
Морозини, Силвестро, венецијански заповедник 359
Москва *59, 69*, 147, 148, *219*, 283, *284, 310*
Московска кнежевина 78, 146 (в. Руси)
Моћениго, Андреа, венецијански заповедник 234
Моћениго, Марино, венецијански патрициј *233*

Мраморно море 33, 116, *123*, 205, 222, 228
Мрњавчевићи, српска породица 29
„муда" 38
Муњоз, Антонио, доминиканац, легат Базелског сабора 268, *269*
Мурат I, турски владар 16, *24*, 25, 36, 45, 46, 47 (в. султан)
Мурат II, турски владар 48, *68, 120, 156*, 157, *185*, 200, 202–213, 215, 217, 220, *221, 224*, 227–229, 231–236, 243, 250, 252, 254–256, 261, 263, 278, 286, 287–288, 294–296, 326–329, *330*, 333–335, 338–342, 346–347 (в. султан)
Муса, син Бајазитов 120, *121, 124*, 140–143, *144*, 155, 157
Мустафа, син Бајазитов 155, 157–160, 167–173, *185*, 200–205
Мустафа, син Мехмеда I *144*, 209
Мустафа, претендент на турски престо 235
Мусурос, Марко, византијски хуманиста *366*
Мухли, место 242

Н

Наварежани 36, 38, 128, 174, 178 (в. Ахаја)
Наксос, острво 110 (в. Киклади)
Нафпакт, град *124*, 235, *358*
Нафплион, град *36*, 37, 129, 242
Неа Мони, солунски манастир *163*
Неакит, имање Кастамонита *340*
Негропонт в. Еубеја
Немањићи, српска владарска породица 67, 69
Немачка *310*
немачки цар 188, *221* (в. Жигмунд)
Немци *41*, 235
Никеја, град 107, *187*, 209, 229, 368
Никола V, римски папа *277*, 345, 365 (в. папа)
Мауро, Никола, венецијански грађанин *161*
Николо од Естеа, противник Венеције *120*
Никомедија, град *154*
Никопољ, град, битка код 29, 32, 33, 43, 44, 45, 61, 77, 78, 79
Нил, цариградски патријарх Ниш *318*
Новиград 185 (в. Кладово)
Нови Рим 13 (в. Цариград)

номизма, новац 105 (в. перпер)
Нотараси, византијска породица 273, 352
Нотарас, Власије, архонт, избеглица из Цариграда 354
Нотарас, Димитрије, архонт 352
Нотарас, Лука, месазон 227, 264, 273, 284, 318, *319*, 323, 352, 353, *354*
Нотарас, Матеј, архонт, избеглица из Цариграда 354
Нотарас, Никола, архонт 181, 183, 352

О

Оболенски, Димитриј, енглески византолог 376
Овче поље 69
Озаљ, место *283*
Оливерио, Франко, господар Кларенце 176, *177*, 178, 243
„општи судија (Ромеја)", служба (?) 323, *331*, 349
Орбин, Мавро, дубровачки историчар *277*, *284*
Орхан, турски (османски) владар *340* (в. Урхан)
Орхан, син Бајазитов *144*, 155, 156, 157
Оршава, град *241*
Османлије *14*, 15, 16, 18, 20–26, 28, 30, *32*, 33, 34, 36–38, 40–43, *47*, 59, 70, 74, 79, *82*, 87, 90, 94, 102, 103, 105, 107, *110*, 116, 119, 129, 141, 143, 144, 152, 153, 156, 157, 160, 161, 167, 171, 172, 184, *185, 186*, 200, 201, 205, *207*, 208, *211*, 212, 213, 220, 221, 223, 226, *228*, 231, *232*, 233, 234, 238, 250, 251, 254, 257, 286, *287*, 294, 295, 304, 320, 327, 328, 329, 332–334, 339, *341*, 342, 343, 358, 361, *366*, 373, 377, 378 (в. Турци)
Осор, место *283*
Охрид 172

П

Павија *96*, 188, 224
Падова *19*, *96*, *120*, *315*, 355
Палатиани, палата у Цариграду 264
Палеолози, византијска царска породица 20, 21, 23, 26, 31, 34, 49, 50, 64, 66, *90*, 94, *116*, 118, 131, *132*, 135, *144*, 145, *156*,

175, 183, 189, 192, 195, *206*, 231, 238, 241, 251, 252, 255, 297, 300, 305, 326, 329, 344, 348, 351, 353, 358, 359, 362, 366, 370, 375

Палеолог, Алексије, велики стратопедарх 35

Палеолог, Андроник, архонт, избеглица из Цариграда 354

Палеолог, Димитрије, архонт, избеглица из Цариграда 354

Палеолог, Јован, велики примикирије 35

Палеолог, Константин, кефалија Агатопоља 352

Палеолог, Константин Раул, „слуга" Јована VIII 162

Палеолог Лаханас, византијски посланик 205

Палеолог, Манојло, велики дукс 141

Палеолог, Манојло, архонт, избеглица из Цариграда 354

Палеолог, Теодор, архонт, избеглица из Цариграда 354

Палеолог, Теофило, архонт 349

Палеолог, Тома Асан, архонт, избеглица из Цариграда 354

Панарет, трапезунтски хроничар *68, 69*

Панидос, град 23, 32, 111, 120

Пантелејмон, светогорски манастир *340*

Пантократор, цариградски манастир *147,* 199, 215, 229, 238, 283, 301, *315*, 370

папа 21, 44, 80, *92, 97,* 98, 99, 100, 140, 168, 179, 181–184, 187, 189, 190, *199,* 200, *205,* 208, 209, *210,* 211, 220, 223, 240, 242, 250, *251,* 252, 253, 255–261, 264–267, *268,* 269, *270,* 271–276, *277,* 278–283, *284,* 285, 298, 305, 306, 310–314, 316, 320–323, 331–335, 337, 343, 345, 365, 370, 375

Пападопулос, Аверкиос, грчки византолог *52, 54*

Параспондил, велики дукс 301

Париз *54,* 86, 96, 100, 106, 108, 132, *133,* 140

Парма *355*

Патрас 37, 139, 174, 175, *176,* 179, *212,* 242, 246, 247, *249,* 250–252, 259, 266, 268, 298, 342, 358

Патраски залив 245

патријарх (цариградски) 13, *27,* 79, 100, 114, 196, *208,* 257, 265, 266, 268, 269, 274, 275, 277, 279, 280, *284,* 295, 304, 311–313, 317, 321, *322*

Пахомије, митрополит Амасије 344

Пезаро *187*

Пелопонез 24, 36–38, 40, 54, 74, 75, *77,* 79, 83–88, *90,* 93–95, 102, 103, 109, *110,* 112, 113, 124, 125, *127,* 128, 129, 136, 137, 139, 161, *162,* 164–166, 170, 173, 174, 177, 178, 180, 182, 183, 186, 211, 212, *218, 219, 221,* 229, 233, 238, 239, 242–251, 254, 257, 259, 266, 268, 292, 297, 299, 301–304, *309,* 331, 332, 342, *344,* 350, 361, 367 (в. Мореја)

Пера 17, *26, 58,* 60, 78, 103, 104, *105,* 107, *111, 116, 119,* 197, 217, 220, 241, 255, *257,* 287, 295, 330, 353, *359*

Пергамин, Георгије, царев чиновник *127*

Перетола, место 290, 364

перпер, новац *17, 18, 21,* 34, *46, 47,* 78, *105, 147, 228,* 267, *294,* 355, 357

Персија 106

Петар Каталанац, становник Модона *177*

Петрич, град 69

„Пећки архиепископ" 267 (в. српска црква)

Пигис, капија у Цариграду 292, 293

Пидима, област 249

Пиза 360

Пизанело, италијански уметник *370*

Пизанци 181, 360

Пијемонт 189

Пиколомини, Енеја Силвио *277*

Пилос, град *166, 174, 309*

„пилос", врста капе *150*

Пиљи, Јакопо ди Латино де, становник Перетоле 289, 290, 364

Пинд, планина 342

Пјер из Диња, папски легат 282, *308* (Проверити у рукопису стр 321)

Платамон, тврђава 122, 126, 234

Плати, битка код 141, 142, *206*

Плиацикалит, становник Солуна *216*

Плочник, битка код 30

подеста (у Пери), ђеновљански управник *58,* 104, *107,* 204, 353

Подунавље 70

Пољаци *42, 100, 148*

Пољска 79, 184, 254
пољски краљ 43, 79, 146, 147, 184, 275, 333, 337 (Проверити)
Понтоираклија, град *123*
понтске стране, област *219*
Пореч *283, 309*
Порси, Жан, папски легат 210
порта в. Османлије, султан, Турци
православље 13, 14, 29, 31, *43*, 52, *64*, 71, *79*, 98, 99, *100*, 131, 145, 166, 187, 229, 238, 267, 172, 274, *277*, 283, 285, *309*, 312, 314, 318, 321, 365, 367, 373, 374
Прато, град 290
Прељубовић, Тома, деспот, српски господар Јањине 28, *31*
Приморје (српско) *257*
Принкипс, Георгије, царев чиновник *128*
Провансалци *167,* 358
Продром, манастир у Селимврији *349*
Пропонтида, област 23
Протатски поменик, црквени спис 28, 29
протостратор, достојанство 128, 201, 236, *275*
Псеудо–Кодин, писац *56, 150,* 192
Псеудо–Сфранцес, историчар *21, 53, 56, 57,* 60, *61, 74,* 87, 88, *144, 197, 214, 247*
Псков, град *310*
Пула 109, *283*

Р

Радесто, град 22, 32
Радонић, Јован српски историчар *227, 235*
Ралиси, византијска породица 181
регент (регентство) 193, 222, 227, 263, 265, 298–300, 303, 315, 322, 332, 371 (в. савладарство)
Регионска капија, у Цариграду 292
реликвије 97, 98, *106, 132,* 198, *276*
Рение (Рајнерије) од Монферата, зет Манојла I Комнина *188,* 189
Реонт, епископија 248
Република 142, , 153, 158, 159, 168, 175, 177, 186, 206, *208, 211,* 212, 214, 216, 217, 220, *223, 226, 228,* 231, 234, 239, 244, *254,* 260, *268*
Рига, град *310*
Риксис, Андреја, трговац из Једрена 356
Рила, планина 69

Рим 21, 99, 100, *137*, 253, 258–260, 266, 267–269, 283, 343, 345, 364
Римљани 259, 368
римска курија 253, 264, 266, 272, 281, *296, 353*, 365, 373 (в. папа)
Ричард II, енглески краљ *43, 80, 97*
Ровине, битка на 29, 41, *69*, 77, *78*
Ровињ *309*
Родос 26, 38, 115, 252, 253, 266 (в. Јовановци)
Роко, Перо, византијски посланик *338*
Романија, венецијански поседи у Грчкој 6, *17, 19, 38,* 43, 47, 78, 91, 92, *105, 106, 120,* 126, *161,* 162, 172, 181, 183, 191, 221, 223, 229–232, 255, 306, 328, 334, 337, 341, 343, 357, *377*
Романова капија, у Цариграду *207*
Румелија, турска територија на Балканском полуострву *102,* 120, 142, 157, 159, 172, *202,* 232, 287, 295, 338–340, 342
Румели Хисар, тврђава 161, 293
Руси *310,* 376
Русија *14,* 145, 146, 276, 310,
руски летописи *147*

С

Сабати–паша, господар Солуна 342
сабор (црквени) *147,* 168, 210, 252, 253, 264, 267, 269 (в. Базелски сабор, Констанца, Ферара, Фирентински сабор)
сабор у Констанци в. Констанца
сабор у Ферари в. Ферара, Фирентински сабор
саборници 258, 259 (в. сабор)
Сава, река 295
Савет дванаесторице, управно тело у Ђенови *118*
савладарство (савладар, сацар) 32, 50, 51, 72, 93, 101, 113, 114, 124, 129, 130, 131, *132,* 138, 145, 149–152, 158, 162, 171, 181, 191–193, 195, 196, 198, 239, 240, 244, 266, 299, 301, 302, 362, 371, (в. крунисање, усиновљење)
Савоја 189, 270, 275
Сагредо, Гирардо, венецијански патрици *107, 112*
сакос, део свештене одежде 9, 149, 150

Индекс

Салона, град 123, 124, 128
Самарканд, град *109*, 119
Самотрака, острво 35, 324
Сан Ђорђо, Бенвенуто ди, хроничар 190
Сан Ђорђо Мађоре, острво 222
Сансовино, венецијански историчар *51, 58*
Сан Стефано, место код Цариграда 161
Санта Кроче, Андреа де, сведок Фирентинског сабора *277*
Санудо, Марино, венецијански хроничар 22, *40*, 213, 222, 223, *228*
Сардинија *177*
Сарица-бег, султанов чиновник 287, 288, 290
Сауџи-Челебија, султанов син *116*
Свети Димитрије, цариградски манастир 269
св. Дионисије Ареопагит 133
Свети Марко, црква у Венецији 223, 315
св. Павле 105, 133
Света Гора 28, *122, 126,* 127, 163, *207*, 213, *215*, 314, 320, 324, 340, *364*, 377
Света Софија, црква у Цариграду *59,* 191, 238, 283, 317
Света Софија, црква у Монемвасији 93
Свети Анаргири, солунски манастир *163*
Свети Апостоли, црква у Цариграду 180
Свети Илија, место 254
Свети Јован Крститељ (Претеча), цариградски манастир 77, 78, *97*, 155,
Свети Стефан, црква у Сан Стефану 161
Севастеја, град *100*
Сегедин 334, *335, 340*
Селимиврија, град 23, 26, 32, 33, 39, 73, 78, *80*, 81, 82, *94*, 121, *122, 123*, 125, *143, 155*, 326, 329, 330, 331, 347, 348, *349*, 350
Сенгрула, архонт (?) 349
Сен-Дени, париски манастир 8, *54, 56*, 100, 132, 135, 149
Сенат, венецијански *24*, 34, 37, 38, 43, 47, 50, 61, 60, 75, 84, 87, 102, 104, 108, 110, 117, 128, 158, 161, 165, 174, 176–178, 184, 191, 206, 208, 212, 214, 217, 223, 224, 225, 226, 233–235, 249, 251, 253, 254, 280, 306, 327–329, 335, 337, 339, 341, 356, 360

сениорат 36, 41, 120, 122 (в. вазалство)
Сењ, град *283*
Сер, град 15, 30, 39, *40*, 41, 42, 61, 69, 70, 74, 87, *286*
Сибила, јерусалимска краљица *188*
сизерен 33, 34, 74, *120*, 140, 165, *176*, 200, 255, 278, 341
Сијена 80, *210*
Симеон, солунски архиепископ 11, *73, 80, 81, 102, 105, 111, 113*, 126, 143, *145, 157*, 169, *171, 172, 202, 213*, 215, 216, *233*
Симеон–Синиша, цар, Душанов полубрат 28
Симеон Суздаљски, учесник Фирентинског сабора *284*
Симонида, жена краља Милутина *101*
„синклит", градско управно тело 31, 214, 216
синод, патријаршијски 114, 146, *147*, 179, *318*
Сињорија в. Венеција
Сирија *20*, 42, *100*
Сиропул(ос), Силвестар, сведок Фирентинског сабора 10, *92, 182, 187, 199, 208, 217*, 221, *222, 285, 300, 312,* 317, *318*
Сицилија *177*
Сицилијанци *167*
Скадар *120*
Скапинело, Бригарио, венецијански грађанин *161*
Скендербег, албански господар 333
Скијатос, острво 34, 122 (в. Споради)
Скирос, острво 34, 122 (в. Споради)
„Скити", Татари *104*
Скопелос, острво 34, 122 (в. Споради)
Скопље 296
Скутари (Хрисопољ), град *24, 46, 201*
Сланкамен, место *42*
Словени 376
Смедерево *284*, 296, 333
Смирна 107, 169
Солун 6, 24, *28*, 30, *75*, 80, *82*, 110, 111, 114, 115, *116*, 121, *122*, 125, *126*, 129, 134, *143, 155*, 163, *169, 171*, 172, 173, *188*, 189, 204, 208, 213, 214, *215*, 216, 217, 221, 222, 228, 231, 232, 233, *234*, 235, 256, 257, 286, *314, 341,* 367, *369*
Солунски залив 122, 213

солунско залеђе 172, *212*
Солуњани *105*, 213, 233
Соранцо, Марино, венецијански посланик 328
Софија 30, 333
Софија Витовтовна, жена кнеза Василија I 149, 145, *146*,
Софија од Монферата, друга жена Јована VIII 182, *187*, 188, 190, 191, 196, 197, 237, 238, *330*
Софијани (Софијаноси), византијска породица 91, 181, 352
Софијанос, Никола, „дворанин" 91
Софијан, Павле, византијски посланик *177*
Спандуњино, Теодор, италијански историчар *57, 145, 219, 278*
Спано, Пипо, Жигмундов војсковођа *241*
Спарта 368
Спата, Павле, албански феудалац *124*, 139
Споради, архипелаг *34*, 110
Срби 13, 28, 29, 30, 31, 71, *78*, 200, 234, 276, *335*
Србија 24, 67, *68, 70, 76*, 78, *123, 261, 276, 278, 293, 344*
сребро 283
Средоземље 13, 19, 89, 92, 167, 186, 373
Сталаћ, град 296
Сталино, Андреа де, венецијански грађанин *161*
Стахизис, Михаило, византијски посланик 288
„стема", царска круна 197 (в. крунисање)
Стефан Лазаревић, деспот, српски владар 40, 41, 74, 77, 107, 110, 112, 123, 141, 142, 143, 160, 200, 218, 225, 235, 376
Стојковић Јован в. Јован Дубровчанин „стратиоти", пронијари (?) *201*
Стратигопул, Сканцилерис,, архонт 349
Струма, река *32,* 121, 123, 228
Струмица, место 69
Студион, део Цариграда 155
Сулејман, турски владар *104*, 107, 110, 111, *112*, 113, 114, *115*, 119–124, 139–141, 144, 154, 155, 288
султан 34, 40, 69, 153, 200, 201, 208, 213, 214, 216, 221, 225, 227, *228*, 229, 231, 234, 239, 250, 255, 256, 260, 295, 296, 304, 329, 333, 334, 336, 338, 339, 341, 343
Суријано, Ђакомо, венецијански посланик *104*, 110
Сфранцес, Георгије, византијски историчар 6, 9, 49, *50*, 52–57, 60–63, *64, 66*, 68, 69, 99, 152, 154, 156, 162, *163, 164*, 165, *168*, 170, 171, *177*, 191, 194, *197*, 199–203, *205, 208, 214, 217*, 218, *219, 222, 225*, 227, 232, *237, 238, 246, 247*, 249, 250, 252, *266, 276, 295*, 297, 299, *300, 302*, 303, 309, *322*, 323, 326, 327, 329–331, *342*, 347, 348, 367, *370*
Схоларије, Георгије (Генадије), цариградски патријарх 11, *71, 286, 301*, 302, 304, *314, 319*, 323, 324, 325, *327, 329*, 331, *343, 348*, 349–351, *369, 374*

Т

Тавија, место 212
Тана, град *17*
Тасос, острво 35, *118*, 162, *163, 341*
Татари 33, 107, 111, *119,121, 185, 232*
Тафур, Перо, шпански путник 37–38, *91*, 280, 284, 295, 303, 364
Тацедин, турски династ 51, *68*
Твер, град *310*
тевтонски витезови 185
„телос" *228* (в. „турски порез", харач)
Тенедос, острво 20–24, 32, *75*, 79, 117, *123*
Теодор I Палеолог, деспот 24, *31,*36–42, 74–75, 77, 79, 82–90, *94,101*, 103, 109, *110*, 123–125, 128, 132, 136–137, 139, *140,144*, 145, 164, *348*, 350, 354
Теодор II Палеолог, деспот 52, 54, *56*, 65, 81, 84–85, *112*, 128–129, 132–134, 137, 162, 166, *173*, 174, 176–179, 182–184, 186–188, *189*, 190–191, *211*, 212, *218–219*, 220–221, 229, 240, 242–245, 247–250, 252, 254–255, 297–303, 307, 325, 330–332, 347–351
Теодор Палеолог, деспот, син Андроника II *218*
Теодор II од Монферата, господар Павије 217, *218*
Теодора, жена Михаила VIII Палеолога *67*
Теодора, жена Константина XI Палеолога

Индекс

246 (в. Мадалена Токо)
Теодора–Евдокија в. Драгаш, Теодора–Евдокија
Теодора Кантакузина, жена Алексија IV (Великог) Комнина *69*, 236–237
Тесалија 28, 124, 139, 169, 171, *172*, 212, *219*, 342, 367
Тимур, татарски владар 8, 16, 33, *95*, 100, 103–104, 106–108, *110*, 119, 158, *232*
тимуридска држава 232
Тимуров син *269*
Тирије, Фреди, француски историчар 7
тканине, извозни производ *223*, 354–355
Токо, италијанска породица *124*, 172–174, *176,212,*
Токо, Ерколе, господар Кларенце 243
Токо, Карло, господар Кефалоније 31, 38, 212, *219*, 220, 242–246, 249
Токо, Карло I, господар Јањине *31*
Токо, Леонардо, господар јонских острва *31, 245*
Токо, Турко, ванбрачни син Карла II 245
Тома Палеолог, деспот, син Манојла II 52, 55, *56*, 144, 177, 179, 194, *218–219*, 240, 247, 251, 297–299, 301–303, 332, 342, *344*, 351, 354, 361
Торино 22
Торчело, Јанакис, византијски посланик 335–336, *337–338*, 345
тосканска комуна 181
Тракија *33*, 121, 141, 169, *170*, 204, 229, 333, 367, 378
Трапезунт (трапезунтско царство) *68–69*, 157–158,236–237, 275
трапезунтска хроника 68 в. Панарет
трапезунтски цар 51, *68, 275*
Трачани *70*
трачка обала 32, 36, 39, *46*, 111, 121–122, 125, *228*, 326
Тревизан, Николо, венецијански хроничар *20*
„Трећи Рим" 283 (в. Москва)
Траиндафилидис, Манолис, грчки филолог 377
Трикала, град *358*
Турахан–бег, турски војсковођа 211–213, 220, 286, 297

туркофилство *19, 24, 29,* 41, 48, 104–106, *143*, 304
Турска 59, 122, *123, 205, 211, 254, 256,293* (в. Османлије, Турци)
турска флота 294, 328,
„турски порез" 125 (в. „телос", харач)
Турци 13, *14,* 15–16, 20–21, 23–24, 26–30, *32–34, 36–37,* 38, *41,* 48, 58, 74–79, *82,* 86, 87, *101,* 104, *105*,110, *119, 123–124,* 142, 152–153, *154,* 156–157, *159,* 160–161, 166–167, *174,* 194, 207, 209, *211,* 213–214, *216,* 217–218, 220–221, 223, *228, 232,* 233–234, 239, 251–252, 256, 271, *277,* 296–297, 304, 320, 327, 330, 334, 336, *340,* 342, *355,* 361–362, 366, 373, 375, 378 (в. Османлије)

Ћ

Ћиријако из Анконе, италијански хуманиста 8, 325, *340–341* 8, 372, *388*, 389

У

Угарска 15, *19,* 20, 42, *77,* 96–97, 119, *144,* 184, 217, *218,* 224– 225, 232, 239– 240, *241, 254, 261, 263, 272,277, 283,* 287, 284, 296, 305, 324, 333, 335–336, 343, 345, 373
угарски краљ 43–44, 77–78, *79,139,* 143, *146,* 184, 200, *218,* 223, 226 (в. Жигмунд)
Угљеша, деспот, српски господар 15, 27–29
Угри 42, *97,* 98, 226, 234, 260, 328, 334, *338,* 344, 346–347
Улрих од Рихентала, немачки хроничар *168, 284*
Улрлих Цељски, феудални господар *284*
Унија (црквена) 14, *28,43, 64,* 79, 92, 94–96, 98–100, 134, 140, 148, 153, *168,* 172, 179–185, *187,* 190, *195,* 198, 200, 209–210, 226, 233, 242, 252–254, 256–260, *261,* 262–265, 267–269, *270,* 271–275, *276,* 277–278, 280–286, 295, 301, 304–305, 307–308, *309,* 311–320, 322, 324, 326, 332, 335, 344–345, 364–365, 368–369, 373
унијати (унионисти) 102, 148, 229, 237, 269, 370, 375
Урбино, град *142, 187*
Урхан (Орхан), турски владар 67
усиновљење (царско) 72, 81, 82, 101 (в. савладарство)

Ф

Фанарион, град *124*
Фано, град *187*, 191
Фантин, Микеле (Микијел), венецијански посланик *228*, 233–235, *235*
Фатма-хатун, Бајазитова ћерка 155
Федини, Панкрацио Микеле, фирентински трговац 360
Ферара, сабор у 108–109, 226, 258, *261*, *279*, 280–281, 289, 298, 305, 308–312, *313*
Фердинанд I, арагонски краљ 162
Ферјанчић, Божидар, југословенски византолог 11, *28*, *50*, *53–54*, *56–57*, *62*, *68*, *93*, *112*, *124*, *127–129*, *134*, *171*, *177*, *189*, *218–219*, *221–222*, *240*, *244*, *247*, *266*, *276*, *298–300*, *302*, *304*, *312–313*, *321–322*, *324*, *327*, *329*, *331*, *349–350*
Филаделфија 39, *41*, 58, 204
Филантроп, црква у Цариграду 289
Филантропини, византијска породица 273
Филантропин, Георгије, византијски посланик 273, *276*, *344*
Филантропин, Манојло, византијски посланик 43, *77*, 78, 184–185
Филибер од Најака, велики мајстор Јовановаца 86
Филип II Одважни, бургундски војвода 185
Филип III Добри, бургундски војвода 185, 261–262, *335*, 337, 344
Филипо-Мариа Висконти, милански војвода 224–255, 259, 262
Филоматиси, византијска породица 273
Филомат(ис) Анђео, архонт 267
Филоматис, Марко, архонт 356
Филомелион (Ескишехир), град *108*
„филоромеји" 367
Филотеј, светогорски манастир 340
Фирентински сабор *5*, 10, *28*, *229*, 238, 262, 264, 272, *283*, 295, *303*, 318, 352
Фирентинци *97*, 181, 358, *360*
Фиренца *92*, 94, 98–99, *100*, 181, *195*, 237, 257–260, 265, *267*, *276*, 279, 280–283, 285–286, 289, 295, 303, 305, 306, 308, 311, 312, *313*, 314, 316–317, 319–320, 322, 324, 336, *338*, 341, 343, 352–353, *355*, 360–361, 364–365, 373
Фландрија 38, 355

флорин, новац *80*, 253, 283, *305*, *313*, 314, *345*
Фоке, византијска породица 356
Фолки (Фолко), Бенедето деи, милански посланик 256, 260–262
Фолои, планина 245
Фонсека, Петар, кардинал 184
фортификације (цариградске) *207*, 290–293, *362*
Фоскари, Франческо, венецијански дужд 222, *223–224*, 255, баило 159
Фоскарини, Франческо *103*, 159, 167
Фоскаринијева збирка, кодекс *6*
Фотије, цариградски патријарх 145–149, *272*
Фотије, кијевски (руски) митрополит 9, *267*, 283
Фрагули, Ђан ди, венецијански грађанин *161*
франак (златни), новац *80*
Франгопули, византијска породица 249
Франгопул, Лав, архонт 330
Франгопул, Манојло, архонт 128
„Франгија" *133* (в. Француска)
Францес в. Сфранцес
Французи *42*, 100, 238
Француска 79, 87, *96*, *98*, 102, *108*, *112*, *123*, 132–133, 261, 333
француска управа (у Ђенови) *19*
француски двор *42*
француски краљ *43*, *57*, 80, *95*, 96, *97*, 100, 108, 188, 198, 261, 279, 337, 344 (в. Шарл VI)
француски теолози 100
Фрерон, Симон, легат Базелског сабора 270, 275
Фридрих III, немачки владар 333, 345
Фроасар, Жан, француски хроничар *30*, *42*
фунта, новац *80*, *97*
Фурланија, област 160
„фуста", врста брода 17, *167*, 250

Х

Хазарија, земља *219*
Халкидика, полуострво 15, 110, 121, *122*
Халкокондил, Лаоник, историчар, 9–10,

Индекс

16–17, 21, 25, 46, 51–52, 60, 61, 68, 74, 88, 95, 122, 123, 128 142, 144–145, 154, 156, 169, 170, 202, 207, 209, 214, 244, 300, 304, 327, 329–330, 338, 343, 349–350, 361, 367–369, 377

Ханџалис, турски феудалац 124

харач („телос", „турски порез", царски данак) 15–18, 46, 47, 125, 213, 228, 241, 288, 343

Хексамилион, утврђење 37, 139, 160, 164–165, 168, 178, 182, 212, 213, 221, 229, 256, 286, 287 292, 294, 297, 342

Хенри IV, енглески краљ 96, 103–104

Хераклеја, град 23, 32, 222 (в. Ираклија)

Хилија, град в. Келион

Хиос, острво 20, 34, 110, 160, 257, 260, 318, 352–353, 359 (в. Додеканез)

Хлумуцион, место 248

Хортазмен, Јован, византијски писац 11, 94, 95, 127, 136–138, 206, 216

Хортаити, тврђава 221

Хранић, Сандаљ, босански војвода 143, 211

Хрисоверг, Андреј, доминиканац 168

Хрисоверг, Теодор, доминиканац 168

Хрисолорас, Димитрије, византијски научник 134, 137

Хрисолорас, Јован, византијски посланик 175, 181, 352

Хрисолорас, Манојло, византијски посланик 118, 127, 129, 132, 133,137, 140, 146

Хрисопољ в. Скутари

Христов гроб, у Јерусалиму 42

Христопољ, град 32, 39, 234 (в. Кавала)

хришћанске лиге (коалиције) 97, 111, 114, 120, 123–124, 159–160, 166, 168, 211, 224–225, 226, 332, 342 (в. крсташи)

„Хроника породице Токо", историјски спис 174, 212

„Хроника о турским султанима», историјски спис 142,144, 154,155, 167, 202–203, 209, 377

Хуњади, Јанош, угарски војсковођа 296, 333, 335–336, 343, 344, 346

Хус, Јан, чешки теолог 140, 258, 274

Хусити, присташе Хусовог учења 185, 200, 226

Ц

Цакарија, Стефано, архиепископ 139, 175,

Цакарија, Чентурионе Асан, ахајски кнез 161, 165,166 173, 174–176, 179, 251, 298

Цамблак, Григорије, кијевски митрополит 148

Цанкариоло, Гаспаро, венецијански хроничар 6, 7, 20, 159, 185, 234, 251, 294, 357

Цариград 7, 15, 17–18, 20–28, 29, 30–35, 37, 39–40, 42, 43–46, 50, 52, 54–55, 56, 58–61, 69, 71–73, 75–76, 77, 78, 79, 80, 82–85, 87–88, 94–96, 97–98, 100, 102–109, 110, 111–114, 115–116, 118–119, 124–125, 127, 132, 133, 135, 137–139, 141, 142, 143, 144, 145–149, 152–153, 154, 155–159, 161–162, 164–166, 168, 170, 171–175, 177–178, 180–184, 185, 186, 190–191, 193–194, 197–198, 199, 200–202, 204–205, 208–213, 215, 216–218, 219, 220–223, 225, 227–232, 236–241,244,248,249, 252–253,255–257, 260–265, 266, 267–270, 272–275, 276, 278–279, 282–284, 286–287, 290–295, 297–304, 306, 309, 310, 311, 315–316, 318, 320–327, 329–332, 336–339, 341, 344–350, 351, 352–359, 360, 361–362, 364, 366–368, 373–378

цариградска лука 17,287, 291, 294, 301, 306, 360

цариградска трговина 25–26, 357–358, 374

царине 17, 47, 126, 357, 361 (в. „комеркион")

Царска капија, у Цариграду 292

црква, ивирска 267 (в. ивирски католикос)

црква, руска 167, 267 (в. кијевски митрополит)

црква, српска,267

црква, цариградска 191, 199 (в. патријарх)

Црна Гора 7, 120, 200, 296

Црна овца в. Кара–Којунлу

Црно море 19, 20, 33, 39, 50, 111, 121, 123, 200, 218–219, 225, 228, 247, 280, 294–295, 304, 334, 354, 376

црноморска обала 32, 33, 36, 46, 125, 218, 219, 228, 240, 298, 303, 321, 324, 326, 330

Ч

Чезарини, Ђулијано, кардинал *268, 280, 309, 311,* 333–335, 342

Џ

Џунеид, турски феудалац 169–170

Ш

Шарантон, град *95, 96*
Шарл, краљ Наваре *96*
Шарл VI, француски краљ *43,* 79, 80, *96–97, 100, 48, 90–91, 108,* 109
Шарл VII, француски краљ 261–262, 279, 337, 344
Шатоморан, Жан де, француски официр 104, 108
Шахрух, татарски владар 158
Шејх Бедредин, вођа устаника 158, *159*
Шпанија 140
Шрајнер, Петер, немачки византолог *10, 51, 57, 219*
Штип 69

САДРЖАЈ

УВОД 5
ВИЗАНТИЈА КРАЈЕМ XIV ВЕКА (ЦАРСТВО КОГА НЕМА) . . . 13
РОЂЕЊЕ, ПОРОДИЦА И ПРВЕ ГОДИНЕ 49
МЛАДОСТ 85
ДРУГИ ПРВИ ЦАР (1414–1425) 151
ПРВИ И ЈЕДИНИ ЦАР (1425–1440) 230
ЕПИЛОГ (1440–1448) 308
РЕЧ НА КРАЈУ 371

RÉSUMÉ 379
СПИСАК СКРАЋЕНИЦА – ИЗВОРИ 391
ЛИТЕРАТУРА 395
О АУТОРУ 401
ИНДЕКС 403

Иван Ђурић
СУМРАК ВИЗАНТИЈЕ
Време Јована VIII Палеолога
1392–1448

Уредник
Мирјана Милосављевић

Ликовни уредник
Ратомир Димитријевић

Графички уредник
Слободан Тасић

Коректура
Бранка Станисављевић
Зорица Игњатовић

Издавач
Издавачко предузеће *Просвета* а.д.
Београд, Чика Љубина 1
www.prosveta.co.yu
prosveta@prosveta.co.yu

За издавача
Зорица Мијић

Штампа
Штампарија Српске патријаршије

Тираж
2.000

2007.

ISBN 978-86-07-01773-7

CIP - Каталогизација у публикацији
Народна библиотека Србије, Београд

94(495.02)"1392/1448"
321.61:929 Јован VIII Палеолог

ЂУРИЋ, Иван
    Сумрак Византије : време Јована VIII Палеолога : 1392-1448 / Иван Ђурић. -Београд : Просвета, 2007 (Београд : Штампарија Српске патријаршије). - 427 стр. 20 cm. - (Библиотека Историјска издања / [Просвета, Београд])

Тираж 2000. - О аутору: стр. 401. - Résumé Le crepuscule de Byzance. - Напомене и библиографске референце уз текст -Библиографија: стр. 395-400. - Регистар.

ISBN 978-86-07-01773-7

а) Византија - Историја - 1392-1448
COBISS.SR-ID 145545484

www.ingramcontent.com/pod-product-compliance
Lightning Source LLC
Chambersburg PA
CBHW071644160426
43195CB00012B/1356